イエス・キリスト時代の
ユダヤ民族史 IV

The history of the Jewish people in the age of Jesus Christ
Emil Schürer

E.シューラー［著］　　上村　静・大庭昭博・小河　陽［訳］

教文館

This is a translation of
§§25-30, Volume II of
The History of the Jewish People
in the Age of Jesus Christ
(175 B.C.-A.D. 135)
by
Emil Schürer
A New English Version Revised and Edited by
Geza Vermes, Furgus Miller & Matthew Black
Revised English Edition Copyright ©1979 T. & T. Clark
Japanese Translation Copyright © 2015 Kyobunkwan Inc., Tokyo

目　次

ラビ文献略語表 ……………………………………………………5

第25節　トーラーの学習……………………………………………7
　　Ⅰ　聖書の正典性 ……………………………………………7
　　Ⅱ　トーラー学者とその業績一般について …………………17
　　Ⅲ　ハラハーとハガダー ……………………………………35
　　　　1　ハラハー ………………………………………………37
　　　　2　ハガダー〔アガダー〕 ………………………………42
　　Ⅳ　主要なトーラー学者 ……………………………………57

第26節　ファリサイ派とサドカイ派 ……………………………87
　　Ⅰ　ファリサイ派……………………………………………96
　　Ⅱ　サドカイ派 ………………………………………………115

第27節　学校とシナゴーグ ………………………………………127
　　Ⅰ　学校 ………………………………………………………129
　　Ⅱ　シナゴーグ ………………………………………………136
　　　　1　共同体組織 …………………………………………138
　　　　2　役人 …………………………………………………143
　　　　3　建物 …………………………………………………145
　　　　4　礼拝 …………………………………………………148

補　　遺　シュマアとシュモネ・エスレー ……………………151

第28節　生活と律法 ………………………………………………188
　　Ⅰ　概観 ………………………………………………………188
　　Ⅱ　安息日の遵守 ……………………………………………191
　　Ⅲ　清浄規定 …………………………………………………197
　　Ⅳ　儀式主義 …………………………………………………201
　　Ⅴ　社会の変化と律法 ………………………………………205

第29節　メシア信仰 ………………………………………………218
　　Ⅰ　初期メシア待望との連関 ………………………………223
　　Ⅱ　歴史的概観 ………………………………………………228

Ⅲ	系統だてた紹介	……………………	*248*
	1	最終的な試練と混乱	…………… *248*
	2	先駆者としてのエリヤ	………… *249*
	3	メシアの到来	…………………… *250*
	4	敵対する諸力の最後の攻撃	…… *255*
	5	敵対的諸力の破滅	……………… *255*
	6	エルサレムの更新	……………… *258*
	7	散らされた者の集合	…………… *259*
	8	聖なる地の栄光の王国	………… *259*
	9	世界の更新	……………………… *263*
	10	万人の復活	……………………… *265*
	11	最後の審判―永遠の至福と断罪	*268*

補　遺　A　苦難のメシア ……………………………………………… *270*
　　　　　B　クムランのメシアとメシア信仰 ………………………… *272*

第30節　エッセネ派 ……………………………………………………… *299*

　　Ⅰ　フィロン，ヨセフス，プリニウスによるエッセネ派 …… *308*
　　　　1　共同体の組織 ………………………………………… *308*
　　　　2　倫理，習俗，慣習 …………………………………… *310*
　　　　3　宗教思想 ……………………………………………… *312*
　　Ⅱ　死海の巻物によるクムラン共同体 ……………………… *326*
　　　　1　クムラン共同体の組織 ……………………………… *326*
　　　　2　教義と宗教儀式 ……………………………………… *329*
　　　　3　クムラン共同体とエッセネ派 …………………… *331*
　　Ⅲ　エッセネ派の起源と歴史 ………………………………… *332*

補　遺　A　テラペウタイ ……………………………………………… *345*
　　　　　Ⅰ　フィロンの記事 ………………………………………… *345*
　　　　　Ⅱ　テラペウタイ―エッセネ派―クムラン ……………… *347*
　　　　　Ⅲ　テラペウタイとエッセネ派の関係 ………………… *350*
　　　　　B　第四哲学：シカリイーと熱心党 ……………………… *354*

日本語版・英語版対照表 ………………………………………………… *366*
訳者あとがき …………………………………………………………… *371*

ラビ文献略語表

ミシュナー

ズライーム篇

ブラホ	ブラホット
ペア	ペアー
ドゥマ	ドゥマイ
キルア	キルアイム
シュヴィ	シュヴィイート
トゥルモ	トゥルモット
マアス	マアスロット
マア・シェニ	マアセル・シェニー
ハラ	ハラー
オルラ	オルラー
ビク	ビクリーム

モエード篇

シャバ	シャバット
エルヴィ	エルヴィーン
ペサ	ペサヒーム
シュカ	シュカリーム
ヨマ	ヨマー
スカ	スカー
ベツァ	ベツァー（ヨーム・トーヴ）
ロシュ	ロシュ・ハシャナー
タア	タアニート
メギラ	メギラー
モ・カタ	モエード・カタン
ハギガ	ハギガー

ナシーム篇

イェヴァ	イェヴァモット
クトゥ	クトゥボット
ネダ	ネダリーム
ナズィ	ナズィール
ソタ	ソター
ギティ	ギティーン
キドゥ	キドゥシーン

ネズィキーン篇

バ・カマ	バヴァ・カマ
バ・メツィ	バヴァ・メツィア
バ・バト	バヴァ・バトラ
サンヘ	サンヘドリン
マコト	マコット
シュヴオ	シュヴオット
エドゥ	エドゥヨット
アヴォ・ザラ	アヴォダー・ザラー
アヴォト	アヴォット
ホラヨ	ホラヨット

6

コダシーム篇		トホロット篇	
ズヴァ	ズヴァヒーム	ケリム	ケリーム
メナホ	メナホット	オホロ	オホロット
フリ	フリン	ネガ	ネガイーム
ブホロ	ブホロット	パラ	パラー
アラヒ	アラヒーン	トホロ	トホロット
トゥムラ	トゥムラー	ミクヴァ	ミクヴァオット
クリト	クリトット	ニダ	ニダー
メイラ	メイラー	マフシ	マフシリーン
タミド	タミード	ザヴィ	ザヴィーム
ミドト	ミドット	トゥヴ・ヨム	トゥヴール・ヨーム
キニム	キニーム	ヤダ	ヤダイーム
		ウクツィ	ウクツィーン

　トセフタ（T），バビロニア・タルムード（BT），パレスチナ・タルムード（PT）については，ミシュナーの略語にそれぞれのアルファベットを付して区別する．

ミドラシュ・ラバー他

ミドラシュ・ラバー

創R	創世記（ベレシート）・ラバー
出R	出エジプト記（シェモート）・ラバー
レビR	レビ記（ヴァイクラー）・ラバー
民R	民数記（ベミドバル）・ラバー
申R	申命記（デヴァリーム）・ラバー
雅R	雅歌（シール・ハシリーム）・ラバー / アガダット・ハズィタ
ルツR	ルツ記・ラバー
哀R	哀歌・ラバー / ミドラシュ・エハー / エハー・ラバティ
コへR	コヘレト・ラバー / ミドラシュ・コヘレト
ミド・エス	ミドラシュ・エステル

スィフレー

民スィフ	民数記スィフレー
申スィフ	申命記スィフレー

他

メギ・タア	メギラット・タアニート

第25節　トーラーの学習

I　聖書の正典性 [1]

　我々が扱っている時代のユダヤ人の宗教生活にとって第1の最も決定的な原則は，祭儀のみならず民族生活のあらゆる側面を規定するトーラーが神に与えられたものとして承認されていたということである．その個々の要求はいずれも神による民に対する要請であり，これらの掟の厳格な遵守は宗教的な義務，まさに最も高貴にして唯一の宗教的義務であった．イスラエル人の敬虔の全ては，神の与えたトーラーにそのあらゆる細部に至るまで熱心と愛情をもって従うことに向けられていた．

　このトーラーに対する自己献身が始まった日時を特定することはほぼ可能である．それはネヘミヤ記でも強調されている画期的な意義をもつ出来事に遡る．すなわち，エズラがトーラー（תורה）を民に読み聞かせ，民が厳粛にトーラーに従い服した（ネヘ 8-10 章）とされる出来事のことである．もちろんエズラのトーラーがモーセ五書全体だったのか祭司法典だけだったのかは不確かであるが，ヴェルハウゼンによって提案された第1の仮説の方がいまだ一般に好まれている [2]．しかしいずれにせよこの出来事の重要性は変わらない．すなわち，モーセの名のもとに現れた祭司法典は，民によって神のトーラーとして，従って生活を拘束する規定，つまり正典的なものと認められた．なぜなら，まさにトーラーの本質とは，トーラーの受容それ自体がその拘束力ある規範的な尊厳を受け入れるということだからである [3]．

　トーラーの神的起源が承認された結果，それを含む書物もまた神聖な霊的なものとなった．こうした考えは，確実にキリスト教暦の始まるずっと以前から一般に広まっていた．ヨベル書によれば，トーラー全体はそのあらゆる細部に至るまで天の石板に記されている（3：10, 31；4：5, 32；6：17, 29, 31, 35；15：25；16：28-29；18：19；28：6；30：9；32：10, 15；33：10；39：6；49：8；50：13）．モーセのトーラーは天の原典の写しに過ぎない．トーラーの神的起源についての信仰は，今や選民への所属，延いては彼らに与えられる約束への参与を決定する条件となった．「トーラーは天からのものではな

いと言う者は（אין תורה מן השמים），来るべき世に与ることはできない」[4] の
である．時がたつにつれて，この見解はいっそうの真剣さと厳格さをもって
表現されるようになった．「ある節を除いてトーラー全体は天からのものであ
る，なぜならその節は神ではなくモーセが自分の口から（מפי עצמו）語った
からである，と言う者は『主の言葉を侮った』（民 15：31）者である」[5]．今
や，モーセ五書全体が神によって口述され，神の霊によって吹き込まれたも
のと見なされたのである[6]．モーセの死について語る申命記最後の 8 節さえ
も神の啓示を通してモーセ自身によって書かれたとされた[7]．だが仕舞いに
は，神がトーラーを口述したという理論自体も十分でなくなった．五書は既
に完成したものが神によってモーセに手渡されたとされ，残る議論はただモ
ーセはそれ全部を 1 度に受け取ったのか巻物ごとに（מגלה מגלה）受け取った
のかということになった[8]．

　　トーラーに続く古代イスラエルについての書物も同様の権威を得た．すな
わち，預言者とイスラエルの初期（捕囚前）の歴史を扱った作品がそうであ
る．それらは敬意を表され，その正典化が企図されるはるか以前から過去に
ついての価値ある遺産として用いられた．しかし徐々にそれらは，トーラー
に次ぐ「聖なる書物」の第 2 の分類としての地位を得，民がそれらとトーラ
ーとの結びつきに親しむにつれ，法的拘束力や正典的権威といったトーラー
の威厳がそれらにも移されるようになった．それらも絶対的な拘束力を持つ
ものとして，神の意志が啓示された文書と見なされるようになった．なお少
し後の段階ではあるが，最終的にこの「預言書」（נביאים）に第 3 の集成であ
る「諸書」（כתובים）が加えられ，それも少しずつ正典的書物というカテゴリ
ーへと移されていった．これら 2 つの集成の起源は知られていない．これら
をトーラーと並置して言及する最古の証言は，シラ書への序言である（前 2
世紀）[9]．しかしこの資料からは，第 3 の集成がその時までに既に完結して
いたとは言えない．新約聖書ではまだ 2 区分の慣用表現の方が通用している．
ὁ νόμος καὶ οἱ προφῆται〔律法と預言者〕（マタ 5：17；7：12；9：13；22：
40；ルカ 16：16, 29, 31；24：27, 44〔ここだけ ψαλμοί〔詩篇〕が加えられて
いる〕，ヨハ 1：46；使 13：15；24：14；28：23；ロマ 3：21）．もちろんだ
からといって第 3 の集成がまだ存在していなかったと結論すべきではない．
実際，前 2 世紀半ばにはそれが完結していたとすべき十分な理由がある．た
だし，それが独立した重要性をもつ，他の 2 つと同じステータスを有する文
書集であるとは感じられていなかった[10]．正典の確立された形態——恐らく

現在のそれと同じもの——についての最古の証拠は，ヨセフスが提供している．ヨセフスが明言しているところに拠れば，ユダヤ人の間では 22 の書物だけが正しくも信任を得ており（βιβλία ... δικαίως πεπιστευμένα）[11]，他のいかなる書物も同じ信頼に値するとは考えられていない（πίστεως οὐχ ὁμοίας ἠξίωται）．確かにヨセフスは書名を 1 つ 1 つ数えあげているわけではないが，恐らく現在の正典に入れられている書物だけを意図していたとする蓋然性は極めて高い．教父たち，特にオリゲネスとヒエロニムスは，ユダヤ人には当時の正典の書物を数える習慣があり，その数は 22 に上ると明言している[12]．後 1 世紀末のヤブネでの論議では，正典の存在は既に前提され，ほんの数書，特に雅歌とコヘレトの言葉に対して疑義が表明されたに過ぎない．この 2 書についても当時広まっていた伝統的な見解ではそれらは「手を汚す」，つまり正典の書物として尊ばれるべきものとされていた[13]．現在の正典を形成しているもの以外の諸文書については，パレスチナのユダヤ人がそれらを正典の一部として受け入れていたと示すことはできない．それは，シラ書が非常に高く評価されていて，דכתיב〔～と書かれている〕という定型の導入句を伴って聖書の一部として引用されることがあるにしてもである[14]．ヘレニズムのユダヤ人だけがヘブライ語正典にいくつかの他の文書を加えた．だが，彼らの正典が完結することはなかった．

　預言書と諸書がトーラーと並置されても，それらがトーラーと同じ地位に置かれることは決してなかった．トーラーはつねに最も高い地位を占めていた．トーラーの中にこそイスラエルに与えられた原初の啓示が全ての点において書き留められているのである．預言書と諸書はたんにその使信をさらに先へと伝えているにすぎない．このためそれらは「伝承」（קבלה，アラム語では אשלמתא）として言及され，伝承として引用される[15]．トーラーの価値が非常に高いので，他の聖書の文書を売った利益でトーラーを買うことはできても，その逆は許されないとさえ定められていた[16]．

　とはいえ，一般的には預言書と諸書もトーラーと同質のレベルにある．これらは全て「聖なる書物」（כתבי הקדש）[17]であり，それらはみな手を汚す[18]．それらはみな基本的に同じ定型句で引用される．トーラーにはときおり特別なフレーズが用いられることがあるものの，最も一般的に使われているשנאמר「なぜなら～と言われている」という句はどの聖書の書物にも区別なく適用されている[19]．それはヘレニズム世界[20]で用いられた γέγραπται〔書かれている〕やそれに類する定型句（新約聖書参照）と同様である．さらに預言書や諸書がたんに「律法」（νόμος）として引用されることすらある[21]．

10 第 25 節　トーラーの学習　　　　　　　　　　　　　　II 321

しかし，ユダヤ人にとって聖書の各書物は，いわゆる法律文書でもなければ，
訓戒，慰め，教化，歴史についての文書でもない．それはトーラー，すなわ
ちイスラエルに与えられた神の教え，命令，啓示なのである [22]．

註

1)　旧約正典の歴史については，R. H. Pfeiffer, s.v. 'Canon of the Old Testament', IDB
(1962) I, pp. 498-520 (bibl.: pp. 519-20); O. Eissfeldt, *The Old Testament. An Introduction*
(1965), pp. 551, 770, Enc. Jud. 4, col. 836 を見よ．また以下の文献も参照．'βίβλιον',
'γράφω, γράφη', TDNT I; F. Buhl, *Kanon und Text des Alten Testaments* (1891); H. E. Ryle,
The Canon of the Old Testament ([2]1909); H. B. Swete, *An Introduction to the Old Testament in
Greek* (1914, [2]1968); S. Zeitlin, *A Historical Study of the Canonization of the Hebrew
Scriptures* (1933); J. P. Audet, 'A Hebrew-Aramaic List of Books of the Old Testament in
Greek Transcription', JThSt NS 1 (1956), pp. 135-54; M. L. Margolis, *The Hebrew Scriptures
in the Making* ([3]1948); G. E. Flack, B. M. Metzger, *et al., The Text, Canon and Principal
Versions of the Bible* (1956). さらに以下も参照．P. Katz, 'The OT Canon in Palestine and
Alexandria", ZNW 49 (1958), pp. 223 ff.; A. C. Sundberg, 'The OT in the Early Church. A
Study in Canon', HThR 51 (1958), pp. 205-26; A. Jepsen, 'Zur Kanongeschichte des AT',
ZAW 71 (1959), pp. 114-36; F. Hesse, 'Das AT als Kanon', NZST 3 (1961), pp. 315-27; P.
Leenhardt, '"Sola Scripta" ou Écriture et tradition', ETR 36 (1961), pp. 5-46; A. Lods,
'Tradition et Canon des Écritures', ETR 36 (1961), pp. 47-59; F. Michaeli, 'A propos du
Canon de l'AT', ETR 36 (1961), pp. 61-8; W. D. Davies, *Christian Origins and Judaism*
(1962); H. Eybers, 'Some Light on the Canon of the Qumran Sect', OuTW (1962/3), pp. 1-14;
A. Lacoque, 'L'insertion du Cantique des Cantiques dans le Canon', RHPR 42 (1962), pp. 38-
44; H. W. Robinson, *Inspiration and Revelation* ([2]1962); B. J. Roberts, 'The Old Testament
Canon: A Suggestion', BJRL 46 (1963/4), pp. 164-78; O. Eissfeldt, *Introduction* (1965), pp.
559-71; A. Mirsky, 'The Schools . . .', *Essays presented to I. Brodie* (1967), pp. 291-99; A. C.
Sundberg, 'The "Old Testament": a Christian Canon', CBQ 30 (1968), pp. 143-55; G. W.
Anderson, 'Canonical and Non-Canonical', CHB I (1970), pp. 113-59; J. A. Sanders, *Torah
and Canon* (1972); H. A. Orlinsky, *Essays in Biblical Culture and Bible Translation* (1974),
pp. 257-86; S. Z. Leiman, *The Canonization of Hebrew Scripture: The Talmudic and
Midrashic Evidence* (1976); D. N. Freedman, s.v. 'Canon of the OT', IDBS (1976), pp. 130-6;
J. Blenkinsopp, *Prophecy and Canon* (1977); G. Vermes, *DSS*, pp. 202-3.

2)　J. Wellhausen, *Israelitische und jüdische Geschichte* ([9]1958), p. 167: 「エズラは祭司法典
を律法にしたが，しかしそれだけを律法にしたのではなく，それをモーセ五書の構成
要素の一部として律法にしたのである．」を参照．ヴェルハウゼンへの反論としては，E.
Meyer, *Die Entstehung des Judenthums* (1896), pp. 206-16; K. Budde, *Der Kanon des A.T.*, p.
31; K. Stade, *Biblische Theologie des A.T.* (1905), § 144, 145. ヴェルハウゼンを支持する

ものは, H. H. Schraeder, *Esra der Schreiber* (1930), pp. 63 ff.; W. F. Albright, *From Abraham to Esra* (1963), pp. 94-5; H. Cazelles, 'La mission d'Esdras', VT 4 (1954), pp. 113-40; E. Sellin, *Geschichte* II, 140 ff.; J. Bright, *A History of Israel* (^{2}1972), pp. 391-2; O. Eissfeldt, *The Old Testament. An Introduction* (1965), pp. 556-7; J. M. Meyers, *Esra-Nehemiah* (*Anchor Bible,* 1965), p. lix; G. Fohrer, *History of Israelite Religion* (1973), p. 358. エズラの律法が捕囚前の諸法規の集成にいくつかの節が加えられたものとする見解については，以下の文献を参照. G. von Rad, *Das Geschichtsbild des chronistischen Werkes* (1930), pp. 38 ff.; W. Rudolph, *Esra und Nehemia* (1949), p. 169; M. Noth, *Überlieferungsgeschichtliche Studien* (1943) I, p. 100; [英訳] *The Laws in the Pentateuch* (1967), pp. 75-6 (特に p. 3, n. 2); *History of Israel* (^{2}1960), pp. 333-5.

3) J. Wellhausen, *Geschichte Israels* I, 2 f., 425 f. = *Prolegomena zur Geschichte Israels* (^{5}1899), pp. 2 f., 414 f.; M. Noth, *The Laws in the Pentateuch* (1967), pp. 103 ff. 参照.

4) サンヘ 10：1.

5) BT サンヘ 99a.

6) W. Bacher, *Terminologie* I (1899, 1905, repr. 1965), pp. 180-2 の רוח を見よ. K. Kohler, 'Inspiration', JE VI, pp. 607-9; H. Wheeler Robinson, *Inspiration and Revelation in the O.T.* (1944), pp. 211-22; G. W. H. Lampe, 'Inspiration', IDB II (1962), pp. 713-18; M. Noth, *The Laws in the Pentateuch* (1960), 特に pp. 85-107; O. Eissfeldt, *Introduction,* pp. 560-1.

7) フィロン『モーセの生涯』ii, 51 (195). ヨセフス『古代誌』iv 8, 48 (326). (J.) I. Israelsohn, 'Les huit derniers versets du Pentateuque', REJ 20 (1890), pp. 304-7; W. Bacher, *Die Agada der Tannaiten* II, pp. 48-9; 259 参照.

8) BT ギティ 60a. 別の解釈によると，五書という一つながりの巻物の編纂はモーセによるとする. L. Goldschmidt, *Der babylonische Talmud* V (1912), p. 565, n. 381 参照.

9) シラ書への序言, Πολλῶν καὶ μεγάλων ἡμῖν διὰ τοῦ νόμου καὶ τῶν προφητῶν καὶ τῶν ἄλλων τῶν κατ' αὐτοὺς ἠκολουθηκότων δεδομένων, ὑπὲρ ὧν δέον ἐστὶν ἐπαινεῖν τὸν Ἰσραὴλ παιδείας καὶ σοφίας κ.τ.λ. 〔律法と預言者とそれらに続く他の書物によって多くの貴重なことが我々に与えられており，その教訓と知恵ゆえにイスラエルは称賛されるにふさわしい, 云々〕. この序言についての参考文献は, O. Eissfeldt, *Introduction,* p. 596 に挙げられている.

10) 前 150 年頃までに正典が完成していたとする主な証拠は，前 160 年頃に成立したダニエル書がヘブライ語聖書の最後の作品であるという事実が提供している. S. Z. Leiman, *Canonization,* pp. 131-5 も見よ. クムランの第 4 洞窟から見つかったメシア的文書 (4QMess ar 1:5) に現れるアラム語のフレーズ תלתא ספריא (3 つの書物) が聖書の 3 区分を示唆するものとすべきかどうかは議論の余地がある (J. Starcky, 'Un texte messianique araméen de la grotte 4 de Qumrân', *Mémorial du Cinquantenaire de l'École des langues orientales anciennes de l'Institut Catholique de Paris* (1964), pp. 51-6; J. A. Fitzmyer, *Essays on the Semitic Background of the New Testament* (1971), pp. 141-8; Vermes, *DSSE*^{2}, p. 270 参照).

11) エウセビオスはヨセフスに言及しながら δικαίως πεπιστευμένα の代わりに, δικαίως θεῖα πεπιστευμένα 〔正しくも聖なるものと信任を得ている〕 と言っている (『教会史』

iii 10)．しかし，ヨセフスのギリシア語及びラテン語のテクストには θεῖα はなく，ニーゼとサッカレイによって正当にもそれは削除された．

12) ヨセフス『アピオン』i 8（38–41）Οὐ μυριάδες βιβλίων εἰσὶ παρ' ἡμῖν ἀσυμφώνων καὶ μαχομένων. Δύο δὲ μόνα πρὸς τοῖς εἴκοσι βιβλία τοῦ παντὸς ἔχοντα χρόνου τὴν ἀναγραφήν, τὰ δικαίως πεπιστευμένα. Καὶ τούτων πέντε μέν ἐστι Μωυσέως, ἃ τούς τε νόμους περιέχει καὶ τὴν ἀπ' ἀνθρωπογονίας παράδοσιν μέχρι τῆς αὐτοῦ τελευτῆς. Οὗτος ὁ χρόνος ἀπολείπει τρισχιλίων ὀλίγων ἐτῶν. ᾽Απὸ δὲ τῆς Μωυσέως τελευτῆς μέχρι ᾽Αρταξέρξου τοῦ μετὰ Ξέρξην Περσῶν βασιλέως οἱ μετὰ Μωυσῆν προφῆται τὰ κατ' αὐτοὺς πραχθέντα συνέγραψαν ἐν τρισὶ καὶ δέκα βιβλίοις. Αἱ δὲ λοιπαὶ τέσσαρες ὕμνους εἰς τὸν θεὸν καὶ τοῖς ἀνθρώποις ὑποθήκας τοῦ βίου περιέχουσιν. ᾽Απὸ δὲ ᾽Αρταξέρξου μέχρι τοῦ καθ' ἡμᾶς χρόνου γέγραπται μὲν ἕκαστα, πίστεως δ' οὐχ ὁμοίας ἠξίωται τοῖς πρὸ αὐτῶν διὰ τὸ μὴ γενέσθαι τὴν τῶν προφητῶν ἀκριβῆ διαδοχήν. 〔我々には無数の一貫しない対立しあう書物はない．22 の書物だけが正しくも信任され，そこに全ての時代の記録がある．それらのうち 5 書はモーセのものであり，律法と人類誕生から彼の死に至るまでの伝承から成っている．この時代は 3 千年弱である．モーセの死からクセルクセスを継いだペルシャ人の王アルタクセルクセスまでは，モーセに続く預言者たちがそれぞれの時代の出来事を 13 の書物に書きとめた．残る 4 書は神への賛歌と人間のための生活上の規律について書かれている．アルタクセルクセスから我々の時代まではそれぞれの出来事が書きとめられているが，それらはそれ以前のものと同じ信頼に値するとは考えられていない．なぜなら，預言者の正確な継承がないからである．〕同様の年代的概要は，BT バ・バト 14b-15a のバライタの基底にもある．そこでは聖書の書物は次の著者に帰せられている．「モーセは彼の書とバラムの箇所とヨブ記を書いた．ヨシュアは彼の書とトーラーの（最後の）8 節を書いた．サムエルは彼の書と士師記とルツ記を書いた．ダビデは詩篇を 10 人の長老の手を借りて書いた（最初のアダム，メルキゼデク，アブラハム，モーセ，ヘマン，エドトン，アサフ，コラの 3 人の息子）．エレミヤは彼の書と列王記と哀歌を書いた．ヒゼキヤと彼のグループはイザヤ書と箴言と雅歌とコヘレトの言葉を書いた．大会堂の人々はエゼキエル書と十二小預言者とダニエル書とエステル記を書いた．エズラは彼の書と歴代誌の彼自身までの系図を書いた．」（G. Dalman, *Traditio rabbinorum veterrima de librorum Veteris Testamenti ordine atque origine* [1891]; J.-P. Audet, 'Les proverbes d'Isaïe dans la tradition juive ancienne', Cahiers de Théol. et de Philos. 8 [1952], pp. 23-30; O. Eissfeldt, *Introduction,* p. 563 参照．) 正典に関するヨセフスの見解については，R. Meyers, 'Bemerkungen zur Kanontheorie des Josephus', *Josephus-Studien. Festschrift für O. Michel,* ed. by O. Betz, R. Haacker and M. Hengel (1974), pp. 285-99 参照．ヒエロニムスは彼のサムエル記への *Prologus galeatus* (ed. Vallarsi IX, pp. 455-6) で，ユダヤ人の間で慣例となっているものとして次の目録を挙げている．(1-5) モーセ五書，(6) ヨシュア記，(7) 士師記，ルツ記，(8) サムエル記，(9) 列王記，(10) イザヤ書，(11) エレミヤ書，哀歌，(12) エゼキエル書，(13) 十二小預言者，(14) ヨブ記，(15) 詩篇，(16) 箴言，(17) コヘレトの言葉，(18) 雅歌，(19) ダニエル書，(20) 歴代誌，(21) エズラ記，ネヘミヤ記，(22) エステル記．同じ目録だが若干順序が異なるもの（また十二小預言者が欠け

ているが，これは写字生の見落としによる）がエウセビオス『教会史』vi 25 の引用において オリゲネスによって提示されている（そこでは民数記に ’Αμμεσφεκωδείμ という語が使われている．通常説明されないままだが，これは המש פקודים〔五書の人口調査〕の音写である．ヨマ 7：1；ソタ 7：7；メナハ 4：3）．ヒエロニムスの正典については H. F. D. Sparks, CHB I (1970), pp. 532-5 参照，またオリゲネスのそれについては J. P. v. Kasteren, RB (1901), pp. 413-23; M. F. Wiles, CHB I, pp. 455-61 を見よ．従って，ヨセフスもこの目録を当然のものとし，5＋13＋4＝22 書という数え方で現在の正典を考えていたことに殆ど疑いの余地はない．「神への賛歌と人間のための生活上の規律」を書含む 4 書とは，詩篇とソロモンの 3 つの書である．22 書の目録に加えて，第 4 エズラ 14：44-46 には 24 書への言及がある（24 という数字はシリア語のテクストに保持されているが，他のテクストからも引き算で間接的に得られる．すなわち，94 マイナス 70）．この数字は後のラビ文献では通常のものである．しかしヨセフスの記述はギリシア語聖書の集成からは説明できないので，22 が当時パレスチナに広まっていた数であったという事実を証言している．G. Hölscher, *Kanonisch und Apokryph,* pp. 25-9; O. Eissfeldt, *Introduction,* p. 569 参照．他の見解については，A. Lods, *Histoire de la littérature hébraïque et juive* (1950), p. 1007; R. E. Pfeiffer, s.v. ‘Canon of the O.T.’, IDB I, 498-520 参照．ここでの違いは，士師記・ルツ記及びエレミヤ書・哀歌をそれぞれ一書と見なすか互いに独立した書物とするかに拠る．歴代誌がイエス時代に既に正典の結末をなしていたことは，マタ 23：35＝ルカ 11：51 から帰結できるかもしれない．そこでは，代下 24：20-22 のゼカリヤ〔ザカリヤ〕の殺害が，最後の預言者殺しと言われている．実際にはエレ 26：20-23 のウリヤの殺害の方が後である．しかし正典の順番でいくと，歴代誌に物語られている殺害が当然最後のものとなる．

13）　ヤダ 3：5「……聖なる書物は全て手を汚す．雅歌とコヘレトの言葉は手を汚す．ラビ・ユダは言う，『雅歌は手を汚すが，コヘレトの言葉については異論がある』．ラビ・ヨセは言う，『コヘレトの言葉は手を汚さず，雅歌については異論がある』．ラビ・シメオンは言う，『コヘレトの言葉は，シャマイ家がより緩やかでヒレル家がより厳しい規定を適用している』．ラビ・シメオン・ベン・アザイは言った，『私が 72 人の長老たちの伝承として聞いたところでは，ラビ・エルアザル・ベン・アザリヤを学院の長にした日に，雅歌とコヘレトの言葉は手を汚すと定められた』．ラビ・アキバは言った，『とんでもない！イスラエルには雅歌についてそれが手を汚すことはないと異論をはさむ者はない．全時代を通してイスラエルに雅歌が与えられた日ほど価値のある日はない．なぜなら諸書は全て聖いが，雅歌は聖の中の聖だからだ．もし異論があったとしてもコヘレトの言葉以外に異論はなかった』．ラビ・アキバの義父の子，ラビ・ヨハナン・ベン・ヨシュアは言った，『ベン・アザイの言葉の通りに．そのように異論があり，そのように定められた』」．エドゥ 5：3「ラビ・シメオン（異読，ラビ・イシュマエル）は言う，『3 つのことについてシャマイ家がより緩やかでヒレル家がより厳しい規定を適用している．「コヘレトの言葉は手を汚さない」，これはシャマイ家の言葉．ヒレル家は言う，「手を汚す」』」．ヒエロニムス『コヘレトの言葉註解』12：13（ed. Vallarsi III, p. 496)‘Aiunt Hebraei quum inter caetera scripta Salomonis quae antiquata sunt nec in memoria duraverunt et hic liber obliterandus videretur eo quod vanas Dei assereret creaturas et totum putaret esse pro nihilo et cibum et potum et delicias transeuntes praeferret omnibus, ex hoc uno capitulo meruisse auctoritatem, ut in divinorum voluminum numero poneretur'〔ヘブライ人たちは次のように言う．古くなってしまって人々の記憶にも留まらなかったその他のソロモンの書物の中にあって，この書もまた抹消されるべきであるように見える．なぜならこの書は神の創造物を空虚であると断言し，全てを無と見なし，食物と飲み物，過ぎ去り行く快楽を何よりも好んでいるから．ただこの1節（12：13）のゆえに，それは聖なる書物の1つに数えられるにふさわしいとされたのである，と〕．W. Bacher, *Tannaiten* I, pp. 20 f., II, p. 493; A. Schwarz, *Die Erleichterungen der Schammaiten und die Erschwerungen der Hilleliten* (*Die Kontroversen der Schammaiten und Hilleliten* I という書名でも) (1893), pp. 90-1; G. Hölscher, *Kanonisch und Apokryph,* pp. 31-5; G. F. Moore, *Judaism* I, pp. 242-6; J. Hempel, *Die althebräische Literatur* (1930), pp. 191-2; W. Rudolph, 'Das Hohe Lied im Kanon', ZAW 59 (1941), pp. 189-99; P. Benoit, 'Rabbi Aqiba ben Joseph, sage et héros du judaïsme', RB 54 (1947), pp. 54-89 参照．ラヴによると（BTシャバ30b）コヘレトの言葉が最終的に正典の地位を認められたのは，「……それがトーラーの言葉で始まり，トーラーの言葉で終わっている」からである．雅歌の地位についての最終的決定については，Tヤダ2：14，アヴォ・ナタンA1章，36章（ed. Schechter, pp. 2, 108），また特にTサンヘ12：10（BTサンヘ101aに並行記事）「酒場で声を揺らして雅歌を歌いそれを俗歌のようにする者は，来るべき世に与ることはできない」参照．S. Z. ライマン（Leiman）は正典性と霊性を区別する．ヤムニアで問題とされたのはコヘレトの言葉その他の正典性ではなくその霊的性質であった．*The Canonization of Hebrew Scripture* (1976), pp. 127-8 を見よ．「手を汚す」という表現については下記（註18）参照．

14) BTバ・カマ92b. Zunz, pp. 107-8 参照．シラ書についての概括的な文献については第Ⅲ〔Ⅴ〕巻32節，また O. Eissfeldt, *Introduction,* p. 596，特に C. Roth, 'Ecclesiasticus in the Synagogue Services', JBL 71 (1952), pp. 171-8 を見よ．

15) タア2：1（ヨエ2：13を引用），Tニダ4：10（ヨブ10：10-11を引用），民スィフ112（ed. Horovitz, p. 120, 詩50：21を引用），同139（ed. Horovitz, p. 186, 雅1：7を引用），PTハラ57b（イザ28：16を引用）参照．最近のラビ文献の解釈者は קבלה という語を「異議」と訳しているが（H. Danby, *The Mishnah,* p. 195, n. 12を見よ），そのような訳はわずかな箇所にしか適合しない．全体的に Zunz, p. 46 とそこの註，C. Taylor, *Sayings of the Jewish Fathers* (²1897), J. Goldin の序言の付いた再版 (1969), pp. 106-8; L. Blau, *Zur Einleitung in die Heilige Schrift* (1894), pp. 24 ff.; W. Bacher, *Terminologie* (1899), pp. 165-6; *Pal. Amoräer* I (1892), pp. 164, 500; Moore, *Judaism* I, p. 87, n. 3 及び pp. 239-40 参照．

16) メギラ3：1.

17) シャバ16：1；エルヴィ10：3；バ・バト1：6；サンヘ10：6；パラ10：3；ヤダ3：2, 5；4：6. L. Blau, *op. cit.,* pp. 12-16.

18) エドゥ5：3；ケリム15：6；ヤダ3：2, 4, 5；4：5, 6. このことについての説明はどこにもなされておらず，以下の個々の箇所から推測するほかはない．ヤダ3：2「……『一方の手は他方を汚す』，これはラビ・ヨシュアの言葉．だが賢者たちは言う，『第2

I 聖書の正典性（註） *15*

の汚れは他のものを第2の汚れにすることはできない』．彼は彼らに言った，『だが，第2の汚れをもつ聖書は手を汚さないだろうか』」．ヤダ3：3「聖句箱の紐が聖句箱に結びつけられているならば，それは手を汚す」．ヤダ3：5「聖書の文字が消えてなお85文字——『契約の箱の進むとき……』（民10：35-36）の段落のように——が残っているならば，それは手を汚す．85文字……の書かれている巻物は手を汚す」．ヤダ4：5「エズラ記とダニエル書に含まれている（アラム語の）タルグムは手を汚す．（アラム語の）タルグムがヘブライ語で書かれている場合，ヘブライ語（聖書）が（アラム語の）タルグムで書かれている場合，またはヘブライ（古体）文字で書かれている場合，それは手を汚すことはない．（聖書は）それがアッシリア（角）字体で皮にインクで書かれていない限り，決して手を汚さない」．ヤダ4：6「サドカイ派は言う，『我々はお前たちファリサイ派を非難する．なぜならお前たちは，聖書は手を汚すがハミラス〔ホメロス〕の書物は手を汚さないと言っている』．ラバン・ヨハナン・ベン・ザカイは言った，『これ以外に我々にはファリサイ派を非難することはないのか．彼らは言っているではないか，「ロバの骨は浄いが大祭司ヨハナンの骨は汚れている」と』．彼ら（サドカイ派）は彼に言った，『その汚れはそれに対する愛情に拠っている．というのも人は自分の父母の骨からスプーンを作りはしないからだ』．彼は彼らに言った，『聖書についてもその汚れはそれに対する愛情に拠っている．だがハミラスの書物については，愛されていないので手を汚すことはない』」．ケリム15：6「……神殿で用いられる場合以外は，（聖書の）書物は全て手を汚す」．これらのテクストによれば，聖書に触れると実際に手が汚れたということに疑いの余地はない．聖に触れたがゆえに，その後で手を浄めなければならなかった．この基底にある考えはタブー，すなわち世俗から隔てられた近づくことのできないもの（ラテン語の sacer）についての原始的な宗教概念である．そのようなものと関わった者は，世俗の存在へと戻るに際して浄めの儀式を受けなければならない．聖書も同様なものと見なされた．たとえば，大祭司は祭儀の前のみならずその後でも浄めの沐浴をしていた（レビ16：4, 24）．W. Robertson Smith, *The Religion of the Semites,* p. 117; K. Budde, *Der Kanon des A.T.,* pp. 3-6; G. Hölscher, *Kanonisch und Apokryph,* pp. 4-5 参照．さらに以下の文献も見よ．R. Otto, *The Idea of the Holy* (²1950), pp. 50 ff.; Moore, *Judaism* III, Appended n. 9; J. Neusner, *A Life of Yohanan ben Zakkai* (²1970), pp. 75-6; *Development of a Legend* (1970), pp. 60-1, 203-4; *Pharisees* I, pp. 161-2. また，J. Neusner, *The Idea of Purity in Ancient Judaism* (1973), p. 105; *A History of the Mishnaic Law of Purities* XIX (1977), *Yadaim, in loc* 参照．

19) たとえば諸書からの引用だけを挙げれば，ブラホ7：3（詩68：27）；9：5（ルツ2：4）；ペア8：9（箴11：27）；シャバ9：2（箴30：19）；9：4（詩109：18）；ロシュ1：2（詩33：15）．これら全ての箇所で引用文は שנאמר という定型句で導入されている．ミシュナーにおける聖書引用のリストは，H. Danby, *The Mishnah* (1933), pp. 807-11, トセフタについてはツッカーマンデル版 xxvi-xxxi 頁を見よ．死海文書における聖書引用については，J. A. Fitzmyer, 'The Use of Explicit Old Testament Quotations in Qumran Literature and in the New Testament', *Essays on the Semitic Background of the New Testament* (1971), pp. 3-58 参照．

20) 引用の定型句については Fitzmyer, *op. cit.,* pp. 7-16 参照．また B. M. Metzger, 'The

Formulas introducing Quotations of Scripture in the N.T. and the Mishnah', JBL 70 (1951), pp. 297-307 も参照.

21) ロマ 3：19；I コリ 14：21；ヨハ 10：34；12：34；15：25. 預言者と諸書の多くの箇所がラビ文献においてトーラーと称されている. 出 15：19 についてのメヒルタ（ed. Lauterbach II, pp. 5-6, 54-5), BT エルヴィ 58a；BT モ・カタ 5a；BT イェヴァ 4a；BT ブ ホロ 50a；BT サン ヘ 104b；BT ギティ 36a；BT アラヒ 11a. L. Löw, *Gesammelte Schriften* I (1889), p. 310; L. Blau, *op. cit.* （上記註 14), pp. 16-17; W. Bacher, *Terminologie* I, p. 197; Moore, *Judaism* I, p. 240; W. D. Davies, 'Law in first-century Judaism', IDB III, pp. 89-95 参照.

22) J. A. サンダースは聖書及び聖書後の用語法におけるトーラーという語の適切な定義を提示している.「……最古の最も一般的な意味は我々が「啓示」という言葉で意味するものに近い……多くの場合この（律法という）語は, 恐らく啓示, すなわち権威ある伝承といった広い意味で用いられている」(J. A. Sanders, *Torah and Canon* [1972], pp. 2-3). モンセングオ・パシンヤはその資料を精査した研究において, 七十人訳がトーラーを νόμος と訳しているのは律法主義的傾向があったからではなく, その基となるヘブライ語の概念の広い含蓄を伝えるためであると論ずる（*La notion de 'nomos' dans le Pentateuque grec* [1973]). 初期の言語学的研究については, S. H. Blank, 'The LXX Renderings of Old Testament Terms for Law', HUCA 7 (1930), pp. 259-83 参照. トーラーのアラム語の代用語 אוריתא [אור ＝光] は, アラム語を話すユダヤ人にとってトーラーが光明の源だったことを示唆している. 同様の考えについては, 偽フィロン『聖書古代誌』12：2（'Moyses . . . legem illuminabit vobis' [モーセは……汝らのために律法を照らし出すだろう]), タルムードの言葉, תורה זו אורה （「この光とはトーラーのことである」BT メギラ 16b [エス 8：16 の解釈]）を見よ. G. Vermes, 'The Torah is a Light', VT 8 (1958), pp. 436-38 参照.

II　トーラー学者とその業績一般について

参考文献表

Bacher, W., *Die Agada der Tannaiten* I²-II (1903); (Index, s.v. Lehrhaus, Lehrer, Schürer).

JE s.v. 'Scribes', XI, pp. 123-6; 'Rabbi', X, pp. 294-5.

Smith, W. Robertson, *The Old Testament in the Jewish Church* (1907), pp. 42-72.

Str.-B. I, pp. 79-82, 691-5; II, pp. 647-61.

Bousset, W., Gressmann, H., *Die Religion des Judentums im neutestamentlichen Zeitalter* (³1926 = ⁴1966), pp. 171-8.

Moore, G. F., *Judaism* I, pp. 37-47.

Schlatter, A., *Die Theologie des Judentums nach dem Bericht des Josefos* (1932), pp. 199 ff.

Sellin, E., *Israelitische-jüdische Religionsgeschichte* (1933), pp. 140 f.

Guignebert, C., *The Jewish World in the Time of Christ* (1939), pp. 67-73.

Baron, S. W., *The Jewish Community* (1942), 特に pp. 126 ff.

Jeremias, J., s.v. 'γραμματεύς', TWNT I, pp. 740-2; TDNT I, pp. 740-2.

Lieberman, S., *Hellenism in Jewish Palestine* (1950), pp. 83-99.

Urbach, E. E., 'The Derasha as a Basis of the Halakah and the Problem of the Soferim', Tarbiz 27 (1958), pp. 166-82 （ヘブライ語）.（ファリサイ派と書記の関係について）.

Meyer, R., *Tradition und Neuschöpfung im antiken Judentum* (1965), pp. 33-45.

Black, M., 'Scribe', IDB IV (1962), pp. 246-8.

Jeremias, J., *Jerusalem in the Time of Jesus* (1969), pp. 232-45, 252-8.

Urbach, E. E., *The Sages, their Concepts and Beliefs* (1969, 1971), 特に pp. 1-14 （ヘブライ語）, 英訳 (1975), pp. 1-18.

Hengel, M., *Judentum und Hellenismus* (1969, ²1973), pp. 143-52, 242-8. 英訳 *Judaism and Hellenism* I (1974), pp. 78-83, 131-8.

Enc. Jud. s.v. 'Soferim' (Y. D. Gilat), 15, cols. 79-81; 'Sages' (E. E. Urbach), 14, cols. 636-55.

Maier, J., *Geschichte der jüdischen Religion* (1972), pp. 69-71.

Baumgarten, J. M., 'The Un-Written Law in the Pre-Rabbinic Period', JSJ 3 (1972), pp. 7-29; 'Form-Criticism and the Oral Law', *ibid.* 5 (1974), pp. 34-40.

Neusner, J., 'The Written Tradition in the Pre-Rabbinic Period', JSJ 4 (1973), pp. 56-65; 'Exegesis and Written Law', *ibid.* 5 (1974), pp. 176-8.

Mantel, H. D., 'The Development of the Oral Law during the Second Temple Period', *Society and Religion in the Second Temple Period,* ed. M. Avi-Yonah and Z. Baras, *World History of the Jewish People* VIII (1977), pp. 41-64, 325-37.

法の存在は専門知識と習熟を必要とする．法が包括的で複雑になればなる
ほどその要求は高まる．法を専門的に扱うことによってのみその細部に精通
することが可能になり，また個々の規定を日常生活に適用する際の信頼性が
生まれるのである．エズラの時代からその後かなりの期間，こうしたことは
主に祭司の関心事であった．エズラ自身，祭司であり書記（סופר〔ソフェ
ル〕）であった．モーセ五書のきわめて重要な構成要素である祭司法典が書か
れたのも祭儀への関心においてであった．このため初めは祭司がトーラーの
専門家でありその番人であった．だが状況は徐々に変わっていった．民の間
でトーラーの評価が高くなればなるほど，その学習と解釈は独自の実践課題
となっていった．トーラーは神の教えであったので，トーラーを知りトーラ
ーに従うことは，祭司にとってと同様にふつうのユダヤ人一人一人にとって
も重大な務めであった．従って，一般のイスラエル人もどんどんトーラー学
習の領域へと進出し，祭司とならぶ独立した「トーラー学者」ないし書記と
いう地位が存在するようになった[1]．このソフリーム〔書記〕と呼ばれる社
会層が前2世紀初頭にどれほど尊敬され影響力をもっていたかは，シラ書38：
24–39：11に明示されている．かつての賢者たちのように書記は集会では上
座を占め，裁判官にして法律の専門家であり，古代人の知恵と格言に精通し
ている（シラ38：33–39：1）．書記は「いと高き者の律法の学び」にいそし
み，王侯のかたわらに侍り，君公に謁見する（39：1, 4）．「大いなる主の望
みであれば，悟りの霊に満たされる」（39：6）．「学んだ教養を陳べ，主の契
約の律法を誇りとする」（39：8）．「その悟りはあまたの人に称えられ，永遠
に消し去られることはない．その記憶は途絶えず，その名は代々に生きつづ
ける」（39：9）．「諸民族はその知恵を話題にし，会衆は彼に賛辞を呈する」
（39：10）．

　ヘレニズム時代，高位の祭司たちのなかには異邦人文化に傾倒し，父祖た
ちの伝統を殆ど蔑ろにする者が現れたが，そのとき書記たちはそれとはまっ
たく異なるあり方を示した．トーラーの熱心な番人は，もはや祭司ではなく
書記であった．従ってそれ以降は，書記が民の真の教師となり，民の精神生
活をますます支配するようになっていった．

　新約聖書の時代にはこのプロセスは既に完結していた．新約聖書には書記
〔＝律法学者〕は異論のない民の精神的指導者として登場する．たいてい書記
はγραμματεῖς「聖書の専門家」とか「学問ある者」（homines literati）と呼ば
れるが，それはヘブライ語のסופרים〔ソフリーム〕に相当する[2]．その関心
の中心にトーラーがあることは言うまでもない．ユダヤ教の伝承においてモ

ーセ自身が究極の書記〔サフラ〕と見なされていることは示唆的である[3]. この一般的な呼称とは別に, 特に νομικοί「法律家」と呼ばれることもある (マタ 22：35；ルカ 7：30；10：25；11：45-46, 52；14：3)[4]. また彼らは法を知っていただけでなく教えることもあったので, νομοδιδάσκαλοι「法律の教師」つまり「律法（トーラー）の教師」としても知られていた（ルカ 5：17；使 5：34). というのも, 新約聖書と同様に七十人訳などのユダヤ教ギリシア語文献においては, νόμος（法律）は教導, 指図, 啓示, すなわちトーラーを意味するからである[5]. ヨセフスは彼らを πατρίων ἐξηγηταὶ νόμων〔父祖たちの律法の註解者〕[6] と呼んだり, またヘレニズム式に σοφισταί〔知者〕[7] や ἱερογραμματεῖς〔聖文書学者〕[8] などと呼ぶ. ソフェル（**סופר**）という用語はシラ書 38:24 にはまだ見出せるが, 対照的にミシュナーでは, ソフリーム（**סופרים**）という言葉はその時代までに既に権威となっていたかつての学者たちにのみ適用され[9], ミシュナー時代の学者はつねに賢者（**חכמים**〔ハハミーム〕）と呼ばれている.

　民の間でこれら賢者たちは格別の尊敬をうけていたが, そのことは彼らに与えられた尊称によく表れている. 最も一般的な呼び名は, **רבי**〔ラビ〕「我が師」である（ギリシア語音写では ῥαββί マタ 23：7 ほか）[10]. この尊称は頻繁に用いられたため, 徐々にその代名詞の意味〔我が〕を失って単なる称号になった（ラビ・ヨシュア, ラビ・エリエゼル, ラビ・アキバ）[11]. この用法は新約聖書以前の時代には確証されていない. ヒレルとシャマイは決してラビとは呼ばれていないし, 新約聖書においても呼びかけの場合を除いて ῥαββί という言葉は使われていない. この言葉の称号としての用法は, 恐らくイエスの時代に始まったのであろう.

　רבן〔ラバン〕ないし **רבון**〔ラボンまたはラブン〕という用語は,「ラブ」より優れた尊称である. 最初の形はヘブライ語法に, 2 番目の綴りはアラム語法に属するようである[12]. そのため「ラバン」がミシュナーにおいて 4 人の卓越したミシュナー時代（後 40-150 年頃）の学者に用いられる一方で[13], 新約聖書では ῥαββουνί（ラボンまたはラブンに人称語尾がついたもの）という表現がイエスへの丁寧な呼びかけとして用いられている（マコ 10：51；ヨハ 20：16）[14].

　新約聖書のギリシア語ではラビは κύριε〔主〕（マタ 8：2, 6, 8, 21, 25 他多数）または διδάσκαλε〔先生〕（マタ 8：19 他多数）, またルカにおいては ἐπιστάτα〔先生〕（ルカ 5：5；8：24, 45；9：33, 49；17：13）と表現されて

いる.

学者に与えられた表現様式には, なお πατήρ と καθηγητής がある (マタ 23：9, 10). 後者は恐らく מורה 「教師」にあたる [15]. 前者はアラム語の אבא 〔アバ＝父〕に相当し, ミシュナーやトセフタにはこの称号をもつラビが数名現れる [16].

ラビはとても尊敬されていた. 実際, その弟子たちは, 自分の両親以上にラビを尊敬するよう促されていた.「あなたの弟子の名誉をあなたの友の名誉のように大切にせよ. あなたの友の名誉を師への畏敬のように, あなたの師への畏敬を天への畏敬のように大切にせよ」[17]. トーラーの学習において,「もし息子が師の前に座っている間に多くの知恵を得たならば, 師は父に優先する. なぜなら, 彼も父もその師を敬うのが当然の義務だからである」[18].「師と父の無くし物を捜す場合, 師の無くし物が優先する (つまり, 師を先に助けねばならない). なぜなら, 父は彼をこの世に連れてきただけだが, 彼に知恵を教える師は彼を来るべき世に導くからだ. しかし父も賢者であるなら父が優先する. 師と父が重荷を負っている場合, まず師を助けその後で父を助けるべきである. 父と師が捕らわれの身である場合, まず師の身代金を払いその後で父の分を払うべきである. しかし父も賢者であるなら, まず父の身代金を払いその後で師の分を払うべきである」[19].

福音書の論争的言葉遣いに見られるように, 一般にラビはどこででも優位を占めていた.「彼らは宴会の上座, 会堂の上席を好み, 広場で挨拶されることや, 人々からラビ, ラビと呼ばれることを好む」(マタ 23：6-7；マコ 12：38-39；ルカ 11：43；20：46). 彼らの着物さえ祭司や貴族のそれであった. エピファニオスによると, 彼らは στολάς 〔外套〕, ἀμπεχόνας 〔肩掛け〕, δαλματικάς 〔長衣〕を着ていたという [20].

賢者の活動は, 教育であれ司法であれ全て無料で行われることになっていた.「ラビ・ツァドクは言う,『それ (トーラーの言葉) を自分を高める冠や (生計を) 掘る鋤にしてはならない』」.「ヒレルはよく言っていた,『(トーラーの) 冠を (世俗の目的のために) 利用する者は滅びる. すなわち, トーラーの言葉から利を得る者はこの世から自分の生命を取り除くことになる』」[21]. 裁判官が贈り物をもらってはいけないことは既に旧約聖書に定められている (出 32：8；申 16：19). ミシュナーも同様に「裁決のために金を受け取ったならば, その判決は無効である」と明言している [22].

それゆえラビは他所から生活の糧を得るよう指導された. 裕福な家に生まれた者もいれば, トーラーの学習のほかに職をもつ者もいた. 学問と職業の

兼務は，ラビ・ユダ・ハナスィの息子，ラバン・ガマリエルⅢ世によっては
っきりと勧められている．「この世の仕事を伴うトーラーの学習はすばらしい．
これら2つに労することが罪を忘れさせるからである．労働を伴わないトー
ラーの学習は，最後には無意味になり罪を招く」[23]．よく知られているよう
に，使徒パウロは福音の伝道者であったときにも職に従事していた（使 18：3；
20：34；Ⅰテサ 2：9；Ⅱテサ 3：8；Ⅰコリ 4：12；9：6以下；Ⅱコリ 11：7以
下）．同じことが多くのラビについても報告されている[24]．とはいえラビに
とってはトーラーへの関心がつねに最重要なのであって，世俗の事に煩わさ
れすぎないよう釘をさされている．ベン・シラも仕事ばかりに気を取られる
ことを警戒して，学問を祝福し賞揚している（シラ 38：24–39：11）．「ラビ・
メイルは言う，『仕事を少なくし，トーラーに従事せよ』」[25]．「ヒレルは言う，
『商いに入れ込みすぎる者は賢くならない』」[26]．

　しかし，無報酬の原則は恐らく司法の面においてのみ遵守された．ラビの
教師としての役割においては，この原則は殆ど機能しえなかった．福音書は
イエスの弟子たちへの δωρεὰν ἐλάβετε, δωρεὰν δότε〔ただで受けたのだから，
ただで与えなさい〕（マタ 10：8）という勧告を，働き人は報酬にふさわしい
（マタ 10：10；ルカ 10：7）という格言に結びつけている．パウロはこの点に
ついて明言し（Ⅰコリ 9：14），自分には福音を伝えた人々によって支えられ
る権利があると主張している．もっとも彼はめったにこの権利を行使しなか
ったが（Ⅰコリ 9：3–18；Ⅱコリ 11：8–9；フィリ 4：10–18．またガラ 6：6
も参照）．従って，ユダヤ教の教師一般はつねに無料で授業を行っていたわけ
ではないと考えられる．実際，先に引用したトーラーを自己の利益のために
教えてはならないという訓戒の存在自体，無報酬が唯一の原則ではなかった
という結論に導く．律法学者やファリサイ人に対する福音書の激しい非難は，
貪欲をことさらに強調している（マコ 12：40；ルカ 20：47；16：14）．ただ
し，金銭授受についてのラビ文献の証言は1つの逸話に残されているのみで
あり，それも後のタルムード時代のもので歴史的な価値はない．それによれ
ば，ヒレルはシュマヤとアブタルヨンの学校の授業料を払うために労働者と
して雇われたという[27]．

　後 70 年以前のトーラー学者の活動は，当然ユダヤに集中していた．しかし，
トーラー学者をそこだけに求めるのは間違いである．トーラーへの熱心のあ
るところはどこであれ学者を必要としていた．従ってガリラヤにも学者は見
出され，初めはまばらであったが，後 140 年以降はかなりの数に達していた[28]．

γραμματεῖς は帝政末期にはローマのユダヤ人墓碑銘にしばしば現れる（28頁，註9を見よ）．また，ラビ・ユダヤ教の主要な業績であるタルムードの編纂に責を負ったのは，3世紀から5世紀にかけてのアモライーム，すなわちバビロニアのラビたちであった．

ファリサイ派とサドカイ派が分離した後，「律法学者」の大部分はファリサイ派に与した．なぜならファリサイ派こそは，ソフリームが徐々に発展させてきた法規を，厳格に従うべき聖なる生活規則として承認した人々だったからである．ただし，トーラー学者が「法を学んだ者」である以上，サドカイ派に属する者もいた．そもそも成文律法を拘束力あるものと承認したこの分派〔サドカイ派〕に，聖書解釈の専門家がいなかったとは考えられない．事実，新約聖書がファリサイ派の「律法学者」について語っているということは（マコ2：16；ルカ5：30；使23：8），サドカイ派の法律家もいたに違いないことを示唆している[29]．

トーラー学者の専門的な活動は主にトーラーの法規部分，従って司法の運営に関わっていた．まず法律家としての彼らの責務は，(1) トーラーの根底にあるまたはそこから引き出される法の原則を完全に定義すること，(2) それを学徒に教えること，(3) 学問を積んだ助言者として裁判所において法の運営を手助けすることであった[30]．

(1) 法の理論形成については，その基本原則は当然，暗黙にであれ明示的にであれ成文律法（トーラー）に定められていると考えられていた．とはいえ解釈の要らないほど詳細に書かれた法典などありはしない．いずれにせよ，モーセ律法の与える指示は場合によっては非常に大まかなので，トーラー学者の働く余地は大いに残されていた．彼らはトーラーの与える一般原則を注意深い決疑論を用いて敷衍しなければならなかった．それは，彼らの敷衍する方向がその原則のもつ意義と範囲に十分に合致していることを確かに保証するような仕方でなされた．成文律法が明確な決定をしていない場合には，慣習法を定めるか，既に効力のある法規定から演繹して補わなければならなかった．紀元前最後の数世紀に行われたこの法整備作業の全体を支える勤勉さのおかげで，聖書の律法は徐々に複雑な互いに入り組んだ知識分野になった．そしてこの法律は文字にされず口頭で継承されていったので，それに精通するためには絶えまない学習が必要となった．しかしこの法的義務についての知識は，トーラー学者の専門家としての活動の基礎であり前提条件以上のものでは決してなかった．彼らの本当の役目は，既に法律化していること

をたゆまぬ入念な作業によって決疑論的により緻密な細部へと発展させていくことであった.

　この活動の目的は万人のための法体系を作ることにあったので，学者が個別にそれを追及することはなかった．ヤブネ以前の法律諮問プロセスに関しては，具体的な情報は殆どない．しかし，もしヨハナン・ベン・ザカイやガマリエルⅡ世に集められたラビたちのやり方を典型的なものと考えることが許されるならば，これらの専門家はつねにお互い連絡を取り合って，相互理解を通して一般に承認される結論に至ることを目指していたと言える．法形成の企ての全ては，口頭の議論によって遂行された．権威を承認された者はトーラーについて指導するために学徒を周りに集めただけでなく，法的問題について，実際には律法の全ての内容について討議した．ミシュナーのいたるところでこのプロセスは証明されている[31].

　このようなやり方を可能にするために，学派の指導者たちはいくつかの中心地で一緒の生活をせねばならなかったが，その学徒の多くは律法の教師や専門家として全国に散らばっていた．しかし傑出して独創的な権威者の大半は，1つの場所に集まっていたに違いない．70年以前はエルサレム，70年以後はヤブネ，ウシャ，ティベリアスなどに．

　学者の手によって理論的に発展していった律法は，はじめは理論のみであった．70年以前も以後も現実の歴史的・政治的状況が法の施行を妨げたので，多くの面でそれは理論にとどまった[32].しかし一般的には学者の仕事は実生活につながっており，その名声が高まるにつれて彼らの理論もまずは影響力のあるものに，後には拘束力のあるものになっていった．エルサレム崩壊以前の1世紀間はファリサイ派の見解が大きな比重を占めていて，大サンヘドリン〔大法廷〕は，ファリサイ派とサドカイ派の混成であったにもかかわらず実際にはファリサイ派の法原則に追従した（第Ⅱ〔Ⅲ〕巻278-280頁を見よ）．いずれにせよ多くの事柄は公式の法制定を必要とするような類のものではなかった．というのは，篤信者は正当と認められた権威者に自発的に服して宗教戒律を守ったからである[33].従って学派の間に同意が得られれば，学者によって発展してきた戒律はただちに実際に拘束力を持つものとして受け入れられた．学者は公式には認められていなくても，事実上の立法者であった．これは特に神殿崩壊後の時代について言えることで，その時までにはかつてのサンヘドリンのような市民裁判所はもうなくなっていた．純粋に精神的な指導力を持っていたラビたちだけが，ただ1つ生き残った権威集団となったのである．かつて彼らは事実上の法の制定者であったが，神殿崩壊後は公式

に立法者と認められた．彼らの裁定は，何が法に適っているかを決定するに十分であった．何らかの点で人がどう振舞うべきかについて疑問が生じた場合には，権威ある決定を得るためにその問題を賢者の前に持っていくことだけが求められた[34]．トーラー学者の地位は，ときとしてその内の1人の意見で問題解決に十分とされるほどのものであった[35]．彼らの公告の結果として，特に理由がない場合でも新しい法原則が置かれた．そうした法令のなかにはそれまでの慣習法と異なるものさえあった[36]．にも関わらず，その1人の意見はいつでも多数意見と一致し，彼らに受け入れられたものと考えられた．なぜなら，最終決定権があるのは多数派だったからである（下記39-40頁参照）．そのため，教師個人の決定が訂正されることや[37]，卓越した学者であってもラビの「法廷」の見解に服さねばならないということが起こりえた[38]．

　ラビの立法権はミシュナーの時代にはまったく当然のこととされているため，エルサレム崩壊以前も同様であったと無造作に仮定されている．ヒレルはこれとあれを定めたとか[39]，ガマリエルⅠ世はこういう決定に至ったとか[40]，何の屈託もなく言われている．しかし，当時の最終的な権威は，ヒレルでもガマリエルⅠ世でもなくエルサレムの大サンヘドリンにあった．ミシュナー自体，全イスラエルのためのトーラー（権威ある教え）はそこから発せられると断言している[41]．しかしながら，トーラーの偉大なる教師たちが事実上の決定を下す権威であったことも確かである．

　（2）トーラー学者の第2の役割は教えることであった．ユダヤ教の理想はいつでも全てのイスラエル人，あるいはなるべく多くのイスラエル人がトーラーに精通することであった．「多くの弟子を興せ」は既に「大会堂」のスローガンであった[42]．高名なラビは学問に熱心な若者を――しばしば多く[43]――集め，複雑で膨大な「口伝律法」の徹底した知識を授けた．学徒は תלמידים〔タルミディーム〕とか תלמידי חכמים〔タルミデー・ハハミーム〕として知られていた[44]．その教育法は途切れることのない記憶の訓練であった．というのも教育の目的は学徒の心に全ての主題をその無数の細部にいたるまで焼き付けることであったし，さらに口伝律法は書き記してはいけなかったので，1回の授業ではまったく足りなかったからである．教師はその内容を何度も何度も生徒と繰り返す．そのためラビの用語では，「繰り返す」（שנה〔シャナー〕 ＝ δευτεροῦν）ことは「教える」（משנה〔ミシュナー〕＝教え）ことと同じなのである[45]．しかしこの繰り返しは教師だけがしゃべる講義の形をとらない．授業全体は議論によって進行した．教師はハラハー上の質問を出し

て生徒に答えさせ，あるいはそれらの問いを自分で解いてみせた．生徒が教師に質問することも自由だった[46]．この問答形式の教育はミシュナーの形態にその痕跡を残した．そこでは頻繁にあれやこれやの主題がどう理解されるべきかと質問がなされ，それから決定が下されるのである[47]．

　全てのトーラー学習は厳格に伝統に則っており，生徒には2つの義務だけが課された．1つは全てを忠実に覚えることであった．ラビ・ドスタイはラビ・メイルの名において言った，「トーラーにおける教えの一言でも忘れる者は，あたかもその生命を取られた者のようにみなされるだろう」[48]．もう1つの義務は，受けた教義を変えないことであった．生徒は教師の言葉で自分の考えを述べることすら求められた．「人は自分の教師の言葉で語らねばならない」(חייב אדם לומר בלשון רבו)[49]．生徒に与えられる最高の賛辞とは，「1滴も漏らさない漆喰された水がめ」であった[50]．

　ミシュナーの時代に，そして疑いなくそれ以前の時代にも，聖書の研究，学問的論争や授業は特別の「学びの家」(בית מדרש〔ベート・ミドラシュ〕，複数形בתי מדרשות)で行われた[51]．この名称は，法律的な観点から何らかの特権を享受している場所として，しばしばシナゴーグという名称と一緒に使われている[52]．ヤブネ時代に「ブドウ園」(כרם〔ケレム〕)と呼ばれた場所は，賢者たちの会合場所として言及されている．とはいえ כרם が一般に「学びの家」の詩的表現であったと結論すべきではない[53]．新約聖書の証言からすると，エルサレムでは「神殿」，すなわち列柱のある回廊ないし外の広場にある部屋でも授業が行われていた（ἐν τῷ ἱερῷ ルカ2：46；マタ21：23；26：55；マコ14：49；ルカ20：1, 21, 37；ヨハ18：20）．

　授業の間は生徒は床に（בקרקע），教師は少し高い台座に座った（使22：3 παρὰ τοὺς πόδας Γαμαλιήλ〔ガマリエルのひざもとで〕．ルカ2：46も参照)[54]．

　(3)　トーラー学者の最後の役目は，司法に参加することであった．彼らは職業的な法の専門家でその意見には権威があった．少なくとも我々の問題にしている時代については，確かにトーラーの学問的知識は司法の役職にとって決して本質的なことではなかった．市民の信任を得て任命されれば誰でも裁判官になれた．小さな地方裁判所は，主に一般人からなる仲裁裁判所であったと想定できよう．しかし，トーラーについて徹底した確かな知識に秀でていれば，その裁判官がより大きな信頼を得ていたことは明らかである．従ってトーラー学者がいるところでは，彼らは確実に司法の役職に任命された．エルサレムの大サンヘドリンについて新約聖書がはっきりと証言しているこ

とに拠れば，γραμματεῖς〔学者〕はそのメンバーであった（第Ⅱ〔Ⅲ〕巻280頁参照）．

後70年にユダヤ国家が崩壊した後，ラビの権威はこの点においても重要性をかち得た．独立した立法者として認められた彼らは，いまや独立した裁判官としても承認された．判決が個人によってなされようと集団によってなされようと，人々は喜んでその決定に服した．たとえばラビ・アキバは，ある女の被り物を通りでとって彼女を辱めた男に，4百ズズ（デナリ）の賠償金を支払うように命じたことがあると言われている[55]．

以上の三重の活動がトーラー学者の真に主要な職務である．しかしトーラーは法律であるだけではない．モーセ五書の大部分は歴史物語からなる．他の聖書文書は，内容的に殆ど全面的に歴史的ないし教義的なものである．どれほどハラハー〔法規〕の観点から物事を考えるのに慣れようと，学者がこの事実を忘れることはなかった．従ってこれらの文書を聖書として徹底的な研究の対象とするときも，歴史や教義が語られることは必然であった．しかし法規部分とこれらの文書の扱いにおいて共通しているのは，それらが1つの聖なるテクスト，1つの聖なる文書であると考えられていたということである．それゆえそれらは集中的に研究されるべきであっただけでなく，人々はそれを発展させより詳しく補足せねばならないと感じていた．法の拡充がなされれば，同じことが聖なる歴史にも教義にもなされた．しかしそれはあくまで聖書のテクストに従ってなされた．聖書の神聖さがそのような徹底した注意を要求した．後代の意見はもちろんこの広がりゆくプロセスに影響力をもち，歴史と教義は単に拡大されていくだけでなく，その後代の見方と一致する仕方で形作られていった．こうしてハガダー〔＝アガダー〕として知られる文学ジャンルが生まれたのである[56]．

ハガダーについての仕事は，確かにトーラー学者の主要な職務ではなかった．しかし，法規の敷衍もその聖なるテクストの歴史的・宗教倫理的文脈に従っての敷衍も，互いに関連した必要性から出てきたものであるから，その両方の敷衍が同じ人によってなされるというのは極めて自然なことであった．賢者は普通ハラハーとハガダーの両方に従事した．ただし賢者のなかには，一方を他方より得意とする者もいた．

法規とハガダーの両方の専門家であるという特色ゆえに，トーラー学者はシナゴーグで説教する資格も十分に有していた．説教の仕事は特定の人に限られていたわけではない．会堂司が認めさえすれば，誰でもそこで教えるこ

とができた（143頁参照）．しかし法律の専門家が無教養の者より法廷で好まれたように，聖書の専門家がシナゴーグでも自然と優先された．

　最後に，聖書の法的，歴史的・教義的な釈義や敷衍に加えて，学者には第3の関心事があった．すなわち，聖書テクストそのものの保護である．聖なる書物の権威が大きくなるにつれて，それらを改竄のないよう正確に保存することがますます切迫した課題となった．この前提からマソラーに含まれている様々な〔テクストにまつわる〕観察やコメントが生まれた（マソラーとは，節，単語，文字の計算，綴りについての註，テクストについての批評的コメントなどの総称）[57]．とはいえ，これらの仕事がなされたのは後代のことである．我々の論じている時代には，せいぜいその始まりがあったに過ぎない[58]．

註

1)　クムラン共同体は，祭司が絶対的優位をもつ古いユダヤ社会の構造を残していた．「最終的な権威は祭司の手にあった．新メンバーの受け入れや罪を犯した成員の追放や罰が死海写本で言及されるとき，『契約の人々の多数の決定に従って』というフレーズが現れるが，しかしそれは常に，明らかにより重要な『ツァドクの子ら』による決定を伴うか，それに続いて出てくる．教義やおきてや共有財産の領域では，手綱を握るのは彼らだった．新来者は『ツァドクの子らの権威において律法と持ち物について一つになる』（1QS 5：2）のだった．また強い強調を伴って，『ツァドク〔原典ではアロン〕の子らだけがおきてと財産の事柄を管理』すべきであり，共同体の人々のあらゆる規則も『彼らの言葉に基づいて決定された』（1QS 9：7）．レビ人が祭司から区別されていたことを示すものは何もないので，どちらの聖職階級もこれら一般的陳述の中に含まれていただろう」（G. Vermes, *DSSE*, pp. 18-19)．「この分派は明確にイスラエルの縮図としての組織編成を意図していたので，ユダヤ教一般と同様に，礼拝や教育といった主要な宗教義務は，祭司とレビ人の間で分担されることになった」（Ibid., p. 25)．*DSS*, pp. 87-115 参照．

2)　ソフェルは職業的に書物に関わる人のことである．たとえば，物書き（シャバ12：5；ネダ9：2；ギティ3：1；7：2；8：8；9：8；バ・メツィ5：11；サンヘ4：3；5：5）や本綴じ屋（ペサ3：1）．旧約ではソフェルは元来書かれた記録を扱う役人，特に国家文書の起草を任された王の大法官のことであるが，後には学者や法の専門家のことも言うようになった．TDNT I, pp. 740-1 (J. Jeremias) 参照．マカバイ時代以前の書記については，J. Wellhausen, *Israelitische und jüdische Geschichte* (⁹1958), pp. 199-204; J. Bright, *A History of Israel* (²1972), pp. 215, 439-41; R. de Vaux, *Ancient Israel*, 特に pp. 225, 251 参照．タルムードはソフリームの語源をトーラーの文字を数える者としているが

28 　　　　　　　　第 25 節　トーラーの学習

(BT キドゥ 30a)，これに史的意義はない．全体的に Bacher, *Terminologie* I, pp. 113-36; H. H. Schaeder, *Esra der Schreiber* (1930), pp. 48 ff.; R. Meyer, *Tradition und Neuschöpfung,* pp. 33-43; M. Hengel, *Judentum und Hellenismus* (1973), pp. 143-8; 英訳 I, pp. 78-83 参照.

3)　ヨセフス『古代誌』xx 11, 2 (264) はユダヤ人について次のように言う．μόνοις δὲ σοφίαν μαρτυροῦσιν τοῖς τὰ νόμιμα σαφῶς ἐπισταμένοις καὶ τὴν τῶν ἱερῶν γραμμάτων δύναμιν ἑρμηνεῦσαι δυναμένοις〔しかし彼らは，律法を正確に知っていて，聖なる文書の力を解釈できる者に対してのみ知恵を証しする〕．モーセについては，G. Vermes, *Scripture and Tradition,* pp. 51-2 参照．חק／מחקק〔立法者〕については，Ibid., pp. 52-5 参照．ヘブライ語版シラ書 10：5 の מחקק はギリシア語版では γραμματεύς と訳されている．

4)　後期ギリシア語法では，νομικός は「法律家」(iuris peritus) を指す術語である．同様に特にローマの法律家のことも言う．ストラボン xii 2, 9 (539)：οἱ παρὰ Ῥωμαίοις νομικοί〔ローマ人の間の法律家たち〕．Edictum Diocletiani〔ディオクレティアヌス法令〕にも用例あり，A. A. F. Rudorff, *Römische Rechtsgeschichte* II, p. 54 参照．W. Kunkel, *Herkunft und soziale Stellung der römischen Juristen* (²1967), pp. 267-70 参照．この語はマルコには現れないが，ルカでは何度か使われている．ルカはユダヤ教の「書記」を聖書律法の専門家として特徴づけようとしている．H. Kleinknecht-W. Gutbrod, *Law* (1962), 特に pp. 141-3 参照.

5)　Kleinknecht-Gutbrod, *op. cit.,* pp. 47-9; 67-78 参照．トーラーの相当語に νόμος を当てることにより，七十人訳はモーセ五書をギリシアのポリスの法律に相当するユダヤ人ディアスポラの法典であることを意図している．Z. W. Falk, *Introduction to Jewish Law of the Second Commonwealth* (1972), p. 6 参照．上記 16 頁〔註 22〕も見よ.

6)　『古代誌』xvii 6, 2 (149)．xviii 3, 5 (84) 参照.

7)　『戦記』i 33, 2 (648)；ii 17, 8, 9 (433, 445).

8)　『戦記』vi 5, 3 (291).

9)　オルラ 3：9；イェヴァ 2：4；9：3（ソタ 9：15）；サンヘ 11：3；ケリム 13：7；パラ 11：4-6；トホロ 4：7, 11；トゥヴ・ヨム 4：6；ヤダ 3：2．これら全ての箇所は（ミシュナーのオリジナル・テクストにはないソタ 9：15 は別として），トーラーの掟と区別されたものとして「書記の言葉」(דברי סופרים) に言及している．そうすることによって，後者もまた長い間権威あるものと見なされてきたことを示している．それ以外では，ソフリームという語は上記註 2 の意味でのみ用いられている．シュモネ・エスレー〔十八祈祷〕の普及版テクストでは，第 13 祈祷 (ברכת צדיקים) で神は「義人，敬虔者，イスラエルの長老とソフリームの残りの者 (פליטת סופרים)」に憐れみを示すよう祈られている．ただし，最後の 2 語は古い版にはない（そこには他の異読もある）．I. Elbogen, *Geschichte des Achtzehngebets* (1903), p. 59; *Der jüdische Gottesdienst in seiner geschichtlichen Entwicklung* (³1931), p. 52 参照．ギリシア語 γραμματεύς は後 2-4 世紀のローマのユダヤ人墓碑銘にまだ見出される．H. J. Leon, *The Jews of Ancient Rome* (1960), pp. 183-6 参照．pp. 265-331 の碑文 7, 18, 67, 99, 121, 125, 146, 148, 149, 180, 279, 284, 318, 351, 433 番を見よ.

10)　旧約では רב は「長」を意味する（宦官あるいは魔術師の長，エレ 39：3, 13）．ミシ

ュナーでは「主人」を意味する．たとえば奴隷に対して（スカ2：9；ギティ4：4,
5；エドゥ1：13；アヴォト1：3）．後にラテン語の magister のように「教師」「師」の
意味を持つようになった．既にヨシュア・ベン・プラヒヤに帰せられている言葉のな
かで，この意味で用いられているようである（アヴォト1：6）．いずれにせよこの意
味はミシュナー時代には極めて一般的である．ロシュ2：9；バ・メツィ2：11；エド
ゥ1：3；8：7；アヴォト4：12；クリト6：9；ヤダ4：3を見よ．従って教師がラビ
と呼ばれているときには，それは単に「我が主人」というだけでなく「我が師」とい
う意味をも持つ（例えば，ペサ6：2；ロシュ2：9；ネダ9：5；バ・カマ8：6. また
ブラホ2：5-7の רבינו〔我らの師〕も参照）．大祭司のような他の重要人物に対しては
אישי〔我が人〕が使われる（ヨマ1：3, 5, 7；4：1；タミド6：3；パラ3：8）．従って
ῥαββεί を διδάσκαλε と解釈するのは間違いではない（ヨハ1：38）．ヒエロニムス『マ
タイ福音書註解』23：7（CCL lxxvii, p. 212）'et vocentur ab hominibus Rabbi, quod Latino
sermone magister dicitur'〔彼らは人々からラビと呼ばれるであろう．これはラテン語で
は「教師」ということである〕参照．同『オノマスティコン』ed. Lagarde, p. 63: 'Rabbi
magister meus, syrum est'〔ラビとは私の師のことであり，シリア語である〕．Greek
Onomastica, pp. 175, 30; 197, 26; 204, 26 も参照．

11) Monsieur〔ムッシュー〕のようなもの．ラビの称号一般については，Graetz, *Geschichte
der Juden* IV, p. 431; Th. Reinach, REJ 48 (1904), pp. 191-6（キプロスからの碑文，εὐχὴ
ῥαββὶ Ἀττικοῦ〔アッティカのラビの祈祷〕= Frey, CIJ, no. 736）; JE X pp. 294-5; G.
Dalman, *Die Worte Jesu* (²1930), pp. 272-80; S. W. Baron, *A Social and Religious History of
the Jews* II (1952), pp. 120 ff.; G. Vermes, *Jesus the Jew* (1973), pp. 115-21, 248-9 参照．「ラ
ビ」が教える権威を認められた叙任された学者の称号となったのは後70年以後，恐ら
くヤブネにおいてであったろう．A. Büchler, *Die Priester und der Cultus* (1895), pp. 16 ff.;
Moore, *Judaism* I, pp. 43 f.; G. Dalman, *Die Worte Jesu*, pp. 272-4; W. D. Davies, *The Setting
of the Sermon on the Mount* (1964), p. 298 参照．ラビの他に，後代にはレビと発音される
こともあった．たとえば，ヴェノサの墓碑銘に 'duo rebbites'〔2人のレビ〕（CIS IX,
nos. 648, 6220; Frey, CIJ I, no. 611，ヤッファとベート・シェアリームの碑文に βηρεβι
= בר רבי בירבי〔レビの子〕，Frey, CIJ II, nos. 893, 951, pp. 121, 145; B. Mazar, *Beth
She'arim* I (²1957), p. 137; N. Avigad, *Beth She'arim* III (1971), no. 16, p. 179）．Βαραβαι と
いう綴りについては，M. Schwabe-B. Lifschitz, *Beth She'arim* II (1967), no. 89, p. 30 を見
よ．リビ ʹΡιββι（ないしリブ ʹΡιβ）が *Beth She'arim* II, nos. 41, 42, 202 に現れる．

12) どちらの形もタルグムに現れるが（J. Levy, *Chaldäisches Wörterbuch*, s.v. 参照），ヘブ
ライ語では殆どいつも רבן である．רבן はミシュナーでは1度だけタア3：8に見出せ
るが，そこでは神を指している．ガオンのシェリラとハイ（後1000年頃）によるラバ
ン―ラビ―ラブの伝統的な意味は，アルーフの אביי の項にある．A. Kohut, *Aruch
Completum* I (1955), pp. 6-7: רבן גדול מרבי רבי גדול מרב נדול（「ラブに優るはラビ，ラビに優
るはラバン」）を参照．Tエドゥ3：4参照．

13) この4人とは，老ラバン・ガマリエル，ラバン・ヨハナン・ベン・ザカイ，ラバン・
ガマリエルII世，ラバン・シメオン・ベン・ガマリエルII世である．ミシュナーの最
も良い写本では，彼らにはたいてい רבן の称号が与えられている．ミシュナーでは1

度だけラビ・ユダ・ハナスィの子ラバン・ガマリエルⅢ世への言及がある（アヴォト2：2）．時おりこの称号が用いられている別の2人がいる（ヒレルの子シメオンとガマリエルⅠ世の子シメオン，前者はミシュナーにはまったく現れず，後者は少なくとも重要な箇所でラバンとは呼ばれていない［アヴォト1：17］）．しかし後者（ガマリエルⅠ世の子シメオン）は，恐らくケリト1：7で犠牲の鳩の価格との関連で言及されているラバン・シメオン・ベン・ガマリエルであろう．

14) ラボンの発音の変化については，G. Dalman, *Grammatik des jüdisch-palästinischen Aramäisch* (²1905), p. 176 及び n. 1 参照．タルグムで רבוני を ραββουνί（ラブニ）と読むことについては，M. Black, *An Aramaic Approach* (³1967), pp. 23-4, 43-6 参照．あるミシュナー写本の1箇所にこの読みが現れることについては，E. Y. Kutscher, 'Das zur Zeit Jesu gesprochene Aramäisch', ZNW 51 (1960), p. 53 参照.

15) アラム語 מר の用法については，Dalman, *Die Worte Jesu*, pp. 266-80; G. Vermes, *Jesus the Jew*, pp. 111-22 参照.

16) モレについては Dalman, *op. cit.*, p. 276 参照．アバと呼ばれる最も有名な教師はシャウルである（ペア8：5；キルア2：3；シャバ23：3；シュカ4：2；ベツァ3：8；アヴォト5：8；ミドト2：5；5：4等）．アバ・ゴリヨン（キドゥ4：14）とアバ・ヨセ・ベン・ハナン（ミドト2：6）も見よ．この称号をもつ他の者については，Zuckermandel, *Index zur Tosephta*, p. xxxi と Strack, Index Ⅲ を見よ．JE Ⅰ pp. 29-35 では，30人以上のラビがアバと呼ばれている．全体的に K. Kohler, 'Abba, father, title of spiritual leader and saint', JQR 13 (1901), pp. 567-80; Str.-B. Ⅰ (1922), pp. 392-6, 410-18, 918-19; G. Dalman, *Die Worte Jesu*, pp. 150-9, 296-304; S. V. McCasland, 'Abba Father', JBL 72 (1953), pp. 79 ff. 参照．奇跡行為をするハシード，アバ・ヒルキヤについては，Vermes, *Jesus the Jew*, pp. 118-21 参照.

17) アヴォト4：12.

18) クリト6：9.

19) バ・メツィ2：11．デレフ・エレツ・ズータの話（第Ⅰ〔Ⅰ〕巻 123, 138 頁を見よ），Maimonides, *Mishneh Torah: Hilkoth Talmud Torah* 5-6 (ed. M. Hyamson, *The Book of Knowledge*, 1962, pp. 61b-64a); S. W. Baron, *A Social and Religious History of the Jews* Ⅱ, pp. 278-9 参照.

20) στολάς〔外套〕はマコ12：38＝ルカ20：46．さらにエピファニオス『パナリオン』15：ἀλλ' ἐπειδὴ στολάς, εἶτ' οὖν ἀμπεχόνας οἱ τοιοῦτοι ἀνεβάλλοντο καὶ δαλματικάς, εἶτ' οὖν κολοβίωνας ἐκ πλατυσήμων διὰ πορφύρας ἀλουργοϋφεῖς κατεσκευασμένας ...〔しかしこれらの者たちは，外套ないし肩掛けと，長衣ないし紫布で紫織物に仕立てられた幅広縞のチュニカを着ていたので……〕．στολή は祭司の盛装（フィロン『ガイウス』37 [296]，ヨセフス『古代誌』iii 7, 1 [151]），また貴族の衣装である（Ⅰマカ6：15）．長衣については第Ⅱ〔Ⅲ〕巻 75 頁を見よ.

21) アヴォト4：5．1：13 参照．またデレフ・エレツ・ズータ4：2.

22) ブホロ4：6.

23) アヴォト2：2.

24) S. Meyer, *Arbeit und Handwerk im Talmud* (1878), pp. 23-36; Baron, *A Social and*

Ⅱ　トーラー学者とその業績一般について（註）　　*31*

Religious History of the Jews II, pp. 260-79; H. Z. Reines, 'The Support of Scholars in the Talmudic Period', Sinai 4, nos. 106-7, pp. 137-52 参照．比較すべきデータについて，F. V. Filson, 'Christian Teachers in the First Century', JBL 60 (1941), pp. 317-28; J. Jeremias, *Jerusalem in the Time of Jesus,* p. 234; M. Avi-Yonah, *The Jews of Palestine: A Political History from the Bar Kokhba War to the Arab Conquest* (1976), pp. 22-3 を見よ．

25)　アヴォト 4：10.

26)　アヴォト 2：5.

27)　BT ヨマ 35b．エレミアスは，授業料は教師でなく門番に支払われたと記している（*Jerusalem in the Time of Jesus,* p. 112）．

28)　後 70 年以前にガリラヤにファリサイ派がいたことの証拠については，G. Vermes, *Jesus the Jew,* pp. 56-7 参照．福音書のなかでガリラヤに現れる「律法学者」が，κωμῶν γραμματεῖς ないし κωμογραμματεῖς（ヨセフス『戦記』i 24, 3 [479]；『古代誌』xvi 7, 3 [203]），すなわち律法の専門家というよりも，村の氏長ないし（恐らくは）初等学校の教師と同定できるかという問題がある．後 1 世紀末からハドリアヌスの時代までのガリラヤの学者については，A. Büchler, *Der galiläische Am-ha'areṣ des zweiten Jahrhunderts* (1906), pp. 274-338 を見よ．

29)　G. Vermes, *Jesus the Jew,* p. 35. サンヘ 7：2 にラビ・エリエゼル・ベン・ツァドクによって火刑が文字通り行われたというハラハーがあるが，BT サンヘ 52b ではそれはサドカイ派の法慣習とされている．

30)　この「三重の賢者の力」をヴェーバーは正しく認識している．F. Weber, *System der altsynagogalen palästinischen Theologie,* pp. 130-43. Moore, *Judaism* I, pp. 39-43; Jeremias, *Jerusalem,* pp. 235-7 参照．

31)　例えば，ペア 6：6；キルア 3：7；6：4；トゥルモ 5：4；マア・シェニ 2：2；シャバ 8：7；ペサ 6：2,5；クリト 3：10；マフシ 6：8；ヤダ 4：3．シャマイ派とヒレル派の議論全体については，Neusner, *Pharisees* II, pp. 1-5 他参照．

32)　好例がヤダ 4：3-4 にある．サンヘ 1：5；ホラヨ 1：5 にある〔十二〕部族についての明らかに理論のみの規定も参照．

33)　祭司は殆どつねにラビの理論に従う者として現れる．この 2 グループの衝突に関するミシュナーの証拠は十分信頼に値するとは言えないが，それによっても祭司の慣行とラビの理論との間にはほんの稀にしか違いがない．シュカ 1：3-4；ヨマ 6：3；ズヴァ 12：4 参照．

34)　「その問題は賢者たち（הכמים）の前に持ってこられ，彼らはそれが許される（禁じられる）と宣言した」という言い回しは，頻繁に現れる定型句である．例えば，キルア 4：9；エドゥ 7：3；ブホロ 5：3 参照．

35)　ラバン・ヨハナン・ベン・ザカイ（シャバ 16：7；22：3），ラバン・ガマリエル Ⅱ 世（ケリム 5：4），ラビ・アキバ（キルア 7：5；トゥルモ 4：13；イェヴァ 12：5；ニダ 8：3）参照．

36)　例えば，ラバン・ヨハナン・ベン・ザカイ（スカ 3：12；ロシュ 4：1, 3, 4；ソタ 9：9；メナホ 10：5）とラビ・アキバ（マア・シェニ 5：8；ナズィ 6：1；サンヘ 3：4）参照．

37) かつてメディア人ナフムの決定は，後に「賢者たち」によって訂正された（ナズィ 5：4）．

38) ラビ・ヨシュアはラバン・ガマリエルⅡ世とその法廷に従った（ロシュ 2：9）．

39) シュヴィ 10：3；ギティ 4：3；アラヒ 9：4．全ての箇所で定型句 התקין 彼は定めた」が用いられている．

40) ロシュ 12：5；ギティ 4：2-3．同様に定型句 התקין と共に．

41) サンヘ 11：2．特に J. Juster, *Les juifs dans l'empire romain* II, pp. 127-49 参照．

42) アヴォト 1：1．

43) ヨセフス『戦記』i 33, 2 (649)．BT ソタ 49b 参照．

44) アヴォト 5：12；サンヘ 11：2．特にラバン・ヨハナン・ベン・ザカイ（アヴォト 2：8），ラバン・ガマリエルⅡ世（ブラホ 2：5-7），ラビ・エリエゼル（エルヴィ 2：6），ラビ・イシュマエル（エルヴィ 1：2），ラビ・アキバ（ニダ 8：3），シャマイ派（オルラ 2：5, 12）の תלמידים が言及されている．תלמיד חכם については，ペサ 4：5；ヨマ 1：6；スカ 2：1；ハギガ 1：7；ネダ 10：4；ソタ 1：3；サンヘ 4：4；マコト 2：5；ホラヨ 3：8；ネガ 12：5を見よ．Enc. Jud. 15, cols. 746-9 参照．学問は終えたがまだ公に認知された地位を得ていない人を表す חבר という用語は後代に属する．חבר のミシュナーにおける用法については第26節参照．

45) ヒエロニムス『書簡集』121，「アルガシアへ」10（CSEL LVI, p. 49）'Doctores eorum σοφοί hoc est sapientes vocantur. Et si quando certis diebus traditiones suas exponunt discipulis suis, solent dicere: οἱ σοφοὶ δευτερῶσιν, id est sapientes docent traditiones'.〔彼らの教師たちは「ソフォイ」すなわち賢者と呼ばれている．彼らは決まった日に彼らの伝承を弟子たちに説明するとき，「賢者はくり返す」，つまり賢者たちは伝承を教える，と言うのが慣わしである．〕שנה と משנה の意味については第Ⅰ〔Ⅰ〕巻 114 頁を見よ．

46) ヒレルによれば「小心者は学べない」（アヴォト 2：6）．

47) 例えば，ブラホ 1：1-2；ペア 4：10；6：8；7：3, 4；8：1；キルア 2：2；4：1, 2, 3；6：1, 5；シュヴィ 1：1, 2, 5；2：1；3：1, 2；4：4．質問は非常にしばしば כיצד「どのように？」で導入される．ブラホ 6：1；7：3；トゥルモ 4：9；マア・シェニ 4：4；5：4；ハラ 2：8；オルラ 2：2；3：8；ビク 3：1, 2；エルヴィ 5：1；8：1．ミシュナーの文学様式については，Neusner, *Pharisees* III, pp. 5-179; *Purities* XXI (1977) 参照．

48) アヴォト 3：8．

49) エドゥ 1：3．

50) アヴォト 2：8．

51) 既にイエス・ベン・シラは彼の בית מדרש（シラ 51：23）に ישיבה（＝聴衆，シラ 51：29）を集めていた．ミシュナーでは，ブラホ 4：2；ドゥマイ 2：3；7：5；トゥルモ 11：10＊；シャバ 16：1；18：1；ペサ 4：4＊；ベツァ 3：5；アヴォト 5：14；メナホ 10：9；ヤダ 4：3, 4 参照（アステリスクは複数形）．

52) トゥルモ 11：10；ペサ 4：4．学舎がシナゴーグと別のものだったことはこの2箇所から明かである．学舎一般については，K. Kohler, s.v. *Bet ha-midrash,* JE III, pp. 116-18; G. F. Moore, *Judaism* I, pp. 308-19, iii. nn. 89-90; Enc. Jud. 4, cols. 751-2 参照．また下記 127-30 頁も参照．

Ⅱ　トーラー学者とその業績一般について（註）　　*33*

53)　クトゥ4：6；エドゥ2：4. この2箇所で כרם はヤブネの学者がよく集まっていた場所である（ラビ・エルアザルないしラビ・イシュマエルはヤブネのブドウ園であれやこれやの話題を学者に講解した）. 恐らくこれは本当にブドウ園であって，そこに家ないし講堂があって集会所となっていたのであろう. この言葉の伝統的な説明によれば，学徒は学舎のなかでブドウのように列をなして座っていたという（既に PT ブラホ 7d に見られる）.

54)　タルムードの伝承によれば，ガマリエルⅠ世が死ぬまでは学徒が地面に座るのは慣習になっていなかった. かつては学徒は立っていた（BT メギラ21a）. しかしこの伝説はソタ9：15の単なる解釈である. 「長老ラバン・ガマリエルが死んで以来，トーラーへの敬意は潰えた」. 他方，ルカ2：46の他にアヴォト1：4も見よ. それによれば，既にヨセ・ベン・ヨエゼルは賢者の足の塵をかぶることを勧めている.

55)　バ・カマ8：6. 厳密には後70年以後のパレスチナには公認されたラビの「法廷」はなかったとする議論がある. H. P. Chajes, 'Les juges juifs en Palestine de l'an 70 à l'an 500', REJ 39 (1899), pp. 39-52. 第Ⅱ〔Ⅲ〕巻278頁も見よ. 反論については，J. Juster, *Les Juifs dans l'empire romain* Ⅱ, pp. 94-116 を見よ. この時代のパレスチナに2つの恒久的な地方法廷があったことについて，G. Alon, *Toledot ha-Yehudim be-Erez Yisrael* Ⅰ (⁴1967), pp. 136-44 を見よ. また A. Büchler, *The Political and Social Leaders of the Jewish Community of Sepphoris in the Second and Third Centuries* (1909), pp. 21-33; H. Mantel, *Studies in the History of the Sanhedrin* (1961), pp. 223-5 参照.

56)　さらなる詳細については下記42-7頁を見よ.

57)　「マソラー」という表現については，W. Bacher, *Terminologie* Ⅰ, pp. 106-9; JE Ⅷ, p. 365 参照. 別の議論については，G. Dalman, *Studien zur bibl. Theologie* (1889), p. 8; F. Buhl, *Kanon und Text des A.T.* (1891), pp. 95 ff. 参照. この言葉はメソラーと発音される真の名詞であるとする見解については，M. Gertner, 'The Masorah and the Levites', VT 10 (1960), pp. 241-72 参照.

58)　マソラーについては，P. E. Kahle, *Masoreten des Ostens,* BWAT 15 (1913); *Masoreten des Westens* Ⅰ-Ⅱ (1927/30); L. Lipschütz, *Ben Ascher–Ben Naftali. Der Bibeltext der tiberischen Masoreten* (1937); B. J. Roberts, 'The Emergence of the Tiberian Massoretic Text', JThST 49 (1948), pp. 8 ff.; P. Kahle, *The Cairo Geniza* (²1959); M. Goshen-Gottstein, 'The Rise of the Tiberian Bible Text', *Studies and Texts of the Philip W. Lown Institute of Advanced Judaic Studies* Ⅰ, ed. A. Altmann, (1963), pp. 79-122; G. E. Weil, *Élie Lévita, humaniste et massorète* (1965) 参照. この問題全体の総括としては，H. M. Orlinsky, 'The Massoretic Text: A Critical Evaluation', C. D. Ginsburg, *Introduction to the Massoretico-Critical Edition of the Hebrew Bible* の1966年の再版への序言；O. Eissfeldt, *Introduction,* pp. 678-93; A. Díez Macho, *Manuscritos hebreos y arameos de la Biblia* (1971); A. Dotan, 'Masorah', Enc. Jud. 16, cols. 1401-82; H. M. Orlinsky (ed.), *Masoretic Studies* Ⅰ (1974); L. Diez Merino, *La biblia babilonica* (1975); E. J. Revell, *Biblical Texts with Palestinian Pointing and their Accents* (1977) 参照. ミシュナーにおける個別のコメントについては次の箇所を見よ. ペサ9：2（民9：10の הפסח の ה の上に点がある）；ソタ5：5（ヨブ13：15の לא は「ない」ではなく「彼に」を意味する）. ヒエロニムスは『創世記

についてのヘブライ人への質問』（CCL lxxii, p. 24）で創 19:33 についてコメントして
いる．'Denique Hebraei, quod sequitur "Et nescivit quum dormisset cum eo et quum
surrexisset ab eo" appungunt desuper quasi incredibile'〔つまり，ヘブライ人はあたかも信
じられないかのように，以下に続く「彼はいつ彼女と寝て，いつ彼女が彼から起きあ
がったのか気づかなかった」の上に傍点を付した〕．アヴォト 3:13 でラビ・アキバは
מסרת は「トーラーのまわりの垣根である」と言っているが，それは恐らく聖書テクス
トの注意深い伝達のことを言っているのであろう．W. Bacher, *Terminologie* I, p. 108; L.
Finkelstein, 'Maxim of *Anshe Keneset ha-Gedolah*', JBL 59 (1940), pp. 457-63 [*Pharisaism
in the Making* (1972), pp. 161-7] を見よ．

Ⅲ　ハラハーとハガダー

参考文献表

Zunz, L., *Die gottesdienstlichen Vorträge der Juden, historisch entwickelt* (1832, [2]1892).

Frankel, Z., *Vorstudien zu der Septuaginta* (1841), pp. 162-203, 特に pp. 179-91. *Über den Einfluss der palästinischen Exegese auf die alexandrinische Hermeneutik* (1851). *Über palästinische und alexandrinische Schriftforschung* (1854).

Geiger, A., *Urschrift und Übersetzungen der Bibel in ihrer Abhängigkeit von der inneren Entwickelung des Judenthums* (1857).

Siegfried, K., *Philo von Alexandria* (1875), pp. 142 ff., 283 ff.（パレスチナの釈義とアレクサンドリアのそれとの相互関係）

Bacher, W., *Die Agada der babylonischen Amoräer* (1878). *Die Agada der Tannaiten* I: *Von Hillel bis Akiba* (1884, [2]1903); II: *Von Akibas Tod bis zum Abschluss der Mischna* (1890). *Die Agada der palästinensischen Amoräer* I: *Vom Abschluss der Mischna bis zum Tode Jochanans* (1892). II: *Die Schüler Jochanans* (1896). III: *Die letzten Amoräer des heiligen Landes* (1899). *Die Agada der Tannaiten und Amoräer,* Bibelstellenregister (1902). *Die exegetische Terminologie der jüdischen Traditionsliteratur* I-II (1899-1905). *Die Proömien der alten jüdischen Homilie* (1913). *Rabbanan. Die Gelehrten der Tradition, Beitrag zur Geschichte der anonymen Agada* (1914).

Mielziner, M., *Introduction to the Talmud* (1894, [4]1968).

Ginzberg, L., *Die Haggada bei den Kirchenvätern und in der apokryphischen Litteratur* (1900). *The Legends of the Jews* I-VII (1909-14; [10]1954).

Schwartz, A., *Die hermeneutische Antinomie in der talmudischen Litteratur* (1913). *Die hermeneutische Analogie in der talmudischen Litteratur* (1897). *Der hermeneutische Syllogismus in der talmudischen Litteratur* (1901). *Die hermeneutische Induktion in der talmudischen Litteratur* (1909). *Die hermeneutische Quantitätsrelation in der talmudischen Litteratur* (1916). *Der hermeneutische Kontext in der talmudischen Litteratur* (1921).

JE I, pp. 403-11 ('Allegorical Interpretation' by L. Ginzberg); IV, pp. 80-6 ('Church Fathers' by S. Krauss); VIII, pp. 548-50 ('Midrash' by S. Horovitz).

Bousset, W., *Die Religion des Judenthums im neutestamentlichen Zeitalter* ([2]1906), pp. 176-86; ([3]1926, [4]1966), pp. 153-61.

Lauterbach, J. Z., 'Midrash and Mishnah, a study in the early history of the Halakah', JQR 5 (1915), pp. 503-27; 6 (1916), pp. 23-95, 303-23. *Rabbinic Essays* (1951).

Albeck, Ch., *Untersuchungen über die Redaktion der Mischna* (1923). *Untersuchungen über die halachischen Midraschim* (1927).

Moore, G. F., *Judaism* I (1927).

Kasher, M., *Ḥumash Torah Sheꞌlemah, A Talmudic-Midrashic Encyclopedia of the Pentateuch* (1927-).

Waxman, M., *A History of Jewish Literature* I (1930).

Klausner, J., *Ha-Bait ha-Sheni bi-Geꞌdullatah* (1930), pp. 148-59.

Strack, H. L., *Introduction to the Talmud and Midrash* (1945).

Kaplan, J., *The Redaction of the Babylonian Talmud* (1933).

Rosenblatt, S., *The Interpretation of the Bible in the Mishnah* (1935).

Belkin, S., *Philo and the Oral Law (1939). Alexandrian Halakhah in the Apologetic Literature of the First Century C.E.* (1940).

Heinemann, I., *The Methods of the Aggadah* (1949) ［ヘブライ語］.

Daube, D., 'Rabbinic Methods of Interpretation and Hellenistic Rhetoric', HUCA 22 (1949, pp. 239-64.

Neubauer, J. J., 'Halakah and Halakhic Hermeneutics' Syria II, nos. 128-30, pp. 49-80.

Seeligmann, I. L., 'Voraussetzungen der Midraschexegese', *Congress Volume 1953,* Suppl. to VT I (1953), pp. 150-81.

Doeve, J. V., *Jewish Hermeneutics in the Gospels and Acts* (1954).

Bloch, R., 'Midrash' Suppl. DB V (1955), cols. 1253-80.

Epstein, J. N., *Introduction to Tannaitic Literature* (1959) ［ヘブライ語］. *Introduction to Amoraitic Literature,* ed. E. Z. Melamed (1962) ［ヘブライ語］.

Betz, O., *Offenbarung und Schriftforschung in der Qumransekte* (1960).

Vermes, G., *Scripture and Tradition in Judaism: Haggadic Studies* (1961, ²1973).

Wright, A. G., *The Literary Genre Midrash* (1961).

Loewe, R., 'The "Plain" Meaning of Scripture in Early Jewish Exegesis', *Papers of the Institute of Jewish Studies* I (1964), pp. 140-85.

Vermes, G., 'The Qumran Exegesis of Scripture in its Historical Setting', ALOUOS 6 (1969), pp. 85-97 [*PBJS,* pp. 37-49].

Lowy, S., 'Some Aspects of Normative and Sectarian Interpretation of the Scriptures' (*ibid.,* pp. 98-163).

Le Déaut, R., 'A propos d'une définition du midrash', Bibl. 50 (1969), pp. 395-413.

Vermes, G., 'Bible and Midrash: Early Old Testament Exegesis', *The Cambridge History of the Bible* I (1970), pp. 199-231, 592 [*PBJS,* pp. 59-91].

Neusner, J. (ed.), *The Formation of the Babylonian Talmud* (1970). *The Modern Study of the Mishnah* (1973).

Albeck, Ch., *Einführung in die Mischna* (1971).

Heinemann, J., *Sermons in the Talmudic Period* (1970) ［ヘブライ語］.

Enc. Jud. 2, cols. 354-66 ('Aggadah' by M. D. Herr *et al.*); 7, cols. 1156-66 ('Halakhah' by L. Jacobs); 11, cols. 1507-14, 1521-3 ('Midrash' by M. D. Herr).

Heinemann, J., Noy, D. (ed.), *Studies in Aggadah and Folk-Literature,* Scrip. Hier. XXII (1971).

Neusner, J., *The Rabbinic Traditions about the Pharisees before 70* I-III (1971).

Le Déaut, R., 'Un phénomène spontané de l'herméneutique juive ancienne: le "'targumisme'",

Bibl. 52 (1971), pp. 505-25.

Falk, Z. W., *Introduction to Jewish law of the Second Commonwealth* (1972).

Elon, M., *Jewish Law, History, Sources, Principles:* I. The History and Elements of Jewish Law; II. The Legal Sources of Jewish Laws; III. The Literary Sources of Jewish Law (1973)［ヘブライ語］.

Komlosh, Y., *The Bible in the Light of the Amoraic Translations* (1973)［ヘブライ語］.

Ménard, J-E. (ed.), *Exégèse biblique et judaïsme* (1973).

Heinemann, J., *Aggadah and its Development* (1974)［ヘブライ語］.

Vermes, G., *Post-Biblical Jewish Studies* (1975).

Urbach, E. E., 'Halakhah and History', *Jews, Greeks and Christians—Essays in Honor of W. D. Davies,* ed. R. Hamerton-Kelly and R. Scroggs (1976), pp. 112-28.

Mantel, H. D., 'The Development of the Oral Law during the Second Temple Period', *Society and Religion in the Second Temple Period,* ed. M. Avi-Yonah and Z. Baras, *World History of the Jewish People* VIII (1977), pp. 41-64, 325-37.

1 ハラハー

　トーラー学者もしくは賢者の理論的な仕事には，前項で考察したように本質的に 2 種類ある．すなわち，(1) 律法を発展させ確立することと，(2) 聖書の歴史的部分と宗教的・教義的部分を解釈することである．第 1 の活動の結果として，ラビの用語でハラハー（הלכה 字義通りには「歩くこと」）と呼ばれる慣習法が成文律法と並ぶものとして形成された．第 2 の活動からは，豊かで多様な歴史的・倫理的考えが生み出され，それらはふつう集合的にハガダーないしアガダー（הנדה ないし אנדה，字義通りには「教えること」）として知られている（下記 42-7 頁を参照）．

　ハラハーとハガダー両者の基本的な目的は，聖書テクストを探求し詳解（ヘブライ語で דרש）することにある[1]．「探求」（מדרש〔ミドラシュ〕）とは，現代的な意味における歴史的解釈のことではなく，現存するテクストを基に新しい洞察を求めることである．問われるべき問いはテクストが実際に何を語っているのかということだけではなく，論理的推理や他の箇所との関連づけや寓喩的解釈などによって，そこからどのような知識を得ることができるのかということである．この研究のあり方や方法については，トーラーの法的テクストの方が物語部分や教義部分の扱いよりも相対的に厳格であった．

　ミドラシュ・ハラハー（すなわち法的テクストの釈義）は，まず第 1 に個々の戒めの境界と結果に関心が集中した．ある規定が実際の生活に適用された場合どういう結果になるか，そもそもその規定がすみずみまで厳格かつ精密

に守られるためには何がなされるべきか，そうしたことについて知る必要があったのである．そのため諸々の戒めは決疑論的にきわめて緻密な細部へと分類され，そしてそれら戒めの遵守に際して，その完璧に精確な成就を損なっていると見なされかねない不測の事態が起きないよう最も包括的な予防策が講じられた．

　ハラハーを制定する者の役割はテクストの分析に限られなかった．様々な困難——法典そのものの内部にある矛盾から生じる困難，トーラーの要求と移りゆく現実生活の諸条件の不一致による困難，とりわけ成文律法の不完全さによる困難——が解決されねばならなかった．こうしたあらゆる問題に対して，トーラー学者は一つの答えを求めなければならなかった．権威ある解釈を定めて矛盾を取り除くことが彼らの仕事であった．すなわち，状況の変化によってある戒めの遵守が不可能な場合や，困難や不便が感じられる場合に，どうすればその字義に準ずることがなおかつ可能であるかを示し，最終的には，特に成文律法に直接的に規定されていない全ての場合に，必要に応じて確定した規定を見出すことである．この最後の分野は，法的活動にとってとりわけ尽きることのない源泉であった．成文律法やそれまでの慣習法が答えを用意してくれていない問い，従ってまだなお解決せねばならない問いが次から次へと生じていた．これに対して基本的に2つの解決法があった．既に認められている解決案から学問的に導きだすことと，それまで定められていなかった伝統を確立することである．後者は，それが公式のものとされれば決定的なものとなった．

　従って学問的な釈義（ミドラシュ）は，法典の形成にとって決して唯一の源泉であったわけではない．後に効力をもつようになった法規定の大部分は，トーラーとの結びつきをまったく持たず，もともとは慣わしや慣習に由来するのである．これこれの状況に直面したとき，人はこうやったという類いのことである．しかし気づかれないままに慣わしはしきたりになり，慣習法へと発展していった．なにか法的分野の事柄が記憶にない遠い昔からなされていると言われるほど長い間の習慣になっていれば，それは慣習法であった．そうであれば，それをトーラーにまで遡らせる必要はなかった．古代の慣習はそれ自体拘束力をもっていたからである．しかし，この慣習法を確証することも承認されたトーラー学者の義務であり権利であった．

　時の経過とともにトーラーと並んでこれら2つの源泉から，成文律法と同等の権威を持つ膨大な法的裁定が現れるようになった．これらは全てハラハー，すなわち慣習法という集合概念に含まれる．いったん効力をもつように

III ハラハーとハガダー

なれば，学者による探求の成果も慣習法（הלכה）[2] になったからである．従って，法は必然的に2つのカテゴリーに分類された．すなわち，成文律法とハラハーである[3]．ハラハーは，本書で扱う時代の終わり頃までおもに口頭でのみ伝えられた．しかしハラハーにもさらにいくつかのカテゴリーがある．(1) 明らかにモーセにまで遡る個々のハラホット（伝統的法規定）[4]，(2) ハラハーの大部分をなすまったく純正のハラハー，(3)「書記の言葉」（דברי סופרים）[5] と称される法規．これら3つは全て法的拘束力をもっていた．しかしその権威についてはこの順番通りで，1番目が最も権威が高く，3番目が最も低いというように権威の序列があった．というのは，ハラハー（הלכה）一般は記憶にない昔から効力があったと見なされていたのに対し，書記の言葉（דברי סופרים）はエズラの後継者によって導入されたものだと信じられていたからである[6]．いずれにせよ，ミシュナーの時代には多くの伝統的法規はトーラーに全く根差していないか，またはほんのわずかの関わりしかもたないというはっきりした自覚があった[7]．にも関わらず，慣習法は成文律法とまったく同じように効力があった[8]．書記の言葉（דברי סופרים）に反対することはトーラーの法規に反対するよりも重大な違反であるとさえ定められた[9]．前者は後者の権威ある解釈でありその完成なのであって，それは真に決定的な権威だからである[10]．

ハラハーは本質的に決して完結できないし，また終止符を打つこともできない．ハラハーを生み出す2つの源泉は尽きることがない．学問的な釈義（ミドラシュ）の継続は，結果として新しい法規の数を増やすことになる．また当然ながら，これらに新しい習慣が付け加えられることもありえた．こうした習慣もひとたび慣習法になってしまえば，それらもまたハラハーとなり，こうしてハラハーの範囲は無制限に拡大されていった．しかしそれぞれの発展段階において，既に有効なものとラビたちの学習と議論によって到達された単なる結論との間には区別（すなわちהלכה〔ハラハー〕とדין〔裁決〕）がつけられた．前者のみが法的強制力をもっていた．後者はそれ自体においてはまだその段階に達していなかった[11]．ただし，トーラー学者の多数がその裁決を承認した場合には後者も拘束力を持つものになり，それ以降それはハラハーの一部になった．というのも，学問において傑出している人々の多数が，最終的な法廷を構成したからである[12]．従って，דברי חכמים〔賢者の言葉〕を守ることは義務であった[13]．もちろんこの原則は，有効なハラハーによってまだ規定されていない場合にのみ適用された．なぜなら既にハラハ

ーが存在している場合には，たとえ99人が反対で1人が賛成という場合でさえ，そのハラハーは問題なく遵守されるべきであったからである[14]．

多数決の原理は，ヒレルとシャマイの両学派に別れることから生じた大きな困難を乗り越えるのにも助けとなった（下記63頁参照）．2つの学派の違いが和解できない限り，法を守るユダヤ人はどちらに従うべきか困惑した．ここでも多数決によって決定され，多数の従う学派がもう1つの学派を票決で却下するか[15]，または後代の学者が最終的な裁決でその違いを解決した[16]．

ハラハーの不変性が厳格に言明されているため，一たび有効とされるとハラハーが変更されることは決してなかったように思われるかもしれないが，例外のない法規は1つもない．実際，少なくない法規や習慣が，純粋に論理的な基盤から，または時代状況の変化から，あるいは古代の習慣が不便になったという理由から変更された[17]．

しかしどんなにハラハーが成文律法からかけ離れていても，本質的にハラハーはトーラーの解説であり再表現であるという虚構は保持された．公式には，トーラーは全ての法規定が起源をもつべき至高の法律集であった[18]．ハラハーには聖書の支持がない場合ですら独立した拘束力があった．従ってその有効性については，聖書から証拠を引き出す必要はなかった．それにもかかわらず，ラビの技巧の1つはハラハーを聖書に基礎づけ，それによってラビには伝統に訴えることのできないその教えに1つの権威を付与することであった[19]．新しく提議されたり論争されたりした法規定を十分に裏付けることは，はるかに緊急の課題であった．これらはミドラシュという方法，すなわち，聖書の戒律やその他の承認された裁定から導きだされたものであると示すことによってのみ，その認可を勝ち取ることができたのである．こうした論証を与える方法は少々奇妙に見えるかもしれないが，しかしそれはそれ自体のルールと規則をもつ1つの技術であった．法的根拠そのもの（ראיה）と単なる説明（זכר）の間には区別がつけられた[20]．法的根拠そのものについてヒレルは7つの釈義法（מדות〔ミドット〕）を整理した．これはラビ的論理とでも言うべきものに一定の形式を付与したものである[21]．(1) קל וחומר〔カル・ヴァホメル〕「軽重」，すなわち a minori ad maius〔小から大へ〕の推論[22]．(2) גזרה שוה〔グゼラー・シャヴァー〕「並行規定」，すなわち ex analogia〔類例から〕の推論[23]．(3) בנין אב מכתוב אחד「1つの聖句からの命題」，すなわち1つのテクストから法的公理を演繹すること．(4) בנין אב משני כתובים「2つの聖句からの命題」．(5) כלל ופרט ופרט וכלל「総論そして各論，各論そして総論」，すなわち「各論」によってさらに厳密に「総論」を

定義すること，そして「総論」によってさらに厳密に「各論」を定義すること[24]．(6) כיוצא בו במקום אחר「その他のテクストにおける類似したものの参照」，すなわち他のテクストの助けによる問題のテクストのより厳密な解釈．(7) דבר הלמד מעניני「その主題から理解される事柄」．

　これら7つの釈義法は，後に第5の方法が8つの異なる方法に分解され，また第6の方法が削除されて13の方法に拡大された．これら13の釈義法（ミドット）の整理に貢献したのはラビ・イシュマエルということになっている．トーラーの正確な註解という目的のために，ユダヤ教はこれらの釈義法を高く評価したので，『ラビ・イシュマエルのバライタ』と呼ばれる1冊は朝の祈りに欠かすことのできない一部となった[25]．

　トーラー学者による法的探求の主題は，本質的にトーラーそのものによって与えられていた．その大部分は，祈りや犠牲や宗教儀式の行為一般に関する戒律であった．なぜならトーラーは，その特色として，生活の全てを祭儀の領域と考えており，またその主要な目的はどのように神を敬うかを言明することだからである．すなわち，何の犠牲をささげるか，何の祭りを祝うか，どのように祭司職に献げ物をするか，どの宗教的慣習を遵守すべきかといったことに関係している．熱心な学問的努力の動機はこのようなトーラーの内容に対応していたのである．つまりそれは，神の「権利」の1つたりともどんなにわずかにも損なうことなく，全てが良心的に遵法されるよう，厳密な法の解釈によって保証しようという欲求であった．このためにラビと律法学者は基本的に次の4つのものを発展させた．(1) 犠牲についての戒律，その種類と場合と方法に関する命令，加えて犠牲に関する全て，すなわち，犠牲祭儀全般．(2) 祭りの祝い方についての戒律，特に安息日について．また年に1度の過越祭，七週祭，新年祭，仮庵祭，大贖罪日などについて．(3) 神殿と祭司への献げ物についての戒律．すなわち，初穂，祭司への供物，十分の一税，長子，半シェケル．また誓いや自由な献げ物，またそれらに関わる全て，例えば贖い，感謝，横領などについて．(4) 様々な他の宗教的戒律．特に浄・不浄について非常に多くの戒律が関係している．この最後の問題に関する法的決定は，ラビが洞察力を発揮する際限ない機会となった．

　しかしトーラー学者が遂行した仕事の内実全体は，これら基本的に宗教的な事柄につきたわけではない．モーセ律法が古代イスラエルの刑法と民法の根幹をカバーしているので，日常生活における要求に応じてこれらの法分野においても間断なき変革が必要とされた．もちろんこれらの分野がみな同程度に詳解されたわけではない．最も発展した法分野は結婚に関するものであ

る．1つにはその必要が大きかったからであり，また恐らく結婚は常に宗教と密接な関係にあったからである．ミシュナーでは民法の残りの分野はそれほど徹底しては扱われていない（バヴァ・カマ，バヴァ・メツィア，バヴァ・バトラの項）．刑法に対する関心はもっと低い（サンヘドリンとマコットの項）．もっとも，2つのタルムードのグマラではどちらの分野の議論も相当拡大されている．政体に関する法規定については殆ど完全に無視されている．いずれにせよトーラーにはそれを展開する余地は殆どないし，また実際，政体の問題に対して独立したアプローチを取ることは必要とされなかった．そうした問題は全て帝国の法規によって規定されていたからである[26]．

2　ハガダー〔アガダー〕

ミドラシュ・ハガダー〔アガダー〕，すなわち聖書の歴史的・宗教倫理的部分の敷衍は，ミドラシュ・ハラハーと大分異なる．後者はテクストそのものに含まれている素材を発展させ拡大していくのに対して，ハガダー〔アガダー〕はそのテクストの内容を補い豊かにする．つまり，後代の要求や意見に従って聖書を脚色するのである．ここでもその出発点は聖書テクストである．それゆえ法的テクストの場合と似た敷衍方法が取られる．すなわち聖書に描かれている歴史は，様々なテクストの発言をより合わせるか，他のテクストの助けを借りて1つのテクストを完成させるか，あるいは年代を確定することなどによって書き直される．また倫理的な部分については，預言者やその後継者の教義の光に照らして古い教えを再解釈しながら書き直していく．しかし，こうしたより厳密にテクストを扱おうとする釈義法よりも，テクストをはるかに多様な要素で補足していく，より自由な釈義法の方が優勢となっていった．このようにして得られた歴史的・倫理的「教え」は，הגדות〔ハガドット〕ないしאנדות〔アガドット〕として知られている[27]．

旧約聖書正典の1つ歴代誌は，歴史的ミドラシュのよい例証である．そこに描かれている物語をそれより古い歴史文書（サムエル記・列王記）の並行記事と比較すると，歴代誌にはその資料である文書が殆ど何も知らないユダヤの王たちの歴史についていろいろな分野の情報が追加されていることが分かる．たとえば，ダビデだけでなくその他の敬虔な王の徳について数々の物語がある．これらは祭儀を維持しそれにさらなる格式を与えるために付加された．つまり，歴代誌記者の根本的な関心は，これらの王たちが礼拝制度にどれほど細心の注意を払っていたかを物語ることなのである．もちろんサム

エル記と列王記にこれらの物語がないからといってそれが真正なものでないことを証明するわけではなく，たんに歴代誌記者が他の資料から借用したにすぎないと論ずることもできるだろう．しかし奇妙な点は，これらの王たちが特別の注意をもって扱った制度そのものが捕囚後の時代に属していることである．これについてはほぼ明確に証明できる（第Ⅱ〔Ⅲ〕巻第24節参照）．従って，歴代誌記者は自分にとって大事だと思われる視点から古代の歴史を書き直したのである．すなわち，歴代誌記者にとっては聖なる礼拝が関心の中心であり，それゆえ神権政治的な王たちもその礼拝に対する顧慮のゆえに特筆されなければならなかった．それに際して歴代誌記者は，傑出した王たちがそれらの制度にどれほど心配りしていたかを示すことで，その制度の正当性と高い価値を証明するという実際的な目的も同時に追及していた．こうしたことが歴史の歪曲であるという考えは，恐らく歴代誌記者には思いもよらぬことであったろう．歴史を自分の時代の必要に合わせることで，彼は歴史を改善していると思っていた．従って，彼の作品――あるいは恐らく歴代誌がその一部をなす大規模な歴史書――は，まさに歴史的ミドラシュを語っているのである．実際，最終編纂者ははっきりとそのように（מדרש）呼び表している（代下 13：22；24：27）[28]．

　聖なる歴史を書き直すというここで述べた手法は，後代ではさらに盛んになり，ますます色彩ゆたかになっていった．人びとの心のなかでその重要性と権威が増すにつれて，トーラー学者はいっそうこの作業に取り組み，さらなる精密さでその細部まで固め，内容ゆたかに敷衍し，その全体に名誉と栄光を帰した．特に族長やモーセの物語はゆたかな彩りの対象であった．ヘレニズム化したユダヤ人はこの歴史の書き直しに特に活発であった．実際，もし歴代誌がなくまたこの手のミドラシュの方法全体がラビ・ユダヤ教の精神を正確に反映しているという事実がなかったならば，ハガダーは彼らに由来すると思われたことだろう．
　ハガダー風の歴史記述のなごりをとどめる文学は，比較的に豊富で多様である．それはデメトリオス，エウポレモス，アルタパノスといったヘレニストの作品に（第Ⅲ〔Ⅵ〕巻33節を参照），フィロンとヨセフスに[29]，いわゆる黙示文学に，また偽典文学一般に見出される[30]．また，クムランのテクストにも[31] タルグムやタルムードにも多く保持されているが，特に聖書テクストの釈義の展開に専門的に（ex professo）当たっているいわゆるミドラシームがある（第Ⅰ〔Ⅰ〕巻3節，138-51頁参照）．これらのうち最も古いのは，

ヨベル書とクムランの外典創世記であろう．これらは聖書の歴史記述をハガダー流に扱った古典的な手本と見なすことができよう．ヨベル書は正典創世記の全体（クムランの外典創世記には 5–15 章のみ残存）を書き改めているが，たんに歴史的な細部が年代順に並べられているだけでなく，その内容がゆたかに拡大され同時代人の好みに合うよう手が加えられている．

次のわずかな例はこの釈義の活動分野について教えてくれる．

創造物語は次のように敷衍されている．

「10 のものが安息日に入る直前の夕暮れに創造された．地の口（コラとその一味のために），（ミリアムの）井戸の口，（バラムの）ロバの口，虹，荒れ野のマナ，（モーセの）杖，シャミール（石を切り裂く虫），文字，筆記用具，石の板．ある者は言う，悪霊，モーセの墓，我らの父祖アブラハムの羊も．またある者は言う，やっとこを作るための最初のやっとこも．」[32]

アダムの生涯についても数多くの伝説が生まれた．それらはキリスト教と後のユダヤ教文学のなかでさらに発展した形態で知られている[33]．

不思議な仕方で天の神のもとに運ばれたエノクは，人々に天の秘密を啓示するのに特にふさわしい者と見なされていた．このためそのような啓示の数々を述べた書物が第二神殿時代の後期にかけてエノクの著作とされた（第Ⅲ〔Ⅴ〕巻 32 節参照）．後の伝説では彼の敬虔が賞賛され，その昇天の様子が描写されている[34]．ヘレニストのエウポレモスはエノクを天文学の生みの親と呼んでいる[35]．

イスラエルの始祖であるアブラハムも，もちろんこの種の歴史的扱いの特別な興味の対象であった．ヘレニズム化したユダヤ人もパレスチナのユダヤ人も，等しく彼の名誉のために尽力した．恐らく前 3 世紀という早い時期に1 人のユダヤ人ヘレニストが 1 冊の書物をアブラハムに献辞した．これはヘカタイオスの作とされている[36]．アルタパノスによるとアブラハムはエジプトの王たちに天文学を指導したと言われている[37]．ラビ・ユダヤ教にとってはアブラハムはファリサイ的敬虔のモデルであった．すなわち，アブラハムはトーラーが与えられる前からその全てを実行していたとされ[38]，10 の試練に耐えた者に数えられ[39]，その義のゆえにその前の 10 世代が罪のために失った褒美を受けたと言われている[40]．

全てのなかで最も光彩を放っているのは，律法制定者モーセとその時代についてのものである．ヘレニストは異邦人読者に向けた作品のなかで，モー

セを全ての科学と文化の父として描いている．エウポレモスによれば，モーセはアルファベットを発明してフェニキア人に伝え，フェニキア人がそれをギリシア人に伝えたとされている．アルタパノスによるとエジプト人の文明は全てモーセに負っている[41]．それにひきかえ使徒言行録の著者がモーセはエジプト人の知恵を全て学んだとしているのはいささか控えめな発言である（使7：22）．とはいえそれでも旧約聖書の記述よりははるかに大袈裟であるが．モーセの生涯は，ヨセフスやフィロンに見られるようにあらゆる仕方で脚色されている[42]．モーセとアロンに撃退されたエジプトの魔術師にヤンネとヤンブレという名前がつけられる（Ⅱテモ3：8）[43]．イスラエルが荒れ野を旅していたとき奇跡的に岩から水が与えられたが，それはただ1度限りのことではなく，その水を出す岩が旅の間中ずっと彼らに従っていたとされる（Ⅰコリ10：4）[44]．律法は神みずからによって与えられたのではなく，天使を通して伝えられたとされる（使7：53；ガラ3：19；ヘブ2：2）[45]．モーセの啓示を完結するものとして，律法はエバル山に建てられた石に70の異なる言語で刻まれたとされる（申27：2以下）[46]．イスラエルの歴史にとって2つの不幸な日付はタンムズの月の17日とアブの月の9日なので，モーセ時代の不幸もこの日に起こらねばならない．こうしてタンムズの月の17日に律法の石板が壊され，アブの月の9日にモーセの世代はカナンの地に入ることができないと宣言されたということになった[47]．モーセの死にまつわる不思議な事情（申34章）もまた伝説を生み出すのに豊富な素材を提供した[48]．天使長ミカエルとサタンがモーセの死体のために争うということが新約聖書にも述べられている（ユダ9）．

　モーセ以後の時代の歴史もイスラエルの初期の歴史としてミドラシュの対象となっている．新約聖書から少し例を引いてみよう．歴代誌とルツ記にあるダビデの祖先のリストにはサルマまたはサルモンなる者がボアズの父として登場する（代上2：11；ルツ4：20–1）．歴史的ミドラシュの手にかかると，このサルマがラハブの夫であるとなる（マタ1：5）[49]．エリヤの時代の飢饉と干魃は（王上17章），歴史的ミドラシュによると3年半続いたことになっているが，これは1週年（7年）の半分である（ルカ4：25；ヤコ5：17）[50]．ヘブライ人への手紙の記者は旧約の殉教者を列挙するなかでのこぎり引きにあった者に触れているが（ヘブ11：37），これはイザヤのことである．ユダヤ教の伝説でも同じ報告がなされている[51]．

　聖書の歴史記述の場合と同じように，聖書の倫理的な内容の再解釈にも2

つの種類が認められる．テクストそのものを比較や推論を用いて実際に解釈するものと，創造的なイマジネーションの産物を用いて聖書の記事を自由に補足するものである．

どちらの要素も識別できない仕方で他方に入り込んでいる．後の時代の多くの宗教思想や概念は，聖書の箇所を「探求」すること，つまり書かれた言葉について思索しテクストに基づいて比較・考察することから生じた．しかし，それ以上に豊かな新しい発展の源泉はイマジネーションであった．そして１つの方法で得られたものはもう１つの方法で得られたものと溶け合った．ファンタジーの自由な創造が学問的な探求の結果と結びあわされた．事実，意識的にせよ無意識的にせよ，前者〔ファンタジー〕は後者と同じ道をたどり，同じ方向を進むのが普通であった．そしていったんしっかり確立されると，今度は入念にミドラシュによって聖書に跡づけられた．

この徹底的でやむことのない創造力ゆたかな神学的活動は，宗教と倫理の全分野に及び，中間時代のイスラエルの宗教思想に想像力と学究という両極の特質を与えた．

終末論的・黙示的思潮はマカバイ戦争からバル・コクバの乱までの絶え間ない政治的危機から生じた悲観主義によって育まれ，必然的に時間と空間を超越するものへと向かっていった．黙示的な精神はこの世界と現世は消滅の際に至っていると考え，その希望と期待の基盤を神の最後的な介入によってもたらされる宇宙の新しい現実に求めた．預言の言葉を解釈するに際しては，聖書解釈者は来るべき世界におけるイスラエルの救いを鳥瞰し，その救いが実現する世界の条件と環境をあらかじめ決定した．しかし，彼らは天界そのものにも関心をもっており，神と天使の本性や特質について尽きることなく思いをめぐらした．啓示の概念や神の超越性また善悪といった哲学的な問題も論じられた．

神智的な思考は聖書の２つの部分，創造物語（מעשה בראשית）とエゼキエルの乗物（מעשה מרכבה）によって特に啓発されていた．この２つの部分を解釈することはより深い神の秘密を扱うことを意味し，それは手ほどきを受けた者にのみふさわしいと信じられた．

「創造物語は２人の者の前では解き明かしてはならない．乗物については，その者が学者であって自分自身の洞察で理解できる者でないかぎり，１人の者の前においても許されない．」[52]

このように注意深く守られてきた創造物語と乗物の物語の解釈は，中世のカバラーの十分に発達した神智学的神秘主義と秘義の背景となっている[53].

　律法の解釈と拡大は比較的厳しく制御されていたが，宗教的な思索の領域においてははるかに自由が認められていた．ルールや方法は柔軟であった．特に法的な問題の扱いに比べると，1つの要素の欠如がきわだっている．つまり，伝統は拘束力をもつという原理が欠けているのである．ハガダー創作者は，ユダヤ教の枠内にとどまるかぎり想像力を自由にはたらかせることができた．ここでももちろんある種の伝統は発展してきたが，その伝統を固守する義務はなかった[54].　身の処し方は厳しく規定されていたが，宗教思想は比較的に自由であった．権威ある伝統が欠けているため，ルールについては緩やかにしか語ることができない．32のそのような釈義上の原則（ミドット）が，ガリラヤ人ラビ・ヨセの子ラビ・エリエゼルに帰されている[55].　後代のユダヤ教の伝統では，聖書はパルデス（**פרדס**〔楽園〕）という言葉で示される4つの意味のレベルを持っていると考えられた．(1) プシャット（**פשט**），文字通りの単純な意味，(2) レメズ（**רמז**〔暗示〕），象徴的ないし寓喩的な意味，(3) デラッシュ（**דרש**〔探求〕），探求から引き出される意味，(4) ソッド（**סוד**〔秘密〕），神智的な意味[56].

　ミドラシュによる聖書釈義は，新約聖書にも古代のキリスト教文学にも浸透している[57].　聖書そのものはもちろん，その特定の解釈についてもキリスト教はユダヤ教から受け継いでいる．実際，新約聖書神学の定式の多くは，ユダヤ教の解釈伝統をキリスト教徒がアレンジしたものである．

註

1) **דרש** はミシュナーでは以下の解釈で現れる．(1)「聖書の1節ないし段落を探査ないし詳解する」（ブラホ 1：5；ペサ 10：4；シュカ 1：4；5：1；ヨマ 1：6；メギラ 2：2；ソタ 5：1-5；9：15；サンヘ 11：2），(2) 前置詞 **ב** とともに同じ意味で，つまり「1節を詳解する」（ハギガ 2：1），(3)「探査によって教えないし説明を見出す」，たとえば **את זו דרש מן**「これを彼はどこそこの節から見出した」（ヨマ 8：9），あるいは **מן** なしで（イェヴァ 10：3；フリ 5：5），あるいは **דרש מדרש זה**「これこれしかじかがこう説明した」というフレーズで（シュカ 6：6；クトゥ 4：6）．**דרש** から作られる名詞は **מדרש**「探査，説明，敷衍」である（シュカ 6：6；クトゥ 4：6；ネダ 4：3；アヴォト 1：17）．上記 32 頁註 51 の **בית מדרש** という表現の説明も見よ．これは既に代下 13：22；24：27 に現れる．シラ 51：23；1QS 6：24 も参照．**דרש** については，W. Bacher,

Die exegetische Terminologie I, pp. 25-7; II, pp. 41-3; Strack, pp. 6-7, 239-40 を見よ．מדרש
については，Bacher, *op. cit.*, I. pp. 103-5; II, p. 107; S. Zeitlin, 'Midrash: A Historical Study',
JQR 44 (1953), pp. 21-36; Renée Bloch, 'Écriture et tradition dans le Judaïsme. Aperçus sur
l'origine du Midrash', Cahiers Sioniens 8 (1954), pp. 9-34; M. Gertner, 'Terms of Scriptural
Interpretation', Bull. SOAS 25 (1962), pp. 1-27 を見よ．

2) ハラハーの包括的概念は以下の箇所から出てくる．ペア 2：6；4：1-2；オルラ 3：
9；シャバ 1：4；ハギガ 1：8；イェヴァ 8：3；ネダ 4：3；エドゥ 1：5；8：7；アヴ
ォト 3：11, 18；5：8；クリト 3：9；ヤダ 4：3．Bacher, *Die exegetische Terminologie* I,
pp. 42-3; II, pp. 53; 6; I. H. Weiss, *Dōr Dōr Wedōrshaw* II (1924), ch. 7; L. Jacobs, Enc. Jud.
7, cols. 1156-66; M. Elon, *Jewish Law*, pp. 143-5 参照．「ユダヤ人の慣習」דת יהודית（ク
トゥ 7：6）は ארץ דרך〔世のあり方〕（キドゥ 1：10）と似ているが，הלכה と混同し
てはならない．地方ないし限定的な「風習」を意味する後代のミンハグという概念も
このカテゴリーに属する．JE s.v. 'Custom', IV, pp. 395-8; Enc. Jud. 12, cols. 4-26, s.v.
'Minhag'; M. Elon, *Jewish Law* II, pp. 713-25 参照．ארץ דרך については，Bacher,
Terminologie I, p. 25, II, pp. 40-1; Enc. Jud. 5, cols. 1551 を見よ．

3) תורה または מקרא（聖書）はハラハーから区別される．たとえば，オルラ 3：9；ハ
ギガ 1：8；ネダ 4：3．同様にキドゥ 1：10 では מקרא は משנה（法規定）から区別され
ている．מקרא については，Bacher, *Terminologie* I, pp. 117-21; II, pp. 119-20 を見よ．

4) そのような הלכה למשה מסיני〔シナイ山〔で神〕からモーセに与えられたハラハー〕
はミシュナーの 3 つの節で言及されている．ペア 2：6；エドゥ 8：7；ヤダ 4：3．ラ
ビ文献全体では 50-60 の用例がある．Moore, *Judaism* I, pp. 30, 256-8; III, nn. 19-21;
Bacher, *Tradition und Tradenten*, pp. 33-46; Strack, p. 9; Enc. Jud. 7, col. 1167 を見よ．

5) オルラ 3：9；イェヴァ 2：4；9：3；サンヘ 11：3；パラ 11：4-6；トホロ 4：7；
11；ヤダ 3：2．ケリム 13：7；ベツァ 4：6 も参照．

6) 「書記の言葉」にハラハーより低い権威が与えられていることについて，オルラ 3：
9（ここで הלכה に למשה מסיני を補うのはまったく筋に合わない）参照．דברי סופרים
の年代を後代におくことについて，特にケリム 13：7；ベツァ 4：6, דבר חדש חדשו
סופרים〔新しいことを書記は作った〕参照．

7) 特に註目すべき箇所としてハギガ 1：8 参照．「誓願の解除（についての規定）は宙
に浮いていて，それには（聖書に）根拠がない．安息日や祭りの献げ物や（聖物の）
誤用についての規定は，1 本の髪の毛によって吊り下げられた山のようなものである．
なぜなら聖書の記述は少なく הלכות は多いからだ．訴訟問題，〔神殿祭儀〔原典から補
足〕，〕浄・不浄，禁じられた性関係については（聖書に）根拠がある．これこそ（成
文）トーラーの根幹である」．

8) 特にアヴォト 3：11；5：8「ハラハーに従わずにトーラーを教える者のゆえに剣が
この世を襲う」を参照．良い写本では 3：11 にこの表現はない（K. Marti-G. Beer, *'Abôt*,
pp. 77-8, 191 参照）．

9) サンヘ 11：3：תורה מדברי סופרים בדברי חומר〔トーラーの言葉より書記の言葉がよ
り厳しく適用される〕．Z. W. Falk, *Introduction to Jewish Law*, pp. 10-11; M. Elon, *Jewish
Law*, pp. 180, 194-207 も参照．

Ⅲ　ハラハーとハガダー（註）　　49

10)　同様の態度はクムランでも明らかである．そこでトーラー遵守が有効となるのは，祭司たるツァドクの子らの解釈を受け入れるかどうかに拠る．「共同体の会議に入る者は……ツァドクの子らに啓示された全てのことに従って……全て命じられたとおりにモーセ律法に立ち帰ることを物断ちの誓いによって誓う」(1QS 5:7-9)．「アロンの子らが掟と財産の事柄を管理し，共同体の人々のあらゆる規則も彼らの言葉に基づいて決定された」(1QS 9:7)．G. Vermes, *DSSE,* p. 18; 'The Qumran Interpretation of Scripture', ALUOS 6 (1969), p. 87 [= *PBJS,* p. 39]; *DSS,* pp. 90, 95 参照.

11)　特にイェヴァ 8:3；クリト 3:9 を見よ．דין については Bacher, *Terminologie,* I, pp. 21-3; II, pp. 37-8 を見よ．מדרש と הלכות はネダ 4:3 では教えるべき 2 つの課題として互いに区別されている．

12)　シャバ 1:4 以下；エドゥ 1:4-6；5:7；ミクヴァ 4:1, 3.

13)　ネガ 9:3；11:7.

14)　ペア 4:1-2．しかし，D. Daube, 'One against Ninety-Nine', Niv-Ha-Midrashia (1971), pp. 43-6 参照．彼によれば，この箇所は学者間ではなく貧しい者の間の異論に適用されている．

15)　このようにいくつかのケースでは，シャマイ派がヒレル派を票決で却下している．シャバ 1:4 以下；ミクヴァ 4:1.

16)　ミシュナーは通常，この 2 つの学派の違いに触れた後で賢者たちの決定を述べる．

17)　そのような革新にはたとえば以下の賢者たちによって導入されたものがある．ヒレル（シュヴィ 10:3；ギティ 4:3；アラヒ 9:4），ラバン・ガマリエル I 世（ロシュ 2:5；ギティ 4:2-3），ラバン・ヨハナン・ベン・ザカイ（スカ 3:12；ロシュ 4:1, 3, 4；ソタ 9:9；メナホ 10:5），ラビ・アキバ（マア・シェニ 5:8；ナズィ 6:1；サンヘ 3:4)．全体的には，シュヴィ 4:1；ハラ 4:7；ビク 3:7；シュカ 7:5；ヨマ 2:2；クトゥ 5:3；ネダ 11:12；ギティ 5:6；エドゥ 7:2；トゥヴ・ヨム 4:5. さらに JE I, pp. 131-3; G. F. Moore, *Judaism* I, pp. 78 ff.; II, pp. 27-8; S. Lieberman, *Hellenism in Jewish Palestine* (1950), pp. 83-99; Ch. Albeck, *Untersuchungen über die Redaktion der Mischna* (1923), pp. 5 ff.; Z. W. Falk, 'Binding and Loosing', JJS 25 (1974), pp. 92-100 参照．ハラハーについてのフィロンの見解については，B. Ritter, *Philo und die Halacha* (1879); G. Alon, 'Studies in Philonic Halacha', Tarbiz 5 (1933-4), pp. 28-36; 241-6; 6 (1934-5), pp. 30-7, 452-9; S. Belkin, *Philo on the Oral Law* (1939); *Alexandrian Halakah in the Apologetic Literature of the First Century C.E.* (1940); S. Daniel, 'La Halacha de Philon selon le premier livre des "Lois Spéciales"', *Philon d'Alexandrie. Lyon* 11-15 *Septembre* 1966 (1967), pp. 221-40; G. Alon, *Jews, Judaism and the Classical World* (1977), pp. 81-137 を見よ.

18)　註 7 で言及したハギガ 1:8 にも関わらずこのことは真実である．Moore, *Judaism* I, p. 99; Urbach, '*Halakhah u-Nebu'ah*', Tarbiz 18 (1946-7), pp. 1-27 を見よ.

19)　ハラハーが聖書に起源をもつという後の学者の論証は，しばしばそのハラハー規定が実際に生じてきたのとは全く異なる聖書の戒めから導き出されている．たとえば古典的な箇所であるシャバ 9:1-4. ミシュナーの各項の下敷きになっている聖書テクストは，アルベック-ヤロン校訂版ミシュナーの各項の前に付けられている．

20)　シャバ 8:7；9:4；サンヘ 8:2. ראיה については Bacher, *Die exegetische Terminologie*

I, pp. 178-9; II, p. 201 を見よ זכר については同書, I, pp. 51-5 を見よ.

21) T サンヘ 7：11；アヴォ・ナタン A 37 章（ed. Schechter, p. 110），スィフラへの序文の結論（M. Friedmann, *Sifra, die älteste Midrasch zu Leviticus* [1915], p. 27）を見よ. H. Graetz, *Geschichte der Juden* III, p. 712; *idem.,* 'Hillel und seine sieben Interpretationsregeln', MGWJ (1851/52), pp. 156-62; Z. Frankel, *Über palästinische und alexandrinische Schriftforschung* (1854), pp. 15-17; Strack, pp. 93-4 参照. また Bacher, *Terminologie* I & II の該当事項, J. Z. Lauterbach, s.v. 'Talmudic Hermeneutics', JE XII, pp. 30-3; Moore, *Judaism* I, pp. 248-9; D. Daube, 'Rabbinic Method of Interpretation and Hellenistic Rhetoric', HUCA 22 (1949), pp. 239-64; S. Lieberman, *Hellenism in Jewish Palestine* (1950), pp. 53-4; J. W. Doeve, *Jewish Hermeneutics in the Synoptic Gospels and Acts* (1954), pp. 65-72; Neusner, *Pharisees* I, pp. 240-2; L. Jacobs, s.v. 'Hermeneutics', Enc. Jud. 8 cols. 366-72 も見よ.

22) ブラホ 9：5；シュヴィ 7：2；ベツァ 5：2；イェヴァ 8：3；ナズィ 7：4；ソタ 6：3；バ・バト 9：7；サンヘ 6：5；エドゥ 6：2；アヴォト 1：5；ズヴァ 12：3；フリ 2：7；12：5；ブホロ 1：1；クリト 3：7-10；ネガ 12：5；マフシ 6：8. Bacher, *Terminologie* I, pp. 172-4; II, pp. 189-90 及び前註の文献を見よ.

23) 例えばベツァ 1：6「練り粉と供物は祭司への贈り物であり，献納物は祭司への贈り物である. 祭日に後者を祭司のところにもっていかないように，前者ももっていかない」. 他の例はアラヒ 4：4. どちらの箇所も נזרה שוה という表現をともなっている. A. Schwarz, *Die hermeneutische Analogie in der talmudischen Literatur* (1897); Bacher, *Terminologie* I, pp. 13-16; II, p. 27 を見よ.

24) ラビ・イシュマエルの 13 の釈義法（スィフラ, ed. Friedmann, pp. 17-23）ではこの方法はさらに 8 つの異なる方法に特定されている. 例えば כלל ופרט וכלל（総論と各論と総論）は，2 つの一般的表現をその間にある特定のものでより正確に定義することを言う. 申 14：26 では始めと終わりに使われている「全てあなたの好む物」という一般的な表現は，間にある「牛，羊，ぶどう酒，濃い酒」という言葉によって限定されている.

25) 例えば S. Singer, *The Authorised Daily Prayer Book* (1962), pp. 14-15 参照. 7 つの釈義がヒレルに，13 の釈義がイシュマエルにそれぞれ帰されているが，これは決してその起源を示すものではない. ヒレルの釈義で適用されているのは，カル・ヴァホメルとグゼラー・シャヴァーに限られている. Neusner, *Pharisees* I, p. 241 参照. また G. G. Porton, *The Traditions of Rabbi Ishmael* II (1977), p. 6 も見よ.

26) 詳細については第 I〔I〕巻第 3 節のミシュナーの内容についての概観を見よ（第 I〔I〕巻 114-8 頁）.

27)「ハガダー」ないし「アガダー」という語は，הגיד「言う，物語る」から派生したものとして物語，授業，伝言，また「聖書を説教風に説明したラビ文献の 1 つ，説教」と説明される. Jastrow, *Dictionary,* s.v. אגדה, הגדה; J. Derenbourg, 'Haggada et légende', REJ 9 (1884), pp. 301-4; W. Bacher, 'The Origin of the word Haggada (Agada)', JQR 4 (1892), pp. 406-29; *Die Agada der Tannaiten* I², pp. 451-75; *Die exegetische Terminologie* I, pp. 30-7; II, p. 44 参照. バッヒァーは以下のように論ずる. メヒルタとスィフレーで

は הגיד は לִמֵּד の同義語として用いられている．そこでは מגיד הכתוב 「聖書は教える」またはふつう単に מגיד 「それは教える（指摘する）」という表現は，ハラハーの議論であれハラハー以外の議論であれ聖書テクストからの推測を導く導入句となっている．これに対しスィフラでは מגיד はもはや使われず，同義語の מלמד に取って代わられている．それゆえ前者はより古い用語法であって，イシュマエル学派ではまだ保持されていたがアキバ学派によって用いられなくなった．他方，名詞の הגדה は今ではハラハー以外の説明に限定されている．従って，ハガダーは聖書から引き出されたハラハー以外の「教え」のことである．ネダ 4:3 には מדרש （釈義），הלכות （法的教え），אגדות （法以外の教え）が並んで言及され，ミドラシュが残りの2つの基礎となっている．これら3つの概念については，Bacher, REJ 38 (1899), pp. 211-19 = *Die Agada der Tannaiten* I², pp. 475-89 参照．中世の言語使用の詳細については，Bacher, 'Derasch et Haggada', REJ 32 (1891), pp. 311-13 を見よ．歴史的評価については，G. Vermes, *Scripture and Tradition in Judaism, Haggadic Studies* (1961, ²1973); 'Bible and Midrash', CHB I, pp. 199-231 [= *PBJS*, pp. 59-91³]; J. Heinemann, *Aggadah and its Development* (1974) ［ヘブライ語］ を見よ．

28) J. Wellhausen, *Geschichte Israels* I, pp. 236-7 参照．フォン・ラートは，術語には触れていないが歴代誌を古い資料を説教風に扱うものとしている：G. von Rad, 'The Levitical Sermon in I and II Chronicles', *The Problem of the Hexateuch and Other Essays* (1966). 歴代誌は説教資料「王たちのミドラシュ」を用いているとする見解については，O. Eissfeldt, *Introduction,* pp. 532-4 参照．

29) ヨセフスにおけるハガダーの素材については，S. Rappaport, *Agada und Exegese bei Flavius Josephus* (1930) 及び第Ⅰ〔Ⅰ〕巻 104 頁に記されてる文献を見よ．フィロンとパレスチナのミドラシュとの接触については，C. Siegfried, *Philo von Alexandria als Ausleger des Alten Testaments* (1875), pp. 142-59; E. Stein, *Philo und der Midrasch* (1931); S. Belkin, 'Philo and the Midrashic Tradition of Palestine', Horeb (1958), pp. 1-60 ［ヘブライ語］; S. Sandmel, *Philo's Place in Judaism: A Study of the Conception of Abraham in Jewish Literature* (1971) また第Ⅲ〔Ⅶ〕巻 34 節参照．

30) L. Ginzberg, *The Legends of the Jews* I-VII (¹⁰1954) 参照．また R. H. Charles, *The Apocrypha and Pseudepigrapha of the Old Testament in English* I-II (1912-13, repr. 1963) も見よ．

31) O. Betz, *Offenbarung und Schriftforschung in der Qumransekte* (1960); G. Vermes, *Scripture and Tradition in Judaism* (1961; ²1973); 'The Qumran Interpretation of Scripture in its Historical Setting', ALUOS 6 (1969), pp. 84-97 [= *PBJS,* pp. 37-49]; S. Lowy, 'Some Aspects of Normative and Sectarian Interpretation of the Scriptures', *ibid.,* pp. 98-163 参照．

32) アヴォト 5:6. 偽タルグム・ヨナタンの民 22:28 （マナ，井戸，モーセの杖，シャミール，虹，栄光の雲，地の口，契約の板の銘，悪霊，しゃべるロバの口）参照．全てのバージョンの詳細な比較について，W. S. Towner, *The Rabbinic 'Enumeration of Scriptural Examples'* (1973), pp. 65-71 を見よ．世界創造に先立つ7つのもの（トーラー，悔い改め，エデンの園，ゲヘナ，栄光の座，神殿，メシアの名）については BT ペサ 54a 参照．

33) R. H. Charles, *The Apocrypha and Pseudepigrapha of the Old Testament in English* II (1913, repr. 1963) の L. S. Wells, pp. 123 ff.; K. Kohler, s.v. 'Adam', JE I, pp. 174-7; L. Ginzberg, s.v. 'Adam, Book of', *ibid.,* pp. 179 ff.; L. Ginzberg, *The Legends of the Jews* I, pp. 86-107; V, pp. 114-35; A. Altmann, 'Gnostic Background of the Rabbinic Adam Legend', JQR 35 (1945), pp. 371-91; O. Eissfeldt, *Introduction,* pp. 636-7; A.-M. Denis, *Introduction aux pseudépigraphes grecs de l'Ancien Testament* (1970), pp. 3-14; M. E. Stone and J. Licht, Enc. Jud. 2, cols. 245-7. 第Ⅲ〔Ⅴ-Ⅵ〕巻 32 節も見よ.

34) ハガダー文学におけるエノクの位置づけについては, L. Ginzberg, *Legends* I, pp. 127-40 を見よ. エノク書についてはクムラン出土のアラム語断片との関連で第Ⅲ〔Ⅴ〕巻 32 節で論述する.

35) エウセビオス『福音の準備』ix 17. エノク文書群にまつわる文献学的諸問題の最新の議論について, J. T. Milik, 'Problèmes de la littérature hénochique à la lumiére des fragments araméens de Qumran', HThR 64 (1971), pp. 333-78 と 特 に *The Books of Enoch: Aramaic Fragments of Qumran Cave 4* (1976) を見よ.

36) ヨセフス『古代誌』i 7, 2 (159), アレクサンドリアのクレメンス『ストロマテイス』v 14, 113. Stern, GLAJJ I, p. 22 参照.

37) エウセビオス『福音の準備』ix 18. 天文学者としてのアブラハムについては, ヨセフス『古代誌』i 7, 1 (155-6), G. Vermes, *Scripture and Tradition,* pp. 76-83 も参照.

38) シリア・バルク 57：1-2；キドゥ 4：14；ネダ 3：11 も参照.

39) アヴォト 5：3；ヨベル 19：8；アヴォ・ナタン A 33 章 (ed. Schechter, pp. 94-5)；ピルケ・エリエゼル 26-31；偽タルグム・ヨナタン創 22：1. B. Beer, *Lebensgemälde biblischer Personen nach Auffassung der jüdischen Sage,* pp. 78, 190-2; R. H. Charles, *The Book of Jubilees* (1902), p. 121; L. Ginzberg, *Die Haggada bei den Kirchenvätern,* pp. 117-8; *Legends* V, p. 253, n. 253; C. Taylor, *Sayings of the Jewish Fathers,* p. 94; Marti-Beer, *'Abot,* pp. 119-21; Moore, *Judaism* I, p. 276; III, n. 46.

40) アヴォト 5:2. 全体的に, B. Beer, *Leben Abrahams nach Auffassung der jüdischen Sage* (1859); K. Kohler, s.v. 'Abraham', JE I, pp. 85-7; L. Ginzberg, JE I, pp. 91 ff.; *The Legends of the Jews* I, pp. 209 ff., 299-306; V, pp. 217, 229-30, 266-7; G. Vermes, *Scripture and Tradition in Judaism,* pp. 67-95; M. Delcor, *The Testament of Abraham* (1973) 参照.「イサクの燔祭」に つ い て は, Vermes, *Scripture and Tradition,* pp. 193-218; R. Le Déaut, *La nuit pascale* (1963), pp. 122-200; S. Spiegel, *The Last Trial* (1969) を見よ.

41) エウポレモス——エウセビオス『福音の準備』ix 26, 1 ＝アレクサンドリアのクレメンス『ストロマテイス』i 23, 153. B. Z. Wacholder, *Eupolemus. A Study of Judaeo-Greek Literature* (1974), pp. 71-96 参照. アルタパノス——エウセビオス『福音の準備』ix 29. H. Cazelles *et al., Moïse l'homme de l'Alliance* (1955) の G. Vermes, 'La figure de Moïse au tournant des deux Testaments', pp. 68-9 参照.

42) フィロン『モーセの生涯』, ヨセフス『古代誌』ii-iv 巻. 全体的に B. Beer, *Leben Moses nach Auffassung der jüdischen Sage* (1863); W. Z. Lauterbach, s.v. 'Moses', JE IX, pp. 46-54; J. Jeremias, TDNT IV, pp. 852 ff.; H. J. Schoeps, *Theologie und Geschichte des Judenchristentums* (1949), pp. 87 ff.; B. Botte, G. Vermes and Renée Bloch, *Moïse l'homme*

Ⅲ　ハラハーとハガダー（註）　　*53*

de l'Alliance (1955), pp. 55-167; D. Daube, *The New Testament and Rabbinic Judaism* (1956), pp. 5-12; W. A. Meeks, *The Prophet-King* (1967), pp. 100-46 参照．ドゥラ・エウロポスにある壁画のモーセについては，M. Rostovtzeff, *Dura-Europos and its Art* (1938), ch. iii; C. H. Kraeling, *The Excavations at Dura-Europos. Final Report* VIII, 1: *The Synagogue* (1956), 特に pp. 349-56 参照．また上記註 41 の Wacholder の文献，J. G. Gager, *Moses in Greco-Roman Paganism* (1972); T. Rajak, 'Moses in Ethiopia: Legend and Literature', JJS 29 (1978), pp. 111-23 も参照．

43)　R. Bloch, *art. cit., Moïse l'homme de l'Alliance*, p. 105, n. 21 参照．CD 5：19-20 の「ヤンネ（יחנה）とその兄弟」については，C. Rabin, *The Zadokite Documents* (1954), p. 21 参照．

44)　偽フィロン『聖書古代誌』10：7 を見よ．G. Vermes, *art. cit., Moïse l'homme de l'Alliance*, p. 89; M. R. James, *The Biblical Antiquities of Philo*, H. Feldman による序言 (1971), pp. xciv, 105-6; C. Perrot et P.-M. Bogeart, *Pseudo-Philon: Les Antiquités bibliques* II (1976), p. 110 参照．

45)　ガラ 3：19 については Str.-B.; G. Vermes, 'The Decalogue and the Minim', *In Memoriam Paul Kahle* (1968), p. 239 [= *PBJS*, pp. 169-77] 参照．ヨセフス『古代誌』xv 5, 3 （136）の「我々の最も神聖な律法」の伝達者とされている ἄγγελοι は天使とも預言者（あるいは祭司）とも解される．R. Marcus, *Josephus* (Loeb) VIII, p. 66, n. a 参照．

46)　ソタ 7：5．そこでは申 27：8 の באר היטיב「はっきりと書き記しなさい」（つまり「わかるように」）が引用されている．70 の言語は創 10 章から想定される 70 の民族に対応している．偽タルグム・ヨナタン創 11：7-8；申 32：8；ピルケ・エリエゼル 24；S. Krauss, 'Die Zahl der biblischen Völkerschaften', ZAW (1899), pp. 1-14; *ibid.* (1900), pp. 38-43, (1906), pp. 33-48 を見よ．S. Krauss, 'Die biblische Völkertafel im Talmud, Midrasch und Targum', MGWJ 39 (1895), pp. 1-11, 49-63; Moore, *Judaism* I, p. 278; III, n. 49; Enc. Jud. 12, cols. 882-6 も参照．創 10 章に基づいて世界の民族と言語を 70 ないし 72 とする計算は，多くのキリスト教の記述に見出せるだろう（A. von Gutschmid, *Kleine Schriften* V [1894], pp. 240-73, 585-717 を見よ）．なかでもヒッポリュトスの記述に見出せる．A. v. Gutschmid の扱っている Διαμερισμὸς τῆς γῆς〔地の分割〕は創 10 章に属するからである．A. Bauer, *Die Chronik des Hippolytus* (1905), pp. 100-3, 136-40 を見よ．ヒッポリュトス『全異端反駁』x 30：ἦσαν δὲ οὗτοι οβʹ ἔθνη ὧν καὶ τὰ ὀνόματα ἐκτεθείμεθα ἐν ἑτέραις βίβλοις〔これらは 72 の民族で，その名前も彼は別のいくつかの書物のなかで明らかにしている〕参照．いろいろなリストについては Bauer, *loc. cit.;* Moore, *Judaism* I, pp. 227-8; III, n. 2 を見よ．エノク書で 70 の天使が世界の「羊飼い」に任命されているのは，70 の異民族に関するこの前提に基づいている（第Ⅲ〔Ⅴ〕巻 32 節を見よ）．70 の言語についてはシュカ 5：1（モルデカイは 70 の言語を理解した），偽クレメンス文書『説教』18, 4：περιγράψας γλώσσαις ἑβδομήκοντα〔70 の言語で記した〕，偽クレメンス文書『認知』ii 42 'in septuaginta et duas partes divisit totius terrae nationes'〔彼は全地の諸民族を 72 に分けた〕，エピファニオス『パナリオン』i 5 τὰς γλώττας . . . ἀπὸ μιᾶς εἰς ἑβδομήκοντα δύο διένειμεν〔彼は言語を 1 つから 72 に分けた〕，アウグスティヌス『神の国』xvi 9 'per septuaginta duas gentes et totidem linguas'〔72 の

民族に同じ数の言語〕も見よ．70 という数一般については，M. Steinschneider, ZDMG 4 (1850), pp. 145-70; 57 (1903), pp. 474-507 参照．70 の天使については，Moore, *Judaism* II, p. 300 参照．クムランの関連文書については，Vermes, *DSS,* pp. 204-5 を見よ．

47) タア 4：6．偽フィロン（『聖書古代誌』19：7）は神殿崩壊をモーセが契約の板を壊した日，第 4 の月（タンムズ）の 17 日においている．M. R. James, *op. cit.,* pp. 29-31; M. Wadsworth, 'A New Pseudo-Philo', JJS 29 (1978), pp. 187-92 参照．

48) 既にヨセフス『古代誌』iv 8, 48（320-26）に．Ginzberg, *Legends* III, pp. 448-81; VI, pp. 152-168; R. Bloch, *Moïse l'homme de l'Alliance,* pp. 127-38; M. Wadsworth, 'The Death of Moses and the Riddle of the End of Time in Pseudo-Philo', JJS 28 (1977), pp. 12-19 参照．

49) 別のミドラシュによると，ラハブはヨシュアの妻であった（BT メギラ 14b）．

50) エリヤの伝説一般については，L. Ginzberg, *Eine unbekannte jüdische Sekte* (1922), pp. 303 ff. [英 訳 *An Unknown Jewish Sect* (1976), pp. 239-56]; R. B. Y. Scott, 'The Expectation of Elijah', The Canadian Journal of Religious Thought 3 (1962), pp. 490-502; Moore, *Judaism* II, pp. 357 ff.; J. Jeremias, TDNT エリヤについて (しかし Giblet, 'Le Messianisme prophétique', *L'Attente du Massie,* p. 112); W. D. Davies, *The Setting of the Sermon on the Mount* (1964), pp. 158 ff. 参照．

51) 『イザヤの殉教』5（Charles, *Apocrypha and Pseudepigrapha* II, p. 162），BT イェヴァ 49b；Ginzberg, *Legends* IV, p. 279; VI, pp. 374-5，ユスティノス『トリュフォンとの対話』120 章，テルトゥリアヌス『忍耐について』14 章；『さそりの解毒剤』8 章；ヒッポリュトス『キリストと反キリストについて』30 章；オリゲネス『アフリカヌスへの手紙』9 章；『マタイ福音書註解』マタ 13：57；23：37（ed. Lommatzsch III, p. 49, IV, pp. 238-9），コンモディアヌス『護教詩』ll. 509-10（ed. Ludwig），プリスキリアヌス iii, 60（ed. Schepps, p. 47）；ヒエロニムス『イザヤ書註解』イザ 57 末尾．エレミヤについては，A. A. Wieder, 'Josiah and Jeremiah: Their Relationships according to Aggadic Sources', *Texts and Responses. Studies presented to N. N. Glatzer,* ed. M. A. Fishbane and P. R. Flohr (1975), pp. 60-72 参照．

52) ハギガ 2：1．メギラ 4：10 も参照．G. Scholem, *Major Trends of Jewish Mysticism* (1955), pp. 40-3; *Kabbalah* (1974), pp. 8-14, 373-6 参照．ヒエロニムス『エゼキエル書註解』序文 'aggrediar Ezechiel prophetam, cuius difficultatem Hebraeorum probat traditio. Nam nisi quis apud eos aetatem sacerdotalis ministerii, id est tricesimum annum impleverit, nec principia Geneseos, nec Canticum Canticorum, nec huius voluminis exordium et finem legere permittitur'.〔私は預言者エゼキエルに手を付けたいと思うが，その難しさはヘブライ人たちの伝承が証している．すなわち祭司の職に就ける年齢である 30 歳を満たすまでは，創世記の始めも雅歌もこの巻物の始めと終わりも読むことを許されないのである．〕同『書簡集』53，「パウルスへ」8 'tertius (scil. Ezechiel) principia et finem tantis habet obscuritatibus involuta, ut apud Hebraeos istae partes cum exordio Geneseos ante annos triginta non legantur'〔第 3（すなわちエゼキエル書）の始めと終わりにはとても多くの不可解な箇所が含まれており，ヘブライ人たちのもとでは 30 歳になるまで創世記の始めとともにその箇所を読まないほどである〕．

53) G. Scholem, *Major Trends,* pp. 40-79; *The Kabbalah and its Symbolism* (1965); s.v.

III　ハラハーとハガダー（註）　　　　　55

'Kabbalah', Enc. Jud. 10, cols. 489-653; *Kabbalah* (1974) 参照.

54)　ハガダー伝承については，G. Vermes, *Scripture and Tradition in Judaism* (1961, ²1973); 'Bible and Midrash', CHB I (1970), pp. 199-231 [= *PBJS,* pp. 59-91]; J. Heinemann, *Aggadah and its Development* (1974)　[ヘブライ語. 中間時代からピルケ・デラビ・エリエゼルまでのハガダーの歴史について充実した議論を提示している] を見よ.

55)　Bacher, *Tannaiten* I, pp. 365-6; II, pp. 293 ff.; JE II, pp. 520-1; Strack, pp. 95-8; H. G. Enelow, *The Mishnah of R. Eliezer, or the Midrash of the Thirty-two Hermeneutic Rules* (1933) を見よ.

56)　これら 4 つの単語の頭文字から פרדס という言葉がとられている. Bacher, 'L'exégèse biblique dans le Zohar', REJ 22 (1891), pp. 33-46, 219-29; 'Das Merkwort פרדס in der jüdischen Bibelexegese', ZAW 13 (1893), pp. 294-305 参照. 彼によれば，ゾハール（13 世紀）が初めてこの四重の意味を指摘した. たしかにタルムード伝承には，4 人の賢者が「楽園」に入ったがそのうちの 1 人，ラビ・アキバだけが無傷で出てきたというような伝説がある（T ハギガ 2：3；PT ハギガ 77b；BT ハギガ 14b）. しかし，天の秘密の場所である「楽園」は，ここでは四重の釈義を意味しているのではなく，創 1 章とエゼ 1 章からの神智的な天地創造についての思弁の産物である. 4 つの釈義概念については，Bacher, *Terminologie* I-II の該当項目と，E. E. Urbach, 'The Tradition of Merkabah Mysticism in the Tannaitic Period', *Studies in Mysticism and Religion* [Scholem Festschrift] (1967), Hebrew Section, pp. 1-28 を見よ. 楽園の 4 人の賢者については，Bacher, *Tannaiten* I, pp. 332-5; A. Néher, 'Le voyage mystique des quatre', RHR 140 (1951), pp. 59-82; G. Scholem, *Jewish Gnosticism, Merkabah Mysticism, and Talmudic Tradition* (1965), pp. 14-19; H. A. Fischel, *Rabbinic Literature and Greco-Roman Philosophy* (1973), pp. 4-34 参照.

57)　G. Vermes, *Scripture and Tradition in Judaism* (1961, ²1973), 特に pp. 178-227; 'The Qumran Interpretation of Scripture in its Historical Setting', ALUOS 6 (1969), pp. 85-97; 'Bible and Midrash', CHB 1 (1970), pp. 199-231 [= *PBJS,* pp. 37-49, 59-91]; R. Le Déaut, *La nuit pascale* (1963); M. McNamara, *The New Testament and the Palestinian Targum to the Pentateuch* (1966); *Targum and Testament* (1972); B. J. Malina, *The Palestinian Manna Tradition* (1968); J. Luzarraga, *Las tradiciones de la nube en la Biblia y en el judaismo primitivo* (1973); J.-E. Ménard (ed.), *Exégèse biblique et judaïsme* (1973). フィロンによる寓喩的聖書解釈については，E. Stein, 'Allegorische Exegese des Philo aus Alexandria', ZAW 51 (1929), pp. 1-61; G. Alon, 'Studies in the Halakah of Philo' [ヘブライ語] Tarbiz（上記註 17 参照), *Jews, Judaism and the Classical World*（上記註 17 参照); D. Daube, 'Alexandrian Methods of Interpretation and the Rabbis', *Festschrift H. Lewald* (1953), pp. 27-44; R. J. Z. Werblowsky, 'Philo and Zohar', JJS 10 (1959), pp. 25-44, 113-35; I. Christiansen, *Die Technik der allegorischen Auslegungswissenschaft bei Philon von Alexandrien* (1969); R. Hamerton-Kelly, 'Some Techniques of Composition in Philo's Allegorical Commentary with Special Reference to *De Agricultura.* Study in the Hellenistic Midrash', *Jews, Greeks and Christians* (W. D. Davies Festschrift), ed. R. Hamerton-Kelly and R. Scroggs (1976), pp. 45-56 を見よ. 数字についての神秘的扱いについては，ウクツィ 3：12 を見よ. そこでは箴 8：21 (להנחיל אהבי יש) に基づいて，神は全ての義人に 310 の単語を与えたと言わ

れている．なぜなら ש は数字としては 310 を表すからである．初期の教父の中ではバルナバの手紙（9章）にこの手の解釈が見られる．そこではアブラハムの 318 人の僕をもとに，アブラハムは既に霊においてイエスの十字架を見ていたとされている．18 ＝ IH ＝イエスの名前，300 ＝ T ＝十字架となるからである．多くの同様な例は，Bacher, *Tannaiten* I-II; *Paläst. Amoräer* I-III, Register, s.v. 'Wortdeutung'; *Die exegetische Terminologie* I, pp. 125-8 (s.v. נוטריקון), II, pp. 27-8 (s.v.גמטריא) に挙げられている．JE V, pp. 589-92 (s.v. 'Gematria'), IX, pp. 339-40 (s.v. 'Notarikon'); Enc. Jud. 7, cols. 369-74 (s.v. 'Gematria'), 12, cols. 1231-2 (s.v. 'Notarikon') 参照．ゲマトリアについての新しい説明については，S. Sambursky, 'On the Origin and Significance of the Term *Gemaṭria*', JJS 29 (1978), pp. 35-8（ヘブライ語．Tarbiz 45 [1976], pp. 268-71）を見よ．

IV 主要なトーラー学者

参考文献表

Graetz, H., *Geschichte der Juden* III-IV.

Derenbourg, J., *Essai sur l'histoire et la géographie de la Palestine d'après les Thalmuds et les autres sources rabbiniques*. I: *Histoire de la Palestine depuis Cyrus jusqu' à Adrien* (1867).

Bacher, W., *Die Agada der Tannaiten* I: *Von Hillel bis Akiba* (1884, ²1903); II: *Von Akibas Tod bis zum Abschluss der Mischna* (1890). *Tradition und Tradenten in den Schulen Palästinas und Babyloniens* (1914, repr. 1966), 特に pp. 47-71.

Loeb, I., *La chaîne de la tradition dans le premier chapître des Pirké Abot* (1889), pp. 307-22; *idem.,* 'Notes sur le chapitre 1er des Pirké Abot', REJ 19 (1889), pp. 188-201.

Hyman, A., *Tolᵉdot Tanna'im we-'Amora'im* I-III (1901-11).

Weiss, I. H., *Dōr Dōr We-dōrᵉshaw* I-IV (1924).

Moore, G. F., *Judaism* I-III (1927-30).

Strack, H. L., *Introduction to the Talmud and Midrash* (1931).

Finkelstein, L., *The Pharisees: The Sociological Background of their Faith* (1938, ³1962).

Goldin, J., 'The Period of the Talmud', L. Finkelstein (ed.), *The Jews* (1949), pp. 115-215.

Alon, G., *Tolᵉdot ha-Yehudim be-'Erez Yisra'el bi-tᵉḳufat ha-Mishnah we-ha-Talmud* I-II (²1961). *Meḥḳarim be-tolᵉdot Yisra'el* I-II (1958) ［英訳 *Jews, Judaism and the Classical World* (1977)］.

Guttmann, A., *Rabbinic Judaism in the Making* (1970) ［伝統的アプローチ］.

Neusner, J., *The Rabbinic Traditions about the Pharisees before 70* I-III (1971) ［第二神殿時代のファリサイ派教師に関する伝承の歴史的・分析的研究］. *Early Rabbinic Judaism. Historical Studies in Religion, Literature and Art* (1975).

Green, W. S. (ed.), *Persons and Institutions in Early Rabbinic Judaism* (1977).

　ミシュナー時代以前，つまり後70年以前の個々のトーラー学者については殆ど知られていない．ヒレルやシャマイのような有名な学派の長についてさえ情報はまばらである．学者の中で，前2世紀から後70年にかけての最も有名な学者の名前と継承の順序は，主にピルケ・アヴォット（「父祖」）の第1章に保存されている．それはモーセからエルサレム崩壊までの間ユダヤ教の伝承を途切れることなく伝えてきた継承者の記録である．以下は第1章の全体である[1]．

　1　モーセはトーラーをシナイ（の神）から承け，そしてそれをヨシュア

に伝えた．そしてヨシュアは長老たちに，長老たちは預言者たちに，そして預言者たちはそれを大会衆の人々に伝えた．彼らは3つのことを言った，「判決においては慎重であれ．多くの弟子を興せ．そしてトーラーに垣根を設けよ」．2　義人シメオンは大会衆の最後の者の1人である．彼はよく言っていた，「この世は3つのものの上に立っている．トーラーと（神殿）祭儀と慈善行為の上に」．3　ソコの人アンティゴノスは（トーラーを）義人シメオンから承けた．彼はよく言っていた，「報償を受けるために主人に仕える僕のようになるな．むしろ報償を受けるためでなく主人に仕える僕のようになれ．そして天への畏れがあなたたちの上にあるように」．

　4　ツレーダーの人ヨセ・ベン・ヨエゼルとエルサレムの人ヨセ・ベン・ヨハナンは（トーラーを）彼から承けた．ツレーダーの人ヨセ・ベン・ヨエゼルは言った，「あなたの家を賢者たちの集会所にせよ．彼らの足の埃で塵まみれになれ．そして彼らの言葉を渇飲せよ」．5　エルサレムの人ヨセ・ベン・ヨハナンは言った，「あなたの家をひろく開放せよ．貧しきものを家人とせよ．女とあまり多く会話をするな」．彼らは自分の妻について言ったのである．まして他人の妻についてはいわずもがなである．ここから賢者たちは言った，「女と多く会話をする者はみな自らに不幸を招き，トーラーの言葉を蔑ろにし，最後にはゲヘナを受け継ぐであろう」．

　6　ヨシュア・ベン・プラヒヤとアルベラのニタイ（またはマタイ）は（トーラーを）彼らから承けた．ヨシュア・ベン・プラヒヤは言う，「自分に師を作り，学友を得よ．そして全ての人を好意的に裁け」．7　アルベラのニタイは言う，「悪しき隣人から遠ざかれ．神無き者と交わるな．そして裁きがあることを疑うな」．

　8　ユダ・ベン・タバイとシメオン・ベン・シェタハは，彼らから（トーラーを）承けた．ユダ・ベン・タバイは言う，「（裁判官としての）あなた自身を弁護士のようにするな．訴訟当事者があなたの前に立つときには，彼ら双方を罪ある者のようにみなせ．そして彼らが判決を受け入れてあなたの前から解放されるときには，彼らを無実の者とみなせ」．9　シメオン・ベン・シェタハは言う，「証人は丁寧に調べよ．そしてあなたの言葉に気をつけよ，彼らがそこから偽証することを学ばないように」．10　シュマヤとアヴタルヨンは彼らから（トーラーを）承けた．シュマヤは言う，「労働を愛し，支配を憎め．権力におもねるな」．11　アヴタルヨンは言う，「賢者よ，あなたたちの言葉に気をつけよ，さもないと，捕囚に繋がる罪を負い，悪しき水の場所に捕囚され，あなたたちの後から来る弟子たちがそ

れを飲んで死んでしまい，そうして天の名が冒涜されることになる」．

12　ヒレルとシャマイは（トーラーを）彼らから承けた．ヒレルは言う，「平和を愛し，平和を求め，人類を愛し，彼らをトーラーに近づけるアロンの弟子の 1 人となれ」．13　彼はよく言っていた，「名声を求める者はその名を失う．（知識を）増し加えない者は減じる．学ばない者は死罪にあたる．（トーラーの）冠を（他の目的に）利用する者は滅びる」．14　彼はよく言っていた，「もし私が自分のためにしないなら，誰が私のためにしてくれるだろうか．もし私が自分のためだけにするのなら，私はいったい何者なのか．今でなければ，いつなのか」．15　シャマイは言う，「あなたのトーラーの学びを常なるものにせよ．約束は少なくし行動を多くせよ．全ての人を友情をもって迎えよ」．

16　ラバン・ガマリエルは言う，「自分に師を作り，疑いをはらせ．あまり概算で十分の一税を納めるな」．

17　その息子シメオンは言う，「生まれてこのかた私は賢者の間で育ったが，沈黙にまさるものを見出さなかった．学問が根本ではなく行動がそれである．言葉を増すものはみな罪を招く」．

18　ラバン・シメオン・ベン・ガマリエルは言う，「この世は 3 つのものの上になっている．裁きと真理と平和の上に．［なぜなら，「あなたがたの門で，真実と平和の裁きとを，行わなければならない」（ゼカ 8：16）と書かれている．］

この権威者のリストのなかで最初に興味を引くのは，「大会衆の人々」または「大シナゴーグ（会堂）の人々」（אנשי כנסת הגדולה）である．ここで彼らは最後の預言者たちから名前の知られているトーラー学者たちまでの時代に伝承を伝えた者として登場している．後のユダヤ教伝承は，全ての法規定を彼らに帰している [2]．彼らはエズラとともにエゼキエル書，十二小預言書，エステル記，エズラ記と歴代誌を書き上げたとされている [3]．1538 年のエリア・レヴィタに由来するより近代的な説明によると，彼らは旧約聖書の正典結集にも責を負っている [4]．彼らが実際に誰だったかの資料も黙して語らないために，彼らに関する様々な説が展開されている [5]．しかし，既に 18 世紀には彼らが公的な組織であったかどうか疑義が表明されていたが [6]，その存在は A・キューネンによって完全に否定され，それ以降そのような説は再生していない [7]．この概念の歴史的な根拠は，ただ，エズラの時代にトーラーが民の大会衆によって厳かに受け入れられたというネヘミヤ記 8–10 章の

物語にある．確かにこの「大会衆」は，聖書の保持に顕著な役割を果たした．しかしいったん「大会衆」がトーラーの保存についての重要な権威として確立されると，伝統のなかでまったく非歴史的な概念が徐々に付与されるようになった．トーラーを受け入れた大会衆の代りに，それはトーラーを後代に伝えた人々の委員会のようなものと考えられるようになった．こうして，最後の預言者の時代と最初のトーラー学者の時代のギャップが埋められたのである[8]．

　大会堂の概念が却下されるならば，義人シメオンが大会堂の最後のメンバーの1人であったという主張にも根拠はなくなる．むしろ彼はシメオンと呼ばれた2人の大祭司のどちらかであった．ヨセフスによると，そのうちの1人は ὁ δίκαιος〔義人〕とあだ名されていた[9]．その偉大な敬虔さという理由で，彼は伝承の継承者として選抜されたのである[10]．ただ問題は，大祭司シメオンⅠ世（前3世紀の始め）を指しているのか，それともシメオンⅡ世（前3世紀の終わり）を指しているのかということである[11]．ヨセフスによればシメオンⅠ世である．しかしシラ書50：1–21では，大祭司シメオンが忠実に古代の栄光のまま神殿の祭儀を執り行ったゆえに称えられている．ベン・シラは明らかに後者が大祭司の地位にいた時代に生きており，当時を自分が著作している時代の大祭司職と対比している．その描写はシメオンⅡ世にしか当てはまらないので，ヨセフスは間違ったシメオンに「義人」という尊称を与えたと想定しなければならない[12]．

　伝承に名前が残されている最初のトーラー学者は，ソコのアンティゴノスである．だが，彼については殆ど何も知られていない[13]．

　彼に続くイエス時代までのトーラー学者の面々についても，ミシュナーにはごくわずかな情報しか残されていない．このことは，その時代のトーラー学者が5組のズゴット〔2人1組〕としてまったく形式的に配列されていることから既に明らかである．それぞれの世代にたった2人の学者しか認識されていないというのは，とても歴史的事実でありえないからである．ありそうなことは，10人の名前が知られていて，最後の最も有名なヒレルとシャマイという1組になぞらえて，おおよそ同世代に属する残りの者をそれぞれ2人1組にしていった結果5組が生まれたということであろう[14]．こういう状況なので，それぞれの年代についてはだいたいのところを決めることしかできない．比較的に最も確実な手がかりは以下のことである[15]．シメオン・ベン・シェタハはアレクサンドロス・ヤンナイオスとアレクサンドラの同時代人であった．従って，前90–70年頃に生きていたことになる[16]．従って，最

初の1組は2世代前，前150年頃に位置づけられる．タルムード伝承によると，ヒレルは神殿崩壊の100年前，つまりヘロデ大王の時代に活躍した[17]．ガマリエルI世は使徒言行録で後30–40年頃の人として言及されており（5：34；22：3），またヨセフスによれば彼の息子シメオンはユダヤ戦争の時代，つまり60–70年頃に活動していた[18]．後の伝承がこれら5組をそれぞれサンヘドリンの議長と副議長としていることについては上述した（第II〔III〕巻281頁）．これはまったく不正確であって，実際には彼らは単に学派の長にすぎなかった．

最初の1組，ヨセ・ベン・ヨエゼルとヨセ・ベン・ヨハナンは，アヴォト1：4–5を除いて殆どミシュナーに現れない[19]．2組目のヨシュア・ベン・プラヒヤとアルベラのニタイ（またはマタイ）はさらにわずかしかミシュナーに登場しない[20]．3組目のシメオン・ベン・シェタハに関して資料はようやく少し具体的になるが，しかしその情報も殆どは伝説的な性格のものである[21]．ヨセフスはこれらの人々について何も語らない．他方，彼は4組目のシュマヤとアヴタルヨンについては，サマイアス（Σαμαίας）とポリオ（Πολλίων）という名前で触れているようである．ヨセフスによれば，前47年に若きヘロデがガリラヤでの振舞いについてサンヘドリンの裁きの場に立った時，サマイアスを除いてサンヘドリンの議員は誰もその不満をあえて口にしなかったという．サマイアス1人が声を上げて，同僚議員に対して，ヘロデによって彼らは皆生命を失うことになるであろうと予言した．その10年後，確かにその予言は成就した．前37年のエルサレム攻略の後に，ヘロデはかつて自分を訴えた者を全て処刑した[22]．そして，ヘロデはファリサイ派のポリオとその弟子サマイアス（Πολλίων ὁ Φαρισαῖος καὶ Σαμαίας ὁ τούτου μαθητής）の生命だけを救った．ヘロデがある町を包囲したとき，彼らはヘロデが町に入ることを許すよう助言したので，実際，ヘロデは彼らを大いに気に入っていた．ここで言及されているサマイアスがその前のサマイアスと同一人物であることは，ヨセフスによって明言されている[23]．さらにヨセフスは，別の箇所でもまたこの順番でポリオとサマイアスに言及している．残念ながらそこで語られている出来事の時間的順序は明らかにされていない．ヨセフスの報告によると，ポリオとサマイアスの追随者は（οἱ περὶ Πολλίωνα τὸν Φαρισαῖον καὶ Σαμαίαν），ヘロデに求められた忠誠の誓いを拒否したが，誰もヘロデに罰せられなかった．それはポリオゆえに許された特権のおかげであったという（ἐντροπῆς διὰ τὸν Πολλίωνα τυχόντες）[24]．この記述はヘロデ治世の第18年目（前20–19年）に位置づけられているが，文脈からは実際

にその年にこの事件が起こったかどうかはっきりしない．とにかく，サマイアス（Σαμαίας）とポリオ（Πολλίων）という2つの名前は，シュマヤ（שמעיה）とアヴタルヨン（אבטליון）という名前に対応しており，これらが同一人物であることはその名前そのものによって強く指示される[25]．年代的にもだいたい符合している．疑念を抱かせるのは，シュマヤが〔ミシュナーの名前の順序では〕常にアヴタルヨンに先行するのに対し，サマイアスはポリオの弟子とされている点である．そこでサマイアスをシャマイと同定しようという解釈に魅かれるが[26]，ヨセフスが2回ともサマイアスをポリオと併せて言及していて，1度もシャマイの同時代人ヒレルと一緒にしていないのは奇妙である．しかし，この組み合わせからポリオとサマイアスをヒレルとシャマイと同定するならば[27]，まずポリオとヒレルという名前の違いの問題，さらにシャマイはヒレルの弟子ではないが，サマイアスはポリオの弟子とされている事実に直面する．総合的に判断すれば，サマイアスとポリオはシュマヤとアヴタルヨンに関係づけるのが最もありそうなことと言えよう[28]．

　5つの組の中でヒレルとシャマイは最も有名である[29]．それぞれトーラー学者の学派の長であり，原理的には1つでも，個別の法規定では多くの場合互いに見解を異にしていた．両者ともハラハーの円滑な発展のために熱心かつ鋭敏に励んだので，ユダヤ教とユダヤ法の歴史にとって非常に重要な人物である．とはいえ彼らの生涯と仕事が歴史の光のもとに顕わにされていると考えてはならない．彼らについては殆ど何も知られていないのである．最古の資料であるミシュナーでもやっと12回前後触れられているにすぎない[30]．後代の資料から提供される記事は，殆ど一貫して「伝説」というスタンプが押される代物である．ヒレルは他の賢者から区別するために「長老（הזקן）」と呼ばれ[31]，ダビデ家の末裔であり[32]，バビロンからエルサレムに上ってきたと言われている．彼は貧しかったため，日雇いの仕事をして自分と家族の生活を支え，学費を払う必要があった．彼の学びへの熱意は大きく，ある日，ベート・ミドラシュ（学校）の入場料が払えなかったとき，窓によじ上ってそこから授業に耳を傾けたという．それは冬だったので彼は寒さに凍えてしまい，その状態のヒレルを見つけて教師と学友は驚いたと伝えられている[33]．伝承は，このような熱意をもってヒレルが獲得した博識について述べる．彼は全ての「言語」を理解したと言われ，そのなかには山，丘，谷，木々，植物，野の獣，家畜，悪霊の言語も含まれていたとされる[34]．いずれにせよ，ヒレルはその時代の最も卓越したトーラー教師であった．しかし，彼はその

時代の他の学者と同様にサンヘドリンの議長ではなかった．彼の主な人格の特徴は，優しさと親切であった．その顕著な例はいくつも伝えられているが[35]，先に引用したヒレルの最初の言葉，「平和を愛し，平和を求め，人類を愛し，彼らをトーラーに近づけるアロンの弟子の１人となれ」（アヴォト1：12）にもその性格は明らかである．

シャマイも「長老」（זקן）と呼ばれたが[36]，彼は温厚なヒレルとは反対に厳格であった．ミシュナーは，文字通り律法を実行することに彼がどれほど厳しく熱心であったかについて語っている．たとえば，彼の義理の娘がスコット（仮庵）の祭りの時に男子を出産したが，そのとき彼は天井と屋根を壊し，ベッドの上に木の枝や葉を覆せ，新生児も律法に従って祭りを祝えるようにしたという[37]．

このヒレルとシャマイの温厚さと厳格さに，彼らの２つの学派の寛大さと厳密さが呼応している．ヒレル学派は法的問題を寛大に決裁することを好んだが，シャマイ学派は厳格にすることを好んだ．前者は最低限で「よし」としたが，後者は進んで最大限を選んだ．しかしこれを原理・原則の違いとみなすことはできない．なぜなら，法の文字は厳密に実行されるべきであるという根本については一致していたからである．従って，ヒレル学派のほうが厳格に決断し，シャマイ学派のほうが寛大だった例も決して少なくない[38]．その違いが枝葉末節以上のものに及ぶことは決してなかった．それゆえ，細部に関して両学派を対照して吟味することにはあまり意味がない[39]．彼らが日々の生活をいかに聖別しようとしたかを例証するには，いくつかの極端な例で十分である．例えば，祭日に産み落とされた「卵」をその日に食していいのかどうか，またどういう状況ならいいのか[40]，「房」（ツィツィット）を亜麻布の衣に付けてよいかどうか[41]，「梯子」を聖日に１つの鳩小屋からもう１つの鳩小屋に移動させてよいのか，あるいは１つの穴からもう１つの穴に梯子の傾きを動かすことしか許されないのか[42]，といった議論がなされた．実際のところ最終的には穏健なヒレル学派が優位を得たが，シャマイ学派の意見が認められることも多かった[43]．その他の問題については，その後の世代はヒレルの意見にもシャマイの意見にも従わなかった[44]．

聖書の規定とは対立するが，現実の状況下では結果として益をもたらすような制度にも，ヒレルの名前は関係づけられている．７年ごとに全ての負債が免除されるという法規定は（申15：1–11），律法そのものが貸渋りをしないよう警告しているにも関わらず（申15：9），「人々は互いに金の貸し付けを躊躇していた」という望ましくない結果をもたらした．この弊害を取り除

くために、「法的但し書き」（פרוזבול = προσβολή）がヒレルの影響下で導入された. 特に、債権者は法廷において次のように宣言することを許された. מוסר אני לכם איש פלוני ופלוני הדיינים שבמקום פלוני שכל חוב שיש לי שאגבנו כל זמן שארצה「私、何某は、某所の裁判官であるあなたたちにこの宣言書を渡します. すなわち私は私の全ての負債を私の欲する時にいつでも取り立てます」. 法廷の前でなされるこのような但し書きによって、安息年の間も債権者は保護された[45]. この但し書きに通常つけられている פרוזבול 〔プロズボル〕という名前は、いまだ十分には説明されていない. これを πρὸς βουλήν と考える者は多いが、まずそうではない. これはその中心概念をまったく表現していない. פרוזבול は προσβολή 以外にあり得ないが、しかし今のところギリシア語でこの意味の用例は報告されていない. ありそうもないが一応可能なのは、これを「追加、補足、備考」を意味するラテン語の ‘adiectio’ の相当語とすることである. というのは、פרוזבול の申告は、実際、貸借契約の追加事項だったからである[46].

　　ヒレルの息子は普通ガマリエルⅠ世の父でシメオンなる者であったと言われるが、このシメオンの存在も、従ってその家系図そのものもとても疑わしい[47]. 実際、ガマリエルⅠ世まで新しい歴史的な人物は現れない. ガマリエルⅠ世はミシュナーでは רבן גמליאל הזקן 〔ラバン・ガマリエル・ハザケン〕と呼ばれ、ガマリエルⅡ世と区別されている[48]. パウロはガマリエルの足下に座したと言われている（使 22：3）. また、訴えられた使徒たちを釈放するよう助言したのもガマリエルⅠ世であった（使 5：34-9）. このためキリスト教の伝説では、彼はキリスト教徒になったとされているが[49]、ユダヤ教の伝承においては最も著名な教師の１人として尊敬されている. 「長老ラバン・ガマリエルが死んで以来、トーラーへの敬意（כבוד התורה）は潰えた. そして清浄と禁欲（טהרה ופרשות）はなくなった」[50]. 使徒言行録 5：34 以下から明らかなように、彼はヒレルと同様普通のサンヘドリン議員の１人であって、その議長ではなかった. ヤブネにおける活動といったガマリエルⅡ世にあてはまる事柄のいくつかがガマリエルⅠ世に帰されたため、多くの混乱が生じている.
　　彼の息子のシメオンもトーラー学者として大いなる名声を博した[51]. ヨセフスは彼について次のように言っている[52]. ὁ δὲ Σίμων οὗτος ἦν πόλεως μὲν Ἱεροσολύμων, γένους δὲ σφόδρα λαμπροῦ, τῆς δὲ Φαρισαίων αἱρέσεως, οἳ περὶ τὰ πάτρια νόμιμα δοκοῦσιν τῶν ἄλλων ἀκριβείᾳ διαφέρειν. Ἦν δ᾽ οὗτος ἀνὴρ

πλήρης συνέσεως καὶ λογισμοῦ δυνάμενός τε πράγματα κακῶς κείμενα φρονήσει τῇ ἑαυτοῦ διορθώσασθαι.〔このシメオンは都エルサレムの人で，とても傑出した名家の出身で，父祖たちの掟についてその厳格さでは他の者より卓越していると思われていたファリサイ人の一派に属していた．彼は知性と判断力に富んだ人で，困難な状況を自らの知恵で元に戻すこともできた．〕彼はユダヤ戦争の時代に生きていて，その戦争の初期の段階では（66-68年）際立った役割を果たした．にも関わらず，彼も決してサンヘドリンの議長ではなかった．

エルサレム陥落とそれまで比較的独立していたユダヤ共同体の崩壊は，その後のトーラー研究の発展に重大な意義をもった．サドカイ派の大祭司を頂点とした古いサンヘドリンは，今やその歴史の舞台を去り，それまでの時代にも大きな影響力を行使していたファリサイ派のトーラー学者たちが，唯一の民族指導者となった．この政治的な大転換は，結果としてラビの権力を増大させ，ラビによるトーラー研究をさらに盛んにした．

この時点以降，文書資料はゆたかになる．なぜなら最初のユダヤ法典の編集は，エルサレム陥落を経験した世代とまだ直接の関わりをもった人々によってなされたからである．

ヤムニア，またはヤブネは，ハスモン時代以来ユダヤ人居住者が圧倒していた場所であるが，エルサレム陥落後はトーラー研究の中心地となった．生き残った学者の中で最も尊敬されていた人物が住み着いたと思われる場所もここである[53]．もう1つのトーラー研究の地は，リュッダまたはロッドである[54]．ウシャ，さらにティベリアスが学びの場として選ばれるのは2世紀中葉になってからである．

聖なる都を失った後の最初の数十年間で最も傑出した師は，ラバン・ヨハナン・ベン・ザカイである[55]．その活動時期は，彼によって改定された法規定に「神殿が滅んだ後」という言葉が付されている事実から明らかである[56]．彼は主にヤブネに住んでいたが[57]，ベロール・ハイルも彼の活動の舞台と呼ばれている[58]．さらにアラブ（ערב）にも滞在したに違いない．そこでは，裁決を求めて様々な法に関する質問が彼のもとにもたらされた[59]．ヨハナン・ベン・ザカイが刷新したことのうち特筆すべきものの1つは，姦淫を疑われた妻は「苦い水」を飲む神判を耐えなければならないとする律法（民5:12-31）を廃止したことである[60]．彼はまたサドカイ派と法的問題を議論した[61]．サドカイ派がエルサレム崩壊後すぐに歴史から姿を消してしまったこ

とを思えば，状況がまだエルサレム崩壊前と殆ど変わらないうちに彼は活動していたのである．彼はまたモーセ自身にまで遡る古い伝承の伝達者でもあった[62]．ある伝説は，ヨセフスが自分自身について言っているのと同じことをヨハナン・ベン・ザカイについて語っている．すなわち，彼はウェスパシアヌスが将来皇帝の座に着くであろうと予言したという[63]．ミシュナーは彼の5人の弟子の名前を残している．ラビ・エリエゼル・ベン・ヒルカノス，ラビ・ヨシュア・ベン・ハナニア，祭司ラビ・ヨセ，ラビ・シメオン・ベン・ナタナエル，ラビ・エルアザル・ベン・アラクである[64]．この中で最も有名で秀でているのは，ラビ・エリエゼルとラビ・ヨシュアである．

　ラバン・ヨハナン・ベン・ザカイのほぼ同時代の学者にラビ・ツァドク（またはツァドゥクと読まれるべき）がいた[65]．彼は神殿崩壊前に生きていたと言われているが，にも関わらずガマリエルⅡ世やラビ・ヨシュアやラビ・エリエゼルの同僚とされている．実際ミシュナーでは，彼の名はこれらの同僚とともに現れることが多いが[66]，そのうちのいくつかは恐らく後代のもう1人のラビ・ツァドクを指しているのであろう[67]．

　神殿崩壊後の最初の10年間には，「主任祭司」（סגן הכהנים）と呼ばれた指導的トーラー学者のラビ・ハニナが現れた[68]．彼は父親が神殿でしたことと自分の見たことを語っており[69]，事実ミシュナーでは殆どつねに，祭儀の詳細についての報告者としての役を果たしている[70]．指導的祭司としての彼の特徴は，帝国の権威者のために祈るよう求めたことに見られる[71]．

　この同じ第Ⅰ世代には，ラビ・エリエゼル・ベン・ヤコブも属している[72]．というのは，神殿崩壊後そう長くは生きなかったラビ・エリエゼル・ベン・ヤコブは，ミシュナーでむしろ頻繁に引用されるかなり後代の同名のラビ・エリエゼル・ベン・ヤコブから区別すべきだからである[73]．彼の叔父はレビとして神殿に仕え[74]，ミドットの項の神殿の記述では彼自身が情報提供者としてしばしば言及されている[75]．後の伝承は，この項全体を彼に帰してさえいる[76]．どの箇所が年長のラビ・エリエゼル・ベン・ヤコブと関係づけられ，どれが若い方と関係しているのかはもはや決定できないが，祭儀に関する情報は恐らく前者に帰せられるだろう[77]．

　ガマリエルⅠ世の孫にしてシメオンの息子であるガマリエルⅡ世は，ラビ・ヨハナン・ベン・ザカイより数十年後の世紀の変わり目（後90–110年頃）に生きた最も抜きんでた学者であった[78]．彼が率いたヤブネの学院は，彼の時代にはイスラエルで最も高い権威を一般に認められていた[79]．彼のまわり

には最も秀でた学者たちが集まったが，この権威ある集団の中でガマリエルの決断が最終的なものであった[80]．彼と交流の深かった賢者たちの中で最も目立っているのは，彼と同時代のラビ・ヨシュアと若いラビ・アキバであった[81]．他方でガマリエルは，同様に同時代に有名だったラビ・エリエゼル・ベン・ヒルカノスとは関わらなかったようである．いずれにしても，ミシュナーには何か関係があった痕跡は見出せない．逆に後の伝承は，エリエゼルはガマリエルに破門されたと語る（下記参照）．1度ガマリエルは，ヨシュアやアキバと同様に卓越していたラビ・エルアザル・ベン・アザリヤとともに，海を越えてローマへ渡ったことがあるが，この出来事はラビ文献の中で名声を博している[82]．

ガマリエルは1度その独裁的な振舞いのために，72人の長老の長としての地位を追われ，ラビ・エルアザル・ベン・アザリヤに取って代わられたと言われている[83]．しかし彼が自責の念を示すと，エルアザルが進んでその地位を譲り，ガマリエルはすぐに復位したという．72人の長老によってエルアザルが学院の長の地位へと押し上げられたことは，ミシュナーに証言されている[84]．

ガマリエルは法的決定についてはヒレル学派に従った．彼の裁定が3つの点でシャマイ学派と一致したことが例外として言及されている[85]．一般的に彼は法的な厳格さで特徴づけられているが[86]，同時にまたなにほどかこの世的で開かれた心の持ち主としても知られていた[87]．

ガマリエルの同時代人で最も有名なのは，ラビ・ヨシュア・ベン・ハナニヤとラビ・エリエゼル・ベン・ヒルカノスである．2人ともヨハナン・ベン・ザカイの弟子であった[88]．この2人は若いアキバも加えてしばしば法的問題について議論している[89]．ヨシュアだけがガマリエルと交流していたようである．後の伝承によると，ガマリエルはエリエゼルを破門したという[90]．

ラビ・ヨシュアはレビの出身であった[91]．彼は生まれつき優しく従順で，それゆえ強情なガマリエルにも従属した[92]．「ラビ・ヨシュアが死んだとき，世界から善良が潰えた」[93]．彼のモットーは，「よこしまな目，よこしまな欲，人間嫌いは人をこの世から追い出す」であった[94]．

ペキインないしベキインがラビ・ヨシュアの仕事の地とされているが[95]，ガマリエルとの近い関係を考えると，ヤブネにも住んでいただろう．彼は皇帝ハドリアヌスと宗教的な事柄についていろいろと対話したと伝えられている[96]．

従順なヨシュアと対照的にラビ・エリエゼルは頑固で融通がきかず，大い

なる厳格さをもって伝承を固守した人物だった．後者の点は，彼の類いまれな記憶力と徹底的な学習によるものであり，彼は他の誰よりも熟達していた[97]．その師ヨハナン・ベン・ザカイは，1滴の水も漏らさない漆喰された水がめにたとえてエリエゼルを誇りにした[98]．しかし，どんな議論や提案も彼が伝承と認めているものから彼を引き離すことはできなかった．そのため，エリエゼルはガマリエルと義兄弟だったにもかかわらず[99]，彼と緊張関係にあった．彼はリュッダに住んでいた[100]．彼がキリスト教に傾斜していたとか隠れクリスチャンだったという見解がある伝説に基づいてなされているが，その伝説自体はその逆のことを証明している．それによれば，エリエゼルはあるとき異邦人の法廷に召喚されたが，その苦境を神の義なる裁きと受け止めた．それは，ある法的問題についてクファル・セハニヤのユダヤ人キリスト教徒ヤコブに教わったイエスに由来する抜け目ない解決策を彼が喜んだためであるという[101]．

これらの学者とならんでラビ・エルアザル・ベン・アザリヤも名誉ある地位にいた[102]．彼は裕福でエズラに遡る著名な祭司の家系に属していた[103]．彼の富は膨大で，彼の死んだ後には賢者の間から金持ちはいなくなったと言われるほどであった[104]．彼がガマリエル，ヨシュア，アキバと交流していたこと，彼らとともにローマに派遣されたこと，72人の長老によって学院の長に推挙されたこと，その地位から自発的に降りたこと，これらのことについては既に述べた．これらのことからだけでも彼がヤブネにいたことは明らかであり，また他にも多くの証拠がある[105]．彼はまた，アキバと同時代のラビ・イシュマエルやラビ・タルフォンとも個人的な交流があった[106]．

もう1人，ガマリエルとヨシュアの同時代人は，ラビ・ドサ・ベン・アルキノス（またはハルキナス）である[107]．彼について特に言われているのは，ヨシュアを説得してガマリエルに従うようにしたことである[108]．

この世代の後期には，上述のラビ・ツァドクの息子，ラビ・エルアザル・ベン・ツァドクがいる[109] 父親と同様に彼もガマリエルの側近であり，ガマリエルの裁定やその一族の法的慣習について報告している[110]．

ラビ・イシュマエルはこの時代の学者のなかで独立した地位を占めていた[111]．彼は確かにときおりはヤブネにいた[112]．またヨシュア，エルアザル・ベン・アザリヤ，タルフォン，アキバといった有名な同僚とも親密な交わりをもっていた[113]．しかし，通常はパレスチナの南部，エドムとの境界沿いのクファル・アジズと呼ばれる村に住んでおり，1度そこをヨシュアが

訪れたことが報告されている[114]．年齢的には，彼はヨシュアよりもタルフォンやアキバに近かったようである．というのは，彼はヨシュアに質問し，学徒のように「彼の後を」歩いているが，タルフォンやアキバとは対等に接しているからである[115]．伝承の伝えるようにもし彼の父親が本当に大祭司であったとすれば，とても興味深い．しかし，彼が祭司の家系であったとしても，このことは疑わしい[116]．

ハラハーの歴史においてイシュマエルは，アキバの人為的で恣意的な釈義と比べて独自の流れを代表している．相対的に言ってイシュマエルは，聖書の単純で字義通りの意味の方にこだわった．「トーラーは人間の言葉を語っている」[117]．ハラハー解釈のための13の釈義法（ミドット）はイシュマエルに帰されている[118]．最古のミドラシームのうちの2つ（出エジプト記へのメヒルタと民数記及び申命記へのスィフレー）に見出される釈義の大部分は，イシュマエルとその学派に由来する[119]．

伝説によるとイシュマエルは，多くの同僚とともに132-135年の戦争で殉教死した[120]．

ガマリエル，ヨシュア，エリエゼルと学徒として交流のあった学者のなかで最も有名なのは，ラビ・アキバ・ベン・ヨセフである[121]．彼は110-135年頃に活躍した．ガマリエル，ヨシュア，エリエゼルとアキバの関係については既に述べた（註81，88，89）．影響力と評価においてアキバは彼らを上回っている．アキバほど多くの学徒を魅了した者はいないし[122]，また伝承によって栄光化された者もいない．しかし，史実を虚構から区別することは殆ど不可能である．その活動の舞台さえ確かなことは分かっていない．ミシュナーによればリュッダということになっているが[123]，タルムードはベネ・ベラクの名を挙げている[124]．伝えられている彼の言葉は，彼が法的に厳格な見解をもっていたことのみならず，教義や哲学の問題についても省察していたことを示している[125]．かつての熱心党のように，彼は宗教的熱心を愛国心と結びつけた．それゆえ彼は，革命のヒーローであるバル・コクバをメシアとして歓呼し[126]，民族の大義のために殉教の死を遂げたと言われている[127]．

ラビ・アキバの釈義法は，あらゆるユダヤ教の慣例に聖書的根拠を与えることであった．その人為性をもとにタルムードは次のようなユーモアのある逸話を物語っている．「モーセは天に昇っていったとき，聖なる方，ほむべき方が座って（トーラーの）文字の上に小さな冠をつけているのを見つけた．驚いて神のしていることの意味を尋ねると，神は言った，『何世代も後に，ア

キバ・ベン・ヨセフと呼ばれる男が現れ，これらの飾り1つ1つから山ほど
ハラハー規定を引き出すだろう』と」[128].

彼は目的を達するために，聖書テクストには1単語も余分なものはないと
いう原則を採用した．重要な真実を含んでいるのは，最小の明らかに不要な
要素である[129]．これらの釈義法より価値があり，ユダヤ法の歴史において
真に画期的な意義を有するのは，それまで大部分口頭で伝えられてきたハラ
ハーが，アキバの時代に恐らく彼の指導のもとで初めて成文化されたことで
ある．様々な法規定がその主題に従って編集され，その当時有効だった法が
卓越した殆どの学者の異論とともに記録された．この作品はラビ・ユダ・ハ
ナスィのミシュナーの基礎を成した[130].

アキバの同時代人にラビ・タルフォンがいる．彼は祭司出身のトーラー学
者で，神殿崩壊後も祭司として受け継いだ権利と義務を可能な限り真剣に行
使したと言われている[131]．彼はリュッダに住み[132]，主にアキバと対話した
が[133]，エルアザル・ベン・アザリヤ，イシュマエル，ヨシュアとの討論に
も加わった[134]．後の伝承は，彼を同時代の他のトーラー学者と同様にバ
ル・コクバの乱における殉教者としている[135]．しかしこの手の物語は，使
徒を全て殉教者に仕立てあげるキリスト教伝承とまったく同程度の価値しか
有していない．ラビ・タルフォンがユスティノスと出会ったトリュフォン
——彼は自分自身についてこの戦争のゆえにパレスチナを逃げだしたと言っ
ている——と同一人物であったということはありそうにない[136]．タルフォ
ンはユダヤ教の異端に対して特に厳しい態度をとり，異端の聖書の巻物や宗
教書は，たとえ神聖4文字が含まれていようと安息日には火から救ってはな
らないと議論した．同様に，ユダヤ人は異教の神殿に逃げてもいいが，異端
の家を聖所としてはならないと言った[137].

ラビ・タルフォン以外のアキバの同僚で言及すべきは以下の者たちである．
ラビ・ヨハナン・ベン・ヌリは，ガマリエルII世，ヨシュア，エリエゼルの
時代に既に生きていたが，言及されるのは殆どアキバとの関係においてであ
る[138]．ラビ・シメオン・ベン・アザイ，あるいは単にベン・アザイは，飽
くことなく学問に励んだことで特に賞賛されている[139]．ラビ・ヨハナン・
ベン・ベロカは，ヨシュアとヨハナン・ベン・ヌリと交流があった[140]．ガ
リラヤ人ラビ・ヨセは，エルアザル・ベン・アザリヤ，タルフォン，アキバ
の同時代人とされる[141]．ラビ・シメオン・ベン・ナンノス，あるいは単に
ベン・ナンノスもタルフォンとアキバの同僚である[142].

この同じ時代にアバ・シャウルも属している．彼はヨハナン・ベン・ザカ

イの言葉を伝え，また神殿組織の権威として頻繁に引用されているが，アキバの言葉もしばしば報告しているのでアキバより年長ではあり得ない[143]．さらにラビ・ユダ・ベン・ブテラもこの時代であろう．彼はエリエゼルの同時代人としてもラビ・メイルの同時代人としても言及されるので，これら2人の間の時期，つまりアキバの時代に活動したに違いない[144]．

　その次の世代のラビ・ユダ・ベン・イライ，ラビ・ヨセ・ベン・ハラフタ，ラビ・メイル，ラビ・シメオン・ベン・ヨハイは，これまで挙げてきたどの学者よりもミシュナーで頻繁に言及されている．しかし彼らの活動は2世紀半ばであり，我々の対象としている時代から外れるのでここでは扱わない．

註

1) 参考文献は第 I 〔I〕巻 128-9 頁．そこに挙げられているものに加えるとすれば次のものがある．J. H. Herz, *Sayings of the Fathers with Introduction and Commentary* (1952); J. Goldin, *The Living Talmud: the Wisdom of the Fathers and its Classical Commentaries* (1957). 本文批判については，K. Marti-G. Beer, *'Abot* (1927) の 'Textkritischer Anhang', pp. 186-7 を見よ．また E. Bickerman, 'La chaîne de la tradition pharisienne', RB 59 (1952), pp. 44-54 も見よ．

2) W. Bacher, 'Synagogue, the great', JE XI, pp. 640-3; J. Z. Lauterbach, 'Sanhedrin', *ibid.*, pp. 41-4; Moore, *Judaism* I, pp. 31 ff.; L. Finkelstein, 'The Maxim of the *Anshe Kneset Ha-Gedolah*', JBL 59 (1940), pp. 455-69 [*Pharisees in the Making* (1972), pp. 159-73]; E. Bickerman, 'Viri magnae congregationis', RB 55 (1948), pp. 397-402.

3) BT バ・バト 15a.

4) O. Eissfeldt, *The Old Testament. An Introduction* (1966), p. 546 参照．エリア・レヴィタについては，G. E. Weil, *Élie Lévita, humaniste et massorète (1469-1549)*, (1963), pp. 304-5 を見よ．

5) H. Graetz, 'Die grosse Versammelung', MGWJ (1857), pp. 31-7, 61-70; J. Derenbourg, *Essai*, pp. 29-40; J. Fürst, *Der Kanon des A.T. nach den Überlieferungen in Talmud und Midrasch* (1868), pp. 21-3; D. Hoffmann, 'Über "die Männer der grossen Versammlung"', Magazin für die Wissenschaft des Judenthums 10 (1883), pp. 45-63; S. Krauss, 'The great Synod', JQR 10 (1898), pp. 347-77; H. Englander, 'Men of the Great Synagogue', HUCA Jub. Vol. (1925), pp. 145-69; E. Bickerman, 'Viri Magnae Congregationis', RB 55 (1948), pp. 397-402; L. Finkelstein, *The Pharisees* (³1962), pp. 62 ff., 578 ff.; H. Mantel, 'The Nature of the Great Synagogue', HThR 60 (1967), pp. 69-91.

6) J. E. Rau, *Diatribe de synagoga magna* (1726) 参照．

7) A. Kuenen, *Over de mannen der groote synagoge* (1876); 'Über die Männer der grossen

Synagoge', *Gesammelte Abhandlungen zur biblischen Wissenschaft,* von Dr. Abraham Kuenen (1894), pp. 125-60. W. Bacher, JE XI, pp. 640-3 はキューネンの結論をユダヤ教伝承と結びつけようと試みている. Moore, *Judaism* I, pp. 29-36; III, pp. 6-15; L. Finkelstein, 'The Maxim of the *Anshe Keneset Ha-Gedolah*', JBL 59 (1940), pp. 455-69; E. Dhorme, 'Le texte hébeu de 1 'AT', RHhR 35 (1955), pp. 129-44; S. Hoenig, *The Great Sanhedrin* (1953); P. Parker, 'Synagogue, The Great', IDB IV, p. 491; J. Schiffer, 'The Men of the Great Synagogue', W. S. Green (ed.), *Persons and Institutions in Early Rabbinic Judaism* (1977), pp. 257-83 参照.

8) 聖書伝承と聖書後の伝承を関係づけようとする現代の様々な試みについては, J. Weingreen, 'The Rabbinic Approach to the Study of the Old Testament', BJRL 34 (1951-2), pp. 168-90; 'Oral Torah and Written Record', *Holy Book and Holy Tradition* (ed. F. F. Bruce and E. G. Rupp, 1968), pp. 54-67; G. Vermes, *Scripture and Tradition,* pp. 173-7; CHB I, pp. 199-201 [*PBJS,* pp. 59-61]; J. Weingreen, *From Bible to Mishna: The Continuity of Tradition* (1976) を見よ.

9) ヨセフス『古代誌』xii 2, 5 (43)：ὁ καὶ δίκαιος ἐπικληθεὶς διά τε τὸ πρὸς τὸν θεὸν εὐσεβὲς καὶ τὸ πρὸς τοὺς ὁμοφύλους εὔνουν〔彼は神への敬虔と同胞への思いやりのゆえに義人とあだ名された〕.

10) 彼はパラ3：5でも赤毛の雌牛を焼いた大祭司の1人として言及されている. 他の伝承についてはTナズィ4：7；ソタ13：6-7を見よ. H. Graetz, 'Simon der Gerechte und seine Zeit', MGWJ (1857), pp. 45-56; Derenbourg, *Essai,* pp. 46-7; Bacher, 'Simeon the Just', JE XI, pp. 352-4; R. Smend, *Die Weisheit des Jesus Sirach, erklärt* (1906), pp. xv-xvii; G. F. Moore, 'Simon the Just', *Jewish Studies in Memory of I. Abrahams* (1927), pp. 348-64; *idem., Judaism* I, pp. 34 ff.; III, n. 5; RE III, pp. 162-80 (s.v. 'Σίμων'); W. Foerster, 'Der Ursprung des Pharisäismus' ZNW 34 (1935), pp. 41 f.; L. Finkelstein, 'The Maxim of the *Anshe Keneset Ha-Gedolah*', JBL 59 (1940), pp. 455-69; *The Pharisees* (³1962), pp. 576 ff.; G. Hölscher, 'Der Hohenpriesterliste bei Josephus', SAH (1939); V. Tcherikover, *Hellenistic Civilization and the Jews* (1959), 特に pp. 403-4; R. Marcus, *Josephus* (Loeb) (1943), pp. 732-6; J. Goldin, 'The Three Pillars of Simeon the Righteous', PAAJR 27 (1958), pp. 43-58; Enc. Jud. 14, cols. 1566-7; Neusner, *Pharisees* I, pp. 24-59.

11) シメオンⅡ世については, ヨセフス『古代誌』xii 4, 10 (224) を見よ.

12) 現代の学者の間で一般的になっているこのシメオンの同定は, ある程度PTヨマ43cd；BTメナホ109bでも含意されている. そこでシメオンはエジプトにユダヤ人の神殿を建てたオニアスの父とされている(実際にはシメオンはオニアスの祖父である).

13) JE I, p. 629; Strack, p. 107; E. J. Bickerman, 'The Maxim of Antigonus of Socho', HThR 44 (1951), pp. 153-65; Enc. Jud. 3, col. 67; Neusner, *Pharisees* I, pp. 60-1. アヴォット・デラビ・ナタン5章のどちらの版 (ed. Schechter, p. 26) も, サドカイ派とボエートス派の生みの親であるツァドクとボエートスの2人をアンティゴノスの弟子としている. ソコ (שוכו) と呼ばれる3つの場所が旧約聖書に出てくる. (1) ユダのシェフェラ平原の町 (ヨシュ15：35；サム上17：1；代下11：7, 28：18), (2) ユダ山地の町 (ヨシュ15：48), (3) ソロモンの第3地域のなかのある場所 (王上4：10). 初めの2つ

はアラビア語でキルベト・シュウェーケという名で残っている．前者はエルサレムの南西，エレウテロポリスの方向に位置し，後者はヘブロンの南にある．ヘブロンの南方は前 2 世紀にはエドム領だったので，(1) がアンティゴノスの故郷であったろう．3 番目の場所は，サマリアの北西 10 マイルほどのところに位置し，今日ではテル・エル・ラスと同定されている．Abel, *Géog. Pal.,* II, p. 467; W. F. Stinespring, 'Soco', IDB (1962), IV, p. 395; M. Avi-Yonah, s.v. 'Socho', Enc. Jud. (1971) 15, cols. 69-70; *Gazetteer,* p. 97 参照．

14) ラビ文献では，これら 10 人は単に「組」(זוגות) と呼ばれている．例えばペア 2：6．

15) 年代については，I. Jelski, *Die innere Einrichtung des grossen Synedrions zu Jerusalem* (1894), pp. 36 ff.; Strack, p. 107 f.; L. Finkelstein, *Akiba* (1936), pp. 294-304; Moore, *Judaism* I, p. 45, n. 3, p. 255 参照．伝統的な解釈を擁護するのは，H. Mantel, *Studies in the History of the Sanhedrin* (1961), pp. 13-18, 102, 107.

16) これはシメオン・ベン・シェタハを祈りの力で有名なオニアスの同時代人とするタア 3：8 と一致する．ヨセフス（『古代誌』xiv 2, 1 [22-24]）によればこのオニアスの死は前 65 年である．

17) BT シャバ 15a．ヒエロニムス『イザヤ書註解』イザ 8：11 以下（CCL lxxiii, p. 116）'Sammai igitur et Hellel non multo prius quam Dominus nasceretur orti sunt in Iudaea'〔従って，シャマイとヒレルは主の生まれる少し前にユダヤに現れた〕参照．

18) ヨセフス『戦記』iv 3, 9 (159)；『自伝』38 (190-191)，39 (195-197)，44 (216)，60 (309)．

19) 2 人ともハギガ 2：2；ソタ 9：9 に現れる．ハギガ 2：7 によると，ヨセ・ベン・ヨエゼルは祭司であり，祭司の中のハシードであるとされている．ソタ 9：9 では，ヨセ・ベン・ヨエゼルとヨセ・ベン・ヨハナンの死後，אשכולות がなくなったと言われているが，これは意味がはっきりしない．このミシュナーはミカ 7：1 に言及しているので，恐らくこの語は通常通り「ぶどう」，すなわち霊的に生き返った人の隠喩と理解すべきであろう．これを σχολαι〔学校〕と同義と解する者もいる．R. Loewe, 'Rabbi Joshua ben Ḥananiah: LL.B. or B.Litt.', JJS 25 (1974), pp. 137-54 参照．全体的に，Derenbourg, pp. 65, 75, 456-60; JE VIII, p. 242; Moore, *Judaism* I, pp. 45 ff.; Strack, p. 107; Neusner, *Pharisees* I, pp. 61-81; Enc. Jud. 16, cols. 853-4; G. G. Porton, 'The Grape-Cluster in Jewish Literature and Art in Late Antiquity', JJS 27 (1976), pp. 159-76 を見よ．

20) アヴォト 1：6-7 とハギガ 2：2 のみ．ヨシュア・ベン・プラヒヤは，BT サンヘ 107b と BT ソタ 47a で，時代錯誤的にイエスの教師とされている．J. Klausner, *Jesus of Nazareth* (1925), pp. 24-7 参照．どちらの箇所でもいくつかのよい写本はニタイ（נתיי ないし נתאי）の代わりに מתיי ないし מתאי，つまりマタイと読んでおり，恐らくこのほうがよい読みであろう（K. Marti-G. Beer, *Abot* [1927], pp. 18, 186 参照）．『アリステアスの手紙』(ed. Wendland [49]) の 72 人の翻訳者のリストの中に Ναθαῖος なる者が登場するが，写本によっては Ματθαῖος とするものもある．ニタイの故郷の ארבל〔アルベラ〕は今日のイルビッドで，ティベリアスの北西に位置する（第 I〔I〕巻 391-2 頁，註 6 参照）．伝説によるとニタイによって建てられたとされるシナゴーグの廃墟がまだそこに残されている．Derenbourg, pp. 93-4; Moore, *Judaism* I, pp. 311, 348; Strack, p. 108; JE

VII, p. 295; IX, p. 318; Enc. Jud. 10, cols. 284-5; 12, col. 1187; Neusner, *Pharisees* I, pp. 81-6 参照.

21) 彼とアレクサンドロス・ヤンナイオス及びアレクサンドラとの関係については，第 I〔I〕巻 308-9，322 頁を見よ．アヴォト 1：8-9；ハギガ 2：2 の他に，タア 3：8；サンへ 6：4；T ハギガ 2：8；T クトゥ 12：1；T サンへ 6：6；8：3 も参照（これら全ての箇所及びメヒルタ，スィフラ，スィフレー，タルムードからの資料の分析については，J. Neusner, *Pharisees* I, pp. 86-141 を見よ）．Graetz, *Geschichte der Juden* III⁴, pp. 703-8 (nn. 13-14); Derenbourg, pp. 96-111; Schlatter, *Geschichte Israels* (²1906), pp. 116 ff.; JE XI, pp. 357-8; Enc. Jud. 14, cols. 1563-5 参照．彼に帰せられているアシュケロンでの 80 人の魔女の処刑については，第 I〔I〕巻 321 頁と註 7 参照．また Moore, *Judaism* III, p. 33; H. Mantel, *Studies in the History of the Sanhedrin*, pp. 9, 81 も見よ．

22) ヨセフス『古代誌』xiv 9, 4（175）.

23) ヨセフス『古代誌』xv 1, 1（3）．既述の出来事に言及するところで，ヨセフスの写本は確かに Πολλίων と読んでおり，梗概とラテン語訳のみ Σαμαίας となっている．しかし『古代誌』xiv 9, 4（172-176）によれば後者が正しい読みである．最も，この 2 箇所のうちの片方でヨセフスのペンが滑ったのでないならばの話だが．

24) ヨセフス『古代誌』xv 10, 4（370）.

25) ヘブライ語聖書，特にネヘミヤ記と歴代誌にしばしば現れるシェマヤ（シュマヤ）という名前は，七十人訳では Σαμαία, Σαμαίας, Σαμείας, Σεμείας と訳されている．Πολλίων という名前はもちろんアヴタルヨンではなく，ラテン語のポリオ（Pollio）と同定される．しかし，ユダヤ人がしばしばヘブライ語の名前とともに，似たような発音のギリシア語ないしラテン語の名前をもっていたことはよく知られている（イエスとヤソン，サウロとパウロ）．A. Schlatter (*Zur Topographie und Geschichte Palästinas* [1893], p. 126) が，アヴタルヨンのギリシア語を Εὐθαλίων としていることには注意しておく必要がある．これは音声的には可能だが，Εὐθαλίων にはギリシア語名としての証拠がないのでありそうにない．もし Πολλίων が Πτολλίων の一形態とすれば，アヴタルヨンと Πολλίων の同定は受け入れられるだろう．Marti-Beer, *Abot,* pp. 22-3 参照．L. H. Feldman, 'The Identity of Pollio the Pharisee in Josephus', JQR 49 (1958-9), pp. 53-62 も参照.

26) שמאי ないし שמיי（明らかに שמעיה の短縮形，Derenbourg, p. 95 を見よ）はギリシア語では Σαμαίας になりうる．これは ינאי が ᾽Ιανναῖος ないし ᾽Ιαννέας になるのと同様である．写本間で読みは揺れている（『古代誌』xiii 12, 1 [320]）.

27) たとえば，J. Lehmann, 'Le procès d'Hérode, Saméas et Pollion', REJ 24 (1892), pp. 68-81. Moore, *Judaism* I, p. 313, n. 4; A. Schalit, *König Herodes* (1969), pp. 768-71 も参照.

28) 両者についてアヴォト 1：10-11 の他に，ハギガ 2：2；エドゥ 1：3；5：6 参照．Derenbourg, pp. 116-18, 149-50, 463-4; A. Schalit, *op. cit.* (1969), pp. 668-71; 'Shemajah', JE XI, p. 268, and 'Abtalion', I, p. 136; S. Zeitlin, 'Semeias and Pollion', Journal of Jewish Lore and Philosophy 1 (1919), pp. 63-7; Neusner, *Pharisees* I, pp. 142-59.

29) H. Graetz III⁴, pp. 207 ff.; A. Geiger, *Das Judenthum und seine Geschichte* I, pp. 99-107; Derenbourg, pp. 176-92; W. Bacher, *Die Agada der Tannaiten* I², pp. 1-11; W. Bacher, 'Hillel', JE VI, pp. 397-400; J. Z. Lauterbach, 'Shammai', JE XI, pp. 230-1; Moore, *Judaism* I, pp. 79-

IV 主要なトーラー学者（註）　　　75

82; L. Finkelstein, *Akiba* (1936); A. Kaminka, 'Hillel and his Works', Zion 4 (1938-9), pp.
258-66; 'Hillel's Life and Works', JQR 30 (1939-40), pp. 107-22; I. Sonne, 'The Schools of
Shammai and Hillel seen from within', *Louis Ginzberg Memorial Volume* (1945), pp. 275-91;
J. Goldin, 'Hillel the Elder', JR 26 (1946), pp. 263-77; 'The Period of the Talmud', *The Jews,*
ed. L. Finkelstein (1949), pp. 129-33; A. Guttman, 'Foundations of Rabbinic Judaism', HUCA
23 (1950-1), pp. 452-73; N. N. Glatzer, *Hillel the Elder* (1956); 'Hillel the Elder in the Light
of the Dead Sea Scrolls', *The Scrolls and the New Testament* (ed. K. Stendahl, 1957); Neusner,
Pharisees I pp. 185-340; S. Zeitlin, 'Hillel and the Hermeneutic Rules', JQR 54 (1963), pp.
161-73; Neusner, *History of the Jews in Babylonia* I (1965), pp. 36-8; E. E. Urbach, *The Sages*
I, pp. 576-93.

30) ヒレルはミシュナーでは以下の箇所で言及されるだけである．シュヴィ 10：3；ハ
ギガ 2：2；ギティ 4：3；バ・メツィ 5：9；エドゥ 1：1-4；アヴォト 1：12-14；2：
4-7；4：5；5：17；アラヒ 9：4；ニダ 1：1．シャマイは以下のみ．マア・シェニ 2：4,
9；オルラ 2：5；スカ 2：8；ハギガ 2：2；エドゥ 1：1, 4, 10, 11；アヴォト 1：12,
15；5：17；ケリム 22：4；ニダ 1：1．

31) シュヴィ 10：3；アラヒ 9：4．

32) PT タア 4：2, 68a；創 R 98：8（創 49：10 について）．ヒレルがダビデの末裔であ
るとする伝承に信憑性がないことについては，Israel Lévi, 'L'origine davidique de Hillel',
REJ 31 (1895), pp. 202-11, 33, pp. 143-4 を見よ．J. Jeremias, *Jerusalem,* pp. 275-90 参照．

33) BT ヨマ 35b. F. Delitzsch, *Jesus und Hillel* (³1879), pp. 9-11; Moore, *Judaism* I, p. 313;
N. N. Glatzer, *Hillel the Elder* (1956), pp. 24-5; S. Zeitlin, *The Rise and Fall of the Judaean
State* II (1969), pp. 105-6 参照．

34) ソフ 16：9．F. Delitzsch, *Jesus und Hillel,* p. 8 参照．

35) Delitzsch, *op. cit.,* p. 31 f.; Moore, *Judaism* I, p. 79; II, pp. 196, 274, 342 etc.

36) オルラ 2：5；スカ 2：8．

37) スカ 2：8．

38) エドゥ 4：1-12；5：1-5．さらに A. Schwarz, *Die Erleichterungen der Schammaiten und
die Erschwerungen der Hilleliten*［また *Die Controversen der Schammaiten und Hilleliten* I
のタイトルでも］(1893); Moore, *Judaism* I, pp. 77-86 参照．

39) 以下のミシュナーの箇所は両学派の違いに言及している．ブラホ 1：3；8：1-8；ペ
ア 3：1；6：1, 2, 5；7：6；ドゥマイ 1：3；6：6；キルア 2：6；4：1, 5；6：1；シ
ュヴィ 1：1；4：2, 4, 10；5：4, 8；8：3；トゥルモ 1：4；5：4；マアス 4：2；マ
ア・シェニ 2：3, 4, 7, 8, 9；3：6, 7, 9, 13；4：8；5：3, 6, 7；ハラ 1：6；オル
ラ 2：4；シャバ 1：4-9；3：1；21：3；エルヴィ 1：2；6：4, 6；8：6；ペサ 1：1；
4：5；8：8；10：2, 6；シュカ 2：3；8：6；スカ 1：1, 7；2：7；3：5, 9；ベツァ
1：1-9；2：1-5；ロシュ 1：1；ハギガ 1：1-3；2：3, 4；イェヴァ 1：4；3：1, 5；
4：3；6：6；13：1；15：2, 3；クトゥ 5：6；8：1, 6；ネダ 3：2, 4；ナズィ 2：1,
2；3：6, 7；5：1, 2, 3, 5；ソタ 4：2；ギティ 4：5；8：4, 8, 9；9：10；キドゥ
1：1；バ・メツィ 3：12；バ・バト 9：8, 9；エドゥ 1：7-14；4：1-12；5：1-5；ズ
ヴァ 4：1；フリ 1：2；8：1；11：2；ブホロ 5：2；クリト 1：6；ケリム 9：2；11：

3；14：2；18：1；20：2，6；22：4；26：6；28：4；29：8；オホロ 2：3；5：1-4；
7：3；11：1，3-6，8；13：1，4；15：8；18：1，4，8；パラ 12：10；トホロ 9：1，
5，7；10：4；ミクヴァ 1：5；4：1；5：6；10：6；ニダ 2：4，6；4：3；5：9；10：
1，4，6-8；マフシ 1：2-4；4：4，5；5：9；ザヴィ 1：1-2；トゥヴ・ヨム 1：1；ヤ
ダ 3：5；ウクツィ 3：6，8，11．シャマイ家のみは，ブラホ 6：5；ドゥマ 3：1；キル
ア 8：5；トゥルモ 4：3；オルラ 2：5，12；ベツァ 2：6；エドゥ 3：10；ミクヴァ 4：
5．このリストは，両者の違いが主にミシュナー 6篇のうち，第 1，2，3，6篇で扱わ
れている問題に関わっていることを示す．すなわち，(1) 宗教税，(2) 安息日と聖日，
(3) 婚姻法，(4) 清浄規定の問題である．第 4，5篇（民法及び刑法と聖物）は殆ど含
まれていない．後者は個人の宗教的振舞いでなく，純粋に市民的ないし祭司の事柄に
関係しており，両学派ともその他の問題ほどには熱心に議論しなかった．聖物法は恐
らく既に古の祭司のトーラー学者によって発展させられており，ラビたちの直接の権
限領域にはなかった．トセフタもミシュナーと同様の問題を扱っている（ツッカーマ
ンデル版の索引［xxxiii 頁］に挙げられているリストを見よ）．ミドラシーム（メヒル
タ，スィフラ，スィフレー）では，両学派はまれにしか言及されない．D. Hoffmann,
Zur Einleitung in die halachischen Midraschim (Berlin, Jahresbericht des Rabbiner-Seminars,
1887), p. 84 と特に Neusner, *Pharisees* II, pp. 6-40 のリストを見よ．また，S. Mendelssohn,
'Bet Hillel and Bet Shammai', JE III, pp. 115-16; S. Zeitlin, 'Les écoles de Schammai et de
Hillel', REJ 93 (1932), pp. 73-83; 'The Semikhah Controversy between the Schools of
Shammai and Hillel seen from within', *L. Ginzberg Jubilee Volume* I (1945), pp. 275-91; L.
Ginzberg, *On Jewish Law and Lore* (1962), pp. 88-124; A. Guttmann, *Rabbinic Judaism in the
Making* (1970), pp. 59-124 を比較せよ．

40) ベツァ 1：1；エドゥ 4：1．

41) エドゥ 4：10．

42) ベツァ 1：3．

43) エドゥ 1：12-14．

44) 例えば，エドゥ 1：1-3．全体としては註 39 に挙げた箇所を参照せよ．

45) 特にシュヴィ 10：3-7（定式文はシュヴィ 10：4）を参照．ヒレルによる導入は，シ
ュヴィ 10：3；ギティ 4：3．全体としては，ペア 3：6；モ・カタ 3：3；クトゥ 9：9；
ウクツィ 3：10．S. Krauss, *Griechische und lateinische Lehnwörter im Talmud* II (1899), p.
482; J. H. Greenstone, 'Prosbul', JE X, pp. 219-20; Moore, *Judaism* I, pp. 261-2, III, n. 25; Z.
W. Falk, *Introduction to Jewish Law of the Second Commonwealth* I (1972), pp. 22, 112;
Neusner, *Pharisees* I, pp. 217-24. ネロの第 2年（55-56 年）の日付が入っているムラバア
トで発見されたアラム語の負債受取書には，プロズボルという用語は使用されていな
いものの，似たような習慣が述べられている．そこではハニンの子のアブサロムなる
者が，その債権者であるヨハナンの子のザカリヤに 20 ズズをある特定の日までに返済
すると宣言されている．「もしその日までに私が全額を返済しない場合には，それに 5
分の 1 が加えられ，たとえ安息年であっても全額返済される」．J. T. Milik, *Discoveries
in the Judaean Desert* II (1961), pp. 101-3 を見よ．E. Koffmann, *Die Doppelurkunden aus
der Wüste Juda* (1968), pp. 80-9 参照．

IV　主要なトーラー学者（註）　　　　　77

46) adiectio に「追加，補足，但し書き」の意味があることについては，H. G. Heumann (*Handwörterbuch zu den Quellen des römischen Rechts,* 9th ed., rev. by E. Seckel, 1907) が次の事例を提供している．ガイウス『法学提要』iv, 126-9（そこでは一方が他方と合意にいたる場合に 'ne pecuniam, quam mihi debes, a te peterem'〔あなたが私に負っている負債を私があなたに請求しないように〕，但し書きが推奨されている 'si non postea convenit, ut mihi eam pecuniam petere liceret'〔もし私があなたの負債を請求できるようさらに協定を結ばないならば〕）．『抄録』xxviii 5, 70; xxx 30, 1-4; 81, 4; 108, 8. *Vocabularium iurisprudentiae romanae* I (1903), col. 219 参照．この場合 προσβολή はラテン語法（adiectio の逐語訳）であったにちがいない．しかし adiectio のこの用法は，ローマ法においてきわだったテクニカル・タームであったとは言えないし，両者の関係付けも推測にとどまる．ユダヤ教の פרוזבול は，実際には貸借契約そのものの但し書きではなく，どのケースにも当てはまる一般的な留保である（定式文そのものは別として．シュヴィ 10:5「5 人が 1 人から借りる場合，1 つのプロズブルが全員に適用される」）も．L. Blau, 'Prosbol im Lichte der griechischen Papyri und der Rechtsgeschichte', *Festschrift zum 50-jährigen Bestehen des Franz Joseph Landesrabbinerschule, Budapest* (1927), pp. 96-151 参照.

47) このシメオンはミシュナーには全く出てこない．彼はバビロニア・タルムードで初めて言及されるが，そこでもヒレルの息子とは言われず，単にヒレルとガマリエル I 世の間のナスィ職を担った者として描かれるに過ぎない．全文は以下（BT シャバ 15a）．הלל ושמעון גמליאל ושמעון נהגו נשיאותן לפני הבית מאה שנה「ヒレルとシメオン，ガマリエルとシメオンは，神殿のあったとき 100 年間ナスィ職を務めた」．この後代のタルムード伝承の史的信憑性はさらに疑わしく，このシメオンの存在自体はっきりしない．BT シャバ 15a 以外には，どちらのタルムードにも彼は現れない．シメオンの歴史性は新しい証拠なしにグットマンによって再主張されている（A. Guttmann, *Rabbinic Judaism in the Making* [1970], p. 177）.

48) オルラ 2:12；ロシュ 2:5；イェヴァ 16:7；ソタ 9:15；ギティ 4:2-3．これら全ての箇所で，彼ははっきり「長老」（הזקן）と呼ばれている．アヴォット 1:16 の他に，ペア 2:6 及びシュカ 6:1 でも恐らくこの長老ガマリエルが意図されているだろう．他の箇所はどれもどちらのガマリエルを指しているのかはっきりしない．特に，有名なトーラーの専門家だった奴隷のタビ（טבי）は，長老ではなく若い方のガマリエルに仕えていた（ブラホ 2:7；スカ 2:1）．ガマリエルがタビに過越祭の子羊を焼くよう命じる話を語るペサ 7:2 だけは，ガマリエル I 世を指しているようだ．もしこの記述が間違いでないのなら，タビは 2 人のガマリエル，祖父と孫に仕えていたか（Derenbourg, *Histoire*, pp. 480-1 がこの意見），2 人以上のタビがいたことになる．ガマリエル I 世については，H. Graetz, *Geschichte der Juden* III, pp. 349 ff.; A. Büchler, *Das Synedrion in Jerusalem* (1902), pp. 115-31（ガマリエル I 世が最高裁の長であったとする）; W. Bacher, 'Gamaliel', JE V, pp. 558-60; Str.-B. II, pp. 636-40; M. S. Enslin, 'Paul and Gamaliel', JR 7 (1927), pp. 360-75; J. W. Swain, 'Gamaliel's Speech and Caligura's Statue', HThR 37 (1944), pp. 341-9; Guttmann, *Rabbinic Judaism,* pp. 177-82; Enc. Jud. 7, cols. 295-9; Neusner, *Pharisees* I, pp. 341-76 参照.

49) 偽クレメンス文書『認知』i 65 以下．ユング・コーデックスに印刷されたものやカ

イロ博物館から発見されたグノーシス文書の中には，ガマリエルを神格化する記述が見られる．特に『見えない偉大なる霊についての聖なる書物』と『アダムの黙示録』．J. Doresse, *The Secret Books of the Egyptian Gnostics* (1960), 特に p. 286, n. 73 参照.

50) ソタ9：15. כבוד התורה 「トーラーへの敬意」．ネダ9：1：כבוד אביו「彼の父への敬意」参照．同様にアヴォト4：2．従ってこの文は，もはや長老ラバン・ガマリエルほどトーラーに敬意を表する者はいなくなったという意味である．

51) ヨセフス『戦記』iv 3, 9 (159)；『自伝』9 (38, 39)；10 (44)；11 (60) 参照. Derenbourg, pp. 270-2, 474-5; Büchler, *Das Synedrion,* pp. 131-44; J. Z. Lauterbach, JE XI, p. 347; A. Guttmann, *Rabbinic Judaism in the Making* (1970), pp. 182-4; Neusner, *Pharisees* I, pp. 377-88. ミシュナーでは，しばしば言及されるラバン・シメオン・ベン・ガマリエルは通常ガマリエルⅡ世の息子と解されている．特にアヴォト1：18. アヴォト1：17の他では，クリト1：7だけが恐らくガマリエルⅠ世の息子のシメオンに関係づけている．

52) ヨセフス『自伝』38 (191).

53) シュカ1：4；ロシュ2：8-9；4：1-2，クトゥ4：6；サンヘ11：4；エドゥ2：4；アヴォト4：4；ブホロ4：5；6：8；ケリム5：4；パラ7：6を見よ．

54) ロシュ1：6；タア3：9；バ・メツィ4：3；ヤダ4：3；ヒエロニムス『ハバクク書註解』2：17（CCL lxxvi A, p. 610）. A. Neubauer, *Géographie du Talmud* (1868), pp. 76-80; E. Neumann, 'Lydda', JE VIII, pp. 227-8; G. A. Smith, *The Historical Geography of the Holy Land* (1931), pp. 159-62; Abel, *Géog. Pal.* II, p. 370; D. Baly, *The Geography of the Bible* (1957), pp. 135-6; Avi-Yonah, *The Holy Land,* pp. 156-9; *Gazetteer,* p. 75.

55) H. Graetz, *Geschichte der Juden* IV, pp. 10 ff.; Derenbourg, *Essai,* pp. 266-7, 276-88, 302-18; W. Bacher, *Die Agada der Tannaiten* I², pp. 22-42; 'Johanan b. Zakkai', JE VII, pp. 214-17; A. Büchler, *Synedrion* (1902), pp. 139-44; D. Chwolson, *Beiträge zur Entwicklungsgeschichte des Judenthums* (²1908), pp. 17-19; V. Aptowitzer, 'Besprechungen', MGWJ 52 (1908), pp. 744-5; Moore, *Judaism* I, pp. 83-6; G. Alon, 'Nesi'uto shel R. Yoḥanan b. Zakkai', *Meḥkarim* I (1958), pp. 253-73; 'Halikhato shel Rabban Yoḥanan ben Zakkai leYavneh', *ibid.,* pp. 219-52; J. Neusner, *A Life of Rabban Yohanan ben Zakkai* (1962, ²1970); *Development of a Legend. Studies on the Traditions concerning Yoḥanan ben Zakkai* (1970); 'The Traditions concerning Yohanan ben Zakkai: Reconsiderations', JJS 24 (1973), pp. 65-73; A. J. Saldarini, 'Johanan ben Zakkai's Escape from Jerusalem', JSJ 6 (1975), pp. 189-204. ミシュナーでは彼は以下の箇所で言及されている．シャバ16：7；22：3；シュカ1：4；スカ2：5, 12；ロシュ4：1, 3, 4；クトゥ13：1-2；ソタ5：2, 5；9：9, 15；エドゥ8：3, 7；アヴォト2：8-9；メナホ10：5；ケリム2：2；17：16；ヤダ4：3, 6. 単に בן זכאי〔ベン・ザカイ〕としては，サンヘ5：2. トセフタの箇所については，ツッカーマンデル版の索引を見よ．タナイームのミドラシーム，タルムードなどの箇所は J. Neusner, *Development,* pp. 15-184 に見出せるだろう．G. Alon, *Jews, Judaism and the Classical World* (1977), pp. 269-343 参照.

56) スカ3：12；ロシュ4：1, 3, 4；メナホ10：5.

57) シュカ1：4；ロシュ4：1.

58) BTサンヘ32b；Tマアス2：1（PTドゥマ23b；PTマアス49d 参照）；Derenbourg,

Ⅳ 主要なトーラー学者（註） 79

p. 307. ドゥランブールによると，ヨハナン・ベン・ザカイはガマリエルⅡ世にヤブネの指揮権を委譲するためにベロール・ハイルに退いた（*Histoire,* pp. 306-10）．さらに推測をたくましくして，ベロール・ハイルはヤブネであったという者もいる．Graetz, MGWJ (1884), pp. 529-33（ベロール・ハイル＝プリニウスの 'Iamnia intus'〔ヤムニアの中〕）と Krauss, Magazin für die Wissenschaft des Judenthums 20 (1893), pp. 117-22（ברור ＝ φρούριον ＝軍，従って，ベロール・ハイル＝「軍区」でヤブネを意味する）．J. Neusner, *A Life of Yohanan ben Zakkai* (²1970), pp. 225-6 を見よ．

59) シャバ 16：17；22：3．アラブはセッフォリスからそう遠くないガリラヤの町である．Derenbourg, *Essai,* p. 318, n. 3；エウセビオス『オノマスティコン』(ed. Klostermann, p. 16)：ἔστι δὲ καὶ κώμη καλουμένη ᾿Αραβὰ ἐν ὁρίοις Διοκαισαρείας καὶ ἀπὸ τριῶν σημείων Σκυθοπόλεως ἄλλη πρὸς δυσμάς〔ディオカイサリア（＝セッフォリス）の山々にアラバと呼ばれる村もあり，それはスキュトポリスの西 3 マイル程の所にある〕を見よ．Abel, *Géog. Pal.* II, p. 248; M. Avi-Yonah, *The Holy Land* (1966), p. 97; G. Vermes, 'Hanina ben Dosa', JJS 24 (1973), p. 58 [*PBJS,* pp. 206-7] 参照．Schalit, *Namenwörterbuch* s.v. 'Gabara' 参照．

60) ソタ 9：9．ヨハナン・ベン・ザカイによって導入されたものとして全部で 9 つの裁定（תקנות）がタルムードに挙げられている．BT ロシュ 31b；BT ソタ 40b；Derenbourg, pp. 304 f.. S. Zeitlin, 'The Takkanot of Rabban Joḥanan ben Zakkai', JQR 54 (1964), pp. 288-310; J. Neusner, *A Life* (²1970), pp. 203-10; *Development of a Legend,* pp. 206-9 も参照．

61) ヤダ 4：6．

62) エドゥ 8：7；ヤダ 4：3．上記 48 頁註 4 参照．

63) 哀歌・ラバー（哀 1：5 について），Derenbourg, pp. 282 f.. 第Ⅰ〔Ⅱ〕巻 285-6 頁註 41 参照．

64) アヴォト 2：8-9；BT ブラホ 34b によると，ガリラヤの奇跡行為者として知られるハニナ・ベン・ドサもヨハナン・ベン・ザカイの弟子であった．G. Vermes, 'Hanina ben Dosa', JJS 23 (1972), pp. 28-50; 24 (1973), pp. 51-64 [*PBJS,* pp.178-214] 参照．写本やいくつかの版では略号の R はラビのことであり，ラバンは通常略されずに書かれている．

65) Derenbourg, pp. 242-4; Bacher, *Die Agada der Tannaiten* I², pp. 43-6; JE XII, pp. 629-30; Enc. Jud. 16, cols. 915-6 を見よ．ミシュナーでは，トゥルモ 10：9；ペサ 7：2；スカ 2：5；ネダ 9：1；エドゥ 3：8；7：1-4；アヴォト 4：5；ブホロ 1：6；ケリム 12：4-5；ミクヴァ 5：5；シャバ 20：2；24：5 については下記註 67 参照．トセフタでの言及については，ツッカーマンデル版の索引を見よ．ツァドクという読みは，部分的に母音符号のついているデ・ロシ 138 写本による．エゼキエル書，エズラ記，ネヘミヤ記の七十人訳に現れる Σαδδούκ 参照．またヨセフス『古代誌』xviii 1, 1 (4) の異読も見よ．J. Lightstone, 'Sadoq the Yavnean', W. S. Green (ed.), *Persons and Institutions in Early Rabbinic Judaism* (1977), pp. 49-147 参照．

66) ペサ 7：2 でガマリエルⅡ世と共に，エドゥ 7：1＝ブホロ 1：6 でラビ・ヨシュアと共に，ネダ 9：1 でラビ・エリエゼルと共に．

67) シャバ 20：2；24：5 ではそうである．Bacher, *Die Agada der Tannaiten* I², p. 50 参照．もしもう 1 人のラビ・ツァドクの存在が認められるなら，もちろんその他の箇所も彼

に関連づけられるのではないかという問いが生じる.

68) Derenbourg, pp. 368-70; Bacher, *Die Agada der Tannaiten* I², pp. 51-3; Moore, *Judaism* II, pp. 114-15; S. W. Baron, *The Jewish Community* III, p. 28, Enc. Jud. 7, cols. 1266-7 を見よ. 最良の写本によれば, 彼の名はハニナでなくハナニヤである. Marti-Beer, *Abot,* p. 62 と 190 頁のアヴォト 3：2 の異読参照. 祭司の מכן については, 第 II 〔III〕巻 364-5 頁を見よ.

69) ズヴァ 9：3；12：4.

70) 全体的に, ペサ 1：6；シュカ 4：4；6：1；エドゥ 2：1-3；アヴォト 3：2；ズヴァ 9：3；12：4；メナホ 10：1；ネガ 1：4；パラ 3：1.

71) アヴォト 3：2.

72) Derenbourg, pp. 374-5; Bacher, *Die Agada der Tannaiten* I², pp. 62-7; Finkelstein, *The Pharisees* (³1962), pp. 731-4; JE V, pp. 115-16; Strack, p. 110; Enc Jud. 6, col. 624.

73) Derenbourg, p. 375, n. 3; Bacher, p. 62 が同意見. 若いほうのラビ・エリエゼル・ベン・ヤコブはラビ・シメオン・ベン・ヨハイの同時代人で 150 年頃に活動し (パラ 9：2), ラビ・アキバの意見を伝えるハナニヤ・ベン・ハヒナイの名において語っている (キルア 4：8；T ネガ 1：2；T トホロ 11：3).

74) ミドト 1：2.

75) ミドト 1：2, 9；2：5, 6；5：4. シュカ 6：3 参照.

76) BT ヨマ 16a; Derenbourg, p. 375, n. 1.

77) 例えば, 祭司の結婚 (ビク 1：5；キドゥ 4：7), 供犠儀礼 (メナホ 5：6；9：3；タミド 5：2), 家畜の初子 (ブホロ 3：1), 聖唱者 (アラヒ 2：6), 改宗者の献げ物 (クリト 2：1) についての情報がある.

78) H. Graetz, *Die Geschichte der Juden* IV, pp. 30 ff.; 423 ff.; Derenbourg, pp. 306-13, 319-46; Bacher, *Die Agada der Tannaiten* I², pp. 73-95; JE V, pp. 650-2; B. Z. Bokser, *Pharisaic Judaism in Transition* (1935), pp. 23 ff.; Moore, *Judaism* I, pp. 86-92; Alon, *Toledot* I, pp. 71-192; A. Guttmann, *Rabbinic Judaism in the Making* (1970), pp. 200-21; Enc. Jud. 7, cols. 296-8. 年代は, 彼の若い同僚であるラビ・アキバがバル・コクバの乱で一定の役割を果たしたという事実から導き出される.

79) ロシュ 2：8-9；ケリム 5：4. Derenbourg, pp. 319-22; Graetz, *Geschichte* II, pp. 330 ff.; Enc. Jud. 9, cols. 1176-8 参照. ガマリエルはクファル・オトゥナイにいたことがあるとされているが (ギティ 1：5), そこには一時的に滞在していただけのようだ.

80) それゆえ, ある時ガマリエルのいない間にその年を閏年にすべきかどうか裁定を伝えなければならなかったとき, ガマリエルがあとでその裁定に認可を与えるとの条件付きで決定された (エドゥ 7：7). ガマリエルの権威ある地位については, 「ラバン・ガマリエルと長老たち」(マア・シェニ 5：9；シャバ 16：8；エルヴィ 10：10) という慣用表現も参照.

81) ガマリエル, ヨシュア, アキバの関係については, 特にマア・シェニ 5：9；エルヴィ 4：1；ロシュ 2：8-9；マア・シェニ 2：7；スカ 3：9；クリト 3：7-9；ネガ 7：4 参照. ガマリエルとヨシュアについて, ヤダ 4：4, ガマリエルとアキバについて, ロシュ 1：6；イェヴァ 16：7.

IV 主要なトーラー学者（註）　　　　　*81*

82) エルヴィ4：1-2；マア・シェニ5：9；シャバ16：8. Derenbourg, pp. 334-40; Bacher, *Die Agada der Tannaiten* I², pp. 79-82; J. Goldin, 'The Period of the Talmud', *The Jews* (ed. Finkelstein), pp. 150 ff.; Guttmann, *Rabbinic Judaism,* pp. 218-19; M. D. Herr, Scrip Hier. 22 (1971), pp. 123-50.

83) PT ブラホ 1cd；BT ブラホ 27b. Graetz, *Geschichte der Juden* IV, pp. 35 ff.; Derenbourg, pp. 327-9; R. Goldenberg, 'The Deposition of Rabban Gamaliel II: an Examination of the Sources', JJS 23 (1972), pp. 167-90. エルアザルが「ナスィ」ないし「アブ・ベート・ディーン」〔法廷の長〕の称号を冠したかどうかについては，H. Mantel, *Studies in the History of Sanhedrin* (1961), pp. 119-20 を見よ.

84) ズヴァ1：3；ヤダ3：5；4：2.

85) ベツァ2：6；エドゥ3：10.

86) ブラホ2：5-6. Ginzberg, *A Commentary on the Palestinian Talmud* I (1941), pp. 159-60 参照.

87) ローマへの旅に加えて，シリアの総督（ヘーゲモーン，「統治者」を意味する普通のギリシア語である ἡγεμών については，H. J. Mason, *Greek Terms for Roman Institutions* [1974], p. 52 を見よ）に対する彼の対応と，アッコにあったアフロディーテの女神像のある浴場に行ったこと（アヴォ・ザラ3：4）も参照. Mantel, *Studies*, p. 23; G. Vermes, CHB I, p. 217 [*PBJS,* p. 77] 参照.

88) アヴォト2：8；エドゥ8：7；ヤダ4：3参照.

89) ヨシュア，エリエゼル，アキバの関係については，特にペサ6：2；イェヴァ8：4；ネダ10：6；ナズィ7：4；エドゥ2：7参照. ヨシュアとエリエゼルについては，ペサ6：5；タア1：1；ズヴァ7：4；8：10；ナズィ7：4. ヨシュアとアキバについては，ペサ9：6；サンヘ7：11；エリエゼルとアキバについては，ペア7：7；クリト3：10；シュヴィ8：9-10.

90) PT モ・カタ 81d；BT モ・カタ 59b. Graetz, *Geschichte der Juden* IV, p, 47; Derenbourg, pp. 324-5; J. Bassfreund, MGWJ 42 (1898), pp. 49-57; Moore, *Judaism* II, p. 250; J. Neusner, *Eliezer ben Hyrcanus—The Tradition and the Man* I, pp. 423-4; II, p. 350.

91) このことはマア・シェニ5：9から明らかである. ヨシュアについては，Graetz, *Geschichte der Juden* IV, pp. 50 ff., 426 ff.; Derenbourg, pp. 319-46, 416-19; Bacher, *Die Agada der Tannaiten* I², pp. 123-7; JE VII, pp. 290-2; Strack, p. 111; S. Lieberman, *Greek in Jewish Palestine* (²1965), pp. 16-19; Enc. Jud. 10, cols. 279-81 参照.

92) ロシュ2：8-9. Derenbourg, pp. 325-7; Guttmann, *Rabbinic Judaism*, pp. 169-70.

93) ソタ9：15. トセフタとタルムードの並行記事はこれを少し違った仕方で提示している. すなわち，ラビ・ヨシュアが死んだ後，「善き助言」はもはや存在しなくなった（Bacher, *Die Agada der Tannaiten* I², p. 156 を見よ）.

94) アヴォト2：11.

95) BT サンヘ 32b；T ソタ 7：9では פם קרין, PT ハギガ 75d では בקרין. Derenbourg, p. 307. この地はリュッダとヤブネの間に位置する. 特に PT ハギガ 75d を見よ. BT ハギガ 3a も参照. Neubauer, *La géographie du Talmud*, p. 81. M. Avi-Yonah, *Carta's Atlas of the Period of the Second Temple, the Mishnah and the Talmud* (1966), no. 116 on p. 77.

96) Bacher, *Die Agada der Tannaiten* I², pp. 170-3.

97) Graetz, *Geschichte der Juden* IV, pp. 43 ff., 425 f.; Derenbourg, pp. 319-46, 366-8; Bacher, *Die Agada der Tannaiten* I², pp. 96-155; JE V, pp. 113-15; Strack, p. 111; A. Guttmann, 'Eliezer b. Hyrcanus—a Shammaite', *I. Goldziher Memorial Volume* (1948-58), pp. 100-10; M. Aberbach, 'Did Rabban Gamaliel impose the Ban on Eliezer b. Hyrcanus?', JQR 54 (1964), pp. 201-7; Enc. Jud. 6, cols. 619-23; J. Neusner, *Eliezer ben Hyrcanus* I, pp. 395-7; II, pp. 294-307, 343-7 を見よ.

98) アヴォト2：8.

99) BTシャバ116a.

100) ヤダ4：3；BTサンへ32b.

101) この伝説にはいくつかの版がある．Tフリ2：24（ed. Zuckermandel, p. 503）；BTアヴォ・ザラ16b；コへR1：8．T. R. Herford, *Christianity in Talmud and Midrash* (1903), pp. 137-45, 412-13 参照．ユダヤ人キリスト教徒は，アヴォダー・ザラーでは ישׁו הנוצרי 〔ナザレ人イエス〕の弟子，ミドラシュ・ラバーでは ישׁו בן פנדרא 〔パンデラの子イエス〕の弟子，トセフタでは ישׁו בן פנטירי 〔パンテリの子イエス〕の弟子と呼ばれている．全体として，Graetz, IV, pp. 47-8; Derenbourg, pp. 357-60; Bacher, *Die Agada der Tannaiten* I², pp. 107-8; A. Schlatter, *Die Kirche Jerusalems vom J. 70-130* (1898), pp. 11-14; H. L. Strack, *Jesus die Häretiker und die Christen nach ältesten jüdischen Angaben* (1910), p. 23; H. J. Schoeps, *Theologie und Geschichte des Judenchristentums* (1949), p. 24; M. Simon, *Verus Israel* (²1964), pp. 219-20; Neusner, *Eliezer ben Hyrcanus* II, pp. 330-4, 365-7 を見よ.

102) Derenbourg, pp. 327-30; Graetz, IV (⁴1908), p. 35; Bacher, *Die Agada der Tannaiten* I², pp. 212-32; JE V, p. 978; Strack, p. 111; Moore, *Judaism* I, pp. 86 ff.; Enc. Jud. 6, cols. 586-7; T. Zahavy, *The Traditions of Eleazar ben Azariah* (1977) を見よ．最良の写本によれば，彼の名はエリエゼルでなくエルアザルである（デ・ロシ138写本，ケンブリッジ写本では通常 לעזר）．לעזר はガリラヤのアラム語に広まっていた形で，ギリシア語の Λάζαρος に反響している（ルカ16：20以下；ヨハ11：1以下；ヨセフス『戦記』v 13, 7 〔567〕）．M. Schwabe-B. Lifshitz, *Beth She'arim II: the Greek Inscriptions* (1967), pp. 34, 73 にある Λαζε と Λαζαρ も見よ．G. Vermes, *Jesus the Jew*, pp. 190-1, 261; 'The Present State of the Son of Man Debate', JJS 29 (1978), pp. 128-9 参照.

103) Bacher, *Die Agada der Tannaiten* I², p. 212. 彼が祭司であることは，マア・シェニ5：9による.

104) ソタ9：15.

105) クトゥ4：6. エルアザルのいくつかの格言がアヴォト3：17にある.

106) エルアザル，タルフォン，イシュマエル，ヨシュアの間の論争についてはヤダ4：3を見よ．エルアザルとイシュマエルの間については，Tブラホ1：6も見よ．エルアザルとアキバの間については，Tブラホ4：12，Tシャバ3：3.

107) Derenbourg, pp. 368-9; Enc. Jud. 6, col. 178 を見よ.

108) ロシュ2：8-9. エルヴィ3：9；クトゥ13：1-2；エドゥ3：1-6；アヴォト3：10；フリ11：2；オホロ3：1；ネガ1：4参照.

109) Derenbourg, pp. 343-4; Bacher, *Die Agada der Tannaiten* I², pp. 46-50; JE V, p. 120; Enc.

Jud. 6, cols. 600-1 参照．ラビ・ツァドクと同様に，ラビ・エルアザル・ベン・ツァドクにも年長の者と若い者との２人いたようである．Bacher, *Die Agada der Tannaiten* I², pp. 49-50 を見よ．しかし，Derenbourg, p. 262, n. 2, 344, n. 4 と比較せよ．若い方はラビ・メイルの名において語っているので（キルア７：２），２世紀半ば以後まで生まれていなかったはずである．

110) Tハラ２：５；Tシャバ１：22；Tヨーム・トーヴ（＝ベツァー）１：22；２：13；Tキドゥ１：11．

111) Graetz, *Geschichte der Juden* IV, pp. 60 ff.; Derenbourg, pp. 386-95; Bacher, *Die Agada der Tannaiten* I², pp. 232-63; M. Petuchowski, *Der Tanna R. Ismael* (1894); JE V, pp. 648-50; Strack, p. 112; S. Zeitlin, JQR 36 (1945-6), pp. 1-11; S. Safrai, Enc. Jud. 9, cols. 83-6; G. G. Porton, *The Traditions of Rabbi Ishmael* I-II (1976-7) 参照．イシュマエル学派については，D. Hoffmann, *Zur Einleitung in die halachischen Midrashim* (1887), pp. 5 ff. 参照．

112) エドゥ２：４．

113) ヨシュアとイシュマエル——キルア６：４；アヴォ・ザラ２：５；Tパラ10：３．アキバとイシュマエル——エドゥ２：６；ミクヴァ７：１．タルフォン，エルアザル・ベン・アザリヤ，イシュマエル，ヨシュアの間の論争については，ヤダ４：３を見よ．ヨシュアとイシュマエルが同じ地に住んでいなかったことは，キルア６：４；Tブホロ２：12から明らかである．同じことはアキバについても言える，エルヴィ１：２；Tザヴィ１：８（イシュマエルの弟子がその師の教えをアキバに伝えている）．

114) エドムの境界について，クトゥ５：８．クファル・アジズにいたことについて，キルア６：４．クファル・アジズについては，Conder and Kitchener, *The Survey of Western Palestine* III, pp. 315, 348-50; Abel, *Géog. Pal.* II, p. 288; Avi-Yonah, *Gazetteer*, p. 71 参照．ミクヴァ７：１によると，有名なモアブの町メデバの人々がイシュマエルの教えを報告しているが，これは彼がペレアでも活動していたことを示している．

115) 註113に挙げた箇所を参照．ヨシュアについては特にアヴォ・ザラ２：５；Tパラ10：３を見よ．Bacher, *Die Agada der Tannaiten* I², pp. 232-3.

116) BTクトゥ105b；BTフリ49a；Tハラ１：10. Derenbourg, pp. 287 f.; Finkelstein, *The Pharisees*, pp. 181-2 参照．

117) 民スィフ112（ed. Horovitz, p. 121）．Bacher, *Die Agada der Tannaiten* I², pp. 242 f. タナイーム時代の単純な釈義一般については，E. von Dobschütz, *Die einfache Bibelexegese der Tannaiten* (1893); J. Weingreen, 'The Rabbinic Approach to the Study of the OT', BJRL 34 (1951-2), pp. 166-90; R. Loewe, 'The "Plain" Meaning of Scripture in Early Jewish Exegesis', *Papers of the Institute of Jewish Studies, London* I (1964), pp. 140-85; G. Vermes, CHB I, pp. 203-20 [*PBJS,* pp. 63-80] を見よ．

118) 上記40-1頁を見よ．Derenbourg, pp. 389-91; Moore, *Judaism* I, pp. 88-9 参照．

119) Bacher, *Die Agada der Tannaiten* I², p.235 参照．メヒルタとスィフレーについては，第Ⅰ〔Ⅰ〕巻138-42頁と本節註111の文献を見よ．

120) Graetz, IV, p. 175; Derenbourg, p. 436, 第Ⅰ〔Ⅱ〕巻327頁を見よ．

121) Graetz, *Geschichte der Juden* IV, pp. 53 ff., 427 ff.; Derenbourg, pp. 329-31, 395-401; Bacher, *Die Agada der Tannaiten* I², pp. 263-342; L. Ginzberg, 'Akiba', JE I, pp. 304-10; A.

84 第25節 トーラーの学習

Schlatter, *Geschichte Israels* (²1906), pp. 284-9; Strack, pp. 112-13; L. Finkelstein, *Akiba, Scholar, Saint, and Martyr* (1936, ²1962); Enc. Jud. 2, cols. 488-92.

122) Derenbourg, pp. 395-6.

123) ロシュ 1：6.

124) BT サンヘ 32b；Derenbourg, pp. 307-395. BT サンヘ 96b, BT ギティ 57b；A. Neubauer, *La géographie du Talmud*, p. 82 も参照. בני ברק はヨシュ 19：45 にも現れる. エウセビオス『オノマスティコン』(ed. Klostermann), p. 54, s.v. Βαρακαί は誤ってこの地をアシュドドの領内に位置づけている. Abel, *Géog. Pal.* II, pp. 263-4 参照.

125) 言葉伝承はアヴォト 3：13-16 にある. そのうち 3：15 では, הכל צפוי והרשות נתונה 「全ては（神に）予見されているが, 自由は（人に）与えられている」と言われている.

126) 第 I〔II〕巻 321 頁と註 130 を見よ.

127) Graetz, IV, pp. 176-7; Derenbourg, p. 436; Bacher, *Die Agada der Tannaiten* I², p. 265, 第 I〔II〕巻 327 頁.

128) BT メナホ 29b. Bacher, *Die Agada der Tannaiten* I², pp. 263-4; D. Barthélemy, *Les devanciers d'Aquila* (1963), pp. 3-15 参照.

129) たとえば前置詞の את は, 言及されている目的語のほかに何か別の意味をもっていることを指し示しているはずだと言われる. 創造の記述で את השמים が用いられているのは, それが太陽と月と星も含んでいるからだとされる（創 R 1：14 [ed. Theodor, p. 12]）. Derenbourg, p. 397; Barthélemy, *op. cit.*, pp. 10-15 参照. 改宗者アキラはこの釈義法をそのギリシア語訳に十分に生かそうと努め, 創 1：1 を σὺν τὸν οὐρανὸν καὶ σὺν τὴν γῆν と訳した. ヒエロニムス『パンマキウスへの手紙 57』11：3 はこの手の解釈を嘲っている. 'quod Graeca et Latina lingua omnino non recipit'〔どんなギリシア語やラテン語も全く受けつけない〕. アキラがアキバの学徒だったことについて, ヒエロニムス『イザヤ書註解』8：11 以下 (CCL lxxiii, p. 116) 'Akibas quem magistrum Aquilae proselyti autumant'〔改宗者アキラの教師と見なされているアキバ〕も参照. Graetz, *Geschichte der Juden* IV, p. 437, 特に Barthélemy, *op. cit.*, pp. 15-21 を見よ.

130) アキバの時代の古い作品が我々のミシュナーの基礎になっていることは, その内容からほぼ確実であると言える. その作品がアキバ自身によって編集されたことも, ラビ伝承（サンヘ 3：4；BT サンヘ 86a）とエピファニオス『パナリオン』xxxiii 9 (ed. Holl, I, p. 45a) の証言からありそうなこととして受け入れられる. さらに第 I〔I〕巻 126 頁註 23 を見よ. Derenbourg, pp. 399-401; Strack, pp. 221, 249; Danby, *The Mishnah* (1933), p. xxi; C. Primus, *Aqiva's Contribution to the Law of Zera'im* (1977) も参照.

131) 全体的に Derenbourg, pp. 376-83; Bacher, *Die Agada der Tannaiten* I², pp. 342-52; JE XII, pp. 56-7; Strack, p. 113; J. Neusner, 'A Life of Rabbi Tarfon ca. 50-130 C.E.', Judaica 17 (1961), pp. 141-67; Enc. Jud. 15, cols. 810-11 を見よ.

132) バ・メツィ 4：3；タア 3：9.

133) トゥルモ 4：5；9：2；ナズィ 6：6；ブホロ 4：4；クリト 5：2-3；T ミクヴァ 1：19；7：11.

134) ヤダ 4：3.

135) Graetz, IV, p. 179; Derenbourg, p. 436, 第 I〔II〕巻 353 頁註 173. L. Finkelstein, 'The Ten

IV　主要なトーラー学者（註）　　　　　　　*85*

Martyrs', *Essays and Studies in Memory of Linda Miller* (1938), pp. 29-55; Enc. Jud. 15, cols. 1006-8 も参照.

136）　ユスティノス『トリュフォンとの対話』1 章：εἰμὶ δὲ Ἑβραῖος ἐκ περιτομῆς, φυγὼν τὸν νῦν γενόμενον πόλεμον, ἐν τῇ Ἑλλάδι καὶ τῇ Κορίνθῳ τὰ πολλὰ διάγων〔私は割礼を受けたヘブライ人ですが，今時の戦争のため逃げて，ギリシア特にコリントに長く滞在しています〕．טרפון と Τρύφων という名前は同一である．前者が純粋なセム語であったとは——形からは可能であるとしても——証明できないからである．時代も正確に一致している．しかし，トリュフォンという名がユダヤ教資料にはめったに現れないにしても，後 2 世紀半ばにこの名で知られたラビが 1 人だけであったと結論づけるのは性急であろう．Strack, p. 309, n. 44 参照．この同定に対する説得力ある反論として，L. W. Barnard, *Justin Martyr, His Life and Thought* (1967), pp. 24-5 を見よ.

137）　BT シャバ 116a；PT シャバ 15c；T シャバ 13：5. Derenbourg, pp. 379 f.; Bacher, *Die Agada der Tannaiten* I², p. 351. 特に K. G. Kuhn, 'Gilionim und Sifre minim', *Judentum, Urchristentum, Kirche, Festschrift für J. Jeremias* (1960), pp. 24-61 を見よ．גליון は巻物の余白を意味する（Ibid., pp. 31-2）．この用語は後にギリシア語の εὐαγγέλιον〔エヴァンゲリオン＝福音〕に対する反キリスト教的な語呂合わせに用いられた．BT シャバ 116a「ラビ・メイル学派は彼ら（すなわち「ギルヨニーム」）を און גליון〔アヴェン・ギルヨン＝余白の偽り〕と名付け，ラビ・ヨハナン学派は עון גליון〔アヴォン・ギルヨン＝余白の罪〕と名付けた」．直後の逸話では，ラバン・ガマリエルの姉妹のイマ・シャロムが עון גליון からの哲学者の議論を拒否している（BT シャバ 116a）．そこで引かれているテクストは福音書には見出せない．Kuhn, *art. cit.,* p. 32 参照．一昔前の見解については，JE V, pp. 668-9; T. R. Herford, *Christianity in Talmud and Midrash* (1903), pp. 146-57, 413-14 を見よ．ヨッパで見つかったヘブライ語〔アラム語〕の墓碑には הדא קבורת דיודן בריה דרבי טרפון「これはラビ・タルフォンの息子ユダンの墓である」と記してある．S. Klein, 'Inschriftliches aus Jaffa', MGWJ 75 (1931), p. 370; Frey, CIJ II (1952), no. 892, p. 120 参照.

138）　ガマリエルの時代についてはロシュ 2：8. ヨシュアの時代については T タア 2：5. エリエゼルの時代については T オルラ 1：8；T ケリム 6：3-4. アキバとの交流についてはロシュ 4：5；ブホロ 6：6；トゥムラ 1：1；ウクツィ 3：5；T ペサ 1：10. Bacher, *Die Agada der Tannaiten* I², pp. 366-8; Strack, p. 113; JE VII, p. 113; Enc. Jud. 10, cols. 147-8 参照.

139）　アキバの同時代人として，シュカ 4：6；ヨマ 2：3；タア 4：4；バ・バト 9：10. 彼については，「ベン・アザイの死んだ後，勤勉な学生はいなくなった」（ソタ 9：15）と言われている．彼の言葉のいくつかはアヴォト 4:2-3 に見られる．Bacher, *Die Agada der Tannaiten* I², pp. 406-22; Strack, p. 114; JE II, pp. 672-3; Enc. Jud. 4, col. 472 参照．H. A. Fischel, *Rabbinic Literature and Greco-Roman Philosophy* (1973), pp. 90-7, 161-5 参照.

140）　ヨシュアとともに，T ソタ 7：9. ヨハナン・ベン・ヌリとともに，T トゥルモ 7：14. Bacher, *Die Agada der Tannaiten* I², pp. 448-9; JE VII, p. 210; Enc. Jud. 10, col. 143 参照.

141）　これら 3 人と，PT ギティ 9：1・50a（Derenbourg, p. 368）．アキバとタルフォンとと

もに，Ｔミクヴァ 7：11．彼はヨハナン・ベン・ヌリの名においても語っている（Ｔオ
ルラ 1：8）．Bacher, *Die Agada der Tannaiten* I², pp. 352-65 参照．

142)　特にＴミクヴァ 7：11 を見よ．バ・バト 10：8 ではイシュマエルと共に現れる．シ
メオン・ベン・ナンノス（νάννος ＝こびと）というフルネームでは，ビク 3：9；シャ
バ 16：5；エルヴィ 10：15；バ・バト 10：8；メナホ 4：3．ベン・ナンノスでは，ク
トゥ 10：5；ギティ 8：10；バ・バト 7：3，10：8；シャバ 7：5．

143)　ヨハナン・ベン・ザカイの言葉については，アヴォト 2：8．神殿の編成については，
ミドト 2：5；5：4，またメナホ 8：8；11：5．アキバの言葉については，Ｔキルア 4：
11；Ｔサンヘ 12：10．Bacher, *Die Agada der Tannaiten* II, pp. 36-9; Strack, p. 116; JE XI,
p. 78; Enc. Jud. 2, col. 40.

144)　エリエゼルの同時代人としては，ネガ 9：3；11：7．メイルの同時代人としては，Ｔ
ナズィ 5：1．年代については，ペア 3：6；ペサ 3：3；エドゥ 8：3；ケリム 2：4；オ
ホロ 11：7；Ｔイェヴァ 12：11 も参照．Bacher, *Die Agada der Tannaiten* I², pp. 374-80;
Strack, p. 114; JE II, pp. 598-9; Enc. Jud. 10, col. 343 参照．

第26節　ファリサイ派とサドカイ派

参考文献表

Geiger, A., *Urschrift und Übersetzungen der Bibel* (1857), pp. 101-58.

Geiger, A., 'Sadduzäer und Pharisäer', JZWL 2 (1863), pp. 11-54.

Derenbourg. J., *Essai sur l'histoire et la géographie de la Palestine* (1867), pp. 75-78, 119-44, 452-6.

Wellhausen, J., *Die Pharisäer und Sadduzäer* (1874).

Elbogen, I., *Die Religionsanschaungen der Pharisäer* (1904).

Kohler, K., 'Pharisees', JE IX, pp. 661-6. 'Sadducees', JE X, pp. 630-3.

Hölscher, G. *Der Sadduzäismus* (1906).

Leszynsky, R., *Die Sadduzäer* (1912).

Abrahams, I., *Studies in Pharisaism and the Gospels* I (1917), II (1924).

Herfold, R. Travers, *The Pharisees* (1924).

Moore, G. F., *Judaism in the First Three Centuries* I (1927), pp. 56-71 [Rise of Pharisees].

Strack, H., Billerbeck, P., *Kommentar zum Neuen Testament aus Talmud und Midrasch* IV/1 (1928), pp. 339-52 ［サドカイ派とファリサイ派］.

Manson, T. W., 'Sadducee and Pharisee: The Origin and Significance of the Names', BJRL 22 (1938), pp. 144-59.

Lauterbach, J. Z., *Rabbinic Essays* (1951), pp. 23-48 [The Sadducees and Pharisees (1913)]; pp. 51-83 [A Significant Controversy between the Sadducees and the Pharisees (1927)]; pp. 87-159 [The Pharisees and their Teachings (1929)].

Baron, S. W., *A Social and Religious History of the Jews* II (²1952), pp. 35-46 ［ファリサイ派とサドカイ派］.

Bikerman, E., 'La chaîne de la tradition pharisienne', RB 59 (1952), pp. 44-54.

Marcus, R., 'The Pharisees in the Light of Modern Scholarship' Journal of Religion 32 (1952), pp. 153-64.

Marcus, R., 'Pharisees, Essenes and Gnostics', JBL 73 (1954), pp. 155-61.

Rabin, C., *Qumran Studies* (1957) ［クムラン分派をファリサイ派と関係づけようとする試み］.

Beilner, W., *Christus und die Pharisäer* (1959).

Alon, G., 'The Attitude of the Pharisees to the Roman Government and the House of Herod', Scrip. Hier. 7 (1961), pp. 53-78.

Finkelstein, L., *The Pharisees: The Sociological Background of their Faith* I-II (³1962).

Zeitlin, S., 'The Pharisees: A Historical Study', JQR 52 (1961), pp. 97-129.

Meyer, R., *Tradition und Neuschöpfung im antiken Judentum dargestellt an der Geschichte des Pharisäismus* (1965).

Michel, A., Le Moyne, J., 'Pharisiens', DB Supp. VII (1966), cols. 1022-1115.

Zeitlin, S., 'The Origin of the Pharisees Re-affirmed', JQR 59 (1968-9), pp. 255-67.

Jeremias, J., *Jerusalem in the Time of Jesus* (1969), pp. 228-32 ［サドカイ派］; pp. 246-67 ［ファリサイ派］.

Rivkin, E., 'Defining the Pharisees', HUCA 40-1 (1969-70), pp. 205-49.

Flusser, D., *In Memory of Gedaliahu Alon: Essays in Jewish History and Philology* (1970), pp. 133-68.

Guttmann, A., *Rabbinic Judaism in the Making* (1970), pp. 124-75 [Pharisees, Sadducees, Essenes].

Neusner, J., *The Rabbinic Traditions about the Pharisees before 70* I-III (1971) ［ラビ資料の様式批判的研究］.

Meyer, R., 'Σαδδουκαῖος', TDNT VII (1971), pp. 35-54.

Mansoor, M., 'Pharisees', Enc. Jud. 13, cols. 363-66. 'Sadducees', Enc. Jud. 14, cols. 620-2.

Maier, J., *Geschichte der jüdischen Religion* (1972), pp. 45-8 ［サドカイ派］; pp. 51-6 ［ハシディーム］; pp. 66-79 ［ファリサイ派］.

Le Moyne, J., *Les Sadducéens* (1972) [資料の包括的探求].

Neusner, J., 'Josephus' Pharisees', *Ex Orbe Religionum* (Widengren Festschrift) I (1972), pp. 224-44.

Neusner, J., *From Politics to Piety: The Emergence of Pharisaic Judaism* (1973).

Bowker, J., *Jesus and the Pharisees* (1973).

Zeitlin, S., *Studies in the Early History of Judaism* II (1974), pp. 259-91 [The Sadducees and the Pharisees (1936)].

Meyer, R., Weiss, H. F., 'Φαρισαῖος', TDNT IX (1974), pp. 11-48.

Finkel, A., *The Pharisees and the Teachers of Nazareth* (^{2}1974).

Lightstone, J., 'Sadducees *versus* Pharisees: The Tannaitic Sources', *Christianity, Judaism and other Greco-Roman Cults,* ed. J. Neusner, III (1975), pp. 706-17.

Rivkin, E., 'Pharisees', IDBS (1976), pp. 657-63.

Mantel, H. D., 'The Sadducees and the Pharisees', *Society and Religion in the Second Temple Period,* ed. M. Avi-Yonah and Z. Baras, *World History of the Jewish People* VIII (1977), pp. 99-123, 346-51.

Vermes, G., *The Dead Sea Scrolls: Qumran in Perspective* (1977), pp. 118-22, 131-2.

ヨセフスの証言

『戦記』 ii 8, 14 (162-6)：Φαρισαῖοι μὲν οἱ μετὰ ἀκριβείας δοκοῦντες ἐξηγεῖσθαι τὰ νόμιμα καὶ τὴν πρώτην ἀπάγοντες αἵρεσιν εἱμαρμένῃ τε καὶ θεῷ προσάπτουσι πάντα, καὶ τὸ μὲν πράττειν τὰ δίκαια καὶ μὴ κατὰ τὸ πλεῖστον ἐπὶ τοῖς ἀνθρώποις κεῖσθαι, βοηθεῖν δὲ εἰς ἕκαστον καὶ τὴν εἱμαρμένην· ψυχήν τε πᾶσαν μὲν ἄφθαρτον, μεταβαίνειν δὲ εἰς ἕτερον σῶμα τὴν τῶν ἀγαθῶν μόνην, τὰς δὲ τῶν φαύλων ἀιδίῳ τιμωρίᾳ κολάζεσθαι. Σαδδουκαῖοι δέ, τὸ δεύτερον τάγμα, τὴν μὲν εἱμαρμένην παντάπασιν ἀναιροῦσι, καὶ τὸν θεὸν ἔξω τοῦ δρᾶν τι κακὸν ἢ ἐφορᾶν τίθενται, φασὶν δ' ἐπ' ἀνθρώπων ἐκλογῇ τό τε καλὸν καὶ τὸ κακὸν προκεῖσθαι, καὶ τὸ κατὰ γνώμην ἑκάστῳ τούτων ἑκατέρῳ προσιέναι. Ψυχῆς τε τὴν διαμονὴν καὶ τὰς καθ' Ἅιδου τιμωρίας καὶ τιμὰς ἀναιροῦσι. Καὶ Φαρισαῖοι μὲν φιλάλληλοί τε καὶ τὴν εἰς τὸ κοινὸν ὁμόνοιαν ἀσκοῦντες, Σαδδουκαίων δὲ καὶ πρὸς ἀλλήλους τὸ ἦθος ἀγριώτερον, αἵ τε ἐπιμιξίαι πρὸς τοὺς ὁμοίους ἀπηνεῖς ὡς πρὸς ἀλλοτρίους.〔ファリサイ派は律法を厳格に解釈すると考えられており，第1の指導的な一派であったが，全てを運命と神に帰した．正しい行いをするか否かは大部分人間に任せられているが，個々の行いには運命が手を貸すと考えていた．魂は全て不滅であるが，他のからだに移ることのできるのは善人の魂のみであり，悪人の魂は永遠の罰を受けると考えていた．第2のグループであるサドカイ派は，運命を完全に否定し，悪を行うことや計画することを越えたところに神を位置づけた．彼らは，善悪の選択は人間に委ねられており，この2つのどちらを行うかは各人の意志によると言う．魂の死後の存続も黄泉における罰も報いも彼らは否定している．ファリサイ派は互いに愛し合い，社会の調和に努めたが，サドカイ派の性格はお互いに対しても極めて粗野で，同胞に対する扱いも異国人に対するように乱暴である．〕

『古代誌』xiii 5, 9（171-3）：Κατὰ δὲ τὸν χρόνον τοῦτον τρεῖς αἱρέσεις τῶν Ἰουδαίων ἦσαν, αἳ περὶ τῶν ἀνθρωπίνων πραγμάτων διαφόρως ὑπελάμβανον· ὧν ἡ μὲν Φαρισαίων ἐλέγετο, ἡ δὲ Σαδδουκαίων, ἡ τρίτη δὲ Ἐσσηνῶν. Οἱ μὲν οὖν Φαρισαῖοι τινὰ καὶ οὐ πάντα τῆς εἱμαρμένης ἔργον εἶναι λέγουσιν, τινὰ δ' ἐφ' ἑαυτοῖς ὑπάρχειν, συμβαίνειν τε καὶ μὴ γίνεσθαι. Τὸ δὲ τῶν Ἐσσηνῶν γένος πάντων τὴν εἱμαρμένην κυρίαν ἀποφαίνεται, καὶ μηδὲν ὃ μὴ κατ' ἐκείνης ψῆφον ἀνθρώποις ἀπαντᾷ. Σαδδουκαῖοι δὲ τὴν μὲν εἱμαρμένην ἀναιροῦσιν, οὐδὲ εἶναι ταύτην ἀξιοῦντες, οὐδὲ κατ' αὐτὴν τὰ ἀνθρώπινα τέλος λαμβάνειν, ἅπαντα δὲ ἐφ' ἡμῖν αὐτοῖς τίθενται, ὡς καὶ τῶν ἀγαθῶν αἰτίους ἡμᾶς αὐτοὺς γινομένους καὶ τὰ χείρω παρὰ τὴν ἡμετέραν ἀβουλίαν λαμβάνοντας.〔そのころユダヤ人の間には人間の事柄について異なる見解をもつ3つの派があった．それはファリサイ派とサドカイ派，3つ目はエッセネ派と呼ばれていた．ファリサイ派は，ある出来事は──全てではない──運命の仕業であるが，他のある出来事はそれが起こるか否かは我々自身にかかっていると言う．他方，エッセネ派は運命が全ての支配者であり，運命の決定によらずには人間には何も起こらないと言う．サドカイ派は運命を否定し，そのようなものは存在せず，人間の事柄がそれに従って成就することはなく，むしろ全ては我々自身に委ねられていると考えている．すなわち，幸福の原因は我々自身であり，不幸に苦しむのも我々の無思慮の結果なのである．〕

『古代誌』xiii 10, 5（288）：[Οἱ Φαρισαῖοι] τοσαύτην ἔχουσι τὴν ἰσχὺν παρὰ τῷ πλήθει ὡς καὶ κατὰ βασιλέως τι λέγοντες καὶ κατ' ἀρχιερέως εὐθὺς πιστεύεσθαι.〔（ファリサイ派は）大衆の間に強い影響力を持ち，それは彼らが王や大祭司に歯向かって語るとただちに信用されるほどであった．〕

『古代誌』xiii 10, 6（294）：Ἄλλως τε καὶ φύσει πρὸς τὰς κολάσεις ἐπιεικῶς ἔχουσιν οἱ

Φαρισαῖοι.〔さらにファリサイ派はそもそも刑罰について寛大であった.〕

『古代誌』xiii 10, 6 (297-8)：Νόμιμά τινα παρέδοσαν τῷ δήμῳ οἱ Φαρισαῖοι ἐκ πατέρων διαδοχῆς, ἅπερ οὐκ ἀναγέγραπται ἐν τοῖς Μωυσέως νόμοις, καὶ διὰ τοῦτο ταῦτα τὸ Σαδδουκαίων γένος ἐκβάλλει, λέγον ἐκεῖνα δεῖν ἡγεῖσθαι νόμιμα τὰ γεγραμμένα, τὰ δ᾽ ἐκ παραδόσεως τῶν πατέρων μὴ τηρεῖν. Καὶ περὶ τούτων ζητήσεις αὐτοῖς καὶ διαφορὰς γίνεσθαι συνέβαινε μεγάλας, τῶν μὲν Σαδδουκαίων τοὺς εὐπόρους μόνον πειθόντων, τὸ δὲ δημοτικὸν οὐχ ἑπόμενον αὐτοῖς ἐχόντων, τῶν δὲ Φαρισαίων τὸ πλῆθος σύμμαχον ἐχόντων.〔ファリサイ派は，父祖たちから受け継いできた法規定を大衆に伝えた．これらはモーセ律法に書かれていないもので，このためにサドカイ派はそれら法規定を斥けて，書かれた法規定はふさわしいものであるが，父祖の伝承に由来するものは遵守する必要はないと言っていた．これらのことについて彼らの間に激しい論争と相違が生じたが，サドカイ派が味方につけたのは裕福な者たちだけで，大衆は彼らに従わなかった．他方，ファリサイ派は大衆の連帯を勝ち得た〕.

『古代誌』xvii 2, 4 (41)：Ἦν γὰρ μόριόν τι Ἰουδαϊκῶν ἀνθρώπων ἐπ᾽ ἐξακριβώσει μέγα φρονοῦν τοῦ πατρίου νόμου, οἷς χαίρειν τὸ θεῖον προσποιουμέν[ων], οἷς ὑπῆκτο ἡ γυναικωνῖτις, Φαρισαῖοι καλοῦνται, βασιλεῖ δυνάμενοι μάλιστα ἀντιπράσσειν, προμηθεῖς, κἀκ τοῦ προύπτου εἰς τὸ πολεμεῖν τε καὶ βλάπτειν ἐπηρμένοι 1)〔ユダヤ人の間には父祖伝来の法に厳格であることを誇りとし，神の喜ぶことに固執する一団があり，〔宮廷の〕女たちは彼らの指導に服していた．彼らはファリサイ派と呼ばれており，予知能力のゆえに王に反対して多くのことをなすことができ，予見に従って〔王と〕争い害を加えようとしていた〕.

『古代誌』xviii 1, 2-4 (11-17)：Ἰουδαίοις φιλοσοφίαι τρεῖς ἦσαν ἐκ τοῦ πάνυ ἀρχαίου τῶν πατρίων, ἥ τε τῶν Ἐσσηνῶν καὶ ἡ τῶν Σαδδουκαίων· τρίτην δὲ ἐφιλοσόφουν οἱ Φαρισαῖοι λεγόμενοι. καὶ τυγχάνει μέντοι περὶ αὐτῶν ἡμῖν εἰρημένα ἐν τῇ δευτέρᾳ βίβλῳ τοῦ Ἰουδαϊκοῦ πολέμου, μνησθήσομαι δ᾽ ὅμως καὶ νῦν αὐτῶν ἐπ᾽ ὀλίγον.

Οἵ τε γὰρ Φαρισαῖοι τὴν δίαιταν ἐξευτελίζουσιν οὐδὲν εἰς τὸ μαλακώτερον ἐνδιδόντες, ὧν τε ὁ λόγος κρίνας παρέδωκεν ἀγαθῶν, ἕπονται τῇ ἡγεμονίᾳ, περιμάχητον ἡγούμενοι τὴν φυλακὴν ὧν ὑπαγορεύειν ἠθέλησεν. Τιμῆς γε τοῖς ἡλικίᾳ προήκουσιν παραχωροῦσιν οὐδ᾽ ἐπ᾽ ἀντιλέξει τῶν εἰσηγηθέντων ταῦτα οἱ 2) θράσει ἐπαιρόμενοι. Πράσσεσθαί τε εἱμαρμένῃ τὰ πάντα ἀξιοῦντες, οὐδὲ τοῦ ἀνθρωπείου τὸ βουλόμενον τῆς ἐπ᾽ αὐτοῖς ὁρμῆς ἀφαιροῦνται, δοκῆσαν τῷ θεῷ κρᾶσιν γενέσθαι καὶ τῷ ἐκείνης βουλευτηρίῳ καὶ τῶν ἀνθρώπων τὸ ἐθελῆσαν 3) προσχωρεῖν μετ᾽ ἀρετῆς ἢ κακίας. Ἀθάνατόν τε ἰσχὺν ταῖς ψυχαῖς πίστις αὐτοῖς εἶναι, καὶ ὑπὸ χθονὸς δικαιώσεις τε καὶ τιμὰς οἷς ἀρετῆς ἢ κακίας ἐπιτήδευσις ἐν τῷ βίῳ γέγονε, καὶ ταῖς μὲν εἱργμὸν ἀίδιον προτίθεσθαι, ταῖς δὲ ῥᾳστώνην τοῦ ἀναβιοῦν. Καὶ δι᾽ αὐτὰ τοῖς τε δήμοις πιθανώτατοι τυγχάνουσιν, καὶ ὁπόσα θεῖα εὐχῶν τε ἔχεται καὶ ἱερῶν ποιήσεως ἐξηγήσει τῇ ἐκείνων τυγχάνουσιν πρασσόμενα. Εἰς τοσόνδε ἀρετῆς αὐτοῖς αἱ πόλεις ἐμαρτύρησαν ἐπιτηδεύσει τοῦ ἐπὶ πᾶσι κρείσσονος ἔν τε τῇ διαίτῃ τοῦ βίου καὶ λόγοις.

Σαδδουκαίοις δὲ τὰς ψυχὰς ὁ λόγος συναφανίζει τοῖς σώμασι, φυλακῇ δὲ οὐδαμῶς τινων μεταποίησις αὐτοῖς ἢ τῶν νόμων· πρὸς γὰρ τοὺς διδασκάλους σοφίας, ἢν μετίασιν, ἀμφιλογεῖν ἀρετὴν ἀριθμοῦσιν. Εἰς ὀλίγους δὲ ἄνδρας οὗτος ὁ λόγος ἀφίκετο, τοὺς μέντοι πρώτους τοῖς ἀξιώμασι, πράσσεταί τε ἀπ' αὐτῶν οὐδὲν ὡς εἰπεῖν· ὁπότε γὰρ ἐπ' ἀρχὰς παρέλθοιεν, ἀκουσίως μὲν καὶ κατ' ἀνάγκας, προσχωροῦσι δ' οὖν οἷς ὁ Φαρισαῖος λέγει, διὰ τὸ μὴ ἄλλως ἀνεκτοὺς γενέσθαι τοῖς πλήθεσιν.

〔ユダヤ人には太古の昔から受け継いできた3つの哲学がある．エッセネ派のそれとサドカイ派のそれ，3つ目はファリサイ派と呼ばれる者たちの教えたものである．これらについては『ユダヤ戦記』第ⅱ巻で既に述べたが，ここでもそれらについて少し触れておきたい.

ファリサイ派は生活を質素にし，贅沢を認めない．彼らは彼らの教えが善いものとして認め伝えてきたことの支配に従い，それ［彼らの教え］が命じたことの遵守のために戦うべきと考えている．彼らは年長者に敬意を表し，その提案にあえて異議を唱えたりはしない．彼らは全ては運命によってなされると考えているが，自身の活動についての人間の意志を否定しない．混合のあること，［すなわち］徳ないし悪をもつ人間の意志が運命の意志に加わることを神がよしとされているからである．彼らは魂には不死の力があると信じており，地下では生前に徳を追求したか悪を追求したかによって報酬か罰があり，一方には永遠の牢獄が，他方には復活への容易な道が用意されているとする．これらのことのゆえに彼らは大衆から大いに信頼され，祈りであれ祭事であれ全ての神事は彼らの解釈に従って実践されている．諸都市［の住民たち］は，彼らが生き方においてもその教えにおいても全てにおいてより善いものを追求し，このような高い徳にいたっていることを証した.

サドカイ派の教えによれば，魂は肉体とともに滅びる．彼らには律法以外に遵守すべきものは何もない．というのも，彼らは自分たちの追求している哲学の教師たちと論争することを徳の1つに数えているからである．この教えはわずかな者に［のみ］受け入れられたが，それは最も高位の者たちである．しかし，彼らは言っていることを何も実践していない．というのは，彼らが何らかの職務に就いたときには，自らの意志に反して強制的にファリサイ派の言うことに同意せざるを得ないからである．そうしなければ，大衆が彼らを容赦しないからである〕.

『古代誌』xx 9, 1 (199) αἵρεσιν δὲ μετήει τὴν Σαδδουκαίων, οἵπερ εἰσὶ περὶ τὰς κρίσεις ὠμοὶ παρὰ πάντας τοὺς Ἰουδαίους, καθὼς ἤδη δεδηλώκαμεν 〔彼はサドカイ人の一派に属していたが，既に述べたように，まさに彼らは裁きについてはどのユダヤ人よりも残酷なのである〕.

『自伝』2 (12)：ἠρξάμην [τε] πολιτεύεσθαι τῇ Φαρισαίων αἱρέσει κατακολουθῶν, ἣ παραπλήσιός ἐστι τῇ παρ' Ἕλλησι Στωικῇ λεγομένῃ 〔私はファリサイ人の一派に従って市民生活を始めた．この一派はギリシア人の間でストア学派と呼ばれているものに似ている〕.

『自伝』38 (191)：τῆς δὲ Φαρισαίων αἱρέσεως, οἳ περὶ τὰ πάτρια νόμιμα δοκοῦσι τῶν ἄλλων ἀκριβείᾳ διαφέρειν 〔彼はファリサイ人の一派に属していたが，彼らは父祖伝来の法規定について他の誰よりも厳格であると考えられている〕.

ミシュナーの証言

(a) ファリサイ派とサドカイ派

ヤダイム 4：6

「サドカイ派は言う，『我々はお前たちファリサイ派を非難する．なぜなら
お前たちは，聖書は手を汚すがハミラス〔ホメロス〕[4]の書物は手を汚さ
ないと言っている』．ラバン・ヨハナン・ベン・ザカイは言った，『これ以
外に我々にはファリサイ派を非難することはないのか．彼らは言っている
ではないか，「ロバの骨は浄いが大祭司ヨハナンの骨は汚れている」と』．
彼ら（サドカイ派）は彼に言った，『その汚れはそれに対する愛情に拠って
いる．というのも人は自分の父母の骨からスプーンを作りはしないからだ』．
彼は彼らに言った，『聖書についてもその汚れはそれに対する愛情に拠って
いる．だがハミラス〔ホメロス〕の書物については，愛されていないので
手を汚すことはない』．

ヤダイム 4：7

「サドカイ派は言う，『我々はお前たちファリサイ派を非難する．なぜなら
お前たちは（液体をきれいな器から汚れた器に流したときその）流れを浄
いとするからだ』．ファリサイ派は言う，『我々はお前たちサドカイ派を非
難する．なぜならお前たちは墓地から流れ出る水を浄いとするからだ』．サ
ドカイ派は言う，『我々はお前たちファリサイ派を非難する．なぜならお前
たちは「もし私の牛や私のロバが損害を与えたならば賠償の義務を負うが，
私の奴隷や女奴隷が損害を与えた場合には免除される」と言っているから
だ．私は自分の牛やロバに何の掟も負ってないが，それらの〔与えた〕損
害に対して賠償の義務を負うのに，私が掟を負っている奴隷や女奴隷につ
いては，彼らの〔与えた〕損害に対して賠償の義務を負わないとはどうい
うことか？』彼ら（ファリサイ派）は彼らに言った，『否，お前たちは理性
のない私の牛やロバについて語っているのに，理性のある私の奴隷や女奴
隷についても語ろうというのか？　なぜなら，もし私が彼を怒らせたなら，
彼は行って他の人の畑に火をつけ，そして私が賠償金を払う義務を負うこ
とになる』．」

II 384-6　　　　　　　　　ミシュナーの証言　　　　　　　　　　　*93*

ヤダイム 4：8

「あるガリラヤの異端[5]は言った,『私はお前たちファリサイ派を非難する.なぜならお前たちは離縁状にモーセの名とともに支配者の名を書くからだ』.ファリサイ派は言った,『我々はガリラヤの異端であるお前を非難する.なぜならお前たちは同じページに（神の）御名とともに支配者の名を書くからだ.それどころか,支配者〔の名〕を上に,御名を下に書いている.というのは,「ファラオは言った,『主とはいったい何者か.私がその声に聞き従ってイスラエルを去らせなければならないのか』」（出 5：2）と言われている』.」

ハギガー 2：7

「アム・ハアレツの服はファリサイ派にとってミドラス（接触による汚れ）である.ファリサイ派の服はテルマー〔祭司への献げ物〕を食べる者にとってミドラスである.テルマーを食べる者の服はコデシュ〔聖別された物〕を食べる者にとってミドラスである.コデシュを食べる者の服は罪の清めの水を使う者にとってミドラスである.」[6]

ソター 3：4

「ラビ・ヨシュアはよく言っていた,『愚かなハシードと,賢い悪人と,ファリサイ派の女と,ファリサイ派の災い,これらは世界を破滅させる』.」[7]

エルヴィーン 6：2

「ラバン・ガマリエルは言った,『ある時,1 人のサドカイ人が我々とともにエルサレムのマボイ（安息日に自由に動けるように境界線の張られた通り）に住んでいた.私の父は我々に言った,「急いで全ての器をマボイに出しなさい,彼〔サドカイ人〕が〔自分のものを〕出してあなたたちがそうするのを禁じる前に」』.ラビ・ユダは別の表現で言う,『マボイでする必要のあること全てを急いでしなさい,彼〔サドカイ人〕が〔自分のものを〕出してあなたたちがそうするのを禁じる前に』.」[8]

マコット 1：6

「偽証人たちは〔訴えた相手の〕裁判が〔有罪判決で〕結審するまでは処刑されない.なぜならサドカイ派は,『彼（偽証で訴えられた人）が処刑されるまでは.というのは,「命には命」（申 19：21）と書かれているからだ』

と言っているからである．しかし賢者たちは彼らに言った，『「あなたがた
は彼が兄弟にしようとしたことを彼に行え」（申 19：19）とも書かれてい
ないか．見よ，彼の兄弟は生きている』．」9)

パラー 3：7
「彼らは赤毛の雌牛を焼く祭司を（あえて）汚した．それはサドカイ派が
『日没によって（清浄になった者によってのみその儀式は）執り行われるべ
きである』と言わないためであった．」

ニダー 4：2
「サドカイ派の娘たちは，彼女たちの父祖たちの道を歩むならば，サマリア
人の娘のようである．しかし〔父祖たちの道を〕離れ，イスラエルの道を
歩むならば，彼女たちはイスラエルのようである．ラビ・ヨセは言う，『〔イ
スラエルの道を〕離れ，父祖たちの道を歩まない限り，彼女たちはつねに
イスラエルのようである』．」

(b) ハベルとアム・ハアレツ

ドゥマイ 2：3
「ハベル（חבר）であろうとする者は，青果も乾物もアム・ハアレツに売っ
てはならず，青果を彼から買わず，アム・ハアレツの客になってはならず，自
前の服を着ているアム・ハアレツを客にしてもならない．ラビ・ユダは言
う，『彼はまた小家畜を飼ってはならず 10)，やたらと誓ったり笑ったりせ
ず，死者の汚れを受けず，ベート・ハミドラシュに仕えねばならない』．彼
らは彼に言う，『これらのことは規律に含まれない』．」11)

ドゥマイ 6：6
「シャマイ派は言う，『ハベル以外にオリーブを売るな』．ヒレル派は言う，
『十分の一税を払う者にも〔売ってよい〕』．ヒレル派の厳格な者はシャマイ
派の意見に従っていた．」

ドゥマイ 6：9
「ハベルとアム・ハアレツがアム・ハアレツの父親から相続した．彼〔ハベ
ル〕は彼〔アム・ハアレツ〕に『お前はそこで小麦をとれ，俺はここで小

麦をとる，お前はそこでワインを，俺はここでワインをとる』と言っていい．しかし，『お前は小麦を，俺は大麦を，お前は青果を，俺は乾物をとろう』と言ってはならない．」12)

ドゥマイ 6：12

「アム・ハアレツがハベルに『俺に野菜の束を買ってくれ，俺にパン 1 斤買ってくれ』13) と言った場合，〔そのハベルが〕何も言わずに買うならば，彼〔ハベル〕は〔アム・ハアレツの分の〕十分の一税を払わなくていい．しかし，もし〔ハベルが〕『これは俺の分，これは俺の友の分』と言い，それらの物が混ざってしまったならば，彼〔ハベル〕は〔全部について〕十分の一税を払わねばならない．たとえそれ〔アム・ハアレツの分〕が〔自分の分の〕百倍であっても．」

シュヴィイート 5：9 ＝ギティーン 5：9

「女はシュヴィイート（安息年の規定）に疑いのある隣人の女に，ふるい，目の粗いふるい，石臼，釜を貸していいが，彼女と一緒に脱穀することも粉挽きすることもしてはならない．ハベルの妻はアム・ハアレツの妻に，ふるい，目の粗いふるいを貸していいし，また脱穀と粉挽きとふるい分けを一緒にしてもよい．しかし，彼女〔アム・ハアレツの妻〕が粉に水をかけ始めたらそれに触れてはならない．なぜなら罪を犯す者の手を助けてはならないからだ．これらのことは全て平和のためにのみ言われたのだ．安息年に（畑で働く）異邦人の手を助けてもよいがイスラエル人の手はダメだ，云々．」

ビクリーム 3：12

「ラビ・ユダは言う，『初穂の献げ物は好意としてハベル〔の祭司〕にのみあげるべきである』．」

トホロット 7：4

「ハベルの妻が，臼を挽くアム・ハアレツの妻を自分の家の中に残し，臼〔の音〕が止んだなら，その家は汚れている．臼〔の音〕が止まないなら，彼女〔アム・ハアレツの妻〕が手を伸ばして触れられるところ以外は汚れない．もし 2 人〔アム・ハアレツの妻が〕いたなら，どちらの場合でも，『その家は汚れる．なぜなら 1 人が臼を挽き，1 人がうろうろするかもしれ

ないから』．これはラビ・メイルの言葉である．しかし賢者たちは言う，
『彼女たちが手を伸ばして触れられるところ以外は汚れない』．」

トホロット 8：5
「アム・ハアレツの妻がハベルの家に彼〔ハベル〕の息子か娘か家畜を取り
に入ったなら，その家は清い．なぜなら彼女は許可なく入ったから（うろ
うろする暇がなかったから）である．」

　祭司とトーラー学者ないし「書記」[14]は，捕囚以後のイスラエルの内的発
展を決定づける指導的影響力を発揮した．エズラの時代には，これら2つは
本質的にまだ同一の集団だった．ギリシア時代の間に，これら2つはだんだ
んと分かれていった．マカバイ戦争の頃には，これらは互いに鋭く対立しあ
う2つのグループへと発展していた．祭司集団からサドカイ派が，トーラー
学者からファリサイ派が生じた．後者は，宗教的事柄についての一般人出身
の専門家であった[15]．両グループが互いに敵対的であったことは，特にヨセ
フスや新約聖書の証言から知られているが，この敵対関係を思想上のもので
あったと想定するのは，これらのグループの真の性格を理解するのに始めか
ら偏見を持たせることになる．ファリサイ派は，本質的に厳格な適法性に関
心があった[16]．サドカイ派は初めは単なる貴族階層であったが，歴史の展開
によってファリサイ派の律法主義に対立するものと確信するようになった．
だが，この対立は，彼らの本質にとって決して根本的なものではなかった．
従って，個々の点の違いを比較していくならば，ゆがんだ像を得ることにな
る．むしろ，ファリサイ派の特徴はその法への関心から生まれたのであり，
他方，サドカイ派の特徴はその生まれついた社会的地位に由来するのである．

I　ファリサイ派

　ヨセフスによれば，ファリサイ派はトーラーの厳格な解釈と遵守に関心が
あり，あらゆる細部にわたって律法を満たすことにまったく骨惜しみしなか
った．「彼らは律法を厳格に解釈すると考えられている」[17]．「彼らは父祖伝
来の法に厳格であることを誇りとしている」[18]．「彼らは贅沢を認めない」[19]．
言い換えれば，彼らはトーラーと一致した生活を送るというトーラー学者に
よって提案された理想を，熱心に絶えず実践しようとしていた人々であった．
すなわち，彼らは捕囚後のユダヤ教内部の発展において採択された進路の古

典的代表なのである．この進路に当てはまるたいていのものは，特にファリサイ派に当てはまるのである．この一派は民族の核であり，ただその傑出した厳格さと一貫性によってのみ残りの民から区別され得た．彼らの努力の基盤は，数世紀にわたるトーラー学者の働きによって大いに複雑にされたトーラーであった．その細部にわたる実現こそが彼らの努力の全てであった[20]．従ってファリサイ主義の特徴描写には，既に述べた（第25節III）トーラー学者によるユダヤ法の発展と，以下で論ずる（第28節）ユダヤ的生活そのものの本質に関わる全ての事柄が含められなければならない．

　古代資料においてファリサイ派に認められた際立った突出ぶりは，部分的には疑いなくラビ伝承が基本的にファリサイ派の見解を代表しかつ支持しているという事実，またヨセフスが彼らの仲間であったという事実に帰せられるだろう．だがそれにしても，ひとたびファリサイ派が存在するにいたるや，殆どの顕著なトーラー学者がこの一派から生まれているということは偶然ではあり得ない．サドカイ派の学者もいたに違いないが，しかしその活動は歴史に何の痕跡も残さなかった．エッセネ派も学びにおいては傑出していたが，その指導者は殆ど無名であり，その影響力も後70年以後はなくなってしまった．いずれにせよ，ヨセフスと新約聖書がトーラー学者と密接に関わる一派に言及する若干の場合には，彼らは常にファリサイ派として描かれているのである[21]．

　言うまでもなく，ファリサイ派の見地によれば成文律法だけでなく，「口伝律法」と呼ばれる学者によって定められた釈義や補足も拘束力をもつものとされた．口伝律法は成文律法の正しい解釈でありまたそのさらなる発展と見なされ，一方への熱心は必然的に他方への熱心を伴った．ヨセフスがはっきりと述べているように，「ファリサイ派は，モーセ律法に書かれていない父祖たちから受け継いできた（ἐκ πατέρων διαδοχῆς）法規定を大衆に伝えた」[22]．ヨハネ・ヒルカノスはファリサイ派から離れたとき，ファリサイ派が「父祖たちの伝承に従って」（κατὰ τὴν πατρῴαν παράδοσιν）導入した法規定を廃止したが，ファリサイ派はアレクサンドラのもとで復権したときにそれらの法規定を再び導入した[23]．新約聖書もファリサイ派が「父祖たちの伝承」（παράδοσις τῶν πρεσβυτέρων）を重視していたことを証言している（マコ7：3；マタ15：2）．「伝承」（παράδοσις）についてラビ・ユダヤ教全体が同じ見解をもっていたことについては既に論じておいた（39頁）．トーラー学者によって発展させられ確立されたハラハーないし伝統的な法規は，後1世紀の終わりまでには成文律法と同じく拘束力のあるものとされた．「モディンのラ

ビ・エルアザルは言った，『ハラハーに従わない (שלא כהלכה) 聖書解釈をする者は，来るべき世に与ることはできない』」[24]．戦争が国を襲う理由の 1 つとして「ハラハーに従わない聖書解釈をする者」が挙げられている[25]．このように，伝統的な解釈と伝統的な法規は権威あるものと公言され，従ってそれからの離脱は成文律法からの離脱と同様に非難に値するものと判断された．「書記の規定に反して教えることはトーラー自体に反するよりも重い罪である」[26]．伝統的な解釈に拘束力があるならば，成文律法ではなくその解釈が事実上の最終的な権威なのである．ファリサイ派は決して年長者に異議を唱えないとヨセフスが言っているのは，この原則のことを暗に示唆しているのである[27]．

ファリサイ派は，聖書律法に対する態度と同様に，宗教上及び教義上の見解においても基本的に後のラビ・ユダヤ教の立場を代表している．これに関して，ヨセフスと新約聖書から得られる以下の点はファリサイ派をサドカイ派から区別する特徴である．

1　ファリサイ派は，「魂は全て不滅であるが，他のからだに移ることのできるのは善人の魂のみであり，悪人の魂は永遠の罰を受ける」と教えていた[28]．あるいは他の箇所からわかるように，「彼らは魂には不死の力があると信じており，地下では生前に徳を追求したか悪を追求したかによって報酬か罰があり，一方には永遠の牢獄が，他方には復活への容易な道が用意されているとする」[29]．対照的にサドカイ派は復活を否定した (μὴ εἶναι ἀνάστασιν 〔復活はない〕，マタ 22：23；マコ 12：18；ルカ 20：27；使 23：8．使 4：1–2 参照)．「魂の死後の存続も黄泉における罰も報いも彼らは否定している」[30]．「サドカイ派の教えによれば，魂は肉体とともに滅びる」[31]．

ヨセフスの記すファリサイ派の教えは，単純な応報と復活の教義である．これはユダヤ教の基本的特徴としてダニエル書で初めて言及されるが（ダニ 12：2），ファリサイ主義の勝利の後は新約聖書も含めてそれ以降のユダヤ教文学全てに見出せる．義人はメシア王国の栄光の中，永遠の命へと復活するが，悪人は永遠の責め苦で罰せられる．しかし，この信仰の核は不死についての単なる哲学的な見解ではない．個人の救済についてのまさに宗教的な関心がこれに依存しているのである．その救済は，肉体の復活という前提によってのみ保証されるようなものである．復活は後に非常に強く強調されるようになり，ミシュナーは次のように言っている．「死者の復活は（トーラーに規定されたもので）ないという者は，来るべき世に与れない」[32]．復活と不

死一般の否定によって，サドカイ派は後のユダヤ教がファリサイ派の基盤の上に立てた形態におけるメシアの希望をも同時に拒絶したのである．

2　ファリサイ派は天使と霊の存在を信じていたが，サドカイ派はそれらを否定したと言われている．このことは使23：8以外には証言がないが，他の資料から得られるこの二派についてのイメージと一致する（これと関係するクムランの教義については下記329–31頁を見よ）．この点についてもファリサイ派が後の時代の見解を代表していたことは，論証するまでもないだろう．

3　ヨセフスは，神の摂理と人間の自由意志についての信仰についてもファリサイ派とサドカイ派の間に違いを認めている．ファリサイ派は「全てを運命と神に帰した．正しい行いをするか否かは大部分人間に任せられているが，個々の行いには運命が手を貸すと考えていた」[33]．「彼らは全ては運命によってなされると考えているが，自身の活動についての人間の意志を否定しない．混合のあること，〔すなわち〕徳ないし悪をもつ人間の意志が運命の意志に加わることを神がよしとされているからである」[34]．「ファリサイ派は，ある出来事は——全てではない——運命の仕業であるが，他のある出来事はそれが起こるか否かは我々自身にかかっていると言う」[35]．

サドカイ派は，「運命を完全に否定し，悪を行うことや計画することを超えたところに神を位置づけた．彼らは，善悪の選択は人間に委ねられており，この2つのどちらを行うかは各人の意志によると言う」[36]．「サドカイ派は運命を否定し，そのようなものは存在せず，人間の事柄がそれに従って成就することはなく，むしろ全ては我々自身に委ねられていると考えている．すなわち，幸福の原因は我々自身であり，不幸に苦しむのも我々の無思慮の結果なのである」[37]．

パレスチナの宗派のなかにこのような哲学的概念を見出すのは，一見奇妙なことであり，ヨセフスが自分に合わせて同国人の宗教的見解を哲学的に潤色しただけでなく，実際の哲学理論をそれらに帰したのではないかという疑いが生じる．エッセネ派についてのヨセフスの記述を考慮に入れるとますます疑わしく思われる．全体を見渡すと，エッセネ派は運命を絶対であると教え，サドカイ派はそれを完全否定し，ファリサイ派はその間の道を進むというパターンが浮かび上がる．さらに別の箇所でヨセフスがファリサイ派をストア派と，エッセネ派をピュタゴラス派と比肩できると明言していることは，この疑いをいっそう強いものとする[38]．事実，まさに εἱμαρμένη 〔運命〕という表現自体ユダヤ教とまったく調和しておらず，少なくともここで我々は相当にヘレニズム化されたユダヤ教の見解を扱っているのである．しかし，

ギリシアから借りてきているのは，実際には衣装に過ぎない．内容そのもの
は真にユダヤ教のものである．というのは，ギリシアの形式を取り去れば，
基本的にヨセフスの言っていることはただ，ファリサイ派の教えによれば全
ては神の摂理によって起こる，従って善であれ悪であれ人間の行為にも神は
協同していると想定すべきだというにすぎない．しかしこれはまさに聖書の
考えである．全能の神という概念の厳密な定型表現が，善も悪も人間の行為
は神によってもたらされるという観念へと至っている一方で，旧約聖書は人
間の倫理責任を強調している．過ちを犯せば有罪であり罰を受けるが，善に
対しては褒美で報いられる．同様に後のユダヤ教にとって，人間の倫理的独
立性は根本的なものであり，トーラーへの熱心と未来への希望の基底となる
基本的前提であった．従って，どちらの思想的系譜も真にユダヤ教のもので
ある．これらによって引き起こされる問題にも註意が払われた．イエス・ベ
ン・シラは，自由意志に著しく強い強調をおいている．これは明らかに，神
自身が罪の原因であるとする主張に対する意識的な論争である．しかしこの
ベン・シラは，神は陶器職人が粘土をこねるように思うままに人を作ったと
も言っている[39)]．これと類似した短い言葉はソロモンの詩篇にも見出され
る[40)]．このように神の摂理と人間の自由は，ユダヤ教一般にとって考察の主
題だったのである[41)]．もちろんこのことは，（1）運命のみ，（2）自由のみ，
（3）その中間，という3つの可能な立場が，ヨセフスの言うように図式的に
それぞれエッセネ派，サドカイ派，ファリサイ派によって代表されるという
わけではない．この図式化が恐らくヨセフスの議論のなかで最も弱い点であ
る．しかしここにも何ほどかの真実はある．エッセネ派にとっては神的要素，
サドカイ派には人的要素が際立っていたということはありえることである．
ファリサイ派はいずれにしても両方の思想的系譜，すなわち神の全能と摂理
及び人間の自由と責任のどちらをも等しく支持していた．一方が他方の存在
にも関わらず共に存在していることは，アキバの言葉に明瞭に強調されてい
る．「全ては（神によってあらかじめ）見られているが，自由は（人に）与え
られている」(הכל צפוי והרשות נתונה)[42)]．ここでもファリサイ派は分派的見
解ではなく，ユダヤ教の主要な見解を代表しているのである．

　政治に関してもファリサイ派の見解は真にユダヤ教のそれであった．つま
り，政治問題は世俗の立場からではなく，宗教的な立場から扱われるのであ
る．ファリサイ派は政党ではなかったし，少なくとも本質的にはそうでなか
った．その目標は政治的なものではなく宗教的なもの，つまり，トーラーの

厳密な成就であった．これらのことが邪魔されない限り，彼らはどんな政府でも満足できた．世俗の権力が彼らの律法遵守に抵触する場合にのみ，彼らは集まってこれに対抗し，こうしてある意味で対外権力に対外的抵抗で対立する政党になったのである．こうした事態は，ファリサイ派以前の時代のアンティオコス・エピファネスによる弾圧の間にも生じたが，また特にユダヤ人の王であったヨハネ・ヒルカノスとアレクサンドロス・ヤンナイオスがサドカイ派の立場からファリサイ派の諸規定に対立したときにも起こった．他方，アレクサンドラの時代には全てがファリサイ派の手に委ねられたが，彼らは宗教的な要求を満たすためにしか政府での指導的立場を利用しなかった．政治そのものに関しては，ファリサイ派は相対的に無関心であった．しかし，2つの相異なる宗教的見解があって，それによって政治状況が判断されることがあったということは認識しておかなければならない．この2つの見解は正反対の態度を伴うことがあった．これは特にユダヤ人が異邦人政府の支配下にある場合や，ユダヤ人政府が異邦人支配者と親密な関係にある時代にそうであった．1つは，神の摂理という思想にもとづいていた．それによれば，異邦人によるユダヤ人支配は神の望んだものと考えられた．神は自らの民をその罪の罰として異邦人支配に委ねた．従って，その支配は神が望む期間しか続かないはずである．結果として，トーラー遵守が妨げられない限り，この神の懲罰に喜んで従い，異邦人の苛酷な支配者をさえ耐え忍ぶことがとりわけ必要なこととされた．ファリサイ派のポリオとサマイアスが仲間の市民にヘロデの支配を受け入れるよう勧告したのは，まさにこの立場からであった[43]．また，第1次対ローマ戦争の時に，ガマリエルの子のシメオンのような指導的ファリサイ人は，調停者の先頭に立っていた．彼らが反乱に加わったのは強いられたからであって，心の中ではそれに反対していた[44]．他方，イスラエルの選びへの信仰が際立った影響力を有していた場合，神の民が異邦人に服従しているという事態は駆逐されるべき大罪と考えられた．イスラエルは神のほかに王を承認することはできないし，神に任命されたダビデ家出身の支配者以外承認できなかった．異邦人支配は聖書に反していた．この観点から問題になったのは，民は異邦人権力者に従い貢ぎ物を支払うべきかどうかということよりも，それが律法に適っているかどうかということだった（マタ22：17以下；マコ12：14以下；ルカ20：22以下）．それはまたファリサイ派の多くの者がヘロデに忠誠を誓うのを拒んだ理由でもあったようだ[45]．最も彼らは，いかなる誓いであれそもそも誓うということ自体気が進まなかったということもその動機であったろうが[46]．それは，ファリサイ派

の中にも民衆の間にも広まっていた見解であったと推定できるだろう．実際，そうだったに違いない．というのも非ファリサイ派政府は，たとえ律法の実践を邪魔しなくとも，自由な律法遵守に対する何らかの脅威を常に伴っていたからである．それゆえ，後6年にガリラヤのユダとともに革命運動を創設したのも，ファリサイ派のツァドクであった[47]．このように，ファリサイ派は始めは政治に無関心であったが，後1世紀のユダヤ人の間に徐々に浸透していった革命の気運には，少なくとも間接的にファリサイ派の影響があったと言えよう[48]．

　第2神殿時代のユダヤ教一般からファリサイ派を区別する特色は，ここまでの描写からは何も出てこない．精神的な志向について言えば，それは捕囚後のユダヤ人の本流や古典的代表者たちによって採択された趨勢とただ同一のものに過ぎない．それにも関わらず，ファリサイ派は民のなかに1つの派，集会のなかの小集会（ecclesiola in ecclesia）を形成した．ヨセフスないしその資料であるダマスコのニコラオスがファリサイ派による忠誠の誓いの拒否について語る2箇所のうちの1つは，彼らを「ユダヤ人の集団」と記し，その人数を6千人としている[49]．新約聖書とヨセフスのなかでは，彼らは極めて明瞭に民のなかの小集団として現れる．このことはその名前からも指摘できる．ヘブライ語では פרושים〔プルーシーム〕[50]ないし פרישין〔プリシーン〕，アラム語では פרישיא〔プリシャヤ〕，それゆえギリシア語では Φαρισαῖοι〔ファリサイオイ〕であり，「分離した者」という意味である．唯一の問いは，この用語が何について言っているのかである．彼らはあらゆる不浄と違法から離れた者なのか，それとも特定の人々から離れたのか．前者を支持する議論には，ラビのヘブライ語では名詞の פרישה〔プリシャー〕と פרישות〔プリシュート〕はあらゆる不浄からの「分離」の意味で用いられているということがある[51]．だが，もし不浄からの分離だけが意図されていて，特定の人々からの分離が含意されていなかったならば，「純粋な者」「義人」「敬虔な者」といったもっと肯定的な表現のほうが適切だったろう．しかし，紛れもない事実は，不浄からの分離はいつも同時に不浄な人々からの分離であるということである．レビ記の清浄概念においては汚れは人に付着するものなので，後者なしに前者を遂行することは不可能である[52]．ユダヤ教の食物規定の遵守も，アンティオキアでのペトロのように（ガラ2：12），必然的に人々からの分離（ἀφορίζεσθαι）へと導く．従って，もし人々も含意されているとすれば，ゼルバベルの時代とエズラの時代に捕囚から帰還したエリートたちが，その

地に住んでいた異邦人や半ユダヤ人と彼らの汚れから離れたときに起こった「分離」にその名が由来することは明らかなように思われる（エズ6：21；9：1；10：11；ネヘ9：2；10：29）．しかし，J. ヴェルハウゼンが正しく述べているように，この分離はファリサイ派に特徴的なものではない．その時代，全イスラエルはこの分離に従っていた[53]．従って，ファリサイ派はその名を民の大多数が加わらなかった分離から得たに違いない．すなわち，彼らは清浄概念についてのより厳格な理解のゆえに，異邦人や半ユダヤ人の汚れからのみならず，民自身の大多数に付着していると彼らが考えた汚れからも離れたのである．彼らが「分離した者」「自己分離者」と呼ばれたのはこの意味においてであった．この呼称は賞賛か非難のどちらかを意味していた．彼らは可能な限り全ての汚れから，それゆえこの汚れた民との接触から遠ざかっていたのであるから，自分自身でこのように名付けたのかもしれない．あるいは，自分の特別な清浄さのために民衆から離れた「分離主義者」として，敵対者によってこのように名付けられたのかもしれない[54]．後者の方がこの名の元来の意義であっただろう．自分自身にこのような名を付けたとは考えにくい．他のもっと肯定的な自称があっただろうし，事実，彼らが歴史上に初めて現れたのは חסידים〔ハシディーム〕としてであった（下記参照）[55]．しかし彼らの敵対者は彼らを「分離主義者」として認識していた．このことは，この名前がミシュナーに3箇所しか出てこないこと，そして最も重要なことにサドカイ派の口から語られていることを説明する[56]．しかしラビの用語法からすると，この名称がひとたび用いられるようになるとファリサイ派もそれを受け入れたようである．彼らの立場では「分離」は神に喜ばれることであったから，そうすることに問題はなかったのである[57]．

　「ファリサイ」という名前が他の民からの分離を示しているとすれば，彼らが自分たちに適用した חברים〔ハベリーム〕「朋輩」という術語は，彼らが緊密な共同体を形成していたことを表している．ミシュナー及び古代のラビ文献一般の用語法では，この術語は「ファリサイ」と同義語である．חבר〔ハベル〕が律法，特にレビ記の清浄規定と祭司への献げ物に関する細目を遵守する人であったことは，先に挙げたミシュナーの箇所から明らかである（92-6頁）．さらにこの術語は，律法の専門家である学者だけでなく，同様に振舞う全ての人を包含していた．というのは，彼らと表だって対立していたのは無教養な者ではなく[58]，厳格な律法遵守を期待できない עם הארץ〔アム・ハアレツ〕だったからである[59]．従って，ハベル（חבר）をラビないし学者の「同僚」とする後代の用語法をこれらミシュナーの箇所に読み込んではならな

い[60]．ここでハベルは「父祖たちの伝承」（παραδόσεις τῶν πρεσβυτέρων）を含むトーラーを遵守する者のことであり，それゆえファリサイ派と同一である[61]．このことはファリサイ派の自己評価について深い洞察を提供してくれる．一般の人々から，また他の宗派のメンバーからはいっそう強く自らを区別することによって，ファリサイ派は契約の兄弟たるハベリーム，すなわち真のイスラエル共同体を体現したのであった．旧約聖書ではどのイスラエル人もハベルであったが，ファリサイ派はトーラーを厳格に遵守する者のみをハベルと認めたのである[62]．

その名が示すとおりファリサイ派が他の民から離れていたことはミシュナーの多くの箇所に証言されている．「アム・ハアレツの服はファリサイ派にとってミドラス（汚れ）である」[63]．「ハベルは，アム・ハアレツの客になってはならず，自前の服を着ているアム・ハアレツを客にしてもならない」[64]．「ハベルの妻が，臼を挽くアム・ハアレツの妻を自分の家の中に残し，臼〔の音〕が止んだなら，その家は汚れている．臼〔の音〕が止まないなら，彼女が手を伸ばして触れられるところ以外は汚れない」等々[65]．同様に福音書は，イエスが「徴税人や罪人」と自由に交際していることをファリサイ派が非難したと記しているが（マコ2：14-17；マタ9：9-13；ルカ5：27-32），これはミシュナーに描かれている見解と正確に一致している[66]．

ファリサイ派のこの排他性からすれば，この集団を αἵρεσις「分派」と記述することは正当である．この術語は新約聖書（使15：5；25：5）でもヨセフスでもファリサイ派に適用されている．しかし同時にまたファリサイ派は，捕囚後のユダヤ教の正統かつ典型的な代表であった．ファリサイ派は，自分たちの主義主張から，真のイスラエルだけが細部にわたってトーラーを遵守する者であるという結論を導き出したに過ぎない．そしてファリサイ派だけがそれを行っているので，彼らが唯一の真のイスラエルなのである．

ファリサイ派のこれら一般的特徴が明らかになった今，その起源を問題とし，その歴史を素描することができる．本質的にファリサイ派は，いわゆる「律法に基づく」ユダヤ教そのものと同じくらい古い．ひとたび日々の生活がトーラーの継続的成就として組織され，トーラー遵守が宗教的振舞いの基礎とされれば，原理上既にファリサイ派は存在しているのである．しかし，ユダヤ民族内部の「一分派」としてファリサイ派が登場してくるのは，マカバイ戦争の時代より遡ることはできない．ハシディーム，敬虔者，οἱ Ἀσιδαῖοιは早い時期にこの闘いに加わった（Ⅰマカ2：42；7：12以下）．彼らはユダ

の側に立ち，父祖たちの宗教のために戦ったが，マカバイ一派と同一ではなかった 67)．祭司長や民の指導者が徐々にトーラーに対して緩やかな態度をとるようになっていたギリシア時代に，これらハシディームはトーラーをあらゆる細部にわたって満たすことを受け入れた人々からなる共同体を形成していったようである．それゆえ，マカバイ家が父祖たちの信仰を守るために叛旗を翻したとき，ハシディームは彼らに加わったが，それはあくまでその闘いが本当にトーラーと宗教のためである限りのことであった．従って，この闘いの目的が徐々に民族独立の様相を帯びてくると，彼らは闘いから手を引いていったのである．ヨセフスが初めて彼ら〔ファリサイ派〕に言及するのはヨナタンの時代で，そこでは既に独立したグループとしてサドカイ派とエッセネ派より先に記しているが 68)，彼らがマカバイ家の同盟者でなく敵対者として現れるのはヨハネ・ヒルカノスⅠ世の時代のことである．

　時とともにマカバイ家は王朝の政治的基礎を確立した．古代の大祭司家は駆逐され，マカバイ家ないしハスモン家は政治的世襲制を敷き始めた．しかしこれとともに本質的に政治的な課題が彼らに委ねられることになった．彼らの主要な関心は，もはやトーラーの成就ではなく，自らの政治権力の保持と拡張であった．そのような政治的目標の追求は，必然的に彼らとかつての盟友であるハシディームないし「プルーシーム〔ファリサイ派〕」の仲をますます分裂させていった 69)．ハスモン家はトーラーから離れたわけではないが，世俗政治はそれ自体，ファリサイ派の聖書中心主義とは相容れなかったのである．遅かれ早かれ断絶が起こるのは必至であった．そしてそれはヨハネ・ヒルカノスのもとで現実のものとなった．ヨハネ・ヒルカノスは，初めはファリサイ派を支持していたが，後に彼らと袂を分かちサドカイ派に転向した．この断絶の原因はヨセフスによって伝説的な仕方で語られているが 70)，ヒルカノスのもとで変化が起こったという事実自体はまったく信用できるものである．それ以降，ファリサイ派はハスモン家の敵対者として現れ，ヒルカノスⅠ世とその息子のアリストブロスの時代だけでなく，特にアレクサンドロス・ヤンナイオスの時代にそうであった．宗教的な事柄にこだわらないこの猛々しく戦闘的な王のもとで，対立はむきだしの反乱へと燃え上がった．6年の間ヤンナイオスとその傭兵は，ファリサイ派に率いられたユダヤ人と戦闘を繰り広げた 71)．彼が最終的に得たものは，表面上の畏縮だけであり，敵対者の真の服従は得られなかった．それは，宗教的関心を強調することによって，ファリサイ派が多数の民衆を味方につけたからである．従って，アレクサンドラが民との和解のために，また個人的なファリサイ派への好意から，

ファリサイ派に権力を手渡したのは驚くほどのことではない．今や勝利は完全だった．内政に関わる全ての運営は彼らに任された．ヨハネ・ヒルカノスによって廃止されていたファリサイ派の法規定は全て復活させられた．ファリサイ派はユダヤ人の公生活を殆ど手中に収めたのである[72]．

　それ以降の時代，あらゆる政変のただなかで，ローマ人の支配下でもヘロデ家の支配下でも，ファリサイ派は精神的事柄に関して指導者であり続け，それは特に都市社会においてそうだった[73]．確かにサドカイ派の大祭司がサンヘドリンの長だった．しかし実際には，ヨセフスが繰り返し述べるように[74]，一般民衆に大きな影響を与えたのは，サドカイ派ではなくファリサイ派だった．ファリサイ派は大衆を味方につけ[75]，特に女性の信奉者が多かった[76]．会衆に対する彼らの権威は絶大で，礼拝，祈り，供儀に関わる全てのことは彼らの教えに従って執り行われた[77]．彼らの人気はきわめて高く，彼らが王や大祭司を非難するときでさえ受け入れられたほどだと言われている[78]．それゆえ彼らは王を抑制することもできた[79]．同じ理由からサドカイ派はその職務遂行に際してファリサイ派の要求に従わなければならなかった．さもないと，民衆が彼らを許さなかったからである[80]．

　ファリサイ派の行使したこの強大な権威は，彼らの選んだ排他的立場の裏面に過ぎなかった．神殿崩壊とともにサドカイ派が消え，熱心党が失敗し，エッセネ派の兄弟団が分解すると，パレスチナのユダヤ人共同体にとってファリサイ運動の生き残りが唯一の支配的権力となり，彼らはラビ・ユダヤ教という形態で父祖の伝承を復活し再法典化するのに全面的な責任を負ったのである[81]．

註

1)　ファリサイ派に対するこの敵意は，明らかにヨセフスの筆によるものではない．ここでヨセフスは，ダマスコのニコラオスから写しているのである（Derenbourg, p. 123 n 参照）．ここの記述は，ヨセフスのへつらった描写を訂正するものとして価値がある．ただし，本文伝承には不確かなところがある．

2)　ここの ταῦτα οἱ はゾナラス『歴史概略』にはなく削除されるべきであろう．

3)　ゾナラス『歴史概略』は疑いなく正しくもこのように読む．諸写本には τῷ ἐθελήσαντι ないし τῷ θελήσαντι という読みがある．

4)　המירס という読みが指示されている．異読については，G. Lisowsky, *Jadajim* (1956), p. 91 を見よ．その議論については同書74頁と S. Lieberman, *Hellenism in Jewish Palestine*

(1950), pp. 105-14; M. Hengel, *Judaism and Hellenism* I, p. 75; II, p. 52 を見よ.

5) 最良の写本（ゲニザ断片，カウフマン写本，1492年のミシュナー初版，Lisowsky, *op. cit.,* pp. 79, 91 参照）によれば，ここと以下では צדוקי נלילי〔ガリラヤのサドカイ派〕の代わりに מן נלילי〔ガリラヤの異端〕と読んでいる．これは恐らくガリラヤの熱心党のことであろう．M. Hengel, *Die Zeloten* (²1976), pp. 57-61; G. Vermes, *Jesus the Jew* (1973), pp. 45-6 を見よ．ガリラヤ人ツァドクの仮説については，E. Rivkin, 'Defining the Pharisees: The Tannaitic Sources', HUCA 40-1 (1969-70), p. 211 を見よ．

6) アム・ハアレツ（עם הארץ）の意義については 103-4 頁参照．「テルマーを食べる者」は祭司とその家族である．「コデシュを食べる者」は公務に就いている祭司である．それぞれのカテゴリーは，一段階ずつその聖性と清浄さがその前のものより高く，それゆえその者の服はその次の段階の者にとっては汚れている（ミドラス）ので触れることは許されない．Levy, *Neuhebr. Wörterb.* s.v. מדרס, III, pp. 33-4 参照．Rivkin, *art. cit.,* HUCA 40-1 (1969-70), pp. 206-7; Neubauer, *Pharisees* I, pp. 63-4 参照．

7) 註解書は，H. Bietenhard, *Sota* (1956), pp. 72-3 を見よ．BT ソタ 22a は「ファリサイ派の女」についていくつかの説明をしている．最初のものは，これは祈りと断食に身をささげる女性，つまり禁欲主義者のこととする．「ファリサイ派の災い」についてはBT ソタ 22b と Rivkin, *art. cit.,* HUCA 40-1 (1969-70), pp. 240-1 参照．

8) ミシュナーのこの難解な箇所の説明は論議されている．ここで引用されている特殊なケースから想定される一般的な原則は，庭ないし通りを共有しているユダヤ人は，そこで安息日のための食事を用意することによってその領域を個人の所有地と宣言することができたというものである．そうすれば，公共の所有地では禁じられているにもかかわらず，安息日にそこへものを運んだりそこからものを運び出したりすることが法的に認められることになる．ただし，ある土地を食物の保管によって公共の所有とすることは，住人全てがユダヤ人の場合に限られていた．もし異邦人ないしエルーブの規定を認めないユダヤ人が庭ないし通りを共有している場合には，この手続きは不可能となった（エルヴィ 6：1）．註解書は，W. Nowack, *'Erubin* (1926), pp. 56-59 を見よ．

9) S. Krauss, *Sanhedrin-Makkot* (1933), pp. 320-4 参照．

10) G. Mayer, *Para* (1964), p. 51 参照．

11) W. Bauer, *Demmai* (1931), pp. 20-3 参照．小家畜を飼うことについては，S. Krauss, REJ 53 (1907), pp. 14-55; J. Feliks, החקלאות בארץ ישראל בתקופת המשנה והתלמוד (1963), pp. 112-15 参照．

12) S. Krauss, *Talmudische Archäologie* I (1911), p. 105 参照．

13) D. Correns, *Schebiit* (1960), p. 103 参照．

14) 「書記」への言及は，それ自体ファリサイ派やサドカイ派が形成される前の時代を扱っていることを含意している．どちらのグループにもそれぞれの書記ないし法律の専門家がいた．

15) 「サドカイ派とファリサイ派の間の政治的反感は急ピッチで生じ，時には内戦にいたることもあり得た．政治的論戦に鋭い経済的・社会的相違が加わった．祭司と一般貴族を代表するサドカイ派には，中流で「庶民の」知識人の指導のもと大衆によって発

展させられてきた習慣や信仰に対抗するあらゆる理由があった」. S. W. Baron, *A Social and Religious History of the Jews* II (²1952), p. 35.

16) J. ニューズナーの著作の主要な業績の1つは，ファリサイ派に関するラビ伝承の発展的傾向を強調していることである．ニューズナーによれば，神殿崩壊前の70-80年の間，ファリサイ派は「（彼らが他の何であれ）第1に食卓の交友を柱とする結社であり，これがグループとしての彼らの生活の最重要事項であった」(*Pharisees* III, p. 318). 彼らが食物規定やその他の清浄規定の重要性を強調したのは，全てのユダヤ人を祭司と同じ地位に引き上げ，その食卓をエルサレム神殿の神の食卓と同様なものと見なそうという彼らの熱意に基づいていた．*The Idea of Purity in Ancient Judaism* (1973), pp. 65-6. ファリサイ派を「学者層」と同定しようという試みについては，E. Rivkin, HUCA 40-1 (1969-70), pp. 205-49 を見よ.

17) ヨセフス『戦記』ii 8, 14（162）;『自伝』38（191）. 使22：3；26：5；フィリ3：5参照.

18) ヨセフス『古代誌』xvii 2, 4（41）.

19) ヨセフス『古代誌』xviii 1, 3（12）.

20) パレスチナのユダヤ人の中にあって，影響力の強い重要な少数者集団としてのファリサイ派の地位については，モートン・スミスによって明確にまた強調された仕方で描かれている．Morton Smith, 'Palestinian Judaism in the First Century', *Israel: Its Role in Civilization,* ed. M. Davies (1956), pp. 67-81. 彼の結論は J. ニューズナーによって適切に要約されている.「ファリサイ派はパレスチナ・ユダヤ教のなかの小さな集団であった. 彼らはモーセの「口伝律法」の所有のゆえに全てのユダヤ人を支配しようとしていた. 彼らはモーセにまで遡る教師たちのリストを引き合いに出した. ……しかしファリサイ派は，それ自身の背景に照らしてみれば，ヘレニズム世界の哲学学派ないし分派に酷似していた」(J. Neusner, *From Politics to Piety* [1973], p. 11). ラビ伝承及びその伝承のパターンから自由になりきれない現代の学者は，捕囚後のユダヤ教とファリサイ主義とラビ・ユダヤ教を同義語として扱っている. こうした描写は後から作られた概念に基づいている. すなわち，ヤブネとウシャにおけるファリサイ学派思潮の勝利の後に定式化された過去についての進化論的見解に基づいているのである. 第二神殿時代には，ファリサイ派は顕著ではあったが，共同体と同一視できるほどのものではなかった. このことが言明されるならば，「今日知られているユダヤ教は，後70年のエルサレムと神殿の崩壊の2世紀前のファリサイ派とともに始まるのである」(Neusner, *From Politics to Piety* p. 11) という結論は適切である. ファリサイ派には6千人の家長しかいなかったにも関わらず，彼らが「規範的ユダヤ教」を代表していたという伝統的なユダヤ教の見解を再主張する最近の研究については，H. D. Mantel, 'The Sadducees and the Pharisees', *World History of the Jewish people* VIII, p. 117 を見よ.

21) ヨセフス『古代誌』xv 1, 1（3）「ファリサイ派のポリオとその弟子のサマイアス」. 『古代誌』xv 10, 3（370）参照. 使5：34「議会の1人でガマリエルという名のファリサイ人」. ヨセフス『自伝』38（191）「このシメオンはエルサレムの出で，とても傑出した名家の出身で，ファリサイ人の一派に属していた」.

22) ヨセフス『古代誌』xiii 10, 6（297）.

I　ファリサイ派（註）　　*109*

23)　ヨセフス『古代誌』xiii 16, 3（408）.

24)　アヴォト 3：11.

25)　アヴォト 5：8.

26)　サンヘ 11：3. 確かにファリサイ派とエッセネ派の間では聖書律法の伝統的な解釈が最終的な法規定であったが（Vermes, *PBJS,* p. 40 参照），サンヘ 11：3 が実際に伝承を聖書より上位においていたと想定するのは間違いである．ここの主旨は，明白で基本的な聖書の教えを否定することは，書記の教えを拒否するよりは深刻でないということである．というのは，仮にテフィリン〔聖句箱〕についての律法はないと言っても誰もがそれは間違いだと分かるが，教師たちによって認められているテフィリンの形は間違っているからより古い形に戻すべきだと主張すれば，目下拘束力を持っている伝承の権威を損なうことになってしまうからである．ホラヨ 1：3 参照.

27)　『古代誌』xviii 1, 3（12）.

28)　ヨセフス『戦記』ii 8, 14（163）. 以下で取り上げる箇所からすると，ヨセフスはファリサイ派に転生の教義を帰してはいない.

29)　ヨセフス『古代誌』xviii 1, 3（14）.

30)　ヨセフス『戦記』ii 8, 14（165）.

31)　ヨセフス『古代誌』xviii 1, 4（16）.

32)　サンヘ 10：1.「トーラーに規定された」という語は，カウフマン写本やデ・ロシ 138 写本，ベルリン 568 写本を含む最良の写本にもパレスチナ・タルムードのミシュナーにも欠けている．このことは，復活が聖書で論証できないことだけでなく，復活そのものの否定がここで想定されていることを含意しているかもしれない.

33)　ヨセフス『戦記』ii 8, 14（163）.

34)　ヨセフス『古代誌』xviii 1, 3（13）.

35)　ヨセフス『古代誌』xiii 5, 9（172）.

36)　ヨセフス『戦記』ii 8, 14（164）. ἐφορᾶν という単語は世界に対する神の監視を指すギリシア語のテクニカル・タームであり，inspicere〔眺める〕だけでなく，prospicere〔見通す〕や providere〔予見する〕といった意味も含意している．これに相当するヘブライ語は פצה で，引用したアキバの言葉のなかで用いられている.

37)　ヨセフス『古代誌』xiii 5, 9（173）.

38)　ヨセフス『自伝』2（12）；『古代誌』xv 10, 4（371）. G. Vermes, *Discovery in the Judean Desert* (1956), p. 60; *DSS,* p. 129 参照.

39)　シラ 15：1-20（自由意志）；33：10-15（神の思いのままに）. ベン・シラは自由意志を強調しているにも関わらず，なお罪からの守護を祈っている（シラ 22：27-23：6）.

40)　ソロ詩 9:4「我々の業は我々の選択と能力に（ἐν ἐκλογῇ καὶ ἐξουσίᾳ τῆς ψυχῆς ἡμῶν）かかっており，我々の手の業により義ないし不義を行う」. 対照的に 5：4 では，「人とその分け前は汝の前に秤にかけられている．人は汝によって定められたものを（παρὰ τὸ κρίμα σου）広げようと加えることはできない」と言われている.

41)　G. F. Moore, *Judaism* I, pp. 454-8; M. Kadushin, *The Rabbinic Mind* (²1965), pp. 53-5; E. E. Urbach, 'Studies in Rabbinic Views concerning Divine Providence', *Yehezkel Kaufmann*

Jubilee Volume (1960), pp. 122-48 (Hebrew Section); *idem, The Sages,* pp. 227-54 参照.

42）　アヴォト 3：15.

43）　ヨセフス『古代誌』xiv 9, 4（174）；xv 1, 1（3）.

44）　シメオンについては，ヨセフス『戦記』iv 3, 9（159）参照. この時期に公職に就いていた親ローマのユダヤ人の立場については，第Ⅱ〔Ⅲ〕巻 406-7 頁を見よ. ヨハナン・ベン・ザカイについては，J. Neusner, *A Life of Yohanan ben Zakkai* (²1970), pp. 157-71; E. M. Smallwood, *The Jews under Roman Rule* (1976), pp. 289-90, 304-5 参照.

45）　ヨセフス『古代誌』xv 10, 4（370）；xvii 2, 4（42）.

46）　ヨセフス『古代誌』xv 10, 4（370-371）によれば，ファリサイ派とエッセネ派は忠誠の誓いから免除された. ヨセフスは『戦記』ii 8, 6（135）で，エッセネ派は原則として誓うことを拒否していたと述べている. Vermes, *DSS,* pp. 100, 126, 129 参照.

47）　ヨセフス『古代誌』xviii 1, 1（4）. さらに下記 357 頁も見よ.

48）　上述した 2 つの態度は，異邦人政府が神の意志であると同時に非道であると見なされた場合には，並行して共存することもあった. 特に第 4 エズラ書を見よ.

49）　『古代誌』xvii 2, 4（42）.

50）　ヤダ 4：6-8；ハギガ 2：7；ソタ 3：4 参照.

51）　ザヴィ 5：1「彼が彼を汚すものから分離した後」（לאחר פרישתו ממטמאין）トホロ 4：12「分離した生活の清浄さ」（טהרת פרישות），ソタ 9：15「長老ラバン・ガマリエルが死んで以来，……清浄と禁欲（טהרה ופרישות）はなくなった」. アヴォト 3：13「ラビ・アキバは言った，『……誓願は פרישות の周りの垣根である』」. A. Büchler, *Der galiläische Am-ha-Areṣ des zweiten Jahrhunderts* (1906), p. 167; R. Meyer, *Tradition und Neuschöpfung im antiken Judentum* (1965), pp. 12-15; E. Rivkin, 'Defining the Pharisees: the Tannaitic Sources', HUCA 40-1 (1969-70), pp. 205-49; A. Michel-J. Le Moyne, 'Pharisiens', DB Supp. VII, cols. 1055-6 参照.

52）　倫理的にも両者は関わり合っている. 倫理的清浄という関心からパウロはコリント人に不道徳な人々との交際を避けるよう警告している（Ⅱ コリ 6：17. イザ 52：11 参照）.

53）　Wellhausen, *Pharisäer und Sadducäer,* pp. 76 ff.

54）　蔑称としての解釈は当然ながら教父文学に支配的である. 偽クレメンス文書『説教』xi 28, 4：οἵ εἰσιν ἀφωρισμένοι καὶ τὰ νόμιμα ὡς γραμματεῖς τῶν ἄλλων πλεῖον εἰδότες〔この者たちは分離して行き，律法学者たちと同じく他の人々よりも法規定を多く知っている〕. 偽テルトゥリアヌス『異端反駁』1：'Pharisaeos, qui additamenta quaedam legis adstruendo a Iudaeis divisi sunt, unde etiam hoc accipere ipsum quod habent nomen digni fuerunt'〔ファリサイ人はある種の法を追加しユダヤ人たちから分離しており，それゆえ彼らが持っているこの名前を受けるのにまさにふさわしかった〕. オリゲネス『マタイ福音書註解』23：2（ed. Lommatzsch IV, p. 194）：Qui autem maius aliquid profitentes dividunt se ipsos quasi meliores a multis, secundum hoc Pharisaei dicuntur, qui interpretantur divisi et segregati. Phares enim divisio appellatur'.〔しかし彼らは何か大きいことを主張し，優れた者たちが多数派から離れるように，自らを分離する. このため彼らはファリサイ人と呼ばれる. これは分離者また離反者と訳される. というのもファレスとは分離

I ファリサイ派（註）

のことだからである.）『マタイ福音書註解』23：23-24（ed. Lommatzsch IV, pp. 219-
20）：'Similiter Pharisaei sunt omnes, qui iustificant semetipsos, et dividunt se a caeteris
dicentes: noli mihi appropriare, quoniam mundus sum. Interpretantur autem Pharisaei,
secundum nomen Phares, divisi, qui se ipsos a caeteris diviserunt. Phares autem dicitur
hebraica lingua divisio'.〔同様にファリサイ人とは自分自身を義とし，「私に近づくな，
私は清いのだから」と言って他の人々から自らを分離する全ての者のことである．ファ
リサイ人は，ファレスという名前にもとづいて，自らを他から分離した「分離者」
と解釈できる．ファレスはヘブライ語で分離を意味するのである．〕『マタイ福音書註
解』23：29（ed. Lommatzsch IV, pp. 233 ff.）：'recte Pharisaei sunt appellati, id est praecisi,
qui spiritualia prophetarum a corporali historia praeciderunt'〔正しくも彼らはファリサイ人，
すなわち切り離された者と呼ばれている．彼らは預言者たちの霊的な部分を物体的な
歴史から切り離した〕．『ヨエル書註解』（ed. Lommatzsch I, p. 210）：οἱ δὲ Φαρισαῖοι ἅτε
κατὰ τὸ ὄνομα ὄντες διῃρημένοι τινὲς καὶ στασιώδεις〔ファリサイ人はその名の通り分
離した党派であって〕．『ヨエル書註解』（ed. Lommatzsch I, p. 113）：Φαρισαίων δὲ τῶν
ἀποδιῃρημένων καὶ τὴν θείαν ἑνότητα ἀπολωλεκότων· Φαρισαῖοι γὰρ ἑρμηνεύονται οἱ
διῃρημένοι〔ファリサイ人は分離し神の唯一性を台無しにした．なぜならファリサイ
人は分離者と訳されるからである〕．エピファニオス『パナリオン』16，1：ἐλέγοντο
δὲ Φαρισαῖοι διὰ τὸ ἀφορισμένους εἶναι αὐτοὺς ἀπὸ τῶν ἄλλων, διὰ τὴν
ἐθελοπερισσοθρησκείαν τὴν παρ' αὐτοῖς νενομισμένην· Φάρες γὰρ κατὰ τὴν Ἑβραΐδα
ἑρμηνεύεται ἀφορισμός〔しかし，彼らがファリサイ人と呼ばれたのは，彼らが習慣と
していた余分な宗教儀礼のゆえに他の者から離れて行ったからである．というのもファ
レスはヘブライ語では離反と訳されるからである〕．ヒエロニムス『ルキフェリア
ノス反駁』23（Migne, PL XXIII, col. 178）：'Pharisaei a Iudaeis divisi propter quasdam
observationes superfluas nomen quoque a dissidio susceperunt'〔ファリサイ人は余分な習慣
のためにユダヤ人から分離しており，その名も離反から採っている〕．（下記 124-5 頁
〔註 24〕の偽テルトゥリアヌス参照）．『マタイ福音書註解』22：23（CCL lxxvii, p.
204）：'Pharisaei traditionum et observationum, quas illi δευτερώσεις vocant, iustitiam
praeferebant, unde et divisi vocabuntur a populo; Sadducaei autem, quod interpretantur iusti,
et ipsi vendicabant sibi quod non erant'〔ファリサイ人は自ら「繰り返し」と呼ぶ伝承と
習慣に対する義を優先し，そのために大衆から分離者と呼ばれていた．他方，「義人た
ち」と訳されるサドカイ人は，自分にないものを自分のものとしていた〕．ナタン・ベ
ン・イェヒエルは『アルーフ』のなかで，「パルーシュとはあらゆる汚れ，汚れた食事，
汚れた食事に注意深くない地の民から分離するものである」と言っている．

55) Meyer, *op. cit.* p. 14 参照．外部の人間による閉鎖的な集団の呼称は正式名称とは異な
るものである．エッセネ派については，Vermes, *PBJS,* pp. 8-9 参照．「クリスチャン」
という称号ももとはアンティオキアで付けられたあだ名だった（使 11：26）．קדוש（聖
者）と פרוש（分離した者）の並行関係については，J. Jeremias, *Jerusalem,* p. 249, n. 13
参照．ファリサイ派は自分たちの間では חבר（朋輩），סופר（書記），または חכם（賢
者）という名前を好んだようだ．103-4 頁参照．

56) 主要な箇所はヤダ 4：6-8 である．ハギガ 2：7，ソタ 3：4 も参照．

57) ファリサイ派が פרש「分離する」と פרש「区別する」すなわち「解釈する」, פרוש「解釈」の間に語呂合わせを見ていたと提案されている. Moore, *Judaism* I, p. 62; Michel-Le Moyne, *art. cit.,* DB Supp. VII, col. 1955; A. Schalit, *König Herodes* (1969), pp. 737-8 参照.

58) 学者と対立する無教養な者は, הדיוט, ἰδιώτης として知られている（ロシュ 2：8）.

59) עם הארץ という用語は旧約, 特にエレミヤ書, エゼキエル書, 列王記下（歴代誌の並行箇所にも）にしばしば現れる. ときおり他の聖書文書にも見られる（エレ 1：18；34：19；37：2；44：21；52：6, 25；エゼ 7：27；12：19；22：29；33：2；39：13；46：3, 9；王下 11：14, 18, 19, 20；15：5；16：15；21：24；23：30, 35；24：14；25：3, 19；代下 23：12, 20, 21；26：21；32：25；37：1）. これらの箇所の殆どで, この言葉は王や権力者から区別された民一般を指している. 祭司も民から区別されるエリートに属している（エレ 1：18；34：19）. しかし, これは社会の下層だけを指しているわけではない. 下層民は דלת עם הארץ「地〔国〕の民の貧しい者」と呼ばれている（王下 24：14. 王下 25：12 とエレ 40：7；52：15, 16 も見よ）. エズラ記とネヘミヤ記で עמי הארצות「諸国の諸民族」とは異邦人のことで, 彼らの子孫はエズラとネヘミヤの時代にパレスチナに住みイスラエル人と結婚していたのである（エズ 9：1；ネヘ 9：30）. それゆえ「諸国の諸民族」（エズ 3：3；9：1-2, 11；ネヘ 9：30；10：29）とならんで עמי הארץ「地〔国〕の諸民族」という表現もある（エズ 10：2, 11；ネヘ 10：31, 32）. 彼らはユダヤ人の地に住む非ユダヤ人であった. 後のラビの用語法は, 部分的に古い正典文書とエズラ記・ネヘミヤ記に関連がある. 前者との関連は複数でなく単数の「民」（עם הארץ「地の民」）が用いられていることで, 後者との関連は, この用語が律法を遵守する者に対してそれに拠って生きない者を指しているということである. 彼らは, 〔イスラエルの〕地に住み, 厳格に律法を遵守する限定された共同体と対立する人々である. 集合的単数の עם〔民〕は個人にも適用される. つまり「1 人のアム・ハアレツ」は「地の民」の 1 人なのである. ドゥマイ 1：2, 3：2：2, 3；3：4；6：9, 12；シュヴィ 5：9；マア・シェニ 3：3；4：6；ハギガ 2：7；ギティ 5：9；エドゥ 1：14；アヴォト 2：5；3：10；ホラヨ 3：8；キニム 13：6；トホロ 4：5；7：1, 2, 4, 5；8：1, 2, 3, 5；マフシ 6：3；トゥヴ・ヨム 4：5 参照. A. Geiger, *Urschrift,* p. 151; A. Büchler, *Das galiläische Am ha-Areṣ* (1906); L. Finkelstein, *The Pharisees* (³1962) II, pp. 754-61; R. Meyer, *op. cit.,* pp. 31-3; A. Oppenheimer, ''Am ha-Arez '', Enc. Jud. 2, cols. 833-6; J. P. Weinberg, 'Der 'am hā'āreṣ des 6.-4 Jh. v. u.Z.', Klio 56 (1974), pp. 325-35 参照. 無教養な者を田舎の人, すなわち「田舎者」「農民」「未開人」とする呼称は, 言語学的に確認されている. このことは, 疑いなくファリサイ派が本質的に町の住人だったことを意味する. A. Oppenheimer, *The 'Am Ha-'Aretz. A Study in the Social History of the Jewish People* (1977) も参照.

60) 既に後 3-4 世紀のラビ文献では,「朋輩」（חבריא）という術語はしばしば有名なトーラー教師の周りに集まる若者を意味しており, תלמידים〔学徒〕の同義語となっている（W. Bacher, 'Zur Geschichte der Schulen Palästinas im 3. und 4. Jahrhundert', MGWJ [1899], pp. 345-60 参照）. 従って, その時代には חבר は「学者」と同じだった（JE VI, pp. 121-4 参照）. ミシュナーとバライタでは, חבר は学者ないし判事の同僚を意味し

I　ファリサイ派（註）

得たが（たとえば，エドゥ 5：7；サンへ 11：2），それがテクニカル・タームとして使われる場合，תלמיד חכם からは区別され，より大きな集団を意味する．たとえば BT シャバ 11a「חבר でなく異邦人とともに，תלמיד חכם でなく חבר とともに」，BT ブホロ 30b「חבירות の掟を受け入れる者は 3 人の חברים の前でそうしなければならない．たとえ彼が תלמיד חכם であったとしても 3 人の חברים の前でそうしなければならない」．Bacher, *op. cit.,* pp. 345, 357-9; J. Neusner, 'The Fellowship (Haburah) in the Second Jewish Commonwealth', HThR 53 (1960), pp. 125-42; R. Meyer, *op. cit.,* pp. 24-8; Neusner, *The Idea of Purity,* pp. 67-9 参照．ハブラーとクムラン共同体の並行関係の可能性については，S. Lieberman, 'The Discipline in the so-called Dead Sea Manual of Discipline', JBL 71 (1951), pp. 199-206 [= *Texts and Studies* (1974), pp. 200-7]; G. Vermes, *Discovery,* pp. 48-52; *DSS,* pp. 120-2, 132; C. Rabin, *Qumran Studies* (1957), pp. 11-21, 31-3 参照．

61)　פרוש と חבר の同定は，ハギガ 2：7 とドゥマイ 2：3 の比較から得られる（上記 93, 94 頁参照）．前者では，עם הארץ と פרוש が，後者では עם הארץ と חבר が対照されている．両方において עם הארץ は汚れた人と見なされ，その服によって פרוש と חבר が汚れるとされている．ローマのナタン・ベン・イェヒエルも『アルーフ』（פרוש の項とハギガ 2：7 の引用を見よ）のなかで פרושים を正しくも「彼らは通常の食事を清浄な状態で食べる חברים である」と説明している．J. Levy, *Chaldäisches Wörterbuch,* s.v. חברא 及び *Neuhebräisches Wörterbuch* の s.v. חבר；S. Krauss, *Synagogale Altertümer* (1922), pp. 19-23; R. Meyer, *op. cit.,* pp. 23-8; Enc. Jud. 7, cols. 1489-92 参照．異論については，E. Rivkin, HUCA 40-1 (1969/70), pp. 205-49 を見よ．

62)　ミシュナーの חבר は聖書の רע に相当する．一般にこれは「仲間」，同様なカテゴリーに属する人を意味する．ラビのハベルはラビ，祭司のハベルは祭司，イスラエル人のハベルはイスラエル人，といった具合である．特に何かつけ加えられない限り，ハベルは単にユダヤ人である．例えば，フリ 11：2，そこでハベルは נכרי「よそ者」の逆である．上記註 59 に挙げた箇所でも，ハベルは נוי〔異邦人〕と תלמיד חכם〔学徒〕の間に位置している．クムラン共同体が真のイスラエルであると主張したことについては，G. Vermes, *DSSE,* pp. 16-68; *PBJS,* pp. 38-40; *DSS,* pp. 88, 98, 214; J. Neusner, *The Idea of Purity in Ancient Judaism* (1973), pp. 32-71 参照．

63)　ハギガ 2：7.

64)　ドゥマイ 2：3.

65)　トホロ 7：4. 註 59 に挙げた箇所を参照．

66)　イエスの態度の特徴については，Vermes, *Jesus the Jew,* p. 224 参照．

67)　第 I〔I〕巻 213 頁〔及び註 46〕，239 頁，J. Maier, *Geschichte der jüdischen Religion* (1972), pp. 51-3 参照．少し異なる見解は，P. R. Davies, 'Ḥasidim in the Maccabean Period', JJS 28 (1977), pp. 127-40 参照．

68)　『古代誌』 xiii 5, 9 (171).

69)　ハシディームが，一般民衆の運動であるファリサイ派に発展していったのと同様に，ツァドクの子孫である祭司貴族に率いられたエッセネ派へと発展していったとする仮説については，下記 333 頁を見よ．

70)　『古代誌』 xiii 10, 5-6 (288-96).

71) 『古代誌』xiii 13, 5 (376).

72) 『古代誌』xiii 16, 2 (408).

73) 『古代誌』xiii 1, 3 (15). 『古代誌』xviii 1, 3 (15)「彼らは町の住人から大いに信頼され, ……諸都市 (の住民たち) は, 彼らが……このような高い徳にいたっていることを証した」. ファリサイ派の学びは, 当然, 都市に集中していた. ヨセフスが皮肉って用いている「村の書記」という称号に注目せよ (『戦記』i 24, 3 [479];『古代誌』xvi 7, 3 [203]).

74) ファリサイ派の影響力について, ヨセフスは『古代誌』では強調しているが, 『戦記』ではしていないということは注目に値する. 恐らくこれは, 後1世紀末の政治的・宗教的権力の変化に対応している. そのときまでに, ファリサイ派の指導力はパレスチナのユダヤ人の間に定着し, ローマによっても受け入れられていた. 特に M. Smith, 'Palestinian Judaism in the First Century', *Israel: Its Role in Civilization*, ed. M. Davies (1956), pp. 67-81 参照.

75) ヨセフス『古代誌』xiii 10, 6 (298).

76) ヨセフス『古代誌』xvii 2, 4 (41).

77) ヨセフス『古代誌』xviii 1, 3 (15).

78) ヨセフス『古代誌』xvii 10, 5 (288).

79) ヨセフス『古代誌』xvii 2, 4 (41).

80) ヨセフス『古代誌』xviii 1, 4 (17).

81) ファリサイ派をダマスコ/クムラン共同体と同定するのは, 学者の中では少数意見である. その主要な提唱者は, L. Ginzberg, *Eine unbekannte jüdische Sekte* (1922), 英訳 *An Unknown Jewish Sect* (1976) (ツァドク派断片〔ダマスコ文書〕との関連で); C. Rabin, *Qumran Studies* (1957) (死海文書との関連で) である. その批判的評価は, Vermes, *DSS,* pp. 119-22 参照. クムラン共同体をエッセネ派と同定する多くの研究者の間では, クムラン集団の教義上の対立者を表す「滑らかなものを求める者たち」(CD 1:18; 1QH 2:15, 32; 4:10-11; 4QpNah. 1:2, 7; 2:2, 4; 3:3, 6),「壁を建てる者たち」(CD 4:19; 8:13, 18) といったなぞめいた呼称が, ファリサイ派への暗示であるとしばしば考えられている. A. Dupont-Sommer, *The Essene Writings from Qumran* (1961), p. 269, n. 2; 'Observations sur le Commentaire de Nahum découvert près de la Mer Morte', Journal des Savants (1963), pp. 210-14; R. Meyer, *Tradition und Neuschöpfung im antiken Judentum* (1965), pp. 58-66; Vermes, *DSSE,* pp. 59, 65, etc.; *DSS,* pp. 144-5, 152 参照.

II　サドカイ派

　サドカイ派の特質はファリサイ派のそれほど突出しているわけではない.
わずかな資料も簡単には統合できない. この理由は, サドカイ派がファリサ
イ派のような一貫した現象ではなく, 様々な角度から考察すべき複雑なもの
だったからである.

　サドカイ派の最も目立った特徴は, 彼らが貴族だったことである. ヨセフ
スは繰り返し彼らを貴族として描いている.「サドカイ派が味方につけたのは
裕福な者たちだけで, 大衆は彼らに従わなかった」[1].「この教えはわずかな
者に〔のみ〕受け入れられたが, それは最も高位の者たちである」[2]. ヨセ
フスがこの「教え」はわずかな者にのみ受け入れられたと語っているのは,
ファリサイ派とサドカイ派を哲学的思潮として描く彼の手法の表れである.
しかし, いったんこの装いを取り除いてしまえば, 実際の情報はサドカイ派
は裕福で (εὔποροι) 高位の (πρῶτοι τοῖς ἀξιώμασιν) 貴族であったというこ
とである. つまり, 彼らの殆どは祭司に属していたか関係していた. という
のは, ギリシア時代の初めあるいは既にペルシャ時代から, ユダヤ国家を支
配していたのは祭司及び祭司と結託した一般貴族だったからである[3]. 新約
聖書とヨセフスは, 大祭司の家系がサドカイ派に属していたことを十二分に
証言している[4]. しかしこのことは, サドカイ派が排他的に祭司集団だった
ことを意味するわけではない. サドカイ派とファリサイ派の差異は, 祭司集
団と宗教遵奉者集団のそれではなく, 聖職者と一般人からなる貴族層と, 学
びによって権威を獲得した本質的に一般人からなる集団のそれである. ファ
リサイ派は決して祭司そのものに敵対的だったわけではない. むしろ彼らは
祭司の収入についての法規定を祭司に都合のいいように解釈し, 初穂, 献げ
物, 十分の一税, 初子など最大限を祭司に認めていた[5]. また, 神権政治に
おける祭司の聖性と地位の高さを承認していた[6]. 祭司の側も必ずしもファ
リサイ派に対し敵対的であったわけではない. 神殿崩壊前の数十年とその後
の数十年間, ファリサイ派に属する多くの祭司がいた[7]. 従ってファリサイ
派と対立していたのは祭司そのものではなく, 祭司長と貴族の一般人, その
富と職業上の地位のゆえに市民生活に影響力のある者たちだけであった.

　これらの事実からすれば, サドカイ派がその צדוקים 〔ツドゥキーム〕[8],
Σαδδουκαῖοι 〔サドゥカイオイ〕[9] という名を祭司ツァドクから取ったと推測

するのは妥当なことと言える．ツァドクの子孫はソロモンの時代からエルサレムで祭司職に就いていた．いずれにせよ，しばしば考えられているようにその名が形容詞の צדיק 〔ツァディーク＝義しい〕から派生したということはまずないだろう [10]．今日殆どの学者は，それを固有名詞の צדוק 〔ツァドーク＝ツァドク〕と関係づけている [11]．それは，前者の場合，「イ」から「ウ」への音の変化が説明できないのに対し [12]，固有名詞のツァドクをツァドゥク（Σαδδούκ 〔サドゥク〕，צדוק 〔ツァドゥク〕）と発音するのは，七十人訳 [13]，ヨセフス [14]，母音符号のついたミシュナーの写本 [15] などの幅広い事例から証明されている．従って，בויתסים 〔ボエトス派〕がボエトスと，אפיקורוסים 〔エピクロス派〕がエピクロスと関係しているように，צדוקים 〔ツドゥキーム〕と名付けられた一派は צדוק 〔ツァドーク＝ツァドク〕と関係している．サドカイ派がその名を取ったツァドクが誰であるかはあまり確かでない．アヴォット・デラビ・ナタンにある伝説は，アンティゴノスの弟子であるツァドクに遡らせているが [16]，この記述は歴史的には信用できない．その理由は，(1) アヴォット・デラビ・ナタンの起源は遅い，(2) そこにあるボエトス派についての情報は間違っている（註 16 を見よ），(3) その伝説は，伝承ではなく学者の演繹に基づいている．つまり，魂の不滅を否定するサドカイ派は，ソコの人アンティゴノスの未来の報酬を当てにせずに善をなせという言葉を誤解して異端へといたったとされている [17]．従って，残されている選択肢は，サドカイという名はこの貴族一派をある時期に創設した無名のツァドクに由来するか，祭司の家系であるツァドク家に由来するかのどちらかである．前者も可能ではあるが，後者の方がありそうである [18]．ツァドクの子孫は，ソロモンの時代からエルサレム神殿で祭司の職務を遂行していた．エルサレム以外での供儀を禁じた申命記改革以来，エルサレムで執行される祭儀のみが法に適うものとされた．それゆえエゼキエルは，その神権政治の理想のなかでツァドクの子孫（בני צדוק）だけにエルサレム神殿で祭司として仕える特権を認めている（エゼ 40：46；43：19；44：15；48：11）．捕囚後に神殿祭儀が再開されたときには，他の祭司の氏族もその権利を保持したので，エゼキエルの要求は完全には履行されなかった [19]．それでもツァドク一族は，捕囚後時代の祭司職の核であり本流であった．このことは，歴代誌家がその系図のなかでツァドク家をアロンの長男であるエルアザルに遡らせ，それによってツァドク家に祭司職に最も近いものとして第 1 の権利を認めているという事実からはっきりと見てとれる（代上 5：30-41）．歴代誌家のこの手法は，同時に前 4 世紀という彼の時代にこの氏族の先祖の名前がまだ鮮明に記憶さ

れていたことを示している．イエス・ベン・シラも神が「ツァドクの子らを祭司に選んだ」(הודו לבוחר בבני צדוק לכהן) ことを賞賛している（シラ 51：12，この賛歌の第 9 行はギリシア語訳とシリア語訳には欠けている）[20]．従って，祭司長と関わりのある一派は，ツァドク人もしくはサドカイ派と呼ぶことができたのである．これらの祭司たちは בני צדוק 〔ツァドクの子孫〕のほんの一部に過ぎなかったが，彼らはその権威ある代表だったからである．彼らの自己定位はツァドク人であった[21]．

　貴族という地位に加えてサドカイ派の特徴は，成文律法のみを拘束力あるものと認め，伝統的な解釈全体と数世紀に渡ってトーラー学者によって形成されてきた解釈の発展を拒否したことである．「サドカイ派は，書かれた法規定はふさわしいものであるが，父祖の伝承に由来するものは遵守する必要はないと言っていた」[22]．ファリサイ派の認める絶対的権威の原則とは全く逆に，彼らは教師を反駁することを感心なことだと実際に考えていた[23]．ファリサイ派のトーラー学者が成文律法を補足し分類して発展させてきた法規定の蓄積である「父祖たちの伝承」（παραδόσις τῶν πρεσβυτέρων）の拒絶が問題となった．サドカイ派はモーセ五書のみを認め預言書を拒否したという教会教父の多数意見は[24]ヨセフスに支持がなく，殆どの現代の学者によって間違いとされている[25]．ただし，預言書を実際に拒否したとは考えられないが，サドカイ派がモーセ五書のみを厳密な意味での正典的なものと考えていたということはまったく可能である[26]．

　サドカイ派がファリサイ派の伝承全体に反対するという原理上の対立からすれば，この 2 派の間の個々の法規定の違いは 2 次的な関心事に過ぎない．いくつかの違いがラビ文献に言及されているが[27]，そこに記されていることを全面的に歴史的であると受け入れることはできない．特に『メギラット・タアニート』への中世の註解に含まれている記述は歴史的とは言えない．信頼に値するものに限ってみても，それらはあちこちに散らばっていて互いに関連をもたないので，サドカイ派が祭司の利益を保護していたといったような統一的な原理を識別することはできない．ヨセフスによれば，刑罰に関してはサドカイ派がより厳しく，ファリサイ派は緩やかだった[28]．これは恐らく，サドカイ派が律法の文字に厳格に固執していたのに対し，ファリサイ派は解釈と応用によってできるだけ刑罰の厳しさを和らげようとしたことによるだろう．ミシュナーに言及されている事例の 1 つによると，サドカイ派はトーラーの要求を越えることさえあった．それによれば，彼らは（出 21：32, 35-36 に書かれている）所有している牛やロバの引き起こした損害だけでな

く，奴隷や女奴隷による損害に対してもその所有者に賠償することを要求した[29]．他方，サドカイ派は偽証人の処刑を，その偽証によって当該被告人が既に処刑されてしまった場合に限定していたのに対し（申 19：19-21），ファリサイ派は〔被告人に対する〕死刑判決が下されただけで偽証人の処刑を求めた[30]．このケースではファリサイ派の方がより厳しかったわけである．同様に祭儀の問題についても，たとえば浄・不浄についてのファリサイ派の規定をサドカイ派が拘束力のあるものと認めなかったという程度には，原理上の違いについて語ることができる．サドカイ派は敵対するファリサイ派をその清浄規定から生ずる偏屈さと不整合のゆえに嘲っていた[31]．ファリサイ派の方もサドカイ派の娘を「その父祖の道を歩むなら」全て汚れていると宣言した[32]．しかし，サドカイ派はレビ記の清浄規定そのものを放棄したわけではない．彼らは赤毛の雌牛を焼く祭司にはファリサイ派より高い聖性を要求したからである[33]．同時にこれは，祭司の祭儀的清浄という祭司に限定的な関心が明らかとなっている唯一の点である．聖日の規定に関しては，(サドカイ派の分派であった)「ボエトス派」が，過越祭の時の初穂の束は祭りの 2 日目ではなく，祭りの間の安息日の翌日にささげられるべきこと[34]，その 7 週間後に始まる七週祭（レビ 23：11）は，それに合わせていつも安息日の翌日に祝われるべきであるという見解をもっていたと言われている[35]．しかしこの違いは純粋に技術的なものであって，伝承を受け入れないサドカイ派の釈義的見解を表しているに過ぎない．それは原理上の問題ではない．聖日の規定，特に安息日遵守の解釈をめぐって，サドカイ派はファリサイ派の規定を拘束力あるものと認めなかった[36]．このように，二派の間の原理上の違いは，サドカイ派がファリサイ派によって強制力があるとされた伝承を全体として否定したということに限定される．他の違いはいずれも，ある学派が他の学派の釈義伝承を義務として受け入れるのを拒否したときに必然的に生ずるような類のものである．さらに，サドカイ派がファリサイ派の伝承の全てを拒絶したと結論づけるべきではない．アレクサンドラの時代以降サドカイ派はもはや排他的な指導者ではなくなっていたという事実は別としても，彼らはファリサイ派の伝承のいくつか，恐らくは多くに，理論上は同意していた．彼らが否定したのはその全体的な権威だけであり，自身の意見を述べる権利を確保していたのである．

　ファリサイ派の法的伝承を否定することによって，サドカイ派はより古い見解を代表していた．すなわち，彼らは成文律法を固持していたのである．彼らにとってその後の発展には拘束力がなかった．彼らの宗教的見解も同様

Ⅱ サドカイ派

に保守的だった．その本質的な特徴は既に述べた（上記 98–100 頁参照）．(1) 彼らは肉体の復活，来るべき生命における報酬，何であれ個々の人間の永続を否定した．(2) 天使や霊の存在も否定した．(3) 最後に彼らは，「善悪の選択は人間に委ねられており，この2つのどちらを行うかは各人の意志による」こと，従って神は人間の行為にいかなる影響も及ぼさないこと，そして人は自分自身が幸不幸の原因であると主張した[37]．

最初の2つの点に関しては，サドカイ派は疑いなく後のユダヤ教の教義から区別される旧約聖書本来の教義を表明している．というのは，ダニエル書を除く旧約聖書は，黄泉におけるかすかな生存の他は，肉体の復活や未来の生命における応報，すなわち死後の個人の救済ないしこの世の罪に対する未来の罰を殆ど知らないからである．同様に，後に発展を見せる姿ある天使や悪霊への信仰も旧約聖書には異質のものである．このようにこれらの点に関しては，サドカイ派は古の見解に忠実であった．

サドカイ派は人間の自由を強調したと言われているが，もしヨセフスのその記述が信頼できるならば，そこに彼らの宗教的動機の小ささを見出すことも可能である．彼らは人間は自分自身に頼るべきと考え，神が人間の出来事の一端を担うという考えを拒絶したのである．

これら最後のポイントは，部分的に貴族たちがどのようにして「サドカイ的」として知られる生き方を採用するにいたったかを示してくれる．この学派の起源を理解するためには，既にペルシャ時代に，しかし特にギリシア時代に，祭司の上流階級は政治問題に責を負っていたという事実から始める必要がある．大祭司は国家の長であった．有力な祭司たちは疑いなく「ゲルーシア」（後のサンヘドリン）を指揮していた．従って祭司貴族の義務は，宗教的である以上に政治的であった．その結果，政治的な事柄と利害が彼らの振舞い全体に根本的に影響した．しかし，これらのことが全面に出れば出るほど，宗教的な事柄はますます後景に退いた．このことは特にヘレニズム時代に当てはまる．政治問題がギリシア文化の問題と関係していたからである．当時の世界で政治的に成功したいと望むならば，多かれ少なかれヘレニズムと親しい関係にならなければならなかった．そのため，エルサレムの有力な祭司たちの間にさえヘレニズムの基盤は広まっていった．それに呼応して彼らはユダヤ人の宗教問題から遠ざかっていった[38]．従って，アンティオコス・エピファネスを真っ先に受け入れたのが，まさにこれらの人たちだったことは尤もなことと言える．最高位の祭司のなかには，ユダヤ教祭儀をギリシア

の祭儀に置き換えるのに何のためらいも感じない者もいた．この全面的なヘレニズム化は，確かにそう長くは続かなかった．マカバイの反乱が直ちにそれに終止符を打ったからである．しかし，それにも関わらず祭司貴族のこの傾向は本質的に変わらないままだった．もはや異教祭儀について語られることはなくなったし，あからさまなギリシア主義者は追放されるか沈黙を強いられるかしたが，貴族祭司のなかには以前と変わらぬ名利の追求と，宗教的な事柄に対する相対的な放縦さが残っていた[39]．しかしマカバイの反乱は，伝統的な宗教生活の復興と強化をもたらした．トーラーを厳格に遵守するハシディームの傾向は，ますます影響力を強めていった．それとともに彼らの権利要求も展開していった．トーラー学者の解釈に従って律法を遵守する者だけが真のイスラエルであった．しかし，こうした要求が強くなればなるほど，貴族はますます徹底的に彼らを拒絶した．従って，マカバイ時代の宗教復興そのものが，それぞれの分派を強化することになった．ハシディームの大部を占めていた一般人出身者たちは，最後までその原理に従い，「ファリサイ派」になった．支配者である祭司貴族と一般人出身の指導者たちは，それまでの数世紀の間に達成されたトーラーの解釈と宗教観の発展の両方に関して拘束されることを拒んだ．彼らにとって「父祖たちの伝承」（παραδόσις τῶν πρεσβυτέρων）は，彼らの受け継いだ司法と教義についての権威を不必要に制限するものであった．彼らの保守的で独裁的な傾向とその世俗的な文化にとって，ファリサイ派の進歩的な宗教概念は余分で不要なものであった．この派の指導者の多くが古代の祭司の家系であるツァドク家に属していたので，彼らと彼らに従う者はサドカイ派として知られた[40]．

　ハシディームの第2のグループで，別の「ツァドクの子ら」に率いられ，ハスモン王朝と対立していたグループは，エッセネ派ないしクムラン共同体を創設したと考えられている．このグループは，祭司の優越性という「サドカイ的」概念と，聖書釈義によって教義と法規定を更新し再適用することについてのファリサイ的強調の両方を併せ持っていたようである[41]．

　マカバイ家の初期の指導者（ユダ，ヨナタン，シモン）の時代には，同盟していた「ツァドク家」の貴族たちは必然的に背後に退いていた．古代の大祭司の家系——その中には親ギリシアの者もいた——は，その職を解かれた．大祭司職はしばらくの間空席だった．その後，前153／152年にヨナタン・マカバイオスが大祭司に任命され，それによって新しい大祭司王朝であるハスモン王朝が基礎づけられた．彼らはその過去のゆえに初めはハシディームないしファリサイ派を支持していた．それでも，ヨナタンとシモンの時代に

サドカイ派が全く見えなくなってしまったわけではない．古い貴族の間から
極端なギリシア好きは一掃されたにしても，彼らが1人残らずいなくなって
しまったわけではない．従って，新興のハスモン家には彼らとのある種の協
調が必要であったし，少なくともいくつかは彼らにもゲルーシアの席を認め
なければならなかった．こうした状況はヨハネ・ヒルカノスの時代まで続い
た．しかし，それ以降サドカイ派は再び現実の支配者集団になった．ヨハネ・
ヒルカノス，アリストブロスⅠ世，アレクサンドロス・ヤンナイオスは皆，
彼らに依存した（上記105-6頁参照）．アレクサンドラの時代にはファリサ
イ派へと権力が戻るが，その政治的な支配は長く続かなかった．ファリサイ
派の精神的権威が増大していったにもかかわらず，政治領域においてはサド
カイ派の貴族はその権力を保持した．それはハスモン家が没落し，ヘロデが
かつての親ハスモン家の貴族を追放しても変わらなかった．ヘロデ・ローマ
時代には，いくつかの大祭司家族がサドカイ派に属していた．このことは，
少なくともローマ時代についてははっきりと証言されている[42]．ローマ時代
後半にサドカイ派が優位を確保するために支払わねばならなかったコストは，
確かに非常に高かった．その職務遂行に際して，彼らは人気のあるファリサ
イ派の見解に従わねばならなかったのである[43]．

　ユダヤ人国家の崩壊とともにサドカイ派は歴史から姿を消した．政治の指
導者であることが彼らの主要な役割だったので，国家の独立が失われれば彼
らの役目も終わりとなったのである．ファリサイ派は政治の崩壊に影響され
なかったどころか，新しい時代状況にあってユダヤ民族の独占的指導者とし
ての地位を固めることができた．サドカイ派が存在し得た基盤は彼らのもと
から消えてしまった．それゆえサドカイ派の真の姿を特定できないのはやむ
を得ないことである．ミシュナーに彼らについての若干の真正な伝承が保持
されてはいるが，それ以降のラビ文献における彼らのイメージは，だんだん
とぼやけたゆがめられたものになっているのである．

註

1) 『古代誌』xiii 10, 6（298）．

2) 『古代誌』xviii 1, 4(17)．J. Jeremias, *Jerusalem,* pp. 229-30; J. Le Moyne, *Les Sadducéens,* pp. 349-50 参照．

3) ヨセフス『自伝』1（1）．

4) 使5：17，ヨセフス『古代誌』xx 9, 1（199）．Le Moyne, *op. cit.,* pp. 229-31 参照．

5) ミシュナーのドゥマイ，トゥルモット，マアスロット，ハラー，ビクリーム，ブホロットの各項を参照．

6) ハギガ 2：7「献納物を食べる者（すなわち祭司）にとってファリサイ派の服はミドラス（汚れ）である」．ホラヨ 3：8「祭司はレビ人に優先し，レビ人はイスラエルに優先する」．シナゴーグでの聖書朗読も祭司に優先権が与えられた（ギティ 5：8）．

7) 既にヨセ・ベン・ヨエゼルが祭司のなかの חסיד〔ハシード〕だったと言われている（ハギガ 2：7）．神殿に仕えた祭司のヨエゼルという者がシャマイ派に属していた（オルラ 2：12）．ヨセフスに，'Ιώαζαρος (Γοζαρος) ἱερατικοῦ γένους, Φαρισαῖος καὶ αὐτός〔ヨザロス（ゴザロス）もファリサイ人で祭司出身である〕という記述がある（『自伝』39〔197〕）．『自伝』63（324）参照．ヨセフス自身，祭司でありファリサイ人であった（『自伝』1〔2〕）．ラビ・ユダ・ハコーヘン（エドゥ 8：2）とラビ・ヨセ・ハコーヘン（エドゥ 8：2；アヴォト 2：8）への言及もある〔コーヘンはヘブライ語で祭司の意〕．祭司のトーラー学者で最も名高いのは，ハナニヤ（上記 67 頁参照）とラビ・エルアザル・ベン・アザリヤ（上記 68 頁参照）である．ラビ・イシュマエルとラビ・タルフォンも祭司だったと言われている（上記 68-70 頁参照）．

8) この呼称については，ヤダ 4：6-7；エルヴィ 6：2；マコト 1：6；パラ 3：7；ニダ 4：2 を見よ．単数形はエルヴィ 6：2 にある．

9) ヨセフスと新約聖書参照．

10) 多くの教父はこの意見である．例えば，エピファニオス『パナリオン』14, 2：ἐπονομάζουσι δὲ οὗτοι ἑαυτοὺς Σαδδουκαίους, δῆθεν ἀπὸ δικαιοσύνης τῆς ἐπικλήσεως ὁρμωμένης. Σεδὲκ γὰρ ἑρμηνεύεται δικαιοσύνη.〔他方，この者たちは自分たちをサドカイ人と呼んでいる．実際その名は義に由来する．というのもセデクは義と訳されるからである．〕ヒエロニムス『マタイ福音書註解』22：23（CCL lxxvii, p. 205）：'Sadducaei autem, quod interpretantur iusti'〔他方，義人たちと訳されるサドカイ人は〕．צדיק に由来すると提唱したのは Derenbourg, *Essai*, p. 78 である．

11) Le Moyne, pp. 157-63「問題の所在」の章の詳細な議論を見よ．また学説史については，L. Finkelstein, *The Pharisees* II, p. 663, n. 20 を見よ．マンソンは，パルミュラの 2 カ国語併用碑文で סרכיא に対応して現れるギリシア語の σύνδικοι〔代弁者，弁護士〕がサドカイ派の名前の起源であると示唆している（T. W. Manson, 'Sadducees and Pharisees: the Origin and Significance of the Names', BJRL 22 [1938], pp. 1-18). これは Le Moyne によれば「空想的解決」に分類されている（*op. cit.*, p. 159）．その理由は，新約やヨセフスで用いられている形の子音と母音を十分考慮に入れていないからである．

12) しかし，R. North, 'The Qumran "Sadducees"', CBQ 17 (1955), pp. 165-6 参照．彼はアッカド語の ṣaduk（「義しい」「正しい」）に基づいて，「サドカイ」を「正義を司る」人と解釈している．Le Moyne, *op. cit.*, p. 162 も見よ．この説明でもまだ 2 重のダレットを考慮に入れていない．さらに下記註 13 を見よ．

13) ツァドクという名は旧約聖書には 53 回現れる．そのうちエゼキエル書，エズラ記，ネヘミヤ記の 10 回は，七十人訳で Σαδδούκ となっている（エゼ 40：46；43：19；44：15；48：11；エズ 7：2；ネヘ 2：4, 29；10：21；11：11；13：13）．ルキアノス版では，他の箇所も殆ど Σαδδούκ となっている．『イザヤの昇天』のギリシア語テクストも

参照せよ（Amherst Papyri, ed. Grenfell and Hunt [1908], p. 4）. ただし，校訂者は写本の Σαδδούκ を誤って Σαδώκ に訂正している. 同様の統計は Hatch-Redpath からも得られる. Le Moyne, p. 158, n. 2 を見よ. それによると（צדוק に対応するものとして予想される）Σαδώκ(χ) という綴りはむしろ例外的である. たとえば代上 29：22 Σαδωχ（ルキアノス版では Σαδδουκ）. マンソン（*op. cit.,* p. 145, n. 4）は，この名前のギリシア語の形は，Σαδδουκαῖοι という形に影響されていると言う. Le Moyne, p. 158, n. 9 も参照.

14) ファリサイ人の Σάδδουκος（Niese：Σαδδωκος）が『古代誌』xviii 1, 1（4）に言及されている. また『戦記』ii 17, 10（451）；21, 7（628）の Ἀνανίας Σαδδουκί も参照せよ. そこで Σαδδουκί は「サドカイ人」ではありえない. というのは，その人物は『自伝』39（197）によるとファリサイ人だからである. G. R. Driver, *The Judaean Scrolls* (1965), pp. 229 ff. 参照.

15) デ・ロシ 138 写本では，ラビ・ツァドクにはいくつかの箇所でしか母音符号が付けられていないが，それによると普通は Ẓaddūḳ ないし Ẓāddūḳ と読んでいる. ペア 2：4；トゥルモ 10：9；シャバ 24：5；ペサ 3：6；7：2；10：3 も見よ. しかし，Le Moyne, *op. cit.,* pp. 157-8 を見よ. アルベックとヤロンによるミシュナーの校訂版は，常に Ẓādōḳ と母音符号を付けている.

16) アヴォット・デラビ・ナタン（ed. Schechter, p. 26）「ソコの人アンティゴノスは義人シメオンから承けた. 彼はよく言っていた，『報償を受けるために主人に仕える僕のようになるな. むしろ報償を受けるためでなく主人に仕える僕のようになれ. そして天への畏れがあなたたちの上にあるように. そうすればあなたの報償は来るべき世で 2 倍になるであろう』. ソコの人アンティゴノスには 2 人の弟子がいて，彼の言葉をよく学んでいた. 彼らは彼の言葉を自分の弟子たちに教え，その弟子たちはまた自分の弟子たちに教えた. この弟子たちはその言葉を精査し言った，『我らの父祖たちはこのように語ることについてどのように考えていたのだろうか？労働者が 1 日中働いて夕方に報酬をもらわないなどということがあろうか？もし父祖たちが別の世界と死者の復活の存在を知っていたならば，このようには語らなかっただろう』. そこで彼らは立って，トーラーから離れ，2 つの分派，サドカイ派とボエトス派に分かれた. サドカイ派はツァドクの名を取り，ボエトス派はボエトスの名を取った」. 註のついた翻訳は，A. J. Saldarini, *The Fathers according to Rabbi Nathan* (1975), pp. 85-6. A. Geiger, *Urschrift,* p. 105; J. Wellhausen, *Pharisäer und Sadducäer,* p. 46; C. Taylor, *Sayings of the Jewish Fathers* (1877), p. 126 参照. ボエトス派（בויתוסים）はミシュナーでも 1 度言及される（メナホ 10：3）. この名前はヘロデ時代の大祭司家族ボエトスに由来する（第 II 〔III〕巻 310 頁参照）. それゆえ彼らもサドカイ派と関わりがある. しかし，Le Moyne, *op. cit.,* pp. 113-15, 160-2 参照.

17) Wellhausen, *op. cit.,* p. 46 参照. ソコの人アンティゴノスの言葉は，アヴォト 1：3 を見よ. 上記 58 頁参照.

18) Le Moyne, *op. cit.,* p. 163 参照.

19) このことは，歴代誌においてエルアザルの家系（つまりツァドク系）に加えて，イタマルの家系にも祭司の職務を行う権威が認められているという事実からも推測できる. 第 II 〔III〕巻 337 頁註 56 参照.

20) S. Schechter, *The Wisdom of Ben Sira* (1899), pp. (22) 及び li; H. L. Strack, *Die Sprüche Jesus' des Sohnes Sirachs* (1903), p. 55; *The Book of Ben Sira,* edited by the Academy of the Hebrew Language (1973), p. 65.

21) 特に Wellhausen, *Pharisäer und Sadducäer,* pp. 47-50; Leszynsky, *op. cit.,* pp. 96 ff.; Le Moyne, *op. cit.,* pp. 350 ff. 参照. それは、「ツァドクの子ら、祭司……と大勢の共同体の人々」から成る(1QS 5:2-3; 1QSa 1:2). G. Vermes, *Discovery in the Judean Desert* (1956), pp. 74-76; *DSSE,* pp. 16-33; *DSS,* pp. 87-115 参照.

22) ヨセフス『古代誌』xiii 10, 6 (297). 同書 xviii 1, 4 (16) 参照. フェルトマン (L. H. Feldman) はロエブ版の後者の箇所でコメントして、サドカイ派はそれにも関わらず自分たち自身の伝承をもっていたと指摘している. しかし、これらは祭司の権威によって発令された規定(グゼロット. マコト 1:6 参照)であって、神がモーセに啓示し、伝承の途切れのない鎖を通して伝えられてきた口伝律法とされているわけではない.

23) ヨセフス『古代誌』xviii 1, 4 (16). ドーブは、サドカイ派はこの議論の方法をヘレニズム世界の哲学学派から学んだと示唆しているが (Daube, 'Rabbinic Methods of Interpretation and Hellenistic Rhetoric', HUCA 22 [1949], p. 243), フェルトマンはサドカイ派がヘレニズムの学派と接触した証拠はないことに注意を促している (*loc. cit.* 上記註 22).

24) オリゲネス『ケルソス反駁』i 49 (ed. Lommatzch XVIII, p. 93)：οἱ μόνου δὲ Μωσέως παραδεχόμενοι τὰς βίβλους Σαμαρεῖς ἢ Σαδδουκαῖοι〔モーセの書のみを受け容れているサマリア人ないしサドカイ人〕. 同『マタイ福音書註解』22：29 (Lommatzch IV, p. 166)：τοῖς Σαδδουκαίοις μὴ προσιεμένοις ἄλλην γραφὴν ἢ τὴν νομικήν . . . τοὺς Σαδδουκαίους ὅτι μὴ προσιέμενοι τὰς ἑξῆς τῷ νόμῳ γραφὰς πλανῶνται〔サドカイ人は律法以外の書を認めない……サドカイ人は律法に続く書を認めず道を踏み外している〕. Ibid., vol. xvii, ch. 36 (マタ 22：31-32 について) (Lommatzch IV, p. 169)：καὶ εἰς τοῦτο δὲ φήσομεν ὅτι μύρια δυνάμενος περὶ τοῦ ὑπάρχειν τὴν μέλλουσαν ζωὴν τοῖς ἀνθρώποις παραθέσθαι ἀπὸ προφητῶν ὁ Σωτήρ· τοῦτο οὐ πεποίηκεν διὰ τὸ τοὺς Σαδδουκαίους μόνην προσίεσθαι τὴν Μωσέυς γραφὴν ἀφ' ἧς ἐβουλήθη αὐτοὺς συλλογισμῷ δυσωπῆσαι〔これについて我々は次のように言うだろう. すなわち救い主は来るべき命が存在することについて人々に多くのことを預言書から証拠として挙げることができたのだが、そうしなかったのはサドカイ人がモーセの書のみを受け容れていたからであり、その書を通して彼らを結果として恥じ入らせることを望まれたのである〕. ヒエロニムス『マタイ福音書註解』22：31-2：'Hi quinque tantum libros Moysis recipiebant, prophetarum vaticinia respuentes. Stultum ergo erat inde proferre testimonia, cuius auctoritatem non sequebantur.'〔この者たちはモーセ五書のみを受け容れており、預言者の預言は否定していた. そのため権威の認められていない証拠を提出することは愚かなことであったのだ.〕ヒッポリュトス『異端反駁』ix 24：προφήταις δὲ οὐ προσέχουσιν ἀλλ' οὐδὲ ἑτέροις τισὶ σοφοῖς. Πλὴν μόνῳ τῷ διὰ Μωσέως νόμῳ, μηδὲν ἑρμηνεύοντες.〔彼らは預言者にも他のどんな知者にも従わない. ただモーセによる律法のみに(従い)、それを訳すことすらしない.〕偽テルトゥリアヌス『異端者への抗弁について』(Migne, PL II, col. 61)：'taceo enim

Ⅱ　サドカイ派（註）　　　*125*

Iudaismi haereticos, Dositheum inquam Samaritanum, qui primus ausus est prophetas quasi non in spiritu sancto locutus repudiare, taceo Sadducaeos, qui ex huius erroris radice surgentes ausi sunt ad hanc haeresim etiam resurrectionem carnis negare'〔ユダヤ教の分派については私は触れないでおく．預言者たちが聖霊によって語ったのではないかのように言って彼らを無謀にも否認した最初の人物であるサマリア人のドシテウスについても，また同じ過ちの根から出発し，この異端説に加えて肉の復活を否定することまであえて行ったサドカイ人についても〕．偽テルトゥリアヌスのこの論文は，真正の『異端者への抗弁について』とともに，恐らく3世紀前半に属する．B. Altaner, *Patrology,* p. 172 参照．S. J. Isser, *The Dositheans* (1976), pp. 33-8 参照．ヒエロニムスは殆ど1字1句同じことを言っている．『ルキフェリアヌス反駁』23（Migne, PL XXIII, col. 178）：'taceo de Iudaismi haereticis, qui ante adventum Christi legem traditam dissiparunt: quod Dosithaeus Samaritanorum princeps prophetas repudiavit: quod Sadducaei ex illius radice nascentes etiam resurrectionem carnis negaverunt'〔キリスト到来以前に伝えられていた慣習を破棄したユダヤ教の分派については，私は触れないでおく．サマリア人の長ドシテウスが預言書を否認したことについても，この根から生じたサドカイ人がさらに肉の復活を否定したことについても〕．

25)　サドカイ派もファリサイ派も預言書と諸書をトーラーほど権威あるものとは考えていなかったかもしれない．Le Moyne, *op. cit.,* pp. 358-9 参照．レツィンスキーは，排他的にトーラーを受け入れていたのは，サマリア人と同じ態度を有していた「サドカイ派」の分派に限定されると考える（Leszynsky, *op. cit.,* p. 165）．教会教父がサドカイ派とサマリア人を混同していることについては，Le Moyne, *op. cit.,* p. 151 参照．

26)　K. Budde, *Der Kanon des Alten Testaments* (1900), pp. 42-3 がこの意見．Le Moyne, *op. cit.,* pp. 357-9 参照．

27)　A. Geiger, *Urschrift,* pp. 134 ff.; J. Derenbourg, *Esssai,* pp. 132 ff.; J. Wellhausen, *Pharisäer,* pp. 56-75; J. Z. Lauterbach, *art. cit.,* HUCA 6 (1929), pp. 69-139. 関連箇所は Str.-B., IV, pp. 344 ff. に集められている．ラビ資料は，Leszynsky, *op. cit.,* pp. 36-141 と Le Moyne, *op. cit.,* pp. 167-239 によって議論されている．S. Zeitlin, *Studies in the Early History of Judaism* II (1974), pp. 259-91 も参照．

28)　『古代誌』xx 9, 1（199）．同 xiii 10, 6（294）参照．

29)　ヤダ 4：7．上記 92 頁参照．

30)　マコト 1：6．法的違いについては，G. Hölscher, *Der Sadduzäismus,* pp. 22-4, 30-32 を見よ．彼はサドカイ派の見解をローマの影響に帰している．Le Moyne, *op cit.,* pp. 227-9 も参照．

31)　ヤダ 4：6, 7 に記されているサドカイ派によるファリサイ派に対する攻撃は，あざけりを意図したものでしかあり得ない．サドカイ派も「異端の書」が手を汚すことにも（ヤダ 4：6），清い器から汚れた器に流された場合の「流れ」が汚れていると宣言することにも（ヤダ 4：7）同意しなかったであろうから．にも関わらず，サドカイ派はファリサイ派の奇癖を馬鹿にしたかったのである．Le Moyne, *op. cit.,* pp. 209 ff., 212 ff. 参照．

32)　ニダ 4：2．

33) パラ 3：7. トーラーの定めによると，赤毛の雌牛を焼いた後，祭司は清めの沐浴をしなければならない．その後彼は夕方まで汚れた状態である（民 19：3-8）．サドカイ派は，日没によって清い状態になった後で赤毛の雌牛を焼くことを望んだ．従って彼らの見解はより厳しいものであった．Le Moyne, *op. cit.*, pp. 266 ff. 参照．

34) メナホ 10：3. つまり彼らは，שבת（レビ 23：11）を祭りの初日ではなく，週ごとの安息日と理解したのである．これを祭りの初日とし，「シャバットの翌日」を第 2 日と取る伝統的な解釈は，七十人訳（τῇ ἐπαύριον τῆς πρώτης〔初日の翌日に〕），フィロン（『十戒各論』ii 29 [162]），ヨセフス（『古代誌』iii 10, 5 [248]）によって例証されている．解釈史と特にサドカイ派の見解については，Wellhausen, *op. cit.*, pp. 59 f., 67; D. Chowlson, *Das letzte Passahmahl Christi* (1892), pp. 60-7; G. Hölscher, *Der Sadduzäismus*, pp. 24-6; Leszynsky, *op. cit.*, pp. 57 ff.; Str.-B., pp. 850 ff.; Finkelstein, *Pharisees* II, pp. 641-54; Le Moyne, *op. cit.*, pp. 177-90 を見よ．ヨベル書（15：1；16：13；44：4-5）によれば，収穫祭（七週祭のこと，6：21；22：1 を見よ）は第 3 の月の「真ん中」に祝わなければならない．この日付は，レビ 23：11, 15 のファリサイ派の説明にもサドカイ派のそれにも従っておらず，クムランでも採用された太陽暦に基づいている（第 I〔II〕巻 400-5 頁参照）．それによれば，過越祭（ニサンの月の 15 日）は常に水曜日に当たる．50 日の計算が，過越祭に続く週の「シャバットの翌日」つまり日曜日（＝ニサンの 26 日）に始まるならば，七週祭は伝統的なユダヤ教暦によるシワンの月の 6 日の代わりに，シワンの 15 日の日曜日，つまり第 3 の月の「真ん中」に当たることになる．A. Jaubert, *La date de la Cène* (1957), pp. 20-4; J. van Goudoever, *Biblical Calendars* (²1961), pp. 15-29 参照．

35) ハギガ 2：4. עצרת אחר השבת「七週祭はシャバットの翌日に当たる」という表現は，ハギガ 2：4 では間違った見解とされ，それはメナホ 10：3 ではサドカイ派（ボエトス派）に帰されている．

36) エルヴィ 6：2 からすると，サドカイ派は安息日に関してもファリサイ派の規定を遵守していたと考えられるかもしれない．しかし文脈によると実際には，サドカイ派は「エルーヴ（の規定）を認めなかった」のである（エルヴィ 6：1）．従ってサドカイ派の意図は，隣人のファリサイ人を悩ますことだけであった．Le Moyne, *op. cit.*, p. 204 参照．

37) J. Halévy, 'Traces d'aggadot sadducéennes dans le Talmud', REJ 8 (1884), pp. 38-56.

38) M. Hengel, *Judaism and Hellenism* I (1974), pp. 47-57 参照．

39) マカバイ-ハスモンの祭司王朝のヘレニズム化については，Hengel, *op. cit.* I, p. 76; II, p. 150, n. 753 を見よ．支配的な祭司貴族の世俗化に関するクムラン共同体の見解については，特に 1QpHab 8: 8-13; 9: 4-7 を見よ．

40) Le Moyne, *op. cit.*, pp. 381 ff. 参照．

41) G. Vermes, *Discovery*, pp. 73-6; *DSSE*, pp. 61-5; *DSS*, pp. 150-6; M. Hengel, *op. cit.*, I, pp. 224-7 参照．詳細は下記 329-32 頁を見よ．

42) 使 5：17；ヨセフス『古代誌』xx 9, 1（199）．

43) ヨセフス『古代誌』xviii 1, 4（17）．上記 106 頁参照．

第27節 学校とシナゴーグ

捕囚後のユダヤ教にとって，トーラーの知識は生活における最高の善であり，その知識を身につけることは最大の努力に値するということが根本的な信条であった．この課題に取り組めという訓戒が，至るところに響き渡っていた．

「ツレーダーの人ヨセ・ベン・ヨエゼルは言った，『あなたの家を賢者たち (חכמים) の集会所にせよ．彼らの足の埃で塵まみれになれ．そして彼らの言葉を渇飲せよ』.」[1]

「ヨシュア・ベン・プラヒヤは言う，『自分に師 (רב) を作れ』.」[2]

「シャマイは言う，『あなたのトーラー（の学び）を常なるもの (קבע) にせよ』.」[3]

「ラバン・ガマリエルは言う，『自分に師を作り，疑いをはらせ』.」[4]

「ヒレルは言った，『無教養な者は敬虔な者になれない (לא עם הארץ חסיד)』.」[5]

「さらに彼はよく言っていた，『トーラー（の学び）を増せば増すほど，命を増す．学校に行けば行くほど知恵を増す．助言を増せば増すほど，悟りを増す．……トーラーの言葉を得た者は，来るべき世に命を得る』.」[6]

「ラビ・ヨセ・ハコーヘンは言う，『心してトーラーを学べ．それは生まれつきのものではないのだから』.」[7]

「ラビ・エルアザル・ベン・アラクは言う，『熱心にトーラーを学べ』.」[8]

「ラビ・ハナニヤ・ベン・トゥラディヨンは言う，『2人の者が座っていて彼らの間にトーラーの言葉がないならば，見よ，それはあざける者の座である．というのは，「あざける者の座にすわらない」〔詩1:1〕と言われている．しかし，2人の者が座っていて彼らの間にトーラーの言葉があるならば，彼らの間にはシェヒナー〔神の臨在〕がある』.」[9]

「ラビ・シメオンは言う，『3人の者が1つの食卓で食事をして，彼らの間にトーラーの言葉がないならば，それは死者への献げ物から食するようなものである．……しかし3人の者が1つの食卓で食事をして，彼らの間にトーラ

一の言葉があるならば，それは神の食卓から食するようなものである』.」10)

「ラビ・ヤコブは言う，『道を歩きながら（トーラーを）学んでいる者が，学びをやめて「この木はなんてきれいだろう！この畑はなんてきれいだろう」と言うならば，聖書は彼についてあたかも死刑に値する者のように見なす』.」11)

「ラビ・ネホライは言う，『トーラー（の学び）のあるところに移れ．それ（トーラー）があなたの後をついてくるとか，あなたの友があなたのためにそれを学んでくれると言うな．また自分の理解に頼るな』.」12)

「ラビ・ネホライは言う，『私はこの世の仕事はみな放置し，息子にはトーラー以外教えない．なぜなら，人はこの世でその（トーラーの）利子を食し，元手（הקרן）は来るべき世のためにあるからである』.」13)

「これらは量の決まっていないものである．ペアー〔刈り残し〕，初穂，祝祭の献げ物，慈善行為，トーラーの学び．これらはこの世でその実（פירות）を食し，元手（הקרן）は来るべき世のためにあるものである．父母への尊敬，慈善行為，仲間の間に平和をもたらすこと，そしてこれら全てよりもトーラーの学びである.」14)

「トーラーを知っている（תלמיד חכם）私生児（ממזר）は，無教養な（עם הארץ）大祭司に優先する.」15)

　このようなトーラーへの評価は，必然的に聖書の完全な知識と実践という恩恵を可能ならば民族全体に授けるためにあらゆる手段を取るよう促した．ファリサイ派のトーラー学者がその学校で定めたイスラエルの法規定は，理論的にも実践的にも民全体の共有物にならなければならなかった．トーラーを知ることとなすことの両方が問題だったからである．ヨセフスはこのことをイスラエル民族の徳として賞賛している．彼によれば，ラケダイモン人〔スパルタ人〕やクレタ人のように実践のみで言葉の教育のない民とも（ἔθεσιν ἐπαίδευον οὐ λόγοις），アテネ人や他のギリシア人のように理論の学習に満足し実践をおろそかにする民とも違って，イスラエルの民のなかには一方を好んで他方をおろそかにするような者はいないのである．「しかし，我々の律法制定者は大いなる注意を払ってこの2つを結びつけた．なぜなら，彼は実践を押し黙った倫理に放置することも，律法の教えを実行されないままにしておくこともしなかったからである」16)．実践の先行条件をなす教育は少年時代に始まり，全生涯を通して継続された．教育の基盤は学校と家庭であった．その後に継続される教育は，シナゴーグに依存していた．

Ⅰ　学校

参考文献表

Wiesen, J., *Geschichte und Methodik des Schulwesens im talmudischen Altertum* (1892).

Stein, S., *Schulverhältnisse, Erziehungslehre und Unterrichtsmethoden im Talmud* (1901).

Bacher, W., 'Das altjüdische Schulwesen', JJGL 6 (1903), pp. 48-82.

Stern, J., *Die talmudische Pädagogik* (1915).

Swift, F. H., *Education in Ancient Israel from Earliest Times to 70 A.D.* (1919).

Gollancz, H., *Pedagogics of the Talmud and that of Modern Times* (1924).

Moore, G. F., *Judaism* I (1927), pp. 308-22.

Fischel, W., *Die jüdische Pädagogik in der tannaitischen Literatur* (1928).

Morris, N., *The Jewish School from the Earliest Times to the Year 500* (1937).

Schwabe, M., ‏על בתי הספר היהודים והיוונים־רומיים בתקופת המשנה והתלמוד‎, Tarbiz 21 (1949/50), pp. 112-23.

Baron, S., *A Social and Religious History of the Jews* II (^{2}1952), pp. 274-9.

Ebner, E. *Elementary Education in Ancient Israel during the Tannaitic Period* (10-200 C.E.) (1956).

Morris, N.,‏ תולדות החנוך של עם ישראל‎, I (1960).

Berman, A.,‏ תולדות החנוך בישראל ובעמים‎ (^{2}1968).

Aberbach, M., 'Educational Problems and Institutions in the Talmudic Age', HUCA 37 (1968), pp. 107-20.

Safrai, S., 'Elementary Education, its Religious and Social Significance in the Talmudic Period', *Jewish Society throughout the Ages,* ed. H. H. Ben-Sasson and S. Ettinger (1971), pp. 148-69.

Maier, J., *Geschichte der jüdischen Religion* (1972), pp. 111-13.

Demsky, A., Moriel, Y., 'Education', Enc. Jud. 6, cols. 381-403.

Hengel, M., *Judaism and Hellenism* I (1974), pp. 65-83.

Goldman, I. M., *Lifelong Learning among Jews* (1975), pp. 11-68.

Goodblatt, D. M., *Rabbinic Instruction in Sasanian Babylonia* (1975).

Safrai, S., 'Education and Study of the Torah', JPFC II (1977), pp. 945-69.

ヨセフスによれば，モーセは，少年は「最も美しい学習であり，幸福の源である律法（τοὺς νόμους）で学びを始める」よう定めた [17]．モーセは，子どもに知識の初歩（読み書き）を授け，律法と父祖たちの行いを教えるよう命じた．父祖たちの行いは，子どもたちがそれをまねるためであり，律法は彼らが大人になったときそれに違反したり，知らなかったと言い訳したりしないためである [18]．ヨセフスは，若者の教育が熱心に行われていることを繰り

返し賞賛している.

「我々は子どもの教育にはあらゆる手だてを尽くしており，律法遵守とそれに基づく敬虔な行いを人生において最も重要な関心事であると考えている.」[19]

「もし我々の中のある者が律法について尋ねられたなら，自分の名前よりたやすくそれを暗唱するだろう．なぜなら，我々は知恵のつき始めたときからそれを身につけており，我々にとってそれはいわば魂に刻み込まれているからである．違反者は稀であるが，罰から逃れることは不可能である.」[20]

フィロンも同様に述べている.

「なぜならユダヤ人は律法を神の啓示であると考えており，幼少の頃からそれを教育され，律法の似姿を魂に収めているからである」[21]．「聖なる律法や書かれていない習慣を教わる前でさえ，いわば揺り篭のなかにいるときから，彼らは両親や教師や先生によって父にして世界の創造者である唯一の神を信じることを教わっているのである」[22].

ヨセフスは自分自身について，14歳の時には既にトーラーに非常に精通していたので，大祭司やエルサレムの指導者が「私たちの掟の特定の点について正確な情報を得るため」彼のところにやってきたと言って自慢している[23]．これらのこと全てを勘案すれば，伝統的なユダヤ教社会に生きる少年が，幼少の時からトーラーの要求に親しんでいたことは疑い得ない[24].

もちろん教育は，第1に親の義務であり務めであった．しかし，既にイエスの時代までには，共同体も学校制度を確立して若者に教育を授けていたようである．後代の伝説によると，シメオン・ベン・シェタハは子ども（תינוקות）に初等学校（בית הספר）に行くよう命じたとされているが，これにはあまり意義はない[25]．シメオンはいろいろな物語の主人公にされているので，彼が基礎教育制度の確立に果たした役割は証明できないからである．それでもミシュナーの時代，つまり後2世紀には初等学校は確かに存在したと想定できよう．たとえば，חזן（〔ハザン〕会衆の指導者）が安息日に子どもに読むことを教えることについての法規定がある[26]．また，独身男性は子どもを教えてはならないと定められている（לא ילמוד אדם רוק סופרים）[27]．他の箇所では，ある場合には子ども（קטן）の時に初等学校で見たことについての大人の証言は有効であると言われている[28]．従って，どの地方でもどの町でも学校教師（מלמדי תינוקות）が任命され，子どもが6歳か7歳になったら彼らのもとに連れていくようにとヨシュア・ベン・ガムラ（＝ガマリエルの子イエス）が命じたという後代の伝承は，信じられなくもない[29]．歴史上知られている

唯一のガマリエルの子イエスは，後 63–65 年に大祭司職に就いていた者である（第Ⅱ〔Ⅲ〕巻 308 頁参照）．従ってこの情報は彼に言及しているに違いない．彼の法規定は少年学校が既にかなりの期間存在していたことを前提しているので，イエスの時代にも——恐らくまだ一般的な確立された制度ではなかっただろうが——それが機能していたと想定するのは理に適っているだろう[30]．

　先に引用したフィロンとヨセフスの言葉から明らかなように，教育の関心は殆ど排他的にトーラーに向けられていた．若者の教育に関するこの熱意は，一般教養を授けることではなく，何よりもトーラーを彼らの心に刻印することが目的であった．従って，その最初の授業は，聖書テクストを読み記憶することであった．初等学校はたんに בית הספר〔ベート・ハセフェル〕として知られていた．授業科目がトーラーの「書物」だったからである．ある伝承では，初等学校は特に聖書テクスト (מקרא) を扱う場所とされ，さらなる「学習」にささげられる בית מדרש〔ベート・ミドラシュ〕と対照させられている[31]．基本的にトーラーへの関心のゆえに，読むことの教育が比較的広く広まることになった．というのも，（口頭伝承とは違って）書かれた聖書の場合には，実際にテクストを読むということがきわめて重要なので（下記の公的礼拝に関する規定を参照），トーラーについての初歩的教育は，必然的に「読む」ことの授業と結びついたからである．従って，トーラーについてのある程度完全な知識があるところには，読むことの知識が存在したに違いない．既にキリスト教以前の時代に，個人に所有されていた聖書の写しへの言及がある[32]．より難しい技術を要する「書く」ことはそれほど一般的ではなかった[33]．

　机上の学習とともに宗教的な振舞いの訓練も行われた．子どもにはトーラーを満たす義務はなかったが，それでも彼らは幼少の時からそれに慣れ親しんでいた．たとえば，大人には安息日に子どもをおとなしくさせる義務があった[34]．大贖罪日の厳しい断食についても，それが義務となる 1–2 年前から少しずつ慣らされていった[35]．特定のことは子どもにも強制された．たとえば，シュマアを唱えることやテフィリン〔聖句箱〕を着けることは求められなかったが，シュモネ・エスレー〔十八祈祷〕と食前の感謝の祈りを唱えることは要求された[36]．少年たちは大祭の時には神殿に詣でることが期待された[37]．特に仮庵祭を守ることは義務とされた[38]．しかし，成年のしるしがはっきりと現れると，イスラエル人の青年はただちにトーラー全体を満たすこ

とが義務となった[39]．それと同時に彼は大人の全ての権利と義務を受け，そ
れ以降は בר מצוה〔バル・ミツヴァ＝掟の子〕であった[40]．後に成年になる
年齢が定められ，ユダヤ人青年は13才の誕生日に成人を迎えるようになっ
た[41]．

註

1) アヴォト 1：4.
2) アヴォト 1：6.
3) アヴォト 1：15.
4) アヴォト 1：16.
5) アヴォト 2：5.
6) アヴォト 2：7.
7) アヴォト 2：12.
8) アヴォト 2：14.
9) アヴォト 3：2. 同 3：6 参照.
10) アヴォト 3：3.
11) アヴォト 3：7.
12) アヴォト 4：14.
13) キドゥ 4：14.
14) ペア 1：1.
15) ホラヨ 3：8. トーラー学習の必要と価値一般については, Moore, *Judaism* II, pp. 239-47; J. Maier, *Geschichte der jüdischen Religion* (1972), pp. 106-13; Urbach, *The Sages,* pp. 603-20 参照.
16) 『アピオン』ii 16–17 (172–3).
17) 『古代誌』iv 8, 12 (211).
18) 『アピオン』ii 25 (204). γράμματα ＝知識の初歩（読み書き）については, Bauer-Arndt-Gingrich, *A Greek-English Lexicon of the N.T.,* p. 164 参照.
19) 『アピオン』i 12 (60).
20) 『アピオン』ii 18 (178).
21) 『ガイウス』31 (210).
22) 『ガイウス』16 (115). F. H. Colson (Loeb, *in h.l.,* note *c*) によれば, πολὺ πρότερον τῶν ἱερῶν νόμων という語句は（聖なる律法の）「ずっと前に」とも訳せる. E. M. Smallwood, *Philonis Alexandrini Legatio ad Gaium* (1970), pp. 207-8 も参照.
23) 『自伝』2 (9).
24) 『レビの遺訓』13：2, 偽フィロン『聖書古代誌』22：5-6 も参照. ヨベル書 11：16（アブラハム）, 19：14（ヤコブ）では, 書くことの知識は正しい宗教的態度と関係している. キリスト教共同体においても子どもは聖書を教えられた. II テモ 3：15：ἀπὸ

I 学校（註）　　*133*

βρέφους ἱερὰ γράμματα οἶδας〔幼いときから聖書に親しみ〕参照.

25) PT クトゥ 32c. Moore, *Judaism* III, p. 104, n. 92 参照.

26) シャバ 1：3.

27) キドゥ 4：13.

28) クトゥ 2：10.

29) BT バ・バト 21a「ラブ・ユダはラビの名において言った，『確かにこの人の功績は覚えられよ．その名はヨシュア・ベン・ガムラ．もし彼がいなかったら，イスラエルからトーラーは忘れ去られていただろう．なぜなら，かつては父親のいる者はトーラーを学んだが，父親のいない者はトーラーを学ばなかった．……その後，子どもたちの教師がエルサレムに任命されるよう定められた．……それでも父親のいる者は行って学んだが，父親のいない者は行かず学ばなかった．そこで，地方地方に教師が任命され，16 才と 17 才の少年を彼らのもとへ行かせるよう定められた．しかし教師に怒られると逃げてしまった．そこでヨシュア・ベン・ガムラが現れ，地方地方にまた町々に（בכל מדינה ומדינה ובכל עיר ועיר）教師が任命され，6 才と 7 才の子どもを彼らのもとへ行かせるよう定めた』」．S. Safrai, 'Elementary Education, its Religious and Social Significance in the Talmudic Period', *Jewish Society throughout the Ages,* ed. H. H. Ben-Sasson and S. Ettinger (1971), pp. 149-50 参照．子どもが話すようになったらヘブライ語とトーラーを教えるという父親の義務については，申スィフ 11：19 (46) ed. Finkelstein, p. 104 参照.

30) マイモニデスは学校の科目について正確に指示し，学校がユダヤ教にとって必要な制度であることを前提している．*Hilkhoth Talmud Torah,* chap. 2, ed. M. Hyamson, *Mishneh Torah: The Book of Knowledge* (1962), pp. 589-99.

31) PT メギラ 73d「ラビ・ピンハスはラビ・ホシャヤの名において言った，『エルサレムには 480 のシナゴーグがあって，それぞれにベート・セフェルとベート・タルムードがあった．前者はミクラ（聖書）のためで，後者はミシュナー（口伝律法）のためである』」．Str.-B. II, p. 150 参照．学校を意味する בית המדרש と ישיבה という言葉は，既にシラ 51：23, 29 に見られる．M. Hengel, *Judaism and Hellenism* (1974) I, p. 79; II, p. 54, n. 165 参照.

32) I マカ 1：56-57 参照．イェヴァ 16：7 には旅先の宿で死んだあるレビ人の話が語られているが，彼は杖と旅行鞄とトーラーの書を残したという．聖書の写しを個人で所有することが広まっていたことについては，L. Blau, *Studien zum althebräischen Buchwesen* (1902), pp. 84-97 参照．ユダ砂漠（クムラン，マサダなど）でかなりの量の聖書写本が見つかったことについては，Vermes, *DSS,* pp. 15-16, 20, 200-1 参照.

33) クムランの遺跡で見つかった陶片の 1 つにアルファベットが全部書かれていたが，これは「書記の見習いの練習」だったことが分かっている（R. de Voux, *Archaeology and the Dead Sea Scrolls* [1973], p. 103)．シメオン・ベン・コスィバ〔＝バル・コクバ〕の 2 人の参謀に宛てられた 1 通の手紙は，シュロ〔＝ナツメヤシ〕の枝とエトログ〔＝くえん〕を届けるよう求めているのだが，この手紙はギリシア語で書かれている．それは「我々の中にヘブライ語を知っている者が 1 人もいないから」であった．Y. Yadin, *Bar Kokhba* (1966), p. 130 と第 II〔III〕巻 52-3 頁註 118 参照．この手紙の意味は恐らく，

134 第 27 節 学校とシナゴーグ

ヘブライ語の書ける者が誰もそこにいなかったことと,「祭りのゆえに」手紙の発送を急いでいたということであろう. 蓋然性の低い別の読みについては,第Ⅱ〔Ⅲ〕巻 118頁,註 279 参照.

34) シャバ 16：6.

35) ヨマ 8：4.

36) ブラホ 3：3「女と奴隷と子どもはシュマアを唱えることとテフィリンを着けることから免除されるが,テフィラー（＝シュモネ・エスレー）とメズザーと食前の祈りを唱えることからは免除されない」.

37) ハギガ 1：1「（主の前に）現れることは全ての者の義務である. 例外は,聾唖者,白痴,子ども,性不全者,両性具有者,女,解放されてない奴隷,足不全者,盲人,病人,老人,自分の足で（エルサレムに）上れない者. どのような者が子ども (קטן) か？父親の肩に乗ってエルサレムから神殿の丘まで登れない者. これはシャマイ派の意見である. ヒレル派は言う,『父親の手を握って,エルサレムから神殿の丘まで（自分の足で）登れない者. というのは,「3 つのレガリーム（足で 3 回）」と書かれている』. ルカ 2：42 はイエスの最初の巡礼を記しているが,そこから推測すると,エルサレム以外のところに住んでいる少年は,ふつう 12 才から巡礼に加わったようである. S. Safrai, 'Pilgrimage to Jerusalem at the End of the Second Temple Period', *Studies on the Jewish Background of the New Testament,* ed. O. Michel *et al.* (1969), pp. 12-21; JPFC II, pp. 898-904 参照.

38) スカ 2：8「女と奴隷と子どもはスカー（の規定）から免除されている. しかし,もう母親を必要としない子どもはスカーの規定を満たさなければならない. かつて長老シャマイの嫁が（仮庵祭の最中に）子どもを産んだとき,彼は屋根の漆喰の一部をはがし,その子のためにベッドの上にスカーを作った」. スカ 3：15「ルーラブの振り方を知っている男の子は,ルーラブ〔の規定〕の義務を負う」.

39) ニダ 6：11「男の子は,2 本の毛が生えたらトーラーに定められている掟の全てに義務を負う」. 女の子にも同じ規定が当てはめられたが,女性の持つ権利と義務は男性のそれの全てではなかった. サンヘ 8：1 も参照.

40) バル・ミツヴァという表現は既にタルムードに見られる（BT バ・メツィ 96a）. K. Kohler, 'Bar Mizwah', JE II, pp. 509-10 参照.

41) ミシュナーのアヴォトの補遺にこのように書かれている. アヴォト 5：21「5 才で聖書,10 才でミシュナー（を学び始め）,13 才 (בן שלש עשרה) で掟（に従い始め）,15才でタルムード（を学び始め）,18 才で初夜（を迎え）云々」. 12 才のイエスは学びにおいて卓越していたと言われている（ルカ 2：41-52）. 誓いの有効性に関して,ミシュナーは特に 13 才に達していることを要求している. ニダ 5：6「12 才と 1 日の少年については,彼の誓いは吟味される. 13 才と 1 日の少年については,彼の誓いは有効である」. 学校が 12 か 13 才まで続いていたことの証拠がタルムードにあるが（BTキドゥ 30a, BT クトゥ 50a）,それが後 1 世紀の初めに既に適用されていたかどうかは言われていない. S. Safrai, 'Elementary Education', p. 152 (上記註 29 参照); 'Education', JPFC II, pp. 952-3 参照. クムランの『会衆規定』(1QSa) には,学齢と授業科目について価値ある証拠がある.「彼らは［彼の］若い時より『瞑想の書』(ספר ההגו) で彼を

I 学校（註）   *135*

教え，年齢に応じて契約の定め（בחוקי הברית）を彼に教えなければならない．彼は10年間彼らの掟（במשפטיהמה）によって［教育されねばならない］．……20才になると，［彼は会衆に］加えられる……」（1QSa 1:6-9; *DSSE*, p. 119）．このテクストによれば，「契約の定め」と共同体の「掟」の教育は，10才から20才の間に行われることになる．これに先立って，『瞑想の書』による最初の手ほどきがなされる．この書物を特定する際には，これが最初の教科書であることに加えて，判事の職に就く際（CD 10:6）あるいは10人のグループを率いる祭司指導者となる際（CD 13:2）にこれに親しんでいることが基本的資格であることを心に留めておく必要がある．同じ書物をこのように二重（初歩的教育と最高の権威者の資格）に用いることは，これが聖書，特にトーラーを指していることを示している．*DSSE*, p. 19; *DSS*, p. 113 参照．ヨシュ1：8も見よ．注目に値するのは，アヴォト5：21によれば「聖書後時代の」教育は10才で始まり，結婚の期待される18才で終わることである．『会衆規定』では，結婚は20才まで延ばされている（1：10）．その前の10年間に「より高い」教育がなされ，その前のいささか曖昧な「若い」（נעורים）ときから ספר ההגו の教育がなされる．ユダヤ教の教育は排他的にトーラーに基づくことがその意図であったが，ヘレニズム文化の影響から逃れることはできなかった．特に M. Hengel, 'Greek Education and Culture and Palestinian Judaism', 及び 'Greek Literature and Philosophy in Palestine', *Judaism and Hellenism* I, pp. 65-78, 83-99 参照．また S. Lieberman, *Hellenism in Jewish Palestine* (1950) も参照．ギリシア語の知識については，第Ⅱ〔Ⅲ〕巻76-80頁参照．

II　シナゴーグ

参考文献表

(a) 全般

Löw, L., 'Der synagogale Ritus', *Gesammelte Schriften* IV (1898), pp. 1-71.

Bacher, W., 'Synagogue', HDB IV (1902), pp. 636-43. 'Synagogue', JE XI (1905), pp. 619-28.

Juster, J., *Les Juifs dans l'empire romain* I (1914), pp. 456-72.

Krauss, S., *Synagogale Altertümer* (1922) （今なおこのテーマについての基本的著作).
'Synagoge', RE IVA (1932), cols. 1284-1316.

Sonne, I., 'Synagogue', IDB (1962) IV, pp. 476-91.

Levy, I., *The Synagogue: Its History and Function* (1963).

Schrage, W., 'Synagoge', TDNT VII (1971), pp. 798-841.

Hruby, K., *Die Synagoge* (1971).

Hengel, M., 'Proseuche und Synagoge', *Tradition und Glaube, Festschr. K. G. Kuhn* (1971), pp. 157-84.

Gutmann, J. (ed.), *The Synagogue: Studies in Origins, Archaeology and Architecture,* with a Prolegomenon (1975).

Heinemann, J. and J. J. Petuchowski, *Literature of the Synagogue* (1975).

Safrai, S., 'The Synagogue', JPFC II (1976), pp. 908-44.

(b) シナゴーグの起源

Finkelstein, L.,'The Origin of the Synagogue', PAAJR 1 (1928/9), pp. 7-59 [= *Pharisaism in the Making* (1972), pp. 1-11].

Zeitlin, S., 'The Origin of the Synagogue', *ibid.* 2 (1930/1), pp. 69-81.

Moore, G. F., *Judaism* III (1930), pp. 88-92.

Weingreen, J., 'The Origin of the Synagogue. The Current State of Research', Archäologischer Anzeiger 87 (1972), pp. 36-40 [= *The Synagogue,* ed. J. Gutmann (1975), pp. 72-6].

(c) 考古学

Krauss, S., *Talmudische Archäologie* I-III (1910-12).

Kohl, H., Watzinger, C., *Antike Synagogen in Galiläa* (1916).

Krauss, S., 'Die galiläischen Synagogenruinen und die Halakha', MGWJ 65 (1921), pp. 211-20.

Sukenik, E. L., *Ancient Synagogues in Palestine and Greece* (1934).
'The Present State of Ancient Synagogue Studies' Bulletin of the L. M. Rabinowitz Fund for the Exploration of Ancient Synagogues I (1949), pp. 8-23.

Goodenough, E. R., *Jewish Symbols in the Greco-Roman Period* I-XIII (1953-69).

Kanael, B., *Die Kunst der antiken Synagoge* (1961).

Lifshitz, B., *Donateurs et fondateurs dans les synagogues juives* (1967)（シナゴーグ建立と再建に関するギリシア語碑文）.

Baumgarten, J. M., 'Art in the Synagogue: Some Talmudic Views', Judaism 19 (1970), pp. 196-206.

Avi-Yonah, M., 'Synagogue Architecture in the Late Classical Period', *Jewish Art,* ed. C. Roth (1971), pp. 65-82. 'Synagogue-Architecture', Enc. Jud. 15 (1971), cols. 595-600; 'Ancient Synagogues', Ariel 32 (1973), pp. 29-43 [= *The Synagogue,* ed. J. Gutmann (1975), pp. 95-109].

Saller, S. J., *Second Revised Catalogue of the Ancient Synagogues of the Holy Land* (1972).

Meyer, E. M., 'Synagogue Architecture', IDBS (1976), pp. 842-4.

Hüttenmeister, F., Reeg, G., *Die antiken Synagogen in Israel.* I. *Die jüdischen Synagogen, Lehrhäuser und Gerichtshöfe.* II. *Die samaritanischen Synagogen* (1977)［1 世紀から 7 世紀の考古学的・碑文学的・文学的素材の包括的集成］.

　最近の考古学上の文献については，RB と IEJ の報告を参照せよ．
　ドゥラ・エウロポスの後 3 世紀のシナゴーグには，多くの参考文献がある．

Rostovtzeff, M. I., *Dura Europos and its Art* (1938).

du Mesnil du Buisson, R., *Les peintures de la synagogue de Dura Europos* (1939).

Sukenik, E. L., בית הכנסת של דורא אירופוס וציוריו (1947).

Wischnitzer, R., *The Messianic Theme in the Paintings of the Dura Synagogue* (1948).

Noth, M., 'Dura Europos und seine Synagoge', ZDPV 75 (1959), pp. 164-81.

Kraeling, C. H., *The Synagogue* (*The Excavations at Dura Europos, Final Report* VIII/1) (1956).

Bickerman, E. J., 'Symbolism in the Dura Synagogue', HThR 58 (1965), pp. 127-51.

Goodenough, E. R., *Jewish Symbols* IX-XI (1964).

Nock, A. D., 'The Synagogue Murals of Dura Europos', *H. A. Wolfson Jubilee Volume* (1965), pp. 631-9.

Goodenough, E. R., Avi-Yonah, M., 'Dura Europos', Enc. Jud. 6, cols. 275-98.

Gutmann, J. (ed.), *The Dura Europos-Synagogue* (1973).

Perkins, A., *The Art of Dura-Europos* (1973).

　トーラーについての深い専門知識は，ベート・ハミドラシュにおいてトーラー学者から得る他はなかった（上記第 25 節参照）．必然的にそうしたレベルに到達できたのはわずかな者に限られていた．民衆にとっては，初歩的なレベルであれ聖書に親しむことが既に大きな進歩であったし，また一般的であり続けた．しかし，これもまた何らかの制度によってのみなされ得たのであり，その制度を通してトーラーは個々人の全生涯にわたる経験のなかに織り込まれたのである．そのような制度は，安息日ごとのシナゴーグにおける聖書朗読の習慣として捕囚後のユダヤ教によって創設された．特に注意して

おくべきことは，こうした安息日ごとの会合の主要な目的が，狭い意味での宗教礼拝ではなく，宗教教育，つまりトーラーを教えることであったということである．ヨセフスはこのことを正しく説明している．「彼（我々の律法制定者）は，律法を最高かつ必要不可欠な教育科目とした．それは1度，2度あるいは何回か聞けばいいというものではなく，人々が毎週仕事を休んでともに集まり，律法を聞き正確に学ぶよう彼は命じたのである」[1]．それゆえフィロンがシナゴーグを「父祖の哲学」（τὴν πάτριον φιλοσοφίαν）を修め，あらゆる種類の徳を教える学校（διδασκαλεῖα）と呼んでいるのも間違いではない[2]．新約聖書においても διδάσκειν〔教える〕はつねにシナゴーグでの主要な活動として描かれている[3]．さらなる証拠がテオドトス碑文によって提供されている．これは後1世紀初頭に由来し，エルサレムのオフェルで1913／14年に発見されたもので，それによるとテオドトスによって建立されたシナゴーグは，「律法朗読と掟の教育」のために建てられたという[4]．安息日の会合のために特別に建てられた建物の起源は分かっていない．最古の文書資料はエジプトのユダヤ教と関係している．シナゴーグ（προσευχαί〔祈りの家〕）に言及する最古のギリシア語のユダヤ教文書は，プトレマイオスⅢ世（エウエルゲテース）の時代，前247-221年に遡る．前1世紀の初頭に由来するデロスのシナゴーグで見つかった碑文からは，προσευχή という用語が確認されている[5]．旧約聖書では詩篇74：8に מועדי אל〔神の会堂〕の名で初めて現れる．その起源は恐らくエズラの時代か捕囚時代に遡るだろう[6]．いずれにせよ，イエスの時代までには「安息日にシナゴーグで教えること」は既に確立された制度であった（マコ1：21；6：2；ルカ4：16，31；6：6；13：10；使13：14，27，42，44；15：21；16：13；17：2；18：4）．

使15:21によると，モーセについては「古い時代から，どの町にも彼を宣べ伝える者がいた．というのは彼は安息日ごとにシナゴーグで読まれるからである」．ヨセフスもフィロンも後のユダヤ教一般も，このシステムをモーセ自身に遡らせている[7]．もちろんこのことは，捕囚後のユダヤ教がこれをその宗教制度の本質部分と見なしていたという点に関してのみ興味あることである．これが本当に捕囚前に起源を有していたとするのは問題外である．

1 共同体組織

このシステムの前提条件は，なによりも宗教共同体の存在である．そこで，イエス時代のパレスチナの町や地方で市民共同体と宗教共同体が別個に存在

し，後者が独立した組織をもっていたのかどうかということが問題となる．ここでまず注意しておかなければならないことは，当時のパレスチナ全体の政治状況は一様ではなかったということである．既に述べたように(第Ⅱ〔Ⅲ〕巻 183 頁)，3 つの異なる状況が可能であったし，この点に関しては事実存在していた．すなわち，ユダヤ人には市民権が認められなかったか，ユダヤ人にも非ユダヤ人にも同等の権利が認められていたか，ユダヤ人にのみ市民権が与えられていたかである．最初の 2 つのケースは，大部分がギリシア人か，かなり混在している都市で可能であった．どちらの場合でも，ユダヤ人はその宗教上の必要を満たすため，独自の宗教共同体を組織するよう指導された．というのも，市民生活上の事柄の運営に協力していようといまいと，彼らには宗教上の事柄のために独立した組織が必要だったからである．それゆえこの両ケースに関しては，上記の問いは肯定的に答えられる．従って，これらの都市におけるシナゴーグ共同体の地位は，ディアスポラの諸都市におけるのと同じであった．これとまったく異なるのは，住民の全部あるいは大部分がユダヤ人からなる都市や地方の状況であった．こうした状況下では，その地の権威者は全てユダヤ人であり，そこに住むわずかな非ユダヤ人は，長老議会もしくは市議会から閉めだされていた．たとえば，エルサレムではまさにこうした状況であったろう．土地土地の権威者はいずれにしてもかなりの程度宗教上の事柄と関係があったので（ユダヤ法は宗教とその他の間に区別を設けていない），シナゴーグも彼らの支配下にあっただろうことは大いにありそうなことである．それとも特別の長老議会がこの特定の目的のために任命されただろうか．これは小さな土地ではまったく不自然なことである．しかし，いくつかのシナゴーグを抱える比較的大きな都市でさえもそのような事例は存在しない．権威者がそれぞれのシナゴーグにその維持運営に必要な役人（施物分配係とアルキシナゴーゴス〔会堂司〕と管理人）を任命すれば十分であった．個々のシナゴーグのために長老議会を設けるような差し迫った理由は何もなかった．しかし資料が少ないので，こうしたこともあり得たことは認めておかなくてはならない．実際，ある場合にはそれはありそうなことでさえある．エルサレムのヘレニズム化したユダヤ人——解放奴隷たち，キュレネ人，アレクサンドリア人，キリキア人，アシア人——は，確かにはっきりと特別な「会衆」を形成していた（使 6：9）[8]．しかし，これらの者は実際に特別な状況下にあった．すなわち，出身地の違いが特別な組織を必要としたのであった．パレスチナの比較的小さな土地柄という単純な状況で政治共同体と宗教共同体を分けたとしたら，ひどく不自然なことだったろう．

それはまた政治共同体を宗教的形態においてしか認めなかった捕囚後のユダヤ教の本質とも相容れなかっただろう．しかし，市民共同体そのものがシナゴーグの事柄をも管理していたとする証拠もないわけではない．たとえばミシュナーでは，シナゴーグと聖櫃と聖書が，通りや公衆浴場と同様に町すなわち市民共同体の財産であることは，まったく当然のことと見なされている[9]．町の住人（בני העיר）には，後者に対するのと同様に前者に対しても自由裁量権が与えられていた[10]．ラビ・エルアザル・ベン・アザリヤが，ムサフ〔追加〕の祈りは町の共同体（חבר העיר）の中でのみ唱えられるべきだと言うとき，そこで想定されているのは，町の共同体，つまり市の自治体そのものがシナゴーグ礼拝に携わっているということである[11]．

　従って，シナゴーグの会衆が政治共同体から独立して並行して存在していたのは，住民の混在する都市のみであったとするのがありそうなことであると言えよう．純粋にユダヤ的な地方では，その地の長老たちがシナゴーグの長老たちでもあったろう．

　共同体が宗教的であると見なされる限りにおいて，それは כנסת〔クネセット〕（会衆，συναγωγή，アラム語では כנישתא〔クニシュタ〕）として知られているものである．そのメンバーは בני הכנסת〔ブネー・ハクネセット〕と呼ばれる[12]．συναγωγή という表現は，ギリシアのカルト団体に対しても用いられる．そこでは σύνοδος〔集会〕と同義で，（その元来の意味に応じて）団体そのものではなく，主に定期的に繰り返される祝祭時の「会衆」ないし集会を意味する[13]．しかし συναγωγή が団体そのものを意味する個々の事例もある[14]．

　宗教事項に関する長老たちの会衆に対する権力は，市民生活に及ぼす彼らの権威との類比から想像するほかない．市の行政と司法が全面的に彼らに委ねられていたように，恐らく宗教的な事柄も彼らが指揮していたであろう．いずれにしても，ユダヤ教の会衆には，コリントのキリスト教会（Iコリ5章）やクムラン共同体（共同体の規則 8：25-9：2）のように全員が集まって規律や管理運営に関する個々のケースを議論し決定したというような痕跡はない．その代わりにこうしたことはそれに相応しい組織，すなわち会衆の長老たちによってなされた．とりわけ最も重い宗教上の懲戒行為，つまり会衆からの放逐と追放の宣言を行使する権限が彼らにあったことは大いにありそうなことである．この厳しい懲罰は捕囚後のユダヤ教にとって死活問題であった．つねに異邦人との接触にさらされる環境にあって，ユダヤ人共同体は

絶えず注意深く異国の要素を排除することによってのみ自らを保持し得たのであった．捕囚後のより厳格な体制が，新しい秩序に従わない者は会衆から追放されると始めに定めたように（エズ 10：8），共同体の規律によって敵対勢力を排除することに注意が払われた．こうした制度がイエスの時代に存在していたことは新約聖書から推測することができる（ルカ 6：22；ヨハ 9：22；12：42；16：2）．ヨセフスによるとエッセネ派も破門を実行しており[15]，この形態の懲罰の細かな規定はクムランの巻物に残されている[16]．不確かなのは，追放に様々な形態があったかどうかということである．エリアス・レビタ（1549 年没）は『ティシュビ』[17] の中で，ニドゥイ（נדוי），ヘレム（חרם），シャムタ（שמתא）の 3 つを区別している．タルムードではニドゥイとシャムタは同義語として用いられているので，3 番目のものは除外してよいだろう[18]．伝統的な区別は，一時的な追放であるニドゥイと永久的な破門であるヘレムの間になされている．この区別がどれくらい古いかを言うことは難しい．ただ，ἀφορίζειν〔排斥する〕（ルカ 6：22）もしくは ἀποσυνάγωγον ποιεῖν / γίνεσθαι〔追い出す〕（ヨハ 9：22；12：42；16：2），すなわち追放の慣習それ自体が新約聖書に直接証言されているに過ぎない．第 I コリント 5 章で用いられている 2 つの表現，παραδοῦναι τῷ Σατανᾷ〔サタンに引き渡す〕（5：5）と αἴρειν ἐκ μέσου〔中から除く〕（5：2）については，後者がより厳しい罰の形態であったのかどうか定かでない．ミシュナーも追放（ニドゥイ）にしか言及しないが，そこでは再び赦される可能性が認められている[19]．他方旧約聖書は既に，取り消すことのできない破門ないし呪いとしてのヘレムという概念を識っており，これが後のユダヤ教において少なくとも（呪いの意味での）教義的な概念として通用していたことは，新約聖書で ἀνάθεμα〔呪い〕と ἀναθεματίζειν〔呪う〕という用語が繰り返し用いられていることから明らかである（ロマ 9：3；I コリ 12：3；16：22；ガラ 1：8，9；マコ 14：71；使 23：12，14，21）．ユダヤ人は日々の祈りのなかでクリスチャンを呪っているとユスティノスとエピファニオスは言っているが，その背後には後 2 世紀以降のシナゴーグにおける実際の呪いがあったにちがいない[20]．要約すると，ἀνάθεμα〔呪い〕を伴ったかどうかは別にして，新約聖書と死海文書の証拠はイエスの時代にシナゴーグからの放逐があり得たことを示唆している[21]．

さらに重要な情報がクムラン文書に見出される．『共同体の規則』6-7 の罰則によると，共同体の規律に対する小さな違反には様々な罰が科せられた（נענשו）．ただし，食べ物の 4 分の 1 が減らされる罰のみ特定されているが

(6:25)，それ以外についてはどういう罰が違反者に適用されたのかはっきりしない．いずれにせよこれらの罰の期間は，「愚かなことを語る者」に 3 ヶ月（7：9），不注意で損なった損害を償えない者に 60 日間（7：8），集会の間に眠った者に 1 ヶ月（7：10），他人の発言を遮った者（7：9-10）と左手で用を足す者（7：15）に最低の 10 日間であった．追放は一時的でも永久でもあり得た．食卓の交わりからの排除という形態の追放は 1 年から 2 年の間であった．1 年間の追放は，持ち物に関して偽る者（6：24-25），上位の者に従わない者（6：25-27），祭司に対して怒って語る者（7：2-3），仲間をわざと嘲笑する者（7：4-5），仲間の信徒を中傷する者（7：15-16）に対して科せられた．2 年間の排除は，1 年目は「潔め」（טהרה）から，2 年目は「飲み物」（משקה）からの排除であり，これはかつてのメンバーが再入会する際に科せられた（7：18-20）．神の名を口にする者（6：27-7：2），会衆を中傷する者（7：16-17），会衆の権威者に対して不平を言う者（7：17），10 年間メンバーであった後に去った者（7：22-24），破門された者と食べ物ないし持ち物を共有する者（7：24-25）といった重大な違反者に対する罰は永久追放であった．共同体の会議または聖なる会議のメンバーを扱う別のリストでは，モーセ律法を故意に犯す者に対する罰も永久追放であった（共同体の規則 8：21-23）．ここでは不注意の罪に対しては，2 年間の共同体活動からの追放が宣告された（8：24-9：2）．従って，死海文書に代表される法体系では 2 種類の破門がその一部をなしていたことに疑いの余地はない．

　ユダヤ教の本流においては，こうした懲戒措置を科すことが会衆の長老たちの責任であったということはきわめてありそうなことである．わかっている限りでは，捕囚後に大衆が司法権を行使したということはないからである．従って破門に関しても彼らが関与したと想定すべきでなかろう．実際，このことは，例えばヨハネ 9：22 でそれが「ユダヤ人」すなわち（福音書の用法では）この国のユダヤ地方の権威者によって科せられたとされていることから明らかである．これはまた，ユダヤの政体が消滅しラビが地方の権威者としての権力をどんどん掌握し始めていたミシュナーの時代に破門を公告し科していたのが「賢者たち」（חכמים）であったという事実からも間接的に確認される[22]．タルムード時代もその後の時代もこれはそれに相応しい会衆の権威者に委ねられていた[23]．

2 役人

会衆一般の問題に責任を負う長老の他に，特定の目的のために別に役人が任命された．しかし，奇妙なことに聖書朗読や説教や公の祈りといった礼拝そのものを指揮する役は特に任命されなかった．後1世紀にはこうした役目はまだ会衆のメンバー自身によって果たされていたので，イエスも（パウロも）あちこちのシナゴーグで語ることができたのである（礼拝の順序については下記参照）．しかし，特に朗読者や説教者や牧師のような者がいなくても，礼拝次第やシナゴーグ全体に関わる仕事を監督する役人は必要であった．これが「アルキシナゴーゴス」すなわち「会堂司」である[24]．このような ἀρχισυνάγωγοι〔アルキシナゴーゴスら〕はユダヤ世界の至るところに存在し，新約聖書[25]や多くの碑文[26]が示すように，パレスチナのみならず小アジア[27]，ギリシア[28]，イタリア[29]，アフリカ[30]，及びローマ帝国全体[31]に見出された．この役職と役名は，ユダヤ教からパレスチナのユダヤ人キリスト教共同体に受け継がれた[32]．ヘブライ語の役名である ראש הכנסת〔ローシュ・ハクネセット〕は疑いなくこれと同義語である[33]．この役職が会衆の長老と別のものであることは，πρεσβύτεροι〔長老〕と ἀρχισυνάγωγοι という2つの役名がならんで出てくることから明らかである[34]．しかしより有意義なのは，1人の人が ἄρχων〔アルコーン〕と ἀρχισυνάγωγος の職責を担うことがあったことを示す碑文の証言である[35]．ディアスポラでは ἄρχοντες〔アルコーンの複数形〕は会衆の「指導者たち」であり，会衆の指導一般に責任を負っていた（特に註12に記したキュレナイカの碑文に注意）．従ってアルキシナゴーゴスは彼らから区別される．しかしこれはまた ἄρχοντες の長ではなかった．それは γερουσιάρχης〔議長〕として知られていたからである（第III〔V〕巻31節のディアスポラの項参照）．従ってアルキシナゴーゴスは，会衆の指導一般には何の関係もなかった．その代わり，その特別な責任は公の礼拝に仕えることであった．会衆の指導者としてではなく，礼拝集会の先導者としてアルキシナゴーゴス〔＝会堂司〕と呼ばれているのである．通常，会堂司は恐らく長老の中から選ばれた．その特定の役割は，例えば，聖書朗読者と祈りの朗唱者を決めることや[36]，説教にふさわしい人を呼び出すこと[37]などであったと言われている．一般的に言って会堂司は，シナゴーグに相応しくないことが何も起こらないようにすることと（ルカ13：14），恐らくシナゴーグの建物の管理に責任があった[38]．普通1つのシナゴーグには会堂司は1人だけだった（ルカ13：14参照）．しかし数名の会堂司がいたケースも言

及されている．例えば，使 13：15（ἀπέστειλαν οἱ ἀρχισυνάγωγοι πρὸς αὐτούς〔会堂司たちが彼らのところに人を遣わした〕）がそうである．マルコ 5：22 にも εἷς τῶν ἀρχισυναγώγων という，より不明確な複数形が現れるが，これは「会堂司に属する者の中の 1 人」という意味であろう．後の時代には，ἀρχισυνάγωγος という肩書きは子どもや女性に適用されることもあったようである[39]．この称号が異邦人のカルトでも用いられていたことは注目に値する．しかしこの表現がユダヤ教に由来するのか異邦世界に由来するのかはまだ分かっていない[40]．

アルキシナゴーゴスのほかに，施しを集める נבאי צדקה〔ガバエー・ツダカー＝施し収集人〕がいた[41]．この役人はもちろん礼拝そのものには関与しなかったので，宗教共同体と市民共同体が分かれているところではむしろ市政の役人と考えられるべきである．しかしそれにも関わらずこの職制をここで取り上げるのは，施しの収集がシナゴーグで行われたからである[42]．その地の貧者が週に 1 度施しを受けるために設けられている週ごとの献金箱（קופה〔クッパ〕）と，誰でも必要な者（特によそ者）がその日の分をもらえる〔炊き出しの〕「皿」תמחוי〔タムフイ〕）の 2 つが区別される[43]．1 日に 2 食まかなえる者はタムフイからもらえず，週に 14 食まかなえる者はクッパから受け取ることはできなかった[44]．クッパへの集金は少なくとも 2 人，分配は少なくとも 3 人によってなされた[45]．

3 番目の職制は חזן הכנסת〔ハザン・ハクネセット＝会堂係〕[46]，ὑπηρέτης〔下僕〕[47]，または διάκονος〔世話人〕[48] と呼ばれた．その仕事は礼拝のために聖書を取り出すことと礼拝終了後にそれを元に戻すことであった[49]．彼はまたラッパを吹いて安息日の始まりと終わりを知らせる責任も負っていた[50]．彼はあらゆる点で会衆の下僕であった．例えば彼はむち打ち刑の者に刑を執行しなければならなかった[51]．しかしまた彼は子どもたちに読むことを教えることもした[52]．中エジプトで見つかった前 3 世紀のパピルスには，προσευχὴ τῶν Ἰουδαίων〔ユダヤ人の祈りの家〕との関連で νακόρος（＝νεωκόρος〔堂守〕）が出てくる[53]．νεωκόροι は他のところ（ユダヤ教の文脈）では神殿の下僕なので[54]，νακόρος は明らかにシナゴーグの下僕ないし世話役のことである．

礼拝中に会衆の名において祈りを朗唱する שליח צבור〔シュリアハ・ツィブール＝公使〕も普通は役人の 1 人と見なされている[55]．しかし，実際には祈りは決まった役人によってではなく，会衆のメンバーによって順に朗唱さ

れた（下記148-9頁参照）．従って שליח צבור は会衆公認の代表であり，会衆の名で祈りを唱える者は誰でもそう呼ばれたのである [56]．

なお，会衆の役人ではないが，特にタルムード後のユダヤ教で対価を受けてシナゴーグの礼拝に参加した10人の仕事のない男（עשרה בטלנים〔アサラー・バトラニーム〕）がいる．これによって宗教上の集会に要求された10人のメンバー（מנין〔ミンヤン〕）が常に参加していることになったのである．こうした取り決めはミシュナー時代には全く知られていなかった．確かに表現自体はミシュナーに現れるが [57]，その元来の意味は，仕事がないために平日でもシナゴーグに参加していた男たちのことであったに違いない．というのは安息日は誰にも仕事がないからである．実際，無職は若干の個人の特徴ではなかった．従って，この表現は通常の安息日の礼拝に関わるものではない．また，10人の仕事のない者がどの会衆にもいなければならないというわけでもない．逆にミシュナーが言っていることは，平日でさえかなりの数の人がつねにシナゴーグに参加していることが大都市の特徴として挙げられているのである．上記の取り決めが作られ，それによってこの表現に別の意味が盛り込まれるようになるのは，ずっと後になってからのことである．

3 建物

会衆が礼拝のために集まる建物は בית הכנסת〔ベート・ハクネセット〕[58]，アラム語で בית[ת] כנישתא〔ベー〔ト〕・クニシュタ〕ないし単に כנישתא [59]，ギリシア語で συναγωγή [60] ないし προσευχή [61] であった．ディアスポラの古い用語法では συναγωγή にこの意味はまだない．この語は常に「会衆」を意味し，集会所を表すには通常 προσευχή〔祈りの家〕が用いられた．パンティカパエウムの碑文（後1世紀，164頁〔註12〕及び第Ⅲ〔Ⅴ〕巻31節の全テクストを参照）ではまだこの区別がなされている．συναγωγή が会衆を意味する事例については，（明らかに後代の）フォケアとアクモニアの碑文（164頁〔註12〕参照．両者とも建物についてはたんに ὁ οἶκος〔家〕と呼んでいる）とローマのカタコンベの碑文を見よ．προσευχή が集会所を表す事例については，前3-1世紀のエジプトの碑文と全般的に本項註61に引用した証拠を見よ．συναγωγή が「集会所」を表すようになるのはパレスチナが最初であり，後1世紀になるまでディアスポラの用語法に取り入れられることはなかった．ある箇所でフィロンは συναγωγή という言葉を用いてパレスチナのエッセネ派について語っているが，そこからすると彼がこの術語に馴染んでいないこ

とは明らかである〔『自由論』81〕．註 60 に引用したその他の証拠は，パレスチナのものか，あるいはずっと後代のものである．従って，ディアスポラの集会所に συναγωγή という語を当てている使徒言行録はパレスチナの用法に従っているのである（使 13：5, 14；14：1；17：1, 10, 17；18：4, 7, 19, 26；19：8. προσευχή は 16：13, 16 にしか現れない）．προσευκτήριον〔祈りの場〕[62] と σαββατεῖον〔安息日の場〕[63] という表現にはほんのわずかな用例しかない．他方, συναγώγιον にこの意味を想定するのは間違いである．この語が用いられている箇所では，それは建物ではなく「一緒に来ること」もしくは会衆を意味している[64]．

シナゴーグの建設は，町の外の川のそばか海岸が好まれた．そうすれば全員が礼拝の前に必要な身の清めをすることができたからである[65]．

シナゴーグの大きさや様式はもちろん様々だった[66]．ヘロディオンとマサダの要塞で発見された最古の遺跡から，イエス時代のパレスチナで流行っていたシナゴーグの建築様式について何かしら分かることがあるかもしれない[67]．他方でガリラヤの多くの場所に残されている遺跡は後 3 世紀より前には遡らない．アレクサンドリアの大シナゴーグはバシリカ様式であったと言われている[68]．ギリシア語碑文の中には，時にシナゴーグの建物の一部に触れているものがある．たとえば，アトリビスの ἐξέδρα〔半円形の談話室〕，マンティネアの πρόναος〔前庭〕，フォケアの περίβολος τοῦ ὑπαίθρου〔野外円庭〕，シデの噴水と中庭，マケドニアのストビの食堂と方形柱廊などである[69]．περίβολοι〔円庭〕には，エルサレム神殿の前庭のように，献辞と奉納物が建てられていた[70]．

パレスチナのシナゴーグ遺跡のゆたかな装飾のなかでは，通常のユダヤ教のシンボル（メノラー，ショファール，ルーラブ，エトログ，マゲン・ダビデ）に加えて，獅子，子羊，鷲といった動物界の図案や天の十二宮（ベート・アルファとハマテのモザイク画），さらにはグリフィン〔頭翼鷲胴獅子獣〕や磨羯宮（カファルナウム），ヘラクレス，ケンタウロス，メドゥーサ（コラジン）といった異教のモチーフが際立っている[71]．後には聖書の情景がモザイク画に描かれるようになった．たとえば，ベート・アルファにはイサクの燔祭，ゲラサにはノアの箱船，ナアランには獅子の穴にいるダニエルがそれぞれ描かれている．アケダー〔イサクの燔祭〕のモザイクでは神が手で象徴されている[72]．しかしこれらの装飾もユーフラテス川沿いのドゥラ・エウロポスで見つかった後 3 世紀に遡るシナゴーグに残されていた有名なフレスコ画も[73]，後 1 世紀前半のパレスチナに広まっていた慣習を反映するものではな

いだろう [74].

これらに加えて屋根のない野外劇場のような宗教集会所があったということは証明できない. これはサマリア人についてのみ例証されていることである [75]. 確かに断食日にはユダヤ人はシナゴーグではなく, たとえば海岸のような野外で公の祈りをしたが [76], これは本当の野外であって, 屋根のない建築物があったことを示す証拠はない. またこれらの建物が, シナゴーグと区別された προσευχαί と呼ばれた建物のより狭い意味であったとすることはもっとありそうにないことである. 我々の主要な典拠であるエピファニオスはこれについて何の証拠も提示していないからである [77]. むしろ使徒言行録は προσευχή〔祈りの家〕と συναγωγή〔シナゴーグ〕の区別を示しているように見える. 使徒言行録 16:13 と 16 でフィリピの προσευχή に触れたすぐ後に 17:1 でテサロニケの συναγωγή に言及しているからである. しかし, 仮に何らかの区別があったとしても, それは προσευχή が特に祈りに当てられているのに対し, συναγωγή は他の礼拝行為に関係しているということだけであったろう. しかしこれさえも使 16:13 と 16 にはうまく合わない. そこでは προσευχή がパウロも説教した安息日のふつうの集会所であることは明らかだからである. さらにフィロンは確かにこの語をシナゴーグを指すのに用いており, この 2 つの表現の間に実質的な区別を設けることはできないと言わなければならない [78].

こうした安息日の会合に付与された重要性からすれば, かなり小さな場所も含めてパレスチナのどの町にも, 少なくとも 1 つのシナゴーグはあったと想定しなければならない [79]. エルサレム [80], アレクサンドリア [81], ローマ [82] といった大都市にはかなりの数のシナゴーグがあった. セッフォリスに「ぶどうのシナゴーグ」(כנישתא דגופנא) [83], ローマに「オリーブのシナゴーグ」(συναγωγὴ ἐλαίας) [84] があったとされているが, もしこの解釈が受け入れられるならば, 同じ地にあるいろいろのシナゴーグを特徴づける特別な表象があったのかもしれない.

初期のシナゴーグの調度品はわりとシンプルだった [85]. 主要なものは, トーラーの巻物や他の聖なる書物を保管する聖櫃 (תיבה もしくは ארון) であった [86]. これらの巻物は亜麻布 (מטפחות) [87] にくるまれ, ケース (תיק = θήκη) [88] にしまってあった.

後代には, 朗読者と説教者のために, 説教台のついた演壇 (בימה = βῆμα) が設けられた [89]. 両者ともパレスチナ・タルムードに言及されており [90], 恐らく新約時代に既に存在していただろう. 他の調度品には灯りがあった [91].

最後に礼拝に欠かせないものとして角笛（שופרות）とラッパ（חצוצרות）があった．角笛は新年の初日に，ラッパは断食日に吹き鳴らされた[92]．安息日の始まりと終わりも会堂司の鳴らすラッパによって知らされ，それによって人々はいつ仕事を止めいつ再開するか知ることができた[93]．

会衆の集会所としてのシナゴーグは，宗教的な目的のためにのみ用いられていたわけではない．政治的な会合がティベリアスの大きな προσευχή で開かれたことがある[94]．新約聖書にはシナゴーグで執行された懲罰への言及がしばしばなされている（マタ 10：17；23：34；マコ 13：9．使 22：19；26：11 参照）[95]．シナゴーグでの飲食は全面的に禁止されていたが[96]，ラビ文献にはそこでの食事への言及がある[97]．しかしその真の目的は，人々が教育と祈りのために集まる場として仕えることであった．

4　礼拝

礼拝の順序は新約聖書の時代には既にかなり発展し，また確立されていた．席順も決まっていて，会衆の著名なメンバーは前方に，若者は後方に座していた．男性と女性は恐らく別々に座っていた[98]．座席の向きについては下記註 106 を見よ．アレクサンドリアの大シナゴーグでは，男性陣はその職業（אומנות）によって分かれていたと言われている[99]．会衆のなかに癩病人がいる場合には，彼のために特別な仕切りが設けられた[100]．通常の礼拝の集会には少なくとも 10 人の出席者がいなければならなかった．

礼拝の第 1 の要素としてミシュナーは，シュマアの朗唱，祈り，トーラー朗読，預言書朗読，祭司の祝福を挙げている[101]．これらに聖書の一部の翻訳を大声で読むことが加えられる．これはミシュナーにも前提されている（下記参照）．また聖書の解説は，フィロンによって礼拝の最も重要な要素とされている[102]．

シュマアは，申 6：4-9；11：13-21；民 15：37-41 から成り，その冒頭の שמע ישראל〔シュマア・イスラエル＝聞け，イスラエルよ〕からこのように呼ばれている．その前後には 1 つないし 2 つの祝祷がある（補遺参照）．これはつねに祈りそのものとは区別され，本質的には信仰告白と言うべきものである．従って，シュマアは「祈る」のではなく「朗唱する」（קריאת שמע）のである．これが第二神殿時代に属することは疑いないので，この時代までに既に定式化された祈りも慣習として公の礼拝のなかにあったに違いない．とはいえタルムード後の時代のユダヤ教の儀礼が，あのはるか以前の時代まで

どのくらい遡るか決定するのは容易なことではない[103]．民に祈りを要求する定型表現の יהוה ברכו את〔主を祝福せよ〕はミシュナーに明言されている[104]．ミシュナー時代に遡るもう1つの慣習は，安息日と祭日の礼拝でシュモネ・エスレー〔十八祈祷〕の最初と最後のそれぞれ3つの祈祷を朗唱することである（詳細は補遺参照）[105]．

　祈るときには人々は立ち上がって，聖の聖なるエルサレムの方に顔を向けた[106]．恐らく彼らは座っている間も同じ方向を向いていただろう[107]．祈りは会衆全員によって発せられるのではなく，会堂司によってそうするようにと呼ばれた人物（שליח צבור）が口にした．会衆は何らかの応答，特に「アーメン」と答えただけだった[108]．祈りの先唱者はトーラーの巻物を入れるケースの前に進み出ることになっていた．それゆえ עבר לפני התיבה〔聖櫃の前に進む〕が「祈りを導く」ことの通常の表現として用いられている[109]．子どもを除く全てのメンバーにこれをする資格があった[110]．祈りを朗唱する者はシュマアを唱えることも預言書の一部を朗読することもできたし，もし彼が祭司ならば，祝福を唱えることもできた[111]．

　聖書の朗読（五書と預言書）も子どもを含めて会衆の誰でもすることができた[112]．子どもは，プリム祭の時のエステル記の朗読だけは許されなかった[113]．祭司とレビ人がいる場合には，彼らが優先的に朗読した[114]．朗読者は立つのが習慣だった[115]．エステル記の場合には，立っていても座っていてもよかった[116]．王が安息年の仮庵祭のときに彼に割り当てられているトーラーの箇所を朗読するときには，座っていることが許された[117]．

　トーラーの朗読は順序が決まっていて，3年周期で五書全体を読むことになっていた[118]．マソラー・テクストは五書を154の部分に分けているが，これは恐らくこの3年周期の朗読に遡るものであろう．しかし，この他に161に分ける区分，167区分，175区分に分ける仕方もある[119]．従って，朗読の区切りにはいろいろあったようである．175の区分は3年半（7年で2回）の周期を意味するだろう[120]．会衆のなかの数名が役人[121]——元来は疑いなく会堂司——に朗読のために招かれた．安息日には少なくとも7名（平日はそうではなかった）が招かれ，その最初と最後の者は始めと終わりに祝福（ברכה）を唱えることになっていた[122]．各々は少なくともトーラーの3節を朗読し[123]，記憶から朗唱することは許されなかった[124]．以上のことはミシュナーに定められていることであり，いずれにしてもパレスチナのシナゴーグでのみ守られていた．タルムードはパレスチナの外のユダヤ人について，パラシャー全体は1人の人によって朗読されたと明言している[125]．同様に

フィロンもトーラーの朗読は1人の人によってなされることをはっきりと前提している（下記179-80頁〔註102〕を見よ）.

既に新約時代にはトーラー朗読に預言書（つまりヘブライ語正典の נביאים）からの朗読が加えられていた. ルカ4:17 ではイエスはイザヤ書の一部を読んでいるし，使13:15（ἀνάγνωσις τοῦ νόμου καὶ τῶν προφητῶν〔律法と預言書の朗読〕）にもミシュナーにも預言書からの朗読が言及されている [126]. 預言書の朗読は礼拝の最後であり，それと共に会衆は解散するので，それは「解散」（הפטרה〔ハフタラー〕もしくは אפטרה〔アフタラー〕）と呼ばれ，またそれゆえ預言書の朗読箇所は「ハフタロート」と呼ばれた [127]. これには継続した朗読（lectio continua）は求められず [128]，また1人の人によって朗読された [129]. さらに，預言書は安息日礼拝の本体でのみ朗読され，平日や安息日の午後の礼拝では読まれなかった [130].

聖書が朗読される言語はもはや民全体に馴染みのあるものではなくなっていたので，翻訳が必要であった. それゆえ，朗読には絶えずアラム語の翻訳である「タルグム」が伴われた. 決定的な証拠がないので，通訳者（תרגמן,מתורגמן）が役人として任命されていたのか，会衆のメンバーのなかで適任と思われる者（未成年者も，メギラ4:6）が交代でこの役を果たしたのかは決定できない. トーラーのテクストは1節ごとに朗読と翻訳がなされたが，預言書の場合には1度に3節まで読んでもよかった. ただし，何らかの区切りがある場合にはこれも1節ずつ読まれねばならなかった [131]. 翻訳が口頭でのみ伝えられたことは当然のことと見なせるだろう. 後4世紀になってようやく，書かれたタルグムから翻訳が読まれたことへの言及が1つだけなされている [132].

聖書の朗読には講話ないし説教（דרשה）が続き，そのなかで朗読された箇所が解説され実際的な教訓が与えられた. そうした註解がしばしばなされたことは，新約聖書で頻繁に言及される διδάσκειν ἐν ταῖς συναγωγαῖς〔シナゴーグで教える〕[133] やルカ4:20 以下やフィロンの証言（148頁〔及び註102〕を見よ）から明らかである. 説教が預言書の朗読に先行していたかその後になされたかについては本頁上記を見よ. 説教者（דרשן〔ダルシャン〕）[134] は演壇に座った（ルカ4:20 ἐκάθισεν〔席に着いた〕）[135]. 説教も特定の人に限られず，特にフィロンから明らかなように，会衆のメンバーであれば適当と思われる誰にでも開かれていた [136].

祭司による祝福（民6:22 以下）と会衆による「アーメン」の応答で礼拝は終了した [137]. 会衆のなかに祭司がいない場合には，祝福はなされなかっ

た．その代わりに祝祷がハザンによって朗唱された[138]．

以上が安息日の朝の礼拝の次第である．しかし人々は午後の「ミンハー」をささげる時間に再び集まった．従って，フィロンが安息日の集会が午後遅くまで（μέχρι σχεδὸν δείλης ὀψίας）続いたと記しているのは根拠のないことではないのである．午後の礼拝では預言書からの朗読はなく，律法からのみ朗読された．このときは3人が朗読し，それより多くても少なくてもいけなかった[139]．

平日の礼拝も式次第は同じであり，第2日と第5日（月曜日と木曜日）に定期的に礼拝がもたれた[140]．

人々は新月のときにもトーラーを読むために集まった．この場合には，4人の会衆のメンバーが1つのパラシャーを受け持った[141]．実際，年間を通してどの祭日も礼拝とトーラーの朗読によって特徴づけられた．それぞれの祭日に朗読されるべき聖書の箇所は，ミシュナーに詳述されている[142]．

補遺

シュマアとシュモネ・エスレー

シュマアとシュモネ・エスレーは，その古さとユダヤ教の礼拝における重要性のゆえにもう少し詳しく吟味する必要がある．

I　シュマア[143] は，申6：4-9；同11：13-21及び民15：37-41の3つのテクストから成る．このトーラーの箇所は，おもにヤハウェのみがイスラエルの神であることを宣言し，つねに彼を覚えることを確かにする記憶法を定めたものである．この3つの箇所はミシュナーではそれぞれの冒頭の句で呼ばれている．すなわち，(1) שמע，(2) והיה אם שמע，(3) ויאמר である[144]．これを核としてその前後に祝祷が置かれた．ミシュナーによれば，朝のシュマアには2つの祝祷が先行し1つが後に続き，夕方のシュマアには前後に2つの祝祷が置かれる[145]．終わりの祝祷の最初の言葉は，今日のものと全く同じものがミシュナーに引用されている（אמת ויציב［真実にして堅固な］）[146]．従って，これら祝祷の言葉は後にかなり拡大されたにせよ，基本的にはミシュナーの時代に属するのである[147]．

この祈りあるいはより正確には信仰告白と言うべきものは，1日に2回，

朝と夕に唱えることがイスラエル人全ての成人男性に要求された[148]．女性と奴隷と子どもは免除された[149]．これはヘブライ語で唱える必要はなく，どの言語で朗唱してもよかった[150]．

シュマア朗唱の習慣が古代に遡ることはミシュナーにその仕方についての詳細な記述があるという事実から既に明らかである[151]．しかし，ミシュナーは祭司が神殿でこの祈りを唱えることにも言及しているので，少なくとも後70年以前にこれは用いられていた[152]．事実，ヨセフスはその起源を非常に古いものと見なし，モーセ自身によって定められたと考えている[153]．

Ⅱ　シュモネ・エスレー[154] は，シュマアよりは何ほどか新しいものの，それでも根本的にかなり古いものである．ユダヤ教の第1の祈りとして，女性，奴隷，子どもを含む全てのイスラエル人は1日3回，朝，昼（ミンハーを捧げる時間），夕にこれを唱えなければならなかった[155]．これはまさに祈りの中の祈りであったので，たんに התפלה 〔定冠詞つきの〕祈り」として知られていた．バビロニア版に見られる後代の形態では，その名 שמונה עשרה の由来となった18の祈祷ではなく，19の祈祷が数えられている．

1　あなたはほむべきかな，主，わたしたちの神またわたしたちの父祖の神，アブラハムの神，イサクの神，そしてヤコブの神，偉大な，全能の，そして畏れ多い神よ，いと高き神よ，豊かに恵みを施し，万物を造り，父祖たちへの恵みの約束を覚えて，あなたの御名のために愛をもって彼らの子らの子らに贖い主をお遣わしになる方．助け主，救済者，盾なる王よ．あなたはほむべきかな，主，アブラハムの楯よ．

2　主よ，あなたはとこしえに全能であり，死せる者たちを生かしてくださる．あなたは力強く救ってくださる，恵みをもって生ける者たちを養い，大いなる憐れみをもって死せる者たちを生かし，倒れた者たちを支え，病を負った者たちを癒し，囚われ人たちを解き放ち，塵に眠る者たちへの御言葉を忠実に守られる．誰があなたに並ぶことができるでしょうか，全能の業を行う主よ，また誰があなたに較べられることができるでしょうか，生命を奪いまた与え，そして救いを生じさせる王よ．あなたは忠実にも死せる者たちを生かす方．あなたはほむべきかな，死せる者たちを生かす主よ．

Ⅱ 456-7 補遺 153

3 あなたは聖であり，あなたの御名は聖であり，聖なるものたちは日ごとにあなたを誉め称えます．あなたはほむべきかな，主，聖なる神よ．

4 あなたは人間に知識を授け，人に理解を教えてくださる．私たちにあなたからの知識，理解，認識を授けてください．あなたはほむべきかな，主，知識を授けてくださる方よ．

5 私たちの父よ，私たちをあなたのトーラーに立ち帰らせてください．私たちの王よ，私たちをあなたの奉仕に導き，私たちをあなたの御前に確かな立ち帰りへと戻してください．あなたはほむべきかな，主，立ち帰りを喜ばれる方よ．

6 私たちの父よ，私たちをお赦しください，私たちは罪を犯したからです．私たちの王よ，私たちをお許しください，私たちは咎を負ったからです．あなたは許しまた赦してくださるからです．あなたはほむべきかな，主，恵み深く，赦しにあふれる方よ．

7 私たちの苦悩に目をとめ，私たちの申し立てに耳を傾け，あなたの御名のためにすみやかに私たちを贖ってください．あなたは力強い贖い主だからです．あなたはほむべきかな，主，イスラエルの贖い主よ．

8 主よ，私たちを癒してください，そうすれば私たちは癒されるでしょう．私たちを救ってください，そうすれば私たちは救われるでしょう．あなたは私たちの賛美だからです．私たちの傷全てに確かな癒しをもたらしてください．あなたは忠実で憐れみ深い，癒し主なる神また王だからです．あなたはほむべきかな，主，あなたの民イスラエルの病める者たちを癒してくださる方よ．

9 私たちの神なる主よ，私たちのためにこの年を祝福し，その産物全てを豊かに実らせてください．地を祝福し，私たちを良き物で満たしてください．私たちの年を良き年のように祝福してください．あなたはほむべきかな，主，年を祝福してくださる方よ．

10 大いなる角笛をもって私たちの解放を告げ知らせ，のぼりを高く掲げ，私たちの捕囚の民を集め，地の四隅から私たちを集めてください．あなたはほむべきかな，主，あなたの民イスラエルの散らされ

154　　　　　　第 27 節　学校とシナゴーグ　　　　　　II 457-8

た者たちを集めてくださる方よ.

11　昔のように私たちの裁き人たちを, はじめのように私たちの助言者
たちを回復してください. 悲しみと嘆きを私たちから取り去ってく
ださい. 主よ, あなたのみが恵みと憐れみのうちにわたしたちを統
治してください. 裁きにおいて私たちを義としてください. あなた
はほむべきかな, 主, 義と裁きとを愛される王よ.

12　密告者たちには希望がありませんように. そして, 悪を行うすべて
の者がただちに滅ぼされますように. そして彼らがすみやかに絶え
させられますように. 高慢な者たちを引き抜き, 粉砕し, 卑しめて
ください, すみやかに私たちの時代に. あなたはほむべきかな, 主,
敵を粉砕し, 高慢な者たちを卑しめられる方よ.

13　義しい者たちの上にまた敬虔な者たちの上に, そしてあなたの民イ
スラエルの家の長老たちの上に, そしてそのトーラー学者たちの残
りの者たちの上に, そして義しい改宗者たちの上に, そして私たち
の上に, あなたの憐れみが注がれますように, 主なる私たちの神よ.
そしてあなたの御名に堅く拠り頼む全ての者たちに豊かな報いをお
与えください. 私たちが恥を受けることのないように, 私たちの嗣
業が彼らと共にとこしえにありますように. 私たちはあなたに拠り
頼んできたからです. あなたはほむべきかな, 主, 義しい者たちの
支えまた拠り所であられる方よ.

14　あなたの都エルサレムに憐れみをもって立ち帰り, あなたが語られ
たようにそのただ中に住んでください. そして私たちの時代にすみ
やかにこれをとこしえの建物として建て, そのただ中にただちにダ
ビデの王座を据えてください. あなたはほむべきかな, 主, エルサ
レムをお建てになる方よ.

15　ダビデの若芽をただちに萌え出させ, その角をあなたの救いによっ
て高く挙げてください. 私たちはあなたの救いを終日待ちこがれて
いるからです. あなたはほむべきかな, 主, 救いの角を萌え出させ
られる方よ.

16　私たちの神なる主よ, 私たちの声をお聞きください. 私たちを容赦
し, 私たちを憐れみ, 憐れみと喜びをもって私たちの祈りを受けい

れてください．あなたは祈りと願いをお聞きくださる神だからです．
私たちの王よ，私たちをあなたの御前より虚無へと戻さないでくだ
さい．あなたは憐れみをもってあなたの民イスラエルの祈りをお聞
きくださるからです．あなたはほむべきかな，主，祈りをお聞きく
ださる方よ．

17 私たちの神なる主よ，あなたの民イスラエルとその祈りをお喜びく
ださい．あなたの家の至聖所に礼拝を回復させ，愛と喜びをもって
イスラエルの供物とその祈りを受けいれてください．あなたの民イ
スラエルの礼拝が常にあなたを喜ばすものでありますように．憐れ
みをもってのあなたのシオン帰還を私たちの目が見ることのできま
すように．あなたはほむべきかな，主，あなたの臨在（שכינה）をシ
オンに戻してくださる方よ．

18 私たちはあなたに感謝します，あなたはとこしえに私たちの神また
私たちの父祖の神なる主，私たちの生命の岩，代々に私たちの救い
の盾だからです．わたしたちはあなたに感謝し，あなたの賛美を口
にします，あなたの御手に渡された私たちの生命のゆえに，またあ
なたに委ねられた私たちの魂のゆえに，そして日ごと私たちに与え
てくださるあなたの奇跡のゆえに，そしてあなたの驚くべき業のゆ
えに，夕に朝に昼にたえずなされるあなたの良き業のゆえに．その
憐れみが尽きることのない善なる方よ，その恵みが増し加えられる
憐れみ深き方よ，私たちはとこしえにあなたにかしずきます．これ
らすべてのゆえに，あなたの御名が誉め頌えられ，崇められますよ
うに，私たちの王よ，永久にとこしえに．生けるもの全てがあなた
に感謝しますように，セラ，そして真実にあなたの御名を誉め頌え
ますように，神なるあなたよ，私たちの救いまた私たちの助けよ，
セラ．あなたはほむべきかな，主，善はあなたの御名，そしてあな
たに感謝することはふさわしいこと．

19 平安，善と祝福，恵みと恩寵と憐れみを，私たちとあなたの民イス
ラエル全てにもたらしてください．私たちの父よ，私たちを祝福し
てください，私たちすべてを共に，あなたの御顔の光をもって．な
ぜなら私たちの神なる主よ，あなたは御顔の光によって，私たちに
生命のトーラーと慈愛と義と祝福と憐れみと生命と平和を与えてく

ださいましたから．いついかなるときも，あなたの平安をもってあなたの民イスラエルを祝福することがあなたの御目に適うことでありますように．あなたはほむべきかな，主，平安をもってあなたの民イスラエルを祝福してくださる方よ．アーメン．

　これら 19 のブラホット〔祈祷〕のうち，最初の 3 つは神の全能と恵みをほめたたえ，最後の 2 つ（18 と 19）は神の善に対し神に感謝し，祝福一般を神に願うものとなっている．その間にあるのが懇願そのものである．第 4–第 9 は，知識，悔い改め，赦し，悪からの解放，健康，そして豊かな地を求め，第 10–第 17 は，散らされた者の再統一，民族的優位の回復，神なき者の破滅，義人への報い，エルサレムの再建，メシアの派遣，祈りの受容，供儀礼拝の再興を祈っている．

　その内容から明らかなように，この祈りの最終形態は後 70 年のエルサレム破壊より後である．第 14 と第 17 の祈祷にはこの都の崩壊と供儀の中止が前提されているからである．他方，これは既にミシュナーに שמונה עשרה〔シュモネ・エスレー＝十八祈祷〕の名で引用されており 156)，それと共にラバン・ガマリエル II 世，ラビ・ヨシュア，ラビ・アキバ，ラビ・エリエゼルといった 2 世紀初頭の偉大なラビたちが，毎日十八祈祷全てを唱えるべきなのかそれともその一部だけでよいのか 157)，雨期や安息日に付加される祈祷はどのように挿入されるべきなのか，また新年にはどのように祈るべきなのかといったことを議論していることも触れられている 158)．従って，十八祈祷という形態に落ち着いたのは後 70–100 年頃であったに違いない．しかしこの祈りのもとになったものは，はるか以前からあっただろう 159)．

　後 70–100 年頃のこの祈りの言葉遣いをその細部に至るまで復元することはもはやできないが，これまで知られているいくつかの版の内，カイロ・ゲニザで発見され 1898 年に S. シェヒターによって刊行されたテクストは恐らくオリジナルに最も近いものであろう．このテクストでは，1 つ 1 つの祈祷はしばしばバビロニア版より短いものとなっているが，全体の構成はほぼ正確に同じである．特に，各祈祷を締めくくる頌栄は殆ど単語レベルまで普及版と一致しており，疑いなく後 1 世紀最後の 30 年間に遡る構成を示している．

パレスチナ版

1 あなたはほむべきかな，主，私たちの父祖の神，アブラハムの神，イサクの神，ヤコブの神，偉大な，全能の，そして畏れ多い神よ，天地を創造されたいと高き神よ，私たちの盾また私たちの父祖の盾よ，代々私たちの拠り所よ．あなたはほむべきかな，主，アブラハムの楯よ．

2 あなたは全能であり，傲れる者たちを卑しめなさる．力強く，そして暴れる者たちをお裁きになる．とこしえに生き，死せる者たちを起こしなさる．風を吹かせ，露を置かれる．生ける者たちを養い，死せる者たちを生かされる．あなたは瞬く間に私たちの救いを生じさせる．あなたはほむべきかな，主，死せる者たちを生かす方よ．

3 あなたは聖であり，あなたの御名は畏れ多く，そしてあなたのほかに神はありません．あなたはほむべきかな，主，聖なる神よ．

4 私たちに授けてください，私たちの父よ，あなたから（きたる）知識を，またあなたのトーラーから（きたる）理解と認識を．あなたはほむべきかな，主，知識をお授けになる方よ．

5 主よ，私たちをあなたに立ち帰らせてください，そうすれば私たちは悔い改めるでしょう．私たちの日々を昔のように再興してください．あなたはほむべきかな，主，立ち帰りを喜ばれる方．

6 私たちの父よ，私たちをお赦しください，私たちはあなたに罪を犯したからです．私たちの悪行をあなたの御目から消し去り取り去ってください．あなたの憐れみは多いからです．あなたはほむべきかな，主，恵みにあふれる方よ．

7 私たちの苦悩に目をとめ，私たちの申し立てに耳を傾け，あなたの御名のために私たちを贖ってください．あなたはほむべきかな，主，イスラエルの贖い主よ．

8 私たちの神なる主よ，私たちを癒してください，私たちの心の痛みを，悲しみと憂いを私たちから取り去り，私たちの傷に癒しをもたらしてください．あなたはほむべきかな，主，あなたの民イスラエ

158 第27節 学校とシナゴーグ II 460-1

ルの病める者たちを癒してくださる方よ．

9 私たちの神なる主よ，私たちのためにこの年を祝福し，その産物全
てを豊かに実らせてください．私たちの最後の償いの年をすみやか
にもたらしてください．露と雨を地の面に与えてください．あなた
の善の宝庫からこの世を満たしてください．私たちの手になる業に
祝福を与えてください．あなたはほむべきかな，主，年を祝福して
くださる方よ．

10 大いなる角笛をもって私たちの解放を告げ知らせ，のぼりを高く掲
げ，私たちの捕囚の民を集めてください．あなたはほむべきかな，
主，あなたの民イスラエルの散らされた者たちを集めてくださる方
よ．

11 昔のように私たちの裁き人たちを，はじめのように私たちの助言者
たちを回復してください．あなたのみがわたしたちを統治してくだ
さい．あなたはほむべきかな，主，裁きを愛される方よ．

12 背教者たちには希望がありませんように．そして，高慢な王国がす
みやかに引抜かれますように，私たちの日々に．そしてナザレ人た
ちと異端者たちがただちにほろびますように，命の書から消し去ら
れますように，そして義なる者たちと共に彼らが書き記されること
のありませんように．あなたはほむべきかな，主，高慢な者たちを
卑しめられる方よ．

13 義しい改宗者たちの上にあなたの憐れみが注がれますように，私た
ちに豊かな報いを与えてください，あなたの喜びを行う者たちと共
に．あなたはほむべきかな，主，義しい者たちの拠り所であられる
方よ．

14 私たちの神なる主よ，あなたの大いなる憐れみをもって憐れんでく
ださい，あなたの民イスラエルとあなたの都エルサレムを，あなた
の栄光の居所であるシオンを，あなたの宮とあなたの住居を，あな
たの義しいメシアであるダビデ家の王国を．あなたはほむべきかな，
主，エルサレムをお建てになるダビデの神よ．

15 私たちの神なる主よ，私たちの祈りの声を聞き，私たちを憐れんで

ください．あなたは恵み深くまた憐れみ深い神だからです．あなた
はほむべきかな，主，祈りをお聞きくださる方よ．

16 私たちの神なる主よ，喜んでシオンにお住みください．あなたの僕
たちがエルサレムにおいてあなたに仕えますように．あなたはほむ
べきかな，主，私たちが畏れをもって礼拝する方よ．

17 私たちはあなたに感謝します，主，私たちの神また私たちの父祖の
神よ．私たちにお授けくださった，また私たちと私たち以前の私た
ちの父祖に行なってくださった，善と恵みと憐れみ全てのゆえに．
私たちの足が滑りますと私たちが申し上げるときには，主よ，あな
たの恵みは私たちをお救いくださる．あなたはほむべきかな，主，
善なる方よ，あなたは感謝が捧げられるべき方です．

18 あなたの平安をもたらしてください，あなたの民イスラエルの上に，
あなたの都の上に，またあなたの嗣業の上に．そして祝福してくだ
さい私たち全てを共に．あなたはほむべきかな，主，平安をつくら
れる方よ．

　パレスチナ版における最も重要な違いは，メシア到来を祈る独立した祈祷
──バビロニア版の第15祈祷──がないことである．その内容は第14祈祷
に短く表現されている[160]．それゆえパレスチナ版は正確に18のブラホット
から成っているのである．しかし，この特徴はこのテクストが元来のもので
あることを示すかのように見えるものの，他の特徴はそれに疑問を投げかけ
ている．未来の希望についてのあらゆる側面を包含している祈りから，特に
メシア到来を暗示する部分のみが割愛されたとは考えがたい．またエルサレ
ム再建の祈りとの結びつきもぎこちない．さらに，決定的な伝承がある．す
なわち，19のブラホットという計算は，「異端者に対するブラハー〔祈祷〕」
(ברכת המינים〔ビルカット・ハミーニーム〕)，つまり第12祈祷の挿入による
のであって，第14祈祷を2つに分けたことによるのではないとされている．
「綿商人のシメオンは，ヤブネでラバン・ガマリエルの時代に十八祈祷を順に
並べた．ラバン・ガマリエルは賢者たちに言った，『お前たちの中に誰か異端
者に対するブラハーを制定できる者はいないか？』.そこで小サムエルが立っ
てそれを制定した」[161]．もしこの伝承が信頼できるならば，パレスチナ版の
テクストは最も古いものであるにしても，後2世紀初頭に遡る祈りと見なす

ことはできないということになる．また，ゲニザからの諸断片には重要な異
読が含まれており，テクスト伝承が流動的であったことにも注意を払わなけ
ればならない [162]．

　異端者に対するブラハーがキリスト教徒のことを指しているからといって，
パレスチナ版が後1世紀に由来すると論ずることはできない．一方でテクス
ト伝承が不確かであるし [163]，もう一方でユダヤ人のキリスト教徒に対する
呪いについての教父の証言は後の時代に由来するからである [164]．ゲニザのテ
クストが נצרים （ナザレ人もしくはユダヤ人キリスト教徒）を含んでいるこ
とは，シュモネ・エスレーのテクスト伝承においては特異なことである．נצרים
は比較的せまい概念であって，מינים （異端者，背教者一般）という広い概念
の方が恐らくより古いものであろう [165]．

註

1) ヨセフス『アピオン』ii 17 (175) ＝エウセビオス『福音の準備』viii 8, 11：Κάλλιστον
   καὶ ἀναγκαιότατον ἀπέδειξε παίδευμα τὸν νόμον οὐκ εἰσάπαξ ἀκροασομένοις οὐδὲ δὶς ἢ
   πολλάκις ἀλλ' ἑκάστης ἑβδομάδος τῶν ἄλλων ἔργων ἀφεμένους ἐπὶ τὴν ἀκρόασιν ἐκέλευσε
   τοῦ νόμου συλλέγεσθαι καὶ τοῦτον ἀκριβῶς ἐκμανθάνειν．〔彼［モーセ］は律法を最高か
   つ必要な教育とし，1度や2度または何回かそれを聞くのではなく，7日目ごとに他の
   仕事を止めて律法を聞くために集まり，それを正確に学ぶよう命じた．〕ヨセフス『古
   代誌』xvi 2, 4 (43) ニコラオスの言葉：τὴν τε ἑβδόμην τῶν ἡμερῶν ἀνίεμεν τῇ μαθήσαι
   τῶν ἡμετέρων ἐθῶν καὶ νόμου．〔我々は7日目を我々の慣習と律法の学びに献げている．〕
2) フィロン『モーセの生涯』ii 39 (216)：Ἀφ' οὗ καὶ εἰσέτι νῦν φιλοσοφοῦσι ταῖς
   ἑβδόμαις Ἰουδαῖοι τὴν πάτριον φιλοσοφίαν, τὸν χρόνον ἐκεῖνον ἀναθέντες ἐπιστήμῃ καὶ
   θεωρίᾳ τὸν περὶ φύσιν. Τὰ γὰρ κατὰ πόλεις προσευκτήρια τί ἕτερόν ἐστιν ἢ διδασκαλεῖα
   φρονήσεως καὶ ἀνδρείας καὶ σωφροσύνης καὶ δικαιοσύνης, εὐσεβείας τε καὶ ὁσιότητος
   καὶ συμπάσης ἀρετῆς, ᾗ κατανοεῖται καὶ κατορθοῦται τά τε ἀνθρώπεια καὶ θεῖα．〔それ以
   来今にいたるまで，ユダヤ人は7日目ごとにその父祖たちの哲学を学び，自然につい
   ての知識と観察のためにその時を費やしている．なぜなら，町々にある祈りの家は，
   摂理と勇気と節制と正義，また敬虔と聖性とあらゆる徳——それによって人と神に関
   する事柄が認識され適切になされるのだが——の学校以外の何であろうか．〕フィロン
   『ガイウス』23 (156)：Ἠπίστατο οὖν καὶ προσευχὰς ἔχοντας καὶ συνιόντας εἰς αὐτὰς,
   καὶ μάλιστα ταῖς ἱεραῖς ἑβδόμαις, ὅτε δημοσίᾳ τὴν πάτριον παιδεύονται φιλοσοφίαν〔そ
   れゆえ彼は，彼らが祈りの家を持っておりそこに集まること，特に聖なる7日目には
   ［そこに集まって］公然と父祖たちの哲学を学ぶことを知っていた〕参照．
3) マタ4：23；マコ1：21；6：2；ルカ4：15, 31；6：6；13：10；ヨハ6：59；18：

Ⅱ　シナゴーグ　(註)　　　*161*

20.

4)　「会堂司の孫であり会堂司の息子であり祭司 (ἱερεύς) にして会堂司であったウェッ
テヌスの息子のテオドトスは，律法朗読と掟の教育のためにシナゴーグを建てた
(ᾠκοδόμησε τὴν συναγωγὴν εἰς ἀν[άγν]ωσ[ιν] νόμου καὶ εἰς [δ]ιδαχ[ὴ]ν ἐντολῶν). Frey,
CIJ II, no. 1404 (pp. 332-35); B. Lifshitz, *Donateurs et fondateurs dans les synagogues juives*
(1967), no. 79, pp. 70-71 参照.

5)　以下のキリスト教以前のエジプトとデロスからの碑文ないしパピルスはユダヤ教
の προσευχαί に言及している．CPJ I, p. 8 及び P. M. Fraser, *Ptolemaic Alexandria* (1972),
ch. 2, n. 316 と 5, n. 766 も見よ.

　　(a) アレクサンドリアの南に位置するスケディアからのプトレマイオスⅢ世（エウ
エルゲテース，前 247-221 年）の時代からの碑文．ὑπὲρ βασιλέως Πτολεμαίου καὶ
βασιλίσσης Βερενίκης ἀδελφῆς καὶ γυναικὸς καὶ τῶν τέκνων τὴν προσευχὴν οἱ Ἰουδαῖοι
〔プトレマイオス王とその妹にして妻である女王ベレニケ及びその子供たちのために，
この祈りの家をユダヤ人が［建立]]，OGIS 726; S. Krauss, RE IVA, col. 1306; SB 8922;
Frey CIJ II, no. 1440, pp. 366-7; CPJ III, p. 141, no. 1440 (Appendix I: the Jewish Inscriptions
of Egypt).

　　(b) プトレマイオスⅢ世エウエルゲテース治下のアルシノエ・クロコディロポリス
でシナゴーグに献げられた碑文．ὑπὲρ βασιλέως Πτολεμαίου τοῦ Πτολεμαίου καὶ
βασιλίσσεης Βερενίκης τῆς γυναικὸς καὶ ἀδελφῆς καὶ τῶν τέκνων οἱ ἐν Κροκ[ο]δίλων
πόλει Ἰου[δαῖ]οι τὴν προ[σ]ε[υχήν]〔プトレマイオスの子プトレマイオス王とその妹に
して妻である女王ベレニケ及びその子供たちのために，クロコディロポリスのユダヤ
人がこの祈りの家を［建立]]. A. Vogliano, Riv. filol. 67 (1939), pp. 247-51; SB 8939; CPJ
III, p. 164, no. 1532A.

　　(c) 下エジプトからの碑文で現在ベルリン博物館所蔵．プトレマイオスⅢ世＝エウ
エルゲテースⅠ世の時代（ただし，前 170-116 年の間に何度か支配者になったプト
レマイオスⅧ世エウエルゲテースⅡ世の時代の可能性もある）に遡る古い碑文の繰り返
し．古い日付については L. Mitteis, U. Wilcken, Grundzüge und Chrestomathie der
Papyruskunde I.2 (1912), p. 78, no. 54 参照. βασιλεὺς Πτολεμαῖος Εὐεργέτης τὴν
προσευχὴν ἄσυλον〔プトレマイオス・エウエルゲテース王はこの祈りの家を神聖であ
る［と公布する]]. CIL III 6583; OGIS 129; SB 8880; Frey, CIJ II, no. 1449 (pp. 374-76);
CPJ III, p. 144, no. 1449.

　　(d) 中エジプトのファイユームからのパピルスで，前 218 年 5 月 11 日の日付がある.
ある女が返してもらえない外套の盗みについて王に請願している．その中に ἐν τῇ
προσευχῇ τῶν Ἰου[δαίων]〔ユダヤ人の祈りの家に〕という表現が現れる（この盗人は
外套を「祈りの家の僕」に預けたようだ）．テクスト，翻訳，参考文献は，CPJ I, no.
129 にある.

　　(e) アトリビスからの 2 つの碑文，恐らくプトレマイオスⅥ世フィロメートールの
時代に由来．(1) ὑπὲρ βασιλέως Πτολεμαίου καὶ βασιλίσσης Κλεοπάτρας Πτολεμαῖος
Ἐπικύδου ὁ ἐπιστάτης τῶν φυλακιτῶν καὶ οἱ ἐν Ἀθρίβει Ἰουδαῖοι τὴν προσευχὴν Θεῷ
ὑψίστῳ〔プトレマイオス王と女王クレオパトラのために，市長であるエピクデスの子

プトレマイオスとアトリビスのユダヤ人はこの祈りの家をいと高き神に［捧げる]]．

(2) ὑπὲρ βασιλέως Πτολεμαίου καὶ βασιλίσσης Κλεοπάτρας καὶ τῶν τέκνων Ἑρμίας καὶ Φιλοτέρα ἡ γυνὴ καὶ τὰ παιδία τήνδε ἐξέδραν τῇ προσευχῇ〔プトレマイオス王と女王クレオパトラとその子どもたちのために，ヘルミアスとその妻フィロテラとその子どもたちはこの部屋を祈りの家に［提供する]]．OGIS 96, 101; Krauss, RE IVA, cols. 1306-7; SB 8872; 8875; Frey, CIJ II, nos. 1443-4 (pp. 370-1); CPJ III, pp. 142-3, nos. 1443-4.

(f) デルタ南西のニトリアイからの碑文，前 143 年と前 117 年の間の日付．ὑπὲρ βασιλέως Πτολεμαίου καὶ βασιλίσσης Κλεοπάτρας τῆς ἀδελφῆς καὶ βασιλίσσης Κλεοπάτρας τῆς γυναικὸς Εὐεργετῶν οἱ ἐν Νιτρίαις Ἰουδαῖοι τὴν προσευχὴν καὶ τὰ συγκύροντα〔保護者たちであるプトレマイオス王とその姉妹女王クレオパトラとその妻女王クレオパトラのために，ニトリアイのユダヤ人は祈りの家とその付属品を［捧げる]]．SEG VIII 366; CIJ II, no. 1422; SB 7454; CPJ III, p. 142, no. 1442.

(g) ダマンフル近くのクセネフィリスからの碑文，前 143 年と前 117 年の間の日付(同様の献辞)．οἱ ἀπὸ Ξενεφύρεος Ἰουδαῖοι τὸν πυλῶνα τῆς προσευχῆς〔クセネフィリスのユダヤ人，この祈りの家の門を［建立]]．SB 5862; CIJ II, no. 1441; CPJ III, p. 141, no. 1441.

(h) 前 2 世紀のアレクサンドリアからの碑文．[θ]εῷ ὑψίστῳ [ἐπήκοῳ τ]ὸν ἱερὸν [περίβολον καὶ] τὴν προσ[ευχὴν καὶ τὰ συγ]κύροντα〔祈りを聴き給ういと高き神に，この聖域と祈りの家とその付属品を〕．SB 589; CIJ II, no. 1433; CPJ III, p. 139, no. 1433.

(i) 前 2 世紀後半のファイユームのアルシノエからのパピルス．パピルス・テブトゥニス 86. この財産のリストの中に，προσευχὴ Ἰουδαίων〔ユダヤ人の祈りの家〕が 2 度言及されている（第 18 行と 29 行）．それは「聖なる園」(ἱερὰ παράδεισος) として知られる土地を所有している．CPJ I, no. 134 参照．

(j) アレクサンドリア（ガバリー）の碑文，日付は不確かだが恐らく前 36 年．ὑπὲρ βασ[ιλίσση]ς καὶ β[ασιλ]έως θεῷ [με]γάλῳ ἐ[πηκό]ῳ Ἄλυπ[ος τὴν] προσε[υχὴν] ἐπόιει [...] (ἔτους) ιε´ Με[χειρ ...]〔女王と王のために，祈りを聴き給う偉大なる神に，アルポスは第 15 年にこの祈りの家を建立し，メケイル……〕，Bulletin de la Societé archéol. d'Alexandrie 4 (1902), p. 86; SAB 1902, p. 1094 = Archiv für Papyrusforschung 2 (1902), p. 559; OGIS 742; SB 8934; CIJ II, no. 1432 (p. 360); CPJ III, p. 139, no. 1432.

(k) 前 1 世紀後半に由来するパピルス断片，出土地不明．「祈りの家でもたれた会議」(ἐπὶ τῆς γ[ε]νηθείσης συναγωγῆς ἐν τῇ προσευχῇ) を通った決議文に言及している．CPJ I, no. 138.

(l) デロスからの碑文．CIJ I, no. 726: Ἀγαθοκλῆς καὶ Λυσίμαχος ἐπὶ προσευχῇ〔祈りの家のアガトクレースとリュシマコス〕．ここのシナゴーグについては，A. Plassart, 'La Synagogue juive de Délos', Mélanges Holleaux (1913), pp. 201-15; RB 11 (1914, pp. 523-34; E. R. Goodenough, Jewish Symbols II, pp. 71-5; Ph. Bruneau, Recherches sur les cultes de Délos (1970), pp. 480-93 (最も権威ある現代の議論) を見よ．さらに，第Ⅲ〔Ⅴ〕巻 31 節Ⅰ参照．

6) J. Bright, A History of Israel (²1972), p. 439. シナゴーグの起源については，参考文献の (b) を参照．

Ⅱ　シナゴーグ（註）

7)　ヨセフス『アピオン』ⅱ 17（195）とフィロン『モーセの生涯』ⅱ 39（216）に加え
て，エウセビオス『福音の準備』ⅷ 7, 12-13 のなかのフィロン，フィロン『十戒各
論』ⅱ 15（62）参照．偽タルグム・ヨナタンの出 18：20 は，シナゴーグで（בבית
כנישתהון）唱えられるべき祈りの編纂をモーセに帰している．モーセ時代の敬虔な制度
を全て族長時代に遡らせようとする傾向に一致して，בית אולפנא〔ベート・ウルパナ
＝学びの家〕と בית מדרשא〔ベート・ミドラシャ＝学習の家〕はヤコブの時代に既に
存在していたとされる．ヤコブは前者に仕え，後者を建てたとされる．偽タルグム・
ヨナタンの創 25：27；33：17 参照．タルグム・ネオフィティの創 25：27（ヤコブは
בתי מדרשא に住んでいた）参照．

8)　Λιβερτῖνοι は恐らくローマの「解放奴隷」もしくはその子孫のことであろう．つま
り，ポンペイウスによって捕虜としてローマに連れ去られたが，その主人によってす
ぐに解放されたユダヤ人の子孫である．フィロン『ガイウス』23（155）．多くの者は
後にエルサレムに帰り，そこに独立の共同体を形成した．同様に，エルサレムにはキ
ュレネやキリキアやアシアなどのヘレニズム世界出身のユダヤ人が数多く住んでおり，
特別な共同体を形成していた．これをリビア人（Λιβύων, Λιβυστίνων, アルメニア版参
照）とする推測上の読みについては，E. Haenchen, *The Acts of the Apostles, in loc.* 参照．

9)　ネダ 5：5「どのようなものが町（の人々）に属しているのか？公共の広場，公衆浴
場，シナゴーグ，（律法の）聖櫃，（聖なる）書物である」．

10)　メギラ 3：1「町の人々がその町の広場を売りに出すならば，その代金でシナゴーグ
を買わねばならない．もしシナゴーグ〔を売りに出す〕ならば，（律法の）聖櫃を〔買
わねばならない〕．もし聖櫃〔を売りに出す〕ならば，（律法の）覆い布を〔買わねば
ならない〕．もし覆い布〔を売りに出す〕ならば，聖書を〔買わねばならない〕．もし
聖書〔を売りに出す〕ならば，トーラー〔の巻物を買わねばならない〕」．

11)　ブラホ 4：7「ラビ・エルアザル・ベン・アザリヤは言う，『ムサフ（安息日と祭日
の追加の祈り）は町の会衆のなかでのみ唱えられるべきである』．賢者たちは言う，
『町の会衆のなかでも町の会衆の外でも』．ラビ・ユダは自分の名において言う，『町の
会衆のあるところでは，個人はムサフを唱えることから免除される』」．この珍しい表
現〔חבר עיר〕は様々に説明されている．しかし，共同体が意味されていること，また
宗教共同体は חבר ではなく כנסת として知られていることから，חבר は市民共同体を
指しているものと取るべきである．これは BT メギラ 27b と一致する．חבר עיר につい
ては，スマホット 11-12, A. Büchler, *Der galiläische Am ha-Areṣ des 2. Jahrhunderts*
(1906), pp. 210-12; S. Krauss, *Synagogale Altertümer* (1922), pp. 19-23; R. Meyer, *Tradition
und Neuschöpfung im antiken Judentum* (1965), p. 26; S. Safrai, 'Jewish Self-government',
JPFC I (1974), pp. 415-16 参照．

12)　ブホロ 5：5；ザヴィ 3：2．全体としてのイスラエル共同体も כנסת ישראל として知
られている．W. Bacher, *Die exegetische Terminologie der jüdischen Traditionsliteratur*
(1905) I, p. 85; II, pp. 87 f. この語の構成については，Bacher, HDB IV, p. 636 参照．ギリ
シア語の συναγωγή は「会衆」の意味でたとえば使 6：9；9：2 で用いられている．フ
ォケアの碑文（CIJ II, no. 738）：ἡ συναγωγὴ ἐ[τείμη]σεν τῶν Ἰουδαίων〔ユダヤ人の会
衆は栄誉を与えた〕．フリュギアのアクモニアの碑文，no. 766（よりよいテクストは

MAMA VI, 624) ἡ συναγωγὴ ἐτίμησεν . . .〔会衆は栄誉を与えた〕. パンティカパエウ
ム出土のボスポロス・キムメリウスについての碑文, 後81年. Latyschev, IOSPE II
(1890), no. 52; IGR I 881; CIJ I, no. 683; CIRB no. 70: συνε[πιτ]ροπευούσης δὲ καὶ τῆ[ς]
συναγωγῆ[ς] τῶν Ἰουδαίων〔ユダヤ人の会衆もともに管理している〕(Latyschev no. 53;
CIJ no. 684; CIRB, no. 73 も同じ). CIRB, no. 72, 及び 71: ἐπιτροπευούσης τῆς συναγωγῆς
τῶν Ἰουδαίων καὶ Θεὸν σεβῶν〔ユダヤ人と神を敬う者の会衆が管理している〕にも注
意せよ. H. Bellen, JAC 8/9 (1965/6), pp. 171-6 参照. ローマのユダヤ人墓碑銘にはしば
しば現れる. 第Ⅲ〔Ⅴ〕巻第31節Ⅱ参照.「会衆」または「集会」を意味する συναγωγή
の用法は, ベレニケ(ベンガジ)からの3つの公告に特に明らかである. CIG 5631-2,
republished by J. and G. Roux, REG 62 (1949), pp. 281-96; G. Caputo, Parola del Passato 12
(1957), pp. 132-4 = SEG XVII, no. 823. 後のユダヤ教でそれが通常「会衆」を意味して
いたことは, 特に教会教父の用法から明らかである. 彼らは συναγωγή をユダヤ人と
キリスト教徒の両方に対して礼拝のために集まる人々の集団の意味で用いており, 他
方 ἐκκλησία〔エクレーシア〕の語をキリスト教会のみに用いている. G. W. H. Lampe,
A Patristic Greek Lexicon, s.vv. 参照. エビオン派は συναγωγή を自分たちキリスト教の会
衆自身に対しても用いている(エピファニオス『パナリオン』30, 18: συναγωγὴν δὲ
οὗτοι καλοῦσι τὴν ἑαυτῶν ἐκκλησίαν καὶ οὐχὶ ἐκκλησίαν〔この者たちは, 彼ら自身の教
会をエクレーシアでなくシナゴーグと呼んでいる〕). キリスト教徒のパレスチナ・ア
ラム語では, ギリシア語の συναγωγή に相当する כנישתא は「教会」を意味する通常の
言葉だったようである. F. Schulthess, *Lexicon Syro-Palaestinum* (1903), p. 95 s.v. 参照.
しかし, キリスト教世界では, パウロ以来 ἐκκλησία が優位を保持していた. 一見した
ところでは, このユダヤ教とキリスト教の用法の対照は, 驚くべきものに見える. な
ぜなら, 旧約聖書では συναγωγή と ἐκκλησία の間に何の区別もないからである. 七十
人訳は συναγωγή を עדה に, ἐκκλησία を通常 קהל に当てている. 同様にタルグムも,
כנישתא を עדה に, קהלא を קהל に当てている. 前者は主に, 出エジプト記, レビ記,
民数記, ヨシュア記で用いられ, 後者は申命記, 歴代誌上下, エズラ記, ネヘミヤ記
で用いられている. どちらも非常に頻繁にまた実質的な区別なく,「イスラエルの会衆」
を表している. しかし, 後のユダヤ教はこの2つの概念の用法に区別を設け, συναγωγή
がより経験的な現実の観点から会衆を描くのに対し, ἐκκλησία は理想的な意義という
観点から用いられている. つまり, συναγωγή はどこかに確立されている共同体であり,
ἐκκλησία はイスラエルの理想的共同体である קהל として神によって救済へと呼び出さ
れた者たちの会衆である (קהל については, イェヴァ8:2; キドゥ4:3; ホラヨ1:
4-5; ヤダ4:4). συναγωγή は単に経験的な事実を表現し, ἐκκλησία は宗教的な価値判
断を含んでいるのである. 既にユダヤ教にも広まっていたこの2つの概念の区別は,
どうしてキリスト教の用法において殆ど排他的に後者の表現が用いられたかを説明し
ている. ちなみに最後に注意しておきたいのは, ミシュナーでは頻繁に צבור〔ツィブ
ール＝公〕という表現が用いられているということである. これは会衆を共同体とし
て言及するのではなく, 個人から区別された全体を表している. 例えば, שליח צבור
〔公使〕という表現は後で扱うが, ブラホ5:5; ロシュ4:9に現れる. 祭儀用語でイ
スラエル全体の名でささげられる公の供儀は קרבנות צבור と呼ばれる (シュカ4:1,

II シナゴーグ（註） *165*

6；スカ5：7；ズヴァ14：10；メナホ2：2；8：1；9：6，7，9；トゥムラ2：1；クリ
ト1：6；パラ2：1）．また חטאת צבור〔公の罪〕（ヨマ6：1；ズヴァ5：3，その他），
זבחי שלמי צבור〔公の和解の献げ物〕（ペサ7：4；ズヴァ5：5，その他）も参照．公の
断食は על הצבור〔公に〕定められたものとして言及される（タア1：5-6；2：9-10）．
従って，צבור は共同体ではなく全体である．クムランの用法では，עדה と קהל はほぼ
同義語でイスラエルの会衆全体を意味している．この共同体自体は יחד として知られ，
これを支配するのは「共同体の会議」（עצת היחד）であった．DSS, pp. 88-92 参照．ま
た P. Wernberg-Møller, 'The Nature of the YAḤAD according to Manual of Discipline and
related Documents', *Dead Sea Scroll Studies* 1969, ALUOS 6 (1969), pp. 56-81; W. Schrage,
TDNT VII (1971), pp. 809-10 参照．

13) 特にテラの前200年頃の『エピクテタの遺訓』のなかでこのように用いられている
（IG XII 3, no. 330）．Th. Ziebarth, *Das griechische Vereinswesen* (1896), pp. 7 f. も参照．エ
ピクテタは自分の亡夫と亡くなった2人の息子を崇めるカルトを組織したが，これは
その家族の男性によって挙行されねばならなかった．(1) この目的に身を捧げた25人
のメンバーからなるこの集団は，συναγωγή ではなく，τὸ κοινὸν τοῦ ἀνδρείου τῶν
συγγενῶν〔男性親族の集団〕と呼ばれた．ただ年ごとの会合に関してのみ次のような
慣用表現が用いられた．ὥστε γίνεσθαι τὰν συναγωγὰν ἐπ' ἀμέρας τρεῖς ἐν τῷ μουσείῳ
〔ムーサイの霊廟で3日目に集会を開き〕（118-119行）または，τὰν δὲ συναγωγὰν τοῦ
ἀνδρείου τῶν συγγενῶν γίνεσθαι ἐμ μήνι Δελφινίῳ〔デルフィニオスの月に男性親族の集
会を開く〕（131-133行）．(2) この語はメンフィス近くのイドマヤ人の政体への尊称
としても用いられている（前2世紀）．ἐπὶ συναγωγῆς τῆς γενηθείσης ἐν τῷ ἄνω
Ἀπολλωνιείῳ〔上なるアポロの神殿で開かれた集会で〕（OGIS 737）．(3) キュベレと
アポロの女祭司を称えるパレードの公告において（場所は不明，恐らくビティニア，
前2世紀）彼女は ἐν τῇ τοῦ Διὸς συναγωγῇ〔ゼウスの集会で〕冠を受けたと言われて
いる（A. Conze, *Reise auf der Insel Lesbos* [1865], pp. 61-4, plate xix = P. Foucart, *Des
associations religieuses chez les Grecs*, p. 238, no. 65)．「集会」を意味する συναγωγή につ
いてはさらに Syll.3 734, l. 10; 735, l. 49（アンダニアの秘義についてのメッセニアの法）
等を見よ．(4) コマゲネの王アンティオコスが自分のために建てた墓の碑文（OGIS 383;
IGLS I, no. 1）において，年ごとに彼の誕生日と即位の日を祝うよう命じ，臣民を住ん
でいる町や都市に応じて最も近い聖所に割り当てた．εἰς συναγωγὰς καὶ πανηγύρεις
καὶ θυσίας ταύτας〔この集会，祝祭，祭儀に〕（93-95行，151行も参照）．H. Dörrie,
Der Königskult des Antiochos von Kommagene im Lichte neuer Inschriften-Funde (1964), pp.
67, 77, 128, 166-7 参照．祝祭のための集会——カルト的性格があろうとなかろうと——
も συναγωγαί と呼ばれ得た．アテナエウス192B，362E．OGIS 748（前3世紀にある
フィレタイロスなる者が公的目的のために配った贈り物のリスト）：εἰς ἔλαιον καὶ
συναγω[γὰς] τῶν νέων ἀργυρίου τάλαντα Ἀλεξάνδρεια εἴκοσιν ἕξ〔アレクサンドリアの
銀貨で26タラントンに相当するオリーブ油と若者の集まり〕参照（ここでは，総計の
大きさを考えると Dittenberger の言うように συναγωγήν でなく συναγωγάς と復元すべ
きであろう）．同様に συναγώγιον については下記註64を見よ．

14) κοινὸν τῶν Ἀτταλιστῶν〔アッタリストスの公会〕の前2世紀の公告（OGIS 326, l.

12) において，王は τὴν ἡμετέραν αἵρεσιν καὶ συναγωγήν〔我々の派と団体に〕対して親切に振舞ったと言われるとき，ここの συναγωγή には少なくとも「団体」という意味への移行がある．このことは，ヘラクレア・ポンティカ近くの床屋のギルドが συναγωγή τῶν κουρέων と記され，また ἀρχισυνάγ[ωγ]ος への言及もなされていることから明らかである（恐らく後1世紀初頭．Archäol.-epigr. Mittheilungen aus Österreich-Ungarn 19 [1896], p. 67）．συναγωγή と同様に，より頻繁に用いられる σύνοδος も（1）集会，（2）団体を意味する．

15) 『戦記』ii 8, 8（143-144）．

16) *DSSE*, pp. 27-8; *DSS*, pp. 92-3 参照．詳細は本節下記を見よ．

17) これは1541年に完成した辞書で，ナタン・ベン・イェヒエルの『アルーフ』を補完する意図で著された．G. E. Weil, *Elie Lévita* (1963), pp. 135-41 参照．

18) J. Levy, *Chaldäisches Wörterbuch* s.v. חרם 参照．

19) タア 3：8；モ・カタ 3：1-2；エドウ 5：6；ミドト 2：2．

20) ユスティノス『トリュフォンとの対話』16，エピファニオス『パナリオン』29, 9．さらなる詳細は，シュモネ・エスレーと ברכת המינים についての補遺を見よ．

21) 追放一般については，K. Kohler, 'Anathema', JE I, pp. 559-62; J. Juster, *Les Juifs dans l'empire romain* II (1914), pp. 159-61; H. Mantel, *Studies in the History of the Sanhedrin* (1961), pp. 225-7; 'Herem', Enc. Jud. 8, cols. 344-55; W. Schrage, TDNT VII, pp. 848-52; M. Delcor, 'Les tribunaux de l'élise de Corinthe et les tribunaux de Qumrân', *Studiorum Paulinorum Congressus Catholicus 1961* (1963), pp. 535-48 [= *Paul and Qumran*, ed. J. Murphy-O'Connor (1968), pp. 69-84]; G. Forkman, *The Limits of the Religious Community. Expulsion from the Religious Community within the Qumran Sect, within Rabbinic Judaism, and within Primitive Christianity* (1972) 参照．

22) 特にモ・カタ 3：1-2 を見よ．

23) ユスティニアヌス『新改訂勅法集』146 (ed. R. Schoell and G. Kroll, *Corpus Iuris Civilis* III [³1904], pp. 714-18) は，ユダヤ人のシナゴーグで聖書のギリシア語テクストを読むことを許可し，ユダヤ人の権威者に破門をもってこれを妨げないよう命じている． Οὐδὲ ἄδειαν ἕξουσιν οἱ παρ' αὐτοῖς ἀρχιφερεκῖται ἢ πρεσβύτεροι τυχὸν ἢ διδάσκαλοι προσαγορευόμενοι περινοίαις τισὶν ἢ ἀναθεματισμοῖς τοῦτο κωλύειν〔また彼らの間で学長〔アルキフェレキタイ＝レーシュ・ピルカ〕または恐らく長老または教師と呼ばれている者に，策略もしくは破門をもってこれを妨げる自由な権威はない〕．英訳は，P. Kahle, *The Cairo Geniza* (²1959), pp. 315-17 を見よ．

24) E. Schürer, *Die Gemeindeverfassung der Juden in Rom in der Kaiserzeit* (1897), pp. 25-8; J. Juster, *Les Juifs* I, pp. 450-53; S. Krauss, *Synagogale Altertümer* (1922), pp. 114-21; Frey, CIJ I, pp. xcvii-ix; B. Lifshitz, 'Fonctions et titres honorifiques dans le communautés juives', RB 67 (1960), pp. 58-64; *idem, Donateuers et fondateurs dans les synagogues juives* (1967), Index s.v.; W. Schrage, TDNT VII, pp. 844-7; U. Rappaport, 'Archisynagogos', Enc. Jud. 3, cols. 335-6.

25) マコ 5：22, 35, 36, 38；ルカ 8：49；13：14．

26) CIJ II, no. 991; 1404 (Theodotus inscr.).

Ⅱ　シナゴーグ（註）　　*167*

27)　使 13：15（ピシディアのアンティオキア）．エピファニオス『パナリオン』30, 11
（キリキア）．スミルナの碑文（CIJ II, no. 741）．フリュギアのアクモニアの碑文：ὁ
διὰ βίου ἀρχισυνάγωγος〔生涯会堂司〕と別の〔ἀρχισυνά〕γωγος（CIJ II, no. 766; cf.
MAMA VI, no. 264）．カリアのミュンドスの碑文（CIJ II, no. 756）．リュキアのシュン
ナダの碑文（CIJ II, no. 759）．

28)　使 18：8, 17（コリント）．IG IV 190 = CIJ I, no. 722（アエギナ）．

29)　CIJ I, nos. 265, 336, 383, 504（ローマ）H. J. Leon, *The Jews of Ancient Rome* (1960), pp.
171-3 参照．CIL X, 3905 = CIJ I, no. 533; CIJ I, nos. 584, 587, 596; CIL IX, 6201 = CIJ I,
no. 587; 6205 = CIJ I, no. 584（ヴェヌシア）．IG XIV, 2304 = CIJ I, no. 638（ブレスキア）．
現在ではオスティアからも「アルキシナゴーゴス」が見つかっている（R. Maiggs,
Roman Ostia [²1973], p. 588）．

30)　カルタゴからそう遠くないハマム・リフにナロのシナゴーグが 1883 年に発見された．
その別室にあった碑文は次の通り．'Asterius filius Rustici arcosinagogi, M(a)rgarita Riddei
(?) partem portici tesselavit'〔会堂司であるルスティクスの子アステリウス、リデウスの
娘マルガリタは柱廊の一部にモザイクを敷いた〕．このシナゴーグ本体の床からは、鳥
と動物と魚の描かれたモザイク画が見つかった．このモザイクにはメノラー〔燭台〕
が 2 つ描かれ、碑文の終わりにも 1 つ描かれていた（CIL VIII, 12457; Krauss, *Synagogale
Altertümer*, p. 226）．Goodenough, *Jewish Symbols* II, pp. 89-92 参照．

31)　『テオドシウス法典』xvi 8, 4, 13, 14. ユスティノス『トリュフォンとの対話』137
も参照．

32)　エピファニウス『パナリオン』30, 18：πρεσβυτέρους γὰρ οὗτοι ἔχουσι καὶ
ἀρχισυναγώγους〔これらの者は長老たちと会堂司たちだからである〕．

33)　ソタ 7：7-8「（大贖罪日の）大祭司の祝福は次のようになされる．会堂係（ハザン・
ハクネセット）がトーラーの巻物を取りそれを会堂司（ローシュ・ハクネセット）に
手渡す．会堂司はそれを祭司長に手渡し、祭司長は大祭司に手渡す．大祭司はそれを
立って受け取り、立って読む．……（8）安息年の仮庵祭初日の王の朗読は次のように
なされる．前庭に木の演壇（βῆμα）が王のために作られ、彼はそこに座し……会堂係
がトーラーの巻物を取りそれを会堂司に手渡し、会堂司はそれを祭司長に手渡し、祭
司長は大祭司に手渡し、大祭司は王に手渡す．王はそれを立って受け取り、座って読
む……」．この箇所の前半については、ヨマ 7：1 も参照．

34)　エピファニオス『パナリオン』30, 11；18；『テオドシウス法典』xvi 8, 13. 『ピラト
行伝』(ed. Tischendorf, p. 221) 参照．πρεσβύτεροι については、L. Robert, Rev. Phil. 32
(1958), pp. 41-2 参照．

35)　Leon, *Jews of Ancient Rome*, no. 265: 'Stafylo archonti et archisynagogo'〔指導者にして
会堂司のスタフュロ〕．CIL X 3905 = CIJ no. 833: 'Alfius Juda arcon, arcosynagogus'〔指
導者にして会堂司のアルフィウス・ユダ〕．また CIJ no. 504 = Leon, no. 504: 'Ἰουλιανὸς
ἱερεὺς ἄρχων . . . υἱὸς Ἰουλιανοῦ ἀρχισυναγώγου〔会堂司ユリアノスの子……指導者であ
る祭司ユリアノス〕も参照．使 14：2（D 写本）は次のように読んでいる．οἱ δὲ
ἀρχισυνάγωγοι τῶν Ἰουδαίων καὶ οἱ ἄρχοντες τῆς συναγωγῆς ἐπήγαγον αὐτοῖς διωγμὸν
κατὰ τῶν δικαίων〔ユダヤ人の会堂司たちとシナゴーグの指導者たちは、彼らを敬虔な

者たちに対する迫害へと扇動した〕. 従ってこのテクストの著者は, ἀρχισυνάγωγοι と ἄρχοντες が別のものであると認識している. 碑文における ἄρχων については, L. Robert, Rev. Phil. 32 (1958), p. 40 参照.

36) ヨマ7：1とソタ7：7についてのラシとバルテノラのコメントを参照.

37) 使13:15. ピシディアのアンティオキアでパウロとバルナバは, λόγος παρακαλήσεως 〔奨励の言葉〕があるなら語るようにと会堂司に招かれた.

38) CIJ II, no. 722 で, アエギナのアルキシナゴーゴスであるテオドーロスはシナゴーグ建設を指揮している (ἐκ θεμελίων τὴν συναγ[ωγὴν] οἰκοδόμησα〔彼は基礎からシナゴーグを建てた〕). B. Lifshitz, *Donateurs et fondateurs,* pp. 13-14 参照.

39) CIL IX, 6201 = CIJ I, no. 587: τάφος Καλλίστου ν⟨η⟩πίου ἀρχοσσιναγωγοῦ (sic), ἔτω γ[. . . μη]νων γ´〔アルコスシナゴーゴスである幼児カリストスの墓〕. IGR IV, IH 52 = CIJ (Smyrna): Ῥουφεῖνα Ἰουδαία ἀρχισυνάγωγος〔アルキシナゴーゴスであるユダヤの女ルフェイナ〕. CIJ II, no. 756, ビザンチン時代初期のカリアのミュンドスの [Θ]εοπέμπτης [ἀρ]χισυν(αγώγου)〔アルキシナゴーゴスである女テオペンプテー〕. L. Robert, *Hellenica* I (1940), pp. 26-7 参照. また（クレテの）Σοφία Γορτυνία πρεσβυτέρα κὲ (sic) ἀρχισυναγωγίσσα Κισάμου〔キサモスの女長老にして女アルキシナゴーゴスであるソフィア・ゴルテュニア〕（A. C. Bandy, Hesperia 32 [1963], pp. 227-9; cf. BE 1963, no. 413）にも注意. ローマのユダヤ人墓碑にある子どもの ἄρχοντες (Leon, nos. 88, 120) も類例である（第Ⅲ〔Ⅴ〕巻第31節Ⅱ参照）. また6才の γραμμα[τεὺς] νήπιος〔学者たる幼児〕（CIJ I, no. 146 = Leon, no. 146）も参照. アフリカのあるクリスチャンのラテン語碑文には5才の読師が現れる（CIL VIII, no. 453）. 幼児の読師 (lectores infantuli) については Victor Vitensis III, 34 (CSEL VII) 参照. メギラ4：5-6によると未成年者は聖書朗読は許されたが祈祷 (התפלה) は認められなかった. シナゴーグの「父」もしくは「母」という称号については, M. Hengel, ZNW 57 (1966), pp. 176-8 と AE 1969/70, no. 748 (Volubilis Mauretania): πατὴρ τῆς συναγωγῆς〔シナゴーグの父〕参照. 女性に名誉称号を授けることについては第Ⅲ〔Ⅴ〕巻第31節Ⅱを見よ.

40) 非ユダヤ人の用法については, ἀρχισυνάγωγος τῶν ἐν ἀπ᾽ Αἰγύπτου μάγων〔エジプトの魔術師たちのアルキシナゴーゴス〕に言及するエウセビオス『教会史』vii 10, 4 に注意せよ（ここでこの語は術語としてではなく, 恐らく単に罵倒するために用いられている）. オリュントスからのある碑文には, Αἰλιανὸς Νείκων ὁ ἀρχισυνάγωγος θεοῦ ἥρωος〔英雄神のアルキシナゴーゴスであるネイコスのアイリアノス〕なる者が現れる (CIG II, p. 994, add. no. 2007 f. = L. Duchesne and C. Bayet, *Mission au mont Athos* [1876], no. 119). キオスの碑文には5人の [ἀρχισυ]νάγωγοι οἱ ἄρξαντες〔指導的アルキシナゴーゴスたち〕が現れる (CIG II, p. 1031, add., 221c). テサロニケのある碑文には, 後154年にある団体がそのメンバーに宛てたヘラクレス礼拝のための公告が残されているが, そこでは ἀρχισυναγωγοῦντος Κώτυος Εἰρήνης〔アルキシナゴーゴスをしているコーテュオス・エイレーネー〕が言及されている (IG XII. 2 [1], no. 288, cf. no. 289). ヘラクレア・ポンティカの近くから出土した碑文には, 床屋のギルドと ἀρχισυνάγωγος が言及されている. これについては上記註14参照. 最後にセウェルス・アレクサンデルは 'Syrus Archisynagogus'〔シリアのアルキシナゴーゴス〕と呼ばれている (*SHA, Vita*

Ⅱ　シナゴーグ（註）　　　*169*

Sev. Alex. 28）が，この表現は，絶対確実とは言えないが恐らく異教のアルキシナゴーゴスではなくユダヤ人のそれのことを言っているのだろう．A. D. Momigliano, 'Severo Alessandro Archisynagogus. Una Conferma alla Historia Augusta', Athenaeum N.S. 12 (1934), pp. 151-3 = *Quatro Contributo* (1969), pp. 531-3 参照．類似した συναγωγός という称号は，黒海特にボスポルス・キムメリウスのパンティカペウムにあるいくつものカルト団体に多くの例証がある（Latyschev, IOSPE II [1890], nos. 19, 60-4; IV [1901], nos. 207, 208, 210, 211, 212, 469; F. Ziebarth, Rhein. Mus. 55 [1900], p. 513.）．ボスポルス・キムメリウスのゴルギッパにもある（Latyschev IV, no. 434; Ziebarth, p. 514）．CIRB, p. 837 s.v. 参照．同じ職位はキオスにも見出される（G. Dunst, Archiv. f. Pap. 16 [1958], pp. 172-7; cf. BE 1959, no. 312）．タナイスの共同体は θεὸς ὕψιστος〔いと高き神〕の祭儀を祝ったが，これは明らかにユダヤ教の影響を受けている．E. Schürer, SAB 1897, pp. 20-225 参照．最近の議論については，M. Hengel, 'Proseuche und Synagoge', *Festgabe K. G. Kuhn* (1971), pp. 157-84 参照．他方，συναγωγεύς という称号が他のところで例証されている．デロス（BCH 11 [1887], p. 256）συναγωγέως διὰ βίου Αὔλου Καλουίνου〔生涯シナゴーゲウスだったアウロス・カルイノス〕．西キリキアのエラウサの隣りで Σαββατίσται〔安息日遵守者たち〕の公告（OGIS 573）．彼らは特に στεφανοῦσθαι ... τὸν συναγωγέα〔シナゴーゲウスが冠を受けること〕を認めた．黒海のトミでは，あるカルト団体のいくつかの職位の中で συναγωγεύς または συναγωγός が第１のものとされている（Archäol.-epigr. Mittheilungen aus Österreich 6 [1882], pp. 19-20）．この最後の音節の読みは不確かである．Bull. Inst. Arch. Bulg. 25 (1962), p. 214, no. 20 も参照．イストロスにも例証がある（SEG I, no. 330）．ルキアノスは『ペレグリヌスの死』2 において，ペレグリヌス・プロテウスはキリスト教徒の学徒の中ですぐに皆を凌駕し，これらの者は彼に比べれば子どものようだったと言っている．προφήτης καὶ θιασάρχης καὶ ξυναγωγεὺς καὶ πάντα μόνος αὐτὸς ὤν〔預言者，指導者，シナゴーゲウスであり，彼１人で全てである〕．ἀρχερανιστής, ἀρχιθιασίτης, ἀρχιμύστης〔いずれも宗教結社の長の意〕などの ἀρχι という接頭語をともなう用語はギリシアのカルト団体によく見られる．F. Ziebarth, *Das griechische Vereinswesen* (1896), p. 219 (word index s.v.) の事例を参照．

41）ドゥマ3：1；キドゥ4：5．後者によると גבאי צדקה の子孫は特別な調査なしで，祭司階級と結婚できる純粋なイスラエル人と見なされるべきである．それゆえ彼らが役人であったことは明らかである．この職制そのものについては，S. Krauss, *Talmudische Archäologie* III (1912), p. 67; *Synagogale Altertümer* (1922), p. 127 参照．

42）マタ6：2．Str.-B. I, pp. 387-91 参照．

43）Tペア4：9．S. Lieberman, *ad loc.* (1955), p. 57 参照．קופה（クッパ）一般については，第Ⅱ〔Ⅲ〕巻113頁〔註241〕を見よ．קופה と תמחוי については S. Krauss, *Griechische und lateinische Lehnwörter in Talmud, Midrasch und Targum* II (1899), pp. 516, 590-1; *Talmudische Archäologie,* Index, s.v. 参照．クッパは普通，篭であった．例えば果物の篭（シャバ10：2），野菜の篭（ドゥマ2：5；ケリム17：1），ソラマメの篭（マコト4：6），魚の篭（マコト6：3），麦の篭（シャバ18：1；ベツァ4：1；ケリム17：1；オホロ6：2）．またかなりの額の金銭を運ぶ篭（シュカ3：2，保管室に集められた半シェ

ケルは，そこからクッポートに入れられた．クッパ1つ1つには3セア〔סאה〕ずつ入っていた〔1セア＝1.5ローマ・モディイ＝約24パイント，ヨセフス『古代誌』ix 4, 5 (85)，ヒエロニムス『マタイ福音書註解』13：33 (PL XXVI, col. 92; CCL lxxvii, p. 110) 参照〕．後代には，金銭はクッパに現物の贈り物はタムフイに集められたと区別されているが (Maimonides, *loc. cit.*)，この区別はミシュナー時代にはまだなかった．入れ物の大きさからすると，始めはどちらも現物の贈り物に用いられていたようであるが，両方とも金銭にも用いられた．「クッパにプルータ〔פרוטה＝金〕を，タムフイにプルータを与えた貧者」(Tペア4：10)〔ただしリーバーマンの校訂版〔とその註解及びニューズナーの英訳〕では後者をプルーサ〔פרוסה〕＝パン切れ＝現物と読んでいる〕．過越祭の時には貧者は4杯のワインもタムフイから受け取った (ペサ10：1)．

44) ペア8：7.

45) ペア8：7. タルムード時代及びその後の施しの分配については，S. Krauss, *Talmudische Archäologie* III (1912), pp. 66-74 参照．エッセネ派の間での施しの実践については，ヨセフスの説明によれば，困窮している人の手助けは各人の自由裁量に任せられていた，つまり貧者の世話は特定の世話人に任せられていたのではなかった．『戦記』ii 8,6 (134) を見よ．他方，『ダマスコ文書』によると，月ごとの徴収が監督 (מבקר) と裁判人によって管理されていた．「彼らは毎月少なくとも2日分の収入を監督と裁判人の手に納めなければならない．そして彼らはそこから父なし児に与え，貧者と困窮者，老いた病人と宿無し，異国人にとらわれた捕虜，身寄りのない処女，面倒を見てくれる者のない乙女を援助しなければならない……」(CD 14：12-16). Vermes, *DSS*, p. 105 参照．原始教会が貧者の世話 (διακονεῖν τραπέζαις〔食卓のことに携わること〕) のために任命した世話人については使6：1-5 参照．

46) ソタ7：7-8；ヨマ7：1；マコト3：12；シャバ1：3 (חזן)；Tスカ4：6, 11；Tタア1：14. アラム語 חזנא はソタ9：15に現れる．エピファニオス『パナリオン』30 11：Ἀζανιτῶν τῶν παρ' αὐτοῖς διακόνων ἑρμενευομένων ἢ ὑπερετῶν〔彼らの間で世話人ないし下僕と解されているアザニトス〔＝ハザン〕たち〕参照．חזנים は神殿にもいた (スカ4：4，タミド5：3). S. Safrai, *op. cit.*, JPFC II, pp. 935-6, 940-2 参照．

47) ルカ4：20. あるローマのユダヤ人墓碑でも，このような世話役が意味されているようである．Φλάβιος Ἰουλιανὸς ὑπηρέτης. Φλαβία Ἰουλιανὴ θυγάτηρ πατρί. Ἐν εἰρήνη ἡ κοίμησίς σου〔下僕フラビオス・ユリアノス．娘フラビア・ユリアネーから父へ．安らかに眠り給え〕(CIJ, no. 172; Leon, no. 172). CIJ II, no. 805 = IGLS IV, no. 1321 (シリアのアパメア)：ἐπὶ Νεμία ἀζζάνα〔ハザンのネミアに〕に注目．

48) Frey, CIJ I, no. 805 参照．

49) ソタ7：7-8；ヨマ7：1；ルカ4：20.

50) Tスカ4：11. 下記註93参照．

51) マコト3：12.

52) シャバ1：3. 後にハザンは祈りの先唱者になった．その様々な役割については，W. Bacher, HDB IV, pp. 640-1; S. Krauss, *Synagogale Altertümer* (1922), pp. 127-31; J. Juster, *Les juifs dans l'empire romain* I (1914), p. 454 参照．

53) BCH 27 (1903), p. 200. Th. Reinach, *Mélanges Nicole* (1905), pp. 451-9; RE IVA, col.

1307; CPJ I, no. 129 参照.

54) フィロンでは νεωκόροι はレビ人のことである（『十戒各論』i 32 [156]）. φροντιστής 「管理人」がシデ, ローマ, ヨッパ, アエギナで例証されていることにも注意（L. Robert, Rev. Phil. 32 [1958], pp. 38-9）. その正確な役割は分かっていない. 読師（ἀναγνωστής）も多くのシナゴーグで言及されている. L. Robert, *Hellenica* XI/XII (1960), pp. 395-7 参照.

55) ブラホ 5:5；ロシュ 4:9. S. Krauss, *Synagogale Altertümer,* p. 131; J. Maier, *Geschichte der jüdischen Religion* (1972), p. 114 参照.

56) JE XI, p. 261; S. Krauss, *Synagogale Altertümer,* pp. 131-7 参照.

57) メギラ 1:3「大都市とはどのようなものか？ 10 人の仕事のない男のいるところは全て. それより少ないところは村である」. Krauss, *Synagogale Altertümer,* pp. 99, 103-4 参照.

58) ブラホ 7:3；*トゥルモ 11:10；ビク 1:4；エルヴィ 10:10；*ペサ 4:4；スカ 3:13；ロシュ 3:7；メギラ 1:3；ネダ 5:5；9:2；シュヴオ 4:10；ネガ 13:12. *しるしは複数形（בתי כנסיות）の現れる箇所である. S. Krauss, *Synagogale Altertümer,* pp. 7-9 参照. CD 11:22 には בית השתחות「礼拝の家」（神殿？）がある.

59) J. Levy, *Chaldäisches Wörterbuch* 及び *Neuhebräisches Wörterbuch,* s.v.; W. Bacher, HDB IV, p. 636; S. Krauss, *Synagogale Altertümer,* Index, s.v.

60) Krauss, *Synagogale Altertümer,* pp. 11-17 参照. 新約聖書には頻繁に現れる. ヨセフスには 3 回のみである（『古代誌』xix 6, 3 [300]；『戦記』ii 14, 4-5 [285-9]；vii 3, 3 [44]）. フィロンでは『自由論』12 (81)（エッセネ派について）: εἰς ἱερούς ἀφικνούμενοι τόπους οἳ καλοῦνται συναγωγαί〔彼らはシナゴーグと呼ばれる聖なる場所に詣でる〕. 後代の文献にも頻繁に現れる. 『テオドシウス法典』xvi 8, 他多数. また, CIG 9894 = IGR IV 190 = CIJ I, no. 722 (アエギナ)；BCH 21 (1897), p. 47 = CIJ II, no. 861 (バタネヤのトファスのギリシア語碑文) と北アフリカのナロ (ハマム・リフ) のシナゴーグから出土したモザイク画のある碑文（上記註 30 を見よ）参照. この最後の碑文には次のように書いてある. 'Sancta sinagoga Naron(itanam) pro salutem suam (*sic*) ancilla tua Iuliana p(uella) de suo propium (*sic*) teselavit'〔ナロの聖なるシナゴーグに自らの救いのため汝の召使いたる娘ユリアナは自らの費用でモザイクを敷いた〕. CIL VIII 12457; Krauss, *Syn. Altertümer,* p. 266 参照. συναγωγή という用語がキリスト教（マルキオン派）の礼拝の場所を表すために用いられているのは, ダマスコの 3 マイル南にあるデイル・アリで出土した後 319 年の碑文に確認されるだけである. συναγωγὴ Μαρκιονιστῶν κώμ(ης) Λεβάβων〔レバボ人の村のマルキオン派のシナゴーグ〕(Le Bas and Waddington, *Inscriptions grecques et latines* III, n. 2558 = OGIS 608. Harnack, ZWTh 1876, p. 103 も参照).

61) 特に上記 161-2 頁〔註 5〕で挙げたエジプトの碑文やパピルス（前 3-1 世紀）ではそうである. さらに以下を参照. フィロン『フラックス』6 (41)；7 (45, 47-9, 53)；14 (122). 『ガイウス』20 (132, 134, 137, 138)；22 (148)；23 (152, 156, 157)；25 (165)；29 (191)；43 (346)；46 (371). III マカ 7:20. 使 16:13：ἔξω τῆς πύλης παρὰ ποταμὸν οὗ ἐνομίζομεν προσευχὴν εἶναι〔我々は町の門から外に出て, 祈りの家があると思って川のほとりに〕. ヨセフス『自伝』54 (277)：συνάγονται πάντες εἰς τὴν

προσευχήν, μέγιστον οἴκημα πολὺν ὄχλον ἐπιδέξασθαι δυνάμενον〔大きな建物で多くの群衆を収容できる祈りの家に皆の者が集まった〕. CIG II, pp. 1004 f., Add. no. 2114bb = Latyshev, IOSPE II, nos. 52-3 = CIJ I, nos. 683-4; CIRB, nos. 70-1（ボスポルス・キムメリウスのパンティカペウムからの諸碑文）. クレオメデス『天体の円運動について』(ed. Ziegler, 1891) II 1, 91（「エピキュロスは滑稽な表現を用いているので，そうした表現は ἀπὸ μέσης τῆς προσευχῆς, Ἰουδαϊκά τινα καὶ παρακεχαραγμένα〔祈りの家の真ん中に由来するユダヤ的で劣悪なもの〕と思われるかもしれない」). ユヴェナリス『風刺』iii, 296 'Ede, ubi consistas, in qua te quaero proseucha?'〔一体，お前はどこにいるんだ？どの祈りの家でお前を見つけられるんだ？〕. CIL VI 9281 = CIJ I, no. 531（ローマ）'Dis M.P. Corfidio Signino pomario de aggere a proseucha（「祈りの家の近くの城壁で果物を売るシグニアのコルフィディウス」). この言葉は異教の礼拝でも祈りの場所の意味で用いられている（CIG 2079 = Latyshev I², no. 176［オルビアの碑文］参照). Juster, Les Juifs I, pp. 456ᵇ-7; Krauss, Syn. Altertümer, pp. 9-17 参照. エピファニオス『パナリオン』80 1, 異教の祈りの会（Εὐχῖται）について（下記註 75 参照). 祈りの会については，M. Kmosko, Liber Graduum, Patrologia Syriaca III (1926), pp. clxxi-ccxciii 参照. しかし，ゴルギッピアの碑文にはっきり書いてあるように，そこにはユダヤ人の影響があるかもしれない. Latyshev II, no. 400 = CIJ I, no. 690.

62) フィロン『モーセの生涯』ii 39 (216).

63) ヨセフス『古代誌』xvi 6, 2 (164)（アウグストゥスの勅令の中に). 恐らくここに属するのは，CIG 3509 = IGR IV 1281 = CIJ II, no. 752: Φάβιος Ζώσιμος κατασκευάσας σορόν, ἔθετο ἐπὶ τόπου καθαροῦ ὄντος πρὸ τῆς πόλεως πρὸς τῷ Σαμβαθείῳ ἐν τῷ Χαλδαίου περιβόλῳ〔ファビオス・ゾシモスは棺桶を整え，カルデア近郊の「安息日の場」に近い町の前にある清い場所に供えた〕. この Σαμβαθεῖον は恐らくカルデアの女予言者の祀堂であったろう. V. Tscherikover, 'The Sambathions', Scrip. Hierosol. 1 (1954), pp. 78-98, on pp. 83-4 参照. 第Ⅲ〔Ⅵ〕巻第 33 節のシビュラの託宣の項を参照. シリア語では בית שבתא דיהודיי〔ユダヤ人の安息日の家〕がシナゴーグの意で用いられている.

64) フィロン『ガイウス』40 (311): ἵνα ἐπιτρέπωσι τοῖς Ἰουδαίοις μόνοις εἰς τὰ συναγώγια συνέρχεσθαι. Μὴ γὰρ εἶναι ταῦτα συνόδους ἐκ μέθης ...〔彼らがユダヤ人だけに一緒に集まることを許すよう［アウグストゥスは書き送った］. なぜならこの集会は酩酊……によるものではないからである〕. 『夢』ii, 18 (127)（ある統治者，恐らくフラックスの演説): καὶ καθεδεῖσθε ἐν τοῖς συναγωγίοις ὑμῶν τὸν εἰωθότα θίασον ἀγείροντες ...〔君たちは君たちの集会に座し，いつもの交わりに集まり……〕. この語の説明については，アテナイオス viii (p. 365c): ἔλεγον δὲ ... καὶ συναγώγιον τὸ συμπόσιον〔彼らは宴会をシュナゴーギオンと呼んでいた〕参照. この語に「共同体」という意味が当てられている用例もある. CIG no. 9908 = CIJ I, no. 508 = Leon, no. 508（ローマ): πατὴρ συναγωγίων〔共同体の父〕.

65) 特に使 16:13 とヨセフス『古代誌』xiv 10, 23 (258) を見よ. 後者によれば，ハリカルナッソスの人々はユダヤ人が「父祖たちの慣習に従って海の近くに祈りの家を建てること」(τὰς προσευχὰς ποιεῖσθαι πρὸς τῇ θαλάττῃ κατὰ τὸ πάτριον ἔθος) を認める公告を出した. 上記 162 頁註 5 (i) に挙げたパピルスに言及されている προσευχή も水

の近くにあった（P. Tebtunis 86 = CPJ I, no. 134）．下記註 76 と TDNT VII, p. 814 及び n. 99 参照．このことについてはラビ文献に何の痕跡も残されていない．代わりに，シナゴーグは町の最も高いところに建てるべしと定められている（T メギラ 4：23）．しかし，（可能ならば）水の近くの場所が求められたということはありそうなことである．というのも祈りの前に手を洗うことは疑いなく義務の 1 つだったからである．これについては『アリステアスの手紙』（ed. Wendland, 305-6）が 70 人の翻訳者について次のように述べているのを参照．ὡς δ᾿ἔθος ἐστὶ πᾶσι τοῖς Ἰουδαίοις ἀπονιψάμενοι τῇ θαλάσσῃ τὰς χεῖρας, ὡς ἂν εὔξονται πρὸς τὸν θεόν〔全てのユダヤ人の慣習に従って彼らは海で手を洗い，神に祈ると〕．ユディト 12：7；アレクサンドリアのクレメンス『ストロマテイス』iv 22, 142；シビュラ 3：591-593 参照．ズーケニックによれば，水のそばにシナゴーグを建てるのはヘレニズム・ユダヤ教の習慣であった（E. L. Sukenik, *Ancient Synagogues in Palestine and Greece* [1934], pp. 49-50）．しかし，カファルナウムのシナゴーグはガリラヤ湖畔に建てられていたし，上ガリラヤのギスカラ（グーシュ・ハラヴ）という町では，1 つは丘の頂上に，もう 1 つはそのふもとの泉のそばに建てられていた．M. Avi-Yonah, Enc. Jud. 7, col. 589 参照．

66) 全体的に M. Avi-Yonah, 'Synagogue Architecture in the Late Classical Period', *Jewish Art*, ed. C. Roth (1971), pp. 64-82; Enc. Jud. 15, cols. 595-600; 'Ancient Synagogues', *The Synagogue* (ed. J. Guttmann), pp. 95-109; A. Seager, 'The Architecture of the Dura and Sardis Synagogues', *ibid.,* pp. 149-93 参照．

67) パレスチナのシナゴーグの建築に関する研究は，本節冒頭の参考文献を見よ．最も重要な研究は，H. Kohl and C. Watzinger, *Antike Synagogen in Galiläa* (1916); E. L. Sukenik, *Ancient Synagogues in Palestine and Greece* (1934); E. R. Goodenough, *Jewish Symbols in the Greco-Roman World* I (1953), pp. 181-264. 有意義な短い概説は，M. Avi-Yonah, 'Synagogue―Architecture', Enc. Jud. 15, cols. 595-600 参照．また W. Schrage, TDNT VII, pp. 814-18 も参照．確実にイエス時代に属するパレスチナのシナゴーグは，マサダとヘロディオンの要塞で見つかった 2 つのシナゴーグだけである．マサダのシナゴーグは 2 段階を経ている．元来は 2 列の円柱のある長方形の建物であった（15×12 メートル）．床は灰色に漆喰が塗られていた．入り口は東壁にあり，別室を抜けて広間につながっていた．熱心党がこれに様々な構造上の変更を加えた．彼らは西側の列から柱を 2 本取り除き，北西の角に小部屋を設けた．また別室と広間を分けていた壁をはずして代わりに 2 本の円柱を据え，また壁に沿って段のある漆喰の塗られた石の長椅子を据え付けた．Y. Yadin, 'The Excavation of Masada 1963/64―Preliminary Report', IEJ 15 (1965), pp. 76-9; *Masada* (1966), pp. 181-91, pp. 180-5 の図解と共に参照．ヤディン（*Masada*, p. 185）とアヴィ・ヨナ（Enc. Jud. 15, col. 595）は，このヘロデの建造物はいくつかのガリラヤ初期のシナゴーグを想起させると記している．ヘロディオンで発見されたシナゴーグも似たようなタイプである．しかし，これはヘロデ宮殿の食堂をシナゴーグに改築したものなので（第 1 次ユダヤ戦争の間にこの要塞を占拠した叛徒たちは壁沿いに段のある長椅子を設置し，近接して儀式用の浴槽を作った），恐らくもともと宗教的な目的のために作られた広間のあるマサダのものと比べるとそれほど重要ではない．V. Corbo, RB 75 (1968), p. 427 参照．図解は Qadmoniot 1 (1968), p. 133; RB 77 (1970),

pl. xxa を見よ．クムランの2つの集会部屋（恐らく会議室であった周りに低い長椅子のある位置4と，食堂としても機能していた位置77）がシナゴーグであったかどうかは疑わしい．R. de Vaux, *Archaeology and the Dead Sea Scrolls* (1973), pp. 10-11, 26-7 参照．Schrage, TDNT VII, p. 818, n. 124 参照．

　パレスチナのシナゴーグの主要な建築パターンは，様式の推移によって2つに分けられる．1つは，おおよそ後2世紀後半から4世紀に遡る初期のガリラヤのシナゴーグである（たとえばカファルナウムやコラジンなど）．それは，石が敷き詰められた長方形の建物であった．内部は3列の円柱からなる柱廊で，2列が縦に長く1列が交差していた．石の長椅子が壁の2面ないし3面に沿って据えられていた（これら2つの特徴は既にマサダのシナゴーグに見られる）．疑いなく会堂司のものである名誉席は，「席」または「モーセの座」(ἡ Μωϋσέως καθέδρα マタ 23：2；קתדרא דמשה ピルケ・エリエゼル [ed. Buber, p. 12]) として知られている．たとえば，コラジン，ティベリアス近くのハマテ，デロスなどでそのような席が発見されている (Sukenik, *Ancient Synagogues*, pp. 57-61 参照）．コラジンからの「モーセの座」には寄贈者を称えるアラム語の碑文がある (Frey, CIJ II, no. 981, pp. 166-7 参照）．「モーセの座」については，W. Bacher, 'Le siège de Moïse', REJ 34 (1897), pp. 299-301; I. Renov, 'The Seat of Moses', IEJ 5 (1955), pp. 262-7 [= *The Synagogue* (ed. J. Gutmann), pp. 233-9] 参照．この「座」がトーラーの巻物の置き場だったとするあまりありそうもない仮説については，C. Roth, 'The "Chair of Moses" and its Survivals', PEQ 81 (1949), pp. 100-10 を見よ．全体としてこれらのシナゴーグはギリシア・ローマ世界のバシリカに似ている．その正面は南向き，つまりエルサレムの方を向いているが，トーラーの聖櫃の置き場所は定まっていない．建築様式の推移がはっきり現れるのは後3世紀後半のことである（たとえば，アルベラ，ベート・シェアリーム，ハマテ，エシュテモアなど）．その主要な特徴は，礼拝が目に見えてエルサレムを向くように，聖都を向いて壁龕が壁に作られていることである．これは疑いなくトーラーを保管するためのものである．後5世紀に始まるシナゴーグの建築様式発展の最終段階は（ベート・アルファ，ゲラサ，エリコ，マオンなど），教会の細長いバシリカ型を採用し，エルサレムを向きトーラーの聖櫃のある後陣を備えていることに特徴づけられる（加えて，使えなくなった聖書の巻物を保管しておくゲニザのための場所も用意されていた）．入り口はエルサレムと反対側の壁にあった．内部は2列の円柱で身廊と側廊に分かれていた．さらに詳しくは，M. Avi-Yonah, Enc. Jud. 15, cols. 595-8 を見よ．ただし，ここで採用した伝統的な年代分けは，1968-1972年にカファルナウムの発掘を行った考古学者たちによって反論されているということに注意を払うべきである．V. Corbo, S. Loffreda, A. Spijkerman, *La Sinagoga di Cafarnao dopo scavi del 1969* (1970); S. Loffreda, 'The Synagogue of Capernaum. Archaeological Evidence for its Late Chronology', LASBF 22 (1972), pp. 5-29; V. Corbo, 'La Sinagoga di Cafarnao dopo gli scavi del 1972', *ibid.,* pp. 204-35 参照．これらの考古学者たちはカファルナウムのシナゴーグ建立を後4世紀最後の10年から5世紀半ばに置く．S. Loffreda, 'The Late Chronology of the Synagogue of Capernaum', IEJ (1973), pp. 37-42 参照．これに対する反論は，G. Foerster, 'Notes on Recent Excavations at Capernaum', IEJ 21 (1971), pp. 207-11; M. Avi-Yonah, IEJ 23 (1973), pp. 43-5 を見よ．ドゥラ・エウロポスのシナゴーグ

についての膨大な文献については，本項冒頭の参考文献と下記註73を見よ．オスティアで発見されたシナゴーグが後1世紀に遡ると考えられていることに注意せよ．R. Meiggs, *Roman Ostia* (^{2}1973), pp. 586-7 参照．ヘロディオン，カファルナウム，マサダについて今では，F. Hüttenmeister, *Die antiken Synagogen in Israel* I (1977), pp. 173-4, 260-70, 314-15 参照．また G. Foerster, 'The Synagogues at Masada and Herodion', Journ. of Jewish Art 3-4 (1977), pp. 6-11 も参照．

68) Tスカ4：6；PTスカ55a-b．フィロンもアレクサンドリアのシナゴーグの中で「最も大きく最も傑出した」（μεγίστη καὶ περισημοτάτη）ものに触れている（『ガイウス』20［134]）．

69) エジプトのアトリビスの ἐξέδρα（OGIS 101 = CIJ II, no. 1444 = CPJ III, p. 143, no. 1444），マンティネアの πρόναος（CIJ I, no. 720），小アシアのイオニア海岸沿いにあるフォケアの οἶκος と περίβολος τοῦ ὑπαίθρου とシデの噴水と中庭（L. Robert, Rev. Phil. 32 [1958], pp. 36-47），ストビの τὸ τρίκλεινον σὺν τῷ τετραστόῳ（CIJ I, no. 694; M. Hengel, 'Die Synagogeninschrift von Stobi', ZNW 57 [1966], pp. 145-83 参照）．デロスに残されているシナゴーグについては上記註5を見よ．後3世紀後半までシナゴーグとして使用されていたサルディスの遺跡については，A. R. Seager, 'The Building History of the Sardis Synagogue', AJA 76 (1972), pp. 425-35 を見よ．

70) フィロン『フラックス』7（48-49）．『ガイウス』20（133）参照．エルサレム神殿に関しては，ヨセフス『古代誌』xv 11, 3（395），またIマカ11：37；14：26, 48（公記録）を参照．

71) Sukenik, *Ancient Synagogues,* pp. 11, 24; Avi-Yonah, Enc. Jud. 15, col. 597 参照．

72) Sukenik, *Ancient Synagogues,* pp. 33-4 参照．

73) M. I. Rostovtzeff, *Dura Europos and its Art* (1938); R. du Mesnil du Buisson, *Les peintures de la synagogue de Dura Europos* (1938); E. L. Sukenik, בית הכנסת של דורא אירופוס וציורי (1947); C. H. Kraeling, *The Synagogue: The Excavations at Dura Europos——Final Report* VIII, I (1956); E. R. Goodenough, *Jewish Symbols* IX-XI (1964); J. Gutmann (ed.), *The Dura Europos Synagogue* (1973); A. Perkins, *The Art of Dura Europos* (1973).

74) 後1世紀の絵画表現に対する厳しい禁令については，Vermes, *PBJS,* pp. 76-7 参照．祭儀目的と装飾目的を初めて区別したのはガマリエルII世（おおよそ後100年頃）とされ，また壁画とモザイク画を容認したのは3世紀後半のラビ・ヨハナンとラビ・アビンとされている．*Ibid.*, p. 77 参照．タルグム・偽ヨナタンのレビ26：1「あなたたちの聖所の下に像と似姿のあるモザイク画を置いてもよいが（סטיו חקיק בציורין ורדיוקנין תשוון בארעית מקדשיכון），それを礼拝してはならない」も参照．J. Gutmann, 'The Second Commandment and the Image of God', HUCA 32 (1961), pp. 161-74; E. R. Goodenough, 'The Rabbis and Jewish Art in the Greco-Roman Period', *ibid.,* pp. 269-79; J. M. Baumgarten, 'Art in the Synagogue: Some Talmudic Views', Judaism 19 (1970), pp. 196-206 [= *The Synagogue,* ed. J. Gutmann (1975), pp. 79-89] も参照．

75) エピファニオス『パナリオン』80, 1.

76) タア2：1「断食（最後の7日間）の日の手順はどのようなものか．（トーラーの）聖櫃を町の広場に持ち出し，灰を聖櫃の上，首長（נשיא）と法廷の長（אב בית דין）の

頭にふりかける. また全ての者がそれを自分の頭にふりかける. 彼らのなかの長老が訓戒の言葉を人々に語る……」(さらに儀礼の進め方が続く). テルトゥリアヌス『断食について』16:'Iudaicum certe ieiunium ubique celebratur, cum omissis templis per omne litus quocumque in aperto aliquando iam precem ad caelum mittunt'〔確かにユダヤ教の断食はあまねく広まっており, 神殿を無視して海岸という海岸, どこであれ野外でしばしば祈りを天に送るのである〕. 同『異教徒へ』i 13:'Iudaici ritus lucernarum et ieiunia cum azymis et orationes litorales'〔灯火の儀礼と種なしパンの断食と海岸での祈祷はユダヤ教のものである〕. ヨセフス『古代誌』xiv 10, 23 (258):καὶ τὰς προσευχὰς ποιεῖσθαι πρὸς τῇ θαλάσσῃ κατὰ τὸ πάτριον ἔθος〔父祖たちの慣習に従って海岸の近くで祈りをなすこと〕(προσευχὰς/δεήσεις ποιεῖσθαι =「祈ること」について. Iテモ2:1;ルカ5:33;フィリ1:4参照. 従って, 多くの者が理解しているように「祈りの家を建てること」の意味ではない). フィロン『フラックス』14 (121-124) も参照.

77) エピファニオス『パナリオン』80, 1 (祈りの会について):Τινὰς δὲ οἴκους ἑαυτοῖς κατασκευάσαντες ἢ τόπους πλατεῖς, φόρων δίκην, προσευχὰς ταύτας ἐκάλουν. Καὶ ἦσαν μὲν τὸ παλαιὸν προσευχῶν τόποι ἔν τε τοῖς Ἰουδαίοις ἔξω πόλεως καὶ ἐν τοῖς Σαμαρείταις, ὡς καὶ ἐν ταῖς Πράξεσι τῶν ἀποστόλων ηὕρομεν. (これに使16:13の引用が続く) Ἀλλὰ καὶ προσευχῆς τόπος ἐν Σικίμοις, ἐν τῇ νυνὶ καλουμένῃ Νεαπόλει ἔξω τῆς πόλεως, ἐν τῇ πεδιάδι, ὡς ἀπὸ σημείων δύο, θεατροειδής, οὕτως ἐν ἀέρι καὶ αἰθρίῳ τόπῳ ἐστὶ κατασκευασθεὶς ὑπὸ τῶν Σαμαρειτῶν πάντα τὰ τῶν Ἰουδαίων μιμουμένων.〔彼らは自分たちにある種の家々ないしは広場のように広い場所を設け, これらを祈りの家と呼んだ. かつて祈りの家の場所は, 使徒言行録に見出されるように, ユダヤ人のもとでもサマリア人のもとでも町の外にあった. (使16:13の引用) またシケム人の祈りの家の場所も, 現在ネアポリスと呼ばれている町の外の2里ほど離れた平野にあり, あらゆる点でユダヤ人を模倣するサマリア人によって, 劇場のように屋外の明るい場所に設けられている.〕この説明に関してまず注意しなければならないのは, エピファニオスが語っているのは異教の祈りの会についてであって, 当然それをユダヤ教の状況に当てはめることはできないということである. それでも彼らは προσευχή という用語を οἶκοι〔家々〕と τόποι πλατεῖς〔広い場所〕という2種類の祈りの場に当てはめている. 第2に, 続く博識な所見においてエピファニオスは, ユダヤ人もサマリア人も προσευχαί として知られる野外の祈りの場を持っていたということを言おうとしているようである. しかし, 個別の情報については彼はサマリア人のことしか知らない. ユダヤ人についてはそれ以上のことは知らず (過去の ἦσαν τὸ παλαιόν に注意), その他のことは使16:13に基づいているにすぎない. そして仮に彼が正しいとしても, これらの祈りの場がシナゴーグから区別されてプロセウケーと呼ばれていたことを証明するわけではない.

78) この2つを同一のものとすることについては, S. Krauss, RE IVA, cols. 1287-88; Bauer, Arndt and Gingrich, *A Greek-English Lexicon of the NT,* p. 720; M. Hengel, 'Proseuche und Synagogue', *Festgabe K. G. Kuhn* (1971), pp. 157-84 = *The Synagogue* (ed. J. Gutmann), pp. 27-54 を見よ.

79) たとえば, ナザレ (マタ13:54;マコ5:2;ルカ4:16) とカファルナウム (マコ

Ⅱ　シナゴーグ（註）　　　*177*

1：21；ルカ 7：5；ヨハ 6：59）のシナゴーグ．使 15：21：κατὰ πόλιν〔町ごとに〕，
フィロン『十戒各論』ii 15（62）：Ἀναπέπταται γοῦν ταῖς ἑβδόμαις μυρία κατὰ πᾶσαν
πόλιν διδασκαλεῖα φρονήσεως καὶ σωφροσύνης καὶ ἀνδρείας καὶ δικαιοσύνης καὶ τῶν
ἄλλων ἀρετῶν〔7 日目ごとに分別と理性と勇気と正義と他の徳の無数の学校が全ての
町ごとに広く開かれる〕参照．W. Bacher, HDB IV, p. 637 にはラビ文献の関連箇所が挙
げられている．詳細なリストは，Krauss, *Synagogale Altertümer,* pp. 199-267; 'Synagoge'
RE IVA, cols. 1294-1308 参照.

80)　使 6：9；24：12．エルサレムにあったとされるアレクサンドリア人のシナゴーグに
ついては，T メギラ 3：6；PT メギラ 73d にも言及されている．バビロニア・タルムー
ドの異版については第Ⅱ〔Ⅲ〕巻 22 節（116 頁〔註 256〕）を見よ．エルサレムに 480 の
シナゴーグがあったとするタルムードの物語は文字通り受け取るわけにはいかない
（上記 133 頁註 31 を見よ）．キリスト教資料によればシオンには 7 つのシナゴーグがあ
った．後 333 年のボルドーの巡礼者がそのように報告している．*Itinera Hierosolymitana*
(ed. Geyer, p. 22; CCL clxxv, p. 16): 'ex septem synagogis, quae illic fuerant, una tantum
remansit'〔そこにあった 7 つのシナゴーグのうち 1 つだけが残っていた〕．ミレウィス
のオプタトゥス iii 2 (CSEL XXVI, p. 70): 'in illa monte Sion . . . in cuius vertice . . . fuerant
septem synagogae'〔かのシオンの山の頂には 7 つのシナゴーグがあった〕．エピファニ
オス『桝と分銅について』14：καὶ ἑπτὰ συναγωγαί, αἳ ἐν τῇ Σιὼν μόναι ἐστήκεσαν ὡς
καλύβαι, ἐξ ὧν μία περιελείφθη ἕως χρόνου Μαξιμωνᾶ τοῦ ἐπισκόπου καὶ Κωνσταντίνου
τοῦ βασιλέως ὡς σκηνὴ ἐν ἀμπελῶνι κατὰ τὸ γεγραμμένον〔記録によるとシオンには 7
つのシナゴーグが小屋のように立っていたが，そのうちの 1 つは司教マクシモナスと
コンスタンティヌス帝の時代までぶどう園の中の小屋のように残っていた〕．マクシモ
ナスは後 335-348 年頃からの司教であった．

81)　フィロン『ガイウス』20（132）：πολλαὶ δέ εἰσι καθ' ἕκαστον τμῆμα τῆς πόλεως〔こ
の都市の各区に多くある〕．

82)　フィロン『ガイウス』23（156）はローマの προσευχαί について複数形で語っている．
ローマのシナゴーグのさらなる詳細については，H. J. Leon, *The Jews of Ancient Rome*
(1960), pp. 135-66 及び第Ⅲ〔Ⅴ〕巻第 31 節参照.

83)　PT ナズィ 56a．しかし Krauss, *Synagogale Altertümer,* p. 210（ゴフナ人のシナゴーグ）
参照.

84)　Leon, *op. cit.,* no. 281 (p. 305), no. 509 (p. 340). 異なる解釈は，Ibid., pp. 145-147 参照.

85)　Krauss, *Synagogale Altertümer,* pp. 364-92 参照.

86)　תיבה はメギラ 3：1；ネダ 5：5；タア 2：1-2（最後の箇所によるとこれは携帯でき
る）に言及されている．繰り返し現れる התיבה לפני עבר〔聖櫃の前に進む〕という表
現も参照（149 頁を見よ）．正確なフレーズは ספרים של תיבה である（T ヤダ 2：12.
Str.-B. IV, pp. 126-39 参照）．クリュソストモス『ユダヤ人駁論』vi 7 (PG XLVIII, col.
914)：Ἄλλως δέ, ποία κιβωτὸς νῦν παρὰ Ἰουδαίοις, ὅπου ἱλαστήριον οὐκ ἔστιν; ὅπου οὐ
χρησμός, οὐ διαθήκης πλάκες . . . Ἐμοὶ τῶν ὑπὸ τῆς ἀγορᾶς πωλουμένων κιβωτίων οὐδὲν
ἄμεινον αὕτη ἡ κιβωτὸς διακεῖσθαι δοκεῖ, ἀλλὰ καὶ πολλῷ χεῖρον.〔他方，現在ユダヤ人
のところにどのような箱があるというのか．そこには贖罪の座も託宣も契約の板もな

いというのに……. 私には市場を行き交う種々の箱にくらべてあの箱がより良いとは思われず, むしろはるかに悪いように思える.〕シナゴーグに保管されている聖なる書物については, ヨセフス『古代誌』xvi 6, 2 (164), クリュソストモス『ユダヤ人駁論』i 5 (PG XLVIII, col. 850)：Ἐπειδὴ δὲ εἰσί τινες, οἳ καὶ τὴν συναγωγὴν σεμνὸν εἶναι τόπον νομίζουσιν, ἀναγκαῖον καὶ πρὸς τούτους ὀλίγα εἰπεῖν . . . Ὁ νόμος ἀπόκειται, φησίν, ἐν αὐτῷ καὶ βιβλία προφητικά. Καὶ τί τοῦτο; Μὴ γὰρ ἔνθα, ἂν ᾖ βιβλία τοιαῦτα, καὶ ὁ τόπος ἅγιος ἔσται; Οὐ πάντως.〔シナゴーグを聖なる場所と考える者たちがいるので, この者たちについても少し言わねばならない……. 律法と預言書がそこに所蔵されていると彼らは言う. だから何であろうか？そのような書物があれば, その場所もまた聖いというのか？絶対にない.〕同様に同 vi 6-7 (PG XLVIII, cols. 711-16). W. Bacher, HDB IV, p. 639; JE II, pp. 107-11; TDNT VII, p. 819 参照. 図像については, Leon, *op. cit.,* pp. 196, 200-1, 208-9, 220-3; E. R. Goodenough, *Jewish Symbols* IV, pp. 99-144 を見よ.

87) キルア 9：3；シャバ 9：6；メギラ 3：1；ケリム 28：4；ネガ 11：11. Krauss, *Synagogale Altertümer,* pp. 381-4 参照.

88) シャバ 16：1 (תיק הספר). T ヤダ 2：12 (תיק הספרים). תיק という語のみでケリム 16：7-8. Krauss, *Griechische und lateinische Lehnwörter* II, p. 588; *Synagogale Altertümer,* pp. 382-4; L. Blau, *Studien zum althebräischen Buchwesen* (1902), pp. 173-80 参照. 古代における本ケースの使用については, RE III, col. 970; Th. Birt, *Kritik und Hermeneutik: nebst Abriss des antiken Buchwesens* (1913), pp. 332-4 参照.

89) ソタ 7：8；II エズラ 18：4 参照. シラクサの碑文に見られる βῆμα については, Frey, CIJ I, no. 653 を見よ. ビザンティン時代に演壇 (podium) が ἄμβων とされていることについては, CIJ II, no. 781, pp. 38-9 参照. 全体として, JE I, pp. 430-1; X, pp. 267-8; Krauss, *Synagogale Altertümer,* pp. 384-5; TDNT VII, pp. 819-20 参照.

90) PT メギラ 73d. ここで説教台は אנגלין, ἀναλογεῖον と呼ばれている. これはいくつかの版の אנגלין の代わりに『アルーフ』に支持されている読みである. 同じ単語はケリム 16：7 にも現れる. Levy, *Neuhebr. Wörterb.* s.v.; Krauss, *Griech. und lat. Lehnwörter* II, p. 73 (אנגלין); *Synagogale Altertümer,* pp. 388-9 参照.

91) トゥルモ 11：10；ペサ 4：4. Krauss, *Synagogale Altertümer,* pp. 390-1. 7 つの陶器製ランプを乗せるための石の燭台がハマテのシナゴーグで発見された. Sukenik, *Ancient Synagogues,* p. 55, 及び plate XIIa 参照.

92) ロシュ 3：4；タア 2：3. Str.-B. IV, pp. 140-2 参照. フィロンは新年祭を σάλπιγγες 〔ラッパ〕の祭りと呼んでいる.『十戒各論』i 35 (186)；ii 31 (188). Krauss, *Talmudische Archäologie* III, pp. 96-7; *Synagogale Altertümer,* p. 410; G. Friedrich, TDNT VII, p. 83 参照.

93) T スカ 4：11；フリ 1：7；PT シャバ 16a；BT シャバ 35b. J. Levy, *Neuhebräisches Wörterbuch,* הצוצרות 参照. エルサレム神殿ではこれは祭司によってなされた. ヨセフス『戦記』iv 9, 12 (582)；スカ 5：5. クムランでの角笛とラッパについては, Y. Yadin, *The Scrolls of the War of the Sons of the Light against the Sons of Darkness* (1962), pp. 87-113 参照.

94) ヨセフス『自伝』54 (280).

95) W. Schrage, TDNT VII, p. 831 参照. マコト 3：12 によれば, 鞭打ち刑は会堂係 (חזן

הכנסת) によってなされたが，どこで刑が執行されたかは特定されていない．Krauss, *Synagogale Altertümer,* p. 186 参照．

96) BT メギラ 28a.

97) PT シャバ 3a「ラビ・ミーシャとラビ・シュムエル・ベン・ラビ・イツハクは，ティベリアスの上シナゴーグの1つで（בחדא מן כנישתא עילייתא）座って食事をした」．同様に PT ブラホ 5d. 礼拝以外の目的でシナゴーグを使うことについては，W. Bacher, HDB IV, pp. 642 f. 参照．

98) 律法学者とファリサイ派の πρωτοκαθεδρία〔上席〕については，マタ 23：6；マコ 12：39；ルカ 11：43；20：46 を見よ．フィロンによれば，エッセネ派は年功序列で席に着き，若者は年長者の「下に」（つまり後ろに）座った．『自由論』12（81）：καθ' ἡλικίας ἐν τάξεσιν ὑπὸ πρεσβυτέροις νέοι καθέζονται〔年齢に従って並び，若者は長老の下に座る〕．似たような階級的席順はクムランの会衆と厳粛な食事についての規定にも確立されている．「これは多数者の集会に対する規律である．各々はその順位に応じて（בתכונו）座る．祭司が最初に座り，長老が第2に，残りの民全てはその順位に応じて座る」（1QS 6：8-9）．「そして彼らが共同の［食］卓につく［ときには］……祭司はパンと［ぶどう酒］の初物を祝福し，最初にパンに手を［伸ばす］．その後にイスラエルのメシアがパンに手を伸ばし，［それから］共同体の全会衆が各［々］その位に応じて（כבודו）祝福する．少なくとも10人の男が集まる全ての食事はこの定めに従って行われなければならない」（1QSa 2：7-22）．ディアスポラでは，尊敬されている男女にはギリシアのやり方に従って共同体の公告によって προεδρία〔前席の特権〕が与えられた．フォケアの碑文を見よ（CIJ II, no. 738）．性別による分離は古い資料に全く言及されていないが，当然のことと見なされるべきである．フィロンは『観想的生活』9（69）でテラペウタイの宴会について，男は「右に，女は左に」横になると述べているが，これをここで用いることはできない．タルムードには女性のために特に仕切りがあったとは述べられていない．Löw, *Gesammelte Schriften* IV, pp. 55-71 参照．しかし女性のためであったと思われるギャラリーが，ガリラヤの古代のシナゴーグのいくつかから発見されている．Krauss, *Synagogale Altertümer,* p. 356; E. L. Sukenik, *Ancient Synagogues,* pp. 47-8; Goodenough, *Jewish Symbols* I, pp. 182, 193 参照．

99) PT スカ 55ab.

100) ネガ 13：12.

101) メギラ 4：3.

102) フィロンにはシナゴーグの礼拝について3つの総括的な記述がある．(1) エウセビオス『福音の準備』viii 7, 12-13（『ヒュポテティカ』からの引用）：Τί οὖν ἐποίησε [scil. ὁ νομοθέτης] ταῖς ἑβδόμαις ταύταις ἡμέραις; Αὐτοὺς εἰς ταυτὸν ἠξίου συνάγεσθαι, καὶ καθεζομένους μετ' ἀλλήλων σὺν αἰδοῖ καὶ κόσμῳ τῶν νόμων ἀκροᾶσθαι τοῦ μηδένα ἀγνοῆσαι χάριν. Καὶ δῆτα συνέρχονται μὲν ἀεί, καὶ συνεδρεύουσι μετ' ἀλλήλων· οἱ μὲν πολλοὶ σιωπῇ, πλὴν εἴ τι προσεπιφημίσαι τοῖς ἀναγινωσκομένοις νομίζεται· τῶν ἱερέων δέ τις ὁ παρὼν ἢ τῶν γερόντων εἷς ἀναγινώσκει τοὺς ἱεροὺς νόμους αὐτοῖς, καὶ καθ' ἕκαστον ἐξηγεῖται μέχρι σχεδὸν δείλης ὀψίας. 〔それでは彼（律法制定者）はこれら7日目についてどうしたのか．彼は，彼らが同じ場所に集まり，互いに敬意を持って秩

序だって座して律法を聞き，誰もそれについて無知でいないよう要求した．実際，彼らは常に集まって共に座し，多くの者は朗読されたことに何か承認を与える慣習になっているとき以外は黙している．しかし，居合わせている祭司もしくは長老の1人は彼らに聖なる律法を読み，その1つ1つを午後遅くまで解説するのである．〕(2)『十戒各論』ii 15 (62)：Ἀναπέπταται γοῦν ταῖς ἑβδόμαις μυρία κατὰ πᾶσαν πόλιν διδασκαλεῖα φρονήσεως καὶ σωφροσύνης καὶ ἀνδρείας καὶ δικαιοσύνης καὶ τῶν ἄλλων ἀρετῶν. Ἐν οἷς οἱ μὲν ἐν κόσμῳ καθέζονται, σὺν ἡσυχίᾳ τὰ ὦτα ἀνωρθωκότες, μετὰ προσοχῆς πάσης, ἕνεκα τοῦ διψῆν λόγων ποτίμων. Ἀναστὰς δέ τις τῶν ἐμπειροτάτων ὑφηγεῖται τὰ ἄριστα καὶ συνοίσοντα, οἷς ἅπας ὁ βίος ἐπιδώσει πρὸς τὸ βέλτιον. 〔7日目ごとに分別と理性と勇気と正義と他の徳の無数の学校が全ての町ごとに広く開かれる．そこでは人々は秩序だって座し，新鮮な言葉を渇飲するため静かに全神経を耳に集中させる．最も経験ある者の1人が立って，全生涯がより良いものとなるような最高のもの役立つものを教示するのである．〕(3) エッセネ派について『自由論』12 (82)：Ὁ μέν τὰς βίβλους ἀναγινώσκει λαβών, ἕτερος δὲ τῶν ἐμπειροτάτων, ὅσα μὴ γνώριμα παρελθὼν ἀναδιδάσκει〔ある者が聖書を取って朗読し，最も経験ある別の者が前に進み出て，知られていないことを解説するのである〕．これらに加えられるべきは (4) エジプトの統治者，恐らくフラックスがユダヤ人に宛てた演説，『夢』ii 18 (127)：καθεδεῖσθε ἐν τοῖς συναγωγίοις ὑμῶν, τὸν εἰωθότα θίασον ἀγείροντες καὶ ἀσφαλῶς τὰς ἱερὰς βίβλους ἀναγινώσκοντες κἄν εἴ τι μὴ τρανὲς εἴη διαπτύσσοντες καὶ τῇ πατρίῳ φιλοσοφίᾳ διὰ μακρηγορίας ἐνευκαιροῦντές τε καὶ ἐνσχολάζοντες〔君たちは君たちの集会に座し，いつもの交わりに集まり，安全に聖なる書物を朗読し，はっきりしないところを解き明かし，父祖たちの哲学について長々と議論を愉しみつつ時を過ごしている〕．タルムード後の項である『ソフェリーム』10–21 章 (ed. M. Higger) は，シナゴーグ礼拝の詳細なやり方を記している．L. Blau, 'Liturgy', JE VIII, pp. 132-40; I. Elbogen, *Der jüdische Gottesdienst in seiner geschichtlichen Entwicklung* (³1931); A. Z. Idelsohn, *Jewish Liturgy and its Development* (1932); J. Heinemann, *Prayer in the Period of the Tannaim and the Amora'im* (1964), pp. 138-57（ヘブライ語）〔英訳，*Prayer in the Talmud. Forms and Patterns* (1977), pp. 218-50〕; L. Jacobs, 'Liturgy', Enc. Jud. 11, cols. 392-404; J. Heinemann-J. J. Petuchowski, *Literature of the Synagogue* (1975) [prayers, sermons, poetry] 参照.

103) Elbogen, *op. cit.*, pp. 14-106; Idelson, *op. cit.*, pp. 23-33 参照.

104) ブラホ7：3.

105) ロシュ4：5は，この慣習がミシュナー時代に遡ることを示している．また神殿礼拝について記述するタア5：1も参照.

106) 立って祈ることについては，マタ6：5；マコ11：25；ルカ18：11；ブラホ5：1；タア2：2を見よ．聖の聖すなわちエルサレムの方向を向くことについては，エゼ8：16；王上8：48；ダニ6：11；ブラホ4：5-6；Tブラホ3：16；ヒエロニムス『エゼキエル書註解』当該箇所 (CCL lxxv, pp. 100-1); L. Ginzberg, 'Adoration', JE I, pp. 208-11. シナゴーグの向きについては上記註67を見よ．H. Rosenau, 'A Note on Synagogue Orientation', JPOS 16 (1936), pp. 33-6; F. Landsberger, 'The Sacred Direction in Synagogue

Ⅱ　シナゴーグ（註）　　*181*

and Church', HUCA 28 (1957), pp. 181-203 [= *The Synagogue* (ed. J. Gutmann), pp. 239-61] も参照.

107)　Ｔメギラ4：21「長老たちは民の方を向いて座り，彼らの後ろには聖所がある．聖櫃（תיבה）は，前に民，後ろに聖所があるように置かれる．祭司が祝福を唱えるとき，祭司は立ち上がり顔を民の方に向け，後ろには聖所がある．会堂係（חזן，ここでは祈りの先唱者）は立ち上がって顔を聖所の方に向け，全ての民も同様に聖所の方を向く」．ガリラヤのシナゴーグの証拠については，上記註67を見よ．Schrage, TDNT VII, p. 815-16 参照．トセフタは，エルサレム神殿と同じくシナゴーグの入り口はつねに東側にあるよう定めているが（Ｔメギラ4：22），これは残されているシナゴーグの遺跡と異なっている．マサダのシナゴーグの入り口が東側にあることについては，上記註67を見よ．カイサリアのシナゴーグは南向きで，入り口は東側にある．Avi-Yonah and A. Negev, IEJ 13 (1963), p. 147 参照．エルサレムの南西のエシュテモアにあるユダヤ地方のシナゴーグは，聖都を向く長い壁の真ん中にトーラーの聖櫃のための壁龕があり，東を向く短い壁に3つの入り口がある．M. Avi-Yonah, Enc. Jud. 15, col. 597 及び Plan 2 参照.

108)　会堂司による祈りへの招きについては上記143頁を見よ．שליח צבור については上記144-5頁参照．応答としての אמן は既に申27：15以下；ネヘ5：13；8：6；代上16：36；トビト8：8に見出される．1QS 1：20；2：10, 18；ブラホ5：4；8：8；タア2：5も参照．キリスト教の礼拝については，Ⅰコリ14：16；ユスティノス『第1弁明』65, 67 参照．七十人訳は，五書，預言書，詩篇のアーメンをギリシア語に訳している．ユディト13：20 もそうである（γένοιτο）．これに対し ἀμήν はネヘ5：13；8：6；代上16：36；Ⅰエズ9：47；及びシュンマコス訳に頻繁に（Hatch and Redpath, *Concordance* を見よ），またテオドティオン訳申27：15に現れる．W. H. Hogg, 'Amen, Notes on its Significance and Use in Biblical and Post-biblical Times', JQR 9 (1897), pp. 1-23; L. Ginzberg, JE I, pp. 491 f.; Elbogen, *Der jüdische Gottesdienst,* pp. 495-7 参照．キリスト教による使用については，F. Cabrol, 'Amen', *Dict. d'arch. chr.* I (1907), cols. 1554-73; H. Schlier, TDNT I, pp. 335-8.

109)　ブラホ5：3-4；エルヴィ3：9；ロシュ4：7；タア1：2；2：5；メギラ4：3, 5, 6, 8．タア2：1も参照．Elbogen, *op. cit.,* pp. 27, 497-98 参照.

110)　メギラ4：6．キリスト教の集会でも祈りは会衆のなかの1人によって唱えられた．Ⅰコリ11：4参照.

111)　メギラ4：5.

112)　メギラ4：5-6．トーラー朗読のための役職がなかったことはフィロンから明らかである（エウセビオス『福音の準備』viii 7, 13 の引用から．言葉遣いについては上記179-80頁〔註102〕参照）.

113)　メギラ2：4.

114)　ギティ5：8「次のことが平和のために定められた．祭司が先に読み，次にレビ人が，その次にイスラエルが読む．それは平和のためである」．フィロンも祭司が先であることを示唆しているが，彼は常に1人だけが読むことを前提している．『福音の準備』xiii 7, 13：τῶν ἱερέων δέ τις ὁ παρὼν ἢ τῶν γερόντων εἷς〔居合わせている祭司もしくは長老の1人〕.

182 第 27 節　学校とシナゴーグ

115)　ヨマ 7 : 1；ソタ 7 : 7（上記 167 頁〔註 33〕）参照. ルカ 4 : 16（ἀνέστη ἀναγνῶναι〔[聖書を] 朗読しようとして立った]）と Str.-B. *in h.l.* も参照.

116)　メギラ 4 : 1.

117)　ソタ 7 : 8.

118)　BT メギラ 29b. 3 年周期の存在はタナイーム文学には例証がなく，それがイエス時代にあったことは単なる憶測に過ぎない.

119)　特に L. Zunz, *Die gottesdienstlichen Vorträge der Juden* (²1892), pp. 3-4; J. Theodor, 'Die Midraschim zum Pentateuch und der dreijährige palästinische Cyklus', MGWJ 1885-7; A. Büchler, 'The Reading of the Law and Prophets in a Triennial Cycle', JQR 5 (1893), pp. 420-68; 6 (1894), pp. 1-73; K. Kohler, 'Law, Reading from the', JE VII, pp. 747-8; J. Jacobs, 'Triennial cycle', JE XII, pp. 254-7; J. Mann, *The Bible as Read and Preached in the Old Synagogue* I-II (1940-66); J. Heinemann, 'The Triennial Lectionary Cycle', JJS 19 (1968), pp. 41-8; N. Fried, 'List of the Sedarim for Numbers', Textus 7 (1969), pp. 103-13; 'Triennial Cycle', Enc. Jud. 15, cols. 1386-9; C. Perrot, *La lecture de la Bible dans la Synagogue. Les anciennes lectures palestiniennes du Shabbat et des fêtes* (1973) 参照.

120)　3 年周期の詳細を再構成する試みは，'Sidra', JE XI, pp. 328 f.; 'Trennial cycle', JE XII, pp. 254-7; Enc. Jud. 15, cols. 1387-8 参照. 3 年周期は 12 世紀までパレスチナとエジプトの習慣であったが，バビロニアでは五書全体は 54 に区分され 1 年で読み終えられた. これは後のユダヤ教全体に受け入れられた. 1 年 54 区分については，'Sidra', JE XI, pp. 328 f.; 'Torah, Reading of', Enc. Jud. 15, cols. 1246-55 を見よ. A. Guiding, *The Fourth Gospel and Jewish Worship* (1960) の出版以来，シナゴーグの聖書朗読と福音書編纂の間の関係は，殆ど決着のない議論の的になっている. J. R. Porter, 'The Pentateuch and the Triennial Lectionary Cycle', *Promise and Fulfilment,* ed. F. F. Bruce (1963), pp. 163-74; L. Morris, *The New Testament and the Jewish Lectionaries* (1964); L. Crockett, 'Luke 4:16-30 and the Jewish Lectionary Cycle', JJS 17 (1966), pp. 13-46; J. Heinemann, 'The Triennial Lectionary Cycle', JJS 19 (1968), pp. 41-9; C. Perrot, 'Luc 4, 16-20 et la lecture biblique dans l'ancienne synagogue', *Exégèse biblique et judaïsme,* ed. J. E. Mesnard (1973), pp. 170-86（p. 185 n. 8 に詳細な参考文献あり）; M. D. Goulder, *Midrash and Lection in Matthew* (1974) 参照.

121)　トーラー朗読への招きについては，Krauss, *Synagogale Altertümer,* p. 172 参照. イエスの時代にはこれは恐らく会堂司の特権であった.

122)　メギラ 4 : 2. Elbogen, *Gottesdienst,* pp. 171-2 参照.

123)　メギラ 4 : 4.

124)　メギラ 2 : 1（エステル記に関して），タア 4 : 3（記憶からの朗唱が例外として記されている）参照.

125)　PT メギラ 75a（安息日には常に 7 人がトーラー朗読に呼ばれねばならないというミシュナーの規定について）「外国の言葉を話すユダヤ人（הלעוזות）はこの慣習を持たず，1 人の人がパラシャー全体を朗読している」. J. Levy, *Neuhebr. Wörterb.* II, p. 515a: לעז 参照.

126)　メギラ 4 : 1-5. A. Büchler, 'The Reading of the Law and Prophets in a Triennial Cycle',

II　シナゴーグ（註）　　183

JQR 6 (1894), pp. 1-73; E. N. Adler, 'MS of Haftaras of the Triennial Cycle, sec. xi/xii', JQR 8 (1896), pp. 528 f.; A. Büchler, 'Haftarah', JE VI, pp. 135-7; J. Jacobs, 'Triennial cycle', JE XII, pp. 254-57; Elbogen, *Gottesdienst,* pp. 174-84; J. Mann, *The Bible, passim;* N. Fried, 'The Haftarot of T.S. B. 17, 25', Textus 3 (1963), pp. 128-9; 'Some further Notes on Haftarot Scrolls', Textus 6 (1968), pp. 18-26; Enc. Jud. 16, cols. 1342-5.

127)　W. Bacher, *Die exegetische Terminologie der jüdischen Traditionsliteratur* II (1905), p. 14 参照．この解釈に対してエルボーゲンは，預言書朗読で礼拝が終わったことを示す証拠はないので，הפטיר בנביא（メギラ4:1-5）は「預言書で会衆を解散させること」ではなく「預言書で聖書朗読を終えること」を意味すると言う．Elbogen, *Gottesdienst,* p. 175 参照．

128)　メギラ4:4. 後1世紀に預言書の朗読箇所が朗読者に任されていたかどうかは証明することも否定することもできない．ルカ4:17以下参照．ミシュナー以後の時代にはハフタラーも固定された（これについては註126の文献を参照せよ）．Tメギラ4章によれば，祭日や特別な安息日についてはタナイーム時代にも朗読テクストは固定されていた．

129)　メギラ4:5.

130)　メギラ4:1-2.「ケトゥビーム」〔諸書〕については，シナゴーグ礼拝で用いられたのは5つの「メギロット」〔巻物〕だけであり，それも特定の年中行事のときに限られていた．すなわち，過越祭のときの雅歌，七週祭の時のルツ記，アブの月の9日の哀歌，仮庵祭のときのコヘレトの言葉，プリム祭の時のエステル記である．L. Blau, 'Megilloth', JE VIII, pp. 429 f. 参照．他のメギロットを儀礼のなかで朗読することについては，最古の証言でもタルムード以後のものである（ソフ14:3）．Elbogen, *Gottesdienst,* p. 185 参照．

131)　特にメギラ4:4, 6, 10 参照．Zunz, p. 8; JE VIII, pp. 521 f.; W. Bacher, *Die exegetische Terminologie der jüd. Traditionsliteratur* I-II (1905), תרגם 及び תרגום 参照．R. le Déaut, *Introduction a la littérature targumique* (1966), pp. 23-51 も参照．聖書のギリシア語版がギリシア語のタルグムであるとする理論については，P. Kahle, *The Cairo Geniza* (²1959), pp. 213-14 参照．しかし，J. W. Wevers, 'Proto-Septuagint Studies', *In the Seed of Wisdom* (Festschrift T. J. Meeks) (1954), pp. 58-77 を見よ．注目すべきことに，ディオクレティアヌス時代のスキュトポリスでは，キリスト教の礼拝の最中に「ギリシア語〔聖書〕の朗読がアラム語に訳された」という．エウセビオス『パレスチナの殉教者列伝』（長いシリア語版による）; B. Violet, TU XIV, 4 (1896), p. 4 参照．エルサレムでも同様のことが後385-388年にあった．『エゲリアの巡礼』47, 3-4（CCL clxxvi, p. 89）参照．エピファニオス『真実について』21はキリスト教の会衆のなかの役職に次のものを挙げている．ἑρμηνευταὶ γλώσσης εἰς γλῶσσαν ἢ ἐν ταῖς ἀναγνώσεσιν ἢ ἐν ταῖς προσομιλίαις〔朗読ないし説教において言葉を通訳する〕．Zahn, *Gesch. des neutest. Kanons* I, p. 43 参照．

132)　PT メギラ74d. W. Bacher, JE XII, pp. 57-8 参照．

133)　マタ4:23；マコ1:21；6:2；ルカ4:15；6:6；13:10；ヨハ6:59；18:20.

134)　ベン・ゾーマは著名なダルシャンだった（ソタ9:15）．

184 第27節 学校とシナゴーグ

135) Elbogen, *Gottesdienst*, pp. 194-8.

136) Elbogen, *op. cit.*, p. 197.

137) ブラホ5：4；メギラ4：3，5，6，7．祝福の儀礼についてはソタ7：6（＝タミド 7：2）「祭司の祝福はどのようになされるのか．地方では3つの祝福が唱えられ，神殿 では1つの祝福が唱えられる．神殿では書かれている通りに御名（יהוה）を語るが，地 方では代替語（אדוני）が用いられる．地方では祭司は肩までしか手を挙げないが，神 殿では頭の上まで挙げる．ただし大祭司は（帽子に着けられた）純金の板よりも上に は挙げない．ラビ・ユダは言う，『大祭司も手を板より上に挙げる』」．BT ロシュ 31b， BT ソタ 40b によれば，ヨハナン・ベン・ザカイは神殿崩壊後の祭司は裸足で祝福を述 べねばならないと定めた（J. Neusner, *A Life of Yohanan ben Zakkai* [²1970], pp. 211-2）． 全体的には，民数記・ラバー（民6：22 以下について，Soncino, pp. 407 ff.）；Elbogen, *Gottesdienst*, pp. 67-72; Enc. Jud. 13, cols. 1060-3 参照．クムランにおける祭司の祝福につ いては，1QS 2：1-4 を見よ．

138) Elbogen, *Gottesdienst*, p. 71; Idelsohn, *Jewish Liturgy*, p. 194 参照．

139) メギラ3：6；4：1.

140) メギラ3：6；4：1. メギラ1：2，3参照．

141) メギラ4：2.

142) メギラ3：5-6.

143) 全体的に，Zunz, pp. 382-4; L. Blau, 'Origine et histoire de la lecture du Schema et des formules de bénédiction qui l'accompagnent', REJ 31 (1895), pp. 179-201; JE XI, 266 f.; I. Elbogen, 'Studies in the Jewish Liturgy', JQR 18 (1906), pp. 587-99; 19 (1907), pp. 229-49; O. Holtzmann, *Die Mischna-Berakot* (1912), pp. 1-10; Elbogen, *Gottesdienst*, pp. 16-26; A. Z. Idelsohn, *Jewish liturgy* (1932), pp. 88-92; L. J. Liebreich, 'The Benediction immediately preceding and following the Shema'', REJ 125 (1965), pp. 151-65; L. Jacobs, 'Shema, Reading of', Enc. Jud. 14, cols. 1370-4; J. Heinemann and J. J. Petuchowski, *Literature of the Synagogue* (1975), pp. 15-28 参照．

144) ブラホ2：2；タミド5：1.

145) ブラホ1：4.

146) ブラホ2：2；タミド5：1.

147) 現行のテクストの分析については，Elbogen, *Gottesdienst*, pp. 16-26 参照．

148) ブラホ1：1-4.

149) ブラホ3：3.

150) ソタ7：1；Tソタ7：7. カイサリアでシュマアがギリシア語で朗唱されたことについ ては，PT ソタ 21b に言及がある．

151) ペサ4：8；タア4：3；ソタ5：4；アヴォト2：13 も参照．

152) タミド4：3；5：1.

153) 『古代誌』iv 8, 13 (212)：Δὶς δ᾽ ἑκάστης ἡμέρας, ἀρχομένης τε αὐτῆς καὶ ὁπότε πρὸς ὕπνον ὥρα τρέπεσθαι, μαρτυρεῖν τῷ θεῷ τὰς δωρεὰς ἃς ἀπαλλαγεῖσιν αὐτοῖς ἐκ τῆς Αἰγυπτίων γῆς παρέσχε, δικαίας οὔσης φύσει τῆς εὐχαριστίας καὶ γενομένης ἐπ᾽ ἀμοιβῇ μὲν τῶν ἤδη γεγονότων ἐπὶ δὲ προτροπῇ τῶν ἐσομένων〔全ての者は毎日2回，夜明けと

寝る前に，エジプトの地からの解放によって与えられた贈り物について神に証しなければならない．なぜなら感謝は本来当然のことであって，それは過去の恩恵へのお礼であると同時に将来の恩恵への願いでもあるからである］．ヨセフスがここでシュマア朗唱の慣習について言っていることに疑いの余地はない．

154) 全体として以下を参照. Zunz, pp. 380-2; I. Loeb, 'Les dix-huit bénédictions', REJ 19 (1889), pp. 17-40; I. Lévi, 'Les dix-huit bénédictions et les psaumes de Salomon', REJ 32 (1896), pp. 161-78; 33 (1896), pp. 142-3; S. Schechter, 'Genizah Specimens', JQR 10 (1898), pp. 656-7; I. Elbogen, 'Geschichte des Achtzehngebets', MGWJ 46 (1902), pp. 330-57, 427-39, 513-30; 'Shemoneh Esreh', JE XI, pp. 270-82; P. Fiebig, *Berachoth, der Mischnatraktat 'Segensprüche'* (1906), pp. 26-9; O. Holtzmann, *Die Mischna-Berakot* (1914), pp. 10-27 (バビロニアとパレスチナ両方の版と独訳を含む); K. Kohler, 'The Origin and Composition of the Eighteen Benedictions', HUCA 1 (1924), pp. 387-425; L. Finkelstein, 'The Development of the Amida', JQR 16 (1925-6), pp. 1-43, 127-69 [= *Pharisaism in the Making* (1974), pp. 245-331]; I. Elbogen, *Gottesdienst,* pp. 27-60, 515-20, 582-6; A. Z. Idelsohn, *Jewish Liturgy,* pp. 92-110; K. G. Kuhn, *Achtzehngebet und Vaterunser und der Reim* (1951); D. Hedegård (ed.), *Seder R. Amram Gaon* I (1951) (最古のバビロニア版とその英訳を含む); L. J. Liebreich, HUCA 34 (1963), pp. 125-76; J. Heinemann, *Prayer in the Period of the Tannaim and the Amoraim* (²1966), pp. 138-57 (ヘブライ語で) [英訳 *Prayer in the Talmud* (1977), pp. 218-50]; 'Amidah', Enc. Jud. 2, cols. 838-46; Heinemann-Petuchowski, *Literature of the Synagogue,* pp. 29-45.

155) ブラホ3：3，4：1．

156) ブラホ4：3；タア2：2．

157) ブラホ4：3．

158) ブラホ5：2；ロシュ4：5；タア1：1-2. 安息日の終わりにはいわゆる הבדלה〔ハブダラ〕すなわち「区別」が挿入された．これによって，安息日が平日から区別されたのである．ブラホ5：2；フリ1：7を見よ．'Habdala', JE VI, pp. 118-21; Elbogen, *Gottesdienst,* pp. 120-2 参照.

159) シラ書のヘブライ語テクストには，シラ51：12に続けて祈りのテクストがあるが，これにはシュモネ・エスレーに非常に類似した部分がある．両者とも神を以下のように呼んでいる．「アブラハムの盾」（シラ51：12，10＝十八祈祷第1）；「イスラエルの贖い主」（シラ51：12，5＝十八祈祷第8）；「イスラエルの散らされし者を集め給う方」（シラ51：12，6＝十八祈祷第10）；「彼の都と至聖所を建てられる方」（シラ51：12，7＝十八祈祷第14）；「ダビデの家に角を生じさせる方」（シラ51：12，8＝十八祈祷第15）．JE XI, pp. 280-1; Elbogen, *Gottesdienst,* p. 29 参照.

160) ここの言葉遣いそのものは，実際の神殿崩壊を含意してもいなければそれを排除するわけでもない．第13祈祷が改宗者だけに言及していることは，その古さのしるしである．

161) BT ブラホ 28b: שמעון הפקולי הסדיר שמונה עשרה ברכות לפני רבן גמליאל על הסדר ביבנה. אמר להם רבן גמליאל לחכמים, כלום יש אדם שיודע לתקן ברכת המינים? עמד שמואל הקטן ותקנה. これはなぜ18でなく19の祈祷があるのかという問いに続いている．

162) Schechter, *art. cit.*; Finkelstein, *art. cit.,* pp. 142-69 を見よ. 第 14 祈祷と第 15 祈祷の結合は, 恐らく新しい祈祷が挿入された後に, 全部で 18 の祈祷にしようという試みに帰せられよう.

163) このブラハーはユダヤ人の様々な敵に向けられている. バビロニア版には,「密告者」(מלשינים),「悪をなす全ての者」,「敵」,「高慢な者」(זדים) が現れる. מינים はここには全く現れず, 別のいくつかの版で言及されている. ビルカット・ハミーニームについては, I. Elbogen, *Geschichte des Achtzehngebetes* (1903), pp. 30-6, 57 f.; A. T. Herford, *Christianity in Talmud and Midrash* (1903), pp. 125-37; JE XI, p. 281; Finkelstein, JQR 16 (1925/26), pp. 156-7 参照.

164) エピファニオス『パナリオン』: 29, 9: Οὐ μόνον γὰρ οἱ τῶν Ἰουδαίων παῖδες πρὸς τούτους κέκτηνται μῖσος, ἀλλὰ καὶ ἀνιστάμενοι ἕωθεν καὶ μέσης ἡμέρας καὶ περὶ τὴν ἑσπέραν, τρὶς τῆς ἡμέρας, ὅτε εὐχὰς ἐπιτελοῦσιν ἑαυτοῖς ἐν ταῖς συναγωγαῖς, ἐπαρῶνται αὐτοῖς, καὶ ἀναθηματίζουσι τρὶς τῆς ἡμέρας φάσκοντες ὅτι Ἐπικαταράσαι ὁ θεὸς τοὺς Ναζωραίους〔なぜならユダヤ人の輩はこれらの者を嫌っているだけでなく, シナゴーグで自ら祈りを唱える夜明けと昼間と夕方の日に 3 回立ち上がって,「神がナザレ人を呪われんことを」と言って日に 3 回彼らを冒瀆し呪っている〕. ヒエロニムス『イザヤ書註解』5: 18-19 (CCL lxxvii, p. 76): '(Iudaei) usque hodie perseverant in blasphemiis et ter per singulos dies in omnibus synagogis sub nomine Nazarenorum anathematizant vocabulum Christianum'〔(ユダヤ人は) 今日までずっと冒瀆し続けており, 1 日に 3 回全てのシナゴーグでナザレ人の名のもとにキリスト教の名を呪っている〕.『イザヤ書註解』49: 7 (CCL lxxiiia, p. 538): '(Iudaei Christo) ter per singulos dies sub nomine Nazarenorum maledicunt in synagogis suis'〔(ユダヤ人はキリストに対して) 1 日に 3 回彼らのシナゴーグでナザレ人の名のもとに悪口を言っている〕.『イザヤ書註解』52: 4 以下 (*ibid.*, p. 578): '(Iudaei) diebus ac noctibus blasphemant Salvatorem et sub nomine, ut saepe dixi, nazarenorum ter in die in Christianos congerunt maledicta'〔(ユダヤ人は) 昼も夜も救世主を冒瀆し, 既にたびたび述べてきたように, 日に 3 回ナザレ人の名のもとにキリスト教徒に対する悪口を重ねている〕. ユスティノスははっきりしない.『トリュフォンとの対話』16: Καταρώμενοι ἐν ταῖς συναγωγαῖς ὑμῶν τοὺς πιστεύοντας ἐπὶ τὸν Χριστόν〔君たちのシナゴーグでは, キリストを信じる者たちを呪って〕. ユスティノスはしばしば自分自身を同様に表している (47, 93, 95, 96, 108, 117, 133 章). 137 章は特徴的である. Συμφάμενοι οὖν μὴ λοιδορῆτε ἐπὶ τὸν υἱὸν τοῦ θεοῦ, μηδὲ Φαρισαίοις πειθόμενοι διδασκάλοις τὸν βασιλέα τοῦ Ἰσραὴλ ἐπισκώψητέ ποτε, ὁποῖα διδάσκουσιν οἱ ἀρχισυνάγωγοι ὑμῶν, μετὰ τὴν προσευχήν〔だから, 祈りの後で神の子を罵ったり, またファリサイ派の教師たちの言うことを聞いてイスラエルの王を嘲ったりするのはやめなさい. 君たちの会堂司たちはそうするように教えているけれども〕. これはキリスト教徒を呪う者ではなく, キリストを嘲る者 (ἐπισκώπτειν) を指している. 従って, ビルカット・ハミーニームは問題外である. この祈祷はもちろん「祈りの後に」(μετὰ τὴν προσευχήν) ではなく, その真ん中で唱えられる.

165) M. Friedländer, 'Encore un mot sur Minim, Minout et Guilionim das le Talmud', REJ 38 (1898), pp. 194-203. מינים の意味については, W. Bacher, 'Le mot "Minim" désigne-t-il

quelquefois des chrétiens?', REJ 38 (1899), pp. 37-45; I. Lévi, 'Le mot "Minim" désigne-t-il jamais une sect juive de gnostiques antinomistes ayant exercé son action en Judée avant la destruction du Temple?' *ibid.*, pp. 204-10; A. Marmorstein, 'The Background of Haggadah', HUCA 6 (1929), pp. 141-203 [*Studies in Jewish Theology* (1950), pp. 25-71]; A. Büchler, 'The Minim of Sepphoris and Tiberias in the Second and Third Centuries', *Studies in Jewish History* (1956), pp. 245-74; K. G. Kuhn, 'Giljonim and sifre minim', *Judentum, Urchristentum, Kirche* (*Jeremias Festschrift*) (1960), pp. 24-61; M. Simon, *Verus Israel* (^{2}1964), pp. 215-38, 500-3; G. Vermes, 'The Decalogue and the Minim', *In Memoriam P. Kahle* (1968), pp. 232-40 [*PBJS,* pp. 169-77]; Enc. Jud. 12, cols. 1-3 参照.

第28節　生活と律法 [1)]

Ⅰ　概観

　ユダヤ民族を「主の弟子」に変えることは，家庭や学校，シナゴーグでの教育全体の目標であった．普通の人は，トーラーが自分に何を求めているのかを知り，行なわなければならなかった．生活全体を，「教え」(תורה) あるいは「啓蒙」(אורייתא) の規則と戒めに一致させねばならなかった [2)]．これらの規律は神自身が決定したと信じて疑われなかったのであるが，律法学者，ファリサイ人，ラビたちは一様に，それらの規律に服従することを天上の命令「あなたたちは，私にとって祭司の王国，聖なる国民となる」(出 19：6) を実行する唯一の道だとみなした．事実，後1世紀までには，トーラーに従うことは〔以下のように〕ヨセフスが断言できたほど，ユダヤ教の本質的な要素を構成するまでになっていた．「今日では，法を踏みにじることは多くの民族の間でしゃれた技術となっている．我々の間ではそうではない．我々は富，都市，その他良きものを全て奪い取られているけれども，我々の律法だけは少なくとも不滅なものとして残っている．ユダヤ人のだれ一人，祖国からどれほどに遠く離れていようと，残虐な暴君をどれほどに恐れていようと律法よりももっと彼を畏れるようなことはない」[3)]．他の箇所では，「ユダヤ人の囚人たちについて，律法やそれと結びついた諸書に反することを一語たりとも語るよりは，むしろ野外劇場において拷問やあらゆる形の死に耐える，そうした場面が今にいたるまで繰り返し目撃されている」[4)] とも書き記している．

　しかし，いかにしてトーラーへの熱心はここまで守り抜かれたのであろうか．簡潔に言えば，無条件に神の戒めに従うことが宗教の本質であるという確信のため，そしてまた神の報酬或いは報復への期待ゆえにである．神と神の民との間に結ばれた契約という預言者的概念は，民がトーラーを厳格にかつ実直に遵守し，その見返りとして神が，民族にも個々のユダヤ人にも，善行と罪過に対して約束された報いを支払うことを意味すると理解された [5)]．繰

り返し特定の罪或いは善行ははっきりと限定された形の懲罰或いは報酬と結びつけられ，そして神の正義は，人間の合法，非合法の行為に応じて適当な報酬が支払われるというように法廷弁論的に考えられた．

「7つの大きな罪の故に7種類の報復が世界にもたらされる．(1) もし一部の民は収穫の中から十分の一税をささげ，一部の民はそうしなかったならば，旱魃から飢饉が起こり，一部は飢えに苦しみ，一部は満たされる．(2) またもし十分の一税を誰もささげなければ，戦争，騒乱，旱魃から飢饉が起こる．(3) またもし麦粉の初穂の献げ物がとっておかれなければ，全てを破壊し尽くす飢饉が起こる．(4) トーラーによって死罪に定められるような犯罪が蔓延するが，法廷の前に連れ出されることのないとき，また7年目の地の産物と結びついた犯罪によっても，世界に疫病がもたらされる．(5) 正義の宣言を遅らせ，正義を曲解し，ハラハーに従ってトーラーを解説しないことによって，剣が世界にもたらされる．(6) 偽証と神名の冒瀆の故に，世界に強欲な獣がもたらされる．(7) 偶像崇拝，近親相姦，殺人，そして7年目の赦免（を怠る）が故に流刑が世界にもたらされる」[6]．

トーラーに対する服従への報いもまた固く信じられた．

「人がただ1つの戒めでも遂行するならば，それは彼に十分であろう．彼は長寿を全うし，嗣業の地を受けるであろう」[7]．

「労働に従い報酬もまたそのようであろう」[8]．

「全てが酌量されることを知れ」[9]．

それ故，律法の成就は全て，それに相応しい報酬をもたらす．そして神がイスラエルにこれほど多くの戒めと規則を与えたことを説明する唯一の理由は，神の民は功績を獲得するための十分な機会を持つべきであるということであった[10]．

罰と報酬の両方がこの現在の生活を生きる人間に割り当てられたが，完全な報いが成就するのは「来るべき世」（העולם הבא）まで引き延ばされた．その時，あからさまな不正義は全て糺されるだろう．この世で苦難を受けた義人は，それに応じた補償を受けるであろう．しかしこのことは別にしても，

完全な報いは来るべき世までとっておかれる．その時に，国家としてのイスラエルと個人としてのユダヤ人は，彼らの信仰深さを至福の生で報われるであろう．それ故父母の尊敬，慈善行為，平和創出，そして特にトーラーの研究というような善行は，資本にたとえられる．それへの利息はこの地上の生活において既に享受されているが，しかし元本自体は来るべき世までとっておかれる[11]．とは言え，民衆の水準では，この将来の報酬期待は戒めの熱心な遵守を強力に働きかけたが，より高い次元においては，トーラーは「それ自体のため」(לשמה)[12]，または「天のため」(לשם שמים)[13]，従われるべきである，と常に信じられた．「報酬のために主人に仕える下僕のようになるな．むしろ報酬を考えずに仕えるような人であれ」[14]というソホのアンティゴノスの言葉は，ラビ文献に多く保存されている類似の忠告を予示している[15]．G. F. ムーアが適切に述べているように，「ファリサイ人の最初に記録された言葉が，想定される『ファリサイ的』な義の応報理論の否認であるかもしれないという事実には，一種のアイロニーがある」[16]．

　他方で，伝統的なユダヤ人が，365の禁令と248の積極的な規則とから成る全体で613 (תריג = 613) の大量の戒めを，功績を得るために神によって与えられた手段として受けとめていたにも関わらず，その彼らがまた，ただ外面的にのみ遵守しようとする誤った熱情を駆り立てた可能性もあることは，否定できない．かくしてパウロは ζῆλον θεοῦ ἔχουσιν ἀλλ' οὐ κατ' ἐπίγνωσιν〔神に対して熱心であるが，深い認識によるものではない〕(ロマ 10：2) と記している．この批判への予見，或いは応答として，ユダヤ教教師たちは，律法をより小さな数へと縮小させようとし，遂にはそれら全てを1つの法規にまとめ上げた．フィロンは十戒を「特殊な法全ての要約 (κεφάλαια)」[17] として提示し，後3世紀のパレスチナ人のアモラであるラビ・シムライの名で残された伝承は，613の戒めを1つのものとする動きを聖書自体の中にたどっている．

「モーセは613の戒めを啓示した．太陽暦の1年の日数による365の禁令と，人間の身体の部分数に相当する248の積極的規則である(オホロ1：8参照)．その後にダビデが現われて11を選び (詩15篇参照)，次にイザヤが現われて6つを選んだ (イザ33：15参照)．次にミカが現われて3つを選んだ (ミカ6：8参照)．次に再びイザヤが現われて2つを選んだ (イザ56：1参照)．最後にアモスが現われて『私を求めよ．そうすればあなたは生きる』(アモ5：4) という1つを選んだ」[18]．

トーラーの最も有名な要約は，ヒレルの名に関連づけられている．ひとりの異邦人から，トーラー全体を手早く教えて欲しいと求められたとき，彼は次のように答えたと言われている．「あなたが自身にして欲しくないことを，友人にもするな！　これがトーラーの全体である．その他の全ては解釈にすぎない」[19]．「律法と預言」が同じく単一の黄金律に縮小されることは，肯定的な形式で福音書の中にも現れる．「何事でも人々からしてほしいと望むことは，人々にもそのとおりにせよ！」（マタ 7：12，ルカ 6：31）[20]．

Ⅱ　安息日の遵守

　一般的な規則は，哲学的思弁の主要産物かもしれないが，共同体全体の実生活を規制するためには，不十分であり不適切であった．既に聖書の中で明示されている型に従って，ミシュナーに包含されたユダヤ教宗教法の骨格は，律法学者，ファリサイ派，ラビたちによって展開され法典化されたが，それが紀元後最初の 2 世紀のパレスチナのユダヤ人社会の諸条件と必要性に適応させ，反映させるために次第に厳密になっていく判例法という方向へと発展したのは，意外なことではなかった[21]．この点で，その広がりに関しても重要性に関しても，最も重要な項目の 1 つは，安息日遵守を規制する律法であった[22]．モーセ五書の中にある安息日の労働禁止は，細部まで殆ど立ち入っていないのであるが（出 16：23-30，20：8-11，23：12，31：12-17，34：21，35：1-3，レビ 23：3，民 15：32-6，申 5：12-15．イザ 58：13，エレ 17：21-4，エゼ 22：8，アモ 8：5，ネヘ 10：32，13：15-22 を参照），時代の経過と共に長々としたミシュナーの項へと増大した[23]．なぜならラビたちはそれがもっと正確である必要を感じて，次のような 39 の活動を安息日に禁止されたものと詳述したのである．(1) 種を撒くこと，(2) 耕作すること，(3) 収穫すること，(4) 穀物を束ねること，(5) 脱穀すること，(6) もみ殻を吹き除くこと，(7) 穀物をきれいにすること，(8) 製粉すること，(9) ふるいにかけること，(10) 練り粉にすること，(11) パンを焼くこと，(12) 羊毛を刈ること，(13) 羊毛を洗うこと，(14) 叩くこと，(15) 染めること，(16) 紡ぐこと，(17) 縦糸を張ること，(18) 2 つの〔結びひもの〕輪をつくること，(19) 2 つの糸を織ること，(20) 2 つの糸を分けること，(21) 結び目をつくること，(22) 結び目を解くこと，(23) 2 つの縫い目を縫うこと，(24)

2つの縫い目を縫うために裂くこと，(25) 鹿狩りをすること，(26) それを屠殺すること，(27) その皮を剥ぐこと，(28) それを塩づけにすること，(29) その皮を仕上げること，(30) 毛をそぐこと，(31) それを切り分けること，(32) 2文字を書くこと，(33) 2文字を書くために消すこと，(34) 建てること，(35) とり壊すこと，(36) 消火すること，(37) 火をともすこと，(38) 槌で打つこと，(39) 一所から他所に運ぶこと，である[24].

これらの主要な規定のそれぞれについて，その意味内容と範囲についてさらなる論争が必要とされた．正しくここで厳密な意味での決疑が始まる．出34:21によれば，耕作と収穫が禁止されている．しかし，ミシュナーの時代までには，穀物の数穂を集めることも収穫とみなされていた[25]．かくして，かつてイエスの弟子たちが安息日に穂摘みを行なったとき，数人のファリサイ人からとがめられたのである．摘む行為自体のゆえにではなく（申23:26によれば，それは許されていた），安息日の収穫ゆえにであった（マタ12:1-2，マコ2:23-4，ルカ6:1-2）．領地が異なれば，どの結び目が安息日の労働禁止にふれるのか，どれが許されているのかを知ることが必要であった（上記21-2番）.

「これらの結び目は（彼らが安息日に結ぶと）有罪とみなされるものである．らくだ乗りの結び目と船乗りの結び目である．それらを結ぶことが有罪になるのと同じく，それらを解くことも有罪になる．ラビ・メイルは言う．片手で解かれ得る結び目については，有罪にならない，と．らくだ乗りの結び目と船乗りの結び目とは異なり，有罪にならない結び目がある．すなわち，婦人は，一時しのぎでほころびを，そして帽子や帯の紐，靴やサンダルの皮紐，ぶどう酒や油の皮袋，肉の鉢の破れを繕ってもよい」[26].

帯の結び目が許可されたとき，水桶も，ロープでは駄目であるが，帯で結んでなら井戸に降ろすことができると定められた[27].

安息日に文字を書くことの禁令（上記32番）は次のように定義されている.

「（アルファベットの）2文字を書く者は誰でも，右手で書こうが左手で書こうが，またそれが同じ2文字であろうが別の文字であろうが，もしくは2つの象徴であろうが[28]，あるいは異なった言語によってであろうが，それは有罪である．うっかり2文字を書く者は誰であれ，インクか塗料か，赤チョークか，樹脂か，緑礬か，永持ちのする印を残す何かで書くのかを

問わず，有罪である．そして，角をなす2つの壁に，あるいは会計簿の2つのとじ板の上に書く者は，（2文字が）一緒に読まれることになるかも知れないので，有罪である．自分の身体に書く者は誰でも有罪である……．もし人が濃い液体，果汁，道路の塵，乾いた砂あるいは書いたものが残らないものの中に書くならば，彼は無罪である．もし人が自分の手の裏で，あるいは足や口や肘で書いたり，あるいはもし他の書き物に1字を加えたり，他の書き物に重ね（パリンプセスト）ても，ヘート（ה）を書こうと思って2つのザイン（זז）を書いても，あるいはもし一緒に読むことのできないように，1文字は床にもう1文字は天井に，あるいは家の2つの壁に，あるいは本の2頁に（書いて）も，彼は無罪である……．もし人がうっかり2文字を別々の機会に，1つを朝にもう1つを夕方頃に書いたら，ラビ・ガマリエルは彼を有罪と宣告するが，賢者たちは彼を無罪と宣言する」29)．

出16:23は，安息日に焼くことと煮ることを禁じている．それゆえあたたかい食事は安息日の始まる前に用意され，保温された．ただし，この間に熱が増えないように注意が払われねばならなかった．なぜならこれは「煮る」ことにあたるからである．したがって，この目的のために特定の素材が薦められ，他の特定の素材は敬遠された．

「食物は，泥炭，獣糞，塩，石灰あるいは砂の中に，それらが乾いたものであれ湿ったものであれ，置かない方がよい．または藁，ぶどうの皮，羽毛，草の中に，それらがまだ湿っているならば置かない方がよい．乾いている場合にのみその限りではない．しかし食物を衣類の中，穀物の下，鳩の羽毛の下，削りくずの下，梳いた亜麻の下に置くのはよい．ラビ・ユダはよく梳かれた亜麻は禁じるが，きめの粗いものは許可している」30)．

出35：3によれば，安息日に火を点けることは禁じられている．火を消すことの禁止が後に加えられた．しかし，この後者の規則について，非ユダヤ人が大火に立ち向かうときには何をなすべきかは問題とされた．

「異邦人が火を消すために来たとしても，彼にそれを消せ！とも消すな！とも言ってはならない．人は，彼に安息を守らせる義務はないからである」31)．

194 　　　　　　　　　　第 28 節　生活と律法　　　　　　　　　Ⅱ 470-1

この禁令には当然灯火とランプが含まれていた.

「誰であれ,異邦人,盗賊や悪霊の恐れから,あるいは病人が眠るための理
由からランプを消すのならば,彼は無罪である.しかしそれがランプ,油
あるいは灯心の倹約のためになされるならば,彼は有罪である.ラビ・ヨ
セは,その者を無罪と宣言する.ただし,灯心の場合を除いて.なぜなら,
彼はそれによって炭を用意することになるから」[32].

「人は火花を捕らえるためにランプの下に容器を置いてもよい.しかしそれ
に水を満たしてはならない.そのために火を消してしまうからである」[33].

39 の主たる禁令の最後,すなわち一所から他所へ何かを運ぶ禁止 המוציא
מרשות לרשות (エレ 17：21-4 に霊感を受けた結果の命令)は,רשות 〔領域〕
の観念の弾力性(既にヨベル 2：29-30,50：8 にあるのを参照)ゆえに多く
の論争材料を提供した.運んでならない量は厳密に定義された.例えば,次
のことは安息日を汚すものと決められた.乾燥イチジクと同じ重さの食物[34],
杯の中で混ぜ合わせられるほどのぶどう酒,一息で飲むことができるほどの
ミルク,傷口に塗れるほどの蜂蜜,手足に塗れるほどの油,目の軟膏を湿ら
せるほどの水[35],税の領収書が書けるほどの 1 枚のパピルス[36],テフィリン
の最短章句(イスラエルよ,聞け)が書けるほどの羊皮紙,あるいは 2 文字
が書けるほどのインク[37],ペンが作れるほどの葦[38],等々を運ぶことである.
厳密な意味での衣類でない服飾品を身にまとうことも禁じられた.兵士は,鎧,
兜,臑当て,剣,弓,盾,槍を持って外出することはできなかった[39].「足
のない人は,木の義足で外出してもよい,とラビ・メイルは言う.しかしラ
ビ・ヨセは,それを禁じる」[40].火災が起こったときにのみ,荷物を運ぶこ
とについての禁令は一時停止された.

「全ての聖書は火の中から持ち出されてよい.本の箱は本と共に持ち出さ
れてよい.テフィリンのそれは,たとえその中に金が入っていても,テ
フィリンと一緒に持ち出されてもよい.食物は 3 度の食事分が持ち出されて
よい.もし火災が安息日の夕べに起こったならば,3 回の食事分の食物を
持ち出してよい.朝ならば 2 回の,午後ならば 1 回の食事分だけの食物を
持ち出してよい.パン籠 1 杯分は,たとえそれが百回の食事分であっても,
持ち出されてよい.イチジクの一塊り,ぶどう酒 1 瓶も同様である」[41].

II 471-2   II 安息日の遵守   *195*

　これらの禁令に加えて，安息日を汚すことになりかねないおそれのある行為を避けることを狙いとした一定の用心深い対策がとられていた．

　「仕立て職人は，夕方になって外出するときは針を持って行ってはならない．（安息日が始まったあとに）うっかりしてそれを持って出るかもしれないからである．書記がペンを持って出ることも同様である」[42]．

　「肉，玉葱，卵は，昼間それを焼く時間がないのならば，焼いてはならない．パンは夕暮れ時に竈に入れるべきではなく，菓子はもし昼間に表面を堅くできないのであれば，炭の上に置くべきでない．ラビ・エリエゼルは言う．もし底面を堅くするだけの時間しかないならば」[43]．

　用心深さはさらに，例えば安息日に灯火の明かりのそばで，読書をしたり布から害虫を駆除することについての禁令にまで広げられた．この2つとも，特に明るい光を必要とする仕事であるから，灯心にもっと油を送るためにランプをかしげる誘惑になるかもしれない．学校の教師は，彼自身はそうしてはならなかったが，子供たちが光を助けに読書するのを監督することを許された[44]．
　39の主な形の労働に加えて，それでは網羅できない他の禁じられた仕事と活動があった．いくつかは次の（安息がそれほど厳しくなかった）祝祭日の法規の中に挙げられている．

　「人が安息日に有罪となることは皆，安息の違反のためであれ，自由な選択から出た行いのためであれ，戒めによって定められた行動のためであれ，祝祭日にも許されていない．安息に関しては次のことをしてはならない．すなわち，木に登ること，動物に乗ること，水の中で泳ぐこと，手をたたくこと，ももをたたくこと，あるいは踊ることである．自由な選択から出た行いに関しては，次のことをしてはならない．裁判の席につくこと，妻となる人と婚約すること，靴を脱ぐこと（ハリツァー），あるいはレビラート婚に入ることをしてはならない．掟によって定められた行いに関しては次のことをしてはならない．すなわち，何物も聖別してはならない．値ぶみのために何物もささげてはならない．神への献げ物として何物もささげてはならない．揺祭あるいは十分の一の献げ物のために何物も取り分けてはならない．これら全てのことは祝祭日には禁じられると宣言されており，

安息日にはもちろんのことである」[45].

同じカテゴリーに属するのは，特に安息日にはユダヤ人は（安息日が始まると），自分の居住地から2千キュビト以上外出することがが許されないという法規である[46]. これは「安息日の制限」（תחום השבת）と呼ばれ，2千キュビトの範囲は，「安息日の行程」（使1：12 σαββάτου όδός）と言われた[47]. この規定は，出16：29に基づいていたが，一所から他所へ荷を運ぶことの禁令と共に，ほどなく見るように עירובין〔エルヴィーン〕に関する法制定の中で次第に緩められた.

安息日を神聖に保つ義務は非常に厳しかったにも関わらず，いくつかの例外が人道的理由，あるいは戒めをさらにより神聖なものとするという理由で導入された. 後者の場合は，神殿礼拝で求められる業務が考慮されている. 日毎の焼き尽くす献げ物は安息日にも献げられねばならなかった. 確かに，安息日には特別な犠牲が定められていた（民28：9-10）. それゆえ，そのために必要な業務はすべて許されていた（マタ12：5「安息日に，神殿にいる祭司たちは安息日を汚しても，罪にならない」[48]）. 過越の犠牲の準備と結びついたことも安息日に許されていた. しかしこの場合，それらのどの取り扱いが順法かあるいは順法でないかが非常に慎重に定められた[49]. 割礼も同じカテゴリーに属した. 前日に行うことができないことに限り，あらゆる必要なことが安息日当日になされても良かった. そして前もって準備しておくことができることは何であれ，安息日当日には禁じられていた[50]. 人道的な関心から妊婦のお産を安息日に手伝うことは許可されたし[51]，また生命の危険は全て安息日に優先する כל ספק נפשות דוחה את השבת[52]，という一般的な規定が定められた.

「もし建物が人の上に倒壊してきたら，その人が下敷きになっているのかなっていないのか，生きているのか死んでいるのか，異邦人であるのかイスラエル人であるのか，どちらか判らなくとも，安息日に瓦礫を彼の上から取り除いてよい. もしその人が生きているとわかったら，もっと取り除いてよいが，死んでいるならば，そのままにしておいてもよい」[53].

医者は，もし患者の生命が危険であるならば安息日に診察してもよい. ラビ・マッティティア・ベン・ヘレシュは，もし喉に痛みがあるならば，安息日に口の中へ薬を入れることを許しさえした. その人の生命を脅かす危険が

あるかもしれないからである[54]．しかしこれは1人の教師の意見であって，決して一般的に有効ではなかった．全体的に，医者の介入は，生命が危ういときにのみ許された．

「彼らは骨折した腕脚を接いでは……ならない．手足を捻挫した者は誰であれ，その上に冷水を注いではならない」[55]．

「神殿で奉仕をする祭司は，安息日に礼拝の間に取れた絆創膏を取り替えてもよい．神殿以外では許されない．〔もともとなかったのに〕初めて貼ることはどこでも許されない．……もし祭司が自分の指を傷つけたなら，安息日の礼拝中に聖所では，灯心草でそれを結わえてもよい．他の場所では許されない．血を出すことはどんな場所でも禁じられている」[56]．

マカバイ蜂起の初期に，アシダイオイの一群が異邦人に攻撃されて，安息日に戦うよりは虐殺されることに甘んじたあと，生命を救うことが安息日に優先するという原則的な規定が定められ，広く受け入れられた[57]．この時以降，攻撃のためでは駄目だが，防御のためには安息日にも剣を取ることが決められた[58]．しかし採択されたと言っても[59]，この規定は極端な危難の場合にのみ有効であり，その結果，後の時代でもまだ敵が安息日を自分たちに有利なように活用することができた[60]．

安息日の休息についての律法を遵守することにおいて，ユダヤ人の兵士たちがいかに厳格であったかは，ヨセフスのような人物でさえそれを当然とみなしていたという事実から[61]，またローマ人が，兵役義務からユダヤ人を免除するのは仕方のないことだと感じていたという事実から明らかである．ユダヤ教の安息日とローマの軍紀とは両立できないほど対立していたからである[62]．

Ⅲ　清浄規定

安息日律法の影響よりもさらに深刻だったのは，浄と不浄に関しての広範囲にわたる諸法規が日常生活に及ぼす影響であった[63]．この点に関する夥しい数の詳細な法令は，既に聖書の中（レビ 11：15，民 5：1-4，特に民 19）

に現われ，それは性に関する特定のことが不浄であるあるいは不浄の原因になると言明され，同じく，癩病という全般的な題目の下にふくまれる人や事物のある兆候，そして最後に，人間と動物双方の死体もそうである．しかしまた，不浄を犠牲や洗浄によって取り除く教えも指示される．この教えは，不浄の状態あるいは程度に従って様々である．ミシュナーの中で，トホロット篇の12の項全ては，これらの法規のさらなる展開に充てられている．議論の基礎は，ケリームの始め（1：1-4）に主たる種類の不純なものについて列挙したものであり（「不浄の祖となるもの」אבות הטמאות），それ自体は殆どが聖書の戒め（レビ 11-15，民 19）から派生したものである．〔12 の項の〕各々が不浄を招く状況に関して，またどのようにして，またどの程度他者に伝染するのか，どのようにして器物や器具が不浄になり得るのかなり得ないのか，そして最後には，浄化のために必要とされる手段と祭儀について問うことに当てられている．それに続く不浄を招いたり伝染させたりしやすい器具，またそうならないための器具についての諸律法の概観は，ここでかかわっている問題についての幾ばくかの観念を提供するだろう．聖書の資料は，民 19：14-15 と 31：20-4 である．問題の 1 つは器具が作られている素材に関心を寄せる．他の問題はその形（窪んでいるか平らであるか）に関するものである．

　窪みのある土の器に関しては，(内部の)空間は不浄を招き伝染させるもの，そして基部の窪みも同様だが，外部の表面はそうではないと決められた．それらは壊されることによってのみ浄化された[64]．しかしどういうことが「壊された」と理解されるのであろうか．破片はまだ 1 つの器として数えられた（それゆえ不浄を招き得る）．「もし（もともとは）1 ログ入る容器が，（生まれて 1 日の嬰児の）小さなつま先に油を塗るに足る容量分残っているならば．そして，1 ログから 1 セアまで入る器なら，4 分の 1 ログ分．1 セアから 2 セアまでのものなら，半ログ分．2 または 3 セアから 5 セアなら，1 ログ分の容量〔が不浄を招き得る〕」[65]．しかし，窪みのある土の器は外側からはないが内側からは不浄を招くかもしれないのに対して，以下のものは不浄を全く受けつけないと判断された．すなわち縁のない盆，開いた石炭すくいシャベル，穴のあいた穀物用の鉄の焼き網，曲がったり窪んだりしていようがいまいが関わりなく，煉瓦の導水溝等である[66]．対照的に汚れを招きやすいものとしては，縁のある盆，壊れていない石炭すくいシャベル，皿で満盃の盆，土器の香辛料箱，いくつかの容器があるインクスタンドである[67]．木，皮，骨，ガラスで作られた器具は，平板であれば不浄を招くことはない．しかし少し

でも深さがあれば，土の器と同じようにその空間内だけでなく，外側の表面からも不浄を招く．壊れたときにはそれらは清くなる．しかし，別の器がそのかけらから作られるならば，それらは再び不浄となる [68]．いつそれは壊れたと見なされるのであろうか．

「家庭内の全ての器具の中で，（清浄に影響をおよぼす穴の）測定器は，ざくろである．ラビ・エリエゼルは言う．測定器は器の大きさによる」[69]．

「ざくろによって次のことが理解される．3つが横並びになるような類のもの．測定器として定められるざくろは，あまり大きすぎず，中程度の大きさのものである」[70]．

「櫃，箱，あるいは食器棚の脚がなくなって，たとえそれらがまだ中味を入れることができるとしても，それらは清い．ラビ・ヨセは，それら全てが測定器を入れ得るなら，それらが正しい位置にないとしても，不浄を受けやすいと主張する」[71]．

不浄に関する法令については，犠牲や洗浄による不浄の除去に関連する他のものがつけ加えられなければならない．後者の主題については，原則的な論点は，手のうえにそそぎかけ，器具を洗い，清めの沐浴をするために，どのような種類の水が必要とされるのかを決めるものであった．給水の6つのタイプがミシュナーの中で区別される．(1) 池，及び溝，貯水槽，あるいは穴の中の水，またもはや流れていない山水も，そして40セア未満の集められた水．これらは全て，汚されていなければ，ハラハー（の準備）のため [72]と祭儀のための手洗いに適している．(2) 流れている山水．これは取りおきの献げ物（テルマー）と手洗いのために使われてよい．(3) 40セアがはいっている集められた水．この中に人は自身を（清めの沐浴），そして自分たちの器具を浸すことができる．(4) 殆ど水のない泉にそれ以上の汲み出した水を注いだもの．それはそれが集められた場所（すなわち流れのないところ）で，清めの水槽として浄めるという点で，先のタイプと同様であり，また水がわずかであっても，それは器具を浄めるという点で，純粋な湧水と同様である．(5) 「撃たれた」水．すなわち鉱泉や温泉の湧水．これは流れている間だけが清める．(6) 純粋な泉の水．これは進行中の炎症をもつ者の浄めの沐浴のため，また癩病患者にふりかけるために使える．また贖罪の献げ物の灰と混ぜ

合わせるのに適している[73].

これらの一般的な原則は，さらなる決疑論的律法制定のための基礎をなしている．議論は，(3) で述べられた「集められた水」—すなわち汲み出した水ではなく，直接溝やパイプを通して容器に引かれた雨水や泉や川の水のような—を沐浴や器具の浄めのために適したものにするための状態と必要条件に向けられる．ここでの主たる関心は，「汲み出した水」がその中に含まれないということである．以下の例は説明の助けになる．

「ラビ・エリエゼルは言う．始めに 4 分の 1 ログの汲み出した水があったのなら，それはその後そこに注ぎ込まれた水を浄めの沐浴には適さないものにする．しかし水が既にそこにあった場合は，3 ログ〔の汲み出した水がそれを不適切なものにする〕．賢者たちは言う，始めに〔あった場合も〕3 ログを補う場合も同様である」[74].

「人が（浴槽に注ぎ込む）樋口の下に器を置くならば，それはその浴槽を適さないものにする（それは，汲み出した水とみなされるからである）．シャマイ学派〔の見解〕に従うならば，それらの器が置かれたのであれ置き忘れられたのであれ，全く同一である．ヒレル学派〔の見解〕に従うならば，それらが単に忘れられたのであったなら，浴槽を不適切にはしない」[75].

「汲み出された水が中庭，穴，或いは浴槽に降りる階段にたまった雨水と混ざった場合，汲み出された水の大部分が適したものであるならば，浴槽は適している．もし大部分が適していないならば，あるいは両方が同じくらいの量ならば，浴槽は適していない．ただしこれは水溜めに届く前に混ざった場合だけのことである．もし各々が浴槽に流れこみ，そして 3 ログの汲み出された水がそこに入る前に 40 セアの適した水が入っていたことが確かであると分かっているならば，それは適している．他はだめである」[76].

雪，雹，霜，氷またそれらに類したものについても，それが浴槽を満たすのに適しているかどうかが論争されている[77].

手を洗うことに関する諸規定，より正確に言えば，手の上に水を注ぐことに関しても，詳述されている．特に，食事の前にはいつも，水が手にそそぎかけられる（水に浸すことは，聖別された食事，すなわち犠牲に供えられた食物の場合にのみ必要とされる）．次のこともまた論争されている．どのよう

な器物が注ぐために使われるべきか．どのような水が適しているか．誰が注ぐべきか．手のどのくらいまでが水に覆われるべきか [78]．

　杯，鉢，皿についての福音書の言及（マタ 15：2，マコ 7：2-5，マタ 23：25-6，ルカ 11：38-9）は，完全に理解可能なものになるためにはミシュナーの法令が参考されるべきである [79]．

Ⅳ　儀式主義

　3 つの象徴もまた，この儀式主義への強い傾向が際立って特徴的である．それらの象徴は，律法遵守するあらゆるユダヤ人に，神に対する義務を想起させようとするものであった．すなわち，ツィツィット，メズザー，テフィリンである．(1) ツィツィット（ציצית 複数形で ציציות，七十人訳と新約聖書は κράσπεδα，タルグムのオンケロスは כרוספדין，殉教者ユスティヌスは，τὸ κόκκινον ῥάμμα，パレスチナ版タルグムでは，単純に ציצין 或いは ציצייתא）[80] は，青や白の房や房飾りで，民 15：37 以下，申 22：12 に，全イスラエル人は衣服の四隅に縫いつけるよう命じられている．民数記の箇所が詳細に記しているように，この房をつける目的は，「それを見て，主の全ての戒めを想起し，それを行うためである」[81]．(2) メズザー（מזוזה）は，家や各部屋の入口の右側柱に固定された長方形の箱であり，その中には申 6：4-9 と 11：13-21 の 2 箇所が 22 行で書かれた（申 6：9 と 11：20 による）羊皮紙の小さな巻物が入っている [82]．それは，神に対する感謝へと思考を向けるだけでなく，悪霊が入ってくるのを防ぐと信じられていた [83]．(3) 全てのユダヤ人男子が（安息日と祝祭日を除く）朝の祈りのときに身に付ける必要のあるテフィリンあるいは祈祷札は，聖書では טוטפרת（腕輪と頭の紐），ラビ文献では תפלין（祈り תפלה から〔の派生語〕），新約聖書では φυλακτήρια（魔よけ，護符）として知られている．これらの使用は出 13：9, 16 と申 6：8，11：18 に基づいている．2 つのテフィリンがある．(a) תפלה של יד（手のテフィラー）[84] または תפלה של זרוע（腕のテフィラー）[85] は，羊皮紙でできた小さな杯形の箱で，その中に出 13：1-10，11-16 と申 6：4-9，11：13-21 が記された巻物が納められ，革紐によって左上腕部に結びつけられる．(b) תפלה של ראש（頭のテフィラー）は，同じ箱であるが，前者と異なる点は，聖書の章句が書かれた 4 つの羊皮紙の巻物が納められた 4 つの容器に区分されていて [86]，頭

髪の生えぎわ真下の前頭の真中に皮紐によって付けられていることである[87]. テフィリンのギリシア語表記 φυλακτήρια〔護符〕は，その意義が主に祈りの間に悪霊を追い出す能力にあると見なされた証拠である[88].

これら3つの象徴的に想起させる品の中で，ツィツィットは，はっきりとモーセ五書に基礎づけられているが，このことはおそらく他の2つについても真実である．しかしながらこれらに付された重要性や，あらゆることを極細部に至るまで定める配慮とは（ツィツィットに求められた夥しい糸や結び目，メズザーやテフィリンのためのテクストを書く方法，等），聖書後のユダヤ教の特徴であった．テフィリンへの畏敬は，聖書自体に示されたのとほぼ同じくらい大きかった．そして安息日に火事が起こったときには，テフィリンは聖書同様に救出されなければならなかった[89]. 皮紐でさえ手を不浄にすると言われ[90], そしてテフィリンの入った箱は，聖典の巻物を保管する箱と同格に扱われた[91].

儀式を最重要視していたことは，ミシュナーで儀礼的祈祷について取り扱っていることから明らかである．その執行規定がイエスの時代に，すでに特定的で，また普遍的に拘束力のあるものであったのかについては確かではない．しかし少なくともそのうちの幾つかは，最終的体系がヤブネーで定式化される以前に使われていたと想定しても差支えないだろう[92].

祈りというよりもむしろ神への信仰告白であるシュマアと「卓越した」祈りであるシュモネ・エスレーとは，両方とも朝な夕なに唱えられたが（詳細は27節補遺を見よ），ラビ資料の中で最小の項目にいたるまでも規制されている．イエス時代に確実に適用するためには，十八の祝祷の最終的な形式が1世紀末まで溯らない可能性があるので，今のところシュマアに限定して批評をする[93]. 最初に，朝と夕べのシュマアが唱えられるべき時限が決められる．ミシュナーによれば，夕べのシュマアを始めるべき時は，「祭司たちが彼らの取りおきの献げ物に与るために再登場したとき」である．終え時は，ラビ・エリエゼル・ベン・ヒルカノスによれば，最初の夜番が終わるとき，一般的な見解では真夜，ラバン・ガマリエルによれば，夜明けの曙光の時である[94]. 朝のシュマアが唱えられるべきなのは，「白と青が区別できるようになるとすぐに．ラビ・エリエゼルは言う．緑と青が」．それは「日の出が進んで3つ目の時（午前9時）になったときに」終わらねばならない，「とラビ・ヨシュアは言う．なぜならそれは君主の子供たちの習慣であり，3つ目の時にやっと起きるからだ」[95]. シュマアの主要部分は，聖書本文から成っていたので，シュマアの祈りの時に当該の章句を読んでいた者が，シュマアの義

務を果たしたことになるかどうかという問題が起こった．答えは次のようである．もし彼が意図的にそうしたのなら(אם כון לבו)，彼は義務を果たした．他の場合は果たしていない[96]．また，ミシュナーは通りでシュマアを唱えている人が通行人にあいさつをしたり，あいさつを返したりするべきである事例について考えている．3つの場合が考慮に入れられる．(1) 恐れから出るあいさつ．(2) 尊敬から出るあいさつ．(3) 全ての人，様々の人に対するあいさつ．ラビ・メイルはそれはシュマアの自然な中断でなされる尊敬のあいさつ(מפני הכבוד)，及び返礼は許す．しかしその途中では，ただ恐れからのあいさつ(מפני יראה)や返礼のみ〔を許す〕．ラビ・ユダ・ベン・エライはさらに一歩進めて，途中で尊敬から返礼することを許可する．そして，自然な中断で全ての人，様々の人に対する返礼を許す[97]．これと対照的に，十八祈祷と結び付いて指摘されることだが，古代のハシディームの人たちは，たとい王のあいさつに対してさえも返礼するために祈祷を中断することを拒否した（あるいは，たとい彼らの足に蛇がまきついているのを見つけても）ということである」[98]．

神に感謝をささげることなしに決して飲み食いをしないというのは，（申8：10の規則に従う）美徳の習慣である．ブラホットは，女，子供，奴隷をふくみ全ての人によって，食事の前と後の両方に唱えられた[99]．しかしここでも，賢者たちは，正しい祈りとは，正しい時に正しい作法で発語されるべきことに気づかった[100]．

「もし祝福が食前のぶどう酒に唱えられたならば，食後のぶどう酒には免除される．もし祝福が食前の小さな皿に唱えられたならば，食後の小さな皿には免除される．もし祝福がパンに唱えられたならば，小さな皿には免除される」[101]．

「もし塩づけの食物が最初にもってこられ，その後にパンが出されるならば，祝福は塩づけの食物に唱えられ，パンには免除される」[102]．

「もし人がぶどう，いちじく，ざくろを食べたならば，食後3つの祝福を唱える．これは，ラバン・ガマリエルの意見である．賢者たちは言う．1つの祝福，中味は3倍のもの〔を唱える〕」[103]．

204 第28節 生活と律法 II 483-4

「人に共通の感謝の祈りを唱える資格を与えるのは,どれくらいの量の食物か.オリーブの大きさの（食物）.ラビ・ユダは,たまごの大きさの,と言う」[104].

「もし人が感謝の祈りを忘れて食べたなら,彼はシャマイ学派に従えば,その場所に引き返して感謝の祈りをしなければならない.ヒレル学派は,どこであろうと彼がそれを思い出した場所で感謝の祈りを唱えることを許す.人はいつまで感謝の祈りを唱える義務があるのか.食物が胃の中で消化されるまで」[105].

こうした証拠が一般的に,他の場合と同様祈りにおいても外面的な遵守に大きな強調が置かれていることを示していることは否定できない.しかしながら,それが乱用へと陥りがちになるのを批判したのはイエス1人ではなかった[106].例えばラビ・エリエゼル・ベン・ヒルカノスは,自身が典礼と儀式体系をつくるのに貢献した重要な人物であるが,次のように宣言したと言われている.

「誰であれ祈りを固定した形式で唱えるなら,その人の祈りは祈願ではない」[107].

聖書後時代の宗教生活について,最後にあと一つの様相が考慮さるべく残されている,すなわち断食に関してである[108].ファリサイ派がしばしば断食をし,この宗教的実践に価値を置いていたことは,新約聖書の中で言及されている（マタ9:14,マコ2:18,ルカ5:33を参照）.実際には,暦の中で固定された公の断食日は殆どなかった.しかし,おりおり,秋に雨が降らないといった全国的な災禍ゆえに特別な断食日が加えられた.これらの断食日はいつも週の2日目と5日目（月曜日と木曜日）に,そしてそれらが2日目に始められるような仕方で延ばされた.かくして3日の断食は,月曜日,木曜日,そして次の月曜日と行われるようになっていた[109].しかし,これらの全国的な断食に加えて,非常に多くの自発的な個人的断食があった.一部の厳格な禁欲主義者は,例えば,年間を通じて月曜日と木曜日に断食した[110].

断食はその厳格さに多様性がある.それほど重要でない場合,沐浴と塗油をやめなかった.より厳しい断食の場合,どちらもしなかった.極度に厳格

であろうとする断食になると，その間あらゆる享楽の活動が控えられ，あいさつを交わすことすらしなかった．秋に降雨が遅れれば遅れるだけ，それだけ断食は身を削るものになった．マルヘシュワン月の 17 日までに降雨がなかったならば，始めに一部の者が 3 日間の断食を守り始めた．もしキスレウの新月までに降雨がなかったなら，全国的な 3 日間の断食が命じられた．この段階では日没後にある程度の食物と飲料水は摂られてもよかった．人々は沐浴することと塗油すること，サンダルを履くこと，そして性交することもできた．もしそれ以後にもなお降雨がなかったら，さらに 3 日間の断食が布告され，日没後の食事の節制が，さらには沐浴と塗油，労働，性交の節制も課せられた．さらに降雨が遅れたなら，7 日間の全国的な断食が続いた．ショファルが吹かれ，日中のある時間の間商店が閉じられた．もし旱魃が続いたならば，次のことが決められた．「神の不興を被る者にふさわしく，彼らは商売，建築，植樹，婚約や結婚，または相互のあいさつはほんの少ししか専心してはならない」[111]．

V　社会の変化と律法

　聖書後時代のユダヤ教のような宗教は，生活の全ての諸相に指針を与えるように意図された聖なる書物を正典として集大成したものに基礎を置いており，社会的，政治的，経済的，また宗教的状況の変化に伴い，遅かれ早かれ，聖書時代の既に時代遅れになった法律や規則では予想できなかった事態に遭遇しなければならなかった．正典としての聖書が開かれたままであった間は，この種のディレンマは新しい法規の制定によって解決することができた．しかしいったん閉じられてしまうと，法制定は解釈に取って代わられなくてはならなかった．しばしば要求される適応は直截的であった．しかし註解者は，その同時代人たちが律法の本質に忠実であり続けることができ，また彼らの生活の通常の振る舞い方がなおも可能であり続けるためにいくつかの二次的な領域で戒めの元来の目標から離れざるをえないということが何度も繰り返された．エルーヴの呼び名で知られる法的擬制は，このことのすぐれた例証である．

　前節で見たように，安息日にある地所（רשות）から他所へ何かを運ぶのは禁じられていた．このことは רשות の用語（より正確には רשות היחיד 私有地）

が狭い意味の用語であったため，安息日に移動する自由のほぼ全てを阻害する不便さをもたらしたことであろう．それ故「地所」の概念は拡大された．この目的を達成させるために採用された最初の方策は，いわゆる中庭の合体（ערוב חצרות）であった．つまり，中庭にある数軒の家（その各家が רשות היחיד を形成していた）を1つの רשות היחיד に組み合わせた．このような組み合わせは，全住民が中庭に面している全ての家と共にその中庭を全体として1つとみなされていることを実証するために，安息日あるいは祝祭日の前に，特定の場所に食物を供託することによって達成された．そうすることによって，彼らは聖日にこの地所で物を出入搬することを許可された[112]．エルーヴを構成する食物の種類と量は，ミシュナーの中で長きにわたって述べられている[113]．

しかしながら，この中庭の合体によって多くのことは得られなかった．それ故それを補う他の方法が見つけ出された．たとえば「入り口の合体（ערוב מבוי）」である．すなわち，三面を梁，針金，紐によって囲われた狭い路地や空間を閉鎖し，それによって両方が〔ひとつの〕רשות היחיד〔私有地〕となった[114]．

安息日に2千キュビト以上歩くことは禁じられていたことも想起されるであろう．この規則も同様の方法，「境界線の合体」（ערוב תחומין）で面倒が少なくなった．すなわち，誰でも2千キュビトを越えて移動しようと思えば，境界内のどこかに（その端の方に）2回分の食事を供託した．それによって彼は，これは自分の居住地であり，そこを越えた他の2千キュビトを行くことができると宣言した[115]．

もっと深刻なのは離婚の問題である．この法は，申24：1-4で公布されており，人は妻に恥ずべきこと（ערות דבר）を発見したならば，彼女を追放してもよかった．この申命記の箇所も再び一部のラビたちによって寛大に解釈された．より厳格なシャマイの家は，あいまいな ערות דבר を דבר ערוה（文字通りには「裸のもの」）すなわち何らかの形の不道徳として解釈した[116]．しかし一般的な見解は，いかなる種類であれ破綻した結婚は，夫に妻を離縁する権限を与えるというものであった[117]（ユダヤ法では婦人が自分の夫を離縁するのは問題外であったし，現在もそうである）．ヒレル学派は，だいなしにされた正餐を ערות דבר（すなわち，無作法）と定義するまでに至った．ラビ・アキバは，もし人が他のより美しい女性を見つけたら，彼の妻を捨てるのは正当化されると教えた[118]．実際，離婚は当時比較的容易であったし，ファリサイ派やラビたちは，意図的にそのままにしておこうとした[119]．

子の責務に関して，新約聖書（マコ 7：11-12，マタ 15：5）[120]は，ファリサイ人が神に対しある物をコルバン（供え物）として聖別する宗教的義務を，「父と母を敬え」という戒めに優先させていると叱責する．宗教と両親とに負うべき義務感の葛藤がラビたちの心を悩ませたのは疑いもなく，時として前者を後者に優先させるよう導いた．しかし聖なる誓約のこの特殊な文脈において，厳格なクムランの法規「そして誰も自分の家[121]の食物を神に聖別してはならない」[122]が新約聖書の教えを反響させていることは，興味を引かないことではない．さらに同じ観点が，ラビ・エリエゼル・ベン・ヒルカノスの名において，ミシュナー自体の中で共通の見解として伝えられている．すなわち，「誓約は，父と母に与えられるべき名誉のために無効にされてもよい」[123]．

この節で概観したパレスチナのユダヤ教の宗教生活は，個人と民族の聖化をめざしていた．しかし実際には，戒律と義務の厖大な集積はまた，真の完全さよりもむしろ瑣末さ，形式主義，そして外面的な遵守の強調を導く可能性があった．ガリラヤのカリスマ的人物の視点を表し，また多分に修辞的に誇張されたものではあるが[124]，マタイやルカによってイエスに帰せられている多くの発言は，律法に動機づけられた宗教が陥りがちであった過剰さと乱用を疑いもなく明らかにしている．「ぶよはこしているが，らくだはのみこんでいる」（マタ 23：24）．「杯の外側はきよめるが，内側はそうしない」（マタ 23：25，ルカ 11：39）．「墓にしっくいを塗る」（マタ 23：27-8，ルカ 11：44）．ヘレニズム・ユダヤ教的観点からの同様の批判は，パウロをして書かせている．「彼らは神に対して熱心であるが，それは深い知識によるものではない」（ロマ 10：2）．

しかし同時に忘れてはならないことは，イエス時代のユダヤ人の宗教生活が，幾世紀をかけて組織化されたあらゆる宗教と同じように，光と闇との混成であり，儀式と遵法がしばしば社会的適合の事柄であったとしても，それらは内的な霊性によって様々な程度に生き生きと元気づけられてもいた．実際，当時の注目すべき現象の 1 つは，律法の専門家として多くの細事にこだわる，現代の部外者である観察者から見れば，些細に見えかねないことがらについての判断と決定に責任を持っていたまさにその同じ賢者たちが，深遠な霊的助言の能力をもまた持っていたということなのである．「あなたが彼の立場に身を置くまでその人を裁くな」とヒレルは言った[125]．祭司のラビ・ヨセは言う．「あなたの仲間の財産をあなた自身の財産ほどにあなたにとって

貴重なものとしなさい……．そして，あなたの全ての行為を，天のために行ないなさい」[126]．ラビ・エリエゼル・ベン・ヒルカノスは教えた．「あなたの仲間の名誉を，あなたにとってあなた自身の名誉のように貴重なものとしなさい」[127]．「そしてあなたが祈るとき，あなたは誰の前に立っているのかを知りなさい．というのは，このことを通してあなたは来るべき世の生命を得るだろうから」[128]．彼はまた次のように解説している．「今日何か食べるものを持っている人が，明日私は何を食べようかと言う．見よ．そんな者は信仰の薄い輩の1人だ．次のように書かれている通りだ，『1日の分を日ごとに』（出16：4）．日を創った方は，それを維持するものをも創られた」[129]．ラビ・ユダ・ベン・テマは言った．「豹のように強く，鷲のように快活，ガゼルのように敏捷，そして獅子のように勇敢であれ，あなたの天の父の御心を行うために」[130]．

註

1) この「生活と律法」の章は，シューラーの原著において *Das Leben unter dem Gesetz* と題する節を改めて論じたものだが，改訂者には新たな種類の問題が突き付けられている．ここで，改訂者は，古臭い記述や誤った歴史的再構成というよりはむしろ，問題のある価値判断に直面する．それ故28節は時代遅れのものと見なし，改変なしに翻刻することはしないことに決めた．19世紀後期のイデオロギーに関心のある読者たちは，ドイツ語原著ないしは以前の英訳版を読むことができる．他方，この節を完全に削除することは，改訂版のこの巻から興味深い情報を相当量奪い取ってしまうことになろうから，新版では，主題は神学的な立場からというよりは，歴史的な立場から取り扱われている．さらに，ファリサイ派とそのラビの後継者たちの目標は，もはや宗教的な瑣末主義化として提示されず，そうではなくて，ユダヤ人の日常生活全体を，そして瑣末な細部に渡り，祭儀的礼拝の領域へと向上させる試みとして認定されることははっきりしている．また，続く歴史的概観においてユダヤ人の遵法と慣習を過去形で言及してはいるが，それらの基礎となっている律法は伝統的なユダヤ教ではいまだ妥当性をもち，実践されているということも注目されるべきである．
2) 上記16頁註22を参照．
3) 『アピオン』ii 39（276-7）．
4) 『アピオン』i 8（43）．i 22（191）；ii 30（219）を参照．『戦記』ii 8, 10（152-3）；BTブラホ61bも見よ．
5) A. Marmorstein, *The Doctrine of Merits in Old Rabbinical Literature* (1920) を参照．G. F. Moore, *Judaism* II. pp. 89-111 の 'Motives of Moral Conduct' 〔道徳的振る舞いの動機〕についての卓越した章も見よ．E. E. Urbach, *The Sages,* pp. 436-71, 879-94 を参照．

注　　*209*

6)　アヴォト 5：8-9. 同じく例えば，シャバ 2：6. このことの旧約聖書の根拠は，レビ 26 章と申 28 章にある祝福と呪いの約束或いは威嚇である.

7)　キドゥ 1：10.

8)　アヴォト 5：23.

9)　アヴォト 4：22.

10)　マコト 3：16.

11)　ペア 1：1. キドゥ 4：14 を参照.

12)　アヴォト 6：1；民スィフ 306；BT タア 7a.

13)　アヴォト 2：2, 12；4：11；5：17.

14)　アヴォト 1：3.

15)　Moore, *Judaism* II, pp. 45-108 を参照.

16)　*Ibid.,* p. 96.

17)　『十戒総論』29（154）.

18)　BT マコト 23b を参照. W. Bacher, *Agada der palästinensischen Amoräer* I, pp. 558-9 を見よ. 613 の戒めについては，J. Bloch, 'Les 613 lois, REJI (1880), pp. 197-211; 2 (1882), pp. 27-40 を見よ. 'Comandments, 613, Enc. Jud. 5, cols, 760-83 を参照.

19)　BT シャバ 31a. W. Bacher, *Agada der Tannaiten* I, pp. 4-5; E. E. Urbach, *The Sages* p. 589 を見よ. この言葉は格言として知られていたように思われる. トビト 4：15 καὶ ὃ μισεῖς μηδενὶ ποιήσῃς〔嫌なことはしてはならない〕を参照.

20)　Moore, *Judaism* II, p. 87 を参照.

21)　ミシュナーで引用される権威筋は，ほぼ後 70-170 年の期間のものであるが，ミシュナーの法は，本質的に後 1 世紀初頭の数十年に普及していた法規と異なっておらず，内容においては，神殿とユダヤ人国家機構の崩壊の影響を蒙っていないと想定しても正当であろう.

22)　ミシュナーの項，シャバット，エルヴィーンとベツァー，ヨベル 2：25-33 と 50 を参照. HDB IV, pp. 317-23; JE, pp. 587-602, Moore, *Judaism* II, pp. 21-39; J. Z. Lauterbach, *Rabbinic Essays* (1951), pp. 437-70; L. Jacobs,'Sabbath', Enc. Jud. 14, cols. 562-7 も見よ.

23)　この展開の初期の段階は，ヨベル 2：25-33；50 と CD 10：14-11：23 に表されている.

24)　シャバ 7：2. ヨベル 50 とダマスコ文書前出箇所も参照.

25)　フィロン『モーセの生涯』ii 4（22）「というのは，いかなる若枝や枝，葉さえも切ること，或いはいかなる実をもぐことさえも許されていない」. PT シャバ 9c を参照. マタ 12：2 の Str.- B., I, pp. 615-18 を参照.

26)　シャバ 15：1-2.

27)　シャバ 15：2.

28)　最も良いテクストの読みは סמיונות, W. Nowack, *Schabbat* (1924), p. 144 を参照. 印刷された版では סממנונית（異なったインク）と読む. ed. Albeck - Yalon II, p.47 を見よ.

29)　シャバ 12：3-6.

30)　シャバ 4：1. ユウェナリス vi, l. 542 への註釈, 'ideo dixit foenoque supellectile, quod his pulmentaria sua et calidam aquam die sabbati servare consuerunt'〔彼らは安息日に自分

たちの食物と温かい水をそれら（乾草と什器）に貯蔵するのが常であったから，彼は乾草と什器について語ったのである〕；iii l. 13 への註釈，'uno die ante sabbatum in cofinis edulia sua calida ponebant involventes in feno post involutionem linteaminum et mapparum, ut sabbato calido haberent'〔彼らは安息日の前日に自分たちの温かい食料品を，亜麻布製品やナプキンで包んだ後に，乾草の中に転がし込んで，籠の中に入れていた〕を参照．H. Rönsch, *Collectanea philologa* (1891), pp. 249-54 を見よ．安息日のために食物をたくわえておくことは重要であった．なぜなら古代一般においてそうであったように，ユダヤ人にとって祝祭日はそれにふさわしくごちそうで祝われたからである（ネヘ 8：10，トビト 2：1）．この理由からも，安息日は楽しむ義務があり，断食は禁じられていた（ユディ 8：6；ヨベル 50：10, 12）．ペルシウスの『風刺詩集』v 179-84 = Stern, GLAJJ I, no. 190 で描かれている食事は，決してトレントの食事ではなく，労働者階級の祝祭日の食事であった．Str.- B. I, pp. 611-15（マタ 12：1 について）；II, pp. 202-3（ルカ 14：1 について）を参照．ギリシアとローマの著述家たちは，安息日を断食日と考えるとき勘違いをしている．ストラボン xvi 2, 40（763）：スエトニウス『皇帝伝』「アウグストゥス」76；ユスティノス xxxvi 2, 14；ペトロニウス，Fr. 37 ed. Buecheler. Stern, GLAJJ I, nos, 115（ストラボン），137（ユスティノス），195（ペトロニウス）を見よ．

31) シャバ 16：6.

32) シャバ 2：5.

33) シャバ 3：6.

34) シャバ 7：4.

35) シャバ 8：1. BT シャバ 76a を参照．Nowack, *Schabbat,* pp. 70-1 と Danby, *op. cit.,* p. 107, n. 3-4 も見よ．

36) シャバ 8：2.

37) シャバ 8：3.

38) シャバ 8：5.

39) シャバ 6：2, 4. シャバ 6：2 の釘を打ったサンダルを履くことの禁止は，オリゲネス（『諸原理について』iv 17）にも知られている．'Sed et quod ait: "non levare onus in die Sabbati" impossibile mihi videtur. Ex his enim ad fabulas infinitas, sicut sanctus apostolus dicit, Iudaeorum doctores devoluti sunt, dicentes non reputari onus, si calceamenta quis habeat sine clavis, onus vero esse, si caligulas quis cum clavis habuerit.'〔しかし「安息日に重荷を持たないこと」ということも私には不可能に思える．なぜなら，これら（の規定）からユダヤ人の教師たちは，聖なる使徒が言うように，果てしないおしゃべりにおちいった．彼らは言う．釘を打たれない履物は重荷と見なされない．しかし釘を打たれた小さな兵隊靴は重荷と見なされる．〕フィロカリアによるギリシア語は，φάσκοντες βαστάγμα μὲν εἶναι τὸ τοιόνδε ὑπόδημα οὐ μὴν καί τὸ τοιόνδε, καὶ τὸ ἥλους ἔχον σανδάλιον οὐ μὴν καὶ τὸ ἀνήλωτον〔彼らは言う，これこれの履物は重荷でなく，これこれはそうでない，そして釘を打たれたサンダルは（重荷）であるが，釘を打たれていないものはそうでない，と〕と読む．N. R. M. de Lange, *Origen and the Jews* (1976), p. 40 を参照．

40) シャバ 6：8.

註 *211*

41) シャバ 16：1-3.

42) シャバ 1：3.

43) シャバ 1：10.

44) シャバ 1：3.

45) ベツァ 5：2.

46) エルヴィ 5：5. 2千キュビトの距離（民 5：1-8 による）については，エルヴィ 4：3, 7；5：7 を参照. CD 10：21 は町の外 (חוץ לעירו) を歩く距離を千キュビトに制限する. しかし，「町の外で放牧する」ならば，2千キュビトまで家畜について行くのを許す. 千キュビトの数字は民 35：4 に，2千は 35：5 に出てくる. C. Rabin. *The Zadokite Documents* (1954), p. 53; L. H. Schiffman, *The Halakhah at Qumran* (1975), pp. 91-8, オリゲネス『諸原理について』iv 17（フィロカリアのギリシア語 ὥσπερ καὶ περὶ τοῦ σαββάτου, φάσκοντες τόπον ἑκάστῳ εἶναι δισχιλίους πήχεις〔安息日についても同様に，彼らはそれぞれの人の場所は2千キュビトである，と主張する〕を参照. ヒエロニムス『書簡集』121「アルガシアへ」10 'solent respondere et dicere: Barachibas et Simeon et Hellel magistri nostri trandiderunt nobis ut bis mille pedes ambulemus in sabbato'〔彼らは次のように返答し，主張するのが常である. 我らの師バラキバスとシメオンとヒレルは，我々は安息日には2千歩くようにと私たちに伝えている.〕を参照.

47) Str.-B. II, pp. 590-4; Moore, *Judaism* II, p. 32 を参照.

48) ヨベル 50：10-11 を参照.

49) ペサ 6：1-2. 過越が安息日に優先する法令はヒレルに帰せられる. T ペサ 4：13；PT ペサ 33a；BT ペサ 66a, Neusner, *The Pharisees* I pp. 231-35, 245-51 を参照. G. F. Moore, *Judaism* I, pp. 78-9 を見よ. 神殿礼拝のために安息日の戒めから除く他の例外については，エルヴィ 10：11-15 も見よ. CD 11：17-18 は，安息日が他のいかなる祝祭日にも優先すると主張する. 多分，ヒレルによって吹き込まれた刷新以前の祭儀法を反映しているのだろう.「安息日には誰も，安息日の焼き尽くす献げ物を除いて祭壇にいかなるものも献げてはならない」. Rabin, *Zadokite Documents,* p. 58 参照. しかし，L. H. Schiffmann, *The Halakah at Qumran* (1975), pp. 128-9 は，この法は安息日におけるタミードの献げ物に対して指示しているのであり，過越の犠牲を献げることに対してではないと論じている.

50) シャバ 19：1-5. ヨハ 7：22-3. C. K. Barrett, *The Gospel according to St. John* (1955), pp. 264-5 を見よ.

51) シャバ 18：3.

52) ヨマ 8：6. 出 31：17 のラビ・イシュマエルのメヒルタ（ed. Lauterbach III, pp. 197-8）. BT ヨマ 85a を参照. Moore, *Judaism* II, pp. 30-1 を見よ.

53) ヨマ 8：7.

54) ヨマ 8：6.

55) シャバ 22：6.

56) エルヴィ 10：13-14. Nowack, *Erubin* pp. 97, 99 を見よ. 生命に危険があるとき，ラビの法は，安息日でも医療処置は許されると宣言している（シャバ 2：5；ヨマ 8：6：「生命に危険があるとの疑いがある時はいつでも，このことは安息日に優先する」）. 福

第 28 節　生活と律法

音書に描かれている安息日にイエスが病人を癒したことで生じたイエスとファリサイ
派の間の衝突は，原則の最も厳格な解釈，すなわち，治療は生命の危険がない時は延
期されるべきだということに原因を帰せられるのかもしれない（マタ 12：9-13；マコ
3：1-5；ルカ 6：6-10；13：10-17；14：1-6；ヨハ 5：1-16；9：14-16）. JE X, p. 597;
G. Vermes, *Jesus the Jew*, pp. 25, 231 を見よ. ミシュナーが軽い病気の処置に関して，完
全にそれを禁じないで，一定の制限を置いていることに注意せよ（シャバ 14：4；22：
6）.

57)　I マカ 2：34-8；『古代誌』xii 6, 2（274）.

58)　I マカ 2：39-42；『古代誌』xii 6, 2（277）.

59)　『古代誌』xiii 1, 3（12）；xiv 4, 2（63）；xviii 9, 2（319）.

60)　『古代誌』xiii 12, 4（337）；xiv 4, 2（63）. ディオ・カッシウス xxxvii 16；xlix 22；
lxvi 7.『古代誌』xii 1, 1（4）；『アピオン』i 22（209-10）も参照（ラゴスの子プトレ
マイオス I 世は安息日にエルサレムを獲った）. ヨベル 50：12.

61)　『戦記』ii 21, 8（634）＝『自伝』32（159）.

62)　『古代誌』xiv 10, 11-14（223-32）；10, 16（234）；10, 18-19（236-40）. プトレマイ
オス統治下でユダヤ人はまだ兵役義務を負っていた，『古代誌』xii 1, 1（8）；2, 4（34）；
アリステアス (ed. Wendland, 36-7). 彼らはセレウコス朝統治下でも兵役に就いた，I マ
カ 10：36-7；11：44；13：40,『古代誌』xiii 8, 411（249）.『古代誌』xi 8, 5（339）；
xiv 8, 1（128）；『戦記』i 9, 3（187）；『古代誌』xvii 2, 1-3（23-31）も参照. J. Juster,
Les Juifs dans l'emprie romain II (1914), pp. 255-79 を参照.

63)　'Clean and Unclean', EB, I, pp. 836-48, 'Uncleanness' HDB IV, pp. 825-34; IDB I, pp. 641-
8; W. Brandt, *Die jüdische Reinheitslehre und ihre Beschreibung in der Evangelien* (1910) ; J.
Neusner, 'First cleanse the Inside', NTSt 22 (1976), pp. 486-95 を参照. 浄—不浄の意味と
それに付随する聖書後時代のユダヤ教による重要性を正しく洞察するために記憶にと
どめておくことは，後期の聖書的法制，祭司的学派のそれにおいては，浄—不浄の文
脈は主に祭儀的なものである，ということである. 神殿の中に入り礼拝行為を行ない
犠牲の食事に与るために，ユダヤ人は浄の状態でいなければならなかった. そうでな
ければ，聖所とその活動から排除された. マカバイの反乱と第 1 次対ローマ戦争の間
に生まれるに至った種々の宗派は，この点で自ら独特な立場を採った. サドカイ派は，
自分たちの関心に完全に適合する聖書的伝統を遂行したことは疑いない. エッセネ派
は，暫定的に少なくとも 1 つの正当な神殿と見なした自分たちの共同体に，エルサレ
ムの聖所の特権を移した. キリスト教徒も同様に，自分たちの共同の交わりを特別な
形態の霊的清浄を必要とする新しい聖所と理解した. ファリサイ派とその軌跡をたど
ったラビのユダヤ教はといえば，彼らの意図は，彼ら自身の家庭を聖所としての尊厳
を備えたものに引き上げることにあった. 結果的に，彼らは，祭司たちが神殿で要求
されるのと同じ清浄の状態で毎日の食事をするという理想を持って食卓の清浄規定に
集中することになった. このことは，「祭司の王国と聖なる民」の理想を達成する代わ
りに，一般のユダヤ人は手段と目的とを混同し，学識のある学者は瑣末な律法規定に
心を奪われるがゆえにより大きな霊的問題を見逃しかねない，という危険を伴ってい
たことは疑いもない. にも関わらず，ファリサイ主義の根本的なインスピレーション

は，その中心的展望への共感的理解なしには把握し得ないのである．この問題につい
ての十分な議論については，J. Neusner, *The Idea of Purity,* pp. 32-71 と，特に同著者の，
History of Mishnaic Law of Purities I-XXII (1974-77) を見よ．

64) ケリム 2：1．Neusner, *Purities* I, pp. 46-55 を参照．

65) ケリム 2：2．*ibid.* pp. 55-62 を参照．

66) ケリム 2：3．*ibid.* pp. 62-7 を参照．

67) ケリム 2：7．*ibid.* pp. 73-5 を参照．

68) ケリム 2：1．*ibid.* pp. 46-8; II, pp. 50-5 を参照．

69) ケリム 17：1．Neusner, *Purities* II, pp. 87-9 が多様な解釈を与えているのを参照．

70) ケリム 17：4-5．*ibid.* pp. 95-9 を参照．

71) ケリム 18：3．*ibid.* pp. 126-8 を参照．

72) 焼いている間別々にされていた取りおきの献げ物のためのねり粉．

73) ミクヴァ 1：1-8．簡潔なクムラン法については，CD 10：10-13 を見よ．Vermes, *DSS,* pp.179-80, 192 を参照．

74) ミクヴァ 2：4．

75) ミクヴァ 4：1．

76) ミクヴァ 4：4．マサダで発見された「ミクヴェ」については，Y. Yadin, Enc. Jud. 11, col. 1089; *Masada* (1966), pp. 164-8（図解）を見よ．クムランの廃墟で確認された 2 つの水槽については，R.de Vaux, *Archaeology and the Dead Sea Scrolls* (1973), pp. 9-10, 131-2 を見よ．

77) ミクヴァ 7：1．

78) ブラホ 8：2-4，ハギガ 2：5-6，エドゥ 3：2，ヤダ 1：1-5，2：3．エッセネ派の食前の祭儀的沐浴については，下記 311 頁を見よ．

79) Str.-B. I, pp. 695-704; 934-6; II, pp. 13-14, 188; A. Finkel, *The pharisees and the Teacher of Nazareth* (²1974), pp. 140-1; J. Neusner, *The Idea of Purity,* pp. 61-3; NTSt 22 (1976), pp. 486-95 を参照．

80) ユスティノス『トリュフォンとの対話』46-7（ed. Otto II, p.154）．この版は τὸ κόκκινον βάμμα（染料）だが，しかしこれでは意味をなさない．正しい読み ῥάμμα（糸）については，Hesychins, *Lexicon*, s. v. κράσπεδα· τὰ ἐν τῷ ἄκρῳ τοῦ ἱματίου κεκλωσμένα ῥάμματα καὶ τὸ ἄκρον αὐτοῦ〔房飾り．着物の縁で解きほぐされた糸とその端〕を見よ．

81) アリステアス（ed. Wendland, 158）マタ 9：20；14：36；23：5；マコ 6：56；ルカ 8：44 を参照．民 15：38 及び申 22：12 の七十人訳とタルグム参照．モ・カタ 3：4；エドゥ 4：10；メナホ 3：7；4：1．ラビの法規については，M. Higger, *Seven Minor Tractates (Ẓiẓith)* (1930) 及び A. Cohen (ed), *The Minor Tractates of the Talmud* II (1965) pp. 655-7 を見よ．Str.- B. IV/1, pp. 277-92; IBD II, pp. 325-6; TDNT s. v. κράσπεδον; Enc. Jud. 16, cols. 1187-8 を参照．ツィツィットの色は現在は白であるが，もともとはヒヤシンスの青色であった（詳しくは，Enc. Jud. 15, cols, 913-14 s. v. *Tekhelet* を見よ）．メナホ 4：1は既に両方の色が許可されていると想定している．ツィツィットが青の繊維が織り込まれた白であるべきか，あるいは全く青色であるべきかの，モーセとコラの間の論争については，民 16：2 の偽ヨナタン及び G. Vermes, *PBJS,* pp. 172-3 を見よ．それは〔ラビ

時代には〕もはや五書が指示するように，またイエスの時代にはまだ慣習であったように，上着（タリット טלית，ἱμάτιον）の上に着けられてはいなかった．代わりに，2枚の正方形をした羊毛の肩掛けに着けられる．その肩掛けの片方は，常に体の上にまとわれ，もう一方は祈りの間だけ頭に被せられた．勿論これらの肩掛けは，タリットとも呼ばれるもので，体にまとわれる方は טלית קטן 〔小タリット〕または ארבע כנפות 〔四隅の房〕，もう一方は טלית גדול 〔大タリット〕である．JE II, pp. 75-6; Enc. Jud. 15, cols. 743-5 を参照．

82) アリステアス（ed. Wendland, 158）；ヨセフス『古代誌』iv 8, 13（213）；ブラホ 3：3；シャバ 8：3；メギラ 1：8；モ・カタ 3：4；ギティ 4：6；メナホ 3：7；ケリム 16：7；17：6 を参照．ラビの法規については，Higger, *op. cit.*（上記註 81 に）*Mezuzah and Minor Tractates of the Talmud* II, pp. 659-63; Enc. Jud. 11 cols. 1474-7 を見よ．クムランの第 8 洞窟で恐らく本来はラビ以前のメズザーに属するものであろうが，申 10：12-11：21 の断片的な 42 の行が発見されている．シュマアの部分は失われている．M. Baillet, DJD III (1962), pp. 158-61 と Pl. XXXIV を参照．第 4 洞窟からの，7 つのメズザーに属する断片が，J. T. Milik によって DJD VI (1977), nos. 149-55 に公刊された．それぞれ，メズザー A（no. 149）は十戒（出 20：7-12／申 5：11-16），メズザー B（no. 150）は申 6：5-6；10：14-11：2，メズザー C（no. 151）は申 5：27-6：9；10：12-20，メズザー D（no. 152）は申 6：5-7，メズザー E（no. 153）は申 11：17-18，メズザー F（no. 154）は出 13：1-4，メズザー G（no. 155）は出 13：11-16 を含む．

83) Enc. Jud. II, col. 1476.

84) メナホ 4：1 を参照．

85) ミクヴァ 10：3 を参照．

86) 参照として，Barthélemy - J. T. Milik, DJD I (1955), pp. 72-8, Pl. XIV; K. G. Kuhn, *Phylakterien aus Höhle 4 von Qumran* (1957) M. Baillet, DJD III (1962), pp. 149-57; J. T. Milik, 'Fragments . . . d'un phylactère dans la grotte 4 de Qumrân', RB 73 (1966), pp. 94-106; Y. Yadin, *Tefillin from Qumran* (1969); J. T. Milik, DJD VI (1977), nos, 128-48 が第 4 洞窟から発見された 21 のテフィリンの残存文書を公刊している．それらは，申命記版の十戒を殆ど含んでいる．クムランが引用する最大限の範囲は，出 12：43-13：16；申 5：1-6：9；10：12-11：21 である．しかし，ラビ伝承からテクストを選んだことを表す 4 つの護符聖句（C-F, nos. 130-3）がある．ミニームとの論争ゆえにテフィリンから十戒が除かれていることについては，A. M. Habermann, על התפילין בימי קדם, Eretz Israel 3 (1954), pp. 174-7; G. Vermes, 'Pre-Mishnaic Jewish Worship and the Phylacteries from the Dead Sea', VT 9 (1959), pp. 65-72; 'The Decalogue and the Minim', *In Memoriam Paul Kahle* (1968), pp. 252-40 (= *PBJS,* pp. 169-77) を参照．

87) アリステアス（ed. Wendland, 159）；マタ 23：5；『古代誌』iv 8, 13（213）；ユスティノス『トリュフォンとの対話』46-7 章（ed. Otto 11, p. 154）．オリゲネスによるマタ 23：5（ed. Lommatzsch IV, p. 20），ブラホ 3：1, 3；シャバ 6：2；8：3；16：1；エルヴィ 10：1-2；シュカ 3：2；メギラ 1：8；モ・カタ 3：4；ネダ 2：2；ギティ 4：6；サンヘ 11：3；シュヴオ 3：8, 11；メナホ 3：7；4：1；アラヒ 6：3-4；ケリム 16：7；18：8；23：1；ミクヴァ 10：2-4；ヤダ 3：3. M. Higger, *op. cit,* 〔上記註 81〕(*Tefillin*)

と，*Minor Tractates of Talmud* II, pp. 647-54; Str.-B. IV/1, pp. 250-76 を参照．L. Blau, JE X, pp. 21-8; IDB III, pp. 808-9; Enc, Jud. 15, cols. 898-904 を参照．

88) M. L. Rodkinson, *History of Amulets, Charms and Talismans* (1893); L. Blau, *Altjüdisches Zauberwesen* (1898), p. 152; JE X p. 27; T. Reik, *Pagan Rites in Judaism* (1964), pp. 103-52; E. E. Urbach, *The Sages*, pp. 126-9 を見よ．

89) シャバ 16：1.

90) ヤダ 3：3.

91) シャバ 16：1.

92) ラビによる体系的な立法化がヤブネを起源とすることについては，J. Neusner, *Pharisees* I-III で詳細に論じられている．祈りに関しては，神殿礼拝の停止がシナゴーグでの祈りと個人の祈りに大きな祭儀的意味をおびさせたことは，特に重要なこととしておぼえるべきである．神殿における礼拝でのシュマアの暗唱については，タミド 5：1 を見よ．

93) Str.-B. IV/1, pp. 189-207; Enc. Jud, 14. cols. 1370-4 を参照．

94) ブラホ 1：1. J. Neusner, *Eliezer ben Hyrcanus* I (1973), pp. 18-22 を参照．

95) ブラホ 1：2. J. Neusner, *ibid.* 参照．

96) ブラホ 2：1.

97) ブラホ 2：1-2.

98) ブラホ 5：1. G. Vermes,'Hanina ben Dosa', JJS 23 (1972), pp. 34-6 (=*PBJS,* pp. 183-6) を参照．

99) ブラホ 3：3-4. クムランでのパンと新しいワインの祝福については，1QS 6：4-5；1QSa 2：17-21 を見よ．まず，感謝の祈りが統轄する祭司によって唱えられ，次に祭司メシアによって，そして全会衆によって続けられる．シビュラ 4：25-6 も参照．イエスもまたいつも感謝の祈りをささげた（マタ 14：19；15：36；26：26 及び並行箇所）．キリスト教徒たちも初めからそうしていた（ロマ 14：6；I コリ 10：30；I テモ 4：4). Str.- B. IV/2, pp. 627-36; J. Heinemann, 'Birkhath ha-Zimmun and Havurah-Meals', JJS 13 (1962), pp. 23-9; L. Finkelstein, *Pharisaism in the Making* (1972), pp. 333-84〔'The Birkal ha-Mazon' (JQR 19 (1929), pp. 211-62)〕；Enc. Jud. 7, cols. 838-41; J. Heinemam, *Prayer in the Talmud* (1977), pp. 115-22 を参照．

100) ブラホ 6：1-3.

101) ブラホ 6：5.

102) ブラホ 6：7.

103) ブラホ 6：8.

104) ブラホ 7：2.

105) ブラホ 8：7.

106) マタ 6：5；15：7-8；マコ 7：6；12：40；ルカ 20：47 を参照．

107) ブラホ 4：4. アヴォト 2：13 を参照．J. Neusner, *Eliezer ben Hyrcanus* I (1973), pp. 23, 26; II, pp. 352, 356 を参照．

108) JE V, pp. 247-9; Enc. Jud. 6, cols. 1189-96 を参照．Str.-B. IV pp. 77-114; S. Lowy, 'The Motivation of Fasting in Talmudic Literature', JJS 9 (1958), pp. 19-38; E. E. Urbach, *Sefer*

Yovel Y. Baer (1960), pp. 148-68; S. Safrai, JPFC II, pp. 814-16; H. A. Brongers, Oudtest. Stud. 20 (1977), pp. 1-21 も見よ.

109) タア2：9. ディダケー8：1：Αἱ δὲ νηστεῖαι ὑμῶν μὴ ἔστωσαν μετὰ τῶν ὑποκριτῶν· νηστεύουσι γὰρ δευτέρα σαββάτων καὶ πέμπτη· ὑμεῖς δὲ νηστεύσατε τετράδα καὶ παρασκευήν〔あなたがたの断食は偽善者たちと一緒であってはならない. 彼らは週の2日目と5日目に断食するが, あなたがたは4日目と準備の日とに断食しなさい〕を参照. 『使徒教憲』vii 23；エピファニオス『パナリオン』16, 1：ἐνήστευον δὶς τοῦ σαββάτου, δευτέραν καὶ πέμπτην〔彼らは週に2回断食していた. すなわち, 第2日目と第5日目である.〕を参照. 断食は安息日だけではなくその前日も禁じられていた（ユディト8：6）. 安息日に良い食事をすることの義務については, 上記209-10頁註30を見よ. 断食日のための祈りについては, I. Lévi, REJ 47 (1903), pp. 161-7; I. Elbogen, *Gottesdienst,* pp. 235-9 を見よ.

110) ルカ18：12. BT タア12a「2日目, 5日目そして2日目に断食することを1年を通して引き受ける者は」：יחיד שקיבל עליו שני וחמישי ושני של כל שנה. クムランの文書には, 特別な断食についての言及はない. テラペウタイの禁欲的な習慣については, 下記346頁を見よ.

111) タア1：4-7. マタ6：16-18を参照. ダニ10：3, ヨマ8：1も見よ. Str.- B. IV/1, pp. 77-114 を参照. 断食をする価値へのユダヤ人の見解については, L. Löw, *Gesammelte Schriften* I (1889), pp. 107 ff を見よ. Lowy, 上記註108 の *art. cit.* も参照.

112) JE V, pp. 203-4; Moore, *Judaism* II, pp. 31-3; Enc. Jud. 6, cols. 849-50 を参照.

113) エルヴィ6-7.

114) エルヴィ1：1-10；7：6-11.

115) エルヴィ3-4, 8.

116) ギティ9：10；マタ19：3を参照.

117) 『古代誌』iv 8, 23（253）；自身の離婚に関する『自伝』76（426）を参照.

118) ギティ9：10.

119) Vermes, *PBJS,* pp. 65-7; J. A. Fitzmyer, Theol. Studies 37 (1976), pp. 197-226; Eretz-Israel 14 (1978), pp. 103*-10*を参照.

120) ミシュナーの並行箇所については, Str.- B. I, pp. 711-17 を見よ.

121) ［ובתנ］ב の読み.

122) CD 16：14-15.

123) ネダ9：1. アラム語のコルバンの碑文については, J. T. Milik, SBFLA (1956-7), p. 232-9; J. A. Fitzmyer, 'The Aramic Qorbān Inscription from Jebel Hallet et - Ṭuri and Mk 7: 11/ Mt. 15: 5', JBL 78 (1959), pp. 60-5 (= *Essays on the Semitic Background of the New Testament* (1971), pp. 93-100). 更なる参考文献については, *ibid.,* p. 100, n. 15 を見よ.

124) ユダヤ人とガリラヤ人の間の宗教的見解の衝突, 及びカリスマ的ユダヤ教とファリサイ派の間の衝突の理論については, G. Vermes, *Jesus the Jew,* pp. 54-7, 80-2 を見よ. D. Flusser, *Jesus* (1969), p. 56 も参照.

125) アヴォト2：4.

126) アヴォト2：12.

127) アヴォト 2：10.
128) BT ブラホ 28b.
129) 出 16：4 のメヒルタ・デラビ・シメオン（ed. Epstein-Melamed, p. 106）.
130) アヴォト 5：20. Str.- B. は，イエスの言葉とのラビの並行例を十分な量で提供している．しかしそれらは，比較の目的で使用することができる前に，史的・批判的評価が必要とされる原資料として取り扱われるべきである．

第29節　メシア信仰

参考文献表

Drummond, J., *The Jewish Messiah* (1877).

Weber, F., *System der altsynagogalen palästinischen Theologie aus Targum, Midrasch und Talmud dargestellt* (1880, 1897).

Edersheim, A., *The Life and Times of Jesus the Messiah* (^{2}1884).

Hühn, E., *Die messianischen Weissagungen des israelitisch-jüdischen Volkes bis zu den Targumim* I (1899).

Baldensperger, B., *Die messianischen-apokalyptischen Hoffnungen des Judentums* (^{3}1903).

Marmorstein, A., 'Les signes du Messie', REJ 51 (1906), pp. 176-86.

Greenstone, J. H., *The Messianic Idea in Jewish History* (1906).

Rabinsohn, M., *Le Messianisme dans le Talmud et les Midraschim* (1907).

Oesterley, W. O. E., *The Evolution of the Messianic Idea* (1908).

Lagrange, M.-J., *Le Messianisme chez les Juifs* (1909).

Humbert, P., *Le Messie dans le Targum des Prophètes* (1911).

Elbogen, I., 'Die messianische Idee in den altjüdischen Gebeten', *H. Cohen Festschrift* (1912), pp. 669-79.

Messel, N., *Der Menschensohn in den Bilderreden des Henoch* (1922).

König, E., *Die messianischen Weissagungen des Alten Testaments* (1923).

Dürr, L., *Ursprung und Ausbau der israelitisch-jüdischer Heilandserwartung* (1925).

Carlebach, J., 'Pessimismus und Messiashoffnung', Jeschurun 14 (1927), pp. 105-23.

Moore, G. F., *Judaism* II (1927), pp. 323-76.

Case, S. J., 'The Rise of Christian Messianism', *Studies in Early Christianity* (1928), pp. 313-32.

Str.-B. IV (1928): 29. Exkurs: 'Diese Welt, die Tage des Messias und die zukünftige Welt', pp. 799-1015.

Dennefeld, L., *Le Messianisme* (1929).

Gressmann, H., *Der Messias* (1929).

Godard, A., *Le Messianisme* (1929).

Stauffer, E., 'Die Messiasfrage im Judentum und Christentum', ZThK 12 (1931), pp. 165-91.

Jeremias, A., *Die biblische Erlösererwartung* (1931).

Marmorstein, A., 'The Age of R. Joḥanan and the Signs of the Messiah', Tarbiz 3 (1931-2), pp. 161-80 （ヘブライ語）.

Guillaume, A., 'The Messiah in Judaism and Christianity', ET 43 (1931-2), pp. 406-11.

Sarachek, J., *The Doctrine of the Messiah in Mediaeval Jewish Literature* (1932).

Kroening, G., *The Messiah in the Old Testament* (1932).

Cooper, D. L., *The Messiah. His Nature and Person* (1933).

Frey, J. B., 'Le conflit entre le messianisme de Jésus et le messianisme des juifs de son temps', Biblica 14 (1933), pp. 133-49, 269-93.

Volz, P., *Die Eschatologie der jüdischen Gemeinde im neutestamentlichen Zeitalter* (^{2}1934).

Brierre-Narbonne, J., *Les prophéties messianiques de l'Ancien Testament* (1933).

Exégèse talmudique des prophéties messianiques (1934).

Exégèse targumique des prophéties messianiques (1935).

Exégèse midrašique des prophéties messianiques (1935).

Exégèse apocryphe des prophéties messianiques (1936).

Exégèse zoharique des prophéties messianiques (1938).

Le Messie souffrant dans la littérature rabbinique (1940).

Buber, M., *Königtum Gottes* (^{2}1936, ^{3}1967). 英訳 *Kingship of God* (1967).

Zobel, M., *Gottesgesalbter. Der Messias und die messianische Zeit in Talmud und Midrasch* (1938).

Jansen, H. L., *Die Henochgestalt: Eine vergleichende religionsgeschichtliche Untersuchung (1939).*

Vischer, W., *Das Christuszeugnis des Alten Testaments. Teil 2, Die Propheten. Hälfte 1. Die Frühen Propheten* (1942).

Sjöberg, E., *Der Menschensohn im äthiopischen Henochbuch* (1946).

Campbell, J. Y., 'The Origin and Meaning of the Term Son of Man', JThSt 48 (1947), pp. 147ff.

Wischnitzer, R., *The Messianic Theme in the Paintings of the Dura Synagogue* (1948).

Bentzen, A., *King and Messiah* (1954).

Sjöberg, E., *Der verborgene Menschensohn in den Evangelien* (1955).

Roth, C., 'Messianic Symbols in Palestinian Archaeology', PEQ 87 (1955), pp. 151-64.

Klausner, J., *The Messianic Idea in Israel* (1956).

Ringgren, H., *The Messiah in the Old Testament.* [Studies in Biblical Theology, 18] (1956).

Mowinckel, S., *He that Cometh: The Messiah Concept in the Old Testament and Later Judaism* (1956).

Fohrer. G. (ed.), *Messiasfrage und Bibelverständnis* (1957).

Teeple, H. M., *The Mosaic Eschatological Prophet* [JBL Monograph 10] (1957).

Chevallier, M. A., *L'esprit du Messie dans le bas-judaïsme et le Nouveau Testament* (1958).

Hurwitz, S., *Die Gestalt des sterbenden Messias* (1958).

Hengel, M., *Die Zeloten* (1961, ^{2}1976).

van der Woude, A. S., *Die messianischen Vorstellungen der Gemeinde von Qumran* (1962).

Massaux, E., *Le venue du Messie: Messianisme et eschatologie,* eds. E. Massaux, P. Grelot *et al.* [Recherches Bibliques VI] (1962).

Carmignac, J., *Christ and the Teacher of Righteousness* (1962).

Michel, O., Betz, O., 'Von Gott bezeugt', *Judentum-Urchristentum-Kirche, Festschrift J. Jeremias* (1964), pp. 3-23.

Grelot, P., 'Le Messie dans les apocryphes de l'Ancien Testament', *La venue du Messie,* eds. E.

220 第 29 節　メシア信仰　　　　　　II 489-90

Massaux, *et al.* [Recherches Bibliques VI] (1962).

Black, M., *The Scrolls and Christian Origins* (1962), pp. 145-63.

Lohse, E., 'Der König aus Davidsgeschlecht: Bemerkungen zur messianischen Erwartung der Synagoge', *Abraham unser Vater: Festschrift Otto Michel* (1963), pp. 337-45.

Coppens, J., 'L'espérance messianique. Ses origines et son développement', RSR 37 (1963), pp. 113-49.

Jeremias, G., *Der Lehrer der Gerechtigkeit* (1963).

Hruby, K., 'Die rabbinische Exegese messianischer Schriftstellen', Judaica 21 (1965), pp. 100-22.

Hruby, K., 'Die Messiaserwartung in der talmudischen Zeit', Judaica 20 (1964), pp. 6-22.

Hruby, K., 'Anzeichen für das Kommen der messianischen Zeit', Judaica 20 (1964), pp. 73-90.

Tödt, H. E., *The Son of Man in the Synoptic Tradition* (1965).

Bousset, W., *Die Religion des Judentums im neutestamentlichen Zeitalter* ([4]1966), pp. 222-68.

Kramer, W., *Christ, Lord, Son of God* (1966).

Hruby, K., 'Messianisme et eschatologie dans la tradition rabbinique', Lex Orandi 40 (1967), pp. 43-63.

Borsch, F. H., *The Son of Man in Myth and History* (1967).

Higgins, A. J. B., 'Jewish Messianic Belief in Justin Martyr's "Dialogue with Tryphon" ' NT 9 (1967), pp. 298-305.

Werblowsky, R. J. Z., 'Messianism in Jewish History', Cahiers d'Histoire Mondiale 11, 1-2 (1968), pp. 30-45 [= *Jewish Society through the Ages,* ed. H. H. Ben Sasson and S. Ettinger (1971)].

Coppens, J., *Le Messianisme Royal* (1968).

Liver, J., משיח, Enẓ. Miḳra'it 5 (1968), pp. 507-26.

Grelot, P., 'Messias, Messiaserwartung', Sacramentum mundi 3 (1969), pp. 439-44, 4 (1969), pp. 14-16.

Rehm, M., *Der königliche Messias im Licht der Immanuel-Weissagungen des Buches Jesaja* (1968).

Scholem, G., *The Messianic Idea in Judaism, and other Essays on Jewish Spirituality* (1971).

Fitzmyer, J. A., *Essays in the Semitic Background of the New Testament* (1971), pp. 128-60.

Maier, J., *Geschichte der jüdischen Religion* (1972), pp. 178-82.

Vermes, G., *Jesus the Jew* (1973), pp. 129-59, 250-6.

Levey, S. H., *The Messiah: An Aramaic Interpretation—The Messianic Exegesis of the Targum* (1974).

Coppens, J., *Le messianisme et sa relève prophétique* (1974).

Urbach, Ephraim E., *The Sages: their Concepts and Beliefs* (1975), pp. 649-92, 990-1009.

Vermes, G., *The Dead Sea Scrolls in English* ([2]1975), pp. 47-51.

Vermes, G., *The Dead Sea Scrolls: Qumran in Perspective* (1977), pp. 184-6, 194-6.

以下の辞書と事典も見よ。

A. Gelin, art. 'Messianisme', DB Supp. V (1955), col. 1165-212.

L. Dennefeld, art. 'Messianisme', DThC X, 2 1929, col. 1511-26.

H. L. Ginsberg, D. Flusser *et al.,* art. 'Messiah', Enc. Jud., 11, cols 1407-27.

W. Grundmann, F. Hesse, M. de Jonge, A. S. van der Woude, χρίω, χριστός, etc., TDNT 9 (1974), pp. 493-580.

E. Rivkin, art. 'Messiah, Jewish', IDBS (1976), pp. 588-91.

クムラン文書の発見以降の定期刊行文献については，RQ 及び Biblica の文献表を見よ. また, B. Jongeling, *A Classified Bibliography of the Finds in the Desert of Judah* 1958-69 (1971), 及び J. A. Fitzmyer, *The Dead Sea Scrolls, Major Publications and Tools for Study* (1975), pp. 114-18 も参照.

以下のリストはより重要な記事を含む。

Burrows, M., 'The Messiahs of Aaron and Israel', Angl. ThR 34 (1952), p. 204.

Priest, J. F., 'The Messiah and the Meal in IQSa', JBL 82 (1953), pp. 95-100.

Kuhn, K. G., 'Die beiden Messias Aarons und Israel', NRSt 1 (1954-5), pp. 168-79. 〔改訂英語版 'The Two Messiahs of Aaron and Israel', *The Scrolls and the New Testament* 所収, ed. K. Stendahl (1957), pp. 54-64〕.

Brown, R. E., 'The Messianism of Qumran', CBQ 19 (1959), pp. 53-82.

Ehrlich, E. L., 'Ein Beitrag zur Messiaslehre der Qumransekte', ZAW 68 (1956), pp. 234-43.

Schubert, K., 'Die Messiaslehre in den Texten von Khirbet-Qumran', BZ 1 (1957) pp. 177-97.

Kuhn, H. W., 'Die beiden Messiase in den Qumrantexten und die Messiasvorstellung in der rabbinischen Literatur', ZAW 70 (1958), pp. 200-8.

Liver, J., 'The Doctrine of the Two Messiahs in Sectarian Literature in the Time of the Second Commonwealth', HThR 52 (1959), pp. 149-85.

van der Woude, A. S., 'Le Maître de justice et les deux Messies de la communauté de Qumrân', *La Secte de Qumrân et les origines du christianisme* (1959), pp. 121-34.

Gnilka, J., 'Die Erwartung des messianischen Hohenpriesters in den Schriften von Qumran und im Neuen Testament', RQ 2 (1959-60), pp. 395-426.

Prigent, P., 'Quelques testimonia messianiques. Leur histoire littéraire de Qumrân aux pères de l'église', ThZ 15 (1959), pp. 419-30.

Hinson, G., 'Hodayoth 3:6-18: In What Sense Messianic?', RQ 2, (1959-60), pp. 183-203.

Héring, Jean, 'Analecta Qumraniana, Section 2: Encore le messianisme dans les écrits de Qumrân', RHPhR 41 (1961), pp. 160-2.

Weiss, C., 'Messianismus in Qumran und im Neuen Testament', *Qumran-Probleme: Vorträge des Leipziger Symposiums über Qumran-Probleme* (1961), pp. 353-68.

LaSor, W. S., 'The Messianic Idea in Qumran', in *Studies and Essays in Honour of A. Neuman* (1962), pp. 343-64.

Priest, J. F., 'Mebaqqer Paqidh and the Messiah', JBL 81 (1962), pp. 51-61.

Fritsch, C. T., 'The so-called priestly Messiah of the Essenes', Ex Oriente Lux 17 (1963), pp. 242-8.

Huppenbauer, H. W., 'Zur Eschatologie der Damaskusschrift', RQ 4 (1963), pp. 567-73.

Stefaniak, L., 'Messianische oder eschatologische Erwartungen in der Qumransekte?', *Neutestamentliche Aufsätze* (Festschrift J. Schmid) (1963), pp. 294-302.

Starcky, J., 'Les quatre étapes du messianisme a Qumrân', RB 70 (1963), pp. 481-505.

Laurin, R. B., 'The Problem of the Two Messiahs in the Qumran Scrolls', RQ 4 (1963), pp. 39-52.

Starcky, J., 'Un texte messianique araméen de la grotte IV de Qumrân', *Mémorial du Cinquentenaire de l'École des Langues Orientales Anciennes de l'Institut Catholique de Paris, 1914-1964* (1964), pp. 51-66.

van der Woude, A. S., 'Melchizedek als himmlische Erlösergestalt in den neugefundenen eschatologischen Midrashim aus Qumran Höhle 11', Oudtestamentliche Studien 14 (1965), pp. 354-75.

Higgins, A. J. B., 'The Priestly Messiah', NTSt 12 (1965-6), pp. 211-39.

Brown, R. E., 'J. Starcky's Theory of Qumran Messianic Development', CBQ 28 (1966), pp. 51-7.

Caquot, A., 'Ben Sira et le messianism', Semitica 16 (1966), pp. 43-68.

Deichgräber, R., 'Zur Messiaserwartung der Damaskusschrift', ZAW 78, (1966) pp. 133-43.

de Jonge, M., 'The Use of the Word "Anointed" in the Time of Jesus', NT 8 (1966), pp. 132-48.

Browne, R. E., 'The Teacher of Righteousness and the Messiah(s)', *The Scrolls and Christianity,* ed. M. Black (1969), pp. 37-44.

de Jonge, M., 'The Role of Intermediaries in God's Final Intervention in the Future according to the Qumran Scrolls', *Studies on the Jewish Background of the New Testament,* ed. O. Michel et al. (1969), pp. 44-63.

Villalón, J. R., 'Sources vétéro-testamentaires de la doctrine qumrânienne des deux Messies', RQ 8 (1972), pp. 53-63.

Milik, J. T., 'Milkî-ṣedeq et Milkî-resha' dans les anciens écrits juifs et chrétiens', JJS 23 (1972), pp. 95-144.

de Jonge, M., 'Jewish Expectations about the "Messiah" according to the Fourth Gospel', NTSt 19 (1972-3), pp. 248-70.

　以下の議論の対象となる時代にユダヤ民族の間に広がっていた宗教的理念の領域においては，2つの主要な表象群が識別されるべきである．即ち人間と世界の神に対する関係に関しての一般的な宗教理念と，そしてユダヤ民族のイスラエルの神に対する関係に関してのイスラエル人固有の理念とである．これらのうちでは後者が優勢で，この理念群が核を形成し，そのまわりに前者の理念群が集められ，連結された．しかし後の時代，これらのイスラエル人固有の理念は，神とイスラエルとの関係の法的概念を通して再び特別な色彩を得た．神がみずからのためにこの1つの民族を選び，それ故彼らに排他的に自分の恩恵を授与した，という信仰に，神が彼らに律法をも与えたのであり，それ故この律法が遵奉されている限り，神は自身の祝福を授与する義

務を自身に課した，という思想がさらに加えられた．トーラーはそれ自体のために（לשמה）遵守されるべきものであって，その戒めを成就することは，（服従と慈愛の行為において）それ自体の報いをもたらした．にも関わらず，イスラエルの信仰深さは，民族と個人双方の生活の中で，それに見合った報いを受けるだろうということも期待された[1]．しかし現実の経験においては，その報酬は民族全体にも個人にも，予期した割合ほどには返ってこないことが明らかになった．それに応じて，この自覚が民族と個人の心の中に深く沁みこめば沁みこむほど，彼らの目は一層未来に向けられることを余儀なくされた．そして彼らの現在の状況が悪ければ悪いほど，彼らの希望がより生き生きとして行ったのは当然の帰結であった．それ故，時代が下がると彼らの宗教意識は未来への希望へと集約されたと言えるかもしれない．来るべき完全な時代は，他の全ての宗教的理念が目的論的に関連づけられた到達点であった．イスラエル人の行為は本質的にトーラーの遵守であったので，その信仰は神の国待望が中心となった．既に見てきたように（189-90頁），この2つの極をめぐって，この時代のユダヤ人の宗教生活は展開していた．彼らは，いつの日か，「来たるべき世」に分ち与えられるように，律法に対して熱心となった．

I　初期メシア待望との連関

　よりよい未来への待望は，既に旧約聖書の預言者たちの宗教意識の基本要素をなしていた．それはマカバイ蜂起以後に活発になったと同じほどには常時活発ではなかったにしても，人々がそれを完全に失うことは決してなかった．しかし時代の経過と共に，この希望は多くの変化を被った．確かに，信仰の領域においては，運動は振る舞いのそれにおけるよりもはるかに多くの自由があった．法的規則が瑣末な細部まで拘束して行き，変えられることなく1つの世代から次の世代へと伝承されるべきとされた一方で，宗教思想に関しては，比較的大きな範囲で自由が容認されていた．ある程度の基本的なものに忠実である限り，個人的な要求ははるかに自由なゆとりが認められていた（上記35-47頁，「ハラハーとハガダー」を見よ）．その結果，未来の希望も多様な仕方で展開された．にも関わらず，後期のメシア待望と前期のそれとを大まかに区別するための，幾つかの基本的な共通点は見出されるかもしれない．初期の待望は現世という舞台の内部で展開しており，民族にとってのよりよい将来へと向けられていた．捕囚前の預言者たちは，共同体が道

徳的に浄められ，悪の要素全てが浄化されるであろうこと，そして異教世界のただ中にあって，無難に，敬意を払われつつ繁栄し，敵は滅ぼされるか，あるいは否応なくイスラエルとその神を承認させられるであろうこと，公正で思慮深く，また力強いダビデの家の王によって支配され，その結果，国内の正義と平和と喜びがあまねくいきわたるであろうこと，そしてさらに，自然界のあらゆる悪は滅ぼされ，曇りなき至福の状態がやってくるであろうこと，を希望としていた．しかしながらこの展望は後の時代には本質的に修正された，部分的には後期預言者たちの時代に，そして特に聖書後時代において．

　1　他の何よりも，未来の展望は世界を包み込むほど広く長くなった．民族の未来だけでなく，宇宙の未来も重要なこととなった．これまで異教徒たちは，彼らが何らかの形でイスラエルに関わる限りにおいてのみ考慮に入れられていたのであるが，後の時代の待望は，ますます積極的に人類全体の運命へと広げられた．元来は，審判はイスラエルを浄化するか，あるいは敵を滅ぼすかのどちらかであった．それは後に，神による，あるいは神の油そそがれた者，すなわちイスラエルのメシア的王による世界の審判へと展開された．この者は，全ての人間と全ての民族の運命を決定するとされる．初期に見られる未来の理想の王国は，聖なる地の現実の境界を越えたものではないが，後の神の王国は，自発的にしろ，強制的にしろ，イスラエルの王権下の1つの世界王国に組み入れられた者全てを含んでいるように思われる．メシアはそれゆえ，世界の審判者また支配者となるはずであった．動物や天と地でさえ――すなわち厳密な意味での全宇宙が――変容させられるはずであった．旧い創造物は破壊され，新しい愛すべきものがそれに取り換えられるはずであった．

　この未来概念の広がりは，既に部分的には政治的地平の拡大によってもたらされていた．個々の小さな国々が大きな世界権力によって飲み込まれて行けば行くほど，未来の理想的王国を世界権力として想像することが一層容易になった．この世界の最後の異教王国が没落した後，神自身が王権を掌中にし，天界の王として，彼の民を通して支配する王国を設立するだろうとされた．しかし，メシア的理念の発展において政治的地平が広がることよりも，神自身の概念及び世界の概念一般が拡大することの方が，より重要なことであった．初めは，ヤハウェはイスラエルだけの神であり王であった．後にはヤハウェは，世界の神また王としてますます精密に，かつ明確に考察された．

そしてこれとともに，「世界」の概念は，存在するもの全てを包括する統一された全体の概念としてはっきりした形をとった．この宗教意識全般の広がりこそが，未来の祝福された時代の待望の普遍性が成長してゆくもととなったものの本質なのである．

2　他方，未来待望に対するこの伸展と拡大は，より一層とりわけ個人の問題と関係していた．これは再び，宗教意識全般の展開と結びつけられた．元来，ヤハウェは民族の神であり，彼の民の幸，不幸を管理する神であった．個人の運命は殆ど考慮されることはなかった．しかし宗教的な意識が深まるとともに，個人は自分自身が神の配慮の対象となっているとますます感じるようになって行った．各個人は，自分の運命が神の掌中にあると知っており，神が自分を見捨てはしないと確信していた．この個人的な摂理信仰の強化は，未来への待望にも徐々に個人的な形を与えたが，しかし明らかにそれは比較的後期になってはじめてのことであり，その決定的な証拠はダニエル書以前にはない．それが最初に表現された形は，復活信仰の中にあった．義しいイスラエル人は，自身の人格と，そして実にその不朽のかつ永遠の救済を神が望んでいると確信していたから，自分が他の全ての義人と共に，民族の将来の栄光に与かるだろうと期待した．それ故，このことが起こる前に死に遭遇した者は誰でも──特に殉教者は──，いつの日か神が彼を再び目覚めさせ，彼を栄光の王国へ連れ行くと希望していたかもしれない．復活の対象は，民族の栄光に満ちた未来に与かることであり，そして復活信仰の基礎は，増大してゆく個人の救済への関心であった．

しかし個人的な形式をおびたのは，救いへの関心だけではなかった．次第に強く注意全般は個人の未来の運命に，そしてまたその「悪い意味で」も，向けられた．神はあらゆる人間の行為，少なくともあらゆるイスラエル人の行為を，天において記録している──そう考えられていた．そして審判はこの天の帳簿をもとに宣言される．報酬と罰は，各個人の功績に応じて正確に測られる．かくして，期待される復活もまた，全ての人間に及ぼされるものとして，違った見方をされるようになり，義人ばかりではなく悪人までも審判を受けるために甦るとされた．しかしこの理念は，決して一般的に受け入れられなかった．多くの者は義人の復活のみを求め続けた．

最後には，個人の救済への関心は，もはやメシア王国に参与する目的のために復活することでさえ満足できなくなった．このことは，もはや最終的かつ至福の喜びとしてはみなされなくなった．その後に，さらに一層高く，永

続する天的な祝福が待望されたのである．すなわち，善人には天上における絶対的な変貌が，そして神無き民には単に王国から排除されることだけでなく，地獄における永遠の断末魔の苦しみと苦痛とが待望されたのである．

3　これら最後に挙げた諸要因は，後 70 年と後 135 年の政治的メシアニズムの挫折と併せて，後期の待望を初期のそれと区別するさらなる特徴と関連している．それはより超越的になり，ますます超自然的，彼岸的なものへと移し換えられていった．かつての希望は，現世の枠内に残った．イスラエルの敵は滅ぼされ，民は浄化され，彼らの将来は栄光に満ちたものになるとされた．この未来の祝福の描写がどれほど想像上のものであろうと，それでもそれは現在の理想化された情況の文脈の中に留まっていた．後期のアプローチでは，現在と未来がいよいよ鋭く対立させられ，双方の溝ははなはだ深くなり，その概念はますます二元論的になっていった．メシア時代への参入が新しい世界，新しい עולם〔世〕の出発であるはずであった．しかしこの来たるべき世（עולם הבא）はあらゆる点で完全に現世（עולם הזה）の対極にあるもので，現世はサタンとその御使いの邪悪な権力によって支配されており，それ故罪と悪の中に沈んでいるとされた．未来の世界は神（と彼の受膏者）の支配下にあるとされ，それ故義人と祝福された者だけがそこで勝利を収めるはずであった．双方の間には殆ど何の結びつきも存在しなかった．まさに神の奇跡的な行為によって，一方は滅ぼされ，他方は生存へと招き入れられるとされた．

このアプローチは初期の理念に多くを依存しているにも関わらず，現在と未来の対立は遙かにより鋭く描かれている．初期の概念には，現在における恵みに満ちた神の支配について，ずっとより多くを見る．後期の思想になると，ほとんど，あたかも神が現在の統治をサタンの軍勢に引き渡し，自らの支配の完全な行使を来るべき世のために留保したかのように見えてしまう．それに従い，未来の救いもまた純粋に超越的なものとみなす傾向が増幅していった．新しい世の全ての良きものは，それらが永遠不滅に先在していた上方から，つまり天から生じるとされる．それらはそこで，聖徒たちのための「相続」として取り置かれ，いつか日か彼らに分け与えられる．とりわけ，そこには完全な新しいエルサレムが既にあり，この都は時が成就する暁には，古い都に代って地上に降りてくるとされる．同じく，そこには既に，神によって永遠の時から選ばれたイスラエルの完全な王，すなわちメシアも，神と同席する一団の中に存在している．今後，全ての良きものと完全なものは事

実上ただ上からのみ到来し得る．なぜなら，地上において現在の状態にある
もの全ては，神的なものの完全なる対極だからである．そして最終的には，
未来の希望は完全に地上的存在の彼方に到達する．最後の贖いは，新しくさ
れた地上の栄光の王国においてさえ見出すことはできず，天上における絶対
的に変貌した状態の中に見出されるはずである．

　救済それ自体の概念とともに，それが実現されるべき方法の理念も，次第
に超越的になっていった．審判は，地上権力の介入なしに，神または彼の受
膏者が人間の運命を決定する法廷での行為であるはずであった．そしてこの
判決の執行は，超自然的な権力，すなわち古きものを破壊し，事物の新しい
秩序を存在へと呼び出す神の奇跡的行為を通してのみなされるはずであった．
　ユダヤ人の未来待望の展開にはイランの影響があったかもしれないことは，
ユダヤ民族が２百年間ペルシアの支配に屈従していたことを心に留めれば，
あり得ることである．これらの影響は，天使論においては間違いようがない．
終末論においてはそれほど明確ではないにしろ，それでもある程度は確実で
ある．死後の個人的な応報や強力な超越主義といった教義は，ペルシアの終
末論の特徴である．しかしこれらこそが，その時代のユダヤ教を，より古い
イスラエルの終末論から区別している点なのである．それ故全体としては，
ペルシアの影響の蓋然性について語ることは道理にかなっている．しかしそ
れらは一般的な性格に属することにすぎない．細かい点を考察すればすぐに，
並行はなくなる．あるいは並行がより強固なところでは，ペルシア的見解の
古さは疑わしくなる．ユダヤ教的諸概念は，一貫して特殊なものであり，旧
約聖書の諸理念の修正と補完として説明されるべきものである．それ故イラ
ン宗教を考慮に入れるとしたら，何らかの形で展開を促進した付随的要因と
してのみであり，それを主導したものとしてではない．

　4　最後に，メシア待望は，律法学者とラビたちの著作において体系化が進
み，後代には本質的に新しい色合いを獲得した．宗教的想像力の自由さは，
預言者たちの著作の熟練した研究にとって代わられ，この研究は，未来のメ
シア像の詳細を教義に沿って決定した．律法学者たちの課題は勿論，律法を
確立し，習熟することが優先された．しかし同じ方法によって，その後彼ら
はメシア待望を含む宗教的理念そのものを展開し定義づけた．かくして，関
連する細目が彼らによって収集され編集されたばかりでなく，ハガダー的ミ
ドラシュのやり方に則って，あるテクストを他のテクストに結びつけるとい
う方法により，新たな細目が現われもした（上記25節Ⅲを見よ）．新しい情

報を獲得するために，極めて多様な章句が互いに巧妙に関係づけられ，メシアの理念は，さらに正確に，理解しやすく定義づけられた．学者による教義はそれでも流動的であった．というのは，ハラハーの細目とは異なり，それは現実に拘束力あるものには決してならなかったからである．それ故個人は自由に，自分の望むようにその多く或いはわずかを受容したし，自分の考え方に従ってそれを形成した．そのためメシア待望は流動的な状態にあった。特に紀元後1世紀の間，それは様々な形で見出される．

　とりわけ，注意すべきこととして，ここで言及された後期のメシア待望の諸特徴は，決してどの場所でも同じではなかった．しかし，イスラエルにとっての栄光に満ちた未来という古代の基本的な待望は，後代においても支配的であった．

　しかしこの希望は，民の間で恒常的に活発であったであろうか．民族の未来に影響を与えたその一般的な形式においては，メシア待望は，預言の消失とともに失われたわけではない．紀元直前の数世紀，そして特に紀元後1世紀では，偽典，クムラン文書，ヨセフス，及び福音書が決定的に示しているように，それは再び非常に活発となった．しかし最終的な民族の繁栄の待望として明示されることに加えて，そこには特にメシアの，あるいはいくつかのメシア的人物の待望が表現されている．このことは，以下の紙面においてメシア信仰の歴史的な展開を，メシア的諸概念の体系的な概観とともに素描する上でに明らかになるだろう．

II　歴史的概観

　ダニエル書（前167-165年頃）の幻は，メシア理念の形成に甚大な影響を及ぼしている．苦難の時代（עת צרה ダニ12：1），それはアンティオコス・エピファネスの邪悪な行動の結果としてイスラエルの上に突然襲いかかったのであるが，その最中に著者は来たるべき救いを予言した．神自身がこの世の王国に対する裁きの座につき，そして，彼らから権力と支配とを取り上げ，彼らを根絶し，永久に一掃する．しかし「いと高き者の聖徒たち」は，王国を受け取り，それを永久に所有する．全ての民と国民と，言語は彼らに仕え，彼らの王国は決して滅ぼされることはない（7：9-27, 2：44）．眠りについていた義人たちもそこで彼らの分け前を共有する．彼らは永遠の生命のために塵の中から甦るが，悪人たちは永遠の恥辱のために呼び起こされるだろう（12:2）．ダニエルがいと高き者の聖徒たちの王国の頭に，メシア的王を思い

描いていたかどうかははっきりしない．彼はいかなる場合にも，そのような人物については言及していない．というのは，人の子（כבר אנש 7：13）の姿で現われる者は，決してメシア本人ではなく，著者がその解釈ではっきりと明確に述べているように，いと高き者の聖徒たちの民だからである（7：18, 22, 27）2）．この世の王国が海からのぼる獣で表されているように，聖徒たちの王国は，雲に乗って来る人の姿で象徴されている．それゆえダニエルのメシア待望の核は，敬虔な者たちの全世界的な統治である（特に2：44, 7：14, 27 を見よ）．さらに著者はこのことを，7章からわかるかもしれないが，単に神の審判によってもたらされるものとは考えていない．彼はむしろ，聖徒たちの王国は神なき者たちを「粉々に打ちくだき焼き尽くす」だろうと2：44 で述べる．これは即ち彼らを武力によって征服するということだが，ただしこれはだれもが認めるように，神の助力が加えられその意志に従ってのことである．この書の中で体の復活の希望がはっきりと，確固として記されていること（12：2）は，さらに注目に値する．

　従ってここでも，メシア待望は初期と同じように，民族にとっての栄光に満ちた未来のためのものであるが，しかし二重の修正が加わっている．すなわち，イスラエルの未来の王国は，この世の王国として予見されており，眠りについたすべての聖徒たちもそこに与かるであろう，ということである．

　旧約聖書の外典では3），メシア待望はそれほど顕著ではない．そうした特徴は，ただ一部にのみ，これらの著作が主に歴史的あるいは教訓的な内容であることに帰因する．実際それらの大部分は，ダニエルがメシア待望を生き返らせた当時にあっては，それが一般的にひどく衰退していたことの証拠である．シラ書が幾つかの点でどの様な立場にあるかについては確実なことは言えない．著者が，神の約束に一致してイスラエルの敵の破滅と栄光に満ちた民族の未来を嘆願するだけではなく，真に希望していることは明らかである．特に重要なのは36：13-22 にある確信をもった祈りである．

　ヤコブの全ての部族を集め，
　昔のように，彼らに遺産をお与え下さい．
　主よ，憐れんでください．御名によって呼ばれる民を．
　あなたの長子とされたイスラエルを．
　あなたの聖なる都に慈しみを示してください，
　あなたが安息の場所とされたエルサレムに．

シオンをあなたへの讃美の歌で満たしてください.
神殿をあなたの栄光で満たしてください.
初めに創造された民に,あなたの約束を果たし,
御名によって語られた預言を成就してください.
あなたを待ち望む人々にふさわしい報いを与え,
預言者たちの正しいことを立証してください.
主よ,あなたの僕らの祈りを聞き入れてください,
あなたの民に対する慈しみに従って.
地上の全ての人は知るでしょう,
あなたが永遠の神であることを.

　ここで祈願される栄光は,無限の時のそれとして考えられている[4].しかし,特徴的なのは祈りや希望の表現が非常に一般的な用語で語られていることであり,特に,預言者たちの約束への言及があるにも関わらず,メシア的王についての記述がない.他の2箇所でそのような人物についての仄めかしがあるかもしれないが,そのどちらについても,その解釈は不確かである[5].もし著者が預言者の幻に基づいてメシア的王を待望したとするならば,この待望は,現実の宗教的な必要からというよりも,聖典の研究から生まれたものであった.著者が関心を寄せているのは,ピネハスの家の祭司職が永久に存続することであり,それはダビデ王朝の再興をはるかにしのぐ(45:24-5).学問的メシア信仰の始まりが既に顕在していたことは,エリヤの再来が待望されたことからわかる(48:10-11).

　もちろん,もしヘブライ語のテクストで(ギリシア語とシリア語では欠けている)51:12に続く成句が全体的に真正のものであるとすれば,より鮮やかな像が現われることになろう.ここでは,神はイスラエルを回復する方,散らされた者たちを集める方(5-6節)としてだけではなく,「彼の都と聖所を建て」,「ダビデの家から角を生え出でさせる」方としても称揚されている.これらの成句は,シュモネ・エスレー(上記154-5頁を見よ)に逐語的に見出され,――蓋然性がそれほど高いわけではないが――恐らくそこからヘブライ語のシラ書に導入されたのであろう.

　メシア的王の待望は,ともかくマカバイ記Ⅰの著者の思想から遠い所にある.この著者としては,例えば外典は,イスラエルの偉大さの保証はハスモン朝にあると見ている[6].それとは別に,神は異教徒たちを審く(ユディト

16：4），また散らされたイスラエルの民を1つの国民に再び集める（Ⅱマカ2：18，バルク2：27-35，4：36-7，5：5-9），この国民は永遠に確立されるであろう（Ⅱマカ14：15）といった期待を示している．トビト書の著者は，義人が集められ，イスラエルの民が起こされ，エルサレムが金と宝石で壮大に再建される（トビ13：12-18，14：7）ことばかりでなく，旧約聖書の一部の預言者たちと同様に，全ての異邦人たちがイスラエルの神に帰依することも（トビ13：11，14：6-7）希望している．

ヘレニズム的な知恵の書では，民族主義的な要素は重要でなくなる．事実それどころか自身のプラトン主義的人間論によって，著者は自己の霊魂の真の救いを死後に至るまで期待できない．それ故著者にとって本質的なことは，死んでしまった義人たちがいつの日か異邦人を裁く審判の席に坐るだろうということである（知3：8，5：1．Ⅱコリ6：2-3を参照）[7]．

初期の外典（シラ，ユディ，トビ，Ⅰマカ）の宗教的待望を，後代のメシア待望から区別する重要な特徴の1つは，復活の希望がないことである[8]．この点で，言及した外典諸書は，古代イスラエル人の立場を採用している．即ち死者はもはや陰府の中での影のような存在にすぎず，至福な死後の生などはない[9]．それ故ダニエル書で証言されている復活の期待は紀元前2世紀では一般に受容されてはおらず，それどころか特定の集団（例えばサドカイ派）には決して浸透していなかった．それがはっきり形となってあらわれているのはマカバイ記においてのみである（Ⅱマカ7：9，14，23，29，36，12：43-4）．その代わり知恵の書には祝福された死後の生の期待がある（3：1-9，4：7，5：16，6：20）[10]．

前140年頃の最も古いユダヤ版シビュラの託宣では，メシア預言の流れは豊かであふれるばかりである．シビュラ3：286-7（καὶ τότε δὴ θεὸς οὐρανόθεν [Geffcken: οὐράνιος] πέμψει βασιλῆα, Κρινεῖ δ' ἄνδρα ἕκαστον ἐν αἵματι καὶ πυρὸς αὐγῇ〔その時こそ天にいます神は王を遣わされるであろう．彼は血と火の輝きとによって一人ひとりを審くであろう〕）は，キュロスをほのめかしているのであって，ここで言及するべきではないのは勿論のことである[11]．3：775の υἱὸς θεοῖο〔神の子〕も引用することはできない，もし C. Alexandre（*Oracula Sibyllina* [²1869], *ad loc.*）の説得力ある推測に従って，υἱόν の代わりに νηόν〔神殿〕と読まれるべきであるならば[12]．そして最後に，シビュラ3：784-6によれば，その内に神が留まるであろう κόρη〔娘〕をメシアの母と解釈するのは誤りである[13]．κόρη，ヘブライ語で בתולה は，エルサレムに

232　　　　　　　　　　　第 29 節　メシア信仰　　　　　　　　　Ⅱ 501-2

他ならないからである．しかしこれらの節を全て考慮に入れた上でなお，そ
れでもシビュラ 3：652-795 の断片全体は，冒頭にメシア的王についてただ
1 つの短い言及があるだけにも関わらず，内容の上ではほとんど専らメシア
的であるということは真実であることに変わりはない．このテクストの文面
によれば，神は東から（$\dot{a}\pi$’ $\dot{\eta}\epsilon\lambda\acute{\iota}o\iota o$）1 人の王を遣わす．この王は地上の全て
の戦争を終息させ，そしてある者たちを破滅させ，他の者に対しては約束を
成就させる．彼はこのことを独断ではなく，神の命令に従う中でなす[14]．彼
が出現すると（というのも，これが疑いもなく著者の意味するところだから），
異邦人の諸王は，神の神殿と聖地を攻撃するために再度集合する．彼らはエ
ルサレムのまわりで，自分たちの偶像崇拝のための犠牲を捧げる．しかし神
は彼らに力強い声で語り，彼らは全て永遠なる方の御手により滅びる．大地
は揺れ動き，山々や丘は崩れ，暗黒界が現われる．異邦人たちは神殿に向か
って攻撃の槍を振り上げたので，戦争と剣と炎によって死ぬ（663-97）．そ
の後神の子らは平和と平穏のうちに生きる．聖なる方の御手が彼らを守るか
らである（698-709）．そして異教の諸民族はこれを見て，神を称え讃美し，
神殿に贈り物を送り，神の法を受容するように互いに励ます．これが地上で
の最高の正義の法だからである（710-26）．それから平和が地上の全ての王
たちの間に行き渡る（744-61）．そして神は全ての人間を支配下に置く永続
する王国を建てる．全地のすみずみから人々が神殿への献げ物を携えてやっ
てくる．そして神の預言者たちは剣を地に置く．彼らは人々を審く者，また
正しい王たちになるからである．神はシオンに住み，地上には普遍的な平和
が行き渡る（767-95）．

　ここに見られるように，地上の諸民族が終局的には神の法を認識し，承認
するというところに主な強調点が置かれている．しかし著者はこのことだけ
でなく，全ての人類を支配下に置く永続する王国の樹立も求めており（767-
8, $B\alpha\sigma\iota\lambda\acute{\eta}\iota o\nu$ $\epsilon\grave{\iota}s$ $\alpha\grave{\iota}\hat{\omega}\nu\alpha s$ $\pi\acute{\alpha}\nu\tau\alpha s$ $\dot{\epsilon}\pi$’ $\dot{\alpha}\nu\theta\rho\acute{\omega}\pi o\upsilon s$〔全ての人間の上に永遠に立て
られる王国〕），エルサレムはこの神権政治の中心になる．著者が普遍的な世
界平和の回復のために，神が自らの道具として遣わす王に言及するのは，序
文においてだけ（652-6）というのは事実である．しかし 689 節で，神が戦
争と剣でもって（$\pi o\lambda\acute{\epsilon}\mu\omega$ $\dot{\eta}\delta\grave{\epsilon}$ $\mu\alpha\chi\alpha\acute{\iota}\rho\eta$），攻撃してきた異邦人たちを破滅させ
ると述べられる時，疑いもなくこの王が介在因として考えられている．そし
て，もし平和の王国で神の預言者たち一般（$\theta\epsilon o\hat{\upsilon}$ $\mu\epsilon\gamma\acute{\alpha}\lambda o\iota o$ $\pi\rho o\phi\hat{\eta}\tau\alpha\iota$〔偉大な
る神の預言者たち〕すなわち，疑いもなくダニエル書が「いと高き者の聖徒
たち」と呼ぶイスラエル人）だけが，審判者たちや王たち（781-2）として

描かれているとするなら，少なくとも著者の言葉は，神権政治的な王が頭に立っていることを排除しない．とにかく彼の未来像においては，アレクサンドリア人であるとしばしば信じられているこの著者でさえ，〔彼の記述を〕神から遣わされた王なしで済ますことができなかったことは注目に値する．

エノク書の最も古い部分（前2世紀と年代づけられる）でメシア資料が見出されるのは比較的少ない[15]．ここで特に考察するのは，歴史の終わりの幻である（90：16-38）．著者は何よりもまず，異邦人たち（すなわち主としてシリア人）による強力な最終的攻撃を予期する．しかしそれは神の奇跡的な介入によって敗北させられ（16-19節），それから王座が美しい土地に立てられ，神が審判の席に坐わる．最初に，堕落した天使と背教のイスラエル人たちが炎の燃え立つ淵に投げ込まれる（20-7節）．それから，古いエルサレム（なぜなら「家」はエルサレムであるから）が廃され，神は新しいエルサレムを持って来て，それを古いエルサレムに代って建てる（28-29節）．この新しいエルサレムには敬虔なイスラエル人が住み，異邦人たちは彼らに敬意を払う（30節）．この時点でメシアが（白い雄牛の姿をとって）現われ，全ての異邦人たちは彼に嘆願し，主なる神に回心する（37-8節）[15a]．

後期メシア理念の超越的な性格がここにあらわれている．新しいエルサレムは，古いそれとは共有するものが何もなく，天から奇跡的に下しもたらされる．メシアが現われるが，それは神が審判の席についてからである．それ故メシア自身はそこでは何の役割も果さない．

さらに注目すべきことは，エノク書の最初の部分で，永続する個人の生への期待もなく，ただ，この世での長寿と幸福な生の期待だけがあることである（1：8，5：7-9，10：9-11：2，24-25章）．従って個人のための宗教的希望は，シラ書と同じ流れを踏襲している．

メシア的王の形姿は，ソロモンの詩篇においてはより豊かな色彩と鮮明な輪郭を備えている．この外典は多分，ポンペイウスの時代（前63-48年）に執筆された[16]．これらの詩篇は，神自身がイスラエルの王であるということ（17：1）も，またダビデの家は神の前で破綻することはない（17：5）ということも，双方をそれらの著者が強調しているという理由からだけでも，示唆に富む．それ故，第1のことが想定されるところでは，第2のことが不可能であるとは簡単には想定されなかったに違いない．ダビデの末裔から出る王をこの詩人が切望していたことは特に鮮明である．なぜならエルサレムは当

時，ローマの異邦人支配に屈しており，サドカイ派の意向の強いハスモン王朝に未来の待望の基を置くことはできなかったからである．彼はそれ故，神がイスラエルを支配するためにダビデの末裔から王を起こし，イスラエルの敵を砕き，異邦人たちからエルサレムを浄化するだろうと期待する（17:23-7）．この王は聖なる民を集め，国の諸部族を裁き，彼らの間に不義なる者が残るのを許さず，彼らを部族ごとに地上のすみずみまで配し，彼らの間によそ者が留まることはない（17：28-31）．そして異邦の国々は彼に仕え，主の栄光を見るためにエルサレムへ，贈り物として「気を失っていた」イスラエルの子らを連れてやって来る．そして彼は神から教えを受ける，義なる王となる（17：32-5）．そしてかの日々においては，何らの不義もなくなる．というのも，全ての者が聖徒となるのだから．そして彼らの王は主の受膏者となる[17]．彼は馬や騎手に信頼を置かない．というのも，主自身が彼の王となるからである．彼は自分の口から出る言葉によって大地を永遠に打ち懲らしめる（17：36-9）．彼は知恵によって彼の主の民を祝福する．そして彼は罪から遠く清い．彼は大いなる民を支配し，弱くなることはない．というのは，神が聖霊を通して彼を強くするからである．彼は彼ら全てを聖性へと導き，彼らの間には高ぶりはない（17：40-6）．これがイスラエルの王の麗しさとなる．かの日々に生まれる者たちは幸いである（17：47-51）．

著者は，ダビデの家の，神を畏れる王一般ではなく，神によって奇跡的な力を賦与され，聖にして罪のないただ一人のメシアを希望しているように見える（17：41, 46）．それは神によって聖霊を通して力強く賢くされた者（17：42），それ故目に見える武器ではなく，彼の口から出る言葉によって敵を打ち懲らしめる者（17：39，イザ11：4に従う）である．このように理想化されているにも関わらず，それでも彼は世俗的支配者，イスラエルの本当の王として表される．詩17篇の証言に，詩18：6-10，そして特に詩11篇（散らされた者が集められる）と，3：16，14：2以下（義人の復活）が加えられるべきである．

ソロモンの詩篇の〔執筆〕がポンペイウス時代の抑圧が契機となったように見えるように，より新しいシビュラの託宣の断片（シビュラ3:36-92）は，エジプトでのアントニウスとクレオパトラによる暴政への反応であった．ローマがエジプト支配権も獲得していたその時代に，シビュラは，地上で神の王国が始まり，聖なる王がやってきて，あらゆる地を永遠に統治することを待望した．当該の箇所（3：46-50）は次のように読める．

Αὐτὰρ ἐπεὶ Ῥώμη καὶ Αἰγύπτου Βασιλεύσει,
Εἰς ἕν ἰθύνουσα[18], τότε δὴ βασιλεία μεγίστη
Ἀθανάτου Βασιλῆος ἐπ᾽ ἀνθρώποισι φανεῖται.
Ἥξει δ᾽ ἀγνὸς ἄναξ πάσης γῆς σκῆπτρα κρατήσων
Εἰς αἰῶνας πάντας ἐπειγομένοιο χρόνοιο.
〔ローマがエジプトをも支配し1つの政府に服従させる時,
その時こそ不死なる王の大いなる王国が人々の上に現われるであろう.
そして聖い王が,全地の王権を,
迫り来る時の全ての世にわたって握らんとやってくる.〕

　人々の間に現れる王国の不死の王とは,もちろん神自身である.他方,永久に全地の王権を振るう ἀγνὸς ἄναξ〔聖い王〕とはメシアの他にはありえない.かくしてソロモンの詩篇と同じくここでも,人格的メシアと神の王国の理念が並列して現われる.
　既にソロモンの詩篇でメシア的王の様式が普通の人間の次元を超えて高くそびえているとするなら,このことはエノク書の「たとえ話」(37–71章)ではさらに顕著である.ここでのメシア像はおもにダニエル書に依っている.すなわち,「人の子」の表現はメシアの人格に適用され,また天からやって来ることは文字通りに理解されて,それにより先在は彼に帰せられる.しかし,クムランの証拠を考慮すると,この「たとえ話」の成立年代は早い時期,つまり後70年以前,ではなさそうである.従って,それらは本節の歴史的素描の中に含まれるべきではなく[19],次節の体系的な概観の中でのみ使われる.

　ヘロデの時代にメシア待望が存在したことの証言は,ヨセフスの物語叙述が提供している(『古代誌』xvii 2, 4〔43以下〕).ファリサイ派はヘロデの兄弟フェロラスに,ヘロデと彼の家族による支配は終わり,フェロラスと彼の息子たちへと引き継がれると約束した,と言われている.しかしながら同時に,ファリサイ派はバゴアスと呼ばれる宦官に,その未来の王によってなされる宣言において彼が父,また恩人と呼ばれるであろうこと,そして万事がこの王の掌中にあるので,彼がバゴアスに結婚する能力と自分自身の子供たちの父親となる能力を付与するであろうことを約束した,と報告されている[20].宦官に対して生殖能力を回復させるこの未来の王は,当然フェロラスではなくメシアである(イザ56:3,「宦官もまた,見よ,私は枯れ木だと言

ってはならない」）．それゆえ〔これは〕，近付きつつあるヘロデの支配の没落と来るべき王に関するファリサイ派の言葉を誤ってフェロラスが自分に適用したか，或いは彼がこれらの見解を耳にした時に，彼がそうしたとヘロデが信じたにすぎないということである[21]．

西暦紀元開始頃に成立したとされるモーセの昇天[22] は，壮麗で霊感に満ちた言葉で，神の王国の到来を預言する．アンティオコス・エピファネスのもとで蒙ったような苦難の時期を予見したあと，著者は 10 章で次のように続ける．

「それから全ての被造物の間に彼の王国が現われるだろう．その時，サタンはもはや存在せず，悲しみは彼と共に離れ去るだろう……．なぜなら，天的な者が彼の王国の王座から起き上がり，彼の子供たちのために憤りと怒りを抱いて彼の聖なる住家から進み出るからである．そして地は揺れ動くだろう．その終わりまで地は震わされるであろう．高い山々は低くされ，丘は崩れ落ちるだろう．太陽は光を失い，月は……血に変わり（ヨエル 3: 4 を参照），星々の周期は無秩序に陥るだろう．そして，海は深淵へと引きさがり，泉は枯れ，川は干あがるだろう．その時神，いと高き者，唯一の永続する者が現われ，歩み出て，諸国民を罰し，彼らの偶像全てを破壊するだろう．その後イスラエル，あなたは幸福になり，鷲の肩と翼に乗るだろう（下記 260 頁を見よ）．……そして神はあなたを高く挙げ，星の輝く天空に上らせるだろう．そしてあなたは高みから地上にいるあなたの敵を見つけ，彼らを知って喜び，感謝を捧げ，あなたの創造者を認めるであろう」．

イスラエルが天に挙げられるこの期待と共に，未来の描写は終わる．一般に認められた意味でのメシアの王国については，全く言及されない．

ヨベル書は，・イスラエルが神に立ち帰ったときに，イスラエルのために到来する喜びと歓喜の時代を，おおまかな輪郭で描く（ヨベル 23：27-31）[23]．

「日数は増し加わりはじめ，人の子らの間で世代をおって，日をおってのび，ついには彼らの寿命は千年に達するであろう．老人や生に倦んだ者はなく，人は皆子供や若者のようになる．そして一生涯を全うし，平穏と喜びのうちに生きるであろう．サタンも悪しき破壊者もおらず，生涯を通じて祝福と癒しがあるようになるかぎりは〔そうなる〕．そのとき主はその僕

たちを癒し，彼らは立ち上がって深い平安を見，そして彼らの敵を追い払うだろう．また義人たちは見届けて感謝し，歓喜のうちに永遠に喜ぶであろう．そして彼らは自分たちの敵の上にあらゆる裁きと呪いがふりかかるのを見るであろう．実に彼らの骨は地中で休らぎ，他方で彼らの霊は深い喜びを味わうだろう．そして彼らは裁きの座に坐るのが神であり，彼が何百人何千人，また全ての彼を愛する者に恵みをほどこすことを知るだろう」．

ここではただ一般的に，主の僕たちが「彼らの敵を追い払う」とだけ言われているのに対して，他の箇所では，世界の統治がヤコブの子孫に約束されている（32：18-19）[24]．神はヤコブに言う．

「私は天と地を創造した神である．私はあなたをふやし，あなたを大いに増し加えよう．あなたから王が起こって，人の子らが足で踏み歩いた限りのところを全て治めるだろう．私は天の下にある全ての地をあなたの子孫に与えよう．彼らは全ての国民を意のままに治め，その後全地を自らに引き寄せ，これを永遠に受け嗣ぐであろう」．

しかし，ヤコブの子孫によるこの世界統治はユダ族によってもたらされる．イサクはユダに言った（31：18-20）[25]．

「神があなたを憎む者全てを踏みにじる強さと力を，あなたに与えるように．あなたとあなたの子らのうちのひとりはヤコブの子らを治める君となるがよい．あなたの名とあなたの子らの名前が出でて，全地の上に，そして［あらゆる］陸地の内に行き渡るものとなるように．その時異邦人はあなたの面前で恐れ，全ての国民はうろたえるだろう．あなたのうちにヤコブの助けはあり，あなたのうちにイスラエルの救いがあるように．あなたがあなたの義の栄誉の座に坐るとき，大いなる平安が愛された者（すなわち，アブラハム）の子らの全ての子孫を支配するであろう」．

「あなたとあなたの子ら」という言葉は，来るべきメシアを指しているように見える．

イエスの時代にメシア待望が強烈であったことは，非常に特徴的にフィロンのような哲学者でさえ，ユダヤ人の民族的待望の枠組みと彩りの内で義人

と有徳者を待ち受けている幸福を描いているという事実が証明する[26]. 彼の著作で，特に 2 つの箇所，「善なる者の報奨と邪なる者の懲罰について」，『賞罰』29（164-5，168）と 15（85）-20（126），がこれに含まれる. 第一の箇所で彼は，全てのイスラエル人，あるいはむしろ，神の法に立ち帰る者全て（なぜならフィロンの関心はここにあり，生まれながらのアブラハムの子孫ではないから）は，聖なる地に集められるだろう，という希望を述べる.

「というのは彼らは，彼らを捕囚として連れ去った敵の中で奴隷として地の果てに住んでいるにも関わらず，それでもある日，彼らはひとつの徴を与えられて全ての者が自由の身となるだろうからである. なぜなら彼らが突然に徳へと立ち帰ることが，彼らの主人たちを驚かせるであろうから. というのは彼らは自分たちより優れた者を治めることを恥じて，彼らを解放するからである. この予期せぬ自由が，島であれ本土であれ，ギリシアと未開の土地にかつて散らされていた者たちに与えられたとき，彼らは一斉に，他の全ての者には見えないが，救われた者だけに見える神的な，あるいは超人的な性質の幻に導かれて，全ての寄留地を離れて彼らに示された地へと急ぐ……[27]. そして彼らが到着したとき，廃墟と化した町々は再建され，荒地に再び人が住み，不毛の土地は豊饒の地に変えられるだろう」.

第 2 の箇所でフィロンは，人間が神に立ち帰るときに入る幸福と平和の時代を描く. とりわけ，彼らは野獣に脅かされなくなる.

「熊，獅子，豹，インド象，虎，そして無敵の力と精力を持つ全ての動物が，孤立して生きることを止めて共に生きるようになるだろう. そしてほとんど交わりなき暮らしをやめ，群れをなす動物をまねることによって，人間から見て馴化したものになるだろう. 人間は以前のように彼らに襲われることはなく，主人として恐れられる. 彼らは人間を自分たちの当然の君主として畏敬するだろう. その一部は，飼い慣らされた動物を真似て，愛玩犬のように尾を振りながら人間に臣従するだろう. そしてサソリや蛇，その他の爬虫類の類いはもはや有害な猛毒をもたないだろう」，『賞罰』15（89-90）.

この時代のさらなる祝福は，人間の間の平和である. というのは，これは彼らが理性なき野獣よりも野蛮であることを恥じるからである. そして平和

を掻き乱そうと試みる者は誰でも，滅ぼされる．

「というのは，預言によれば1人の人間が現われ（民24：7），彼は戦場に行き戦争を行い，巨大で夥しい人口の諸国民を征服するだろう．神自身が彼の聖徒たちに援けを送るのである．このことは，魂のびくともしない大胆さと，体の無敵の強さにあり，その特質は，各々がそれ自体で敵に恐れを与えるが，両方が結合されると，それに反抗するのは不可能になる．しかし敵の中には，預言が語るように，人間の手によって滅びるにさえ値しない者がいることだろう．彼らに対しては，彼は蜂の大群を送る．それは聖徒たちにとっては卑しむべき打倒のために闘うであろう．しかしこの者たち（τοῦτον〔この者〕は多分 τούτους〔この者たち〕と読むべきである．すなわち，聖徒たち）は，血を流すことのない闘いで確実な勝利をおさめるだけではなく，服従する者らの幸福のための無敵の統治力をもち，この者らは愛あるいは畏れあるいは尊敬から服従するのである．彼らは，この上もなく偉大で，また不滅の統治を打ち立てる3つの性質を有している．すなわち，聖性と強大な力と慈善の心（σεμνότητα καὶ δεινότητα καὶ εὐεργεσίαν）である．その第1は尊敬を，第2は恐れを，第3は愛を生じさせる．しかしもしそれらが魂の中で調和して統一されるならば，それらは支配者に従順な臣民をもたらす」，『賞罰』（16：95-7）[28]．

　イエス後の時期については，メシア待望が活発であったことの証拠は十分すぎる程ある．総督たちの時代（後44-66年）の多くの政治―宗教的運動は，歴史への神の奇跡的な介入と地上における神の王国の始まりが，どれほど熱狂的関心をもって待望されていたかを示している．また，テウダやかのエジプト人のような人々が，いかにして何百人何千人もの自分たちの約束を信じる人々を見出すことができたのか．ヨセフスでさえ，メシア待望が，ローマに対する大反乱の最も力強い推進力のひとつであったことを認めている．彼自身，ヨハナン・ベン・ザカイもそうしたように，メシア預言をウェスパシアヌスに適用することを恥じていない．そしてこのことは，タキトゥスやスエトニウスの著作に反映されているのが見出される[29]．
　神殿崩壊後の後1世紀最後の数十年間におけるメシア待望の位置付けについては，バルク黙示録と第4エズラ書におびただしい情報がある．〔著者〕バルク[30]は最後の事態を次のように描く．最初は，全体的で恐ろしい混乱の時期がある．人々は互いに憎しみ合い，互いに戦い合う．恥ずべき者たちが

名高き人々を，卑しい者たちが傑出した人々を，神なき者たちが英雄たちを支配する．神によってあらかじめその目的のために備えられていた諸国民がやってきて，生き残っている君主たちと戦う．そして以下のことが実現していく．戦いを免れた者たちはみな地震で死ぬ．そして地震を免れた者たちは皆火で焼かれる．そして火を免れた者たちは皆飢餓で死ぬ．そしてこれら全ての災難から助かった者たちは皆，メシアの御手に渡される（70：2-10）．というのは，メシアが現われ，この世の最後の王国の軍勢を滅ぼすであろうから．そしてまだ生き残っている最後の君主が鎖につながれ，シオンに連れて来られるだろう．そしてメシアが彼に神を蔑ろにした廉で有罪を宣告し，彼を殺すであろう（39：7-40：2）．メシアはそれから諸国民を集め，ある者たちには生命を与えるが，他の者たちは剣で全滅させるであろう．彼はヤコブの裔に服従する者たちには生命を与えるだろう．しかしイスラエルを抑圧した者たちは全滅させられるだろう（72：2-6）．それから彼は永遠に彼の王国の王座に坐り[31]，平和が出現し，悲しみと苦難とが人々から去り，喜びが全地を支配するだろう．そして野獣がやって来て，人々に仕えるだろう．そして毒蛇と竜が幼な子らに服従するだろう．穂を刈る人は疲労困憊することなく，大工は疲れることがないだろう（73-74，40：2-3を参照）．大地もその実りを1万倍産するだろう．それぞれのぶどうの蔓が千本の枝をはり，それぞれの枝が千の房をつけ，それぞれの房が千の実を結び，そしてひとつの実が1コルのぶどう酒を産するであろう[32]．そしてマナが再び天から降ってきて，人々は再びかの日々にそれを食するであろう（29：5-8）．その時の終わりに，義しい者も不義なる者も，全ての死者が彼らがかつて持っていたのと同じ容姿と体の形をもって起きるであろう．しかし審判のあと，甦らされた者たちは変えられるだろう．義人たちの体は輝く光に変えられ，神なき者たちはひなびて，以前よりも醜くなるだろう．そして彼らは責め苦の中に打ち棄てられるだろう．しかし義人たちは目で見ることのできない世界を見，その世界の高みに住むであろう．楽園が彼らの前に広がり，彼らは神の王座の前に立っている天使の大群を見るだろう．そして，彼らの栄光は天使たちのそれよりも大きいものになるだろう（30章，50-1章．44：15を参照）．

　第4エズラ書の著者の終末論的な待望は，全ての本質的な点でバルクのそれに一致する[33]．彼もまた，予兆的な恐るべき飢饉と患難を予言する（5：1-13，6：8-28，9：1-12，13：29-31）．この後，神の子なるメシアが現わされるだろう．そして以下のことが実現して行くだろう．諸国民が彼の声を聞くと，自分たちの間にあった戦争を忘れ，受膏者を攻撃するために集結して

無数の大群となるだろう．しかし彼はシオンの山上に立ち，彼らに神を蔑ろにした廉で有罪を宣告し，戦闘や戦争の武器によらずトーラーによって彼らを破滅させるだろう（13：25-8，32-8．12：31-3 を参照）．それから隠れた都（すなわち，天のエルサレム）が現われ（7：26），10 の部族が聖なる地へ戻って来るだろう（13：39-47）．受膏者は，聖なる地において神の民を守り喜ばせ，4 百年に渡って多くの奇跡を彼らに見せるだろう（7：27-8，12：34，13：48-50．9：8 を参照）．この時が終わって，受膏者と息のある人間全ては死ぬだろう．それから世界は，創造の時にそうであったように，7 日間の死の沈黙に戻るだろう．そして 7 日の後に世界は今眠っている眠りから目覚めさせられ，そして堕落した世界は消滅するだろう．そして大地はその内に眠っている者を手放し，倉は託されていた魂を返すだろう（7：29-32）．そしていと高き者が審判の席に現われ，忍耐は終わるだろう．あとは審判だけが残り，そして報いが明るみに出されるだろう（7：33-5）．責め苦の穴が現わされ，その向かいには休息の場所があるだろう．地獄の深淵と，向かい合う楽園である．いと高き者は起こされた者たちに言うだろう．汝らが拒み栄誉を与えなかった者を見よ．彼の命令に汝らは従わなかった．此処には喜びと祝福があり，彼処には火と責め苦とがある．審判の日は 1 週の年の期間続くであろう（7：36-43．7：84 と 95-8 章を参照）．

　以上が 2 つの黙示書のメシア待望である．これらがユダヤ教宗教思想から孤立しておらず本質的な部分を形成していることは，後 100 年頃に改訂されたユダヤ人の日々の祈り，シュモネ・エスレーから明らかである．この祈りについては既に十分検討したので（151-60 頁），ここでは，散らされた民の集合のための第 10 の祝福，民族的権威の回復のための第 11 の祝福，エルサレム再建のための第 14 の祝福，ダビデの子の派遣とその王国樹立のための第 15 の祝福，そして最後に，エルサレムにおける犠牲奉献礼拝の回復のための第 17 の祝福を思い出すことで十分である．より短いパレスチナ校訂版では，第 15 の祝福が欠けている．ダビデの子の到来のための祈りは，第 14 の祝福と結合して示されているにすぎない[34]．

　その複合的な性格と，それらの構成要素の年代を決定の困難さとのため，この概観では「王なるメシア」が頻繁に現われるタルグムには故意に触れなかった[35]．多くのタルグム伝承は疑いもなくキリスト教以前のものであるが，現存する構成は恐らく後 2-4 世紀に属するものである．ここでの状況はそれ故，他のラビ文献（ミシュナー，タルムード，ミドラシュ）に影響を与えた状況と同じである．それらはより古い資料には基づいているが，現在の形は

242 　　　　　　　　　第29節　メシア信仰　　　　　　　　　Ⅱ 512-3

議論している時代のものではない.

　より後のこの時代（後3世紀初頭頃）のユダヤ教のメシア待望の本質的な特徴は，ヒッポリュトスによってうまくまとめられている.

　「なぜなら彼らはこう言うからである，彼〔メシア〕の生まれはダビデの子孫からであろうが，しかし処女と聖霊からではなく，種から生み出されることが全てのものにとって自然であるように，女と男からの〔出生である〕.また，彼らは主張する.彼は彼らを支配する王となるだろうと.彼は，好戦的で力強い男で，ユダヤ人全民を集合させた時，そしてあらゆる諸国民との戦いを終えた時，彼らのために王の都エルサレムを回復するだろうと.この都に彼は民族全体を連れてきて，王支配と祭司機能を果しつつ十分長い期間安心して暮らす国家として，昔の慣習へと再び彼らを戻す.それから彼らがひとつに集められた時，彼らに対して戦争が起こされ，その戦争でメシアは剣で斃れるであろう.それからしばらくの後，宇宙の終わりと大火が続く.このようにして，復活に関する彼らの見解は成就され，そして各人にそれぞれの行為に従って報いが返される」[36].

　イエス時代のサマリア人のメシア待望については，サマリアの神学についての資料が後の時代に属するものであるため，正確なことは何も分らない.これらの資料の中ではメシアは，タヘブ（戻ってくる者あるいは回心する者？）と呼ばれ，とりわけあらゆるところで真の教義を回復する預言者（ヨハ4：25参照）として描かれるが，祭司，王としても描かれる[37].

　クムランのメシア信仰については，後述する補遺Bを見よ.

　　　　　　　　　　　　　　　　　　　註

1)　マコト3：16. 28節上記189頁を参照.
2)　にも関わらず，非常に早い時期からダニエルの描く人物像はメシアと同定されてきた.エチ・エノク37-71章，Ⅳエズラ13章に触れた235，240-1頁を見よ. G. Dalman, *Words of Jesus*, pp. 241f; H. Gressmann, *Der Messias* (1929), pp. 343-73; W. O. E. Oesterley, *The Jews and Judaism during the Greek Period* (1941), p. 152; H. H. Rowley, *Darius the Mede* (1935), pp. 62 f. 特に p. 62, n. 2; A. Feuillet, 'Le Fils de l'homme de Daniel et la tradition biblique', in RB 60 (1953), pp. 183 f; J. Coppens - L. Dequeker, 'Le Fils de l'homme

et les Saints du Très-Haut en Daniel 7, dans les Apocryphes et dans le Nouvean Testament', Anal. Lovan. Bibl. & Or. III, 23 (1961); L. Dequeker, 'The "Saints of Most High" in Qumaran and Daniel', Oudtest. St. 18 (1973), pp. 108-87 を参照. 論争点全体については, Vermes, *Jesus the Jew* (1973), pp. 169-76, 257-9 を見よ.

3) この点については, Drummond, *The Jewish Messiah* pp. 196 f. を参照. P. Grelot, 'Le Messie dans les Apocryphes de l'Ancien Testament', in E. Massaux, P. Grelot, *et. al.*, *La venue du Messie: messianisme et eschatologie* [Recherches Bibliques VI] (1962), pp. 18-50 (Bibliography, p. 21, n. 1: この研究は外典と共に偽典もふくんでいる); M. -J. Lagrange, *Le Messianisme chez les Juifs* (1909), pp. 210 ff.; J. Klausner, *Messianic Idea,* pp. 246 ff. も見よ.

4) ここでは父祖たちの「種子」(σπέρμα αὐτῶν) が永遠に存続するというギリシア語での陳述をもって 44：13 へ支持を求めての訴えがなされるべきではない. ヘブライ語とシリア語からは「彼の記憶」と読まれるべき（並行対句法から確証されるように）ように見えるからである. しかし, マサダのシラ書がギリシア語で書かれていることは注意を要する. Y. Yadin, *The Ben Sira Scroll from Masada* (1965), p. 37 を参照. にも関わらず, これは明らかにヘブライ語での崩れであり, それにギリシア語が従ったものである. すなわち前の行の זרעם の重複誤写で, 正しい読み方 זכרם を置き換えたものである. しかし 37：25 は確かに,「イスラエル（エシュルン）の命は数え切れない日々続く」と読める. この節は 2 つのゲニザ断片（B と D）で保存されている. *The Book of Ben Sira: The Historical Dictionary of the Hebrew Language* (1973), p. 38 を参照.

5) シラ 47：11 は, ダビデについて,「神は彼の角を『永遠に』(לעולם) 上げた」と言うが, しかしこの漠然とした表現は, 必ずしも終わりがない王朝ということを意味しない. 47：22 はボックスとエスタレイにより,「そして彼はヤコブに残りの者を与え, そしてダビデの家に彼から出る根を与えるだろう」と訳されている. Charles, *Apocrypha* I, p. 499 を参照. しかし, ויתן〔与えた〕を未来に解釈することは文脈から要請されない. ギリシア語訳は ἔδωκεν〔与えた〕である. さらに, Th. Middendorf, *Die Stellung Jesu Ben Siras zwischen Judentum und Hellenismus* (1973), p. 67 を参照.

6) Ⅰマカ 2:57 の死にゆくマッタティアに帰された言葉, Δαυὶδ . . . ἐκληρονόμησε θρόνον βασιλείας εἰς αἰῶνα αἰῶνος あるいはより良い読みに従えば εἰς αἰῶνας〔ダビデは……王座を永遠に受け継いだ〕は, ダビデ王朝が永遠に続くとするのではなく, 長らえるとするにすぎない. M. Black, *The Scrolls and Christian Origins,* p. 139. n. 2 を参照.

7) C. Larcher, *Études sur le livere de la Sagesse* (1969), pp. 310 f を参照（ラルヒャーは知恵の書における「義人」のこの役割について殆ど正当に扱っていない）. C. H. Dodd, *According to the Scriptures* (1952), p. 68 も参照. ドッドは, Ⅰコリ 6：2-3 の中にダニ 7：22 の言及を見る. しかしこの理念は, エチ・エノク 1：9, 38 にも現れる. ヨベル 24：29；マタ 19：28；ルカ 22：30；黙 20：4 も参照. C. K. Barrett, *First Epistle to the Corinthians* (1968), p. 136 も見よ. 代表的「義人」としてのエノクの役割については, M. Black, 'The Eschatology of the Similitudes of Enoch', JThS 3 (1952), pp. 1-10. ラルヒャーは, 知恵の書 4：13-4, 5：1-2 の単数形は, 1 つの群れを表したものとして, 集合的に理解されるべきだと説明している (*ibid.*, p. 128).

8) W. Bousset, *Religion*[4], pp. 269 n. 1, Volz, *Eschatologie*, pp. 229 ff. Moore, *Judaism* II, pp. 292 ff. を見よ. さらに下記 265-8 頁を見よ.

9) 特にシラ 7：17；10：9-11；14：17-19；17：28；22：11；38：21；41：1-4 を参照. ここでは死は単に生の終わりと見なされ, 他の新しい存在へのほのめかしはない. 生き残りは, 後から来る者の記憶の中にのみある（44：8-15）. 死の王国には安息がある（28：21, 30：17）. そこには求めるべき快楽（תענוג, τρυφή）はなく（14：16）, 神はもはや讃美されない（17：27-8）. 11：26 が ἐν ἡμέρα τελευτῆς〔終わりの日〕の報いに関心があるとしても, それでもこれは「彼の日々の終わり」すなわち, 彼の生の終わりについての不正確な翻訳であることは確かである.

10) Larcher, *Études sur le livre de la Sagesse* (1969), pp. 237 f. を見よ.

11) これは, H. N. Bate, *The Sibylline Oracles,* Books III-IV (Translations of Early Christian Documents, Series II, Hellenistic Jewish Texts, 1918) によって論じられている. ベイトは, 問題の人物を,「王, 審判者なるメシア」と同定する（Introduction, p. 31, p. 58 note *ad loc.*）. シビュラの託宣については, RE, Zweite, Reihe II (1923), col. 2073 ff. 及び 2117 ff.（ユダヤ人とキリスト者）；V. Nikiprowetzky, *La troisième Sibylle* (1970)（3：286-7 についてのコメントはない）. しかし, この著作が伝えられてきた形式においては, それがアウグストゥス時代以前ではあり得ないことに注意せよ. 第III〔VI〕巻 33 節を見よ.

12) この校訂は, 句全体がキリスト教徒の挿入という仮説（Gfrörer, Hilgenfeld, Geffcken）よりも文脈に合致する. ベイトは, キリスト教徒による挿入理論を復活させる（*op cit, ad loc.*）. RE, col. 2129; Nikiprowetzky, *op. cit.*, pp. 329, 353 を参照.

13) O. Betz, 'Die Geburt der Gemeinde durch den Lehrer', NTSt 3 (1956-7), pp. 314 ff. を参照.

14) シビュラ 3：652-6「そしてその時に, 神は日の出づる方角から一人の王を遣わすだろう. 彼はあらゆる地に戦争の破滅からの救済をもたらすだろう. 彼はある者たちを殺し, ある者たちには忠実な誓いを果たすだろう. 彼は自分の意志でこれら全てのことを行なうのではなく, 力ある神の善き定めに従って為すだろう」. Bousset, *Religion*[4], pp. 222, 226, 260-1 を参照.

15) O. Eissfeldt, *Introduction* (1965), p. 619. エチ・エノクのこの部分の第 4 洞窟で発見されたアラム語の断片については, J. T. Milik, 'Problèmes de la littérature hénochique à la lumière des fragments araméens de Qumrân', HThR 64 (1971), pp. 354 ff. と, 特に *The Books of Enoch. Aramaic Fragments of Qumran Cave 4* (1976) を見よ. 彼は夢の書（エチ・エノク 83-90）の年代を前 164 年（p. 44）とする.

15a) しかし, J. T. Milik, *The Books of Enoch* (1976), p. 45 を見よ.

16) 参考文献資料については, Eissfeldt, *Introduction,* pp. 610, 773; A. -M. Denis, *Introduction aux pseudépigraphes grecs d'Ancien Testament* (1970), pp. 60 ff. を見よ. 全体的に詳しくはIII〔V/VI〕巻にて.

17) Χριστὸς κύριος（17：36）は多分 משיח יהוה の不正確な訳である. 哀 4：20 を参照. 18：8 の Χριστοῦ κυρίου は, 前に出ている Χριστοῦ αὐτοῦ（18：6）に従って解釈されるべきである. つまり κυρίου は Χριστοῦ の従属語である（J. Wellhausen, *Die Pharisäer und die Sadducäer*, p. 132）. ルカでは両者が出てくる（2：11 Χριστὸς κύριος〔主キリスト〕, 2：26 τὸν Χριστὸν κυρίου〔主のキリスト〕）. Χριστὸς κύριος の代案的な説明については

特に, H. Schürmann, *Das Lukasevangelium* (1969), p. 111 を見よ. シュールマンによれば, ルカ 2：11 の Χριστὸς κύριος は, Χριστός 称号を解釈するルカの修正かもしれない（それが βασιλεύς によって解釈されているルカ 23：2 を参照）. 同様に, ソロモンの詩篇 17：36, 哀 4：20 は, משיח יהוה の「自由な訳」であるのかもしれない. それは, ユダヤ人あるいはキリスト教徒のヘレニズム的な「メシア」解釈でもあり得る. 前者だとすると, それならそれは κύριος 称号をメシアに適用する道を準備したことになる.

18) ある写本は εἰς ἕν δηθύνουσα となっている. ゲフケンはこれについて推測している. εἰσέτι δηθύνουσα すなわち, 「ローマがまだためらっている」（シビュラは, ローマによるエジプト統治がまだ存在しない, より以前の時代に生きているふりをしている）. ニキプロヴェツキーは Ψ 写本の読み方 εἰς ἕν ἰθύνουσα で読み, ['Mais lorsque Rome sur l'Égypte aussi étendra son empire] *la soumettant à un gouvernement unique* (alors le très grand Royaume du Roi immortel brillera sur les hommes . . .)' 〔しかし, ローマがエジプトをひとつの政府に服従させて, 彼の帝国をエジプトにまで広げた時, (その時不死なる王の非常に大きな王国が人々の上に輝くであろう……)〕と訳す.

19) J. T. Milik, 'Problèmes de la littérature hénochique à la lumière des fragments araméens de Qumrân', HThR 64 (1971), pp, 373-8; *The Books of Enoch* (1976), p. 96 が「たとえ」の執筆年代をおよそ後 270 年頃にしているのを参照. しかし, Vermes, *Jesus the Jew,* p. 176. 後述 279-80 頁註 26-27 を参照.

20) 『古代誌』xvii 2, 4 (45)：ἦρτο δὲ ὁ Βαγώας ὑπ' αὐτῶν ὡς πατήρ τε καὶ εὐεργέτης ὀνομασθησόμενος τοῦ ἐπικαταστασθησομένου προρρήσει βασιλέως, κατὰ χεῖρα γὰρ ἐκείνῳ τὰ πάντ' εἶναι, παρέξοντος αὐτῷ γάμου τε ἰσχὺν καὶ παιδώσεως τέκνων γνησίων 〔なおバゴアスは, その予言に従って未来に立てられる王の宣言で父また恩人と呼ばれることになるだろうと彼らに言われた. 全てはその方の手の中にあるので, 彼に結婚して嫡出の子供を産む力を与えて下さるだろう, と〕. ヨセフスの翻訳者らは προρρήσει 〔宣言〕を誤って翻訳して, バゴアスは, 彼に子供を産む能力を回復させる王の父親と呼ばれるだろう！という意味をなさない訳を提唱している.

21) J. Wellhausen, *Die Pharisäer und die Sadducäer,* p. 25; A. Schalit, *König Herodes,* pp. 630-1 を参照.

22) Eissfeldt, *Introduction,* pp. 623-4; 774; A-M. Denis, *Introduction aux pseudépigraphes grecs d'Ancien Testament,* pp. 1-14; R. H. Charles, *The Assumption of Moses* (1897)（後 7-30 年への年代付け；pp. lv-lviii 参照）を参照. さらに vol. III; E. -M. Laperrousaz, *Le Testament de Moïse (généralement appelé 'Assomption de Moïse'),* Semitica 19 (1970); G. W. E. Nickelsburg, *Studies in the Testament of Moses* (1973) を見よ.

23) R. H. Charles, *Apocrypha and Pseudepigrapha of the Old Testament* II, pp. 1-82; Eissfeldt, *Introduction,* pp. 606-8, 773; A-M. Denis, *Introduction aux pseudépigraphes grecs d'Ancien Testament,* (1970), pp. 150-62. さらに第Ⅲ〔Ⅵ〕巻を見よ.

24) Charles, *op. cit.,* p. 62

25) Charles, *op. cit.,* p. 61. チャールズは遺レビ 18 章, 遺ルベン 6 章とエチ・エノク 90 章を比較検討して, ここではメシア（「汝の息子の一人」）は, エチ・エノク 90 章のように積極的な役割を担っていないと示唆する. 彼はまた, 「このことは, 一時的なメシア

246　　　　　　　　　　　第 29 節　メシア信仰

王国でのメシアの現存の最も初期の範例のように思われる」と考える．23:30 を参照．

26)　フィロンのメシア理念については，A. Gfrörer, *Philo und die alexandrinische Theosophie* (1831) I, pp. 495-534. フィロンに暗黙のメシア信仰以上のものがあるどうかについては論争の余地がある．E. R. Goodenough, *An Introduction to Philo Judaeus* (1962), p. 78 は，フィロンは「自分のメシア信仰を自分の胸に納めておいた」と述べる．同時に彼は，『賞罰』29 (165) は，「彼（フィロン）が求めるいっそう高位の王のタイプを垣間見せている．この人物像は，通常，理想的な戦士にして王なるメシアと呼ばれる」と論じている (*The Politics of Philo Judaeus*, p. 115). Drummond [*The Jewish Messiah* (1871), *Philo Judaeus or the Jewish Alexandrian Philosophy* (1888)] は，フィロンの中にいかなるメシアも見出していない．より最近の学者たちはグッドイナフの見解に同意する傾向にある．例えば，G. Bertram, 'Philo als politisch-theologischer Propagandist des spätantiken Judentums', ThLZ 64 (1939), pp. 193-9, F. Grégoire, 'Le Messie chez Philon d'Alexandre', Ephem, Theol, Lovan. 12 (1935), pp. 28-50; J. de Savignac, 'Le messianisme de Philon d'Alexandrie', NT4 (1960), pp. 319-27. 対照的に Annie Jaubert は，主に『賞罰』15 (87) - 16 (95) に依拠して，フィロンは「控え目のメシア信仰」を表していると主張し続ける．*La notion de l'alliance dans le Judaïsme* (1963), pp. 383-5 を参照．フィロンが『賞罰』16 (95) で釈義する基礎をなす民 24：7 のメシア的解釈については（モーセの生涯 i 290 も参照），Vermes, *Scripture and Tradition* (^{2}1973), pp. 159-61 を見よ．

27)　ξεναγούμενοι πρός τινος θειοτέρας ἢ κατὰ φύσιν ἀνθρωπίνην [v. l. ἀνθρωπίνης] ὄψεως, ἀδήλου μὲν ἑτέροις, μόνοις δὲ τοῖς ἀνασωζομένοις ἐμφανοῦς. このほのめかしは，メシアというよりはむしろ，エジプトを脱出した後荒野の中を通ってイスラエル人を導く火の柱に似た現象に関わる．

28)　イスラエルのメシアあるいは会衆の長という同じような像は，クムラン文書の中に現れる（例えば，1QSa 2：14，CD 7：20）. 民 24：17 のバラムの預言にある星と王笏は，フィロンの民 24：7（七十人訳）の用法に添ってメシア的に解釈される（CD 前掲引用箇所，4QTest）. そして彼の役割は，征服するメシアである（1QSb v. 27）. さらには，272-3 頁を見よ．

29)　『戦記』vi 5, 4 (312-3) Τὸ δὲ ἐπᾶραν αὐτοὺς μάλιστα πρὸς τὸν πόλεμον ἦν χρησμὸς ἀμφίβολος ὁμοίως ἐν τοῖς ἱεροῖς εὑρημένος γράμμασιν, ὡς κατὰ τὸν καιρὸν ἐκεῖνον ἀπὸ τῆς χώρας τις αὐτῶν ἄρξει τῆς οἰκουμένης. Τοῦτο οἳ μὲν ὡς οἰκεῖον ἐξέλαβον, καὶ πολλοὶ τῶν σοφῶν ἐπλανήθησαν περὶ τὴν κρίσιν· ἐδήλου δ'ἄρα τὴν Οὐεσπασιανοῦ τὸ λόγιον ἡγεμονίαν, ἀποδειχθέντος ἐπὶ Ἰουδαίας αὐτοκράτορος. [彼らを最も戦争へと駆り立てたのは，同じく聖なる文書に見い出されるその意味が曖昧であった 1 つの託宣，すなわち，そのころ彼らの国から出るある者が世界を支配するという託宣だった．彼らはこの託宣を自分たち自身に属するものと受け取ったし，また賢者の多くはその解釈にとどまっていた．実際のところ，この託宣は，ユダヤの皇帝に推載されたウェスパシアヌスの覇権を意味していたのである．] タキトゥス『年代誌』v 13：'Pluribus persuasio inerat, antiquis sacerdotum literis contineri, eo ipso tempore fore ut valesceret oriens profectique Iudaea rerum potirentur. Quae ambages Vespasianum ac Titum praedixerant; sed volgus more humanae cupidinis sibi tantam fatorum magnitudinem interpretati ne adversis

quidem ad vera mutabantur.'〔多くの者たちの中には固い信念があった，祭司たちの古代
文書に，まさしくその時機に東方が強大になり，ユダヤから支配者が出て主権を握る
という予言が含まれているとの．それらの曖昧な予言はウェスパシアヌスとティトゥ
スを予言していたのであった．しかるに大衆は人間らしい功名心の愚かさでもってそ
れらの偉大なる運命を自らについてのものと解釈し，大きな不幸によってさえも真実
へと改められることはなかった．〕参照．スエトニウス「ウェスパシアヌス」4：
Percrebuerat oriente toto vetus et constans opinio, esse in fatis, ut eo tempore Iudaea profecti
rerum potirentur. Id de imperatore Romano, quantum postea eventu paruit, praedictum Iudei
ad se trahentes rebellarunt.〔東方全体にわたって古いそして強固な見解が行きわたって
いた，その頃ある者がユダヤから出て主権を握るというのである．それはその後の出
来事から明らかであるように，ローマ人皇帝についてのものであったが，ユダヤ人た
ちはその予言を自分たちに適用して反乱を起こした．〕A. von Harnack, 'Der jüdische
Geschichtsschreiber Josephus und Jesus Christus', Internationale Monatschrift 7 (1913), pp.
1013-67; E. Norden, 'Josephus und Tacitus über Jesus Christus und eine messianische
Prophetie', Neue Jahrb. für das klassische Altertum 31 (1913), pp. 637-66; R. Eisler, ΙΗΣΟΥΣ
ΒΑΣΙΛΕΥΣ I, p. 343, n. 8; II, pp. 603-4; G. Ricciotti, *Flavio Guiseppe* IV, p. 189 『戦記』vi
5, 4（312）についての註；P. Corssen, 'Die Zeugnisse des Tacitus und Pseudo-Josephus über
Christus', ZNW 15 (1914), pp. 114-40; O. Michel - O. Bauernfeind, *de bello judaico,* II. 2,
Exkurs XV, 'Der Χρήσμος άμφίβολος und seine Deutung', pp. 190-2; S. G. F. Brandon, *Jesus
and the Zealots* (1967), pp. 335, n. 3, p. 362 を見よ．第Ⅰ〔Ⅱ〕巻 268 頁と註 41 を参照

30) Charles, *Apocrypha and Pseudepigrapha,* I. pp. 569-95; Eissfeldt, *Introduction,* pp. 627-30,
775; A. -M. Denis, *Introduction aux pseudépigraphes grecs d'Ancien Testament,* pp. 182 ff. 第
Ⅲ〔Ⅴ/Ⅵ〕巻 32 節を見よ．

31) シリア・バルク 73：1：「彼が……彼の王国の王座に永遠の平和のうちに坐ったとき」.
40：3：「また彼の主権は，堕落した世が終る時まで，永久に続くだろう（チャールズ
訳）．この最後の節からは，メシアの統治は厳密な意味で「永久」に続くのではなく，
この現世の終りまでにすぎないことが明らかである．

32) エイレナイオス『異端反駁』V 33：3-4 のパピアスを参照．

33) R. H. Charles, *Apocrypha and Pseudepigrapha* II, pp. 542-624. Eissfeldt, *Introduction,* pp.
624-7; A. -M. Denis, *Introduction aux pseudépigraphes grecs d'Ancien Testament,* pp. 194 ff.
さらに第Ⅲ〔Ⅴ/Ⅵ〕巻 32 節を見よ．

34) エルサレムの再建と 'abodah（犠牲礼拝）の回復のための祈りは，過越の典礼文にも
ある．ペサ 10：6 を見よ．

35) タルグムの中のメシアに言及する箇所のリストは，J. Buxtorf, *Lexicon Chaldaicum*
(1639), cols. 1268-73 に見出される．R. Le Déaut, *La Nuit Pascale: Essai sur la signification
de la Pâque juive à partir du Targum d'Exode xii. 42* (1963). 特に pp. 279-303 を参照．M.
McNamara, *The New Testament and the Palestinian Targum to the Pentateuch* (1966), pp. 238-
52; J. Bowker, *The Targums and Rabbinic Literature* (1969), pp. 278 ff., 290, etc.; S. H.
Levey, *The Messiah: An Aramaic Interpretation - The Messianic Exegesis of the Targum*
(1974) も見よ．

36) ヒッポリュトス『全異端反駁』ix 30：Γένεσιν μὲν γὰρ αὐτοῦ [scil. τοῦ Χριστοῦ] ἐσομένην λέγουσιν ἐκ γένους Δαβίδ, ἀλλ' οὐκ ἐκ παρθένου καὶ ἁγίου πνεύματος, ἀλλ' ἐκ γυναικὸς καὶ ἀνδρός, ὡς πᾶσιν ὅρος γεννᾶσθαι ἐκ σπέρματος, φάσκοντες τοῦτον ἐσόμενον βασιλέα ἐπ' αὐτούς, ἄνδρα πολεμιστὴν καὶ δυνατόν, ὅς ἐπισυνάξας τὸ πᾶν ἔθνος Ἰουδαίων, πάντα τὰ ἔθνη πολεμήσας, ἀναστήσει αὐτοῖς τὴν Ἰερουσαλὴμ πόλιν βασιλίδα, εἰς ἣν ἐπισυνάξει ἅπαν τὸ ἔθνος καὶ πάλιν ἐπὶ τὰ ἀρχαῖα ἔθη ἀποκαταστήσει βασιλεῦον καὶ ἱερατεῦον καὶ κατοικοῦν ἐν πεποιθήσει ἐν χρόνοις ἱκανοῖς· ἔπειτα ἐπαναστῆναι κατ' αὐτῶν πόλεμον ἐπισυναχθέντων· ἐν ἐκείνῳ τῷ πολέμῳ πεσεῖν τὸν Χριστὸν ἐν μαχαίρῃ, ἔπειτα μετ' οὐ πολὺ τὴν συντέλειαν καὶ ἐκπύρωσιν τοῦ παντὸς ἐπιστῆναι, καὶ οὕτως τὰ περὶ τὴν ἀνάστασιν δοξαζόμενα ἐπιτελεσθῆναι, τάς τε ἀμοιβὰς ἑκάστῳ κατὰ τὰ πεπραγμένα ἀποδοθῆναι. ヒエロニムスには彼の時代のユダヤ人メシア信仰に関する多くの資料がある. S. Krauss, JQR 6 (1894), pp. 240-5 の要約を見よ.

37) A. Cowley, 'The Samaritan doctrine of the Messiah', Expositor (1895), pp. 161-74. J. A. Montgomery, *The Samaritans* (1907), pp. 243-50. さらには, A. Merx, 'Der Messiah oder Ta'eb der Samaritaner', BZAW, 17 (1909); J. Macdonald, *The Theology of the Samaritans* (1964), 特に pp. 362 ff. M. Black, Scrolls, pp. 158 ff を見よ.

III 系統だてた紹介

　歴史的概観を補なうために, 以下の数頁では死海の巻物を含む, 全ての中間時代資料に基づいて, しかしバルク黙示録や第4エズラ書から浮かび上がる型に従って紹介された, メシア信仰の系統だてた輪郭を述べる. 終末論的待望が最も十全に展開されているのはこれらの後期の2文書においてだからである.

1 最終的な試練と混乱 1)

　終末の事柄の描写に殆どの場合いつも伴っているのは, 種々の形式で繰り返し出てくるのだが, 特別な困窮と苦難の時代が救済の始まりに先行しなければならないという観念である. もちろん, 幸福への道は苦難を通してのびているべきという想定は, 理にかなっている. このことは旧約聖書でも明確に予言されている（ホセ 13：13, ダニ 12：1 他）. この教義はそれゆえ, ラビたちの教えの中で, メシアの出現に先行しなければならないメシアの陣痛 (חבלי המשיח) 2) に関して展開した（この表現はホセ 13：13 による. マタ 24：8：πάντα δὲ ταῦτα ἀρχὴ ὠδίνων〔これら全ては産みの苦しみの初めである〕と

マコ 13：8：ἀρχὴ ὠδίνων ταῦτα〔これらは産みの苦しみの初めである〕を参照）[3]．脅威的な惨禍が，あらゆる種類の前兆に伴なわれて予告される．太陽と月は暗くなる．天に剣が現われる．歩兵と騎兵の縦隊が雲を通って進軍してくる（シビュラ 3：795-807．Ⅱマカ 5：2-3；戦いの巻物 12：9；19：1-2；『戦記』vi 5,3（289,299）；タキトゥス『年代記』v 13 を参照）．自然界のあらゆるものが騒ぎたち無秩序に陥いる．太陽は夜に，月は昼に輝く．血が木から滴り，石の声が鳴り響き，甘い水に塩が見つかる（Ⅳエズラ 5：1-13）．種を蒔いた大地があたかも蒔かれていないかのように現われ，一杯に詰まった倉は空で見つかり，泉はその流れが枯れる（Ⅳエズラ 6：17-28）．人間界でも，あらゆる秩序の箍がはずれる．罪と邪悪が地を支配する．あたかも狂気に握られたように，人々はお互いに反目して闘う．友は友に，息子は父親に，娘は母親に反目する．国々は国々に対して蜂起する．そして戦争に加えて，地震と火災と飢饉が人間を連れ去るだろう（シリア・バルク 70：2-8；Ⅳエズラ 6：24；9：1-12；13：29-31；ソタ 9：15）[4]．マタ 24：7-12,21；マコ 13：19；ルカ 21：23；Ⅰコリ 7：26；Ⅱテモ 3：1 及び戦いの巻物（随所に）も参照．

2　先駆者としてのエリヤ[5]

　マラキ 3：23-4 を基礎として，預言者エリヤはメシアの道を備えるために再来すると期待された．このことは既にシラ書（43：10-11）で想定されている．新約聖書の中で頻繁にエリヤの到来がほのめかされていることは言うまでもない（特に，マタ 17：10，マコ 9：11；さらにマタ 11：14；16：14，マコ 6：15；8：28；ルカ 9：8,19；ヨハ 1：21 を見よ）．その信仰は，後のキリスト教文献の中にさえ入り込んだ[6]．マラキ 3：24 によれば，エリヤの使命の目的は，主として地上に平和を樹立し，一般的に無秩序を秩序へと変えることである（マタ 17：11 ἀποκαταστήσει πάντα〔全てを元どおりに改めるであろう〕；マコ 9：12 ἀποκαθιστάνει πάντα〔全てを元どおりに改める〕）．ミシュナーにおける主要なテクストは次のように書いてある[7]．

　「ラビ・ヨシュアは言った．私はこの伝承をラバン・ヨハナン・ベン・ザカイから受けとった．その彼はそれを彼の師から，そして彼の師は彼の師から，シナイからのモーセの伝承として聞いた．エリヤは家族を不浄あるいは清いと宣言したり，締め出すあるいは受け入れるために来るのではない．そうではなくて，力によって持ち込まれている者たちを締め出し，力によ

って締め出されている者たちを受け入れるためにのみ来るであろう. ベト・ゼレファと呼ばれる家族は, ヨルダンの向こうの地に住んでいたが, あるベン・シオンという者に力尽くで締め出された. それなのに, そこにはベン・シオンが力尽くで持ち込んだ他の (不浄の血の) (家族) がいた. エリヤはこのようなことを不浄あるいは清いと宣言するために, 締め出すあるいは受け入れるために来る. ラビ・ユダは言う, 受け入れるだけで締め出すためではない. ラビ・シメオンは言う, 彼の使命はただ論争を調停することだ, と. 賢者たちは言う, 締め出すためでも受け入れるためでもなく, 彼の到来は世界に平和を樹立するためのみである. なぜなら次のように記されている, 『私は預言者エリヤをあなたがたに遣わす. 彼は父たちの心をその子供たちに向けさせ, 子供たちの心をその父たちに向けさせる』(マラ 3：23-24)」.

論争の調停は, 秩序を導入し平和を樹立する者の課題の一部をなしているので, ミシュナーはこう定める, お金や財産の所有権が論争されているときはいつでも, あるいは発見された物の所有権がわからないときはいつでも, これは「エリヤが来るまで」そのままにしておかなければならない, と[8].

非常にまれであるが, エリヤはメシアに油を注ぐことになっていると[9], また彼は死者を甦らせる[10] という見解も表現される.

エリヤの他に, 多くの者は申 18：15 (共同体の規則 9：11；証言集 5-8；ヨハ 1：21；6：14；7：40；使 3：22；8：37) で約束されたモーセのような預言者を期待した[11]. ただし他の者たちはこの箇所がメシア自身に当てはまると解釈した. 新約聖書は, エレミヤのような他の預言者もメシアの先駆者として暗示している (マタ 16：14). またキリスト教文献の中で, エノクが戻ってくるという言及もある(ニコ福 25 と, 黙 11:3 に関する教父の註解)[12].

3 メシアの到来

これらの準備のあとにメシアが現われる. キリスト教以前のユダヤ教が審判に引き続くメシアの到来を期待したということ, また, 敵を裁く審判の席に坐るメシアの理念がキリスト教の影響によるものだということは, 全く正しくない. バルク黙示録や第 4 エズラ書やエノク書の「たとえ」(これはキリスト教思想の影響を受けていたかもしれない), それにタルグムの中だけではなく, シビュラの託宣の最古の部分 3：652-6, ソロモンの詩篇 17：24, 26, 27, 31, 38, 39, 41, フィロン『賞罰』16 (91-7) ——それ故キリスト教よりも

II 517-9　　　　　　　Ⅲ　系統だてた紹介　　　　　　　251

時代の古い諸文書——の中でも，メシアは神を受け入れぬ諸力を征服するために現れる[13]．彼は審判の後になって初めて自己を現わすであろうとする反対の見解は，ただの1度だけ，すなわちエチ・エノク90：16-38に見出される[13a]．

　彼の名前に関する限り，神によってイスラエルの王に任命され塗油されているので，受膏者，メシアとして最もよく知られている（エチ・エノク48：10；52：4；シリア・バルク29：3；30：1；39：8；40：1；70：9；72：2；Ⅳエズラ7：28-9，ラテン語訳が書き加えられるⅣエズラの受膏者12：32），ギリシア語の Χριστὸς κύριος（ソロ詩17：36；18：6,8），ヘブライ語の המשיח（会衆規定2：12；ブラホ1：5），משיח ישראל（会衆規定2：14），משיח (מן) אהרן וישראל（ダマスコ文書12：23，14：19，19：10，20：1 [מאהרן]）[14]，アラム語の משיחא（ソタ9：15），あるいは，מלכא משיחא（両方ともタルグムの中で頻繁に出てくる）[15]，新約聖書の Μεσσίας（ヨハ1：42；4：25）[16] がそうである．Χριστός はキリスト教用語になっていたので，キリスト教時代のギリシア語を話すユダヤ人は，聖書のアキラ訳で導入された Ἠλειμμένος の表現を好んで使った[17]．さらに，旧約聖書の神権政治での王のように，彼は時折「神の子」と称されている（エチ・エノク105：2；Ⅳエズラ7：28-9；13：32, 37, 52；14：9．詞華集1：10-12を参照）．また，旧約預言を根拠に[18]メシアはダビデ家から出るであろうということが一般的に認められているので（ソロ詩17：5, 23；マタ22：42；マコ12：35；ルカ20：41；ヨハ7：42；Ⅳエズラ12：32[19]；イザ11：1；エレ23：5；33：15に関するタルグム・ヨナタン），「ダビデの子」がメシアに対する通常の称号である（新約聖書でしばしば υἱὸς Δαυείδ；ホセ3：5に関するタルグムのヨナタンで בר דוד；クムランのイザヤ写本11：1-3[20]，及びシュモネ・エスレーの第15の祝福で צמח דוד）[21]．ダビデの血統をくむ者として，彼はダビデの町ベツレヘムで生まれなければならなかった（ミカ5：1とタルグム；マタ2：5；ヨハ7：41-2）．

　キリスト教以前のユダヤ教は，——メシア待望がはっきりと証言されている限り——メシアを完全に個人の人間として，ダビデ家の子孫である王という人物像と見なした[22]．このことは，クムラン教団によって王的メシアや会衆の君主と並び期待された．祭司メシアについても，他のメシア的姿をとる預言者についても劣らず同様である（さらに下記274-5頁を見よ）．同時にメシア像の思索は[23]，そのうちのあるものは個人ないしは集団の待望に形を与えたものであろうが，特にある秘教的な集団内では，超俗的メシア信仰の方

向で黙示的な幻想を増幅させる傾向があった．すなわち，メシアに例外的な
地位をあてがえばあてがうほどに，メシアという人物は普通の人間性の範囲
をますます越えていった．宗教理念の場裡において存在する運動の自由さの
中で，これは非常に異なった仕方で起った．それでも一般的には，メシアは
地上の王や支配者であったが，しかし神によって特別な賜物と力とを授与さ
れた者と考えられていた．これは特にソロモンの詩篇で明白である．ここで
彼は全く人間的な王（17：23, 47），義人にして学識ある者（17：35），罪から
解放された聖なる者（17：41, 46），聖霊によって力や知識や義を授与された
者（17：42）として現れる．シビュラ 3：49 は，同じ見解を表しているが，
ただより簡潔に，彼を ἁγνὸς ἄναξ〔聖い王〕と呼んでいる．対照的に第 4 エ
ズラ書 24) とエノク書の「たとえの書」では，彼の出現は超自然的レベルに
まで高められ，先在すると思われている 25)．このことは特に IV エズラ 12：
32：Hic est unctus, quem reservavit Altissimus in finem〔これは油注がれた者，
いと高き者が時の終わりまでとっておかれた者である〕と 13：26：Ipse est,
quem conservat Altissimus multis temporibus〔これこそいと高き者が長い間と
っておかれた者である〕で明らかである．ここでは先在が明瞭に教えられて
いるので，エズラに対する約束（14：9）において，彼が昇天したあと，エズラ
自身がメシアと共に戻ってくる（tu enim recipieris ab hominibus et converteris
residuum cum filio meo et cum similibus tuis, usque quo finiantur tempora〔なぜな
らあなたは人間たちから取り戻されて，今後は私の子やあなたに似た者たち
と共に時が終わるまでずっと過ごすだろう〕）ことが想定されている．先在は
神の中に隠された状態として描かれている（13：52）：Sicut non potest hoc vel
scrutinare vel scire quis, quid sit in profundo maris, sic non poterit quisquam super
terram videre filium meum, vel eos qui cum eo sunt, nisi in tempore diei〔誰も海
の深みにあるものを探索したりあるいは知ったりすることのできないように，
地上にいる誰も，その日の時にならねば，私の子やあるいは彼と共にいる者
たちを見ることはできない〕．

第 4 エズラ書にあるのと同じような思弁様式は，エノク書の「たとえ」に
も出てくる（エチ・エノク 37-71 章）26)．この著作におけるメシアと結びつ
く特別な言い回しは「人の子」であり（エチ・エノク 46：1-6；48：2-7；
62：5-9, 14；63：11；69：26-9；70：1；71：17）27)，この名称はダニエル
書の表象（7:13）を天的メシアあるいは疑似メシア的形姿に直接的に適用し
たことから生じたものである．彼は神の選ばれた道具と表され，また「選ば

れた者」と呼ばれる（エチ・エノク 39：6-7；40：5；45：3-5；49：2-4；51：3,5；52：6-9；53：6；55：4；61：5,8,10；62：1-2）.

　メシアの先在は次のように想定される. 彼の名は, 太陽と徴が創造される以前に, 天の星が作られる以前に, 諸霊の主の前で呼ばれた（48：3）. 世界の始めから彼は神によって選ばれ, 隠され, そしていと高き者が彼を保護していた（48：6, 62：7）. かくして, エノクが天使に導かれて天上界を通るとき, 彼は「選ばれた者」と「諸霊の主の翼の下にある彼の住処」を見る. そして「自分の目の前で全ての義人と選ばれた者が炎の光のように輝いている」のを見る（39：6-7）[28]. エノクはもう1度46：1-4で,「その人の子」がどのようにして彼に示されたかを描く. 彼の顔つきは聖なる天使たちの1人のように憐れみに満ちている（46：1）. 彼は正義をもっており, 彼のうちに正義が宿り, また隠されたものの全ての宝庫を開く人である. なぜなら, 諸霊の主が彼を選び, 彼の運命は諸霊の主の前で義において, 他の全てのものを永遠に凌駕するからである（46：3）. 彼の栄光は永遠に, その力は代々に及ぶ. 彼のうちには知恵の霊, 洞察の霊, 理解と力の霊, そして義のうちに眠りについた者たちの霊が宿る. 彼は秘密のことを審き, 誰も彼の前で嘘言を弄することはできない. なぜなら, 彼は諸霊の主の御前で, そのみ旨にかなって選ばれるからである（49：2-4）.

　この思想の全輪郭をキリスト教の影響に跡づける多くの試みがあったことは, 驚くべきことではない. またそういった影響が全て排除されるかどうかも疑わしい. なぜなら, この作品が第二神殿時代に年代づけられることは今やほとんどあり得ないからである. 同時に, そのような理念は, 旧約聖書の前提から十分に理解することができる[29]. ミカ5：1にあるような記述, すなわち, メシアの出生は過去の世から, 日々の始めから（מקדם מימי עולם〔大昔から, 永遠の日々から〕）は, 容易に永遠の時からの先在という意味で受けとられた. そしてダニエル7：13-14は, メシアの人物について言及しており, その雲に乗っての旅程は天からの降下であると理解されさえすればよい[30]. そうすれば先在の教義は自ずと示される. この解釈は, 真に価値あるもの全ては天に先在していたと主張する傾向を持った展開全体によって助長された[31].

　先在のメシア理念は, キリスト教後のユダヤ教においては, 彼の名前の先在という形式で継続した（註25を見よ）. そしてこのことは, ユダヤ教がメシアの人間性を強調することと調和を保っていたのであり, そうした強調はユスティヌスの『トリュフォンとの対話』49：πάντες ἡμεῖς τὸν Χριστὸν ἄνθρωπον ἐξ ἀνθρώπου προσδοκῶμεν γενήσεσθαι〔我々全ては，キリストが人間から人間として生まれるだろうことを待ち望んでいる〕の中に反響されている．タルムードの箇所，PT タア 65b がこれに関連しているかは論争されてきた．「ラビ・アバフは言った．もしある人があなたに『私は神だ』と言えば，彼は嘘を言っている．『私は人の子 (בן אדם) だ』と言えば，彼は結局それを後悔する．『私は天に昇るだろう』，そう彼は言うが，しかしそれを成就しないだろう」．しかし，これは疑わしい[32]．

　メシアが出現する時に関して，後のラビたちはあらゆる種類の実に巧妙な計算をしている[33]．かなり一般的な見解は現在の世界が 6 千年を耐える，神にとっては，1 日は千年のごとくであるので，創造の 6 日間に相当するからである，というものであったようだ[34]．ではあるが，メシアが到来する瞬間についてすら，彼の日々が未来の עולם〔永遠〕と現在のそれのどちらに同定されるかどうかで，再び様々に計算された（下記〔263 頁以下〕9 を参照）．教父資料に含まれる最初の解釈に従うならば，メシアの時代は第 6 千年期の満了の後に始まるだろうとされた．（バルナバ，エイレナイオス，ヒッポリュトス他がそうである）．第 2 の解釈（メシアの時代は現在の עולם に属する）によれば，現在の世界の持続期間はタルムードにおいては 3 つの期間に分けられる．すなわち，トーラーなき 2 千年，トーラーのもとでの 2 千年，そしてメシア時代の 2 千年である．それ故メシアのために定められた時代は既に始まっていた．しかし彼は，人々が罪を犯しているがゆえにまだ到来することができなかった[35]．

　第 2 の見解は，全般的に，とにかくもラビたちの間では支持された．すなわち，メシアは人々が悔い改めをして，トーラーを完全に実行するときにのみ，到来することができるだろう．「もしイスラエルが悔い改めるならば，彼らは贖われるであろう」．「もしイスラエルが律法に従って 2 つの安息日を遵守するならば，彼らは即座に贖われるであろう」[36]．

　メシア到来の仕方は突然のものと提示される．突然だしぬけに彼はそこにいて，勝利に満ちた支配者として姿を現す．他方で，彼はベツレヘムで子供として生まれると想定されていたので，2 つの見解が次の仮定によって統一される．彼はまず隠れて生き，それから突然に現われる[37]．それ故ユダヤ人たちはヨハ 7:27 で次のように言う：ὁ Χριστὸς ὅταν ἔρχηται, οὐδεὶς γινώσκει πόθεν ἐστίν〔キリストが来るとき，どこから来るのか，知っている者は，一人もいない〕．ユスティノスの『トリュフォンとの対話』の中で，ユダヤ人の

意見の代表者たちが，メシアは既に生まれたが単にまだ姿を見せていないだけだという可能性を開かれたままにしているのは，この理由のためである[38]．パレスチナ・タルムードは，メシアは神殿が破壊されたその日にベツレヘムで生まれたが，その後間もなく彼は暴風によって彼の母親から連れ去られた，と述べる[39]．ミカ4：8に関するタルグム・ヨナタンの中でも，彼は既にいるのだが，しかし人々の罪のためにまだ隠れていると想定されている[40]．ラビたちの伝承は，彼がローマから来ると考えている[41]．しかし福音書によれば，彼が到来する時，奇跡によって自身の本性を証明するという信仰が一般的であった（マタ11：4以下；ルカ7：22以下；ヨハ7：31）[42]．

4　敵対する諸力の最後の攻撃[43]

　メシアが現われた後，異邦人諸力が彼に対して最終的な攻撃を仕掛けるために集まる．この予想もまた，旧約聖書の箇所によって，とりわけダニエル書11章と詩編2篇によって暗示されている．これが最も明確に述べられているのは，シビュラ3：663以下とⅣエズラ13：33以下においてである．またエチ・エノク90：16と『戦いの巻物』15-19章にも述べられているが，ここで問題になっているのはメシアに対する攻撃ではなくて神の共同体に対する攻撃である点は異っている．

　この最後の攻撃がメシアの敵対者の長，「反キリスト」（その名前は新約聖書のヨハネ書簡，Ⅰヨハ2：18，22；4：3；Ⅱヨハ7に，その記述はシリア・バルク40章；Ⅱテサ2章；黙13章に出てくる）の指揮のもとで行われるということはしばしば想定されている[44]．後のラビ資料では，このイスラエルの民のこの敵対者の長の名前はアルミルス（ארמילוס/ארמלגוס），すなわちロムルスとされており[45]，ギリシア語の転訛は Ἑρμόλαος である[46]．ゴグとマゴグの再来もまた，エゼキエル書38-9章に基づき，悪魔的諸力の最後の示威として（黙20：8-9）待たれている[47]．

　クムランの巻物のいくつかでは，あるミルキレシャア，「悪の王」が反キリストの位置に類似する位置を占めている[48]．悪魔的な存在，あるいはまさにサタンそのものとして，終わりの時に出現し，彼は「義の王」ミルキツェデクの対型である[49]．

5　敵対的諸力の破滅[50]

　敵対する諸力の破滅は，旧約聖書の預言によれば，神自身によって彼の敵対者たちに加えられる力強い復讐の結果である[51]．この見解の最も信仰的な

描写はモーセの昇天の中に見られ，その書の10章は多くの点でヨエル3-4章を想起させる．これと密接に関連しているのは，やはり神自身が異邦諸国民の力を撲滅すると描写している限りにおいて，エチ・エノクの提供する記述である（90：18-19）．そしてその神はその後審判の席に坐すが，とは言えそこでは堕落した不従順な天使とイスラエル人背教者（盲目の羊）だけが有罪の判決を受け（90：20-7），一方残りの異邦人たちは，神の共同体に服従する（90：30）ような審判である．モーセの昇天では全く不在のメシアが，ここでは審判後になるまでは現われない（90：37）．それ故両者に共通しているのは，自身が審判を宣言するという神の概念である．しかし通例となっている見方は，メシアが敵対する諸力を滅ぼすということである．既にシビュラの託宣の最古の部分（3：652以下）で，彼は「地上の全ての戦争を終息させ，ある者たちを殺し，他の者たちには与えられた約束を成就する」ために来る．フィロン『賞罰』16（95）は，彼は「敵を戦争へと導き，強く大きな諸民族を征服するだろう」と言及している．ソロモンの詩篇では，彼はより鮮明に，神の民の異邦人敵対者の征服者として描かれ，そして特に注目に値するのは，この著作においては彼は自分の敵（17，27，39）を，彼の口の言葉（ἐν λόγῳ στόματος αὐτοῦ，イザ11：4による）によって打ち倒すということである[52]．かくして，特にバルク黙示録と第4エズラ書（シリア・バルク39：7-40：2；70：2-6；Ⅳエズラ12：32-3；13：27-8；35-8）においてひとたびメシアが現われたとき，彼の主な役割は異邦的世界権力の撲滅であるという説明は，より古いこれらのメシアの原型に一致している．とは言っても違いもある．第4エズラ書によると，この殲滅は，専ら神の受膏者が宣言する審判の結果として起こる（13: 28, non tenebat frameam neque vas bellicosum〔彼は投げ槍も戦争の道具も持っていなかった〕，13：38, perdet eos sine labore per legem〔彼は労苦なしに律法で彼らを滅ぼす〕）．他方，バルクの黙示録では，審判の過程だけでなく，戦争の武器についても言及される（最初は40：1-2；次は72：6）．

エノク書の「たとえ話」では，神なき世に対するメシアの審判は，第4エズラ書よりもさらに明確に，純粋に法的な事柄として描写される．このことは，これらの黙示書の中で支配的なメシアの性質の概念と一致する．メシアは戦士ではなく，天から降りてきた超自然的な存在である．彼はそれ故，将軍としてではなく神に指名された審判者として，神の民の敵に対する懲罰を遂行する．一般に認められるように，ここでも戦争を暗示するような響きは聞きとれる．エチ・エノク46：4-6で，この「人の子」について言われるの

は，陣営の諸王と権勢者たちを驚かせてその宿営から起こし，力ある者たちの手綱を緩めさせ，罪人たちの歯を砕き，諸王をその王座や王国から放り出す．そして 52：4-9 では，地上の何ものも彼の力に抗うことはできない，と言われている．「戦争のための鉄はなく，胸当てにする材料もなく，青銅は何の役にも立たず，錫も（役に立たず）価値がなくなり，鉛も欲しがられなくなる」．しかしまさにこの言葉から，ここでの問題は戦闘ではなく，より高位の力による敵の破壊であるということは明らかである．かくして，メシアの職能は，一貫して至高の審判者のそれとして描かれている．彼の権能は，知恵と理解の霊を持つ者のそれである．彼は隠されたものを審き，だれ一人彼の前で無意味な言葉を弄することはできない（49：3-4）．選ばれた者である彼は，人間たちと天使たちへの審判を宣告するために神が彼を据えた栄光の玉座に坐す（45：3；52：3；55：4；61：8-10）．最も詳細な記事は，62 章と 69 章のものである．諸霊の主は彼の栄光の座に彼を坐らせる（この校訂が，疑いもなく諸写本によって証言されている「坐った」の読みより望ましい）．そして彼の口の言葉は全ての罪人を殺し，全ての不義なる者は彼の面前から破滅させられてしまう（62：2）．そして諸王と地上の権力者たちは，彼を見た時，恐れとおののきで打たれ，彼を祝福し賛美し賞揚し彼に憐れみを乞い求める（62：4-9）．しかし諸霊の主が彼らを責め立てるため，彼らは彼の面前から大急ぎで逃げ出す．そして彼らの顔面は恥にまみれ，彼らの上に暗闇が積み重なる．そして復讐の天使たちが彼らを受け取り，彼らの上に，彼の子らと選ばれた者を虐待したことに対して報復を遂行する（62：10-11）．他の記事（69 章）によれば，彼はその栄光の玉座に坐り，審判の全体が彼，「かの人の子」にゆだねられる．そして彼は罪を消滅させ，世界を正しい道からそらせた者たちと共に，地の面からその痕跡をなくしてしまう．彼らは鎖につながれ，破滅の運命に定められた集会の場に閉じこめられる．そして彼らの業全ては地の面から消滅するだろう．そしてこれ以後，一切の腐敗は存在しなくなる（69：27-29）．

　タルグムでは，メシアは再び戦争で彼の敵を征服する力ある戦士として描かれる．かくしてイザヤ 10:27 のタルグムでは「諸民族はメシアによって打ち砕かれるだろう」．そして特に創 49：11 のパレスチナ版タルグム（偽ヨナタン，断片タルグムとネオフィティ）では，「ユダの家から起こる王なるメシアはいかに麗しいことか．彼は腰に帯して彼を憎む者たちに向かっての戦闘に出陣する．そして諸王や支配者たちを殺す」（翻訳はネオフィティの改訂版に従う）．実際に，メシアによる神なき諸力の破滅というこれら全てに共通す

る理念は，その詳細の点では非常に多様であることが見て取れる[53]．

メシア時代は，神なき者たちが破滅させられるまで始まることができない．なぜなら「この世に律法に違反する者たちがいる限り，その間神の怒りは続く．しかし，彼らが地上から消滅するや否や，すぐさま神の怒りもまたこの世から消える」からである[54]．

6 エルサレムの更新[55]

メシア王国は聖なる地に樹立されるべきとされたので（たとえば，IVエズラ9：8を参照），エルサレム自体がまず更新されねばならない．このことはしかし，いくつかの異なった方法で考察された．最も簡潔な形のこの待望は聖なる都の浄化，特に「それを今足下に踏みつけている異邦人たち」からの浄化であった（ソロ詩17：22,33）[56]．またそれは，エルサレム崩壊後に予見される，この都が「永続する建造物」（シュモネ・エスレー第14の祝福）として再建されるという形をとる希望である．しかしさらに，今よりはるかに麗しいエルサレムが前メシア時代に既に神と共に天上に存在しており，メシア時代が始まるとそれが地上に降りてくる，といったことも考えられた．この理念の聖書的根拠は特にエゼキエル40-8章であるが，イザヤ54：11以下，60，ハガイ2：7-9とゼカリヤ2：6-17もまた，これらの箇所で描かれている新しいエルサレムは既に天に存在するものとして考えられているという点でそうである[57]．クムランの証拠については註55を見よ．新約聖書にもまたこの ἄνω Ἰερουσαλήμ〔上なるエルサレム〕（ガラ4：26），Ἰερουσαλὴμ ἐπουράνιος〔天にあるエルサレム〕（ヘブ12：22），καινὴ Ἰερουσαλήμ〔新しいエルサレム〕（黙3：12；21：2,10）の言及がある．遺ダン5：12 ἡ νέα Ἰερουσαλήμ〔新しいエルサレム〕も参照．バルク黙示録によれば，天のエルサレムは，アダムが罪を犯す以前に楽園に建っていた．しかし，彼が神の戒めを破った時，それは楽園と同様彼から取り去られ，天に保存された．後に，それはアブラハムに夜に幻で示され，同様にモーセにもシナイ山で示された（シリア・バルク4：2-6）．エズラもまた幻の中でそれを見た（IVエズラ10：44-59）．かくして，この新しく栄光に満ちたエルサレムは地上に古いエルサレムの代りに現われるが，その壮大さと麗しさの点で，古いものにはるかにまさる（エチ・エノク53：6；90：28-9；IVエズラ7：26．シリア・バルク32：4も参照）．この希望の持続はヒエロニムスによって立証されるが，彼自身は，ユダヤ教的またユダヤ人キリスト教的理念としてそれを精力的に攻撃した[58]．

7　散らされた者の集合 59)

イスラエルの散らされた者たちがメシア王国に参与し，この目的のために聖なる地へ戻ってくるということは自明のことであったので，この希望は，たとえ旧約聖書の預言者がなくとも大切に心に抱かれただろう．イエス・ベン・シラ自身次のように祈る．「ヤコブの全ての部族を一同に集めてください．昔のように，彼らが嗣業を受け継ぐためです」(36:13, 16)．ヘブライ語でのみ見出される，神を「イスラエルの散らされた者たちを集める」(51:12, 6)者として賛美する箇所については，上記229-30頁を見よ．ソロモンの詩篇(11章) は，夕べから朝まで，北からそして島々から，いかにしてイスラエルの散らされた者たちが集まり，エルサレムに向かって旅をするかを記している．ギリシャ語バルク書はこれと一致しており，一部は逐語的に一致する(4：36-7；5：5-9)．フィロンは，散らされた者たちが神的な出現の導きのもとで世界の四方からエルサレムへと旅するのを見る，『賞罰』28 (164)-29 (165)．また，異邦諸国民自身が，散らされた者たちを神殿への献げ物として連れて来るというイザヤの預言 (49：22；60：4, 9；66：20) がソロモンの詩篇17:31で再び現われ，他方，集めることは同時にメシアの仕事として言い表される (ソロ詩17：28，タルグム・ヨナタンのエレミヤ33：13に関する註解)．第4エズラ書によれば，10の部族がアルザレト (ラテン語版) あるいはアルザフ ('finis mundi'〔世界の果て〕，シリア語版) と呼ばれる，これまで無人であった地域へ，そこで律法を遵守するために移住する 60)．彼らはメシア時代が始まると，この地から戻り，いと高き者は彼らが渡ることのできるようにユーフラテス川の水源を乾かす (IVエズラ13：39-47)．確かに，散らされた者の集合に対する希望の普遍性を考えると，10部族の帰還がともかくも個々人によって疑問に付されていることは注目に値する 61)．しかし，日々の祈り，シュモネ・エスレー（第10の祝福）「我々の散らされた者たちを集めるために軍旗を上げてください．そして地の四方の果てから我々を集めてください」から，そのような疑問が散発的であったことは明らかである 62)．

8　聖なる地の栄光の王国

メシア王国はその頭にメシア的王を戴く．にも関わらず，その最高の支配者は神自身である．例えば，シビュラ3：704-6, 717, 756-9, ソロ詩17：1, 38：51；『戦いの巻物』のいたる所；シュモネ・エスレー第11の祝福；『戦記』ii 8, 1 (118) を参照．それ故，この王国の樹立と共に，イスラエルに臨む神の主権の理念は十全の現実性と真理性を獲得する．神が既にイスラエ

ルの王であることは言うまでもない．しかし神は自身の主権を完全には行使していない．むしろ神は，自分の民を彼らの罪のゆえに懲らしめるため，一時的に彼らを異邦人権力に引き渡した．しかし未来の栄光に満ちた王国では，神はその統治を自らの掌中に取り戻す．この理由で，それは異邦人の王国と対照的に神の王国と呼ばれる（新約聖書における，特にマルコとルカにおける Βασιλεία τοῦ θεου；シビュラ 3：47-8: Βασιλεία μεγίστη ἀθανάτου Βασιλῆος〔不死なる王の大いなる王国〕．ソロ詩 17：4，モーセ昇 10：1,3 を参照）[63]．マタイで使われる表記 Βασιλεία τῶν οὐρανῶν「天の王国」[64] は，同じ意味である．なぜならよく知られたユダヤ人の慣用句と一致して，「天」はここでは「神」と同義だからである．それは地上の諸力ではなく，天によって統治される王国である [65]．

　聖なる地は，この王国の中心となる．それ故，「この土地を嗣業する」ことはメシアの領土に参入するのと同義である [66]．そのような同一化は，古代預言者の待望が，未来に対する後期の希望をいかに決定的に限定したかを示している．神の完全な王国は，今やイスラエルの民の民族的な王国でもある [67]．ではあるが，それはパレスチナの境界域に制限されるべきものではなかった．まるで逆に，それは全世界を包括するものと考えられるのが普通である [68]．事実既に旧約聖書の中で，異邦人の国々もイスラエルの神を至高の審判者と認めるだろう（イザ 2：2 以下；ミカ 4：1 以下；7：16-7），そして彼らは神に回心し（イザ 42：1-6；49：6；51：4-5．エレ 3：17；16：19-20；ゼファ 2：11；3：9．ゼカ 8：20 以下），その結果，彼らは神権政治に入ることを許され（イザ 55：5；56：1 以下．エレ 12：14 以下；ゼカ 2：15），そうしてイスラエルの神は全地を支配する王となる（ゼカ 14:9）．そしてメシアは全ての民の旗印となるだろう（イザ 11：10）と預言されている [69]．ダニエルは，この世界の全ての王国を支配する力はいと高き者の聖徒たちと共にあるであろうとこの上なく強く約束する（ダニ 2：44；7：14,27）．この希望は，異なった方法ではあるが，後のユダヤ教の中で保持されている．シビュラの託宣によれば，異邦人たちは神の民の平和と平穏に気付く時，理由が分かり，ひとりの真実な神を讃美し崇め，その神殿に贈り物を届け，その律法に従って歩む（3：698-726）．その後神は全人類を統べる王国を樹立し，そこでは神の預言者たちが審判者また正しき王となる（3:766-83）．フィロンによれば，敬虔で徳ある者たちが世界を支配する．なぜなら彼らは人にそれを卓越して可能ならしめる 3 つの資質，即ち σεμνότης〔威厳〕, δεινότης〔厳格〕, εὐεργεσία〔善良〕を備えているからである．そして残りの者は αἰδώς〔恥〕, φόβος〔恐

れ〕，あるいは εὔνοια〔善意〕から彼らに従う（『賞罰』16〔97〕）．他では，敬虔な者たちによる普遍的な統治が，力の基盤の上に建てられるように見える．異邦人たちは，神がメシアに力を与えたのを認知するから，メシアに対して敬意を払う（エチ・エノク 90：30, 37；エノク書の「たとえ」48：5；53：1；ソロ詩 17：32-5．シビュラ 3：49, ἁγνὸς ἄναξ πάσης γῆς σκῆπτρα κρατήσων〔聖い王が全地の王権を握って〕；シリア・バルク 72：5；タルグムのゼカリア 4：7 の註解：メシアは全王国を支配するであろう）[70]．ヨベル 32：18-19 によれば，ヤコブに既に，ヤコブから出た王たちが人の子らが足跡を残していた所はどこも支配するという約束がなされていた．「私はあなたの子孫に天の下の全ての地を与えよう．彼らは自分たちの意のままに諸国民全てを支配する」．その後彼らは全地を彼ら自身のもとへ引き寄せ，それを永遠に受け嗣ぐであろう」[71]．

　そのほか，メシア時代は，殆どが旧約聖書のテクストに基づいて，困難のない至福と歓喜の時代として描かれる[72]．エノク書の「たとえ」は，その後メシアが人々の間に住むであろうことを，至上の喜びとして強調する．「かの日に，私は私が選んだ者たちを彼らの間に住まわせる……そして大地を変えてそれを祝福とする」（エチ・エノク 45：4-5）．「諸霊の主は彼らの統治者として住まい，彼らは永遠にかの人の子と共に食べ，眠り起きるだろう」（62：14）．あらゆる戦争，闘争，不和，言い争いは止み，平和，義，愛，忠実が地を支配する（シビュラ 3：371-80；751-60；フィロン『賞罰』16（91）；シリア・バルク 73：4-5）．野の獣でさえ敵対することを止め，人間に仕える（シビュラ 3：787-94；フィロン『賞罰』15（88）；シリア・バルク 73：6，タルグムのイザヤ書 11:6 の註解）．自然は並はずれて実り豊かになる（シビュラ 3：620-23；743-50；エチ・エノク 10：18-19；シリア・バルク 29：5-8）．富と繁栄が人々の間にいきわたる（フィロン『賞罰』17（98）-18（105））．人生の長さは再び千年に近づくが，それでも人間たちは老いず，弱らず，嬰児や幼児のようになる（ヨベル 23：27-30）．全ての者は身体の強さと健かさを享受する．女たちは陣痛をともなわずに出産し，刈手は働いても疲れない（フィロン『賞罰』20（118-26）；シリア・バルク 73：2-3, 7；74：1）[73]．

　しかしながら，これらの外面的な祝福は単なる物質的恩恵だけではない．それらは単に，メシアの共同体が神によって聖別され，メシアによって義のうちに統治される聖なる国であるという事実に付随するにすぎない．彼は彼らの間に留っても不義に苦しめられることはなく，彼らの間に悪を知る人間はいない．彼らのただ中には，彼らが全て聖いために悪は存在しない（ソロ

詩 17：28, 29, 36, 48, 49；18：9, 10）．メシア王国での生活は，不断に λατρεύειν θεῷ ἐν ὁσιότητι καὶ δικαιοσύνῃ ἐνώπιον αὐτοῦ〔神の前で清く正しく神に仕える〕（ルカ 1：74-5）ことである．そして異邦人の世界に対するメシアの支配は，力のみに頼るものであるとみなされることは決してない．彼はしばしば諸国の光と考えられている（イザ 42：6；49：6；51：4；エチ・エノク 48：4；ルカ 2：32．特に前述のシビュラ 3：710-26 の箇所を参照）．

　イスラエル人は，神殿礼拝と律法の遵守の形式において λατρεύειν θεῷ〔神に仕えること〕を想像するよう条件づけられているので，これらもまたメシア王国においても止むことはないであろうことは，言うまでもない．これは，ともかくも優勢な見解である[74]．政治的な理由で神殿から一時的に退いていたクムラン教団でさえ，「〔終末の〕戦争」の 7 年目に祭儀的な礼拝が回復されると信じていた（戦いの巻物 2：1-6）[75]．ヨベル書では，律法の永続的有効性が特別な強調をもって命じられている[76]．かくして，神殿が崩壊した後でさえ，ユダヤ人は，犠牲をささげる祭儀（עבודה）の回復のために日々祈り続けている[77]．

　未来のこの栄光に満ちた王国には，メシアの時代に生きているイスラエル人だけでなく，既に死者となっていた全てのイスラエル人も参加するのである．彼らは最後の世代の同胞と共に，王国の至福を享受するために墓から出てくる（詳細については下記〔265 頁以下〕10 を参照）[78]．

　多くの者たちにとって，終末論的待望は，パレスチナにおける栄光の王国というこの希望において頂点に達し，その王国の持続期間には終わりがないと想像された．聖書の預言がイスラエルの民に対して，彼らが永遠に自分たちの土地に住み（エレ 24：5；エゼ 37：25；ヨエ 4：20），ダビデの王座は決して絶えることはなく（エレ 33：17, 22），ダビデは永久にイスラエルの君であろう（エゼ 37：25）と約束しているように，また特にダニエル書がいと高き者の聖徒たちの王国を永遠のもの（מלכות עלם ダニ 7：27）と記述しているように，そのように後の著者たちもまたしばしば，メシア王国の持続期間を永遠のものとしている（シビュラ 3：766；ソロ詩 17：4；シビュラ 3：49, 50；エチ・エノク 62：14）．同じ見解が，第 4 福音書で「ユダヤ人たち」によって表明されている（ヨハ 12：34, Ἡμεῖς ἠκούσαμεν ἐκ τοῦ νόμου ὅτι ὁ Χριστὸς μένει εἰς τὸν αἰῶνα〔私たちは律法によって，キリストはいつまでも生きておいでになるのだ，と聞いていました〕）．それは，この観念が後 1 世紀のユダヤ教思想においても流布していたことを示している[79]．実際，メシ

ア王国における生活は，想像し得る最高の祝福の状態として描かれている．
〔つまり〕天の祝福が地上に降りて来ている．地そのものが天の一部となって
いる[80]．

　しかしながら，しばしばメシア王国の栄光は最終的で至高のものと見なさ
れていない．さらになお高次の天的な至福が探求され，その結果メシアの支
配は限られた持続期間だけが割り当てられ[81]，タルムードの中ではメシア
の支配の長さがしばしば論争されている[82]．より古い文書記録の中では，こ
の見解はバルク黙示録と第4エズラ書で最も明確に述べられている．前者は
疑いの余地なくメシアに関して（73：1），彼は「永遠にその王国の王座に」
就くと言う．ただしその意味は別の箇所（40：3）から明らかになる：「彼の
統治は，堕落した世が終わるまで永遠に続くだろう」．それ故メシアの統治
は，この一時的な世界が続く間のみ続くものである．同様に第4エズラ書
（12：34）では，彼は神の民を贖い，元気づける（quoadusque veniat finis, dies
iudicii〔終末，すなわち裁きの日が来るまで〕）と述べられる．もっと詳細な
説明が，主要テクストの中に現われる（7：28-9）：Iocundabuntur（別の読み
方は iocundabit），qui relicti sunt, annis quadringentis. Et erit post annos hos, et
morietur filius meus Christus et omnes qui spiramentum habent hominis.（別の読
み方は homines）〔残れる者は4百年の間歓ぶであろう．そしてこれらの年の
あと，私の子キリストと人間の息をもつ者全ては死ぬだろう．〕[83]．メシア王
国が4百年間続くとする計算は，先に触れたタルムードの箇所に見出される
（BT サンへ 99a）．その箇所は，この計算が創 15：13（エジプトでの奴隷の境
遇が4百年間続いた）によっていることもあらわにする．詩 90：15「あなた
が我らに屈辱を与えられた日々と，我らが悪を見た年々とに引き比べて，我
らを楽しませてください」を参照．それ故喜びの時代は苦しみの時代と同じ
間続くということである．黙示録で（20：4-6）神にとって千年は1日のご
とし，という詩篇の言葉に従って，その期間は千年続くものであると述べら
れているから，そこでは別の計算が前提されている．この計算もまたタルム
ードの中で言及されている[84]．

　そして，メシア王国が一時的持続期間のものと想定されるときはいつでも，
この期間の終わりは世界の今一度の更新と最後の審判によって特徴付けられ
るものとして予想される．

9　世界の更新[85]

　新しい天と新しい地の希望は，主としてイザヤ 65：17 と 66：22 に基づい

ている（マタ 19：28；黙 21：1；Ⅱペト 3：13 も参照）．これに応じて，現在
の世と未来の世（העולם הבא と העולם הזה）86) との間に区別がつけられ，新
約聖書ではしばしば ὁ αἰὼν οὗτος〔この世〕と ὁ αἰὼν ὁ μέλλων あるいは ὁ
ἐρχόμενος〔後の世，来るべき世〕（例えばマタ 12：32；マコ 10：30；ルカ
18：30；エフェ 1：21）とされた．にもかかわらず，新しい世をメシア時代
の開始でもって始まると考えるか，あるいはそれが終わってしまった後に始
まると考える限りにおいては，概念上の差違は存在する．前者の見解は，例
えばエノク書の「たとえ」（45：4-5）に反映されている．「そしてかの日に
私は，彼らの間に私が選んだ者たちを住まわせ，また天を変えて，それを永
遠の祝福と光とにする．さらに私は大地を変えてそれを祝福とし，その上に
私の選んだ者たちを住まわせる」（91：16 も参照）．後者の信仰は，第 4 エズ
ラ書で述べられている．エズラの予見によれば，メシアの時代が続いた後，
7 日間の死の沈黙が地に降りて来る．それに新しい世界の始まりと古き世界
の終りが続く（7：30-1）．これらの異なる概念に応じて，メシアの時代は未
来の世界と同一視されるか，あるいは既に存在しているものと見なされる．
例えば王上 4：33 のタルグムは，「メシアの未来の世」（עלמא דאתי דמשיחא）
をほのめかしているし，ミシュナー（ブラホ 1：5）は現在の世（העולם הזה）
をメシアの日々（ימות המשיח）と対比させる．ここでは後者は העולם הבא〔来
たるべき世〕と同一化される．他方，第 4 エズラ書では，メシアの時代は現
在の世に属するものとみなされ，未来の世界は，最後の審判まで，すなわち
メシア時代の終了後まで始まらないとされる（特に 7：42-3 を見よ．この箇
所と 6：9 を調和させるのは簡単ではないと一般に認められている）．タナイ
ームのミドラシュのスィフレも，「メシアの日々」と「来たるべき世」を区別
している 87)．新約聖書と，それにどうやらクムランのテクストも，来たるべ
き עולם をメシアの時代と同一視している．メシアの時代が現在の עולם に属
するとみなされるようになったのは，そしてその時代が終わるまで世界の更
新は起こらないとみなされるようになったのは，メシア王国の終焉の後により
大きな天的至福が待望された後のことである．ラビの神学では，この理念
が優勢なものになった（註 86 で言及された文献を見よ）．時折メシアの時代
が，この世と来るべき世の間に据えられる．これは既にバルク黙示録でそう
である（74：2-3）．「その時（メシアの時代）が朽つべきものの終わりであ
り，朽ちないものの始めだからである．……この故にその時代は悪からは遠
く，死すことなきものらに近い」．
　古き世の崩壊が起きる仕方は，概して詳細には描き出されていない．ヘレ

ニズムとパレスチナのユダヤ教では，それは火による全滅であると予期される
るが，この理念は一部は聖書と関連性があり，また一部はストア学派の
ἐκπύρωσις〔火刑〕の教説との結びつきがある[88]．

10 万人の復活[89]

最後の審判は，全ての死者の復活に先行される．この点についてはしかし，
ユダヤ教思想では百家争鳴であり，現時点でそれらの見解に立ち入るのは無
理である[90]．全体的に，復活あるいは死者の蘇生（תחית המתים）[91]への信
仰は，多くのより以前の言説の後に，初めてダニエル書（12：2）で明確にか
つ詳細に述べられたが，イエスの時代には既に強固に確立されていた（例え
ば，Ⅱマカ7：9, 14, 23, 36；12：43-4；ソロ詩3：16；14：22以下；『古代
誌』xviii 1, 3（14）；『戦記』ii 8, 14（163）；シリア・バルク30：1-5；50：
1；51：6；Ⅳエズラ7：32；エチ・エノク51：1；遺ユダ25：1；遺ベニ10：
6-8；シュモネ・エスレーの第2の祝福；サンヘ10：1；アヴォト4：22を参
照．ブラホ5：2；ソタ9：15も参照）．この所見は，ファリサイ主義から影
響を受けた領域のどんな場合にも妥当する．ファリサイ派は圧倒的多数派を
形成していた．サドカイ派だけが復活を否定し[92]，ヘレニズムのユダヤ教は，
復活を魂の不滅に置きかえた[93]．

死と復活の間の期間には[94]，概して義人たちと不義なる者たちの分離が想
定された．前者には予備的な祝福の状態が定められ，後者には予備的な激し
い苦痛の状態が定められた（特に，エチ・エノク22：4；Ⅳエズラ7：75-107
を見よ）．エチ・エノク22：2によれば，他界した魂のための場所は4つの部
分に分けられ，そのうち3つが闇の，1つが光のもので（τρεῖς αὐτῶν σκοτεινοὶ
καὶ εἶς φωτεινός），闇のは罪人たちのため，光のは義人たちのためにとって
おかれたものである．しかし彼らはこれらの場所に大いなる審判の日まで留
まっているにすぎない（22：11：μέχρι τῆς μεγάλης ἡμέρας τῆς κρίσεως）[95]．
かくして，より古い概念によれば，他界した者全ての運命はシェオルにおい
て同様であるのに対して，今では彼らは死の直後に予審的審判に直面すると
考えられている．この期待は，金持ちの男とラザロのたとえ話の基礎にある
（ルカ16：22以下）．ラザロが自分がいるのが分かった場所は天国ではないが，
黄泉の世界の区切られた空間であり，ラザロと金持ちの男が居るとこのたと
え話が示した場所に彼らは永遠に留まるはずだとは言われていない．確かに
彼らの運命は永久に定められているが，しかしこれは，このたとえ話によっ
て記述されている段階が，これと関連するエチ・エノク22章の記述が証言す

るように，一時的で予備的なものとみなされることを妨げはしない[96]．ヨセフスもまた，復活に先行して黄泉の世界における他界した魂の運命は異なるというのがファリサイ派の教えだと伝えている．『古代誌』xviii 1, 3 (14)：ἀθάνατόν τε ἰσχὺν ταῖς ψυχαῖς πίστις αὐτοῖς εἶναι, καὶ ὑπὸ χθονὸς δικαιώσεις τε καὶ τιμὰς αἷς ἀρετῆς ἢ κακίας ἐπιτήδευσις ἐν τῷ βίῳ γέγονε, καὶ ταῖς μὲν εἱργμὸν ἀΐδιον προτίθεσθαι, ταῖς δὲ ῥᾳστώνην τοῦ ἀναβιοῦν〔そして彼らは，魂には不死の力があるということ，そして，（生前の）生活において徳を実践したかあるいは悪をかによって，地下において，義の応報なり刑罰なりがあるということを信じている．すなわち，一方には永遠の牢獄が，他方には新しき生の容易さが提供される，と〕．バルク黙示録や第4エズラ書では義人の魂が死後に割り当てられる倉（promptuaria）についてしばしば言及される（シリア・バルク 30：2, 4；Ⅳエズラ 4：35, 41；7：32, 80, 95, 101）．マカバイ記では，死者が生者の運命に参与することが想定されている．エレミヤとオニアスが彼らの民のためにとりなしをなしている（Ⅱマカ 15：12-16）．一般的な傾向は，敬虔な死者のこの予備的な祝福の描写を強化することで，その結果，予備的な祝福と永遠のそれとの相違は次第に少なくなってゆく．ラビ・ユダヤ教では，支配的な見解は義人の魂（彼らの肉体ではない）が死後すぐに「楽園」（גן עדן）に移されるというもので[97]，この楽園は次第に天的なものとみなされていく．エノク書の「たとえ」は類似した方向に進むが，言説は時に一致しないように見える．義人の祝福は，時には天上でのもので，時には地上のどこかにある遠い「楽園」でのものである．加えて，予備的な祝福が意味されているのか，それとも永続的なそれかは，必ずしも明らかではない（エチ・エノク 39：3-12；60：8, 23；61：12；70：3-4；71：16-17）[98]．イエスの時代には，証言は少数ではあるが，ユダヤ人の見解は，エノクやモーセやエリヤのような，さらにはエズラやその他彼に並ぶような，特定の，特典を与えられた神の人だけが，死の直後に天上の栄光に満たされた状態に入ることが許されるというものであったことを示唆する（Ⅳエズラ 14：9：tu enim recipieris ab hominibus et converteris residuum cum filio meo et cum similibus tuis, usquequo finiantur tempora〔なぜならあなたは人々の中から取り戻され，その後私の子やあなたに似た者たちと共に時が終るまで過ごすであろう〕．Ⅱマカ 15：12-16 も，恐らくこの意味に理解されるべきである）．他方，全ての義人が死後すぐに天的な祝福の中に連れ行かれるという期待は，主としてヘレニズムのユダヤ教の特徴である．それは復活信仰に取って代わり，ただ技巧的にのみそれと両立できる[99]．実際，それは元来意図されてい

たような復活信仰を排除しているから，初代の教会教父たちによって異端として糾弾された[100]．この理念は，イザヤの昇天のキリスト教的部分（9：7-8）に表現されており，アダム以来の義人たる死者は全て今や第7の天にいるというのだが，この理念は，それ故決して一般的に通用していなかった．

新約聖書は，ユダヤ教文書のものと似かよった多様性を示している．義人は直ちに天に移されるという期待があるように思われる：ルカ 23：43；Ⅱコリ 5：8；フィリ 1：23；使 7：59；黙 6：9 以下；7：9 以下．しかし，ルカ 23：43 の「楽園」が，天上の場所として認識されているかどうかは未解決の問題である．その他の箇所が，キリストに仕えて死んだ殉教者たちに与えられる特権に関するものでないのかどうかも，考慮されるべきである．黙 7：9 以下だけがこの理論に適合しないだろう[101]．新約聖書によれば，全信徒が死んだ直後に天の楽園へ運ばれると言うのは，とにかく正しくない[102]．この点に関して，強固に確定された，また一般的に妥当する見解は展開しなかった．

復活した者たちの新しい身体性については，バルク黙示録 50：1–51：6 で集中的に論じられている．第4エズラ書 7：97 も参照．

復活の教説にある重要な差異は，待望の内容にあった．すなわちメシア王国への参与のための義人の復活だけがあると待望するか，あるいは審判のための（義人と神無き者の）万人の復活があると待望するかである．〔前者を〕メシアの時代が始まる直前に，そして〔後者を〕メシア時代が終った直後に〔待望する仕方で〕．前者の形が疑いなく2つのうちでより古いものである．それは例えばソロモンの詩篇に現われるが（3：16，14：2 以下），しかしヨセフスによっても，平均的なファリサイ派の見解として言及されている，『古代誌』xviii 1, 3（14），『戦記』ii 8, 14（163）[103]．審判のための万人の復活を待望するのは，この最初期の復活の希望の拡張である．ダニエル，エノク，バルク黙示録，第4エズラ書，十二族長の遺訓及びミシュナーの上記に引用した諸箇所においてそうである[104]．この関連で再び，復活と審判がメシア時代の開始前に期待されるか，あるいは終わった後にかの差異がある．最初の見解はダニエル（12：2）に代表されるが，疑いもなくより古いものである．なぜなら審判の恐らくは元来の目的と思われるのはメシア時代を開始することであったから．人間の最終的な運命に告げられる決定として，審判がメシアの時の終わりまで引きのばされるのは，メシア的至福がもはや最終的で至高のものと見なされなくなるまではあり得なかった．特にバルク黙示録や第4エズラ書がそうである．新約聖書の黙示録では，メシア王国が樹立される

前に敬虔な者たちが復活するという期待がメシア王国終了後の万人の復活の希望と結合している.

甦りそのものは，神的トランペットが鳴り響くことで準備が始まる（Ⅰコリ 15：52；Ⅰテサ 4：16．マタ 24：31，Ⅳエズラ 6：23 を参照）105).

11　最後の審判—永遠の至福と断罪 106)

メシア時代の期間が限られているとするなら，メシア時代の終わった時に初めて，最後の審判は問題にすることができる．それ故，より古い権威のうちバルク黙示録と第４エズラ書だけがここで議論に関わる．その他は，審判を敵対する権力の破滅，メシア時代の開始以前に起きる出来事と同時に起こると表現する（本項〔255 頁〕5 を見よ）．バルク黙示録では，最後の審判は短かく言及されるにすぎない（50：4）．第４エズラ書ではそれよりもある程度は拡大されている（7：33-44；エチオピア語版では 6：1-17）．とりわけ，審判の席に坐るのが神自身であることが明かされる．加えて，双方の黙示録によれば，判決はイスラエルの人々だけではなく人類全体に下されるものであることに何の疑いもない（シリア・バルク 51：4-5；Ⅳエズラ 7：37）．一般的な原則は，全イスラエル人が来たるべき世に参画することになるということである（サンヘ 10：1：כל ישראל יש להם חלק לעולם הבא〔全イスラエルは来るべき世に与かる〕）．しかし言うまでもないことだが，イスラエルの中の全罪人（サンヘ 1：1-4 で念入りに分類されている）がそこから排除されることになる．各個人への判決は，その人の業と正確に合致しているので，その行為はその人の存命中既に天上の書に書き記されているのである（エチ・エノク 98：7-8；104：7．また 89-90 章．ヨベル 30：19-23，36：10 等；遺アシェル 7：5；ダマスコ文書 20：18-20［B 2：18-20］（ספר זכרון〔覚え書き〕）．感謝の詩篇 1：23-4（חרת זכרון〔記憶の鉄筆〕）；アヴォト 2：1；ルカ 10：20；フィリ 4：3；黙 3：5；13：8；20：15；ヘルマスの幻 i 3, 2 を参照）107).悪人はゲヒノムの火の中に投げ入れられる（シリア・バルク 44：15；51：1-2, 4-6．Ⅳエズラ 7：36-8 と 84）108).この断罪は通常，永久のものとみなされる109).それにもかかわらず地獄の苦しみはただ限られた時の間続くにすぎず，ゲヒノムは，来るべき世では存在しなくなるということも述べられる110).義人たちと敬虔な者たちは，楽園に受け入れられ，その世界の高い場所に住み，神と神の聖なる天使たちの威厳を見る．彼らの顔面は太陽のように輝き，彼らは永遠に生きる（ダニ 12：3；シリア・バルク 51：3,7,14；Ⅳエズラ 7：36-8；95-8．モーセ昇 10：9-10 も参照）111).

宗教的個人主義は，いつも民族それ自体のことを心に留めるような，より
古い預言者的待望とは密接な結びつきをもっていない．個人の最終的な運命
は，民族の運命によって必ずしも決定されるものではなく，逆も同じである．
関連があるとすれば，それはただ，個人が復活信仰を最も単純な形で希望す
る限りであって，その信仰とは，善人がメシア王国へ参与するために甦えら
されるということである．しかし一たびこの期待がより超越的な形を取り，
多少とも超自然的な世界における祝福された生活に拡張したりすると，信仰
の２つの領域である種の緊張感が生み出されることになり，両者は人為的な
形でしか結合し得なくなる．この結合がなされたやり方の多様性が，未来の
観念の大いなる多様性に，時に不整合にさえ導くことになった．このことは，
ヘレニズム化された待望の形の中で最も明瞭に見られる，つまり，魂は死後
に超自然的，天的存在へと移されるということである．ここには，メシア王
国での生〔という観念〕の入る余地はない．しかしパレスチナの終末論も同
じ方向へと移行した．以前には個々の神の人に特権として与えられると見な
されていたもの——天的存在へと引き上げられること——が，次第に善人一
般の希望となった．それに従い，古代の民族的待望は無効にされねばならな
いか，あるいは表面的にのみそれと結び付けられねばならないかのどちらか
しかなかった．バルク黙示録と第４エズラ書の両黙示録，及びクムラン文書
では，後者の道がたどられた．しかしこの補完的な方法は，この中で本質的
に異なる２つの要素が一つに融合されていることを明瞭に示している．具体
的には，メシアの民族主義的王国は「天の王国」に置き換えられるという傾
向であり，もう一つは天と地の相違が撤廃されるというものである．

かくして，宗教的個人主義は民族的な待望と本質的に異なっていたのに，
宗教的普遍主義と完全に調和していた．確かに，そのある形は，民族的待望
と競合していた．審判は，イスラエルの全ての敵に及ぶべきものであったし，
メシア王国は，異教徒たちがユダヤ国民に従属するか，あるいは自発的に仲
間入りする限り，全世界を包摂するはずであった．しかし，この地上世界の
境界を離れて超自然的な世界へと上昇してゆく中で，この普遍的な期待は，
民族の期待と衝突した．もし最後の大審判が世界を裁くもので，そこで全て
の人間が神の〔審判〕席の前に立ち，地上での行ないに応じて全ての者の運
命が決められるとするなら，民族の相異は重要でなくならざるを得ない．も
はやユダヤ人か異教徒かの問題が第一位のことではなく，善か悪かの問題と
なろう．倫理的な要因が前面に出て——悪しきユダヤ人は神なき異教徒の列
に加わる——民族的な要因は，ある程度後退する．

個人的かつ普遍的な形の思想出現，そしてその超越的思想への向上は，政治的—民族的希望を本質的に宗教的な希望に取り替えることを切望する結果に到った．しかしこのことは，その方向への強力な出発点となったに過ぎない．民族的待望はまだ比較的大きな比重を占めていた．〔そして〕それは様々な方法で修正された．それは自身に備わっていたものとは本質的に異なる要素によって豊かさを増したが，しかも時代の変化をくぐり抜けて強固に生き残った．世界主義的キリスト教においては，それは超民族的ヴィジョンによって取って替わられた．しかしそこにおいてさえ，ユダヤ教の政治的メシア信仰から受け継がれた千年王国説が，さらにその後の2百年間宗教的思考を支配したのである．

補遺 A　苦難のメシア [112]

苦難のメシアの理念，特にその苦難と死が贖罪の価値を持ち得る苦難のメシアの理念が，キリスト教以前のユダヤ教とラビ・ユダヤ教に見出されるものかどうかという問題は，際限なく論争されてきた．ユダヤ教には，メシアが負う重荷と苦難についての思想に精通している箇所は確かに存在する．例えばイザヤ 11：3 にある言葉 והריחו〔霊に満たされる〕から，神がメシアに戒めと苦難をひきうすのように במצות ויסורין כרחים 負わせたという結論が引き出されている [113]．他のテクストでは，メシアはローマの門のところで自分の傷に包帯を巻いたりほどいたりしながら坐っている者として描かれる [114]．第 4 エズラ書では，メシアは 4 百年の統治の後に死ぬだろうと予言されている．しかしこのような考えは，贖罪と死には関係がないし，とにかくそのような証言は後の，そしてキリスト教後のものである．問題の核心は，イザヤにある主の僕，特にイザヤ 53 章で予言されているような彼の贖罪的な苦難が，キリスト教以前のユダヤ教とラビ・ユダヤ教におけるメシア的解釈を許すかどうかである．

何人かの神学者たちが自信をもって正しいと断言しているにも関わらず [115]，イザヤ 53 章及び関連する僕の箇所についてのユダヤ教のメシア的理解を示すとされる証拠は，説得力あるとはとても言えない．ベニヤミンの遺訓 3：8（アルメニア語版）はキリスト教的挿入かもしれないし，エノク書の「たとえ」が一顧の価値もないと判断する必要があるかもしれない．七十人訳，アキラ訳，シュンマコス訳，タルグムの中にそうした解釈の極めてかすかな残響が見出され得るかどうかさえも疑わしい（タルグムは，イザヤ書 53

章の賛美的な側面をメシア的に解釈する一方で，苦難とはずかしめをはっき
り拒否する)[116]．クムランの義の教師の苦難に救済論的意味を主張すること
も，正当に拒絶されてきた[117]．殉教者ユスティノスの『対話』68，89でト
リュフォンが，メシアは聖書によれば（イザヤ書53章に明瞭に言及して）
παθητός〔苦難を受けるべき〕であることを，一度ならず認めているように
描かれていることは事実である．しかし，キリスト教弁証家の証言に，過度
に重みを置きすぎないように注意を払う必要がある．

　他方，幾つかのラビ的箇所は，イザヤ53：4以下に一致して，人間の罪の
ための苦難へと向けられている．かくしてかつてメシアには חוליא，病者（他
の読み方では חיורא，癩病者）の名前が与えられ，これはイザヤ53：4「まこ
とに彼は我々の病を負い，我々の悲しみをになった．しかるに，我々は思っ
た．彼は神に打たれ，たたかれ，そして苦しめられたのだ」に訴えることに
よって正当化されている[118]．ライムンドゥス・マルティニによってスィフ
レから引用された箇所によればガリラヤ人なるラビ・ヨセは言う，「王なるメ
シアは不信仰者らのゆえに卑しめられ，おとしめられた．『彼は我々の背き
等々のために刺し貫かれた』（イザ53：5）．それならどれほどより多くの贖
いを全ての世代のために支払ったのであろうか．それは次のように書かれて
いる．『主は我々全ての者の罪を，彼の上に負わせた』（イザ53：6と書かれ
ているように)」[119]．この箇所はスィフレの伝統的なテクストにはないので，
それが短縮されたのか，それともライムンドゥス・マルティニが挿入された
写本を所有していたのか，問題は未解決のままである[120]．この言葉が，実
際にガリラヤ人なるラビ・ヨセから出たものかどうかも不確かである．彼は
アキバと同時代人であった（上記70-1頁を見よ）．しかし，その頃，個々の
律法学者が，イザヤ53：4以下をメシアに言及するものとして解釈したとい
うのは，そのこと自体ありそうにないわけではない．これは，特にユスティ
ノスの『トリュフォンとの対話』にあるトリュフォンの言葉（90章)[121]：
Παθεῖν μὲν γὰρ καὶ ὡς πρόβατον ἀχθήσεσθαι οἴδαμεν· εἰ δὲ καὶ σταυρωθῆναι
κ.τ.λ.〔我々は彼が苦しめられ羊のように連れ去られて行くことを知っている
からである．しかし彼が十字架につけられもする云々〕によって支持される．
それは，ラビ的ユダヤ教に極めてなじみのあるメシアに関連する理念である．
すなわち，完全な義人は，全ての戒めを成就するだけではなく，苦しむこと
を通して過去の罪のために贖いもなすこと，また，義人の過剰な苦しみは，
他者のためのものであるという理念である[122]．しかしこうした諸前提から，
苦難のメシア理念がどれほど多くユダヤ教内部において考えられようと，そ

れは主流をなす観念にはならなかった．「公式の」タルグム・ヨナタンは，確かにイザヤ53章とメシアの関連を完全なままに残している．しかしまさに神の僕の苦難を取り扱う箇所が，メシアに言及するものではないと解釈しているのである[123]．ここで論じた多くの著作のどれひとつにも，メシアの贖罪の苦しみのごくわずかな仄めかしさえもない．これらの理念がいかにユダヤ教には異質であったかは，イエスの弟子たちと敵対者の双方の態度によっても証明される（マタ16：22；ルカ18：34；24：21；ヨハ12：34）[124]．

補遺B　クムランのメシアとメシア信仰

　ダビデの血筋を引く王なるメシアという古典的な概念を共有することに加えて，クムラン共同体は，祭司メシアの待望という伝統的なユダヤ教のメシア信仰にはよりなじみの薄い理念を導入した．それはまたマカバイ時代の，メシア的人物とみなされ得る来たるべき預言者への信仰を共有している．（普通預言者とカリスマ的指導者たちは，王や祭司たちも同様だが，全て「油注がれた者」として任命された．）しかしながら，クムランのメシア待望の最も独特の特徴をなすものはその祭司的なメシア信仰であるが，これは祭司的な由来と祭司的指導権及び祭司的組織をもつ教団について，予想できない理想ではない（下記326-7頁参照）．

　2人のメシアへの最古の言及は，恐らく『共同体の規則』9：11であろう．この箇所で著者は，「（その）預言者とアロンとイスラエルのメシアが来るまで」教団の法規を守るよう促している[125]．その預言者の問題はさておき，このテクストでは，来るべき祭司的なアロンのメシアと，世俗的なイスラエルのメシアの，二重のメシア職が暗示されている[126]．このメシア的二頭統治は，鍵となる他のメシア的テクストで確認され，綿密に述べられる．『会衆規定』2：11-22ではメシアの宴は「神が彼らと共にいるべきメシアを生む？」出来事の中で起こると描かれている[127]．その宴を主宰する人物は祭司とイスラエルのメシアであり，後者は軍事的指導者であり配下の指揮官たちと共に着席する．祭司は，自分の同胞，アロンの子たちに伴われている．祭司は，祭儀や教義の事柄では戦士メシアに優越する．2人の同じような人物が他のテクストにも出てくる．『祝福の言葉』5：20-8には，祭司（メシア）のための祝福と会衆の君主のための祝福がある．後者はダビデ的戦士メシアである（『祝福の言葉』5：27「……あなたは街路の泥のように異邦人たちを踏みつけるであろう」）．君主（מנשיא）の称号は，ダビデ的メシアに対するエゼキエル

の用語である[128]．後者はまた「ダビデの若枝」（צמח דויד）としても言及され（エレ 23：5, 33：15；ゼカ 3：8, 6：12 を参照），彼の祭司的連れ合いで「律法の解釈者」（דורש התורה）と呼ばれる者を同伴する（詞華集 1：11. 『ダマスコ文書』7：18 を参照．ここでの「星」とは「律法の解釈者」及び「王権」，「（全）会衆の君主」である）．この称号は，祭司メシアが同様に祭司であった教団の創始者のように（下記参照），トーラーの解釈という事柄全てに最高の権威をもち，また彼の世俗的な連れ合いのトーラーについての案内者また教師でもあることを示唆している[129]．

　この独特なタイプのメシア性は，モーセとアロン，ヨシュアとゼルバベルの協同をモデルにしていることは明らかであり，第 2 次ユダヤ戦争のエルアザルとバル・コクバの二頭政治で繰り返された[130]．同じ待望の顕著な並行例が『十二族長の遺訓』の中に含まれている．例えば遺レビ 18 章（祭司メシア；遺ルベン 6：8：ἀρχιερεὺς Χριστός〔大祭司メシア〕），遺ユダ 24 章（王メシア）である．遺シメ 7：2；遺レビ 2：11, 8：11 以下；遺ダン 5：10；遺ガド 8：1 も参照．遺ユダ 21：2-5 は次のように要約する．「神は私に王位を与え，彼（レビ）には祭司職を与え，王位を祭司職の下に置いた」[131]．

　このメシア的構成は，クムランについては十分に証明され得るが，他方，それが突然だしぬけに出現したわけではなく，それが二重のメシア職に結晶した最終形態に先立って，1 つ以上の発展段階があったということを示唆する証拠が存在する[132]．クムランのメシア熱望の最も初期の形式は，祭司メシアの待望であったように見える（多分，預言者によって予告されるか同伴された）．この教団の創始者，いわゆる「義の教師」は祭司であった．彼の完全な称号は，『詩篇注解』37 Ⅲ 15 で「祭司（הכוהן），〔義しい〕教師（[מורה ה]צדק）」と記されている[133]．彼の敵対者，悪しき祭司（הכוהן הרשע）は，エルサレムで君臨している大祭司であった．しかしこの人物は，恐らくその大祭司職位に対する正当な家系上の資格を持っておらず，大祭司の職位を簒奪したハスモン家一族の一人であった可能性がある[134]．教団の祭司メシア信仰は，最初の מורה הצדק〔義しい教師〕と呼ばれた創始者の没後に，教団が「世の終わりの」もう 1 人の正統的な大祭司を待望したことに由来する．『ダマスコ文書』6：10-11 は，教団員たちは終末に יורה הצדק [135]〔義しい教師〕が現れるまで，創始者によって教えられ定められたもの以外のいかなる法的教義や規則も教示されるべきでないと主張する．『ダマスコ文書』19：35-20：1 は，「教団の教師の結集の日から，アロンとイスラエルから出るメシアの到来まで」教団の構成員登録簿から背反者を排除する法規を含んでいる[136]．元来

の待望は多分，シナイの流浪に相当する 40 年間の荒野の放浪の終わりに，祭司のメシアが出現することに対するものであった（ダマスコ文書 20：15）[137]．

どの段階で二重メシア信仰が現われたかはわからないが，多分，祭司的メシア信仰が伝統的なダビデ契約と結びついたハスモン王朝の時代であったろう[138]．『ダマスコ文書』は，一貫して「アロンとイスラエルのメシア」の出現に言及している（12：23-13：1；14：19；20：1）．この名称は，祭司的メシアの概念に，その世俗的連れ合いのメシア特権が吸収されたことを示唆しているかもしれない．この二重称号については様々に説明されてきたが，それはことによるとローマ時代における展開を表すものか[139]，あるいは考えられることに，世俗的なメシア観に対する憤慨に触発された祭司的理想を表す．同時に，この称号が単数形であるにも関わらず，『ダマスコ文書』も 2 人のメシアの教義を証言している[140]．

クムラン教団の第 3 タイプのメシア像は「その預言者」であり，『共同体の規則』9：11 で 1 度だけはっきりと言及される．「……彼ら（教団員）はいかなる律法の勧告からも離れることはないだろう……かの預言者とアロンとイスラエルのメシアが到来するまで（עד בוא נביא ומשיחי אהרן וישראל）」．この句は，先駆者としてのエリヤの役割と，Ⅰマカ 4：46 の，神殿の汚された石が「預言者が興って，この石について指示を与えてくれるまで」取っておかれることになったという規定を想起させる．しかしながらこの言及は，『証言集』から明らかなように，より特定的に申 18：18-9 のモーセのような預言者が興るという予言を指しているように見える．『証言集』は，最初に申 5：28-9，18：18-19 を引用して終末論的な預言者が興ると予言し，続いて民24：15-17 の星と笏，そして申 33：8-11 のヤコブによるレビの祝福となる．これら最後の 2 つの聖書箇所は王メシアと祭司メシアに言及しており，この順序が暗示するのは，『共同体の規則』9：11 にあるように，モーセのような預言者が両メシアの到来に先行するはずだというものである．この預言者像は，新約聖書の時代，ユダヤ人やキリスト教徒のみならずサマリア人の間でも人気のあった救済者像の中の最も活発なものの 1 つであり，新約聖書自体（ヨハ 1：31，6：14．7：40；使 3：22-3，7：37 を参照）だけでなく教会教父からも分る通りである[141]．クムラン教団がかつて教団の創始者をその預言者と見なしていたということは〔これまで〕ずっと主張されてきた[142]．

クムラン教団は他の大祭司像についても知っている．しかしこの場合は，天使的な救済者でもある，すなわち天的なメルキゼデクであり，新約聖書の

キリスト論的理念に相当寄与したかもしれない形姿である．問題の文書[143]はミドラシュ断片で，終末論的な内容をもつ．大天使ミカエルと同一視される天的メルキゼデクは，「天の子ら」の頭であり，אלוהים〔神〕そしてאל〔神〕と呼ばれている．前者の呼び名は「審判者」に用いられる可能性があり，またこれは審判の文脈によく合っているだろう．しかしאלは，また恐らくאלוהיםも，天的な存在（אלים〔力強いもの〕戦いの巻物1：10-11；17：7等）を暗示している．天的な審判者と救済者は，彼の敵ベリアルあるいはサタンに対する最後の審判と有罪判決を司る者として，他の箇所ではメルキレシャアとしても描かれる[144]．最終的な審判は，ヨベルの第10周期の終わりにおける贖罪の日の大いなる解放として描写される．この断片は，ヘブライ人への手紙のメルキゼデク像に貴重な光をあてる[145]．

　もしクムランのメシア信仰が，大祭司職の玉座に正当な大祭司を復帰させるという政治的運動に起源をもつとしても，やがてそれは，歴史的な次元と同時に超越論的な次元を備えた黙示的終末論の文脈内で，十分に成熟しきったメシアの教説へと発展した．メシアの到来は，苦難と戦争が先触れとなり随伴するはずであった．その際にサタンが神の民に道を迷わせるため全力を尽くすことだろう[146]．荒野に40年間逗留する出エジプトのモチーフは，ミカエルに率いられ，選ばれた者たち（すなわちクムラン共同体）と同盟した天使の一団である「光の子ら」と，ベリアルとその多勢の悪霊と神なき者たちの軍勢である「闇の子ら」——後者は究極的にキッティーム＝ローマ人によって代表されるのであるが——との間の長い一連の戦闘の中のアルマゲドンの40年間へとさらに綿密に仕上げられた．最終的に，選ばれた者たちが「アダムの栄光」（כבוד אדם 共同体の規則4：23）を全て回復した時に，邪悪な時代に終わりが来るすなわち神による人類の浄化，そして「新しい創造」（ועשות חדשה 共同体の規則4：25）が来る[147]．2人のメシアが司式をし，パンとぶどう酒を共にするメシアの宴は，エゼキエル44:3-4の光に照らして，終末論的な神殿での新しい礼拝の開始として解釈されるかもしれない[148]．

註

1)　Str. -B. I, p. 950; IV, pp. 977 f.; Moore, *Judaism* II, p. 361; Volz, *Eschatologie,* p. 147. J. Schniewind, *Das Evangelium des Markus* (1947) ad Mk. 13:8; A. Schlatter, *Der Evangelist Matthaeus* (1948), pp. 698 f.; S. Mowinckel, *He that Cometh,* p. 272 f.; J. Klausner, *The*

Messianic Idea (1956), pp. 440-50; G. R. Beasley Murray, *A Commentary on Mark Thirteen* (1957), p. 36 f.; Bousset, *Religion*[4], p. 250 f.

2) Str-B. I. p. 950 参照．1 つの疑わしい例を除いて，この表現は単数形 חבלו של משיח, アラム語形 חבליה דמשיח でのみ見出される．J. Klausner, *The Messianic Idea*, p. 440, n. 1.

3) 最終的なメシア以前の大変動についてのクムランの教義に関しては，1QM 1, 特に 11-12 行「神が贖う人々のために（大いなる）艱難（צרה）の時が来るだろう．彼らの知るあらゆる艱難のうちどれひとつこのようなものはないだろう，その突然の始まりから永遠の贖いのその終りまで」を見よ．1QH 3:6-18 を参照．

4) ソタ 9：15「メシアが近づく徴として悪徳が増してくる．すなわち，野心が芽生え，ぶどうの木は実をつけるが，ぶどう酒は高価なものになる．統治は異端の手に渡され，そこには非難は起こされない．集いの家（シナゴーグ）は邪悪に捧げられ，ガリラヤは破壊される．ガブランは荒廃する．地方の住民は，都市から都市へと憐れみを受けずに通り過ぎて行く．賢者たちの学識は愚かしいものになる．罪を恐れる者たちは軽蔑される．真理はすたれてしまう．若者たちは老人を見下し，老人は子供たちの前で我慢をする．息子は父親をおとしめ，娘は母親に，嫁は姑に歯向かう．一家の主人にその家族が敵対する（ミカ 7：6, マタ 10：35-6, ルカ 12：53 を参照．この世代の人々の顔は犬のようであろう．そのため息子は父親の前で恥じることはない」．H. Bietenhard, *Soṭa* (1956), *in loc.* を参照．

5) W. Bousset, *Der Antichrist in der Überlieferung des Judenthums des Neuen Testaments und der alten Kirche* (1895); 英訳 *The Antichrist Legend: A Chapter in Christian and Jewish Folklore* (1896); G. Steindorff, *Die Apokalypse des Elias, Eine unbekannte Apokalypse* T. U. XVII, 3 (1899); Str. -B. IV (2), Excurs 28 (I, II); TDNT s. v. Ἠλ(ε)ίας; Volz, *Eschatologie*, pp. 193 f.; J. Klausner, *The Messianic Idea*, pp. 451-7; Bousset, *Religion*[4], pp. 232-3; J. Ernst, *Die eschatologischen Gegenspieler in den Schriften des Neuen Testaments*, *Biblische Untersuchungen* III (1967), pp. 129 ff.; A. -M. Denis, *Introduction aux pseudepigraphes grecs d'Ancien Testament* (1970), p. 168; J. -M. Rosenstiehl, *L'Apokalypse d'Elie, Textes et Études pour servir à l'histoire de judaïsme intertestamentaire* I (1972); G. Vermes, *Jesus the Jew*, pp. 94-7, 244-5; M. Black, The, 'Two Witnesses" of Rev. 11. 3 f. in Jewish and Christian Apocalyptic Tradition', C. K. Barrett *et al.* (eds.), *Donum Gentilicium: New Testament Studies in honour of David Daube* (1978), pp. 227-37.

6) コンモディアヌス『弁明歌』II. 826 f.; シビュラ 2, 187-90 （キリスト教起源の）: Καὶ τόθ' ὁ Θεσβίτης γε, ἀπ' οὐρανοῦ ἄρμα τιταίνων/Οὐράνιων, γαίῃ δ' ἐπιβὰς, τότε σήματα τρισσὰ/Κόσμῳ ὅλῳ δείξει τε ἀπολλυμένου βιότοιο〔さてテスビテースは，天から天上の車を手綱を駆って地上へと降り，そしてそのとき，3 つのしるしを全宇宙に示し，生命を滅ぼす〕．

7) エドゥ 8：7. J. Neusner, *A Life of Yohanan ben Zakkai* ([2]1970), pp. 87-8; *Development of a Legend* (1970), p. 201 を参照．

8) バ・メツィ 3：4-5；1：8；2：8. シュカ 2：5 を参照．

9) ユスティノス『トリュフォンとの対話』8: Χριστὸς δὲ εἰ καὶ ἔστι που, ἄγνωστός ἐστι

καὶ οὐδὲ αὐτός πω ἑαυτὸν ἐπίσταται οὐδὲ ἔχει δύναμίν τινα, μέχρις ἂν ἐλθὼν Ἠλίας χρίσῃ αὐτὸν καὶ φανερὸν πᾶσι ποιήσῃ〔しかし，キリストは，たとい彼がどこかにいるにしても，エリヤが現われて，彼に油を注ぎ，万人に彼を知らしめるまでは，知られておらず，彼自身も自分のことを知らず何の力も，持っていない〕．同 49：Καὶ γὰρ πάντες ἡμεῖς τὸν Χριστὸν ἄνθρωπον ἐξ ἀνθρώπων προσδοκῶμεν γενήσεσθαι καὶ τὸν Ἠλίαν χρίσαι αὐτὸν ἐλθόντα.〔そして我々全ては，キリストを人間から生まれる人間として，そしてエリヤが来て彼に油を注ぐことを待望している〕．Klausner, *The Mesianic Idea,* p. 455; Vermes, *Jesus the Jew,* p. 138 を参照．ヨハ 1：31 も参照．

10) ソタ 9：15「死者の復活は，祝福された死後の名声をもつエリヤを通して起こる」．Klausner, *Messianic Idea,* p. 456 を参照．この待望は，死者を目覚めさせた者エリヤという聖書の叙述に基づいている．

11) Vermes, *Jesus the Jew,* pp. 95-7, 245, 上記 274 頁を参照．

12) E. Hennecke, *New Testament Apocrypha* (1963/4) I, p. 475（ニコデモ福音書），II, p. 669（ペトロの黙示録）を参照．II, p. 153（偽テトスへの手紙）及び黙 11：3 への注解も参照．M. Black, *op. cit,*（上記註 5）も見よ．

13) 1QSa 2:11-12 にある「イスラエルのメシア」が「彼の会衆の長」と共に出現するということは，これに似た，邪悪な諸力の征服ということを念頭に置いている．1QSb 5:27 と上記 272 頁も参照．40 年の〔戦争を語る〕戦いの巻物の中で，「闇の天使」のもとにいる「闇の子たち」が最終的には敗北することはまた，最後的なハルマゲドンを前提にしている．しかし，メシアがこの最後の戦闘で役割を果たすかどうかについては論争されている．M. Black, *Scrolls and Christian Origins,* p. 155 f. を参照．

13a) 上記 244 頁の註 15a を参照．

14) 1QS 9:11 משיחי אהרן וישראל「アロンとイスラエルのメシア（複数形）」．クムランのメシア信仰については，補遺 B を見よ．

15) 「メシア」称号についての一般的なことは，Dalman, Words of Jesus, pp. 237-45; Moore, *Judaism* II, p. 330 n., Volz, *Eschatologie,* p. 173 f.; Klausner, *Messianic Idea,* p. 7 f.; Bousset, *Religion*[4], pp. 227-8 を参照．

16) Μεσιάς ではなく，多くの写本が持っているような Μεσσίας が，より良く証言された形である．類似した全ての用例に従えば，ヘブライ語ではなく，アラム語の形が想定されるから Μεσσίας は，משיח でなく משיחא である．第 II〔III〕巻 31 頁と Dalman, *Grammatik des jüdisch-palästinischen Aramäisch* (²1905), p. 157, n. 3. を参照．

17) オリゲネス，ヨハネ注解 4：25 (ed. Lommatzsch II, p. 48)：Μεσσίας μέντοι γε Ἑβραϊστὶ καλεῖτα, ὅπερ οἱ μὲν Ἑβδομήκοντα Χριστὸς ἡρμήνευσαν, ὁ δὲ Ἀκύλας Ἠλειμμένος〔七十人訳がキリストと訳したものは，たしかにヘブライ語ではメシアと呼ばれる．しかしアキラはそれをエーレイメノスと呼ぶ〕を見よ．オリゲネスの考察は，ダニ 9：26 のアキラ訳の残存物で確証される（＝エウセビオス『福音の論証』viii 2：90, p. 397），詩 2：2（シリア・ヘクサプラ及びフィラストリウス『異端』142, CSEL xxxvii; Aquila, 'adversum Unctum eius'），詩 84：10；89：39；I サム 2：35（エウセビオス『福音の論証』iv 16, 45, p. 191），II サム 1：21（サウルの盾）．オリゲネス『ヘクサプラ』(ed. Field) を見よ．ヒエロニムス『イザヤ書註解』27：13：'Iudaei cassa sibi vota promittunt, quod

in consummatione mundi, quando [Antichristus, ut dicitur] ἠλειμμένος suus venerit' 〔ユダヤ人たちは虚しく，世界の終わりに［反キリストと言われている］彼らのエーレイメノスが現われるという希望を抱いている〕（角括弧の言葉はいくつかの写本で欠落しており，確実に削除されるべきである）．同ゼカリヤ註解 14 : 15 (CCL lxxvi A) 'haec Iudaiei sub ἠλειμμένῳ suo carnaliter explenda contendunt' 〔ユダヤ人たちはこれが彼らのエーレイメノスのもとに物質的に完成されるべきものだと主張している〕同マラキ註解 3 : 1 (CCL lxxvi A) 'Iudaei hoc ... referunt ad ἠλειμμένον hoc est Christum suum 〔ユダヤ人たちはこれを……エーレイメノスに関連づける．これは彼らのキリストである〕；マラキ註解 4 末 (CCL lxxvi A) 'Iudaei et Iudaizantes haeretici ante ἠλειμμένον suum Eliam putant esse venturum' 〔ユダヤ人とユダヤ主義者の異端たちは，彼らのエーレイメノスの前にエリヤが来るだろうと考える〕．Διδασκαλία Ἰακώβου νεοβαπτίστου 〔新洗礼者ヤコブの教え〕(N. Bonwetsch, NGG (1899), pp. 411-40 を見よ）の中では，メシアは至るところで ὁ ἠλειμμένος 〔油を塗られた者〕と呼ばれている (pp. 418, 432, 435)．F. Cumont, 'Une formule grecque de renonciation au judaïsme', Wiener Studien (1902), pp. 468-9. ソフォクレス，ギリシア語辞書は Ἠλειμμένος の語の条で，エルサレムのキュリロス，*Cateches.* xv 11 (PG 33, col. 885A) 及びコスマス・インディコプレウステス vi 25 (ed. Sources Chrétiennes 197, III, p. 41) について言及している．*Onomastica Sacra* (ed. Lagarde), p. 177, 59; 195, 80 も参照．

18) イザ 11 : 1, 10；エレ 23 : 5, 30 : 9, 33 : 15, 17, 22；エゼ 34 : 23-4, 37 : 24-5, ホセ 3 : 5；アモ 9 : 11；ミカ 5 : 1；ゼカ 12 : 8. Gressmann, *Der Messias,* pp. 193; S. Mowinckel, *He that Cometh,* p. 160 を見よ．

19) ここで 'qui orietur ex semine David' 〔その者はダビデの種から現われるであろう〕の言葉が，ラテン語訳に欠落しているのは確かである．しかし，オリエント版と一致する証言は，それがオリジナルなものと見なされるべきことを示している．A. M. Ceriani, *Monumenta Sacra* V, p. 96 を見よ．B. -M. Pelaia, 'Eschatologia messianica IV libri Esdrae', Verbum Domini 11 (1931), pp. 244-9, 310-18 を参照．

20) 「ダビデの子」についてのラビ資料は，Dalmann, *Words of Jesus,* pp. 316-9 を見よ．クムラン文書におけるダビデ的伝承については，A. S. van der Woude, *Die messianischen Vorstellung der Gemeinde von Qumran* (1957), pp. 185-9; Black, *The Scrolls and Christian Origins* (1961), pp. 145-63; J. Starcky, 'Les quatre étapes du messianisme à Qumrân', RB70 (1963), pp. 481 f. さらに E. Lohmeyer, *Gottesknecht und Davidsohn, Forschungen zur Religion und Literatur des Alten und Neuen Testaments,* N. F. 43 (1953) 特に p. 64 f.; F. Hahn, *The Titles of Jesus in Christology* (1969), pp. 240-58; G. Schneider, 'Die Davidsohnfrage, Mk. 12, 35-37', Biblica 53 (1972), pp. 65-90; Vermes, *Jesus the Jew,* pp. 130-9, 251; F. Neugebauer, 'Die Davidsohnfrage (Mk. xii 35-7) und der Menschensohn', NTSt 21 (1974), pp. 81-90 を見よ．

21) メシアの人格に関するユダヤ人の見解一般については Moore, *Judaism* II, 特に pp. 324, 330-1, 347; Str. -B. I, p. II; Volz, *Eschatologie,* pp. 173-4; Klausner, *Messianic Idea,* pp. 519-31; Mowinckel, *He that Cometh,* pp. 159-60; Bousset, *Religion*[4], pp. 222-32, 242-68; Vermes, *Jesus the Jew,* p. 130 f.

22) ダビデの家から「永遠に」王が出るという約束は，王朝が死に絶えることはないという意味にすぎない．かくして，シモン・マカバイオスは人々によって「永遠に」（εἰς τὸν αἰῶνα，Ⅰマカ 14：41）君主かつ大祭司に選ばれた，すなわち，君主と大祭司の称号は彼の一族の世襲であると宣言されたということである．クムランのヤコブの祝福（4QPBless）によれば，「イスラエルが支配する時はいつでも，ダビデの末裔が王座に坐れないこと［はない］だろう」（J. M. Alegro, JBL 75 (1956), pp. 174-6 を参照）．

23) G. Vermes, *Jesus the Jew,* pp. 130 f. と，特に p. 134.

24) 第4エズラ書のメシア信仰については，G. H. Box, *The Ezra Apocalypse* (1912); Klausner, *Messianic Idea,* pp. 349-65 を見よ．

25) メシアの先在の概念については，G. A. Barton, 'On the Jewish-Christian Doctrine of the Pre-existence of the Messiah', JBL 21 (1902), pp. 78-91; Str. -B. II, p. 334; Moore, *Judaism* II, p. 343 f.; E. Sjöberg, *Menschensohn,* pp. 90-1; T. W. Manson, *Studies in the Gospels and Epistles* (1962), pp. 135-6; H. E. Tödt, *The Son of Man in the Synoptic Tradition* (1965), p. 28; M. D. Hooker, *The Son of Man in Mark* (1967), p. 42, n. 5; Volz, *Eschatologie,* p. 206; Bousset, *Religion*4, pp. 262-8; Dalman, *Words of Jesus,* pp. 299-303; Vermes, *Jesus the Jew,* pp. 138-9; Urbach, *The Sages,* pp. 684-5, 994 を参照．

26) クムランの発見までは，エノク書の「たとえ」はこの著作のエチオピア語版にだけ見出されていたのだが，これは（キリスト教以前の）超自然的メシアについての証拠を提供するものであると見なされてきた．この「たとえ」が第4洞窟のアラム語版エノク書に欠けていたこと，またそれに関連する諸考察から，この著作〔の年代〕は多分，最も早くて後1世紀後期に位置づけられる必要がある．アラム語断片の校訂者は，「たとえ」の年代を「後 270 年かその直後」であるとする．J. T. Milik, *The Books of Enoch. Aramaic Fragments of Qumrân Cave 4* (1976), p. 96. それが「ユダヤ教的」証言であるのか，あるいは「キリスト教化された」黙示であるのかは，論争される必要がある．M. Black, 'The Eschatology of the Similitudes of Enoch', JThSt 3 (1952), pp. 1-10, 特に Milik, *op. cit.,* pp. 89-98. エチ・エノクについては第Ⅲ〔Ⅴ〕巻32節を見よ．J. C. Hindley, 'Towards a Date for the Similitudes of Enoch', NTSt 14 (1967-8), pp. 551-65; G. Widengren, 'Iran and Israel in Parthian Times with Special Regard to the Ethiopic Book of Enoch', Temenos 2 (1966), pp. 139-77; M. Black, 'The Fragments of the Aramaic Enoch from Qumran', W. C. van Unnik (ed.) *La littérature juive entre Tenach et Mischna, quelques problèmes, Recherches Bibliques* IX (1974), pp. 15-28 も参照．エチオピア語の記事については E. Ullendorff, 'An Aramaic "Vorlage" of the Ethiopic Text of Enoch', *Atti del Convegno internazionale di Studi Etiopici,* Accademia Nazionale dei Lincei 357 (1960), pp. 259-68; *Ethiopia and the Bible* (1968), p. 61 を見よ．特に M. A. Knibb の Edward Ullendorff との協議による *The Ethiopic Book of Enoch. A New Edition in the Light of the Aramaic Dead Sea Fragments* (1978) への参照に注目．

27) ダニエルの箇所をもとにして，「人の子」の表現がエノク書においていかに「個人化され」るに至ったか，そして天的メシアの超越的な像に言及するに至ったかは，以下の箇所で例示されているかもしれない（R. H. チャールズの訳による）：エチ・エノク 46：1-4「そこに私は年経た頭をもった者を見た．……そしてもう1人人間のような顔

つきをした者を従えていたが……私は御使いに……人の子についてたずねた……彼は私に答えて言った．これは人の子であり，彼は義を持っており，義が彼に宿っている．……あなたが見たこの人の子は，王たち，権力者たちをその王座から，立たせるであろう等々」．48：2「その時，かの人の子が諸霊の主の御前に呼ばれ，彼の名は年経た頭の前にある」．62：5-9「そして彼らがかの人の子が栄光の王座に坐っているのを見た時彼らに苦しみが襲いかかるであろう．……なぜなら人の子は始めから隠されていて，いと高き者が彼を護っていた……そして全ての王たちと権力者たちは……かの人の子に自分たちの希望をつなぐだろう」．62：14「そしてかの人の子と彼らは食事を共にするだろう」．63：11「そしてその後に，彼らの顔はその人の子の前で暗さと恥とに満たされるだろう」．69：26-9「彼らの間には歓喜があった……なぜならかの人の子の名が彼らに啓示され……人の子には裁きの全体が授けられ……今より後滅びるものは何もないであろう．なぜならかの人の子が現われ……かの人の子の言葉は諸霊の主の前に進み出て強いものとなるからである」．70：1「そしてこの出来事の後，彼の名（すなわちエノク）はかの人の子と諸霊の主のもとに生きながらにして引き上げられた……」．71：14「そして彼（御使い）は私のもとに来て……言った．……あなたは義へと生まれた人の子である……」．71：17「このように，かの人の子には長寿が共にあるだろう……」．H. Lietzmann, *Der Menschensohn* (1896), pp. 42-8 と, J. Wellhausen, *Skizzen und Vorarbeiten* IV (1899), p. 199 が，エノク書における「人の子」という用語は，「名前」や「称号」が狭義に理解されるならば，どこにおいても称号や名前ではないと強調するのは正しい．なぜなら「かの」という代名詞をもって，殆ど一様に 46 章で記される最初の記述に遡及しているからである．しかし，既に 46 章から遠く離れた箇所でもこの言及が変わらずに使用されていることから，この表現は固定された「名称」へと発展したのだと論じられてきた．確かにそれは，2 つの引用箇所（62：7 と 69：27）で示したように，ほとんど称号や名前のようになっている．そこでは「人の子」が「かの人の子」の代わりに使われている．ただし注意すべきことは，2 つの例はともに，「人の子」が「かの人の子」（62：5 と 69：26）の句に先行されていることである．さらには，N. Messel, *Der Menshensohn in den Bilderreden des Henoch* (1922), p. 3; Vermes, *Jesus the Jew,* p. 175 を見よ．48：2 の，その名が永遠のものとして挙げられたメシアについては，ゼカ 4：7 のタルグム・ヨナタン；Dalman, *The Words of Jesus,* p. 301; Klausner, *The Messianic Idea,* pp. 460-1 を参照．さらに J. M. Creed 'The Heavenly Man', JThS 26 (1925), pp. 113-36; N. Messel, *Der Menschensohn in den Bilderreden des Henoch* (1922); Volz, *Eschatologie,* pp. 186 f.; H. L. Jansen, *Die Henochgestalt. Eine vergleichende religionsgeschichtliche Untersuchung* (1939); E. Sjöberg, *Der Menschensohn im äthiopischen Henochbuch* (1946); J. Y. Campbell, 'The Origin and Meaning of the Term Son of Man', JThSt 48 (1947), pp. 145-55; M. Black, 'The Eschatology of the Similitudes of Enoch', JThSt 3 (1952), pp. 1-10; G. Iber, *Überlieferungsgeschichtliche Untersuchungen zum Begriff des Menschensohns im Neuen Testament* (1953); S. Mowinckel, *He that Cometh* (1956), pp. 354-5; A. J. B. Higgins, 'Son of Man Forschung since "The Teaching of Jesus"', *New Testament Essays: Studies in Memory of T. W. Manson* (1959), pp. 119-35; T. W. Manson, 'The Son of Man in Daniel, Enoch and the Gospels', *Studies in the Gospels and Epistles* (ed. M. Black,

1963); H. E. Tödt, *The Son of Man in the Synoptic Tradition* (1956), pp. 27-30; Bousset, *Religion*[4], pp. 262-8; M. D. Hooker, *The Son of Man in St. Mark* (1967), pp. 33-47; F. H. Borsch, *The Son of Man in Myth and History* (1967), pp. 145-56; F. Hahn, *The Titles of Jesus in Christology* (1969), pp. 15-67; C. Colpe. TDNT VIII (1969), pp. 400-77; R. Leivestad, 'Exit the Apocalyptic Son of Man', NTSt 18 (1972), pp. 243-67; B. Lindars, 'Re-enter the Apocalyptic Son of Man', NTSt 21 (1975), pp. 52-72; G. Vermes, *PBJS,* pp. 147-65 (=Appendix E in M. Black, *An Aramaic Approach to the Gospels and Acts,* [3]1967, pp. 310-30); J. Bowker, The Son of Man', JThSt 28 (1977), pp. 19-48; C. F. D. Moule, *The. Origin of Christology* (1977), pp. 11-22; G. Vermes, 'The Present State of the Son of Man Debate', JJS 29 (1978), pp. 124-35 を見よ.

28)　71 章での人の子とエノクの同定については，さらに Sjöberg, *Menschensohn,* pp. 147-89; Janzen, *Henochgestalt,* p. 124 f.; Mowinckel, *He that Cometh,* p. 386-7; F. H. Borsch, *The Son of Man in Myth and History,* 1967, p. 151-2; Black, *Eschatology,* pp. 4-5; R. Otto, *The Kingdom of God and the Son of Man,* pp. 201-8; Vermes, *Jesus the Jew,* pp. 174-5, 259 を見よ.

29)　第 4 エズラ書から新約聖書への展開の線を追っているのは G. Ellwein, 'Die Apocalypse des IV Esdras und das urchristliche Zeugnis von Jesus dem Christos', *Heim-Festgabe* (1934), pp. 29-47 である.

30)　ダニ 7：13 には，人の子が天から「降りてくる」という何らかのダニエルの思想があるとする考えは，現代の釈義家によって否定されている．すなわちダニエルの表象が表現しているのは，単に日の老いたる者のもとに「やって来る」「人の子のような者」である．しかしダニエルは彼がどこから来るのかについて何も言っていないし，暗示もしていない．特に次の著作 T. F. Glasson, *The Second Advent: the Origin of the New Testament Doctrine* ([3]1963); J. A. T. Robinson, *Jesus and His Coming: the Emergence of a Doctrine* (1957); Vermes, *Jesus the Jew,* pp. 169, 186-8, 257, 261. 雲の役割についての十全の議論は，J. Luzarraga, *Las tradiciones de la nube en la Biblia y en el Judaismo primitivo* (1973) を見よ.

31)　上記 226-7 頁と ヘルマス，幻 ii, 4, 1 についてのハルナック（ヘルマスによるとキリスト教の教会は「先在」している）を見よ．特に Harnack, *History of Dogma* I (1894), pp. 102 f. を見よ．啓示の幕屋とその祭具の天的モデルについては既に旧約聖書で前提とされている，出 25：9；26：30；27：8；民 8：4．ヘブ 8：1-7 参照．天のエルサレム（「上なるエルサレム」）については，ガラ 4：26, Str. -B. III, p. 573, Bousset, *Religion*[4], pp. 38, 489 など；TDNT VII, pp. 324, 336 を参照．クムランの証言については，特に DJD III, pp. 184-93, と Vermes, *DSS,* p. 72 を参照．天における「礼拝」については, Moore, *Judaism* I, p. 404 を見よ．クムランの証言については, Vermes, *DSS,* pp. 125-9, 182. を見よ.

32)　この箇所については，H. Lietzmann, *Der Menschensohn* (1896), pp. 49-50 と Vermes, *Jesus the Jew,* p. 258 (n. 40) を見よ．両方ともダニエル書とのいかなる結びつきも否定している．「むしろ我々には民 23：19 のラビ的解釈がある．すなわち，『神は人ではないから，偽ることはない．人の子でないから，悔ることはない．言われたことを，なされないことがあろうか．告げられたことを，成就されないことがあろうか』〔の句の

解釈が].さてこのことはラビ・アバフが次のように解説している.『もし人があなた
に,私は神であると言うなら,彼は偽っている.私はアダムの子であると言うなら,
彼は結局悔ることになる[だろう].というのは,彼が私は天に昇るだろうと言っても,
[恐らく]彼はそれを成就できない」(Lietzmann).「神と人の子の間の著しい差異は民
数記から生じた.そしてそれはアバフによって,神と人間の差異を表現しているもの
として解釈された……このカイサリア出身のラビは,人の子が,神の子によって表現
されている神性の対極として,イエスの人間性を記述しているというキリスト教教父
の主張を攻撃しているように見える」(Vermes).

33) BT サンヘ 96b-97a. Moore, *Judaism* III, pp. 352 ff; Klausner, *Messianic Idea,* pp. 420-1
を参照.

34) バルナバ 15;エイレナイオス『異端反駁』v 28, 3;ヒッポリュトス「ダニエル書註
解」4:32 (ed. Bonwetsch), pp. 242-5. スラヴ語エノク書 32:2-33:2 では,世界の存在
は 7 千年以上に渡っていると言われている. Charles, *Apocrypha and Pseudepigrapha* II, p.
451; A. Vaillant, *Le Livre des secrets d'Hénoch: Texte slave et traduction française* (1952), p.
105, n. 7; Klausner, *Messianic Idea,* pp. 421 ff. 終末の問題について,一般的には, Volz,
Eschatologie, pp. 72, 143-4. Bousset, *Religion*[4], pp. 247 ff. を見よ.

35) BT サンヘ 97a,同アヴォ・ザラ 9a. Moore, *Judaism,* II, pp. 352, 357; Klausner, *Messianic
Idea,* pp. 408-19 を見よ.

36) BT サンヘ 97a,同シャバ 118a. I. Lévi, 'La discussion de R. Josué et de R. Eliézer sur
les conditions de l'avènement du Messie', REJ 35 (1897), pp. 282-5; Klausner, *Messianic
Idea,* pp. 422 ff., 427 f.; *Jesus of Nazareth* (1925), pp. 245-7; Urbach, *The Sages,* pp. 668-72 を
参照.

37) J. Lightfoot, *Horae Hebraicae*(ヨ ハ 7:27 について), N. Messel, 'Die Einheitlichkeit
der jüdischen Eschatologie', BZAW 30 (1909); Str. -B. I, pp. 160 f., 481, 960, 1018; II, pp.
339, 340; III, p. 315; IV, p. 488, p. 766; H. Gressmann, *Der Messias* (1929), pp. 447-58; E.
Sjöberg, *Der verborgene Menschensohn in den Evangelien* (1955); E. Stauffer, 'Agnostos
Christos', *The Background of the New Testament and its Eschatology,* ed. W. D. Davies and D.
Daube, in honour of C. H. Dodd (1956), pp. 281-99; S. Mowinckel, *He that Cometh* (1956),
pp. 304-8; T. W. Manson, *Studies in the Gospels and Epistles* (1962), p. 136-7; Tödt, *The Son
of Man in the Synoptic Tradition* (1965), Excursus 1, pp. 297-302; R. E. Brown, *The Gospel
according to John* (1966), p. 53; Vermes, *Jesus the Jew,* pp. 137-8, 252-3 を参照.

38) 『トリュフォンとの対話』8 (ギリシア語のテクストについては註 9 を見よ). 同 110
εἰ δὲ καὶ ἐληλυθένα λέγουσιν οὐ γινώσκεται ὅς ἐστιν, ἀλλ' ὅταν ἐμφανὴς καὶ ἔνδοξος
γένηται, τότε γνωσθήσεται ὅς ἐστι, φασί〔だがもし彼はもう来ていると彼らが言うなら,
そこにいる者は知られてはいない.しかし公にされ栄光につつまれた方が現われるな
ら,その時そこにおられる方は知られるだろう,と彼らは言う〕.

39) テクストについては,PT ブラホ 5a と哀歌ラバー 1:51 を見よ. G. Dalman, *Aramäische
Dialektproben* (²1926), p. 14 を参照. Vermes, *Jesus the Jew,* p. 138 も見よ.

40) S. H. Levey, *The Messiah; An Aramaic Interpretation* (1974), p. 92 を参照.

41) 出 12:42 のパレスチナ・タルグムと BT サンヘ 88a. G. Dalman, *Der leidende und*

sterbende Messias (1888), p. 41; Str-B. II, p. 340; A. von Gall, Βασιλεία τοῦ Θεοῦ *Eine religionsgeschichtliche Studie zur vorkirchlichen Eschatologie* (1926), p. 400. 出 12：42 のタルグムについては Vermes, *Scripture and Tradition* (1961, ²1973), p. 217; R. *Le Déaut, La nuit pascale* (1963), pp. 271-2, 359-69; M. McNamara, *The New Testament and the Palestinian Targum of the Pentateuch* (1966), pp. 210-11; Black, *Aramaic Approach* (³1967), pp. 237-8; Vermes, *PBJS,* pp. 223-4 を見よ. BT サンヘ 98a については, Vermes, *Jesus the Jew,* p. 116 を見よ.

42) この見解はラビのテクストに欠けている.「……メシアは……タナイームの文献の中でどこにも本質的に奇跡行為者として言及されていない」(Klausner, *Messianic Idea,* p. 506). ラビたちの反カリスマ的傾向については, Vermes, *Jesus the Jew,* pp. 80-2; D. Daube, 'Enfant terrible', HThR 68 (1975), pp. 370-6 特に p. 375 を見よ.

43) Str. -B. IV, pp. 981 ff.; S. Mowinckel, *He that Cometh,* pp. 313 ff. クムランの証言については, 特に 1QM と Y. Yadin, *The Scroll of the War of the Sons of Light against the Sons of Darkness* (1962) を見よ.

44) M. Friedländer, 'L'Anti-Messie', REJ 38 (1899), pp. 14-37; *Der Antichrist in den vorchristlichen jüdischen Quellen* (1901); R. H. Charles, *The Ascension of Isaiah* (1900), pp. li-lxxiii; L. Ginzberg, 'Antichrist', JE I, pp. 625-7; W. Bousset, *The Anti-Christ Legend: A Chapter in Christian and Jewish Folklore* (1896); B. Rigaux, *L'Antichrist et l'opposition au royaume messianique dans l'Ancien et le Nouveau Testament* (1932); Volz, *Eschatologie,* p. 282; H. A. Guy, *The New Testament Doctrine of the Last Things* (1948), pp, 146-9; J. Schmid, 'Der Antichrist und die hemmende Macht', Theol. Quartalschrift 129 (1949), pp. 323-343; G. Vos, *The Pauline Eschatology* (1953), pp. 114-15; Klausner, *Messianic Idea,* pp. 373-4; Bousset, *Religion*⁴, pp. 254-6; J. Ernst, *Die eschatologischen Gegenspieler in den Schriften des Neuen Testaments* (1967); C. H. Giblin, *The Threat to Faith: An Exegetical and Theological Examination of 2 Thessalonians 2* (Analecta Biblica 31) (1967), pp. 66-7.

45) 申 34：3 とイザ 11：4 のタルグム・偽ヨナタン；A. Jellinek, *Bet ha-Midrasch* III, pp. 124-5; Dalman, *Der leidende und der sterbende Messias der Synagoge* (1888), pp. 13-14; Bousset, *The Anti-Christ Legend,* pp. 53, 186; Krauss, *Griechische und lateinische Lehnwörter* I, pp. 241-3; II, p. 132; Ginzberg, art. 'Armilus', JE II, pp. 118-20 を参照. Mowinckel, *He that Cometh,* p. 290; F. F. Hvidberg, *Menigheden av den nye Pagt I Damascus* (1928), p. 277, n. 1; Klausner, *Messianic Idea,* pp. 373, 407, 496; Enc. Jud. 2, cols. 476-7 も見よ.

46) このように例えば Διδασκαλία Ἰακώβου νεοβαπτίστου, ed. Bonwetsch, NGGW, phil. -hist. Kl. (1899), pp. 418, 431, 439 の中に.

47) シビュラ 3：319-20, 512-3, エドゥ 2：10 を参照. Klausner, *Messianic Idea,* pp. 127 f., 483 f.; Volz, *Eschatologie,* pp. 150 f.; Bousset, *Religion*⁴, pp. 219-20 を参照. 1QM 11:16 「……あなたがゴグを懲め彼のまわりに彼の全会衆を集めるとき……」も見よ.

48) J. T. Milik, 'Milkî-ṣedeq et Milkî-rêša' dans les anciens écrits juifs et chrétiens', JJS 24 (1972), pp. 95-144; Vermes, *DSSE*², pp. 253-4, 280-1. 274-5 頁以下を見よ.

49) Milik, *op, cit.,* p. 125. 天使的な贖罪者メルキゼデクも, 11QMelch 11 で本質的に審判者

284　　第 29 節　メシア信仰

として描かれている．274-5 頁を参照．

50)　Volz, *Eschatologie,* pp. 151 ff.; Mowinckel, *He that Cometh,* p. 269; Bousset, *Religion*[4], pp. 218 ff.; *L'Assomption de Moïse,* ed. Laperousaz, ad 10:8 を見よ．

51)　W. Cossmann, *Die Entwicklung des Gerichtsgedankens bei den alttestamentlichen Propheten,* BZAW 29 (1915); Mowinckel, *He that Cometh,* p. 273; Bousset, *Religion*[4], pp. 202 f.; M. Hengel, *Judaism and Hellenism* I, pp. 200 f. を見よ．

52)　クムランの並行箇所については，272-4 頁を参照．

53)　バライタ（BT スカの項 52a）に，ダビデの子なるメシアには生命が約束されているのに対して「ヨセフの子なるメシア」については単に彼は死に渡されるだろうと言われているにすぎない，という言及がある．同じ箇所（BT スカ 52a）で，ゼカ 12：10 も彼の死の原因と死に方について何らの言及もなしに彼に適用されている．他の資料は「エフライムの子なるメシア」とも呼ばれるこの下位のメシアに，神の民の主要な敵を征服するという義務を割り当てている．この観念全体の起源ははっきりしない．メシアの二重の性質と二重の使命が，2 人の人物に分けられたところから派生したのかもしれない．すなわち，1 人は闘って戦いで倒れ，もう 1 人は救いのみをもたらす．後者がダビデの末裔であるのに対して，前者はヨセフあるいはエフライムの部族から出るとされる（クラウスナーはこのようにみなす）．ダルマンは，申 33：17 がこの観念の源泉であろうと考える．彼はどこにも十部族のメシアとして描かれていない．また彼の死は贖罪死と考えられてもいない．一般的には，Klausner, *Messianic Idea,* pp. 483 f.; Mowinckel, *He that Cometh,* p. 285 f., 290 f., 314 f., 325 f.; V. Sadek, 'Der Mythos vom Messias dem Sohn Josefs', Archiv Orientalni 43 (1965), pp. 27-43. を参照．殺されたメシアは，シメオン・ベン・コシバの範例にならって構想されたと考えられ，また出 40：11 の偽ヨナタンでは，敗北と死の理念がエフライムのメシアに結びつけられていないということは注目に値する．Vermes, *Jesus the Jew,* pp. 139-40, 253 を参照．J. Heinemann, 'The Messiah of Ephraim and the premature Exodus of the Tribe of Ephraim', HThR 68 (1975), pp. 1-15 も見よ．

54)　サンヘ 10：6.

55)　R. H. Charles, *Revelation* II, p. 150 ff., 特に p. 158-61; Str. -B. IV, pp. 883-5, 919-31; Moore, *Judaism* II, pp. 341-3; Volz, *Eschatologie,* pp. 372 ff.; G. von Rad, 'Die Stadt auf dem Berge', Ev. Theol. 8 (1948-49), p. 439-47; H. Bietenhard, *Die himmlische Welt im Urchristentum und Spätjudentum* (1951), pp. 192-204 を見よ．「新しいエルサレム」（天的エルサレムであれあるいは将来的な地上のエルサレムであれ）の理念については，Klausner, *Messianic Idea,* pp. 287, 346, 361-2; TDNT VII s. v. Σιών: Bousset, *Religion*[4], pp. 239-40; R. J. McKelvey, *The New Temple: The Church in the New Testament* (1969), pp. 1-40. 141-4; Enc. Jud. 9, cols. 1559-60. クムランの資料については，J. T. Milik, DJD I, pp. 134-5; DJD III, pp. 184-93; M. Baillet, *ibid.,* pp. 84-90; B. Jongeling, 'Publication provisoire d'un fragment provenant de la grotte 11 de Qumrân', JSJ 1 (1970), pp. 58-64, 185-6 を見よ．Vermes, *DSSE*[2], pp. 262-4; *DSS,* P. 72. を参照．

56)　前註を見よ．Black, *Scrolls and Christian Origins,* p. 110 も参照．エルサレムの同様な浄化が『戦いの巻物』（1QM 2:1-6）で暗示されていることは疑いない．そこでは，エ

註　　　　*285*

ルサレムが再征服され闇の子たちから奪取される時たる，最終戦争の第 7 年目に神殿祭儀が回復することが描かれている.

57）　同様の描写は，いくつかのクムラン断片にも含まれている．参考として註 55 を見よ.

58）　ヒエロニムス『イザヤ書註解』49：14：'Ierusalem, quam Iudaei et nostri Iudaizantes iuxta apocalypsim Ioannis, quam non intelligunt, putant auream atque gemmatam de coelestibus ponendam, cuius terminos et infinitam latitudinem etiam in Ezechielis ultima parte describi'〔エルサレム，それをユダヤ人たちや我々のユダヤ主義者たちは，彼らの識らないヨハネ黙示録と同様に，金でできた，そして宝石で輝いた都で天から下し置かれるものと考えているが，その境界と無限の広さはさらにエゼキエルの最後の部分にも記述されている〕，『エゼキエル書註解』36．『ヨエル書註解』3：16 も同様.

59）　Moore, *Judaism* II, pp. 366-9; Volz, *Eschatologie,* pp. 341-3; A, Oepke, *Das neue Gottesvolk* (1950), p. 57 f.; S. Aalen, *Die Begriffe 'Licht' und 'Finsternis'* (1951), pp. 204 f., 209, 212 f., 228, 311 f.; Klausner, *Messianic Idea,* p. 470-82; J. Jeremias, *Jesus' Promise to the Nations* (1958), p. 55 ff.; Bousset, *Religion*⁴, pp. 236-8 を参照.

60）　*Arzareth,* ארץ אחרת, 'terra alia'〔他の地〕（IVエズラ 13：45）．このヘブライ語の表現は申 29：27 にあり，この節はサンヘ 10：3 では十部族に適用されている（次の註を見よ）．Charles, *Apocrypha and Pseudepigrapha* II, p. 69, Bousset, *Religion*⁴, p. 237 を参照．シリア語については， A. M. Ceriani, *Monumenta Sacra et profana* V, p. 102; 'Arzaph, the end of the world' を見よ．これは סוף (ים)「葦（の海）」へのほのめかしを兼ねた Arzaph = ארץ סוף の解釈であるように思える.

61）　サンヘ 10：3「十部族は戻ってくることはないだろう．なぜなら彼らについて次のように記されているからだ（申 29：27）．『そして今日のように彼は彼らを他の地に投げ棄てる』．かくして，今日の日が過ぎ去り戻らないように，彼らも出て行って戻らないだろう．このようにラビ・アキバは言う．しかしラビ・エリエゼルは次のように言う．日が暗くなりもう 1 度明るくなるように，そのように，暗くなった十部族に対してもう 1 度光が現れるだろう」．その上，これらの言葉によって表される典拠に関して，伝承は多様である．アヴォ・ナタン A 36 章（ed. Schechter, p. 108）の中で 2 番目の（好意的な）意見は，ラビ・アキバに帰せられ，そうでない意見はラビ・シモン・ベン・ユダに帰せられる．その他はまた多様である．詳細については，W. Bacher, *Die Agada der Tannaiten* I², pp. 137 f を見よ．同 II, pp. 145, 472; J. Neusner, *Eliezer ben Hyrcanus* I (1973), pp. 453-4 を参照.

62）　後代については，ヒエロニムス『ヨエル書註解』3：7：'Promittunt ergo sibi Iudaei immo somniant, quod in ultimo tempore congregentur a Domino et reducantur in Ierusalem. Nec hac felicitate contenti, ipsum Deum suis manibus Romanorum filios et filias asserunt traditurum, ut vendant eos Iudaei non Persis et Aethiopibus et caeteris nationibus quae vicinae sunt, sed Sabaeis, genti longissimae'〔それ故にユダヤ人たちは，彼らが終末時に神によって集められ，エルサレムに連れ戻されることを待望し，決して夢想していない．またこの至福に彼らは満足せず，ユダヤ人たちがローマ人たちの息子たちや娘たちを，ペルシア人たちやエチオピア人たちやその他の近隣にいる民族たちにでなく，最も遠くの人種のサバ人たちに売るために，神ご自身が自分たちの手に彼らを引き渡されるであろう

と主張する.〕を参照.

63) Moore, *Judaism* II, pp. 371-5; G. Gloege, *Reich Gottes und Kirche im Neuen Testament* (1929). s. v. βασιλεία TDNT I, pp. 569-76; Volz, *Eschatologie,* pp. 167 f.; T. W. Manson, *The Teaching of Jesus* (²1935), pp. 116 ff.; C. H. Dodd, *Parables of the Kingdom* (1935); K. L. Schmidt *et al., Basileia* (1957); Sverre Aalen, '"Reign" and "House" in the Kingdom of God in the Gospels', NTSt 8 (1962), pp. 215-40; G. Lundström, *The Kingdom of God in the Teaching of Jesus* (1963) (参考文献表, pp. 279-96); N. Perrin, *The Kingdom of God in the teaching of Jesus* (1963); G. E. Ladd, *Jesus and the Kingdom: The Eschatology of Biblical Realism* (1966) (包括的な参考文献表 pp. 337-67); Bousset, *Religion*⁴, pp. 213-18 も見よ.

64) この表現一般については, Str. -B. I, pp. 172-84 (Mt. 3:2 について): G. Dalman, *Words of Jesus,* pp. 91 f.; モーセ昇 10 章；ソロ詩 17：4；シリア・バルク 73：1；1QSb 3:5 を参照.

65) מלכות שמים の常套語句は, 通例として「天の王国」の意味で現われるわけではないが, 天の主権あるいは統治, すなわち神の支配という抽象的な意味でしばしば見出される（例えば, ブラホ 2：2,5). この特殊な箇所ではしかし, שמים が換喩的に神を表しているのは疑いない. βασιλεία が「王国」の具体的な意味で見出されるこの定式の正しさに異議をさしはさむのは, なおさら奇妙である. なぜなら属格の τῶν οὐρανῶν は, βασιλεία が「王権」あるいは「王国」のどちらを意味しようと, 同じ意味であるため, ラビ文献の中に מלכות שמים の表現が見出されるのが偶然であり, それが「天の王国」を意味するわけではないとすべきであるならば, このことは, ラビたちが「神の王国」について語るのは一般的に珍しいということによって容易に説明されるだろう. これを言い表すために, 彼らは代わりに,「メシアの日々」, あるいは「来たるべき עולם 〔永遠〕」, あるいは何かそのような句を使う. しかしながら, この表現はこのような意味でこそ見出されるように思える. 例えば特にペスィクタ・ラバティ (ed. Buber), p. 51a: הגיע זמנה של מלכות הרשע שתעקר מן העולם הגיע זמנה של מלכות שמים שתגלה 「邪悪な王国にとってそれが世界から絶滅される時が来た. 天の王国にとって, それが啓示される時が来た」は特にそうである. J. Levy, Neuhebr. Wörterb. s. v. מלכות を見よ. Urbach, *The Sages,* pp. 400-1 参照.

66) キドゥ 1：10. マタ 5：5；エチ・エノク 5：7 (τὴν γῆν κληρονομεῖν)；ソロ詩 14：6 (ζωὴν κληρονομεῖν) を参照. Volz, *Eschatologie,* p. 411 も見よ.「嗣業」の聖書的理念については, TDNT s. v. κληρονομία, III, p. 767 (Foerster). W. D. Davies, *The Gospel and the Land: Early Christianity and Jewish Territorial Doctrine* (1972), 特に pp. 366-7. 1QM 12:11; 19:4 (「汝の地を栄光で, 汝の嗣業を祝福で満たせ」を参照.

67) 民族的な性格については, Volz, *Eschatologie,* pp. 368 f; Bousset, *Religion*⁴, pp. 213-42 を参照.

68) Volz, *Eschatologie,* pp. 379 f.; Klausner, *Messianic Idea,* pp. 502 f.; Bousset, *Religion*⁴, p. 215 を見よ. 1QM 2:10-14 によれば, パレスチナを取り戻した後, 光の子らは, セム, ハム, ヤフェトの全ての子らを征服する. 後者にはキッティーム—ローマ人たちが, 前者には人類の主たちが含まれる.

69) 聖書の普遍救済主義については, J. Wellhausen, *Israelitische und der jüdische Geschichte*

(²1901), pp. 224-6; A. Bertholet, *Die Stellung der Israeliten und der Juden zu dem Fremden* (1896), pp. 91-122, 191-5; M. Weinfeld, 'Universalism and Particularism in the Period of Exile and Restoration', *Tarbiz* 33 (1963-4), pp. 228-42; Bousset, *Religion*⁴, pp. 77-84; G. Fohrer, *Studien zur alttestamentlichen Theologie und Geschichte* (1969), pp. 13-22; *History of Israelite Religion* (1973), pp. 343-4 を参照.

70) S. H. Levey, *The Messiah: An Aramaic Interpretation* (1974), p. 98 参照. 多くの者がモーセ昇 10：8 をユダヤ人たちによるローマ人たちの打倒への言及として解釈して来た. Tunc felix eris tu Israhel et ascendes supra cervices et alas aquilae〔その時あなたイスラエルは幸福であろう. そしてあなたは鷲の肩と翼の上に乗る〕. しかし次のことから, それはむしろイスラエルが鷲の翼に乗って天に上げられるという理念であるように思える ('et altabit te deus et faciet te haerere caelo stellorum . . . et conspicies a summo et videbis inimicos tuos in terra〔そして神はあなたを高く上げ, あなたを星空に留めさせる……そしてあなたは至高の天から眺め, 地に居るあなたの敵たちを見るであろう〕). この節は多分申 32：11（七十人訳 ὡς ἀετὸς . . . διεὶς τὰς πτέγυρας αὐτοῦ ἐδέξατο αὐτοὺς, καὶ ἀνέλαβεν αὐτοὺς ἐπὶ τῶν μεταφρένων αὐτοῦ〔鷲が……その翼を拡げて彼らを受け入れ, そして彼らをその背に乗せるように〕. Alae = πτέγυρες〔翼〕及び cervices = μεταφρένα〔肩, 背〕）を想起している. *Le Testament de Moïse,* ed. E. -M. Laperrousatz, ad. 10:8 を見よ.

71) 後6世紀の著述家 Cosmas Indicopleustes, *Topographia Christiana* vi 25 (ed. Sources Chrét. III, p. 41): αὐτοὶ δῆθεν τὸν ἐρχόμενον προσδοκῶσιν, ὅν καὶ Ἡλειμμένον καλοῦσιν, βασιλεύειν ἐπὶ γῆς αὐτῶν ἐλπίζουσιν καὶ ὑποτάσσειν αὐτοῖς πάντα τὰ ἔθνη〔人の言うところによれば, 彼ら自身が来たるべき方, 油塗られた方とも彼らが呼ぶ方を待ち, 彼らの地を王として支配すること, そして全ての異邦人たちを彼らに屈服させることを希望している〕も注目.

72) Str. -B. IV, pp. 880 ff.; S. Mowinckel, *He that Cometh,* p. 319; Volz, *Eschatologie,* pp. 359-68; Klausner, *The Mesianic Idea,* pp. 506-17.

73) 1QS 4:2-8 参照. しばしばこの来たるべき栄光は, 神が義人のために用意する祝宴 (סעודה) で表される. 既にシリア語バルク黙示録の中で（そしてその後しばしば）, ベヘモットとレビヤタンがこの機会に消滅させられる (29：4) という言及がある. エチ・エノク 60：7-10 と 24b の欠落あるテクストもひょっとするとこの仕方で補完されるべきである. この סעודה のラビ的な特徴に関しては, BT ペサ 119b, BT バ・バト 75a を参照. A. Jellinek, *Bet ha-Midrasch* III, pp. 75-6; V, pp. 45-6; VI, pp. 150-1; Rufinus, *Apologia in Hieronymum* i 7: 'Est enim Iudaeorum vere de resurrectione talis opinio, quod resurgent quidem, sed ut carnalibus deliciis et luxuriis caeterisque voluptatibus corporis perfruantur'〔なぜなら正しく, ユダヤ人たちの復活についての見解は, 彼らが確かに復活するがそれは彼らが身体的楽しみやその他の体のぜい沢な享楽を十分に享受するためであるというようなものである〕. ヒエロニムスによる Isa. 59:5 (ed. Vallarsi IV, p. 705)：'Qui igitur audiens traditiones Iudaicas ad escas se mille annorum voluerit praeparare'〔それ故そのものらはユダヤの伝承を聞いて, 食料に関し 14 年間準備しようと欲したであろう〕. 'Une Formule grecque de Renonciation au Judaïsme' ed. F. Cumont, *Wiener*

Studien (1902), p. 468: ῎Ετι ἀναθεματίζω πάντας τοὺς τὴν τοῦ ῾Ηλειμμένου μᾶλλον δὲ τὴν τοῦ ἀντιχρίστου προσδοκῶντας ἔλευσιν, ὅν καὶ τράπεζαν αὐτοῖς ἐτοιμάσειν ἐλπίζουσι μεγίστην καὶ προθήσειν εἰς ἑστίασιν τὸν Ζίζ, πτηνόν τι ζῷον, τὸν δὲ Βεχεμὼθ τετράπουν, τὸν δὲ Λεβιαθὰν ἐνάλιον, οὕτω μέγιστα καὶ πλήθοντα ταῖς σαρξίν ὡς ἀρκεῖν εἰς τροφὴν ἕκαστον μυριάσιν ἀπείροις〔さらに私は，油塗られた方の，否むしろ反キリスト〔とも言うべきもの〕の到来を待っている者たちを呪う．彼らはこの者が彼らのために大いなる食事を準備し，生ける鳥のディズと4足のべヘモットと海獣レビヤタンを炉に投げ入れることを期待する．それは，数限りなく多くの肉なる人々に十分な食事となるほど豊かな食事である〕も参照. J. Wellhausen, *Skizzen und Vorarbeiten* VI (1899), p. 232（詩74：14から立ち現れるべヘモットとレビヤタンの使用）．この表象の年代は，新約聖書の次の箇所で証明される：マタ8：11＝ルカ13：29；ルカ14：15；マタ26：29＝マコ14：25＝ルカ22：18；ルカ22：30. Hippolytus, *Works* I, ed. Achelis (²1897), p. 247; L. Ginzberg, *Legends of the Jews* I, pp. 27-9; V, pp. 41; 46; RGG IV, cols. 337-8; G. Dalman, *Words of Jesus,* pp. 110-13; H. Gunkel, *Schöpfung und Chaos* (²1921), pp. 315-18; Moore, *Judaism* II, p. 363-4; Volz, *Eschatologie,* pp. 389, 404; J. C. L. Gibson, *Canaanite Myths and Legends* (1978), pp. 14 ff., 68 ff.; O. Kaiser, *Die mythische Bedeutung des Meeres in Agypten, Ugarit und Israel,* BZAW 78 (1959), pp. 144 f.; I. Jacobs, 'Elements of Near-Eastern Mythology in Rabbinic Aggadah', JJS 28 (1977), pp. 1-11 も参照.

74) さらなる特性については，Volz, *Eschatologie,* pp. 376-8; W. D. Davies, *Torah in the Messianic Age and in the Age to Come* (1952), pp. 51-2; Klausner, *Messianic Idea,* pp. 513 f.; B. Gärtner, *The Temple and the Community in Qumran and the New Testament* (1965), ch. 1, 'The Priesthood and the Jerusalem Temple', pp. 1, 3; R. J. McKelvey, *The New Temple* (1969), pp. 1; 22（厳選した文献表），pp. 207-29; G. Schrenk, ἱερόν TDNT III, pp. 230-47 を見よ．クムラン一般については Vermes, *DSS,* pp. 163-97 を見よ．

75) Y. Yadin, *The Scroll of the War of the Sons of Light against the Sons of Darkness,* pp. 262 f.; Vermes, *DSSE,* pp. 124-5; P. R. Davies, *IQM, the War Scroll from Qumran* (1977), pp. 26-8 を見よ．

76) Charles, *Apocryphya and Pseudepigrapha* II, p. 91. にある概略を見よ．主要な箇所は以下のように書かれている．ヨベル2：33「この（安息日の）律法と証言は，未来永劫代々にわたって永遠に続く律法としてイスラエルの子らに授けられた」．6：14「そして（血を食することを禁じる）この律法には終わりの日がない．なぜならそれは永久に有効だからである」（6：11-14の全般）．13：25-6「そして主はそれ（初穂の10分の1税）を，主の前に仕える祭司たちに差し出し，彼らがこれを永久に受け取るように，永久的規定として定められた．この掟には日数の制限がなく，彼はそれを永遠に続く代々の者に規定している……」．15：25「この法（割礼）は永久に，全ての代々に有効な律法であり，一時的な割礼はない．……むしろこれは永遠に続く規定として定められ……」．15：28-9「しかしあなたはイスラエルの子らに命じてこの契約のしるしを代々にわたって永遠に続く規定として守らせよ．……なぜならこの掟は彼らがそれを永遠に全てのイスラエルの子らにわたって保持すべき契約として定められたからである」．16：29-30（仮庵の律法）「……永遠に代々の掟として……これには日数の制

限はなく，イスラエルに対して永遠に定められている……」．30：10「（異邦人との婚姻を禁じる）この律法には日数の制限も，寛怒も，容赦の余地もない……」．32：10「この律法（第2の十分の一税）には，永遠に日数の制限はない．33：16-17「……あなたの時代になってそれ（近親相姦を禁じる律法）が，季節や日の律法，未来永劫代々に渡る永遠に続く律法として，［啓示された］．この律法の期限はきれることなく……」．49：8（過越の律法）は永遠に続く定めであり……これには日数の制限はない．永遠にむけて制定されているからである」．

77）　シュモネ・エスレーの第17の祝福（上記155頁）を見よ．ペサ10：6の過越の儀式も参照．

78）　ダニ12：2，ソロ詩3：16，エチ・エノク51：1-5を参照．さらには，下記290-1頁註90（復活についての文献）を見よ．

79）　Str. -B. II, p. 552 を参照．

80）　クムランのテクストでは，礼拝と戦争で共同体の成員は天使たち（光の子たち）と連合している．Black, *Scrolls and Christian Origins,* p. 139-40; Vermes, *DSS,* pp. 175-84 を見よ．

81）　Str. -B. III, pp. 823-7; IV, pp. 799-1015; Moore, *Judaism* II, pp. 375-6; H. Bietenhard, *Das tausendjährige Reich* (1955); Klausner, *Messianic Idea,* pp. 420-6; Mowinckel, *He that Cometh,* pp. 277, 321, 324 f., 367 f., 403 f.; Bousset, *Religion[4],* pp. 248 f.; J. Massingberd Ford, *Revelation* (Anchor Bible, 1975), pp. 350 f.（教父たちの論及を含む）を参照．

82）　BT サンヘ 99a. Klausner, *Messianic Idea,* pp. 420 を参照．

83）　ラテン語訳及びひとつのアラビア語版では 400 という数字（第2アラビア語版では1千）になっている．シリア語版では 30. エチオピア語とアルメニア語版ではそれは全く欠落している．

84）　BT サンヘ 97a. Klausner, *Messianic Idea,* pp. 420-6 を参照．

85）　マタ19：28：παλιγγενεσία〔再生〕を参照．Dalman, *Words of Jesus,* pp. 177-9; Str. -B. III, pp. 840-7（黙21：1について）Volz, *Eschatologie,* pp. 338-40; S. Mowinckel, *He that Cometh,* p. 275; Black, *Scrolls,* p. 134 ff.; Bousset, *Religion[4],* pp. 280-2 を見よ．クムランでの概念（ועשות חדשה〔新しい創造〕）に関しては 1QS 4:25 を見よ．275 頁を参照．

86）　ブラホ1：5；ペア1：1；キドゥ4：14；バ・メツィ2：11；サンヘ10：1-4；アヴォト2：7；4：1, 16, 17；5：19；シリア・バルク44：15；48：50；73：5；IVエズラ6：9；7：12-13, 42-3；8：1. Dalman, *Words of Jesus,* pp. 147-58; Moore, *Judaism* II, pp. 377-95; Volz, *Eschatologie,* pp. 64-6; Klausner, *Messianic idea,* pp. 488-91; Mowinckel, *He that Cometh,* pp. 263 f.; Bousset, *Religion[4],* pp. 243-6; J. Maier, *Geschichte der jüdischen Religion* (1972), pp. 180-1; TDNT s. v. αἰών Enc. Jud. 6, col. 874-80; 12, cols. 1355-7.

87）　申11：21 のスィフ（47），ed. Finkelstein, p. 104「天が地をおおうと同じだけ長くלעולם הבא，そのあなたの日々は多くされる בעולם הזה. そしてあなたたちの子孫の日々もלימות המשיח」．

88）　聖書との接点は，（1）神が審判のために到来するとき火に囲まれているという理念，ダニ7：9-10．Iコリ3：13；IIテサ1：8を参照．（2）神の怒りの前で天的諸力と地上の被造物が溶解するという預言者たちのイメージ（イザヤ34：4 ונמקו כל צבא השמים

〔天の全軍は朽ちる〕，64：1-2 の七十人訳）．しかし，火によるこの世の真の破滅といいう概念はこれら2つをしのぐ．すなわち，ユスティノスにおける偽ソフォクレス『君主論』3，及びアレクサンドリアのクレメンス『ストロマテイス』vi 4, 121-2 ＝エウセビオス，『福音の準備』xii 13, 48；シビュラ4：172-7 ユスティノスにおけるヒュスタペス，*Apol*. i 20；ヒッポリュトス『フィロソフーメナ』ix 30 は ἐκπύρωσις〔大火災〕の用語を採用する．キリスト教資料では，Ⅱペト 3：10-12；シビュラの託宣のキリスト教的箇所，E. Fehr, *Studia in Oracula Sibyllina* (1893), pp. 72-3. ケルソスは ἐκπύρωσιςについての教えをキリスト教徒の間で顕著であると見なしている，オリゲネス，『ケルソス反駁』，iv 11. W. Bousset, *The Anti-Christ*, pp. 238-9; Volz, *Eschatologie*, pp. 318 ff.; Bousset, *Religion*[4], pp. 281-2, 512, 517 も参照．ユダヤ人キリスト教徒の ἐκπύρωσις についての教えはストア派のものとは異なっている．後者の歴史については，フィロン『世界の不滅』を参照．ここではストア派の教えは，ペリパトス学派の見地から論駁されている．R. Arnaldez の *Les oeuvres de philon d'Alexandrie*, vol. 30 (1969) 中の『世界の不滅』への概論を参照．ヨセフス『古代誌』i 2, 3（70）；アダ生涯 49：3；1QH 3:29-32；Vermes, 'La secte juive de la Nouvelle Alliance d'après ses Hymnes récemment découverts', Cahiers Sioniens 4 (1950), pp. 192-5; R. Mayer, *Die biblische Vorstellung von Weltenbrand: eine Untersuchung über die Beziehungen zwischen Parsismus und Judentum* (1956); Black, *Scrolls and Christian Origins*, pp. 136-7; *Scrolls and Christian Doctrine*, pp. 19-20; M. Hengel, *Judaism and Hellenism* II (1974), p. 135. も参照．

89) Ⅳエズラ 7：31-4 によれば，この順序は（1）世界の更新，（2）全人的復活，（3）最後の審判である．

90) Moore, *Judaism* II, pp. 378-9; Volz, *Eschatologie*, pp. 229-56; A. T. Nikolainen, *Der Auferstehungsglaube in der Bibel und ihrer Umwelt* (1944); H. Riesenfeld, *The Resurrection in Ezekiel xxxvii and in the Dura-Europos Paintings* (1948); A. Marmorstein, *Studies in Jewish Theology* (1950), pp. 145-78; G. Molin, 'Entwicklung und Motive der Auferstehungshoffnung von Alten Testament bis zur rabbinischen Zeit', Judaica 9 (1953), pp. 225-39; R. Martin-Achard, *De la mort á la resurrection d'aprés l'Ancien Testament* (1956); S. Mowinckel, *He that Cometh* (1956), 特に pp. 234 f., 273 f.; H. Bardtke, *Der Erweckungsgedanke in der exilisch-nachexilischen Literatur des Alten Testaments,* BZAW 77 (1958); K, Schubert, 'Die Entwicklung der Auferstehungslehre von den nach-exilischen bis zur frührabbinischen Zeit', BZ 6 (1962), pp. 177-214; M. Black, *Scrolls and Christian Origins*, pp. 141 f.; S. Lieberman, 'Some Aspects of After Life in Early Rabbinic Literature', *H. A. Wolfson Jubilee Volume* (1965), pp. 495-532; Bousset, *Religion*[4], 特に pp. 169 f., 270 f.; G. W. E. Nickelsburg, *Resurrection, Immortality and Eternal Life in Intertestamental Judaism* (1972); H. C. C. Cavallin, *Life after Death: Paul's Argument for the Resurrection of the Dead in 1 Cor. 15. Part I: An Enquiry into the Jewish Background* (1974)（参考文献表目録 pp. 217-43）．クムランの死後の生への信仰の性質については議論されている．巻物の中で描写されている不死についての見方は，ルカ 20：35 以下と同一のものだという見解を示す研究者もいる．ルカでは，男たちと女たちが（全人的な？）復活で「天使のように」なるとされる．F. Nötscher, *Zur theologischen Terminologie der Qumran-Texte* (1956),

註　　　　291

pp. 149-57; R. E. Laurin, 'The Question of Immortality in the Qumran Hodayot', JSS 3 (1958), pp. 344-55. （ラウリンはエッセネ派はいかなる復活の教説も持っていなかったと 否 定 す る．）M. Black, *Scrolls and Christian Origins,* p. 139 ff.; J. van den Ploeg, 'The Belief in Immortality in the Writings of Qumran', Bibliotheca Orientalis XVIII, 1-2 (1961), pp. 118-24; Vermes, *DSSE,* p. 51; *DSS,* pp. 186-8, 196-7 を参照．Enc. Jud. 14, cols. 96-103 も参照．

91）　この用語が現われるのは，例えば，ブラホ 5：2．ソタ 9：15．サンヘ 10：1．

92）　『古代誌』xviii 1, 4（16）；『戦記』ii 10, 14（165）；使 23：8．上記 118-9 頁を参照．

93）　ソロ知 3：1-9；4：7；5：15-16；6：19-20．C. Larcher, *Études sur le livre de la Sagesse,* pp. 237 f. を参照．フィロンに関しては，E. R. Goodenough, 'Philo on Immortality', HThR 39 (1946), pp. 85, 108; H. C. C. Cavallin, *Life after Death* (1974), pp. 135 f.; Ⅳマカ 9：8；13：16；15：2；17：5, 18；18：23 を参照．ヨセフスに従えば，エッセネ派は復活を教えなかったが，魂の不死は教えた．『古代誌』viii 1, 5（18），『戦記』ii 7, 11（154）を見よ．Black, *Scrolls and Christian Origins,* pp. 187-91 を参照．ヨベル 23：31（「彼らの骨は地中にやすらい，霊は深い喜びを味わうであろう」）も参照．エチ・エノク 103：2-4：「私はこの奥義を知っている．すなわち……ありとあらゆる幸せと喜びと栄誉が彼らのために備えられており，義のうちに死んだ者たちの霊のために書き記されてあり，君たちには労苦の報いとして幸せが豊かに授けられる．……あなたたちの霊，義の内に死んだ君たちの（霊）は生を得，生きて喜び嬉しい．彼らの霊は滅びず，彼らの記憶は大いなる方の前に世界の全ての世代に渡って覚えられる」を参照．トビト 3：6-10 も参照．R. H. Charles, *A Critical History of the Doctrine of the Future Life in Israel, in Judaism, and in Christianity* (1899); N. Söderblom, *La vie future d'après le Mazdéisme à la lumière des croyances parallèles dans les autres religions: Étude d'eschatologie comparée* (1901); N. Messel, *Die Einheitlichkeit der jüdischen Eschatologie,* BZAW 30 (1915); H. Bietenhard, *Die himmlische Welt im Urchristentum und Spätjudentum* (1951), pp. 183-4; J. van den Ploeg, 'L'immortalité de l'homme d'après les textes de la Mer Morte', VT 2 (1952), pp. 171-5; 3 (1953), pp. 191-2; O. Cullmann, *Immortality of the Soul or Resurrection of the Dead* (1958); R. E. Laurin, *op. cit.*（上記註 90）；Cavallin, *op. cit.*, 特に エチオピア語エノク書についての pp. 40 f., ソロモンの詩篇について pp. 57 f., フィロンについて pp. 135 f., ヨベル書について pp. 36 f., 初期ラビ伝承について pp. 171 f. の諸箇所；上記註 90 にある G. W. E. Nickelsburg, *op. cit.* pp. 174 ff. を見よ．

94）　この点については，Moore, *Judaism* II, pp. 301-3; Volz, *Eschatologie,* pp. 256 ff. Bousset, *Religion*[4], pp. 295-6 を参照．この中間の状態についての教父と新約聖書の見解については，註 96 と 101 にある文献を見よ．

95）　エチ・エノク 22：13 ははっきりと，義人が再び甦ることを前提にしている．ここでは，一般の終末論と同様，はっきりと 22 章の記事は 1-36 章の大部分と一致していない．1-36 章の終末論については，上記 233 頁を参照．Bietenhard, *Die himmlische Welt,* p. 70 f. を参照．

96）　ルカ 16 章のたとえ話のこの解釈は，初期の教会教父たちによって非常に強調的に擁護される．彼らは一貫して，敬虔な死者はすぐに天へ引き上げられるのではないと強

292　　　　　　　第 29 節　メシア信仰

調している．彼らは時折死後義人が赴く場所を「楽園」と呼ぶが，これが天にある場所と見なしていない．主要なテクストは，ユスティノス『トリュフォンとの対話』5章（ed. Otto, p. 24）；80 章（ed. Otto, p. 290）も同様；エイレナイオス『異端反駁』ii 34, 1；v 5, 1；v 31, 1-2．テルトゥリアヌス，『霊魂について』55, 58,；『死者の復活について』43．特に詳しくは，Περὶ τοῦ παντός 断片においてヒッポリュトス，ed. K. Holl, *Sacra parallela* (1899) からの *Fragmente vornicänischer Kirchenväter*, pp. 137-43; J. N. Sevenster, *Leven en dood in de Evangeliën* (1952), p. 127; K. Hanhart, *The Intermediate State in the New Testament* (1966), pp. 16-42, pp. 80 f.; pp. 190 f.; H. Bietenhard, *Die himmlische Welt,* pp. 161 f.

97）　前註を参照．

98）　P. Grelot, 'La géographie mythique d'Hénoch et ses sources orientales', RB 65 (1958), pp. 33-69; J. T. Milik, 'Hénoch au pays des aromates', RB 65 (1958), pp. 70-7; *The Books of Enoch* (1976), pp. 37-41 を参照．

99）　註 93 で挙げた著作を参照．マカバイ記Ⅳの言説は特に注目に値する．この書は他の点ではファリサイ派の見解と非常に近いからである．このことは，その原型たるⅡマカ 7：9 で顕著な復活の希望を削除して，敬虔な者は天の神のもとへ迎えられるという期待にそれを置き換えているためなおさら注目すべきものである．すなわち，彼らは παρὰ θεῷ〔神のもとに〕いることだろう（9：8）．アブラハム，イサクとヤコブが彼らを受け入れる（13：16）．彼らは εἰς αἰώνιον ζωὴν κατὰ θεόν〔神により永遠の生命に〕いたる（15：2）．彼らは ἐν οὐρανῷ〔天において〕神のそばに立つ（17：5）．τῷ θείῳ νῦν παρεστήκασι θρόνῳ καὶ τὸν μακάριον βιοῦσιν αἰῶνα〔今では神の御座の傍らに立ち，祝福された生活を永遠に送っている〕（17：18）．F. -M., Abel, *Les Livres des Maccabées* (1949), p. 373; 18:23「彼らは先祖たちの一団に加えられる」を参照．R. B. Townsend in Charles, *Apocrypha and Pseudepigrapha* II, p. 662（「明らかに肉体の復活はない」）を参照．また同様に M. Hadas, *The Third and Fourth Books of Maccabees* (1953), p. 121 も見よ．不死に対するこの信仰の型は，クムラン教団によって好まれたそれと同一であるように見える．Black, *Scrolls and Christian Origins,* pp. 138 f.; 上記註 90 を参照．Str. -B. II, pp. 266-7; IV, pp. 1139-40. Bietenhard, *Die himmlische Welt,* pp. 180 ff. も参照．

100）　ユスティノス『トリュフォンとの対話』，(ed. Otto, p. 290, ed. 3)：οἱ καὶ λέγουσι μὴ εἶναι νεκρῶν ἀνάστασιν, ἀλλὰ ἅμα τῷ ἀποθνῄσκειν τὰς ψυχὰς αὐτῶν ἀναλαμβάνεσθαι εἰς τὸν οὐρανόν, μὴ ὑπολάβητε αὐτοὺς χριστιανούς〔また彼らは，死者の復活はない，むしろ死ぬと同時に彼らの魂は天に上げられると主張する．こういう彼らをキリスト教徒たちとみなしてはならない〕．5 章, ed. Otto, p. 24 も参照．エイレナイオス『異端反駁』v 31, 1-2 は，「内的人間」〔霊〕が肉体を離れると 'in supercoelestem ascendere locum' 〔天上界へ昇ること〕（v 31, 2）を語る者らの教えを異端として断固斥ける．同様にヒッポリュトスは Περὶ τοῦ παντος の断片で徹底的な論争を行なっている（K. Holl, *Fragmente vornicänischer Kirchenväter,* pp. 137-43）．

101）　新約聖書の教義については特に，TDNT, s. v. ᾅδης, I, pp. 146-50; s. v. παράδεισος, V, pp. 763 f.; O. Michel, *Der Mensch zwischen Tod und Gericht, Theol. Gegenwartsfragen* (1940), pp. 6-28; J. Jeremias, 'Zwischen Karfreitag und Ostern', ZNW 42 (1949), pp. 194-

201, 特に p. 200; E. Lohmeyer, *Philipper-Kolosser-Philemon-Briefe* ([13]1964) のフィレ 1：23 及び 3：10 については，pp. 63 f., 138 f.; を参照．上記註 96 で引用した文献も見よ．特に，K. Hanhart, *op. cit.*, p. 104 f. 181. テルトゥリアヌスは，殉教者のみが死後直ちにキリストのもとへ行くと明確に述べている，『死者の復活について』43：'Nemo enim peregrinatus a corpore statim immoratur penes dominum nisi ex martyrii praerogativa'〔なぜなら，殉教の特権からでなければ誰も体から遊歴して直ちに主の側にとどまることはない〕.

102） TDNT s. v. παράδεισος, V, p. 769 を参照．V. Hanhart, *op. cit.*, pp. 205 f. も見よ.

103） 『古代誌』xviii 1, 3（14）は復活について特別なことは何も言っていないが，ただ簡単に「魂は死を生きのびる力をもっている」と述べている．ただし『戦記』ii 8, 14（163），「……あらゆる魂は……不滅のものである．しかし良き魂だけが他の肉体へと移る（他方，悪しき者の魂は永遠の懲罰を苦しむ）」．このことは，Thackeray, *Selections from Josephus* (1919), p. 159 によって，輪廻転生への言及が含まれていると解釈されている．彼は『戦記』iii 8, 5（374）：「……彼らの魂（義人たちの魂）は……天の最も聖い場所を割り当てられている．そしてそこから，時代が巡り行く中で，純潔な肉体の中に新しい住処を見つけるために戻ってくる」を比較している．しかし，L. H. Feldman はロエブ版の『古代誌』xviii 1, 3（14）の註で，これを復活信仰として正しく解釈している．輪廻転生はファリサイ派の教義ではなかったと考えられるからである．しかし，ヨセフスにおけるこれら全ての記事には，魂の不死に関する当時のギリシア思想への何らかの適応があったのかもしれない．G. Maier, 'Die jüdischen Lehrer bei Josephus', *Josephus-Studien (Festschrift für O. Michel)*, ed. O. Betz *et al.* (1974), pp. 264-5 も参照.

104） ミシュナーの中では，特にアヴォト 4：22：「生まれた者は死すべく，死者は甦らせられるべく，そして甦らせられた者は審判の前に立つべく運命づけられている．人々は，彼が全能者である等のことを，学び，教え，確信するかもしれない」を参照．サンへ 10：3 も，ただ例外的に，人生の中で既に裁きを受けている個々の顕著な罪人について，審判のために復活させられることはないだろうと述べるという点で，復活は全人的なものになると想定している.

105） この「終末論的な」ラッパの響きについては，Bousset, *The Anti-Christ Legend*, pp. 247-8; Moore, *Judaism* II, pp. 63-4; G. Friedrich, TDNT VII, pp. 71-88; Vermes, *Scripture and Tradition*, pp. 213-14 を見よ．Ⅰコリ 15：52 とⅠテサ 4：16 の註解も参照.

106） C. H. Toy, *Judaism and Christianity* (1890), pp. 372-414; R. H. Charles, *Eschatology, Hebrew Jewish and Christian* (1899), pp. 196 f; Moore, *Judaism* II, pp. 292 f; Volz, *Eschatologie*, pp. 272-331, 359-408; S. Mowinckel, *He that Cometh*, pp. 273 f; F. Nötscher, *Zur theologischen Terminologie der Qumran-Texte* (1956), pp. 158 f; Bousset, *Religion*[4], pp. 202-30; S. G. F. Brandon, *The Judgement of the Dead* (1967), pp. 67-75; G. W. E. Nickelsburg, *Resurrection, Immortality and Eternal Life in Intertestamental Judaism* (1972), pp. 39-43.

107） これらの天的な書物については特に，A. von Harnack のヘルマス，幻 i 3, 2 への註；Charles, *The Book of Enoch* (1912), pp. 91-2; Bousset, *Religion*[4], p. 158 を参照.

108） ヘブライ語は גיהנום. キドゥ 4：14；エドゥ 2：10；アヴォト 1：5；5：19, 20. タルグムとタルムードでは頻繁に見出される．新約聖書では γέεννα: マタ 5：22, 29-30；10：

28；18：9；23：15,33；マコ9：43,45,47；ルカ12：5；ヤコ3：6；Gê-hinnom（ヒン
ノムの谷）は，イスラエル人がモレクに対して犠牲をささげたエルサレム近くの谷：
エレ32：34-5，王下21：4-5を参照；G. Fohrer, *History of Islaelite Religion* (1973), p. 53
を見よ．それ故エレミヤは，まさに同じ場所が，イスラエル人が殺戮される破滅の，
恐るべき血の海の場所になると預言した（エレ7：31-32，19：5-6）．後にエチ・エノ
ク（26-7章）では，この期待は，全ての悪しき者が彼らに下されるべき審判のために
この谷の中に集められると明確に表現される．ここではゲヒノムの名は挙げられてい
ないが，シオンとオリーブ山の間にある谷とはっきり記されている．従ってそれはそ
の時まだエルサレム近くの実在の谷である．Milik, *The Books of Enoch*, pp. 44-5を参照．
しかし結局は，ゲヒノムは，神無き者たちが投げ込まれる地下世界の懲罰の場所と考
えられる．後のラビたちの描くゲヒノムについては，A. Jellinek, *Bet ha-Midrasch* I, pp.
147-9; II, pp. 48-51; V, pp. 48 f.を見よ．さらには，R. H. Charles, *Eschatology, Hebrew, Jewish
and Christian* (1899), pp. 156 f, 188, 225, 237 f, 251 f; 286, 302; Moore, *Judaism* II, pp. 301
f, 339, 387, 391 f; Volz, *Eschatologie,* pp. 327 f; A. Schlatter, *Der Evangelist Matthäus*
(1948), p. 171; H. Bietenhard, *Die himmlische Welt,* pp. 205 f.; F. Nötscher, *Zur theologischen
Terminlolgie der Qumran-Texte,* pp. 160 f.; Str. -B. IV, pp. 1016-1165; RE VI, cols. 418 f.;
TDNT, γέεννα, I, pp. 655-6; Enc. Jud. 12, cols. 996-8を参照．他方，ハデスとその暗闇も
また，邪悪な者たちの将来の運命として描かれる．例えば，ソロ詩14：6，15：11，
16：2．TDNT, s. v. ᾅδης I, pp. 146-50を参照．

109) イザ66：24；ダニ12：2；マタ3：12；25：46；ルカ3：17；遺ゼブ10：遺アセル
7：5；遺ルベン5：5；1QS 4:12-13；『戦記』ii 8, 14 (163)：ἀιδίῳ τιμωρίᾳ；永遠の懲
罰『古代誌』xviii 1, 3 (14)：εἱργμὸν ἀΐδιον 永遠の牢獄（両節は，上記88-91頁でそれ
ぞれの文脈で引用されている）．Str. -B. IV, pp. 1022 f,; A. Schlatter, *Der Evangelist
Matthäus,* ad Mt. 25:46, p. 728; TDNT, s. v. κόλασις, III, p. 817を参照．ポリ殉2：3；II
クレ6：7；ディオ手紙10：7も参照．

110) エドゥ2：10「ラビ・アキバは言った．『……来るべきゴグとマゴグの懲罰は12ケ
月続くだろう．そしてゲヘナの不義なる者たちの懲罰は12ケ月続くだろう』．しかし
これは疑いもなくイスラエルの罪人だけに適用される．通例としては，地獄での懲罰
は永遠のものである．D. Castelli, 'The Future Life in Rabbinical Literature', JQR 1 (1880),
p. 345を見よ．Tサンへ13：4（イスラエルと諸民族の悪しき者たちは，12ケ月が終わ
ると全滅させられる）．シャマイ学派によれば（Tサンへ13：3），内部に善と悪が平等
にバランスをとっている者たちはゲヒノムに下り，そして癒されるために戻ってくる
（BTバ・メツィ58bも参照）．地獄行きは一時的なものだとする他の文献支持もある：
「来るべき世にはゲヒノムはない」（BTネダ8b）．クムランの見解は，悪しき者の懲罰
がここでは完全な破滅と永遠の苦しみの両方として描かれているから，明確ではない．
特に1QS 4:11-14を参照．

111) ラビのヘブライ語では，楽園は通常 גן עדן で表記される（例えば，アヴォト5:20），
あるいは פרדס である．後者の方がまれである（ミシュナーの中では，それは本来の
意味では「園」を指すにすぎない．サンへ10：6；フリ12：1；アラヒ13：2）．十二
族長の遺訓では両方が出てくる（遺ダン5では Ἐδέμ；遺レビ18では παράδεισος）．

註 *295*

新約聖書では παράδεισος：ルカ 23：42；Ⅱコリ 12：4；黙 2：7. 新約聖書のシリア語
訳は，παράδεισος を時として「エデンの園」と翻訳し，時としてギリシア語の言葉を
そのまま訳にあてている．恒久的な至福の場所としての楽園は，天上にあるものと考
えられることになる．エチ・エノク 32 章によれば，それは地上からはるか離れたとこ
ろにある．Jellinek, *Bet ha-Midrasch* II, pp. 48-51, 52 f.; III, pp. 131-40, 194-8; IV, pp. 151-
2 にあるラビたちの描写．一般的にルカ 23：43；Ⅱコリ 12：4；黙 2：7 についての註
解書，E. Klostermann, *Das Lukasevangelium* (1919), pp. 530-1（16：22 について）及び
p. 597（23：43 について）; H. Windisch, *Der zweite Korintherbrief* (1924), 及び C. K. Barrett,
The Second Epistle to the Corinthians (1973), ad 2 Cor. 12:4; G. R. Beasley-Murray, *The Book
of Revelation* (1974), pp. 79 f.; J. Massyngberde Ford, *Revelation* (1975), p. 358; Str. -B. ad
Lk. 23:43, II, pp. 264-9; Moore, *Judaism* II, pp. 303 f., pp. 390 f.; Bietenhard, *Die himmlische
Welt,* pp. 170 ff.; TDNT, s. v. Παράδεισος (J. Jeremiaas), V, pp. 763-71; P. Grelot, *op. cit.* 及び
上記註 98 の J. T. Milik, *op. cit.*; Enc. Jud. 13, cols. 77-85 を見よ．

112) A. Wünsche, יסורי המשיח あるいは *Die Leiden das Messias* (1870); また註 123 で触れら
れる Neubauer と Driver の著作；G. Dalman, *Der leidende und der sterbende Messias der
Synagoge im ersten nachchristlichen Jahrtausend* (1888); C. H. H. Wright, 'The Pre-Christian
Jewish Interpretation of Is. LII, LIII', The Expositor 7 (1888), pp. 364-77, 401-20 を参照．さ
らに Str. -B. I, pp. 481-5, II, pp. 273-99; Moore, *Judaism* I, pp. 551-2, III, p. 63, p. 166; J.
Jeremias, Ἀμνὸς τοῦ θεοῦ — παῖς θεοῦ, 'ZNW 34 (1935), pp. 115-23; P. Seidelin, 'Der Ebed
Jahwe und die Messiasgestalt in Jesajatargum', ZNW 35 (1936), pp. 194-231; J. J. Brierre-
Narbonne, *Le Messie souffrant dans la littérature rabbinique* (1940); E. Lohmeyer,
Gottesknecht und Davidsohn (1945); C. C. Torrey, 'The Messiah Son of Ephraim', JBL 66
(1947), pp. 253-77; I. Engnell, 'The 'Ebed Yahweh Songs and the Suffering Messiah in
"Deutero-Isaiah"', BJRL 31 (1948), pp. 54-93; C. R. North, *The Suffering Servant in Deutero-
Isaiah* (1948); H. H. Rowley, *The Suffering Servant and the Davidic Messiah* (1950); W. H.
Wolff, *Jesaia 53 im Urchristentum* (1950); J. Jeremias, 'Zum Problem der Deutung von Jes.
53 im palästinischen Spätjudentum', in *Aux Sources de la Tradition Chrétienne,* Mélanges
offerts à M. Goguel (1950), pp. 113-19; M. Black, 'Servant of the Lord and Son of Man',
Scot. Journ. Theol. (1953), pp. 1-11; H. Hegermann, *Jesaja 53 in Hexapla, Targum und
Peschitta* (1954); TDNT. s. v. Παῖς θεοῦ, V, pp. 653 ff.; E. Lohse, *Märtyrer und Gottesknecht*
(1955); M. D. Hooker, *Jesus and the Servant* (1955); Klausner, *Messianic Idea,* p. 407;
Mowinckel, *He that Cometh,* pp. 300, 325 f., 410 f.; E. E. Urbach, *The Sages,* pp. 687-8 を考
慮に入れよ．

113) BT サンヘ 93b. Dalman, *op. cit.*, pp. 38-9 を参照．

114) BT サンヘ 98b. Wünsche, pp. 57 f.; Dalman, pp. 39 f. を参照．

115) 例えば Jeremias, TDNT, s. v. Παῖς θεοῦ.

116) Lohse, *op. cit.*（註 112）, p. 108, n. 4 の Hegermann, *op. cit.*（註 112）についてを参照．

117) J. T. Milik, *Ten Years of Discovery in the Wilderness of Judaea* (1959), p. 80 を参照．ただ
し M. Black, *The Dead Sea Scrolls and Christian Doctrine* (1966), pp. 14 f. 参照（ホダヨー
トの著者は彼の苦難に，まさにイザ 53 を適用している）．

296   第 29 節　メシア信仰

118)　BT サンヘ 98b. Wünsche, pp. 62-3; Dalman, pp. 36-7 を参照.

119)　מלך המשיח המתענה והמצטער בעד הפושעים שנ׳ והוא מחולל מפשעינו וגו׳ על אחת כמה וכמה
　　שיזכה לכל הדורות כלן הה׳׳ר ויהוה הפגיע בו את עון כלנו. Raymundi Martini . . . *Pugio Fidei
　　adversus Mauros et Judaeos* (repr. 1967), p. 175 を参照.

120)　Dalman, pp. 43 f. を見よ.

121)　トリュフォンとラビ・タルフォンの関係については，上記 70 頁を見よ.

122)　Moore, *Judaism* I, pp. 546-52; Lohse, *op. cit.* pp. 9-10; Vermes, *Scripture and Tradition,* pp.
　　202-4 を見よ.

123)　ユダヤ人によるイザ 53 章の解釈史については，オリゲネス『ケルソス反駁』i 55 と,
　　特に A. Neubauer and S. R. Driver, *The fifty-third chapter of Isaiah according to the Jewish
　　Interpreters* I：本文；II: 翻訳（1876-7）; J. Jeremias, Ἀμνὸς θεοῦ — παῖς θεοῦ, ZNW 34
　　(1935), pp. 115-23; παῖς θεοῦ TDNT V, pp. 616-713 を参照.

124)　後期ミドラシュと他のユダヤ人の著作にある箇所については，Wünsche, *op. cit.,* pp.
　　66-108 の中で見よ.

125)　さらに下記註 132 を見よ.

126)　特に A. Dupont-Sommer, K. G. Kuhn, J. Liver, R. E. Brown, A. S. van der Woude の著作
　　（上記 221-2 頁の文献表，また，Black, *Scrolls and Christian Origins,* pp. 145-63; Vermes,
　　DSSE, pp. 47-51; *Jesus the Jew,* pp. 132-7; *DSS,* pp. 184-8, 194-6 を見よ. クムランのメシ
　　ア信仰についての詳細な参考文献は, J. A. Fitzmyer, *The Dead Sea Scrolls. Major Publica-
　　tions and Tools for Study* (1975), pp. 114-18 を見よ.

127)　Black, *Scrolls and Christian Origins,* p. 148 f. を参照. メシアが「子を生む」ことに関
　　しての本文上の論争は，Y. Yadin, 'A Crucial Passage in the Dead Sea Scrolls', JBL 78
　　(1959), pp. 240-1; O. Michel-O. Betz, 'Von Gott gezeugt', *Judentum, Urchristentum, Kirche*
　　(J. Jeremias Festschrift), ed. W. Eltester (1960), pp. 11-12; を参照. Vermes, *Jesus the Jew,* pp.
　　199, 262-3 を見よ.

128)　1QSb 5:20; CD 7:20; エゼキエル書は，祭司的なクムラン教団にとって重要な権威で
　　ある. CD 3:18-4:2 を参照.

129)　Vermes, *DSSE,* p. 49; *DSS,* p. 185 を参照.

130)　R. E. Brown, 'The Teacher of Righteousness and the Messiahs', *The Scrolls and Christianity,*
　　ed. M. Black (1969), p. 43. エルアザルとバル・コクバについては，第 I〔II〕巻 321-2
　　頁を参照.

131)　K. G. Kuhn, 'The Two Messiahs of Aaron and Israel', *The Scrolls and the New Testament,*
　　pp. 57 f. K. Schubert, 'Die Messiaslehre in den Testamenten der 12 Patriarchen im Lichte der
　　Texte von Chirbet Qumran', *Akten des 24 internat. Orientalisten-Kongress, München, 1957*
　　(1959), pp. 197-8; P. Grelot, 'Le Messie dans les apocryphes de l'Ancient Testament', *La
　　venue du Messie* (1962), pp. 19-50; A. R. C. Leaney, *The Rule of Qumran and its Meaning,*
　　(1966), pp. 226-7 を参照.

132)　J. Srarcky, 'Les quatres étapes du messianisme à Qumrân', RB 70 (1963), pp. 481 ff. を見よ.
　　R. E. Brown, 'J. Starcky's Theory of Qumran Messianic Development', CBQ 28 (1966), pp.
　　51-7; Black, *The Scrolls and Christian Doctrine* pp. 5 f. を参照. 『共同体の規則』の第 2 写

本が 11 節（メシア預言）を削除していることを根拠に，スターキーは，ヘレニズムの最初期（およそ前 200-150 年）に（共同体の規則がこの非メシア的な形態で流布したとき），クムランではメシア信仰の完全な衰退があったと論じる．それはハスモン王朝時代（およそ前 160-50 年）に，祭司的メシアと世俗的メシアの教義をもって，再び目覚めさせられた．

133）「義の教師」の名称は，死海の巻物の用語法では確立されていたとしても，ヘブライ語の称号の翻訳としては疑わしい．A. M. Honeyman, 'Notes on a Teacher and a Book', JJS 4 (1953), p. 131:「Ṣedeq〔義〕の用語は，その（教師の）教えの道徳的な内容ではなく，彼の地位の正統性に言及している……」を見よ．J. Weingreen, 'The Title *Moreh Ṣedek*', JSS 6 (1961), pp. 162-74 も参照．対照的に，「義の教師」の語法に有利なものとして，Ⅱペト 2：5 にある，洪水前に悔い改めの説教をなしたノアに与えられたδικαιοσύνης κῆρυξ〔義の布告者〕の称号に注目せよ．Vermes, Cahiers Sioniens 4 (1950), p. 194 を参照．この教師が自身のものとして要求した地位とは，免職，追放，迫害された大祭司か，あるいはツァドク家の大祭司の職位の継承者を自任する者のいずれかの正統性ある地位でありえたにすぎない．特に，Black, *The Scrolls and Christian Doctrine* (1966), pp. 6 f. を，及び教師とその敵である「悪しき祭司」の同定については，下記註 134 を見よ．

134）死海の巻物の「登場人物」の同定については，Vermes, *DSSE,* ch. 3, 特に pp. 57 f.; *DSS,* pp. 150-5, 160 を見よ．悪しき祭司（הכוהן הרשע）は「祭司長」（כוהן הראש）に掛けた言葉遊びであるという示唆は，何人かの学者たちによってなされてきた．Black, *Scrolls and Christian Doctrine,* p. 7, n. 6 を参照．

135）יורה は，מורה の変化．

136）この表現については，274 頁を見よ．

137）Jeremias, *Der Lehrer der Gerechtigkeit* (1963), pp. 284 f. を参照．

138）J. Starcky, *op. cit.* を参照．

139）Starcky, *ibid.* Vermes, *Jesus the Jew,* pp. 136-7 及び註を参照．

140）上記 274 頁．

141）H. M. Teeple, *The Mosaic Eschatological Prophet* (1957), 特に pp. 49-73 を参照．

142）Vermes, *Discovery in the Judean Desert,* p. 221; *DSSE,* pp. 49-50; *Jesus the Jew,* pp. 94-6; *DSS,* pp. 185-6, 195; Teeple, *op. cit.,* pp. 51 f.; J. Jeremias, TDNT IV, pp. 863, 6 を参照．遺レビ 8：15 で，ヨハネ・ヒルカノスは，「至高者の預言者」の役割を任じられている．『戦記』i 2, 8（68）を参照．

143）本文については，A. S. van der Woude, 'Melchisedek als himmlische Erlösergestalt', Oudtestamentische Studien 14 (1965), pp. 354-73; M. de Jonge, A. S. van der Woude, '11Q Melchizedek and the New Testament', NTSt 12 (1966), pp. 301-26; J. T. Milik, 'Milkî-ṣedeq et Milkî-reša' dans les anciens écrits juifs et chrétiens', JJS (1972), pp. 96-109 を見よ．J. A. Fitzmyer, *Essays on the Semitic Background of the New Testament* (1971), pp. 221-67; Vermes, *DSSE*², pp. 265-8; *DSS,* pp. 82-3; F. L. Horton, *The Melchizedek Tradition* (1976), pp. 64-82 も見よ．

144）上記 255 頁を見よ．

298　　　　　　　　　　第 29 節　メシア信仰

145）　しかし F. L. Horton. *op. cit.* は，新約聖書へのクムラン型メルキゼデクのいかなる影響
をも否定する．

146）　Vermes, *DSSE,* p. 49 を参照．

147）　Black, *Dead Sea Scrolls and Christian Origins,* p. 135; A. R. C. Leaney, *The Rule of Qumran and its Meaning* (1966), pp. 160 f. を参照．

148）　Black, *op. cit.*, pp. 109 f. 第 4 洞窟から発見された偽ダニエルの収集（4Qps Dan Aª = 4Q243）にある，いわゆる「神の子」テクストが，ここで扱われるべきかどうかは未だ確かではない．J. A. Fitzmyer は，予備的に編集した非公式な版の中で，この文書は厳密な意味で黙示的だが，メシア的ではないと示唆している．アラム語原文とフィッツマイアーの訳については，'The Contribution of Qumran Aramaic to the Study of the New Testament', NTSt 20 (1974), p. 393 を見よ．Vermes, *DSS,* pp. 73-4 を参照．

II 555

第30節　エッセネ派

資料

フィロン『自由論』12（75）-13（91）；エウセビオス『福音の準備』における『ヒュポテティカ』（ed. K. Mras, GCS 43）viii 11, 1-18；『観想的生活』.

ヨセフス『戦記』ii 8, 2-13（119-61）；『古代誌』xiii 5, 9（171-2）；『古代誌』xviii 1, 2（11, 18-22）.

大プリニウス『博物誌』v 15/73.

全ての古典文献の便利な編集版として：フィロン，ヨセフス，プリニウス，シュネシオス，ヘゲシッポス，ヒッポリュトス，エピファニオスは，*Constitutiones Apostolorum,* ヒエロニムス，フィラストリウス，ニルス，セビリアのイシドロス，アンティオキアのミカエル，ソリヌス，ヨシッポン，アルベルトゥス・マグヌスは，A. Adam と C. Burchard, *Antike Berichte über die Essener* （²1972）を見よ.

18世紀末から20世紀初頭のエッセネ主義研究の包括的概観については，S. Wagner, *Die Essener in der wissenschaftlichen Diskussion* (1960) を見よ.

クムラン写本については，第 I 巻 175-8 頁を見よ.

参考文献表

(a) 文献目録的著作

Adam, A., Burchard, C., *Antike Berichte über die Essener* （²1972）, pp. 66-88.

Burchard, C., *Bibliographie zu den Handschriften vom Toten Meer* I-II (1957-65).

LaSor, W. S., *Bibliography of the Dead Sea Scrolls 1948-1957* (1958).

Jongeling, B., *A Classified Bibliography of the Finds of the Desert of Judah 1958-1969* (1971).

Fitzmyer, J. A., *The Dead Sea Scrolls, Major Publications and Tools for Study* (1975).

(b) クムラン以前の研究

Frankel, Z., 'Die Essäer nach talmudischen Quellen', MGWJ 2 (1853), pp. 30-40, 61-73.

Hilgenfeld, A., *Die jüdische Apokalyptik in ihrer geschichtlichen Entwicklung* (1857), pp. 243-86.

Hilgenfeld, A., *Ketzergeschichte des Urchristenthums* (1884), pp. 87-149. 'Noch einmal die Essäer', ZWTh 43 (1900), pp. 180-211.

Ginsburg, C. D., *The Essenes. Their History and Doctrines* (1864).

Lucius, P. E., *Der Essenismus in seinem Verhältniss zum Judenthum* (1881).

Friedländer, M., 'Les Esséniens', REJ 14 (1887), pp. 186-216. *Entstehungsgeschichte des Christenthums* (1894), pp. 98-142.

Friedländer, M., *Die religiösen Bewegungen innerhalb des Judenthums im Zeitalter Jesu* (1905), pp. 114-68.

Conybeare, F. C., *Philo about the Contemplative Life or the Fourth Book of the Treatise concerning Virtues* (1895).

Wendland, P., 'Die Therapeuten und die philonische Schrift vom beschaulichen Leben', Jahrb. f. class. Philol. Suppl. 22 (1896), pp. 695-772.

Lightfoot, J. B., *St. Paul's Epistles to the Colossians and to Philemon* ([3]1897), pp. 80-96, 347-417.

Zeller, E., 'Zur Vorgeschichte des Christenthums. Essener und Orphiker', ZWTh 42 (1899), pp. 195-269.

Zeller, E., *Die Philosophie der Griechen* ([4]1903), III, 2, pp. 307-84.

Kohler, K., art. 'Essenes', JE V, pp. 224-32.

Graetz, H., *Geschichte der Juden* III, 1 ([5]1905), pp. 90-8; III, 2 ([5]1906), pp. 698-705, 800-5.

Brandt, W., *Die jüdischen Baptismen oder das religiöse Baden im Judentum mit Einschluss des Judenchristentums* (1910), pp. 64-9, 143-4.

Bauer, W., art. 'Essener', RE Suppl. IV (1924), cols. 386-430.

Lightley, J. W., *Jewish Sects and Parties in the Time of Jesus* (1925), pp. 267-322.

Bousset, W., Gressmann, H., *Die Religion des Judentums im späthellenistischen Zeitalter* ([3]1926, [4]1966), pp. 456-68.

Lévy, I., *La légende de Pythagore de Grèce en Palestine* (1927), pp. 231-4, 264-93.

Cerfaux, L., 'Le baptême des Esséniens', RScR 19 (1929), pp. 248-65 [*Recueil L. Cerfaux* (1954), I, pp. 321-36].

Cumont, F., 'Esséniens et Pythagoriciens d'après un passage de Josèphe', CRAIBL (1930), pp. 99-112.

Lagrange, M.-J, *Le judaïsme avant Jésus-Christ* (1931), pp. 307-30, 581-6.

Marchal, L., art. 'Esséniens', DB Suppl. II (1934), cols. 1190-32.

Heinemann, I., art. 'Therapeutai', RE V[A] (1934), cols. 2321-46.

Thomas, J., *Le mouvement baptiste en Palestine et Syrie (150 av. J.-C.-300 ap. J-C.)* (1935). pp. 4-32.

(c) クムラン資料を活用した研究

Dupont-Sommer, A., *Aperçus préliminaires sur les manuscrits de la Mer Morte* (1950).

Brownlee, W. H., 'A Comparison of the Covenanters of the Dead Sea Scrolls with pre-Christian Jewish Sects', BA 13 (1950), pp. 50-72.

Baumgarten, J. M., 'Sacrifice and Worship among the Jewish Sectarians of the Dead Sea (Qumrân) Scrolls', HThR 46 (1953), pp. 141-59.

Vermes, G., *Les manuscrits du désert de Juda* (1953, [2]1954), pp. 57-66.

Delcor, M., 'Contribution à l'étude de la législation des sectaires de Damas et de Qumrân', RB 61 (1954), pp. 533-53; 62 (1955), pp. 60-75.

Braun, F.-M., 'Essénisme et Hermétisme', RThom 54 (1954), pp. 523-58.

Marcus, R., 'Pharisees, Essenes and Gnostics', JBL 73 (1954), pp. 157-61.

Molin, G., 'Qumrân-Apokalyptik-Essenismus', Saeculum 6 (1955), pp. 244-81.

Black, M., 'The Account of the Essenes in Hippolytus and Josephus' in *The Background of the N.T. and its Eschatology in Honour of C. H. Dodd* (1956), pp. 172-5.

Michel, O., 'Der Schwur des Essener', ThLZ 81 (1956), cols. 189-90.

Philonenko, M., 'La notice du Josèphe slave sur les Esséniens', Semitica 6 (1956), pp. 69-73.

Roberts, B. J., 'The Qumran Scrolls and the Essenes', NTSt 3 (1956), pp. 58-65.

Rubinstein, A., 'The Essenes according to the Slavonic Version of Josephus' *Wars'*, VT 6 (1956), pp. 307-8.

Vermes, G., *Discovery in the Judean Desert* (1956), pp. 52-61.

Ploeg, J. van der, 'The Meals of the Essenes', JSSt 2 (1957), pp. 163-75.

Rabin, C., 'Yaḥad, Ḥaburah and Essenes', *Sukenik Memorial* (1957), pp. 104-22 （ヘブライ語）.

Rabin, C., *Qumran Studies* (1957).

Rubinstein, A., 'Observations on the Old Russian Version of Josephus' *Wars'*, JSSt 2 (1957). pp. 329-48.

Carmignac, J., 'Conjecture sur un passage de Flavius Josèphe relatif aux Esséniens', VT 7 (1957). pp. 318-9.

Cross, F. M., *The Ancient Library of Qumran and Modern Biblical Studies* (1958, ²1961), pp. 52-79.

Kuhn, K.-G., 'The Lord's Supper and the Communal Meal at Qumran', *The Scrolls and the N.T.*, ed. K. Stendahl (1958), pp. 65-93.

Kuhn, K.-G., art. 'Essener', RGG II (³1958), cols. 701-3.

Smith, M., 'The Description of the Essenes in Josephus and the Philosophoumena', HUCA 29 (1958), pp. 273-313.

Grelot, P., 'L'eschatologie des Esséniens et le livre d'Hénoch', RQ 1 (1958), pp. 113-31.

Vaillant, A., 'Le Josèphe slave et les Esséniens', Semitica 8 (1958), pp. 39-40.

Medico, H. del, *Le mythe des Esséniens des origines à la fin du moyen âge* (1958).

Philonenko, M., 'Le Testament de Job et les Therapeutes', Semitica 8 (1958), pp. 41-53.

Roth, C., *The Historical Background of the Dead Sea Scrolls* (1958).

Strugnell, J., 'Flavius Josephus and the Essenes: Ant. xviii 18-22', JBL 77 (1958), pp. 106-15.

Black, M., 'The Patristic Accounts of Jewish Sectarianism', BJRL 41 (1959), pp. 285-303.

Roth, C., 'Why the Qumran Sect cannot have been Essenes', RQ 1 (1959), pp. 417-22.

Roth, C., 'Were the Qumran Sectaries Essenes?', JThSt 10 (1959), pp. 87-93.

Kosmala, H., *Hebräer-Essener-Christen* (1959).

Milik, J. T., *Ten Years of Discovery in the Wilderness of Judaea* (1959).

Vaux, R. de, 'Une hachette essénienne?', VT 9 (1959). pp. 399-407.

Zeitlin, S., 'The Account of the Essenes in Josephus and the Philosophoumena', JQR 49 (1959), pp-292-9.

Geoltrain, P., 'La contemplation à Qumrân et chez les Thérapeutes', Semitica 9 (1959), pp. 49-57.

Geoltrain, P., 'Esséniens et Hellénistes', ThZ 15 (1959). pp. 241-54.

Geoltrain, P., 'Le Traité de la Vie Contemplative de Philon d'Alexandrie', Semitica 10 (1960), pp. 5-67.

Simon, M., *Les sectes juives au temps de Jésus* (1960), pp. 42-73, 105-13.

Vermes, G., 'Essenes—Therapeutai—Qumran', Durham Univ. Journ. 21 (1960), pp. 97-115.

Vermes, G., 'The Etymology of "Essenes"', RQ 2 (1960), pp. 427-43 [PBJS, pp. 8-29].

Audet, J.-P., 'Qumrân et la notice de Pline sur les Esséniens', RB 68 (1961), pp. 346-87.

Gnilka, J., 'Das Gemeinschaftmahl der Essener', BZ 5 (1961), pp. 39-55.

Gnilka, J., 'Die essenischen Tauchbäder und die Johannestaufe', RQ 3 (1961), pp. 185-207.

Moehring, H. R., 'Josephus on the Marriage Customs of the Essenes' in *Early Christian Origins, in honour of H. R. Willoughby,* ed. A. Wikgren (1961), pp. 120-7.

Dupont-Sommer, A., *The Essene Writings from Qumran* (1961).

Black, M., *The Essene Problem* (1961).

Black, M., *The Scrolls and Christian Origins* (1961).

Laperrousaz, E. M., 'Infra hos Engadda', RB 69 (1962), pp. 369-80.

Burchard, C., 'Pline et les Esséniens', RB 69 (1962), pp. 533-69.

Vermes, G., 'Essenes and Therapeutai', RQ 3 (1962), pp. 495-504 (PBJS, pp. 30-6).

Delcor, M., 'Un roman d'amour d'origine thérapeute: le livre de Joseph et Asénath', Bull. Litt. Eccl. 63 (1962), pp. 3-27.

Talmon, S., 'A further Link between the Judaean Covenanters and the Essenes', HThR 56 (1963), pp. 313-19.

Daumas, F.-Miquel, -P., *De vita contemplativa, Les oeuvres de Philon d'Alexandrie* 29 (1963).

Jaubert, A., *La notion de l'alliance dans le judaïsme aux abords de l'ère chrétienne* (1963), pp. 477-82.

Nikiprowetzky, V., 'Les suppliants chez Philon d'Alexandrie', REJ 2 (1963), pp. 241-78.

Driver, G. R., *The Judaean Scrolls* (1965).

Black, M., 'The Tradition of the Hasidaean-Essene Ascetism', *Colloque de Strasbourg* (1965), pp. 19-32.

Rowley, H. H., 'The History of the Qumran Sect', BJRL 49 (1966), pp. 203-32.

Daumas, F., 'La "solitude" des Thérapeutes et les antécédents égyptiens du monachisme chrétien', *Philon d'Alexandrie. Lyon 11-15 septembre 1966* (1967), pp. 347-58.

Burchard, C., 'Solin et les Esséniens', *ibid.* 74 (1967), pp. 392-407.

Baumgarten, J. M., 'The Essene Avoidance of Oil and the Laws of Purity', RQ 6 (1967), pp. 183-92.

Philonenko, M., *Joseph et Aséneth* (1968), pp. 99-109.

Black, M., 'The Dead Sea Scrolls and Christian Origins', *The Scrolls and Christianity,* ed. M. Black (1969), pp. 97-106.

Negoïtsa, A., 'Did the Essenes survive the 66-71 War?', RQ 6 (1969), pp. 517-30.

Braun, H., *Spätjüdisch-häretischer und frühchristlicher Radikalismus. Jesus von Nazareth und die essenische Qumransekte* ([2]1969), pp. 67-89.

Albright, W. F.-Mann, C. S., 'Qumran and the Essenes' in *The Scrolls and Christianity,* ed. M.

Black (1969), pp. 11-25.

Guillaumont, A., 'A propos du célibat des Esséniens', in *Hommages à A. Dupont-Sommer* (1971), pp. 395-404.

Marx, A., 'Les racines du célibat essénien", RQ 7 (1971), pp. 323-42.

Murphy-O'Connor, J., 'The Essenes and their History', RB 81 (1974), pp. 215-44.

Hengel, M., *Judaism and Hellenism* I (1974), pp. 218-47.

Isser, S., 'The Conservative Essenes: A new Emendation of Antiquities XVIII 22', JSJ 7 (1976), pp. 177-80.

Baumgarten, J. M., '4Q Halakah^a5, the Law of Ḥadash and the Pentecontad Calendar', JJS 27 (1976), pp. 36-46.

Vermes, G., 'The Impact of the Dead Sea Scrolls on the Study of the New Testament', JJS 27 (1976), pp. 107-16.

Vermes, G., *The Dead Sea Scrolls: Qumran in Perspective* (1977), pp. 125-62.

Murphy-O'Connor, J., 'The Essenes in Palestine', BA 40 (1977), pp. 106-24.

Delcor, M. (ed.), *Qumrân. Sa piété, sa théologie et son milieu* (1978).

イエスの時代のパレスチナにおけるユダヤ教的生活の主流から離れて，1つの宗教共同体が存在した．それはユダヤ教的な土壌で育ったにも関わらず，多くの点で伝統的ユダヤ教とは著しく異なり，また民族的な展開には決定的な影響を及ぼさなかったが，それにも関わらず，中間時代のユダヤ人の歴史における特別な問題として，注目に値する．ヨセフスの例に従い，通例の慣習はこのエッセネ派ないしはエッサイオイの共同体を，ファリサイ派・サドカイ派に並ぶ，ユダヤ教の第3教派と位置付ける．しかしほとんど言うまでもないことだが，これは全く異なった種類の現象である．ファリサイ派やサドカイ派が大規模な政治＝宗教的党派であったのに対して，エッセネ派は，それ自体は部分的に政治的起源をもつにも関わらず，それは――その十分に発展した状態においては――むしろ修道会と比較されるべきものである．彼らについては多くのことが謎である．そもそも彼らの名称からして曖昧である．ヨセフスは彼らを普通 Ἐσσηνοί [1] と呼ぶが，Ἐσσαῖοι [2] とも呼ぶ．プリニウスにとっては彼らは Esseni であり，フィロンにとってはいつも Ἐσσαῖοι である．フィロンは，彼らの名前が ὅσιοι と関連させられるべきだと主張するが，これは実際のところは言葉遊びにすぎない [3]．この用語がセム語に起源することは一般的に支持されているが，その意味に関しては殆んど一致がない [4]．この語の由来として最も広く唱えられているのはシリア語の hase' 「敬虔」（ヘブライ語 חסיד の同義語）からというものである [5]．この説に従えば，Ἐσσηνοί は，חסין の独立複数形，Ἐσσαῖοι は強調的複数形 חסיא

に依拠するものと考えられるが [6], この説の弱点は, חסי がそのような意味ではユダヤ人のアラム語に全く立証されないということである.

クムランの発見以来, もう1つの語源が再び注目を集めている. אסיא ＝癒し人である [7]. これは以下のことと関連している. すなわち (1) エッセネ派が「病気を治療するための見識」とともに医薬品への関心を持っていたことに関するヨセフスの肯定的な記述 [8], (2) θεραπευταί とは単に「礼拝者」の意味ではなく, 身体と魂を癒す霊的な「癒し人」であるというフィロンの用語解釈 [9], (3) 死海文書と新約聖書を含めた, 中間時代の医術に関連する諸理念, である [10].

彼らの名称よりもさらにはっきりとしないのは, エッセネ派自体の起源である. ヨセフスは, 前150年頃のヨナタン・マカバイオスの時代において初めて彼らについて言及する [11]. 彼は特に, アリストブロスⅠ世の時代 (前105–104年) の, ユダと呼ばれたエッセネ派の1人に言及する [12]. それに従えば, この教派の起源は恐らく前2世紀に年代づけられる. しかし, この教派が全くのユダヤ教的運動なのか, あるいはそれは外国の影響下にあったのかどうかについてはまだ議論の対象である. エッセネ主義に関する古典文献資料, すなわちフィロン [13], ヨセフス [14] 及びプリニウス [15] は, この集団の起源と性格について基礎的な情報を提供する. しかし, 間もなく後述するように [16], もしクムランの巻物が同じ宗教共同体について述べているのであれば, 相当量のヘブライ語やアラム語で書かれた一次証言が, 現在エッセネ主義研究の基礎をなしている文献資料につけ加えられなければならない.

エッセネ派とクムランの教団が同一であることが仮説にすぎないのではなく, むしろかなり確実であるとすれば, この問題の取り扱いは2つの段階を経て進むことになる. 第1に, ギリシア・ラテン語資料のデータが脚註に挙げたクムランの並行記事によって評価されることになる. 第2に, 死海の巻物が体系的に調査され, その証言がフィロン, ヨセフス, プリニウスから得られる証言と比較検討されることである.

註

1) ヨセフスの著作全体で14回出てくる.『古代誌』xiii 5, 9 (171, 172 の2回), xiii 10, 6 (298)；xiii 11, 2 (311)；xv 10, 4 (372)；xv 10, 5 (373, 378 の2回)；xviii 1, 2 (11)；xviii 1, 5 (18)；『自伝』2 (10)；『戦記』ii 8, 2 (119)；ii 8, 11 (158)；ii 8, 13

(160)；v 4, 2 （145）.

2) 例えば，『古代誌』xv 10, 4（371）；xvii 13, 3（346）；『戦記』i 3, 5（78）；ii 7, 3 （113）；ii 20, 4（567）；iii 2, 1（11）.

3) 自由論 12（75）：διαλέκτου Ἑλληνικῆς παρώνυμοι ὁσιότητος〔敬虔というギリシア語に由来する者たち〕. 同 13（91）：τὸν λεχθέντα τῶν Ἐσσαίων ἢ ὁσίων ὅμιλον〔エッサイの人々あるいは敬虔なる者たちと言われるのと同じである〕. エウセビオス『福音の準備』viii 11, 1 （ed. Mras）καλοῦνται μὲν Ἐσσαῖοι, παρὰ τὴν ὁσιότητα, μοὶ δοκῶ, τῆς προσηγορίας ἀξιωθέντες〔敬虔なる者と並んで，エッサイの人々と呼ばれているが，私にはその呼び方がふさわしい者たちと思われる〕. フィロンがこれらの説明においてセム語の ḥase を考えていたということはありそうにないように思われる. 最初の箇所が示すように，彼は実際にその名前をギリシア語の ὁσιότης から導出している. M. Black, *The Essene Problem* (1961), p. 4, n. 2 を参照.

4) G. Vermes, 'The Etymology of "Essenes"', *PBJS* (1975), pp. 9-19 の詳しい調査を見よ.

5) 例えば F. M. Cross, *The Ancient Library of Qumran* (1958), p. 37, n. I; J. T. Milik, *Ten Years of Discovery* (1959), p. 80, n. 1; M. Hengel, *Judaism and Hellenism* (1974) 1, p. 175; II, p. 116, n. 455 を参照. Milik, DJD II, p164, Mur. no. 45 で地勢学的な用語 מצד חסידין「敬虔な者たちの要塞」をクムランのエッセネ派の施設を指すものと解釈していることも見よ.

6) 歯擦音が続いて重ねられる語頭の ח は，ギリシア語では ἐσσ あるいは ἀσσ と転写され得る. 例えば ἐσσήνης = חשן，『古代誌』iii 7, 5（163）；iii 8, 9（218）；’Ασσούρ = חצר，王上 10：23（七十人訳）；Ἐσσεβών = חשבון. חסידים は 1 つの σ で ’Ασιδαῖοι と綴られることに注意せよ. ヘレニズムのギリシア語は，無差別に -ηνός や -αῖος の語尾を用いる. それゆえ，アラム語の絶対形や強調形に訴えるのは，Ἐσσηνός/Ἐσσαῖος の説明に必要ではない. にも関わらず，2 つのセム語形は，ギリシア語の構造にいくらかは影響を及ぼしたかも知れない.

7) Vermes, *PBJS,* pp. 19-29. RQ 2 (1960), pp. 427-43 に最初に印刷された.

8) 『戦記』ii 8, 6（136）：σπουδάζουσι δ᾽ἐκτόπως περὶ τὰ τῶν παλαιῶν συντάγματα μάλιστα τὰ πρὸς ὠφέλειαν ψυχῆς καὶ σώματος ἐκλέγοντες· ἔνθεν αὐτοῖς πρὸς θεραπείαν παθῶν ῥίζαι τε ἀλεξητήριοι καὶ λίθων ἰδιότητες ἀνερευνῶνται〔彼らは古代人たちの文書に異常に熱心に探求する，そして特に霊魂と肉体の益になる文書を選び出す. それ故に，彼らは病気を治療するために薬草の根や各種の石の特性を調べるのである〕.

9) 『自由論』12（75）：λέγονταί τινες παρ᾽ αὐτοῖς ὄνομα Ἐσσαῖοι . . . κατ᾽ ἐμὴν δόξαν, οὐκ ἀκριβεῖ διαλέκτου Ἑλληνικῆς, παρώνυμοι ὁσιότητος, ἐπειδὴ κἂν τοῖς μάλιστα θεραπευταὶ θεοῦ γεγόνασιν, οὐ ζῷα καταθύοντες, ἀλλ᾽ ἱεροπρεπεῖς τὰς ἑαυτῶν διανοίας κατασκευάζειν ἀξιοῦντες〔彼らの間のある者たちは，エッサイの人々という名前で呼ばれている. しかし私の考えでは，正確なギリシア語ではないが，敬虔に由来すると思う. というのは，彼らはとりわけ神に仕える者たちであるから. すなわち命あるものを犠牲に献げてではなく，むしろ自分たちの思いを神にふさわしいものにつくりあげるのが価値あることと考えて（そうしているからだ）〕.

観想的生活 1(2)：θεραπευταὶ . . . ἐτύμως καλοῦνται, ἤτοι παρόσον ἰατρικὴν ἐπαγγέλονται κρείσσονα τῆς κατὰ πόλεις, ἡ μὲν γὰρ σώματα θεραπεύει μόνον, ἐκείνη δὲ καὶ ψυχὰς νόσοις κεκρατημένας χαλεπαῖς τε καὶ δυσιάτοις, ἃς ἐγκατέσκηψαν ἡδοναὶ καὶ ἐπιθυμίαι καὶ λῦπαι καὶ φόβοι πλεονεξίαι τε καὶ ἀφροσύναι καὶ ἀδικίαι καὶ τὸ τῶν ἄλλων παθῶν καὶ κακιῶν ἀνήνυτων πλῆθος, ἢ παρόσον ἐκ φύσεως καὶ τῶν ἱερῶν νόμων ἐπαιδεύθησαν θεραπεύειν τὸ ὄν, ὃ καὶ ἀγαθοῦ κρεῖττόν ἐστι καὶ ἑνὸς εἰλικρινέστερον καὶ μονάδος ἀρχεγονώτερον〔彼らは正当にも癒す者たちとも呼ばれている．次のいずれかの理由で，すなわち彼らは市中で癒しの術よりももっとすぐれた癒しの術をものにしているからか．というのは，市中での術は体だけを癒すが，この術はひどくて癒しがたい種々の病気に掴まってしまっている魂を癒すからである．すなわち快楽，情欲，苦悩，恐れ，強欲，無節操，不正，また数え切れないぐらい多数のその他の熱情や悪徳が襲いかかった魂を．あるいは〔彼らが癒しの者と呼ばれているのは，〕彼らが自然と聖なる律法から存在者に仕えることを教えられてきたからである．この存在者こそ，善よりもすぐれ，一者より純粋であり，単体よりも原初的である〕．

10) Vermes, *PBJS*, pp. 24-28; *Jesus the Jew*, pp. 59-63.

11) 『古代誌』xiii 5, 9（171）．

12) 『古代誌』xiii 11, 2（311），『戦記』i 3, 5（78-80）．

13) 『自由論』12（75）-13（91）；とエウセビオスからの断片，『ユダヤ人のための弁明』或いはヒュポテティカ（『福音の準備』viii 11, 1-18 ed. Mras, GCS 43, I, pp. 455-7）；Adam-Burchard, *Antike Berichte über die Essener* (Kleine Texte 182,1972). これら 2 つの報告とフィロンの『観想的生活』の真正性はもはや疑う余地はない．Adam-Burchard, pp. 7, 13, 75 f. と下記 345-53 頁で引用された文献を見よ．さらに，H. L. Goodhart and E. R. Goodenough, *Politics of Philo Judaeus* (1938); S. Wagner, *Die Essener, Die Therapeutenfrage*, pp. 194-202; L. H. Feldman, *Studies in Judaica* 中の *Scholarship on Philo and Josephus* (1937-62), p. 3; M. Petit, *Quod omnis probus liber sit* (*Les oeuvres de Philon*, 28) (1974), pp. 20-5; F. Daumas, *De vita contemplativa (ibid. 29)* (1963), pp. 11-25 の中にあるエッセネ派とテラペウタイに関する参考文献も見よ．

14) 『戦記』ii 8, 2-13（119-61）；『古代誌』xiii 5, 9（171-3）；xv 10, 4-5（371-9）；xviii 1, 5（18-22）．ヨセフスのエッセネ派の個々人への言及とそれに付随する論評については，Adam-Burchard, pp. 22-5 を見よ．

15) *NH* V 15/73. フィラストリウス，ニロス，ヒッポリュトス，キュレネのシュネシオス，ヘゲシッポス，エピファニオス，ヒエロニムス，ソリヌス等の現存する資料は，フィロン，ヨセフスとプリニウスに多くを負っている．全般的には，Adam-Burchard *op. cit.* にある導入の言葉を見よ．さらに Black, *The Scrolls and Christian Origins*（ヒッポリュトス及びヨセフスにおけるエッセネ派），pp. 187-91; C. Burchard, 'Zur Nebenüberlieferung von Josephus' Bericht über die Essener Bell 2, 119-61 bei Hippolyt, Porphyrius, Josippus, Niketas Choniates und anderen', *Josephus-Studien* (O. Michel Festschr.), ed. O. Betz *et al.* (1974), pp. 77-96 を参照．ヒッポリュトスとポルフュリオスはヨセフスの『戦記』ii の記事を再現している．ソリヌス（後 3 世紀あるいは後 4 世紀前半の人物）は，プリニウスの明らかに手が加えられた版（Adam-Burchard, p. 68 を参照）に依って描いている．死海のほとりは，純潔の徳を修養するために特に適した地域であっ

たとする彼の「付加的」な情報は，彼自身の作り話のように見える．修道院長ニロス（後 430 年頃に没）は，エッセネ派と接触を持ったかもしれないユダヤ人哲学者や禁欲主義者に言及し，彼らを，ヨナダブを始祖とするレカブ人の末裔と見なしている（王下 10:15-18；エレ 35 章を参照）．Adam-Burchard, p. 70 を見よ．H. J. Schoeps, *Theologie und Geschichte des Judenchristentums* (1949), pp. 252 f. を参照．M. Simon, 'Les sectes juives d'après les témoignages patristiques', *Studia Patristica* I, TU 63 (1957), pp. 526 f.; Black, *The Scrolls and Christian Origins*, 'The Patristic Accounts of Jewish Sects', pp. 48-74 も見よ．A. Schmidtke, *Judenchristliche Evangelien*, TU III, 7 (1911), p. 206 も見よ．

ラビ文献の中で，とにかく名前を挙げた形では，エッセネ派は一度も言及されていない．ラビたちのほのめかしから同定しようとする試みに関しては，Wagner, *Die Essener*, pp. 114-27; Vermes, *Discovery*, pp. 48-52 を見よ．

16) 下記 331-2 頁を見よ．

I　フィロン，ヨセフス，プリニウスによるエッセネ派

1　共同体の組織

　フィロンとヨセフスは，彼らの時代のエッセネ派の人数を推定して4千人以上にのぼることでは一致している[1]. 我々の知る限り，彼らはパレスチナでのみ生活していた．エッセネ派とテラペウタイの全体的あるいは部分的な同定が妥当と見なされるのでなければ，彼らがそれ以外の地に存在したという決定的証拠は少なくともない[2]. フィロンによれば，町の住民の不道徳さゆえに彼らは都市を避けて主に村落に住んでいた[3]. しかし他の箇所では，彼は彼らがユダヤの多くの町にも住んでいたと言う[4]. ヨセフスによれば，彼らは（パレスチナでは）あらゆる町で見い出されることさえできた[5]. 従って，プリニウスの叙述を基に，彼らをエリコとエン・ゲディの間の死海のほとりのどこかの荒野にのみ求めるのは誤りであろう[6]. むしろ，そこの居住地は，最大の居住地の1つとして他から区別されるべきものであったということである．彼らは共同生活のために，共に住む住居を構えていた[7]. 彼らの共同体全体は，厳格で統一的に組織されていた．頂点には上役たち（ἐπιμεληταί）がいて，共同体成員は彼らに無条件に服従する義務を負っていた[8]. この集団に参入することを望む者はみな，小さな手斧（ἀξινάριον）[9]，前掛（περίζωμα）と白い衣服（λευκὴ ἐσθώς）[10]の3つのしるしを手渡された．その者はすぐに共同体へ受け入れられたのではなく，最初は見習いとして1年間を過ごさねばならず，その後，祭儀的な沐浴への参加が許された．そしてさらに，2年の見習い期間が続いた[11]. これが終わった後でのみ，そして格別の誓いをなした後に，彼は共同の食卓に着き，完全に集団に加わることを許可された．この誓いによって，彼は無条件に教団の兄弟たちに対して隠し事をしないことを誓い，同じように，教団の教えを，非教団員には秘密にすることを誓った[12]. 成人の男子のみが入団を認められた[13]. とは言え，彼らの原則で子供を教育するために，彼らは子供をも受け入れた[14]. ヨセフスが，エッセネ派は「訓練期間」に従って4つの階級に分かれていたと言うとき[15]，彼の言説は，集団への参入許可についての記事と関連させて読まれるべきである．3つの低い階級は，1年目，2年目，3年目の見習い期間にいる新参者であり，最終段階が共同体の完全な構成員となる段階である[16].

少なくとも100人の構成員から成る法廷は，違犯に対する判決を宣言した[17]．重大な規律違反を犯した者は誰でも共同体から追放された[18]．

構成員を互いに結びつける最も強い絆は，絶対的な財産の共有であった．「彼らの財産共有は真に賞讃に値する．1人として他の者より多くの富を持つ者は見出されない．なぜなら，入団する者たちは自分たちの財産を集団に引き渡すという法があり，その結果，どこにも悲惨な貧困も過度の富裕も見受けられない．個人の所有物は共有財産に加えられ，全員が兄弟のように一つになった教団財産を享受する[19]」．「彼らは自分たちの間で何であれ売ることも買うこともせず，各人が自分の持っている物を誰でも必要としている者に与え，彼からは自分の役に立つものを交換に受け取る．そして一切代価を払うことなく，どの兄弟からでも，何でも自由に取ることが許されている[20]」．「共有財産の監督者たち（ἐπιμεληταί）は〔選挙によって〕選ばれ，そして彼らの各々は区別なく全員によって種々の職務に任命される[21]」．「彼らは，歳入を集め（ἀποδέκτας τῶν προσόδων）また地の産物を集めるすぐれた人物らと，パンと食物を準備する祭司たちとを選ぶ[22]．そのようにヨセフスは言う．フィロンも同じような観察をしている．「誰一人も，何であれ自分自身のものを所有することを自身に許さない．家，奴隷，畑，羊の群れ，あるいは余分な富を得るいかなるものもである．しかし彼らは全てのものを一箇所に集め，それらすべての共通の利益を享受する[23]」．「彼らが種々の取引で得た賃金は1人の人物，すなわち彼らによって選ばれた執事（ταμίας）に手渡される．彼はそれを受け取り，さっそく必要なものを購入し，十分な食料とその他の人間生活が必要とするものを供給する[24]」．「彼らの食料だけではなく，彼らの衣服も共有される．冬には厚い外套が，夏には軽いチュニカ〔腰までの短い上着〕が利用でき，各人は，自分の好みに従って使用することが許された．1人が所有している物は何であれ，全ての者に所属していると見なされた．そして全員が所有している物は何であれ，各個人に所属していると見なされた[25]」．「全員のためにただ1つの金櫃があり，あとは，共同の支出，共有の衣服，共同の食卓での共同の食事である．屋根，生活，食卓を分かち合うことが，実践的にこれほど堅く実現されているのは，他では見られない．またこれは，個人にとっても望ましいかもしれないことである．なぜなら彼らが1日の仕事で得た賃金の全ては，彼ら自身のものとしてではなく，むしろそれを共同の貯えの中に納め，彼らの労働の利益が，それを利用しようと望む者に分け与えられることを許す．共同の貯えが病気の者の世話のために用意されており，彼らは豊かな保留金から確実に支出をまかなうことができ

るから，病気の者が稼ぐ能力がないという理由では無視されない.」[26].

　引用したテクストが示しているように，彼らの厳格に守られた共同生活において，援助を必要とする者は誰でも，教団によって世話を受けたということは，言うまでもないことであった．もし病気になったら，その者は共同の支出で看護を受けた．老齢者は，あたかも彼らのまわりに多くの出来の良い子供たちがいるかのように，年下の者たちの世話を受けながら幸福な老年を享受した[27]．各人は，困窮者に，自分自身の判断に従って，共有の財源から援助をする権利を有していた．親族の場合にのみ，管理人（ἐπίτροποι）の同意を得る必要があった[28]．教団員旅行者は，どこでも親切なもてなしを受けることができた．事実，特別の係（κηδεμών）が，旅行する兄弟たちの必要に応えるために，どの町にも任命されていた[29].

　エッセネ派の日常の仕事は，厳格に規律に則ったものであった．朝は祈りから始まり，その後彼らは上役たちによって労働に送り出された．彼らは清めの沐浴のために再び集まり，その後共同の食卓についた．食事が終わると彼らは労働に戻り，夕べにもう1度，次の食事のために集まった[30]．主な就業は農作業であった[31]．しかし彼らはまたあらゆる種類の職業に従事した．他方，フィロンによれば，あらゆる商売は禁じられた．なぜならそれは貪欲を刺激するからであるが，同じ理由から武器の製造も禁じられた[32].

2　倫理，習俗，慣習

　エッセネ派は，ヨセフスと同様フィロンによって，道徳性の真の達人たちとして描かれている．ヨセフスは彼らを Βέλτιστοι δὲ ἄλλως (ἄνδρες) τὸν τρόπον〔品行の最も高潔な（人々）〕[33] と呼び，フィロンは彼らを賞讃することにおいてはヨセフスに匹敵する[34]．彼らの生活は節制，質素で欲望のないものであった．「彼らは娯楽を悪徳として避け，中庸と情熱の抑制を徳の本質と考える」[35]．彼らは空腹と渇きを鎮めるために必要とされる分だけ飲み食べた[36]．情熱的な感情を慎むことによって，彼らは，「激怒の正しい管理人」であった[37]．彼らの食事は「日々同じ献立で満足し，倹約を愛し，魂と身体の病気として贅沢を拒んだ」[38]．彼らは，全く使いものにならなくなった時にのみ，衣服と靴を捨てた[39]．彼らは金，銀の財宝を貯えたり，あるいはより大きな屋敷を得たいという欲望からそれらを手に入れることはなかった．ただ生活必需品として必要なものだけを手に入れた[40].

　しかしながら，これら質素と中庸という一般的特質に加え，彼らの倫理原則と慣習，実践は，彼らに特有の一連の特徴を備えていた．ここではこれら

を簡単に列挙するにとどめ，説明は後で行う．

1. 「彼らはお互いのために働いているのであるから，彼らの間には奴隷は存在せず，全員が自由人である」[41]．

2. 「彼らが語ることは皆，誓い以上に確かである．事実，誓いは偽証よりも悪いとして彼らには退けられている．それは，神に訴えなければ信じてもらえないような人間は誰でも，既に糾弾されているからである」[42]．

3. 彼らは油を塗ることを拒む．もし誰でも自分の意志に反して油を塗られたとするなら，彼はそれを拭きとる．「なぜなら，彼らは粗末な外見上の体裁を賞讃に値するものとして見なすからである」[43]．

4. 彼らは毎食前に冷水で身を清める[44]．彼らは排泄をする度に同じことをする[45]．彼らは非教団員，及びより階級の低い教団員と接触した後ですら，清めの沐浴を必要とする[46]．

5. 彼らは常に白い衣を着ることが適切であると考えている[47]．これが，全ての新参者の入団時に白い上着が手渡される理由である[48]．

6. 彼らは排泄の時，特に慎ましく振舞う．全ての教団員が受け取る手斧（σκαλίς, ἀξινάριον）で彼らは1フィートの深さの穴を掘り，神の光線を侮辱しないように（ὡς μὴ τὰς αὐγὰς ὑβρίζοιεν τοῦ θεοῦ）自らを外套で被い，穴の中に排泄をし，そして掘り起こした土で再び穴を埋め戻す．このために彼らは隔離された場所を探し，行為の後は不浄な者に習慣となっている通り沐浴をする．しかしながら，安息日には彼らは排泄することを全面的に慎しむ[49]．しかし彼らの慎ましさは別のことでも現される．沐浴をするとき，彼らは腰の周りに前掛けを結ぶ[50]．彼らはまた，中央あるいは右側に向けて唾を吐くことを避ける[51]．

7. フィロン，プリニウス，またヨセフスのいくつかの箇所によれば，彼らは完全に結婚を拒む：Ἐσσαίων οὐδεὶς ἄγεται γυναῖκα [52]〔エッセネ派のだれ一人妻を持たない〕．しかしヨセフスは，結婚を許していたエッセネ派の支部を知っている[53]．フィロンもヨセフスも，彼らの独身生活の慣習を女嫌い——婦人たちはみだらで忠誠の能力に欠ける——に帰している[54]．しかしヨセフスは，エッセネ派が原則的に結婚を非難してはいないとつけ加えている[55]．

8. 彼らは誓願の供え物を神殿に送る．しかし，動物犠牲を供することはない．彼ら自身の犠牲の方がより価値があると考えるからである．この理由で，彼らはエルサレムの神殿から締め出されている[56]．

9. 最後に，エッセネ派の主な特性の1つは，彼らの共同の食卓の習慣であった．食物は祭司たちによってこの教団に特別の清浄規定に則って[58]準備された[57]．ヨセフスの記事は次のように続く．「この清めの沐浴が終わると，彼らは入会を認められていない者たちの入室が許されない特別な住居に集まる．清められた状態で，あたかも聖所に入るように食堂へ入る．そして彼らが沈黙のうちに席に着くと，パンを焼く者は順次パンを，そして料理人は1品だけ盛られている1皿を各自の前に供する．祭司が食前の祈りをするが，祈りの前には誰も何も食べてはならない．食事が終わると祭司は再び祈る．食前と食後に彼らは気前のよい生命の与え手として神をあがめる．それから衣服を聖なる衣として傍らに片付け，再び夕方まで仕事に戻る．仕事を終えて帰ると，同じ作法で食事をする」[59]．

エッセネ派がエジプトのテラペウタイ，ピタゴラス学徒，ユダヤ人キリスト教徒のエビオン派のように肉とぶどう酒を控えるということは，ヒエロニムスの証言に基づいている．この証言は，ヨセフスに起因すると考えられる事実が正しく伝えられていない報告を誤解したことから生まれたものかもしれない[60]．

3 宗教思想

エッセネ派のイデオロギー的立脚点は，基本的にユダヤ教であった．ヨセフスは，人間の自由意志の入る余地のない不動の運命への信仰を彼らに帰しているが[61]，これは疑問の余地なく摂理への絶対的な信仰の意味でのみ理解されるべきである[62]．ヨセフスは，エッセネ派はあらゆることが運命に左右されているとし，サドカイ派は全くそんなことはないとし，他方ファリサイ派は両者の中間の立場をとると言うが，このことは，エッセネ派がファリサイ派と共有する摂理信仰に，特別な確信をいだいて固執していたという限りにおいては，真実であるかも知れない．この点では，エッセネ派は単にファリサイ派の極端なものであったにすぎないが，彼らが律法とその授与者に畏敬の念を抱いていたことにおいても同じことが言える．「神に次いで彼らは律法授与者の名前を最大の畏怖をもって奉じ，もしこれを冒瀆する者は，誰であれ死罪にされる」[63]．「彼らは倫理を最大限の関心をもって研究しており，どんな人間精神も神の霊感なしにはこれを考え出すことが不可能であるとして，この祖先の律法を教師と見なしている」[64]．彼らの礼拝ではトーラーが

読まれ，他のユダヤ人の間で行われているように，厳密に解説がなされた．フィロンは，彼らが寓喩的な聖書解釈に特別な愛着を見せたことに注目している[65]．

彼らは安息日を遵守することにおいて異常に厳格であった．その日には，器をその置き場所から移動させることも敢えてしようとしなかったし，排泄すらしなかった[66]．他の方法においてもまた，彼らは自身が忠実なユダヤ人であることを示した．彼らは神殿から締め出されているにも関わらず，神殿に献げ物（ἀναθήματα）を送った[67]．さらには彼らはアロンの家系の祭司職を保持していたように見える[68]．

この決定的・基本的なユダヤ人気質を考慮すると，エッセネ派の間では当然いかなる太陽信仰も問題になり得ない．それ故，ヨセフスは，太陽が見えるようになる前に，「太陽が昇ることを祈願するかのように，それに向かってある先祖代々の祈りをささげる」と述べているが，これは太陽崇拝の意味で言われているのではあり得ず，ただ祈願の意味で言われているにすぎない[69]．ヨセフスはここで，どちらかと言えばヘレニズムの読者たちが理解できるような形式でエッセネ派の習慣を記述しているのであり，このユダヤ教教派自体にとってその習慣が持っていた意味内容を定義しているのではないというのがより本当らしく見える．排泄をするときの慎み深さが，太陽の光線を侮辱しないようにというエッセネ派の願望に動機づけられているという記述にも，同じことが言えるかもしれない[70]．タルムードの時代から朝のシュマアを暗唱することが，光の創造を神に感謝する祈祷に先行されていたということは，あるいは注目に値するかもしれない[71]．

さらに，エッセネ派の教えの多くは，彼らに特有であったことを記憶にとどめておくべきである．しかしながら，新たに加入した成員が，自分自身が受けた教え（δόγματα）のどれひとつ自分がそれを受けたとおり以外の仕方で伝えてはならないと誓わされた，とヨセフスが主張する時[72]，彼がこれによって特殊な教義を意味しているのかどうかは確かでない．とはいえこの教団は，それらを保存することに教団員が大きな注意を払う義務があった自分たち自身の書物を所有していた[73]．古代人の文献から，彼らは魂と身体を益するもの，すなわち薬草の根の治癒力や石の特性を研究していた[74]．彼らは天使論を非常に重視した．入団志願者は，天使たちの名前を守る誓いを要求された[75]．彼らは聖書と自分たちの清浄との研究を根拠に預言者の賜物を主張した．ヨセフスは，彼らの予言はめったに外れることがなかったと断言する[76]．アリストブロスⅠ世時代のユダによって告げられたもの[77]，ヘロデ時

代のメナヘム[78]，アルケラオス時代のシモン[79]のようなエッセネ派の成就
した預言のいくつかの例を示して，自身の主張を裏づけている．しかし彼が
最大限に触れるべきエッセネ派の教えは，魂とその不滅についての教えであ
る．もし彼の報告が信頼できるとするなら，彼らは次のように教えた．つま
り，身体は滅びるかも知れないが，魂は不滅であり，元来はこの上なくとら
えがたい天空に宿っていたが，肉体的な愛の誘惑によって引きずり下されて，
牢に繋がれるように身体に結合される．しかし，いったん肉欲の虜から解放
されると，永く続く奴隷の状態から贖われたかのように喜びの内に舞い上る.
善人（の魂）のためには，生は海の彼方に運命づけられる．そこでは，雨に
も雪にも熱にも悩まされることはなく，おだやかな西風がいつも吹いている.
しかし悪人（の魂）のためには，より暗く冷たい地の片隅が割り当てられ，
そこは絶え間ない苦しみに満ちている[80].

註

1) フィロン『自由論』12 (75)，ヨセフス『古代誌』xviii 1, 5 (21)．ここでヨセフスが
フィロン〔の記事〕を使っているという点については論争されている．『戦記』ii 8
(119-61) の，ヨセフス自身が記した詳細な記事では以下の点が省略されている．(1)
4 千という数字，(2) 動物の犠牲を拒むこと，(3) 主な就業は農業であること，(4)
奴隷境遇を拒むこと．これら全ては，フィロンでは言及されており，そしてヨセフス
によっては後の報告，『古代誌』xviii 1, 5 (18-22) で〔言及されているが，これは〕
多分，フィロンの記事に含まれていたものから取られた．G. Hölscher, art. 'Josephus', RE
IX, col. 1991 は，ヨセフスがフィロンに依っていたとの説を論駁している．Farmer, art.
'Essenes', IDB II (1962), p. 144 が共通の資料を示唆しているのも参照．これに関連して，
J. エレミアスがイエス時代のパレスチナの人口を 50 万-60 万人と推定していることに
ついては，*Jerusalem in the Time of Jesus* (1969), pp. 205, 252 を見よ．A. von Harnack, *Die
Mission und Ausbreitung des Christentums* I (⁴1924), p. 12 を参照.

2) ローマ（ロマ 14-15 章）とコロサイ（コロ 2 章）のキリスト教徒禁欲主義者がキリ
スト教徒になったエッセネ派かどうかは，非常に疑わしい．フィロンの『自由論』12(75)
で ἡ Παλαιστίνη καὶ Συρία〔パレスチナとシリア〕の読みが正しいとするなら，エッセ
ネ派の出現は，シリアでのみ証明されることになる．しかし，これは確実に ἡ
Παλαιστίνη Συρία〔パレスチナのシリア〕と読むべきである．なぜなら，(1) フィロン
の最良の写本はそう読んでいる，P. Wendland, *Archiv. f. Gesch. der Philos*, V, p. 230 参照.
エウセビオス（『福音の準備』viii 12, 1）もこの節を引用して ἡ ἐν Παλαιστίνη Συρία
〔パレスチナの中にあるシリア〕と読む．(3) ἡ Παλαιστίνη Συρία〔パレスチナのシリ

I フィロン，ヨセフス，プリニウスによるエッセネ派（註）　　*315*

ア〕の表現はフィロンによってその他の箇所，『徳論』40（221）で Θάμαρ ἦν ἀπὸ τῆς Παλαιστίνης Συρίας〔タマルはパレスチナのシリアの出身であった〕と使われており，同じ表現はヘロドトス以来全く一般のものとなっている（そしてアントニヌス・ピウス以来公式のローマの語法として受け入れられた）．ヘロドトス i 105, 1：ἐν τῆ Παλαιστίνη Συρίη〔パレスチナのシリアの中で〕；ii 106, 1 同じく iii 5, 2：Συρίων τῶν Παλαιστίνων καλεομένων〔パレスチナ人のシリア人と呼ばれる〕，iii 91, 1：Συρίη ἡ Παλαιστίνη καλεομένη〔パレスチナと呼ばれるシリア〕．Avi-Yonah, RE Supp. XIII, cols 322-3, s. v. 'Palastina' を見よ．ヨセフス『古代誌』viii 10, 3（260）：τὴν Παλαιστίνην Συρίαν〔パレスチナのシリア〕（ヘロドトスからの引用）．エウセビオスの中のポレモン『福音の準備』：x 10, 15：ἐν τῆ Παλαιστίνη καλουμένη Συρία〔パレスチナと呼ばれるシリアで〕．公式のローマの用語としては，最も古い例は後 139 年の兵役終了証書がある，CIL XVI, 87. フラウィア・ネアポリスの貨幣にはしばしば ΦΛ. ΝΕΑΠ. ΣΥΡΙΑΣ ΠΑΛΑΙΣΤΙΝΗΣ〔パレスチナのシリアにあるフラウィア・ネアポリス〕という銘がある（de Saulcy, *Numismatique,* pp. 248 f.; *BMC Palestine,* pp. xxv-vi）．Pape-Benseler, *Wörterb. der griech. Eigennamen,* s. v. Παλαιστίνη も参照．Preisigke, *Wörterbuch der griechischen Papyrusurkunden* III (1931) と Supp. (1969-71), s. v. Παλαιστίνη を参照．

3)　フィロン『自由論』12（75-6）：λέγονταί τινες παρ' αὐτοῖς ὄνομα Ἐσσαῖοι . . . Οὗτοι τὸ μὲν πρῶτον κωμηδὸν οἰκοῦσι, τὰς πόλεις ἐκτρεπόμενοι, διὰ τὰς τῶν πολιτευομένων χειροήθεις ἀνομίας〔彼らの中のある人々は，エッサイの人々の名前で呼ばれている……これらの人々はとりわけ村に住んでおり，都市住民たちの習癖となった無法ゆえに町々を避けている〕．

4)　フィロン『ヒュポテティカ』11, 1：οἰκοῦσι δὲ πολλὰς μὲν πόλεις τῆς Ἰουδαίας, πολλὰς δὲ κώμας, καὶ πολυανθρώπους ὁμίλους〔彼らはユダヤの多くの都市にも住んでいるが，多くの村々，そして人が多く集まる大集落にも住んでいる〕．

5)　『戦記』ii 8, 4（124）：μία δ' οὐκ ἔστιν αὐτῶν πόλις, ἀλλ' ἐν ἑκάστῃ μετοικοῦσι πολλοί〔彼らは特定の町をもたないが，どの町にも大ぜい住んでいる〕．「どの町にも」というのは，パレスチナにあるどの町にもとしか意味しえず，Hilgenfeld, *Judenthum u. Judenchristenthum,* p. 25 が述べているように教団のどの町にもという意味ではない．エルサレムにも確かにエッセネ派は存在し，そこで彼らは歴史の中で度々現われている．『古代誌』xiii 11, 2（311-2），xv 10, 5（373-8），xvii 13, 3（346），『戦記』ii 20, 4（567），v 4, 2（145）：ἐπὶ τὴν Ἐσσηνῶν πύλην〔エッセネ人の門の方へ〕，多分エッセネ派教団の家が近くにあったからである．異なる仮説については，Y. Yadin, 'The Gate of the Essenes and the Temple Scroll', *Jerusalem Revealed* (1975), pp. 90-1 を見よ．クムランについては，CD 10：21，12：19 を参照．これらは町々（「諸都市」）にある共同体をほのめかしている．

6)　『自然史』v 15 / 73：'Ab occidente litora Esseni fugiunt usque qua nocent, gens sola et in toto orbe praeter ceteras mira, sine ulla femina, omni venere abdicata, sine pecunia, socia palmarum. In diem ex aequo convenarum turba renascitur, large frequentantibus quos vita fessos ad mores eorum fortuna fluctibus agit. Ita per saeculorum milia (incredible dictu) gens aeterna est, in qua nemo nascitur. Tam fecunda illis aliorum vitae paenitentia est. Infra hos

Engada oppidum fuit' ... 〔(死海の)西岸に，害を及ぼすところから十分遠く逃げて，エッセネ派がいる．彼らは孤立して生活する人々で，全世界の中で他の人々に優って特異的である．婦人なしに，すべての愛欲を拒み，お金なしに，しゅろの木々の仲間として暮らしていた．しかし来る日も来る日も，集まって来る者たちの群衆が，沢山のしばしば訪れて来る者たちによって，等しく補充される．生活に倦み疲れ，運命の波立ちによって彼らの生き様へと追い立てられる者たちである．このようにして何千年もの時代を通して，(語るに信じ難いことであるが)だれひとりも生まれることのない種属が永遠に生き続けているのである．他の者たちの生活の悔恨が彼らにとってはかくも実りの多いものとなる．彼らの下方にエンゲディの町がかつてあった．〕諸版については，Adam-Buchard, p. 67 を見よ．クムラン教団をエッセネ派と同定することについて，ここではプリニウスによって「上」に，すなわちエン・ゲディの北に位置するとされているが，これについて特に A. Dupont Sommer, *Aperçus préliminaires sur les manuscrits de la Mer Morte* (1950), p. 166, n. 3, と *The Dead Sea Scrolls* (1952), pp. 85 f. を見よ．M.Burrows, *The Dead Sea Scrolls* (1955), p. 280; G. Vermes, *Discovery*, pp. 17 f.; J. T. Milik, *Ten Years of Discovery* (1959), p. 44 f.; J. Hubaux, *Les Esséniens de Pline* (1959); M. Black, *The Scrolls and Christian Origins* (1961), pp. 9 f.; R. de Vaux, *Archaeology*, pp.133-7; Vermes, *DSS*, pp.127, 135 も見よ．J.-P. Audet, 'Qumrân et la notice de Pline sur les Esséniens', RB 68 (1961), pp. 346-87 と G. R. Driver, *The Judaean Scrolls* (1965), pp. 400 f. も参照．オデやドライバーによるプリニウスの解釈は，エッセネ派の定住地をエン・ゲディの上方に置いてクムランには置かないが，B. マザールによって 1961 年から 1965 年の間に遂行されたエン・ゲディ地域の発掘によってはこれは確証されない．B. Mazar, T. Dothan, I. Dunayevsky, *En-Gedi. The First and Second Seasons of Excavations, 1961-1962,* 'Atiqot, Engl. ser. V (1966); B. Mazar, I. Dunayevsky, IEJ 14 (1964), pp. 121-30; B. Mazar, *Archaeology and the Old Testamenat,* ed. D. Winton. Thomas (1967), pp. 223-30 を見よ．C. Burchard, 'Pline et les Esséniens', RB 69 (1962), pp. 533-69 と E. M. Laperrousaz, 'Infra hos Engadda', RB 69 (1962), pp. 369-80 (両方ともオデに反対) も見よ．'infra hos', すなわちさらに下方，をさらに南方を意味するとする解釈は，ユダヤの南の隅というプリニウスの一般的な記述とよく一致する．これが指す所在地は，エリコ，エッセネ派の居住地，エン・ゲディ，マサダである．すなわち，3 つの既知の場所が北から南にかけて挙げられている．それゆえ，エッセネ派の居住地はエリコの南，エン・ゲディの北に存在し，この記述に合致する位置はクムランだけである．ディオ・クリュソストモス(後 1 世紀末)も，彼の伝記作者シュネシオスの証言に従えば，エッセネ派を死海のほとりの共同体として言及している．K. Treu, *Synesius von Kyrene. Dion Chrysostomos oder vom Leben nach seinem Vorbild* (1959), p. 14 [= Adam-Buchard, p. 39]: ἔτι καὶ τοὺς Ἐσσηνοὺς ἐπαινεῖ που, πόλιν ὅλην εὐδαίμονα τὴν παρὰ τὸ Νεκρὸν Ὕδωρ ἐν τῇ μεσογείᾳ τῆς Παλαιστίνης κειμένην παρ' αὐτά που τὰ Σόδομα 〔彼はまたどこかでエッセネ派の人々もほめている．すなわちパレスチナの真中にある死海のほとりの，まさにソドムの傍らにある全く浄福な都市〕を参照．ディオはパレスチナを訪問していた可能性がある．ただし，クムランがまだ存在していた頃であったことはほとんどない．よりありそうなのは，彼が資料に従っている──多くの者たちによれば，プリニウスに──

I　フィロン，ヨセフス，プリニウスによるエッセネ派（註）　　*317*

ということである．Adam-Burchard, p. 39 はそう見ている．しかし C. Burchard, 'Pline et les Esséniens', RB 69 (1962), p. 558, n. 113 を参照．

7)　フィロン『ヒュポテティカ』11, 5：Οἰκοῦσι δ᾽ἐν ταύτῳ, κατὰ θιάσους ἑταιρίας καὶ συσσίτια ποιούμενοι, καὶ πάνθ᾽ ὑπὲρ τοῦ κοινωφελοῦς πραγματευόμενοι διατελοῦσιν〔彼らは同じ場所に住んでいる．仲間の組合組織に従って共同の食事をし，全てを共同の利益に使うように生活している〕．ヨセフス『戦記』ii 8, 5 (129) は食事に関して，εἰς ἴδιον οἴκημα συνίασιν, ἔνθα μηδενὶ τῶν ἑτεροδόξων ἐπιτέτραπται παρελθεῖν〔特別の部屋に集まるが，この部屋には他の教派のものは絶対に入れない〕と記録している．フィロン『自由論』12 (85)：Οὐδενὸς οἰκία τίς ἐστιν ἰδία, ἣν οὐχὶ πάντων εἶναι συμβέβηκε. Πρὸς γὰρ τὸ κατὰ θιάσους συνοικεῖν, ἀναπέπταται καὶ τοῖς ἑτέρωθεν ἀφικνουμένοις τῶν ὁμοζήλων〔誰でも私有の家をもたず，また皆のものでもない．なぜならば，彼らは組合ごとに共同生活をしているだけではなく，他のところから到来した同信の者たちにも開かれているからだ〕も参照．

8)　『戦記』ii 8, 6 (134). ἐπιμεληταί とクムランの מבקר〔メバケル＝審議する者〕あるいは פקיד〔パキド＝監督者〕については下記 336 頁註 7 を参照．

9)　『戦記』ii 8, 7 (137), 9 (148) の ἀξινάρ(ιδ)ιον については，申 23：13 と 1QM 7：6-7 を参照．道具の，小さな ἀξίνη は多分 securis dolabrata〔鍬形の斧〕であった．これらの道具の特徴については，K. D. White. *Agricultural Implements of Roman World* (1967), pp. 60-6 を見よ．そのような習慣の背景（ピタゴラス学派，ゾロアスター教とヒンドゥの並行例）は，J. Bidez-F. Cumont, *Les mages hellénisés* II, pp. 297 f. を調べよ．さらに J. Carcopino, *Le mystère d'un symbole chrétien. L'ascia* (1955), pp. 53-6; R. de Vaux, 'Une hachette essénienne?', VT 9 (1959), pp. 399-407; Black, *The Scrolls and Christian Origins*, p. 30, n. 6; Vermes, *PBJS*, p. 11 を見よ．

10)　『戦記』ii 8, 4 (123), 5 (129-31), 7 (137), フィロン『観想的生活』8 (66) を参照．『戦記』ii 8, 5 (131) で「聖なる衣」（ὡς ἱερὰς ... τὰς ἐσθῆτας）に似ると記述される「白い外套」は，教団の祭司的起源と性格を明らかにしている．出 28：39-43, エゼ 44：17-19 と 1QM 7：10-11（アロンの子らの祭儀用の「白い亜麻布の衣」בגדי שש לבן）を参照．ヨセフスは，彼らはいつも「白い衣服を着ている」（λευχειμονεῖν, 123）と言うが，「白い衣」は多分儀式の機会だけに使われた（フィロン前掲書参照）．それらは，儀式の沐浴の前に着けられる亜麻布で織られた腰布とは区別されるべきである，『戦記』ii 8, 5 (129) と下 314 頁註 48. クムラン共同体の祭司的起源については下記 326-7 頁を見よ．

11)　『戦記』ii 8, 3 (122) と 1QS 5：7-13；6：13-23；7：18-21；CD 13：11-13, 15：5-6. 『共同体の規則』で述べられているような入団儀式はまず，Millar Burrows, 'The Discipline Manual of the Judaean Covenanters', *Oudtest. Stud.*, 8 (1950), pp. 158 ff. によってヨセフスの記事と比較された．主な相違点の一つは，ヨセフスによれば見習い期間は 3 年だが，『共同体の規則』だと 2 年ということである．Driver, *The Judean Scrolls*, p. 110 ff. を見よ．しかし，クムランでの 2 年間というのは，それに先行する教育の第 1 段階があり，その期間は明記されていない（1QS 6, 13-15）．A. Dupont-Sommer, 'Culpabilité et rites de purification dans la secte juive de Qumrân', Semitica 15 (1965), pp. 61-

318 第 30 節　エッセネ派

70 参照. C. Rabin, *Qumran Studies* (1957), pp. 1-21; A. Penna, 'Il reclutamento nell' Essenismo e nell' antico monachesimo cristiano', RQ I (1959), pp. 345-64〔『戦記』ii 8-7(137-42)〕; Vermes, 'Essenes-Therapeutai-Qumran', Durham University Journal (1960), pp. 107-8; O. Betz, 'Die Proselytentaufe der Qumransekte und die Taufe im Neuen Testament', RQ I (1958), pp. 213-34; J. Gnilka, 'Die essenischen Tauchbäder und die Johannestaufe', RQ 3 (1960), pp. 185-207; Black, *The Scrolls and Christian Origins,* pp. 92 f. も見よ.

12)　『戦記』ii 8, 7 (141).「恐るべき誓い」については，1QS 5：7-8, CD 15：5-6, 1QH 14：17-8. Black, *Scrolls,* p. 94 f.; Driver, *Judaean Scrolls,* 特に p. 68 ff.; C. Rabin, *The Zadokite Documents* XIX, I-5, と *Qumran Studies* (1957), pp. 5, 10, 17 を参照. O. Michel, 'Der Schwur der Essener', ThLZ, 81 (1956), cols. 189-90; E. Kutsch, 'Der Eid der Essener', *ibid.,* cols. 195-8 を参照.

13)　フィロン『ヒュポテティカ』11, 3. Vermes, *PBJS,* p. 32; Black, *The Scrolls and Christian Origins,* p. 47 を参照.

14)　ヨセフス『戦記』ii 8, 2 (120). 1QSa 1：4 以下, CD 15：5-6 を参照.

15)　『戦記』ii 8, 10 (150)：διῄρηνται δὲ κατὰ χρόνον τῆς ἀσκήσεως εἰς μοίρας τέσσαρας〔彼らは訓練（を受けた生活）の期間によって 4 つの段階に分かれている〕. A. Dupont-Sommer, *The Essene Writings from Qumran* (1961), p. 32, n. 5 を参照. クムラン共同体の組織については，M. Burrows, *The Dead Sea Scrolls* (1955), pp. 234-5; *More Light on the Dead Sea Scrolls* (1958), pp. 355-62, 特に p. 359; Driver, *The Judaean Scrolls,* pp. 521-2; Rabin, *Qumran Studies,* pp. 1-21 (The Novitiate); Milik, *Ten Years of Discovery,* pp. 99-101; S. H. Siedl, *Qumran: eine Mönchsgemeinde im alten Bund* (1963), pp. 221-317; Vermes, *DSSE,* pp. 25-9; *DSS,* pp. 87-115 を見よ. 下記 327 頁参照.

16)　ヨセフスの記事は，共同体外部の志願者に対して定められた，1 年間にわたる教団の「生活の仕方」の訓練について明確に述べている，『戦記』ii 8, 7 (137). 続く期間では，例えば清めの沐浴に参加するなど，教団とのより緊密な関わりに組み入れられる，『戦記』ii 8, 7 (138). それから，正式な成員と認められるまでのさらなる 2 年間が続く. 1QS 2：19-23；5：2-3, 23-4；6：8-9；1QSa 2：11-2；CD 14：3-6 参照. 死海の巻物は共同体外部の新参者のためのいかなる見習い期間についても言及していないが，しかし内部での修練の 3 段階——準備のために 1 年ずつ，及び最終的な承認——をはっきり区分する (1QS 6：16-23). A. Dupont-Sommer, *The Jewish Sect of Qumran and the Essenes,* pp. 89-92; M. Burrows, 'The Discipline Manual of the Judaean Covenanters', Oudtestamentische Studien 8, p. 163; Black, *The Scrolls and Christian Origins,* pp. 92 f.; Vermes, *DSS,* pp. 95-6 を参照.

17)　『戦記』ii 8, 9 (145). 1QS 6：24-5；1QSa 1：25-6, CD 14：3-4. この法廷のための人数は，1QS, 1QSa には挙げられていない. 下記 327-9 頁を見よ.

18)　『戦記』ii 8, 8 (143). 1QS 7：1-2；16-7；22-5；8：21-9：2 を参照. C.-H. Hunziger, 'Beobachtungen zur Entwicklung der Desziplinanordnung der Gemeinde von Qumran', H. Bardtke (ed.), *Qumran-Probleme,* pp. 231-47 を参照. さらに下記 327-9 頁を見よ.

19)　『戦記』ii 8, 3 (122).『自由論』12 (85-7)；1QS 1：11-13；6：17, 19-20, 24-5, 1QpHab 12：9-10. さらに下記 328 頁を見よ.

I フィロン，ヨセフス，プリニウスによるエッセネ派（註） *319*

20) 『戦記』 ii 8, 4 (127). さらに下記 328 頁を見よ.

21) 『戦記』 ii 8, 3 (123)：χειροτονητοὶ δ᾽οἱ τῶν κοινῶν ἐπιμεληταί, καὶ αἵρετοι πρὸς ἁπάντων εἰς τὰς χρείας ἕκαστοι. ἀδιαίρετοι の読みを採用するならば，当該個所は，「選ばれた者各々は区別なく全員に奉仕しようとする」と訳されるべきである.『戦記』 ii 8, 6 (134). 監督者たち (ἐπιμεληταί) は『戦記』 ii 8, 3, ἀποδέκται τῶν προσόδων〔財務執事〕は『古代誌』 xviii 1, 5 (22), ταμίαι〔管理者〕はフィロン『ヒュポテティカ』 11, 10, ἐπίτροποι〔執事〕は『戦記』 ii 8, 6 (134) に出てくるが，彼らは同時に教団の長であったように見える. 後者も ἐπιμεληταί と呼ばれたからである, 『戦記』 ii 8, 5, 6 (129, 134).

22) 『古代誌』 xviii 1, 5 (22)：ἀποδέκτας δὲ τῶν προσόδων χειροτονοῦντες καὶ ὁπόσα ἡ γῆ φέροι ἄνδρας ἀγαθούς, ἱερεῖς τε ἐπὶ ποιήσει σίτου τε καὶ βρωμάτων. 『戦記』 ii 8, 5 (131) を参照. 1QS 1：9-10；6：4-5；1QSa 2：11-22 等と下記 326-7 頁も見よ.

23) 『ヒュポテティカ』 11, 4. 1QS 1：11-13, 6：17, 19-20, 1QpHab 12：9-10 を参照. 下記 328 頁を見よ.

24) 『ヒュポテティカ』 11, 10：Ἐκ δὴ τῶν οὕτως διαφερόντων ἕκαστοι τὸν μισθὸν λαβόντες ἑνὶ διδόασι τῷ χειροτονηθέντι ταμίᾳ. Λαβὼν δ᾽ ἐκεῖνος αὐτίκα τἀπιτήδεια ὠνεῖται, καὶ παρέχει τροφὰς ἀφθόνους, καὶ τἆλλα ὧν ὁ ἀνθρώπινος βίος χρειώδης. この ταμίας（金庫係）は, 1QS 6：20 の האיש המבקר על מלאכת הרבים〔多数者の仕事を監督する者〕と同一であるように見える. 下記 328 頁を参照.

25) 『ヒュポテティカ』 11, 12.

26) 『自由論』 12 (86-7). クムランの並行例については, 上記註 23 と下記 328 頁を見よ.

27) 『ヒュポテティカ』 11, 13. CD 18：1-5 と C. Rabin, *The Zadokite Document* (1954), p. 70; M. Black, *The Essene Problem*, p. 24 f. を参照.

28) 『戦記』 ii 8, 6 (134).

29) 『戦記』 ii 8, 4 (124-5). マコ 6：6-8 を参照.

30) 『戦記』 ii 8, 5 (129). Vermes, 'Essenes-Therapeutai-Qumran', Durham University Journal, p.102 を参照. 食事については,『自由論』 12 (86),『観想的生活』 4 (36-7)；8 (64)；11 (89)；1QS 6：4-5, 1QSa 2：17-22 を参照. 下記 328 頁を見よ.

31) 『古代誌』 xviii 1, 5 (19)：τὸ πᾶν πονεῖν ἐπὶ γεωργίᾳ τετραμμένοι〔ひたすら農業にのみ励む〕.『ヒュポテティカ』 11, 8. R. de Vaux, *Archaeology and the Dead Sea Scrolls* (1973), pp. 28-9, 59-60, 73-4, 84-5 を参照.

32) 『ヒュポテティカ』 11, 8-9,『自由論』 12 (78). クムランの商業取引きに関する規則については, 1QS 5：16-7；CD 12：8-10；13：14-15 と下記 328 頁を参照.

33) 『古代誌』 xviii 1, 5 (19).

34) 『自由論』 12 (88-91) (ἀθληταὶ ἀρετῆς〔徳の競技者たち〕) を参照. 同書 (80-5) と, 入会の際に各々が誓約しなければならなかった誓いの内容を挙げた『戦記』 ii 8, 7 (139-42) を比較せよ. クムランの並行例については, 1QS 5：7-8, CD 15：5-6, 1QH 14：17-8 を見よ.

35) 『戦記』 ii 8, 2 (120)：τὰς μὲν ἡδονὰς ὡς κακίαν ἀποστρέφονται, τὴν δὲ ἐγκράτειαν καὶ τὸ μὴ τοῖς πάθεσιν ὑποπίπτειν ἀρετὴν ὑπολαμβάνουσι〔彼らは快楽を悪として却け，節

320　　　　　第30節　エッセネ派

制と，激情におぼれないことを徳と見なす〕．エッセネ派の禁欲主義については，H.
Strathmann, *Geschichte der frühchristlichen Askese* (1914), pp. 83-100; 148-157; Vermes,
'Essenes-Therapeutai-Qumran', Durham University Journal, pp. 97-8; G. Kretschmar, 'Beitrag
zur Frage nach dem Ursprung frühchristlicher Askese', ZThK 61 (1964), pp. 27-67; M. Black,
'The Tradition of Hasidaean Essene Asceticism: Its Origins and Influence', *Aspects du Judéo-
Christianisme* (1965); A. Steiner, 'Warum lebten die Essener asketisch?', BZ 15 (1971), pp. 1-
28 を見よ．

36) 『戦記』ii 8, 5 (133)．食事のときの平穏と沈黙の理由は ἡ διηνεκὴς νῆψις, καὶ τὸ
μετρεῖσθαι παρ' αὐτοῖς τροφὴν καὶ ποτὸν μέχρι κόρου 〔彼らの不断の謹厳さと，彼らの
間で飲み物と食べ物を飽満するまで測り割り当てていること〕による．

37) 『戦記』ii 8, 6 (135)：ὀργῆς ταμίαι δίκαιοι, θυμοῦ καθεκτικοί 〔彼らは怒りの正しい管
理者，激情の抑制者である〕．この言及が自己抑制についてであることは明らかである．
1QS 5：25-6, 6：25-6, CD 9：1-8, マタ5：21-6 を参照．「怒りの正しい管理者」と
は，また彼らの懲罰の正しい管理を言及しているのだろう．K. Stendahl, 'Hate, Non-
Retaliation and Love', HThR 55 (1962), pp. 343-55 を参照．

38) 『ヒュポテティカ』11, 11.

39) 『戦記』ii 8, 4 (126)．

40) 『自由論』12 (76)．

41) 『自由論』12 (79)：δοῦλός τε παρ' αὐτοῖς οὐδὲ εἷς ἐστιν, ἀλλ' ἐλεύθεροι πάντες,
ἀνθυπεργοῦντες．『古代誌』xviii 1, 5 (21)：οὔτε δούλων ἐπιτηδεούσι κτῆσιν 〔奴隷を所
有することもしない〕を参照．J. Strugnell. 'Flavius Josephus and the Essenes', JBL 77
(1958), pp. 109 f. を参照．

42) 『戦記』ii 8, 6 (135)：πᾶν μὲν τὸ ῥηθὲν ὑπ' αὐτῶν ἰσχυρότερον ὅρκου, τὸ δὲ ὀμνύειν
αὐτοῖς περιίσταται, χεῖρόν τι τῆς ἐπιορκίας ὑπολαμβάνοντες· ἤδη γὰρ κατεγνῶσθαί
φασιν τὸν ἀπιστούμενον δίχα θεοῦ. 『自由論』12 (84) を参照．彼らは τὸ ἀνώμοτον, τὸ
ἀψευδές（誓われないこと，正直）を教える．『古代誌』xv 10, 4 (371) も参照．そこ
では，ヘロデはエッセネ派を忠誠の誓いをすることから免除している．奇妙な例外は，
『戦記』ii 8, 7 (139) にある教団への参加を認められた時に誓う「恐るべき誓約」であ
る．CD 9：1-8；19：1-2 を参照．下記 327 頁を見よ．マタ5：34；ヤコ5：12 も参照．

43) 『戦記』ii 8, 3 (123)：κηλῖδα δ' ὑπολαμβάνουσι τὸ ἔλαιον, κἄν ἀλειφθῇ τις ἄκων,
σμήχεται τὸ σῶμα τὸ γὰρ αὐχμεῖν ἐν καλῷ τίθενται 〔彼らは油を汚れたものとみなし，
もし不本意にも油にまみれた場合には身体を拭き清める．乾燥させておくことを良い
ことと考えるからである〕．この油を避けることについては，ヨマ8：1 を引用した
Driver, *The Judaean Scrolls,* pp. 102-3 を参照（BT ヨマ 76b を参照）．断食の日に自身に
油を塗ることは贅沢なことと考えられていた．エッセネ派は汚れることも恐れていた
かも知れない．さらには，W. Buchanan, 'The Role of Purity in the Structure of the Essene
Sect', RQ4 (1964), pp. 397-406; J. M. Baumgarten, 'The Essene Avoidance of Oil and the
Laws of Purity', RQ 6 (1967-9), pp. 183-92（油を避けることは，レビの清浄法規に関す
るエッセネ派のためらいの結果として理解されるべきである）を参照．

44) 『戦記』ii 8, 5 (129)：ἀπολούονται τὸ σῶμα ψυχροῖς ὕδασιν 〔冷水で沐浴する〕．ii 8,

I　フィロン，ヨセフス，プリニウスによるエッセネ派（註）　　321

7（138）を参照．単に手を洗う代わりに儀式的な沐浴をする義務は，エッセネ派の食
事には聖なる性格が与えられていたことを暗示する．ハギガ 2:5「通常の食事（חולין），
第 2 の十分の一税，あるいは持ち上げの献げ物には，手を洗うのだけが必要とされる．
聖別された（あるいは犠牲の）食事（קדש）をする時は，沐浴が不可欠である」を参
照．マコ 7：3-4；マタ 15：2；ルカ 11：38 を参照．クムランの祭儀的な清めと沐浴に
ついては，1QS 3：8-9；5：13；6：16-7, 22, 25；7：3, 16；CD 11：21-2，及び下記
330 頁を参照．

45）『戦記』ii 8, 9（149）．この場合，全体的な手順は，最後の清めを除き，申 23:12-14
で指示されることに従う．G. W. Buchanan, *art. cit.*, *l. c.* を見よ．

46）『戦記』ii 8, 10（150）．G. W. Buchanan, *op. cit.*, *l. c.* を参照．不浄の同様な区別につ
いては，ハギガ 2：7（上記 97 頁）とオリゲネス『マタイ福音書註解』23：23-4 を見
よ．

47）『戦記』ii 8, 3（123）．

48）『戦記』ii 8, 7（137）．上記 317 頁註 10 を参照．

49）『戦記』ii 8, 9（147）．

50）『戦記』ii 8, 5（129）．

51）『戦記』ii 8, 9（147）：τὸ πτύσαι δὲ εἰς μέσους ἢ τὸ δεξιὸν μέρος φυλάσσονται〔彼ら
は人々の集まりの中に向って，あるいは右に向って唾を吐くことを禁じる〕．同じ表現
「真中に向って（אל תוך）唾を吐く」は，1QS 7：13 にも使われ，ヨセフスでは εἰς
μέσους である．ヨセフスの中にある規則では，右手側（良き前兆の側）及び仲間の会
合の真中に向って唾を吐くことを禁じている．『共同体の規則』では共同体の集まりで
それを禁じている．同じような禁令がシナゴーグにあることは，PT ブラホ 59b, 62b-
63a を見よ．Driver, *The Judaean Scrolls*, p. 113 を参照．

52）ヒュポテティカ 11, 14-17；プリニウス『自然史』v 73；ヨセフス『戦記』ii 8, 2
（120-1），『古代誌』xiii 1, 5（21）．クムランについては，下記 328 頁を見よ．

53）『戦記』ii 8, 12（160-1）．下記 328 頁を見よ．

54）『戦記』ii 8, 12（161）．

55）Vermes, *Discovery*, pp. 211-2; H. R. Moehring, 'Josephus on the Marriage Customs of the
Essenes', *Early Christian Origins. Studies in Honor of H. R. Willoughby* (1961), pp. 120-7;
Black, 'The Tradition of Hasidaean-Essene Asceticism', *Aspects du Judéo-Christianisme*
(1965), pp. 19-33; A. Marx, 'Les racines du célibat essénien', RQ 7 (1969-72), pp. 323-42; A.
Guillaumont, 'A propos du célibat des Esséniens', *Hommages à André Dupont-Sommer*
(1971), pp. 395-404; R. Murray, *Symbols of Church and Kingdom: A Study in Early Syriac
Tradition* (1975), pp. 17 f. クムランについては下記 328 頁を見よ．

56）『自由論』12（75）：οὐ ζῷα καταθύοντες, ἀλλ' ἱεροπρεπεῖς τὰς ἑαυτῶν διανοίας
κατασκευάζειν ἀξιοῦντες〔彼らは生き物を犠牲にささげず，むしろ自分たちの思惟を
聖所にふさわしく保つことが価値あると考えている〕．『古代誌』xviii 1, 5（19）：εἰς
δὲ τὸ ἱερὸν ἀναθήματα στέλλοντες, θυσίας οὐκ ἐπιτελοῦσιν διαφορότητι ἁγνειῶν ἃς
νομίζοιεν, καὶ δι' αὐτὸ εἰργόμενοι τοῦ κοινοῦ τεμενίσματος ἐφ' αὑτῶν τὰς θυσίας
ἐπιτελοῦσιν〔彼らは，神殿に奉納物を献ずるが，彼らが採用している清めの儀式の相

違ゆえに犠牲をささげない. そしてそのようなことから, 彼らは, 神殿の境内の公共区域から閉め出されており, 自分たちで犠牲祭儀を営んでいる]. οὐκ ἐπιτελοῦσιν の読みは, 要約とラテン語版 ('*non* celebrant') に基づく. 「彼らは神殿に献げ物を送ったが, 異なった清浄の儀式を採用し, 犠牲祭儀を遂行しなかった」. L. H. Feldman の Loeb 前掲箇所の註を見よ. 1QS 9：3-5；CD 6：11-20；11：17-21；16：13-14 を参照. R. Marcus, 'Pharisees, Essenes and Gnostics', JBL 73 (1954), p. 158; J. Strugnell, 'Flavius Josephus and the Essenes, Antiquities xviii 18-22', JBL 70 (1958), p. 113 f. を参照. さらに下記 330 頁を見よ.

57) 『古代誌』xviii 1, 5 (22). 上記 319 頁註 22 を見よ.

58) 『戦記』ii 8, 8 (143).

59) 『戦記』ii 8, 5 (129-32). これらの聖なる食事は, エッセネ派によって, エルサレムでささげられる犠牲よりも価値の高いものと見なされていた「犠牲」(θυσίαι) と同じものであるかもしれない. 『古代誌』xiii 1, 5 (19). ἱεραὶ ἐσθῆτες は白い儀式用の上着である. 上記 317 頁註 10 を見よ.

60) ヒエロニムス 『ヨウィニアヌス反駁』 ii 14 (PL XXIII, cols. 316-17)：'Iosephus in secunda Iudaicae captivitatis historia et in octavo decimo antiquitatum libro et contra Appionem duobus voluminibus tria describit dogmata Iudaeorum: Pharisaeos, Sadducaeos, Essaenos. Quorum novissimos miris effert laudibus, quod et ab uxoribus et vino et carnibus semper abstinuerint, et quotidianum ieiunium verterent in naturam' 〔ヨセフスが彼のユダヤ占領史の第 2 巻で, そして古代誌の第 18 巻において, そしてアピオンへの反論の両巻において, ユダヤ人たちの 3 つの教義を叙述する. ファリサイ派, サドカイ派, エッセネ派である. この (エッセネ派) 者たちの最も新奇なことを彼は非常に称賛して記している. つまり, 彼らは婦人たちからもお酒からも肉からも常に遠ざかり, 日毎の断食を自然なことと見なすということを.〕. このくだりの書き出しは, ヒエロニムスがヨセフスを全く用いておらず, ポルフュリオスが自身の 『節制論』iv 11-13 でヨセフスの記事を次のように再現したものを用いていることを示している：ʼΙώσηπος . . . ἐν τῷ δευτέρῳ τῆς Ἰουδαϊκῆς ἱστορίας . . . καὶ ἐν τῷ ὀκτωκαιδεκάτῳ τῆς ἀρχαιολογίας . . . καὶ ἐν τῷ δευτέρῳ τῷ πρὸς τοὺς Ἕλληνας . . . 〔ヨセフスが……彼のユダヤ史の第 2 巻で……そして古代誌の第 18 巻で……そして, ギリシア人たちに対しての第 2 巻で……〕. 最後の記述は間違っている. すなわち, 教団のことは 『アピオンへの反論』 では言及されていない. しかし, ヨセフス, ポルフュリオスとも, エッセネ派が肉とぶどう酒を避けたということについて何も語っていない. ポルフュリオス自身, 彼の著作を通じて, 肉を避けることを命じている. 彼はしかし, ヨセフスの記事の中にいかなる無縁のものも持ち込んでいないという点では, 十分に正確である. この付加的記事について最初に考えたのはヒエロニムスであった. 疑いもなく彼がヨセフスの記事をフィロンのテラペウタイに関する記述と結びつけたからである. (下記 351 頁を参照).

エッセネ派の間で肉とぶどう酒が使用されたことに関して, このことが蓋然性あることだと想定するのに, 少なくとも 2 つの理由がある. (1) 『ヒュポテティカ』11, 8 によれば, 彼らは家畜の飼育もしていた. (2) 『戦記』ii 8, 5 (132-3) は, 彼らの食事時の平穏と静かさは, 彼らが食欲を満たすに十分なだけの食べ物と飲み物 (τροφὴν καὶ

I　フィロン，ヨセフス，プリニウスによるエッセネ派（註）　　323

ποτόν）を取ることしかできなかったことによると説明する．この記述は，彼らがぶど
う酒も飲んでいた場合にのみ意味をなす．1QSa 2：17-22 と下記 328 頁を参照．1QSa
の「ティロシュ」（תירוש）は，様々に説明されてきた．〔例えば〕それは普通のぶどう
酒のための詩的な用語である（D. Barthélemy and J. T. Milik, DJD I, p. 118）．或いは「新
しいぶどう酒」（Vermes, Durham University Journal (1960), p. 112）である，と．J. M.
Baumgarten は，ティロシュは普通のぶどう酒よりも不純物に汚染されにくい（'The
Essene Avoidance of Oil and the Laws of Purity', RQ 6 (1967-8), p. 191, n. 42）．発酵しない
ぶどう酒の使用は，この教団の祭司的起源にさかのぼる．M. Delcor, 'Repas cultuels
esséniens', RQ 6 (1967-8), pp. 414-5; Vermes, DSS, p. 111.

61)　『古代誌』xiii 5, 9 (172). xviii 1, 5 (18)：Ἐσσηνοῖς δὲ ἐπὶ μὲν θεῷ καταλείπειν φιλεῖ
τὰ πάντα ὁ λόγος . . .〔エッセネ人の教義は，一切のことを神の手に委ねることを常と
する……〕を参照．1QS 3：13-4：26 を参照．

62)　ファリサイ派に関する考察（99 頁）を参照．

63)　『戦記』ii 8, 9 (145)：Σέβας δὲ μέγα παρ' αὐτοῖς μετὰ τὸν θεὸν τοὔνομα τοῦ νομοθέτου·
κἂν βλασφημήσῃ τις εἰς τοῦτον, κολάζεται θανάτῳ〔彼らの間では神に次いで畏れる対象
はその律法の与え手の名であり，もしこれを冒瀆する者があれば死罪にされる〕．G. R.
Driver, The Judaean Scrolls, pp. 108, 113. 民族の律法授与者モーセへの畏敬は，安息日の
尊重と同じく，全てのユダヤ人に共通する．しかしドライバーが指摘しているように，
エッセネ派のようなモーセの「冒瀆」に対する懲罰との並行例はどこにもない．クム
ランにとってのモーセの重要性は，1QS 5：8；8：15, 22 から判断されてよい．1QS 1：
3 が 9：9 を参照．H. Braun, Spätjüdisch-häretischer und frühchristlicher Radikalismus I, p.
68, n. 3 も見よ．A. Dupont-Sommer は，「律法授与者」の中にモーセではなく，教団の
創設者を見ている．The Essene Writings, p. 31, n. 3 を参照．

64)　フィロン『自由論』12 (80)：τὸ ἠθικὸν εὖ μάλα διαπονοῦσιν, ἀλείπταις χρώμενοι τοῖς
πατρίοις νόμοις, οὓς ἀμήχανον ἀνθρωπίνην ἐπινοῆσαι ψυχὴν ἄνευ κατακωχῆς ἐνθέου.『戦
記』ii 8, 12 (159)：βίβλοις ἱεραῖς καὶ διαφόροις ἁγνείαις καὶ προφητῶν ἀποφθέγμασιν
ἐμπαιδοτριβούμενοι〔彼らは聖なる書物に，また様々な清めの形式や預言者の言葉に通
暁している〕を参照．『戦記』ii 8, 6 (136) の συντάγματα（或いは συγγράματα）τῶν
παλαιῶν〔古代人の文書〕で聖書が念頭に置かれているかどうかは疑問である．『戦記』
ii 8, 7 (142) によれば，教団は自分たち自身の文書も所有していたからである．クム
ランの書物庫は多くのこうした文書を提供している．

65)　『自由論』12 (82). フィロン自身の寓喩的解釈への好みについては，J. Pépin,
'Remarques sur la théorie de l'exégèse allégorique chez Philon', Philon d'Alexandrie, Lyon
11-15 septembre 1966 (1967), pp. 131-67; I. Christiansen, Die Technik der allegorischen
Auslegungswissenschaft bei Philon von Alexandrien (1969) を見よ．クムランの聖書解釈に
ついては下記 329-31 頁を見よ．

66)　『戦記』ii 8, 9 (147).『自由論』12 (81) を参照．CD 10：14-11：18 を参照．

67)　『古代誌』xviii 1, 5 (19). 上記 321-2 頁註 56 を見よ．

68)　これは，『古代誌』xviii 1, 5 (22)：ἀποδέκτας δὲ τῶν προσόδων χειροτονοῦντες καὶ
ὁπόσα ἡ γῆ φέροι ἄνδρας ἀγαθούς, ἱερεῖς τε διὰ ποίησιν σίτου τε καὶ βρωμάτων の解釈の

問題である．この意味は判然としない．これは，「収益を集めるために……彼らは優れた人々を選び，パンとその他の食物を準備する祭司（としても彼らはこの者たちを選ぶ）」と意味し得る．つまり，祭司職は世襲的なものではなく選ばれるものであったと意味してのことである．この文を分けるならば，最後の句は，エッセネ派はパン焼きと料理人を祭司たちの階級から選んだと示唆することになろう．クムランの役職者の祭司的性格については，上記 319 頁註 22，及び下記 326-7 頁を見よ．

69) 『戦記』ii 8, 5（128）：πρὶν γὰρ ἀνασχεῖν τὸν ἥλιον οὐδὲν φθέγγονται τῶν βεβήλων, πατρίους δέ τινας εἰς αὐτὸν εὐχας, ὥσπερ ἱκετεύοντες ἀνατεῖλαι〔太陽が昇る前には世俗のことがらについて一言も語らず，太陽が昇ることを祈願するかのように，それに向って幾つか父祖伝来の祈祷をささげる〕．フィロン『観想的生活』3（27）；11（89）を参照．F. Perles, 'The Hebrew Names of the Essenes and Therapeutae', JQR 67 (1926/7), pp. 405 f.; J. Strugnell, 'Flavius Josephus and the Essenes', JBL 77 (1958), pp. 111 f. を見よ．

70) 『戦記』ii 8, 9（148）：ὡς μὴ τὰς αὐγὰς ὑβρίζοιεν τοῦ θεοῦ〔神の光線を侮辱しないように〕．しかし反対の立場からの見解，遺ベニ 8：ὁ ἥλιος οὐ μιαίνεται προσέχων ἐπὶ κόπρον καὶ βόρβορον, ἀλλὰ μᾶλλον ἀμφότερα ψύχει καὶ ἀπελαύνει τὴν δυσωδίαν〔太陽は糞や泥の上を照らしながら汚されず，かえって両方とも乾燥させて悪臭を払う〕を参照．J. Bidez-F. Cumont, *Les mages hellénisés* (1938), p. 297 f. と上記 321 頁註 49 を参照．

71) I. Elbogen, *Der jüdische Gottesdienst* (³1931), pp. 16 f. を参照．

72) 『戦記』ii 8, 7（142）：μηδενὶ μὲν μεταδοῦναι τῶν δογμάτων ἑτέρως ἢ ὡς αὐτὸς μετέλαβεν〔自分自身が受けたとおり以外の仕方で教えを何人にも与えない〕．『戦記』ii 8, 7（141）によれば，エッセネ派は死の苦痛をもってしても，外部の者に対しては，恐らくは彼らの秘密について，何事も明かさないという誓いで拘束されている．1QS 4：6；5：15-6；9：16-7, 21-22 を参照．

73) 『戦記』ii 8, 7（142）：συντηρήσειν ὁμοίως τά τε τῆς αἱρέσεως αὐτῶν βιβλία〔同様に教派の文書を保持すること〕．これらについて，クムランの発見はおびただしい数の例をもたらした．

74) 『戦記』ii 8, 6（136）．上記註 8 を参照．下記 346 頁を見よ．エッセネ派の医療行為の実践については，Vermes, *PBJS,* pp. 24-7; *Jesus the Jew* pp. 62-3 を参照．

75) 『戦記』ii 8, 7（142）συντηρήσειν . . . τὰ τῶν ἀγγέλων ὀνόματα〔天使たちの名前を……保持する〕．

76) 『戦記』ii 8, 12（159）．同 ii 8, 7（142）を参照．エッセネ派は，自分たちの弟子たちに未来を予知する方法を教えた．『古代誌』xiii 11, 2（311）．A. Dupont-Sommer は『戦記』ii 8, 12（159）の διαφόροις ἁγνείαις〔様々な形の清浄〕を διαφόροις ἁγίαις（聖なる書物）と訂正する，*Essene Writings,* p. 34, n. 3 参照．この校訂はしかし，清浄と禁欲主義がユダヤ教の預言概念の一部をなしていたことから，不必要である．Vermes. *Jesus the Jew,* pp. 99-102 を参照．

77) 『古代誌』xiii 11, 2（311-3），『戦記』i 3, 5（70-80）．

78) 『古代誌』xv 10, 5（373-8）．

79) 『古代誌』xvii 13, 3（345-8），『戦記』ii 7, 3（113）．

80) Vermes, *DSS,* p. 187 を参照．重要な違いをもつ他の版についてはヒッポリュトス『全

異端反駁』ix 18–28 と Black, *The Scrolls and Christian Origins,* Appendix B: 'The Essenes in Hippolytus and Josephus' を見よ．1QS 3：13–4：26，1QH 1：21–2 等を参照．

II 死海の巻物によるクムラン共同体

先に述べたように[1]，エッセネ派に関する古典的記事の分析に続いて，今度は次の視点で死海の巻物を体系的に概観してみる．(1) クムラン共同体の組織，教義，宗教的実践に関する彼らの情報をつなぎ合わせる．(2) エッセネ派とユダヤ教諸教派間の関係性を定義する．(3) エッセネ派／クムランの起源と歴史を跡づける．

1 クムラン共同体の組織[2]

種々の法典（共同体の規則，ダマスコ文書，戦いの巻物，会衆規定）の研究は，この教派の組織，統制，生活の再構成を可能にする．しかしこのことを成功裏になすために，研究者が念頭に置くべきことは，『共同体の規則』はある種の修道院社会のための法規を定めたものであること，他方，『ダマスコ文書』の法規は，平信徒の生活を指導する町の共同体に関係していること[3]，また，種々の法的記事は，代々連続する時代の慣習を反映しているにちがいないことである．その上，そのうちの幾つかは，すなわち『戦いの巻物』や『会衆規定』は，ある程度同時代の事態を反映していることは疑いもないが，将来の時代に対する計画であるように見える．

クムランの共同体（יחד）[4]は，分離教派一般がそうであるように，自分たちが分離した宗教集団の真正の伝統は自分たちが体現していると主張した．教団のメンバーは真のイスラエルを形成し，それと同様に，聖職者（祭司とレビ人たち）と平信徒に分けられていた（例えば，共同体の規則 8：5-9）．彼らは十二の部族に分けられた象徴的な組分けを維持し（例えば，戦いの巻物 2：1-3），そして，千人組，百人組，五十人組，十人組のより小さな単位に分けられていた（例えば，共同体の規則 2：21-2）．

最高権威は祭司たちが掌握していた．彼らは全体集会あるいは教団協議会を通して教派を統轄したが，教義，裁判，財産に関する最終的な言葉を宣言したのは「ツァドクの子ら（בני צדוק）」あるいは「アロンの子ら（בני אהרון）」であった（共同体の規則 5：2，9：7）[5]．

最小単位の十人組（עשרה אנשים）には，食事についての祝祷の暗唱のため（共同体の規則 6：2-5，ダマスコ文書 12：2-3），継続的なトーラー研究のため[6]，

そして伝統的には聖職者階級の成員に留保されていた法的な挙行，例えば癩に関する法規の執行（ダマスコ文書 13：4-7）のため，祭司が 1 人含まれていることが期待された．共同体の業務を司ることは，監視者あるいは監督者（מבקר）に委託された．彼は恐らく祭司であるが，入会の承認と教育，意志決定，及び自分の組の各員に正しい行ないの決定を受け持った．彼にはまた，実務的な事柄と共有財務の管理が委ねられた（共同体の規則 6：13-23，ダマスコ文書 13：7-16）[7]．

　教団全体の頂点には，多数者の頭に任ぜられる祭司（הכוהן אשר יפקד את[ם]）と，全陣営の監督（המבקר אשר לכל המחנות הרבים）がいた（ダマスコ文書 14：6-12）．これと並び，『ダマスコ文書』の法規では，特別な期間のために選ばれた 10 人の裁判官がいる，4 人の祭司とレビ人，6 人の平信徒である（ダマスコ文書 10：4-10）[8]．終末論的な時代の最後の段階には，教団にはまた平信徒の最高指導者もいるはずであった．נשיא 〔長〕あるいは君主であり，疑いもなくイスラエルのメシアあるいは王的メシアと同一視されるべき者であった（戦いの巻物 5：1；会衆規定 2：14, 20）[9]．全陣営の監督には，50 歳の引退が，そして他の職務の保有者には 60 歳の引退が義務づけられた（ダマスコ文書 14：7, 9；10：6-10）．

　共同体への入会は，『共同体の規則』で描かれる「修道院的」な兄弟関係で実践され，「契約に入る」と呼ばれる儀式，すなわち入会志願者が，教団の祭司的位階制の解釈に従い，全てのモーセの律法に服従すると宣誓する儀式で始められた（共同体の規則 1：16 以下；5：1-11）．彼らはこのようにして，「共同体の人々」（אנשי היחד 共同体の規則 5：1 等）と同義語である「契約に入る者」（באי הברית 共同体の規則 2：18 等）になった．さらに明記されていない長さの期間がこれに続き，その間，新参者は教育を受けた．それから彼は会衆の前に現われ，会衆は，彼を新しい成員と承認するか，あるいは却下するかした．もし受け入れられたならば，彼は 2 年間の特別の訓練を受けることになり，それぞれの 1 年の終わりには試験があった．最終試験によって，彼が完全な成員として宣言されるかどうかが，会議の投票と財産共有を含む教団の全てのことに積極的に参加する権利と共に，決定された（共同体の規則 6：13-23）[10]．

　トーラーのいかなる意図的な違反も，完全な成員になる道をふさいだ．既に認められた成員も，故意で犯したものであれ不注意によるものであれ不服従の行為で有罪と判定された者は追放されて，それ以降彼との接触は許されなかった（共同体の規則 8：20-4）[10a]．ささいな違反は，食事の割り当て量

の減量を伴う苦行を課すことによって，あるいは共同生活から様々な程度で排除されることによって罰せられた．その期間は 10 日間から 2 年間まで続き得た（共同体の規則 6：24-7：25）．

法規の違いから判断して，町々や村々に住む——クムラン型の共同体とは異なる——契約教団員は，財産を共有することは除いて，教団の厳格な規律に従うことが期待されたようである．彼らは非教団員，異教徒との商売さえ許された（ダマスコ文書 13：14-6, 12：9-11）．また，彼らは部外者からは代金を支払わずにはいかなるものも受けとることは許されなかったようでもある（共同体の規則 5：16-7）．彼らの各居住地では，共同の金庫は規則的な賦課金（月に 2 日分の賃金）によって維持され，寡婦，孤児，病人等を扶助するような慈善活動に資金を供給することに役立てられた（ダマスコ文書 14：12-6）．対照的に，修道院的兄弟関係の成員は，彼らの財産と収益を「会計係」に引き渡す義務を負い（共同体の規則 6：19-20），会計係の方ではあらゆる者にその必要な物をあてがった[11]．

教団成員間の結婚の問題は複雑である．『ダマスコ文書』の法規（7：6-7）とメシアの法規（会衆規定 1：4）は，既婚の成員と子供たちについて述べている．『戦いの巻物』も同様であるが，しかし終末論的な戦争の間は，婦人と子供は光の子らの陣営には入れないと規定している（戦いの巻物 7：4-5）．また，ほんの少数の墓しか発掘されていないが，クムランの補助墓地では婦人や子供たちの遺骨が見付かっている[12]．他方，『共同体の規則』は，婦人たちに関して沈黙しており，また，「罪深い心と好色の目に従わないように」と積極的に禁止している（1：6）．その上，クムランの主要埋葬地からは実際に（1 つの例外はあるが），男性の遺骨のみ発見されている[13]．ヨセフスが独身者と既婚者のエッセネ派に言及していることを思い出せば，死海の共同体も同様に両性の成員を含んでおり，既婚の成員は，多分独身の同胞数よりも多かったと結論するのは，それゆえ理に適っている[14]．

教団の全成員は，契約の更新の祭り（あるいは七週の祭りについては後述を参照）の時に開かれる年毎の全体集会に参加した．その時に，成員間の序列が再検討された（共同体の規則 1-3 特に 2：19 を参照）[15]．修道的生活を送る同胞たちは，研究と祈りのために夜に集まった（共同体の規則 6：7）．いくつかの集会は聖なる食事に伴われ，そこではパンとティロシュ〔ぶどう酒〕が座長の祭司によって祝福された（共同体の規則 6：4-5, 会衆規定 2：17-21）[16]．

『共同体の規則』は，共同体の規律に違反した者たちの審理を目的とした

法廷あるいは「査問会議」（共同体の規則6：24）に言及する．詳細な刑法典は，種々の違反に課せられる懲罰を定めている．例えば，公の場で軽率な口をきくことには10日間の苦行が課せられたが，一方でモーセ律法への故意の違反には取り消すことのできない追放が要求された（6：24-7：25）．『ダマスコ文書』の法規は，10人の裁判官による法廷に言及している．彼らのうち4人は祭司であり，6人がイスラエル人の平信徒である（10：4-10）．そして証人に適用される法規についても明記されている（9：16-10：3）．投獄が刑罰の中に見出される（12：4-6）．教団員で，異邦人の法廷で死刑訴訟に進んで加わった者(9：1)，「ベリアルの諸霊の統治下での背教」を唱道した者(12：2-3)，あるいはイスラエルの民を侮辱した者や反逆を犯した者（神殿の巻物67：6-13），これらは誰であろうと死に定められた[17]．

2　教義と宗教儀式

　クムラン教団の成員は，「新しい契約」（ハバクク書註解2：3；ダマスコ文書8：21, 35）に属することを告白した．この契約はモーセと預言者たちの使信に基づいているが，しかし義の教師の説教と共同体の祭司的指導者であるツァドクの子らによる権威ある釈義の光のもとで理解されたものであった[18]．

　聖書の思想において，契約の概念は選ばれた民のそれと切り離すことはできない．すなわちイスラエル人の誕生は選びと同義語である[19]．対照的に，成人のユダヤ人がクムラン教団に加わった時には，彼は神に選ばれた者たちの1人となることに個人的また積極的な役割を演じた．その特別な状況が，彼に人間の弱さや神のあまねく行き渡る恩恵の実在の意識を目覚めさせた．それは，クムランの讃歌の中で繰り返し表されている情感である．これらの詩がもつ特別な主題のもう1つのものは，救いにおける神の二重の賜物の認識である．すなわち，何が正しく善であるかについての啓示された知識と，成員が真理を受け入れ正義を実践することができるようにする，神から与えられた力である．知識と恩恵は，選ばれた者たちを聖なる道へと導き，彼らのために天の秘密を照らし出し，そして全ての幻の中で最も神聖な幻，すなわちメルカバ，神の玉座たる戦車の幻さえ観照することを許すと信じられた（安息日の犠牲の歌2章）[20]．

　クムラン教団の成員たちの主たる目標は絶えざる礼拝生活を送ることであった．その礼拝で，地上の光の子らは天使たちの天上の合唱隊の声に自らの声を合わせた．祭儀上の務めは正しい方法で，神々によって定められた時期

に，昼と夜，週，月，四季，そして年を統治する時それ自体の不変の法に一致して，執り行なわれねばならなかった[21]．

日々の祈りが光と闇の始まりの時に，すなわち，夜明けと夕暮れにささげられた[22]．時は，「天の大いなる光の法」に従って太陽暦によって測られた（感謝の詩編 12：5）．かくして 1 年は 52 週に分けられ，各季節は 13 週に，つまり 30 日の 3 ヶ月に分けられ，季節が次の季節に移る時には 1 日が加えられた[23]．その帰結するところは完全な規則性であり，四季と年はいつも週の同じ日に始まった．その上，聖書によれば太陽と月は 4 日目に創造されたから，クムランの計算における各新年は，水曜日になった．過越祭もまた同様であった．同じ様に贖罪の日はいつも金曜日になった．その結果，死海の共同体の祝祭日は，他のユダヤ人たちにとっては通常の労働日に祝われた[24]．

共同体は，モーセ律法の全ての教えを固守していたので，教団員はあらゆる聖書的祝祭を遵守した．しかし彼らは非常に特別な重要性を，七週の祭りあるいはペンテコステに帰した．伝統的なユダヤ教では，この日は מתן תורה，つまりシナイでの律法啓示の日を記念する．教団にとってはこれは，契約の更新のための毎年の機会となった（共同体の規則 1–3 章）[25]．

浄・不浄の法は，共同体の生活で重要な役割を果たし，水による清めに関する儀式は，『ダマスコ文書』（10：10–13），『戦いの巻物』（14：2–3）と『共同体の規則』（3：4–5，5：13）で明確に述べられている．後者の箇所はあるいは，契約への参入との関連における祭儀的な沐浴による浄化をほのめかしている[26]．

荒れ野のクムランの教団員にとって，エルサレム神殿は憎悪の場所であった．神殿の境内は汚染され，その祭司たちは邪悪で，そこで普及している祭儀用の暦は律法に則っていない，と考えられていた．それ故この教団は，正しく行われる犠牲の祭儀が終末論的な戦争の第 7 年目に回復されるはずの時（戦いの巻物 2：5–6）[27] まで，霊的な礼拝をささげた．

教団の神聖な食事（共同体の規則 6：4–5）は，疑いもなく神殿の犠牲の食事の代替であった．それは最後の時代に再び，祭司のメシアとイスラエルのメシアが参加する終末論的な祝宴として祝われるであろう（会衆規定 2：17–22）[28]．クムラン教団のメシアについての教義は，29 節 272–5 頁で既に論じた．死者の復活の信仰は，クムランの信仰の中心的な信条ではなかった．時折ほのめかされる「塵の中に横たわる」者たちや「虫に食い荒らされた」者たちの覚醒（感謝の詩篇 6：34–5；11：10–14）は，単に隠喩的なものにすぎないだろう．他方，数多く言及されているのは，天の子らに伴われた光の子

らに授けられる永遠の生命である（例えば，共同体の規則 11：5-9；感謝の
詩編 11：10-14 等）[29].

3　クムラン共同体とエッセネ派

　少数派の学者は，両者の宗教運動の間にある程度関係があることを認めな
がらも，同じ宗教運動であると認めることを拒むが [30]，見解の幅広い一致は
クムランの人々をエッセネ派と同定することに賛成している [31].

　エッセネ派との同定を支持する主な論拠は次の通りである．

　1　もっと適合する他の遺跡が発見されない以上，キルベト・クムランのセ
　クト住居跡が，エッセネ派の主要な居住地 [32] ——プリニウスによってエ
　リコとエンゲディの間に位置するとされた [33] ——であるように見える．
　2　年代学的には，エッセネ派が栄えたのは，ヨセフスによると，ヨナタン
　の支配と第 1 次ユダヤ戦争の間の期間であった [34]．クムラン遺跡の居住期
　間は，考古学者によれば，ほぼ同時期と同定される [35].
　3　2 組の資料で描かれる共同生活の組織，また儀式，教義及び習慣は，非
　常に多くの，また非常にきわだった近似性を示しているので，クムラン教
　団とエッセネ派が等しいという仮説は，最も高い程度の蓋然性が与えられ
　てしかるべきように見える [36].

　多くの相違点が存在するのも一般の認めるところである．例えば，エッセ
ネ主義の本質的な特徴，財産の共有と独身主義は，死海文書の中に描かれて
いるあらゆる集団を特色づけているように見えない．あるいは，教団のあら
ゆる存続段階を特色づけているように見えない．それにもかかわらず，前節
で唱えられた主張，すなわち町に住む契約の構成員と修道院的集団の者たち
とは，それぞれ異なった経済的規律に従っているということが認められると
するならば，この食い違いはそれほど重要ではなくなる [37]．その他の変異
は，教団の教義を取り巻く秘密性によって説明できるだろう．その完全な知
識は集団への完全な入会を前提としていた．ローマ人として，プリニウスは
その名が示す通りに，これに対する資格がなかった．フィロンもエッセネ派
と実際に接触したことがあるとは主張していない．ヨセフスに関して言えば，
3 人の中では最も優れた情報をもっており，エッセネ派の生活を実際に経験
したかもしれないが，正式に訓練された教団の人間ではなかったし，またそ
うであったはずがない [38]．その上，プリニウスもフィロンもヨセフスも，彼

ら自身エッセネ派の読者たちに語りかけていたのではない．従って，程度の
差はあるが，彼らは自分たちの記事を自分たちの読者の必要に合うように適
応させなければならなかった．デュポン‐ソンメールが出した結論の論理構
成はいまだ強く推奨される．「（フィロンとヨセフス）の記事は，本質的に要
約であり，彼らには状況と規定の複雑さの全てを考慮することはできなかっ
たし，そして必然的に，彼ら自身の好みに合わせて事実を単純化し，また時
として潤色もする傾向があった．そこには曖昧さと，そして不正確ささえあ
るかも知れない．フィロンとヨセフス相互の間に，幾らかの相違さえあるの
ではないだろうか．外的証拠が，文書自体と無条件に厳密にぴったり一致し
ないということは，いたって当然である……．クムラン文書に関する限り，
さらに1つの問題点を加えておく必要がある．これらの著作は全てが同じ時
代のものではなく，1つの文書から次に至るまでに，制度と信仰におけるあ
る程度の進展を示している可能性がある……．最後に心にとどめておくべき
ことは，クムラン教団すなわちエッセネ教団は，……秘儀的であったという
ことである．従って，外側からそれについて話す者たちが全てを知っていた
はずはない．また，彼らは全てを語ることを望まなかったこともありえる」[39]．

　更なる考察が，エッセネ派＝クムランの荒れ野の兄弟集団という説を支持
するために加えられて良い．他の仮説のどれ1つ，エッセネ派説ほどに強力
であるようには見えない．それ故に，後者が完全に証明されたと見なされ得
ないにしても，クムランをファリサイ派[40]，サドカイ派[41]，熱心党[42]やユ
ダヤ人キリスト者[43]，まして言及するまでもないが，中世のカライ派[44]と
連接させる諸説よりは好ましいものであろう．

III　エッセネ派の起源と歴史

　古典資料はエッセネ派運動の起こりに関して何の情報ももたらさない[45]．
それのもっと後の歴史に対する附随的な参照事項を提供するにすぎない．
　前節末で到達したエッセネ派をクムラン共同体と同定する結論に照らす
と[46]，この非常に寄せ集め感の強い像を補填し得るものは少ない．クムラン
の著作は厳密な意味での歴史編纂とはだれもが知っているほどに異質である
ので──関連する資料のほとんどはペシェル型の聖書解釈に由来する[47]
──，当座のクムラン／エッセネ派の歴史の再構成は，何人かの学者によっ
て入念に作り上げられたより思弁的な二次的特徴をその像の中に組み入れる
ことはせず，主要な輪郭のみに限定するのが望ましいと思われる[48]．

Ⅲ　エッセネ派の起源と歴史

エッセネ派のクムラン定住の開始をおよそ前 140–130 年の間に年代づける考古学的発見への解釈を受け入れるならば [49]，教団を生じさせた諸々の出来事は，前 2 世紀の初期数十年となる [50]．

エッセネ派の起源となる核は，アンティオコス・エピファネスによって始められた迫害が頂点に達するヘレニズム化の危機の時代に生まれた（ダマスコ文書 1：5）[51]．それは神が「神の地を相続させるために……生え出でさせた苗木の根」（ダマスコ文書 1：7），すなわち，ハシディームの集団であった [52]．20 年後には義の教師が現れた（ダマスコ文書 1：10–11）．彼は，クムラン／エッセネ共同体の創設者・組織者で，疑いもなく高貴なツァドク家の血筋の祭司（外典詩編 37 ii 19, iii 15）であった [53]．彼と，前 153 ／ 2 年に大祭司職を受け継ぎ，「悪しき祭司」となったヨナタンとの間に，ある確執が起こった．ヨセフスがエッセネ派への最初の言及を，ヨナタンの統治の間に置いていることは注目に値する [54]．義の教師と彼の信奉者たちは亡命の地，恐らくクムランに退くことを余儀なくされたが，そこに彼らの敵対者たちが彼らの贖罪の日に訪れた（ハバクク書註解 11：4–8）．ヨナタンの失脚と前 143 ／ 2 年のトリュフォンによる処刑は，エッセネ派によって神の懲罰とみなされた（ハバクク書註解 9：2, 9–12）．『証言集』で，彼は「暴力の道具」である 2 人の兄弟の 1 人として呪われている．他の 1 人は，シモン・マカバイオスである [55]．

年代学的には，次のエッセネ派に関する参照はヨセフスから出るもので，彼はアリストブロスⅠ世統治下のユダという名のエッセネ派の預言者を挙げている [56]．クムランの証拠を顧みれば，後期ハスモン家の人々は，特にアレクサンドロス・ヤンナイオス「怒れる若き獅子」（ナホム書註解 1：5．ホセア書註解 2：2–3 を参照）は，エッセネ派によって強い憎しみを抱かれ続けた．彼らはポンペイウスによってユダヤ人の支配者たち「エルサレムの最後の祭司たち」が破られたことを祝った（ハバクク書註解 9：4–7）．

前 1 世紀の後半から後 1 世紀の前半に渡るエッセネ派の歴史は，ヨセフスの言及とクムラン遺跡の考古学的証拠によってのみ証明される．ヨセフスによれば，この教団はヘロデ統治下で栄えたように見える．ヘロデは，忠誠を誓う義務を彼らに免除したが [57]，それは疑いもなく，ヘロデがユダヤ人の王となるだろうと予告したエッセネ派のメナヘムの預言のためであった [58]．ヘロデ統治下で起きた前 31 年の地震のあと，クムランの敷地の利用が一時中断したかどうかは，R. ド・ヴォーの主張にも関わらず不確かなままに留まる [59]．崩壊跡の中に少なくとも 10 枚のヘロデ鋳造の硬貨が発見されているのだか

ら，特にそうである 60).

第1次ユダヤ戦争の勃発に先立つ時代に関する，さらに2つのヨセフスの証言がある．第1に，世紀の変わり目にエッセネ派のシモンが民族指導者アルケラオスの夢を解いたと報告されている 61).　第2に，『自伝』でヨセフスは彼の青年時代，後1世紀半ばに，自分はユダヤ人の3つの宗教学派，サドカイ派，ファリサイ派，エッセネ派を実験したと打ち明けている 62).

『戦いの巻物』からの文献上の証拠によれば，エッセネ派の対ローマの姿勢は，ポンペイウスの時代には中立的であったが，後に敵対的になったこと，またキッティーム―ローマ人は，最終的な敵として，光の子らによる彼らの打倒が神の王国の幕開けとなると見なされていたことがわかる．

ヨセフスは，第1次反ローマ戦争に参戦した将軍たちの中のエッセネ派のヨハネに言及するが，その言及が，教団の個人メンバーによる反乱への積極的参加への唯一の直接的ほのめかしである 63).　クムランの居住地がローマの軍団によって征服された時，多分後68年のことであるが 64)，この集団が全体として彼らに抵抗したかどうかの問題は，未解決のままである．エッセネ派の居住施設は，後には熱心党によって占拠されたが，エッセネ派はローマの軍が到着する前にそこを既に引き払っていたかもしれないのである．同様に『安息日の犠牲の歌』（4QŠirŠabb）の写本が熱心党の要塞マサダに存在したことは 65)，熱心党のクムラン略奪によるものか，あるいはエッセネ派集団による反乱の大義の容認によるものかもしれない．最後に，もしヨセフスが注目する，ローマ軍の拷問下におけるエッセネ派の勇敢さ 66) がクムランの陥落に結びつけられるとするならば，この教団が歴史の表舞台から消えたことは，後68年夏に教団の中心施設が蒙った致命的打撃の結果であると考えられる 67).

エッセネ主義に関する古典資料と死海での発見物という文献上と考古学上の双方の複合的証拠は，ヨセフス，フィロン，プリニウスが提供し得た以上に，この興味ぶかい歴史的，宗教的現象についてのより包括的な像とより深い理解とを提供する．ギリシア語で書かれた記事に認識できるこの運動の祭司的特徴は，共同体のツァドク的起源と指導権を念頭に置くとき，容易に理解できるようになる．クムラン・エッセネ派が神殿における犠牲祭儀に参加しなかったことも，祭司的な対抗意識が関わっていたこと，そして教団の儀式によるエルサレムの祭儀の代替は，終末論的な戦争の期間になされる教団による聖所の再占拠（戦いの巻物2：1-6）までの暫定的なものと意図されて

いたことが十分理解されるときに，新しい意味を帯びる．この状況では，クムラン以前の学問に大層影響を及ぼした外国からの影響についての問題も[68]，全く二次的なものになる．仏教やインドからの借用語については，今やほとんどあり得ないと考えられるべきである[69]．エッセネ派の二元論や天使論に対するペルシアの影響は，ありそうなことではあるが，しかし直接的に教団自体に与えたというよりは，疑いもなく，ユダヤ教それ自体に及ぼしているイランの影響に由来する[70]．ピタゴラス学派の理念の採用に関しては，ヘレニズム化されたユダヤ人の間で彼らについての知識はあったように思えるが，ピタゴラス派の教えや慣習へのエッセネ派の直接的依拠を考えることは難しいし，証明するのは不可能である[71]．

「我々がエッセネ派の共同体をその環境世界と比較して考察する時，本質的なことは想定される『ピタゴラス学派』の影響ではなく，ヨセフス――あるいはダマスコのニコラオス――のようなヘレニズム的観察者たちは，彼らをユダヤ人『ピタゴラス学徒』として紹介することができたという事実である……．フィロン，大プリニウス，ソリヌス，ポルフュリオスやとりわけディオ・クリュソストモスのような古代の報告者たちは，エッセネ派を，死海のほとりの荒れ野で，神についての知識，知恵と人間愛に仕える禁欲的な生き方を送っていた，『哲学者たち』の共同体として紹介した」[72]．

しかしエッセネ派の目的と願望は，彼ら自身の言葉に最もよく表現されている．

「[教師は聖徒]たちに，『共同体の規則』の書[に従って]生きるために次のこと[を教える]．心と魂の全体をもって神を求め，そして彼がモーセの手と自分の僕である預言者たち全てを通して命じたように彼の前に良いこと正しいことを行なうこと……．」[73]．

「彼らは不義の者たちの集まりから離れ，律法と持物に対する敬意と共に，ツァドクの子らすなわち契約を守る祭司たちと，契約を確固として固守する共同体の多数の人々の権威に従って，一つとなる．彼らの意見に基づいて教義と財産と正義に関する全ての事柄が定められる．

彼らは真実と謙遜を共同で行い，義と公正と恵みとつましさとを彼ら全ての道において行う．そして何人も，この道を心を頑なにして歩み，そのためにその心と眼と邪悪な欲望とに従って迷うことがあってはならない．むしろ共同体において邪悪な欲望，及び堅いうなじの包皮に割礼を施すべきである．そうすればイスラエルのため，永遠の契約の共同体のための，真実の基礎を据えることができる．アロンにおける聖性に進んで志願した全ての者のため

に，イスラエルにおける真実の家に進んで志願した全ての者のために，そして共同体の生活に自ら加わる者のために，彼らは贖いをなす」[74].

註

1) 上記 304 頁を参照.

2) 最近の概説については，Vermes, *DSS.* pp. 87-115 を見よ. 1977 年の終わりに出版された『神殿の巻物』は，この巻のために用いるには我々の手元に届くのが遅すぎた. その内容は，第Ⅲ〔Ⅵ〕巻の文学についての節で分析されるだろう. 当面は，Y. Yadin, *The Temple Scroll (Hebrew Edition)* I-III (1977) を見よ.

3) これらの町については，上記 315 頁註 5 を見よ.

4) 1QS についての全般的な註解書を参照. A. Dupont-Sommer, *The Essene Writings,* p. 44; P. Wernberg-Møller, 'The Nature of the YAḤAD according to the Manual of Discipline and related Documents', *Dead Sea Scroll Studies* 1969, ALUOS 6 (1969), pp. 56-81 も見よ. この教団を表す主たる用語は עדה, קהל 及び עצה である. 入団を許された者は הרבים 「多くの者」「多数者」として言及される（1QS 6：1 以下等）.

5) 上記 323-4 頁註 68 を見よ.

6) איש דורש התורה〔律法を研究する者〕（1QS 6：6）は，疑いもなく祭司の長と同一人物である. CD 7：18 では，メシア的な「律法の解釈者」の祭司的な資質が暗示されている. そこでは彼は「全会衆の君主」（נשיא כל העדה）に関連して言及される. 4 QFlor 1：11 では דורש התורה - צמח דויד〔ダビデの若枝〕. クムランの祭司的及び君主メシアの待望については，上記 272-5 頁を見よ.

7) 教団内には様々な公式の称号がある.（1）המבקר〔審議する者〕（1QS 6：12, 19；CD 9：19, 22；13：5-7, 13, 15-16；14：10-12；16：11）. האיש המבקר על מלאכת הרבים〔多数者の議事を審議する者〕と記される人物が監督者／後見者あるいは他の職能をもつ者（会計係）と同一人物かどうかは明らかではない. 種々の職位についての議論は，Vermes, *Discovery,* p. 45; B. Reicke, 'The Constitution of the Primitive Church in the Light of the Qumran Documents', *The Scrolls and the New Testament* (1958), p. 150, 154 f.; L. Rost, 'Zur Struktur der Gemeinde des Neuen Bundes im Lande Damaskus', VT 9, 1959, pp. 393-8; G. Vermes, 'Essenes-Therapeutai-Qumran', Durham University Journal (1960), pp. 99-100; M. Black, *The Scrolls and Christian Origins* (1962), p. 115; J. F. Priest, 'Mebaqqer, Paqid, and the Messiah', JBL 81 (1962), pp. 55-61; P. Osten-Sacken, 'Bemerkungen zur Stellung des Mebaqqer in der Sektenschrift', ZNW 55 (1964), pp. 18-26; G. R. Driver, *The Judaean Scrolls* (1965), pp. 106-7; 521-3; Vermes, *DSS,* pp. 87-115 を見よ.

8) Vermes, *DSS,* pp. 99-100, 113 を参照. エッセネ派の百人の法廷（上記 318 頁註 17 を参照）もまた，ミシュナーの 3 人，23 人，71 人の法廷（サンヘ 1：1, 4, 5）のようではなく，十進法のシステムを反映している. サンヘ 1：3 は，その中の 1 人は祭司であるべき 10 人の判事によって審議される事件について述べる. 第 4 洞窟から発見された

Ⅱ　死海の巻物によるクムラン共同体（註）　　　*337*

「法令」（4Q159）は，12 人の法廷——2 人の祭司と 10 人の信徒——に言及している．
J. M. Baumgarten, 'The Duodecimal Courts of Qumran, Revelation and the Sanhedrin', JBL
95 (1976), pp. 59-78 を参照．

9)　シメオン・ベン・コシバによって担われた נשיא 〔君主〕の称号については，　第 Ⅰ
〔Ⅱ〕巻 322 頁を参照．

10)　見習い期間の第 1 年目，志願者は共同体の「清め」(טהרה) に入る，すなわち多分，
儀式上清い食物や，それが入っていた，あるいはそれが調理された器物や道具に触れ
ることが許されなかった．その上彼は教団の財産を共有することができなかった．第
2 年目には，清められた事物に触れる禁令は「液体」(משקה) に限定された．彼は自分
の金銭や所持品を「会計係」に手渡したが，それらは別に保管され，まだ共同体の所
有物の中に吸収されなかった．S. Lieberman, JBL 71 (1951), pp. 199-206 [= *Texts and
Studies* (1974), pp. 200-7]; J. Licht, חומרת משקה הרבים מטהרת הרבים בסרך היחד, *Sefer
Segal*, ed. J. M. Grintz (1964), pp. 300-9; Vermes, *DSS,* pp. 95-6, 111 を参照．

10a)　M. Delcor, 'Les tribunaux de l'église de Corinthe et les tribunaux de Qumrân', *Studiorum
Paulinorum Congressus Catholicus 1961* (1963), pp. 535-48; G. Forkman, *The Limits of the
Religious Community. Expulsion from the Religious Community within the Qumran Sect,
within Rabbinic Judaism and within Primitive Christianity* (1972) を参照．

11)　『ダマスコ文書』と『会衆規定』に述べられている信徒の共同体で守られていた規則
については，Vermes, *DSS,* pp. 97-105 を見よ．荒れ野の教団員と町の教団員との間の結
びつきについては，*ibid.*, pp. 105-9 を参照．クムランの修道院的集団の強制的共産主義
はエッセネ派のそれと同一であるが（上記 319 頁，註 23-6 を参照），それは使 2：44-
5；4：32-5：2 の任意的財産共有と比較されてよい．J. G. Greehy, 'Community of Goods
—Qumran and Acts', Irish Theol. Quart. 32 (1965), pp. 230-40; J. A. Fitzmyer, 'Jewish
Christianity in Acts in the Light of the Qumran Scrolls', *Essays on the Semitic Background of
the N. T.* (1971), pp. 271-303 を参照．ユダによって管理されていた共有の財布は，ヨハ
12：6；13：29 にあるイエスに率いられるグループの中でも暗示されている．Vermes,
DSS, pp. 216-17 を参照．町や村で生活している契約の成員の経済管理が修道院的同胞集
団のそれとは異なっていたことが受け入れられるとするなら，クムラン教団をエッセ
ネ派と同定することに反対して唱えられる異議は，その大半の力を失っている．C.
Rabin, *Qumran Studies* (1957), p. 23; G. R. Driver, *The Judaean Scrolls* (1965), pp. 113-16 を
参照．

12)　種々の埋葬地とそれらの 1200 の墓は，de Vaux, *op. cit.*, pp. 45-8, 57-8, 88-9 によって
記述されている．S. H. Steckoll, 'Preliminary Excavation Report in the Qumran Cemetery',
RQ 6 (1968), pp. 323-44; N. Haas, H. Nathan, 'Anthropological Survey of the Human Skeletal
Remains from Qumran', *ibid.*, pp. 345-52; E. -M. Laperrousaz, *Qoumrân, L'établissement
essénien des bords de la Mer Morte. Histoire et archéologie du site* (1976), pp. 19-25 も参照．

13)　R. de Vaux, *Archaeology and the Dead Sea Scrolls* (1973), pp. 128-9 を参照．

14)　独身主義の問題については，上記 321 頁註 55 を見よ．Vermes, *Jesus the Jew,* pp. 99-
102; DSS, pp. 181-2, 193 も参照．クムランの婚姻法の 2 つの特徴は注目すべきである．
(1) 妻を迎えてもよい男性の年齢が 20 歳とされている（1QSa 1：10-11. S. B. Hoenig,

'On the Age of Mature Responsibility in 1QSa' JQR 48〔1957〕, pp. 371-5; 'The Age of Twenty in Rabbinic Tradition and 1QSa', JQR 49〔1958〕, pp. 209-14) ことはミシュナー（アヴォト 5：21）で推奨される 18 歳に反する．20 歳は，「入団」すなわち完全な成員に求められる年齢でもある（1QSa 1：8-9；CD 15：5-6）．死海の巻物はヨセフスによって言及される婚約した婦人の試験期間については触れていない．『戦記』ii 8, 13 (161) は明らかに成熟期の開始と結びついている（Dupont-Sommer, *Essene* Writings, p. 35, n. 3 を参照）．(2) 教団は離婚よりも一夫多妻（CD 4：20-15：2）や叔父と姪の結婚（CD 5：8-11）を非難した．Vermes, 'Sectarian Matrimonial Halakhah in the Damascus Rule, JJS 25 (1974), pp. 197-202〔= *PBJS*, pp. 50-6 は，参考文献の十分な調査を提供している〕; 'The Qumran Interpretation of Scripture in its Historical Setting', *PBJS*, pp. 40-1; J. A. Fitzmyer, 'The Matthean Divorce Texts and some new Palestinian Evidence', Theol. Studies 37 (1976), pp. 197-226 を参照．

15) Vermes, 'Essenes-Therapeutai-Qumran', Durham University Journal (1960), pp. 112-13; M. Weise, *Kultzeiten und kultischer Bundesschluss in der "Ordensregel" von Qumran* (1961); Vermes, *DSS*, pp. 107, 177-9, 192 を参照．

16) 上記 319 頁註 30 を見よ．K. G. Kuhn, 'The Lord's Supper and the Communal Meal at Qumran', *The Scrolls and the N. T.* (1958), pp. 65-93; Black, *The Scrolls and Christian Origins*, pp. 102-18; M. Delcor, 'Repas cultuels esséniens et thérapeutes. Thiases et Haburoth', RQ 6 (1968), pp. 401-25; Vermes, *DSS*, pp. 94, 111, 182, 193 を参照．תירוש が発酵していないぶどう汁を意味することについては，Ｔネダ４：3，申スィフ 42 と Vermes, DDS, p. 111 を参照．

17) 単独の証言の問題については，B. Levine, RQ 8 (1973), pp. 195-6; J. Neusner, *ibid.*, pp. 197-217; L. H. Schiffman, *ibid.*, pp. 603-12; B. S. Jackson, *Essays in Jewish and Comparative Legal History* (1975), pp. 172-201; N. L. Rabinovitch, RQ 9 (1977), pp. 113-16 を見よ．CD 9：1 の釈義については，P. Winter, 'Sadoqite Fragment IX, 1', RQ 6 (1967), pp. 131-6; Z. W. Falk, '*Behuqei hagoyim* in Damascus Document IX, 1', *ibid.* (1969), p. 569 を参照．「絞首刑／磔刑」の文献については，Vermes. *DSS*. p. 114; M. Hengel, *Crucifixion* (1977), pp. 84-5 を見よ．

18) 死海の巻物の中で採用されている種々の釈義的方法は次のように概略される．

　　1　ハラハー的再解釈は，聖書の法を (a) 直線的にか，あるいは (b) 複雑な，時にはねじれた論法によってそれを完全に変えながら展開した．(a) については CD 16：10-12（民 30：9 で夫に認められた妻の誓いを無効にする権利は，そもそも為された誓いが不適当であった場合に限定される）を見よ．(b) については CD 16：14-15（両親や家族に対する義務が神殿へ供え物を持って行く義務に優先するということが，ミカ 7：2 の語呂合わせの釈義で論証される）を見よ．

　　2　ペシェルあるいは，預言成就の解釈．この恐らくは最も典型的な型の釈義は，聖書の予言を教団の歴史に関わる出来事と同定しようと試みる．ハバクク書註解では，ハバククの時代のカルデア人は，最終的な敵キッティーム（すなわちローマ人）となり，預言者によって批判された罪人は悪しき祭司，すなわち義の教師の敵対者とその追従者になるということなど．

3 ハガダー的補完は，聖書の物語における空隙を埋める直接的な形をとる．例えば，アブラハムは，サラが自分の妻と知られたら彼の生命が危険になることを夢の予告から学ぶ，1QapGen 19：14-24．それは付加的に，教義上の目的のために象徴的な釈義を採用する場合もある．例えば，1QpHab 12：3-4 で共同体の議会が神殿に取って代えられ，レバノンとして（ハバ 2：17）ほのめかされている．

クムランの，法的及び教義上の釈義のより完全な説明については，Vermes, art. 'Interpretation (History of) at Qumran and in the Targums', IDBS (1976), pp. 438-43 を見よ．また F. F. Bruce, *Biblical Exegesis in the Qumran Texts* (1959); O. Betz, *Offenbarung und Schriftforshung in der Qumransekte* (1960); Vermes, *Scripture and Tradition* (²1973); 'The Qumran Interpretation of Scripture in its Historical Setting', *PBJS,* pp. 37-49; L. H. Schiffman, *The Halakhah at Qumran* (1975) も参照．さらに Fitzmyer の bibliography, pp. 110-11 を見よ．

19) 死海の巻物の神学については，一般的な著作に加えてクムラン参考文献（Jongeling, pp. 78-93; Fitzmyer, pp. 112-13) を見よ．特に，F. Nötscher *Zur theologischen Terminologie der Qumran-Texte* (1956); *Gotteswege und Menschenwege in der Bibel und Qumran* (1958); H. W. Huppenbauer, *Der Mensch zwischen zwei Welten* (1959); M. Weise, *Kultzeiten und kultischer Bundesschluss in der "Ordensregel" vom Toten Meer* (1961); G. Jeremias, *Der Lehrer der Gerechtigkeit* (1963); A. Jaubert, *La notion de l'Alliance dans le judaïsme aux abords de l'ère chrétienne* (1963); J Becker, *Das Heil Gottes* (1964); B. Gärtner, *The Temple and the Community in Qumran and the N. T.* (1965); H. Braun, *Qumran und das N. T.* II (1966); A. -M. Denis, *Les thèmes de la connaissance dans le Document de Damas* (1967); M. Black (ed.), *The Scrolls and Christianity* (1969); P. von Osten-Sacken, *Gott und Belial* (1969); G. Klinzing, *Die Umdeutung des Kultus in der Qumrangemeinde und im N. T.* (1971); E. H. Merrill, *Qumran and Predestination* (1975); E. P. Sanders, *Paul and Palestinian Judaism* (1977), pp. 239-321; Vermes, *DSS,* pp. 163-97 を参照．

20) Vermes, *DSSE,* pp. 34-41; *DSS,* pp. 169-75 を参照．

21) 礼拝回数については，Dupont-Sommer, 'Contribution à l'exégèse de Manuel du Discipline X, 1-8', VT 2 (1952), pp. 229-43; S. Talmon, 'The Order of Prayers of the Sect from the Judaean Desert', Tarbiz 29 (1959), pp. 1-20（ヘブライ語）; M. Weise, *Kultzeiten und kultischer Bundesschluss . . .* (1961); A. R. C. Leaney, *The Rule of Qumran and its Meaning* (1966), pp. 80-90; J. Licht, 'The Doctrine of "Times" according to the Sect of Qumran and other "Computers of Seasons"', Eretz Israel 8 (1967), pp. 63-70（ヘブライ語）; Vermes, *DSSE,* p. 42; *DSS,* pp. 175-6, 192 を見よ．

22) 上記 313 頁を参照．

23) 第 I〔II〕巻 408 頁註 15 を参照．特に，A. Jaubert, *La date de la Cène* (1957), pp. 13-30, 142-9; S. Talmon, 'The Calendar Reckoning of the Sect from the Judaean Desert', Scrip. Hier. 4 (1958), pp. 162-99; G. R. Driver, *The Judaean Scrolls* (1965), pp. 316-30; J. M. Baumgarten, '4Q Halakahᵃ 5, the Law of Ḥadash and the Pentecontad Calendar', JSS 27 (1976), pp. 36-46 を参照．Fitzmyer, *op. cit.,* pp. 129-37 の参考文献も見よ．

24) 1QpHab 11：6-8；S. Talmon, 'Yom hakkippurim in the Habakkuk Scroll', Biblica (1951),

pp. 549-63; M. R. Lehmann, 'Yom Kippur in Qumran', RQ 3 (1961), pp. 117-24; Vermes, *DSS,* p. 177 を参照.

25) Vermes, 'Essenes-Therapeutai-Qumran', Durham Univ. Journal 52 (1960), pp. 112-13; Black, *The Scrolls and Christian Origins* (1962), p. 92; B. Noack, 'The Day of Pentecost in Jubilees, Qumran and Acts' ASTI 1 (1962), pp. 73-95; M. Delcor, 'Das Bundesfest in Qumran und das Pfingstfest', Bibel und Leben 4 (1963), pp. 188-204; art. 'Pentecôte', DB Suppl. VII (1964), cols, 858-79; A. R. C. Leaney, *op. cit.* [上記註21], pp. 95-107; Vermes, *DSS,* pp. 177-8, 192 を参照.

26) エッセネ派の沐浴については 311 頁を参照. *クムランとキリスト教の水による清め* については, O. Betz, 'Die Proselytentaufe der Qumransekte und die Taufe im Neuen Testament', RQ 1 (1959), pp. 213-34; E. F. Sutcliffe, 'Baptism and Baptismal Rites at Qumuran', Heythrop Journ. 1 (1960), pp. 69-101; J. Gnilka, 'Die essenische Tauchbäder und die Johannestaufe', RQ 3 (1961), pp. 185-207; A. Dupont-Sommer, 'Culpabilité et rites de purification dans la secte juive de Qoumrân', Semitica 15 (1965), pp. 61-70; H. Braun, *Qumran und das Neue Testament* II (1966), pp. 1-29; J. A. Fitzmyer, *Essays on the Semitic Background of The New Tsetament* (1971), pp. 469-73 を参照.

27) Vermes, *DSSE,* pp. 45-7; *PBJS,* pp. 83-5; *DSS,* pp. 180-1 を参照. 特に B. Gärtner, *The Temple and the Community in Qumran and the N. T.* (1965); G. Klinzing, *Die Umdeutung des Kultus in der Qumrangemeinde und im N. T.* (1971) を 参照. し か し, CD 11 : 19-20 が, 神殿における犠牲と献げ物について規定しているのに注意.

28) 上記 338 頁註 16 を参照.

29) Vermes, *Discovery,* pp. 118-19; R. B. Laurin, 'The Question of Immortality in the Qumran Hodayot', JSSt 3 (1958), pp. 344-55; K. Schubert, 'Das Problem der Auferstehungshoffnung in der Qumrantexten und in der frührabbinischen Literatur', WZKM 56 (1960), pp. 154-67; J. van der Ploeg, 'The Belief in Immortality in the Writings of Qumran', Bibliot. Orient. 18 (1961), pp. 118-24; Black, *The Scrolls and Christian Origins* (1961), pp. 136-42; G. W. E. Nickelsburg, *Resurrection, Immortality, and Eternal Life in Intertestamental Judaism* (1972), pp. 144-67; 'Future Life', IDBS, p. 350; Vermes, *DSS,* pp. 186-8, 196-7 を参照.

30) 上記 272-5 頁を参照.

31) エッセネ主義との結びつきを最初に示唆したものの中には, E. L. Sukenik, *Megillot Genuzot* I (1948), p. 16, 及び A. Dupont-Sommer, *Aperçus préliminaires sur les manuscrits de la Mer Morte* (1950), pp. 105-17 がある. R. de Vaux はキルベト・クムランを, プリニウ スの著作にあるエッセネ派居住地と同定した ('Fouille au Khirbet Qumran', RB 60 (1953), p. 105). この理論は A. Dupont-Sommer, *Essene Writings from Qumran* (1961) によ ってさらに展開されている. また, J. -P. Audet, 'Qumran et la notice de Pline sur les Esséniens', RB 68 (1961), pp. 346-87; C. Burchard, 'Pline et les Esséniens. A propos d'un article récent', RB 69 (1962), pp. 533-69 (Audet に反対); 'Solin et les Esséniens. Remarques à propos d'une source negligée, RB 74 (1967), pp. 392-407; W. F. Albright and C. S. Mann, 'Qumran and the Essenes: Geography, Chronology and Identification of the Sect', *The Scrolls and Christianity,* ed. M. Black (1969), pp. 11-25; M. Petit, *Quod omnis probus, Les oeuvres de*

Philon d'Alexandrie 28 (1974), pp. 114-24; Vermes, *DSS,* pp. 125-30, 133-6 も参照. エジプ
トのテラペウタイとの結びつきに関しては，Vermes, 'Essenes-Therapeutai-Qumran',
Durham University Journal (1960), pp. 97-115; Black, *The Scrolls and Christian Origins*
(1962), pp. 45-7; V. Nikiprowetzky, 'Les suppliants chez Philon d'Alexandrie', REJ 122
(1963), pp. 67-78; M. Delcor, 'Repas culturels esséniens et thérapeutes', RQ 6 (1969), pp. 401-
25 を見よ. 下記 345-51 頁を参照.

32) R. de Vaux, *Archaeology and the Dead Sea Scrolls* (1973), pp. 133-8 を参照.

33) 上記 315-7 頁註 6 を参照.

34) 『古代誌』xiii 5, 9 (171)；『戦記』ii 8, 10 (152)；ii 20, 4 (567).

35) R. de Vaux, *op. cit.,* 5 f. を参照.

36) Dupont-Sommer, *The Essene Writings,* pp. 39-67; Vermes, *DSS,* pp. 127-30 を参照.

37) 上記 328 頁を見よ.

38) 『自伝』2 (9-12). ヨセフスは，16 歳から 19 歳の間，ファリサイ派，サドカイ派，
エッセネ派の体系の中で訓練を受けたと主張している. 彼はまたバンヌースの隠者と
共に 3 年を過ごした. これら全ての結末に，彼はファリサイ派となることを選んだ.

39) Dupont-Sommer, *The Essene Writings,* pp. 66-7 を参照. Vermes, *DSS,* pp. 128-30 を参照.

40) C. Rabin, *Qumran Studies* (1957), Ch. IV, The Sect and its Opponents, pp. 53-70; 'a diehard
Pharisaic group' (p. 69). 批判については，Dupont-Sommer, *op. cit.,* pp. 403-8; Vermes,
DSS, pp. 121-2 を見よ.

41) R. North, 'The Qumran "Sadducees"', CBQ 17 (1955), pp. 164-88. 批判については，
Vermes, *DSS,* pp. 118-19 を見よ.

42) C. Roth. *The Historical Background of the Dead Sea Scrolls* (1958); 'Why the Qumran Sect
cannot have been Essenes', RQ 1 (1959), pp. 417-22; 'Were the Qumran Sectaries Essenes?',
JThSt 10 (1959), pp. 87-93 と，特に G. R. Driver, *The Judaean Scrolls* (1965). 批判につい
ては，Dupont-Sommer, *op. cit.,* pp. 397-403; R. de Vaux, 'Essenes or Zealots', NTSt 13
(1966), pp. 89-104; Vermes, *DSS,* pp. 124-5 を見よ.

43) J. L. Teicher, 'The Dead Sea Scrolls ― Documents of the Jewish ― Christian Sect of the
Ebionites', JJS 2 (1951), pp. 67-99. また，*ibid.* 2 (1951), pp. 115-43; 3 (1952), pp. 53-5, 111-
18, 128-32, 139-50; 4 (1953), pp. 1-13, 49-58, 93-103, 139-53; 5 (1954), pp. 47-59, 93-9, 139-
47; VT 5 (1955), pp. 189-98; Y. Baer, '*Serekh ha-Yaḥad*―The Manual of Discipline. A
Jewish-Christian Document from the Beginning of the Second Century C. E.', Zion 29 (1964),
pp. 1-60 (ヘブライ語) も参照. 批判については，Dupont-Sommer , *op. cit.,* pp. 395-7;
Vermes, *DSS,* pp. 117, 131, 220-1 を見よ. 第 7 洞窟 の 新 約 断 片 の 説 については J.
O'Callaghan, '¿ Papiros neotestamentarios en la cueva 7 de Qumrân?', Biblica 53 (1972), pp.
91-100; *Los papiros griegos de la cueva 7 de Qumrân* (1974) を見よ. O'Callaghan に反対す
るものとしては，P. Benoit, RB 79 (1972), pp. 321-4; 80 (1973), pp. 5-12; M. Baillet, Biblica
53 (1972), pp. 508-16; 54 (1973), pp. 340-50; C. H. Roberts, JThSt 23 (1972), pp. 446-7 を参
照. 十全な参考文献表としては，J. A. Fitzmyer, *The Dead Sea Scrolls . . . ,* pp. 119-23 を
見よ.

44) S. Zeitlin, *The Zadokite Fragments* (1952) を参照. 批判については，Dupont-Sommer,

342 　　　　　　　第 30 節　エッセネ派

op. cit., pp. 395-7; N. Wieder, *The Judean Scrolls and Karaism* (1956), p. 253：「クムラン文書はカライ派のサークルから発生したのだろうか…。答えは断じて『否』でなければならない」を参照.

45)　プリニウスが信じられるならば，エッセネ主義は永遠の「メタ・ヒストリカル」現象と見られたのであろう. 'Ita per saeculorum milia, incredibile dictu, gens aeterna est in qua nemo nascitur'〔こうして，語るに信じ難いことであるが，誰一人として生まれない種属が何千世代にもわたって方々に拡散している〕(『自然史』v 15 / 73).

46)　上記 331 頁を参照.

47)　上記 329 頁を参照.

48)　言及されている指導者が義の教師であるというだけでなく，後者は問題の詩の作者であるという仮定のもとに，若干のホダヨートから引き出された詩的ほのめかしを採用することには，特に注意深くあるべきである. 文学史的学説については，G. Jeremias, *Der Lehrer der Gerechtigkeit* (1963) 参照. 彼のデータを歴史的再構成に融合させることについては，H. Stegemann, *Die Entstehung der Qumrangemeinde*（Diss. Bonn 1965, 1971 年に私的に出版）と，J. Murphy-O'Connor, 'The Essenes and Their History', RB 81 (1974), pp. 215-44 を見よ. Vermes, *DSS,* pp. 145-6 を参照.

49)　R. de Vaux, *Archaeology and the Dead Sea Scrolls* (1973), pp. 5, 18 等.

50)　ここで概述した統合は，比較的小さな変化を伴って以下の文献によって提出されている. Vermes, *Discovery* (1956), pp. 66-97; *DSSE,* pp. 61-8; *DSS,* pp. 142-62; F. M. Cross, *The Ancient Library of Qumran* (1958, ²1961), pp. 135-53; 'The Early History of the Qumran Community', *New Directions in Biblical Archaeology,* ed. D. N. Freedman and J. C. Greenfield (1971), pp. 70-89; J. T. Milik, *Ten Years of Discovery* (1959), pp. 84-7; G. Jeremias, *Der Lehrer der Gerechtigkeit* (1963); R. de Vaux, *Archaeology* (1973), pp. 116-17; H. Stegemann, *Die Enstehung der Qumrangemeinde* (1971), pp. 200 ff.; M. Hengel, *Judaism and Hellenism* I (1974), pp. 224-7; J. Murphy-O'Connor, *art. cit.*〔註 48 に〕, RB 81 (1974), pp. 215-44; 'Demetrius I and the Teacher of Righteousness', *ibid.* 83 (1976), pp. 400-20; H. Burgmann, 'The Wicked Woman: Der Makkabäer Simon', RQ 8 (1974), pp. 323-59; 'Gerichtsherr und Generalankläger: Jonathan und Simon' RQ 9 (1977), pp. 3-72. 代わりとなる諸説としては，H. H. Rowley, 'The History of the Qumran Sect', BJRL 49 (1967), pp. 203-32〔前マカバイ時代〕; J. Carmignac, *Les textes de Qumrân* II (1963), pp. 48-55〔アレクサンドロス・ヤンナイオス時代〕; A. Dupont-Sommer, *The Essene Writings* (1961), pp. 351-7〔ヒルカノスⅡ世時代〕; C. Roth, *The Historical Background of the Dead Sea Scrolls* (1958) 及び G. R. Driver, *The Judaean Scrolls* (1965)〔第 1 次ユダヤ戦争時代〕を参照.

51)　Murphy-O'Connor, *art. cit.,* pp. 221-3 は，この教団のパレスチナ帰還前にバビロンでの前史があったと論じている. これは，ダマスコがバビロンの象徴であるという問題のある解釈に基づいている. ダマスコの象徴的意味については，Vermes, *Scripture and Tradition* (²1973), pp. 43-9 を見よ.

52)　第Ⅰ〔Ⅰ〕巻 207, 213 頁等を参照.

53)　Murphy-O'Connor は憶測的に，彼をアルキモスとヨナタン・マカバイオスとの間で職務を果たした（無名で仮説的な）代理大祭司と同定している. *art. cit.,* RB 81 (1974),

Ⅲ　エッセネ派の起源と歴史（註）　　　　　*343*

pp. 229-30 を参照.

54)　『古代誌』xiii 5, 9 (171).

55)　F. M. Cross はシモンを「悪しき祭司」と見なすことの方を選ぶ. *op. cit.* ［上記註 15
に］. G. W. E. Nickelsburg, 'Simon - A Priset with a Reputation for Faithfullness'. BASOR
223 (1976) pp. 67-8 も見よ.

56)　『古代誌』xiii 11, 2 (311-13).

57)　『古代誌』xv 10, 4 (371-2).

58)　『古代誌』xv 10, 5 (373-8).

59)　*Archaeology,* pp. 20-4 を参照.

60)　Vermes, *DSS,* pp. 33-4 を参照.

61)　『古代誌』xvii 13, 3 (345-8).

62)　『自伝』2 (10-11).

63)　『戦記』ii 20, 4 (567). このヨハネは, リュッダ, ヨッパ及びエマオスと共にタムナ
地方も指揮下に置いた.

64)　de Vaux, *op. cit.,* pp. 36-41 を参照. 古銭学上の証拠については, p. 37 を見よ.

65)　Y. Yadin, *Masada* (1966), pp. 173-4 を参照.

66)　『戦記』ii 8, 10 (152-3). Vermes, *DSS,* pp. 155-6 を参照. しかし, Dupont-Sommer,
Essene Writings, p. 33, n. 2 を見よ.

67)　Vermes, *Discovery,* p. 101; *DSS,* p. 156 を参照.

68)　S. Wagner, *Die Essener in der wissenschaftlichen Diskussion* (1960), pp. 133-76, 244-8 を参
照.

69)　Isidore Lévy, *Recherches esséniennes et pythagoriciennes* (1965), pp. 31-5; H. Kruse,
'Buddhist Influence on Essenism', *Proc. IXth Internat. Congr. for the Hist. of Rel.* (1960), pp.
123-8 を参照.

70)　K. G. Kuhn, 'Die Sektenschrift und die iranische Religion', ZThK 49 (1952), pp. 296-316;
A. Dupont-Sommer, *Nouveaux aperçus sur les manuscrits de la Mer Morte* (1953), pp. 157-
72; G. Widengren, 'Quelques rapports entre juifs et iraniens à l'époque des parthes', VT
Suppl. 4 (1957), pp. 197 ff.; H. W. Huppenbauer, *Der Mensch zwischen zwei Welten* (1959);
D. Winston, 'The Iranian Component in the Bible, Apocrypha and Qumran: a Review of the
Evidence', Hist. of Religions 5 (1966), pp. 183-216 を参照. フィロンの美徳の範例リスト
の中でペルシア人の「マギ」が最初に出て来て, 次にインド人の裸体修業者, そして
ユダヤ人のエッセネ派が続くことに注目してみることは興味深い, 『自由論』11 (74)-
12 (75). マギについては, J. Bidez-F. Cumont, *Les mages hellénisés* I-II (1938); 裸体修業
者については M. Petit, *Les oeuvres de Philon d'Alexandrie* 28 (1974), pp. 93-9 を参照.

71)　ヨセフスが, エッセネ派はユダヤ人のピタゴラス学徒だという見解を最初に提唱し
た. 『古代誌』xv 10, 4 (371): οἱ παρ' ἡμῖν Ἐσσαῖοι . . . . γένος τοῦτ' ἐστιν διαίτῃ
χρώμενον τῇ παρ' Ἕλλησιν ὑπὸ Πυθαγόρου καταδεδειγμένῃ〔私たちの間でエッサイ人
……. これはピュタゴラスによってギリシア人たちの間で教えられていた生活様式を
採用している集団である〕. ここで採り上げた命題については, Hengel, *Judaism and
Hellenism* I (1974), pp. 243-7 を見よ. それ以前の論争については, E. Zeller, *Philosophie*

344   第30節　エッセネ派

der Griechen III, 2 (⁴1903), pp. 307-77; I. Lévy, *La légende de Pythagore de Gréce en Palestine* (1927), pp. 264-93, 573-84; *Recherches esséniennes et pythagoriciennes* (1965), pp. 57-63; A. Dupont-Sommer, *Nouveaux Aperçus,* pp. 155-6; P. Grelot, 'L'eschatologie des esséniens et le livre d'Hénoch', RQ 1 (1958), p. 127; M. Hadas, *Hellenistic Culture: Fusion and Diffusion* (1959), pp. 194-5; T. F. Glasson, *Greek Influence in Jewish Eschatology* (1961), pp. 49-50 を見よ.

　オルフェウス教的傾向についての論争に関しては，J. A. Sanders, 'Ps. 151 in 11QPss ZAW 75 (1963), pp. 73-86; I. Rabinowitz, 'The Alleged Orphism of 11QPss 28. 3-12' ZAW 76 (1964), pp. 193-200; A. Dupont-Sommer, 'Le Psaume CLI dans 11QPsa et le problème de son origine essénienne', Semitica 14 (1964), pp. 25-62 を見よ.

72) Hengel, *Judasim and Hellenism* I. p. 247.

73) 1QS 1：1-2.

74) 1QS 5：1-6.

補遺 A　テラペウタイ

I　フィロンの記事

　文献的な問題の議論は第Ⅲ〔Ⅶ〕巻34節に留保しているので，エッセネ主義についての本節に，テラペウタイについての記述を加えることは妥当だと思われる．彼らの生活と慣習については，フィロンの『観想的生活』において取り扱われている[1)]．

　テラペウタイ[2)]は広く分散して存在したと言われるが，特にエジプト全土に，とりわけマレオータ湖畔のアレクサンドリア周辺に多数いた，3 (21-2)．彼らは都市を避け寂しい場所を選んだ，2 (19-20)．マレオータの定住地は畑と村々に囲まれていた，3 (23)．それは共同の建物と簡単な個人の住居の群れから成り，住居同士はプライバシーを守れる程度の空間をもちながら，仲間意識を助長し盗賊に対する保護を提供するに充分なだけ近接していた，3 (24)．各家屋には聖所（$\sigma\epsilon\mu\nu\acute{o}\nu$）あるいは$\mu o\nu\alpha\sigma\tau\acute{\eta}\rho\iota o\nu$（奥寝室？）として知られる神聖な部屋があり，そこには「律法〔の書〕」，預言者の託宣，詩編のみが持ち込まれた，3 (25)．

　共同体の建物あるいは共同の聖所（$\tau\grave{o}$ $\kappa o\iota\nu\grave{o}\nu$ $\mu o\nu\alpha\sigma\tau\acute{\eta}\rho\iota o\nu$）は，礼拝の場所や食堂として使われた，3 (32)；4 (36)．男女は別々の囲われた区画に居住し，そこでは，お互いの声を聞くことができても見ることはできなかった，3 (32-3)．彼らは列をなして座し，8 (67)；10 (75)，木製の板の寝台の上に，9 (69)，その上に彼らは宴の間横になった，10 (81)．

　教団に加わる前，志願者たちは彼らの財産を家族や友人たちに譲渡した，2 (13)．しかる後，彼らはいかなる世俗的職業に就くことなく，完全に瞑想のために自己を献げた，3 (30)．

　テラペウタイの間の序列は，集団内で過ごした年数に基づいていた，3 (30)；8 (67)．安息日の礼拝は「長老」（$\acute{o}$ $\pi\rho\epsilon\sigma\beta\acute{u}\tau\alpha\tau o\varsigma$）によって取りしきられた．彼は首位にいた教義の専門家であった，3 (31)．祝祭日の集会は首長（$\pi\rho\acute{o}\epsilon\delta\rho o\varsigma$）によって指揮された，10 (79)．男女の両性が代表されていたが，1 (2)，男と女のテラペウタイは独身生活を送っており，殆どの婦人は年輩の処女（$\gamma\eta\rho\alpha\iota\alpha\grave{\iota}$ $\pi\alpha\rho\theta\acute{\epsilon}\nu o\iota$）であった，9 (68)．

特別な入会儀式については触れられていない．自分たちの「聖所」におい
て会員は聖なる生活の秘儀のため自己訓練をした，3 (25)．彼らの一部は，
年少の頃から瞑想的な生活を取り入れていた，8 (67-8)．彼らは夏用と冬用
の上衣を1つずつ所有していた，4 (38)．祝祭日には白い長衣を着た，8 (66)．
「共同の聖所」で静かに座し，礼儀正しく振舞った，3 (30-1)；10 (75, 77)．

彼らは質素な食事をして，身体を維持するのに必要なもの以上は摂らなか
った，4 (37)．彼らは肉食とぶどう酒を控えた，9 (73-4)．彼らは日没前に
食べ物や飲み物を摂らなかった，4 (34)．彼らの一部は3日間，あるいは6
日間の断食さえ行った，4 (34-5)．

彼らの1日は夜明けの祈りで始まり，3 (27)；11 (89)，霊的な修業に費や
された，3 (28)．日没に彼らは再び祈り，3 (27)，1日1食の食事を摂った
が，4 (34)，それは多分彼らの私的な住居においてであった，3 (30)．安息
日と祝祭日には彼らは「共同の聖所」に集まり，3 (30, 32)；8 (66)，宗教
礼拝に参加し，共食に与かった，4 (36-7)；9 (73)．幾つかの祝祭日の前に
は，日出まで徹夜した，11 (83, 89)．

テラペウタイは，自己治療と真理の瞑想を通して神礼拝に専念した，1 (2)．
彼らは夜明けに，自分たちの心を神的な光で満たしてくれるよう神に求めな
がら，昇る太陽に体を向けた，3 (27)；11 (89)．昼の間彼らは聖書を研究し
た，3 (25)．「モーセの弟子たち」(οἱ Μωυσέως γνώριμοι) から要求されてい
る通りであり，7 (63)，そして寓喩的な解釈——彼らの哲学の創始者たる古
の人々の著作から学んだ方法——によって隠された意味を探求した，3 (28-
9)．彼らはまた様々な韻律で神への讃美と詩の曲を作った，3 (29)．彼らは
夢の中でさえ瞑想を続け，「彼らの聖なる哲学の栄光に満ちた真理を言葉にし
て発する」ことを続けた，3 (26)．公の安息日礼拝の間，「長老」は説教を担
った，3 (30-2)．

「主な祝祭日」の徹夜課で，8 (65)，すなわち七週の祭りあるいはペンテコ
ステで[3]，長老たちは自分の場所で横になり，自分たちの傍らに若い付添い
人を侍らせた，10 (75)．婦人たちも，別の側の囲い区域に自分たちの場所を
とった．首長は聖書箇所を寓喩的に解説した，10 (75, 78)．それから彼は立
ち上がり，自作あるいはある他の過去の詩人が作曲した讃美の歌を歌った．
それに各々の参加者たちが順次従った，10 (80)．次に夜食になった．彼らに
は奴隷がいなかったので，9 (70-1)，付添い人たちが，塩とヒソップで味つ
けのされた酵母入りのパンからなる最も聖なる食物 (τὸν παναγέστατον
σιτίον) が置かれたテーブルを持ち込んだ，10 (81)．テラペウタイは祭司で

はなく，より低い身分の者であった，10（82）．とは言え，祭司たちは，彼らが犠牲をささげる順番になった時にのみ，飲酒を禁じられていた（レビ 10:9；エゼ 44:21）のに対して，彼らはぶどう酒を不断に遠ざけることで，彼らと張り合い，彼らの上を行った，9（74）．祝宴は夜明けまで続けられ，男女別々によって讃美の歌が歌われたが，イスラエルが紅海に臨んで預言者モーセと女預言者ミリアムによって導かれたように，最後には混声合唱となった，11（83-7）．日出の時に彼らは東に向かって立ち上がり，それぞれが自分たちの聖所に戻って，哲学研究を始める前に，両手を差し伸べて祈った，11（89）．

天とこの世との市民，11（90），であるテラペウタイは激情と盲目を癒し，1（2）；2（10-11），克己を徳の礎にまで高め，孤独への愛，3（30），を共同体生活と結びつけ，3（24），彼らの全存在を瞑想に，「哲学の最善にして最高の神聖な部分」，8（67），に献げていた．

II　テラペウタイ―エッセネ派―クムラン

(a) テラペウタイとエッセネ派

『観想的生活』と，フィロン，ヨセフスにあるエッセネ派に関する記事の間には，人目を引く類似点と，そしてまた相違点とがある．3つの資料が同意している点は，2つの集団は共同体で食事をし（ただしテラペウタイの間では恐らく安息日と祝祭日にのみ），奴隷制を拒み，食事における節制を実践し，結婚を控え，主要な徳として克己と同胞愛の精神を選び，そしてモーセ律法に最高度の崇敬を表したことである．その上，もしエッセネ派の語源＝ אסיא ＝ θεραπευταί が受け入れられるならば[4]，2つの共同体は同じ名称を担い，その中に表現されている目的と理念を共有していた．

フィロンが描くそれぞれの肖像にはさらなる並行が存在する．すなわち，テラペウタイとエッセネ派は都市から逃れ，商業を嫌悪し，礼拝と食事のために共同体の中心地に集まり，安息日を祝い，そして聖書を寓喩的に解釈した．それぞれの会員が夏用と冬用の衣類を所有し，年下の団員たちは年長者たちに対して息子のように献身を示した．

フィロンが報告するテラペウタイの他の特性は，ヨセフスによるエッセネ派に属すると考えられる．双方の集団の中には若い者たちが存在し，パンと他の一品からなる厳粛な食事に与るために聖なる食堂に入る者たちによって白い長衣が着用された．どちらの共同体も，昇る太陽に向って朝の祈りを唱

えた．聖書以外の聖なる書を所有し，身体的，霊的な癒しを実践した．さらに，沈黙が両者を特徴づけている．成員の一部は預言の賜物を授けられていると見なされ，発見した真理を伝えることが義務づけられた．テラペウタイ，エッセネ派双方とも盗賊に対しては自衛をした．

　他方，テラペウタイの特徴のいくつか，例えば肉とぶどう酒を控えること，主な祝祭とそれに関連した徹夜課のようなことは，エッセネ派についての記事には並行がない．他の特徴はまた，相容れないものであるように見える．エッセネ派はパレスチナの住民で，テラペウタイは主にエジプトで生活していた．後者の共同生活はエッセネ派のそれよりも小規模であったし，またテラペウタイの日没までの毎日の断食は，日に2度のエッセネ派の食事規則と矛盾する．同じ独身用施設に住む婦人については，エッセネ派の記事の中には何の言及も見出されない．最後に，エッセネ派の明確に定められた経済管理とは対照的に，テラペウタイの間でのいかなる財産共有についても，あるいは生計のための何らかの源泉という問題についても，何の示唆もない．その上フィロンによれば，テラペウタイが瞑想的であったのに対して，エッセネ派は活動的な生活様式を歓迎した．

　地理的な要因は，とりわけフィロン自身がテラペウタイの所在地を「世界の多くの場所」3（21）：πολλαχοῦ τῆς οἰκουμένης に位置づけていることが思い出されるなら，2つの集団の同定に対する克服できない妨げにはならないことに注意するべきである．男女が共にいながら結婚をしないテラペウタイの在り方は，エッセネ派が，彼らの分派の1つを除いて結婚を放棄していたという言説に厳格に不利に働くものではない．テラペウタイの丸一日に及ぶ断食と菜食主義は，活動的なエッセネ派の必要と比べ，座して瞑想する者たちの必要がより少なくてすんだことによるのかも知れない．相違する経済管理体制について言えば，齟齬は部分的にはフィロンの不正確な描写によるものにちがいない．もしテラペウタイが彼らの全ての財産を放棄し，金を持たず，奴隷を所有せず，生計を立てるために何もしなかったなら，どうやって生存できたのであろうか．彼らはマレオータ湖の周りの農場と村々を所有する人々によって扶養されたのであろうか．これは「より良い持ち場」を選んだ人々の世話をすることを自らに引き受けた，1（1）によればエッセネ派のような，活動的な禁欲主義者たちの共同体についての遠回しのほのめかしであろうか．

（b） テラペウタイとクムラン

　クムランの巻物に反映されている規律と慣習は，フィロンやヨセフスの記述では現れなかったテラペウタイとのさらなる類似性を示している．第一に，彼らは瞑想的な生活様式について証言している．すなわち，「律法の解釈者」は自分の全時間をトーラー研究に献げるものとされた（共同体の規則 6：6-7；8：11-2）．テラペウタイの「共同の聖所」は，礼拝の場所かつ食堂として使われたが，クムランでも同様に，22m×4.50m の寸法がある，最大の部屋（loc.77）は集会の場所かつ大食堂であり，後者としての使用は，そこで発見された千点以上に及ぶ壺，盆，皿，水差し，鉢，大杯等の破片から明らかである[5]．

　フィロンがテラペウタイの主要な祝祭との関連で記述する勤め（聖書解釈，讃美，食事，徹夜課）は，クムランの同胞集団の成員によって守られていた日課とは異っているわけではない．クムランでは，彼らは共同体の夕食の後，毎晩の 3 分の 1 を，「聖書を読むこと，律法の研究，共に祈ること」（共同体の規則 6：7-8）に費した[6]．その上，クムランの感謝の詩篇は，主に個人の祈りであるが，そのうちいくつかは指導者の関心事について述べており，首長と各成員とが次々と讃美歌を唱和するテラペウタイの儀式に並行する儀式の文脈の中に申し分のない「生活の座」を見出すであろう[7]．同様に，『会衆規定』2：17-21 は，1 人の感謝の祈りの代りに，参加者各自が階級の序列に従って祝福をしたという食事について記述している．テラペウタイの礼儀作法は，彼らが右手だけで手ぶりで話すべきだと要求した，10（77）．左手の使用はクムランでも禁じられていた（共同体の規則 7：15）．

　しかしながら，恐らく最も重要なテラペウタイとクムランの並行は，共通の五十日暦の採用と，8（65）[8]，七週の祭りが彼らの「主要な祝祭日」であったという事実である[9]．第 4 洞穴からのまだ公刊されていない文書によれば，クムランのエッセネ派はテラペウタイと同様，1 年を 7 つの 50 日の期間に分け，それぞれは農耕の祭りで終わっていた[10]．クムランでは，アレクサンドリアの近郊でと同じように，これらの祭りの最大のものは，七週の祭り，あるいは契約の更新であった[11]．

　これと対照的に，クムラン教団がテラペウタイと異なっている点がある．それは，彼らが（恐らく）食事の際にぶどう酒を飲んだということ（共同体の規則 6：5；会衆規定 2：17-20），そして肉を食べたということで——これはクムランの遺跡の中で発見された[12]，明らかに儀式的に埋められた動物の骨の堆積によって証明される事実——がある限りにおいて，そうである．

Ⅲ　テラペウタイとエッセネ派の関係

　フィロンの著作『観想的生活』の真憑性について 19 世紀に表明された疑問（より完全には，第Ⅲ〔Ⅶ〕巻 34 節を参照），そして 1 世紀のエジプトでユダヤ教教派のテラペウタイが実在したことに対する疑問は，F.C. コニーベア，P. ヴェントラント，I. ハイネマン，P. ジョルトランや D. ドマらの研究の結果，今や広く却けられている [13]．それ故この際に，エッセネ派とテラペウタイが同じ宗教運動内部の 2 つに分離した教派であるのか，あるいは，種々の資料の中で異なる観点から記述されている同じ教派なのかどうかを判定するねらいをもって，証拠を査定する試みは適切である．

　これまでの数頁に挙げてきたデータは，テラペウタイとエッセネ派の完全な同一視を主張する説に反駁しているように見える．そして実際に，現代の研究者たちに共通する見解は，この二派が共通の出自に起源をもっていながら [14]，あるいは敬虔なユダヤ人の同じ霊的必要性に起源をもっていながら [15]，にも関わらず別々に発展したというものである．とは言えテラペウタイに関する我々の知識は古代の単独の証人，つまりフィロンに依拠しており，また彼の記事が哲学的な考慮に影響されている——彼は活動的な生活と瞑想的な生活の信奉者たちをはっきり別のものとして示そうと望んだ——ことを心に留めるならば，2 つの集団を識別するために通常引用される証拠の一部は，それほど確かなものではなくなってくる．

　クムランの巻物から引き出される新しい情報に加えて，次の諸点は，テラペウタイとエッセネ派の間のより緊密な結びつきを支持するために引用されてもいいだろう．

　『観想的生活』の出だしの文章は，スカリゲルのように，テラペウタイは瞑想的なエッセネ派であったことを暗示するものとして読めるかもしれない．すなわち，Quod Christiani non essent, sed mere Esseni, statim initio libri ostendit Philo〔彼らはキリスト者ではないが，しかし間違いなくエッセネ派であることを，フィロンはその本の最初のところでしっかりと示している〕[16]．

　その著作のタイトルそのものが古ラテン語版ではテラペウタイとエッセネ派を同定している：Philonis Iudaei liber de statu Essaeorum, id est Monachorum, qui temporibus Agrippae regis monasteria sibi fecerunt〔エッセネ人たちすなわち，アグリッパ王の時代に修道院を自分たちに作り上げた修道士の人々の状

II 596-7　　　　　補遺A　テラペウタイ（註）　　　　　*351*

態についてのユダヤ人フィロンの本〕．これに書き出しの言葉：De statu Essaeorum disputaturus . . .〔エッセネ人たちの状態について議論しようとする……〕が続けられる [17]．スカリゲルによれば，『観想的生活』のギリシア語のオリジナルなタイトルが Περὶ θεωρετικοῦ βιοῦ τῶν Ἐσσαίων〔エッセネ人たちの観想的生活について〕であったことは，注目に値するであろう [18]．

　テラペウタイがエジプトのキリスト教徒であったというエウセビオスの説（『教会史』 ii 16-17）を今日まともに取り上げようとする者がいるとは考えられないのに対して，ヒエロニムスやエピファニオスが彼らを 'Esseni' や Ἰεσσαῖοι と言及していることに重要性がないとは言い切れない [19]．

　それ故，古代のデータと死海文書の発見からそれらのデータが得た新しい支持の光に照らして，テラペウタイが，パレスチナのエッセネ派運動のエジプト支部のメンバーであったという仮説は，真剣な考慮に値する [20]．

註

1)　このフィロンの著作の信憑性については，特に F. C. Conybeare, *Philo about the Contemplative Life* (1895); P. Wendland, 'Die Therapeuten und die philonische Schrift vom beschaulichen Leben' Jahrbücher für Class. Philol. Suppl. 22 (1896), pp. 695-772; I. Heinemann, art. 'Therapeutai', RE V[A] (1934), cols. 2321-46; P. Geoltrain, 'Le Traité de la Vie contemplative de Philon d'Alexandrie', Semitica 10 (1960), pp. 5-67; F. Daumas-P. Miquel, *De vita contemplativa*——*Les oeuvres de Philon d'Alexandrie 29* (1963), pp. 11-25 を見よ．

2)　名称については，上記305-6頁註9を見よ．

3)　上記340頁註25を参照．

4)　上記303-4頁を参照．

5)　R. de Vaux, *Archaeology and the Dead Sea Scrolls* (1973), pp. 11-2, 25-7, 110-1.

6)　一見して，この規則の意味は，この集団の全成員が毎晩の3分の1の時間は研究・祈りの集まりに参加すべきであるというように見える．Duppon-Sommer (*Essene Writings,* p. 85, n. 5) は，成員の3分の1ずつによるローテーションで行われる恒常的な徹夜課を想定し，そうしてフィロンによって述べられたテラペウタイの習慣と呼応させている．

7)　Vermes, *DSSE,* pp. 149-50 を参照．

8)　第Ⅰ〔Ⅱ〕巻410頁註31を参照．J. M. Baumgarten, '4Q Halakah[a]5, the Law of Ḥadash and the Pentecontad Calendar', JJS 27 (1976), pp. 39-42 も見よ．

9)　上記328頁を参照．

10)　J. T. Milik, *Ten Years of Disscovery,* p. 92 を参照．

11)　1QS 1-3；5：7-8；ヨベル6：11-21を参照．J. M. Baumgarten, *art. cit.,* p. 40; Vermes,

DSS, pp. 177-8 を見よ.

12) R. de Vaux, *Archaeology,* pp. 12-13, III. 「ティロシュ」の意味については，上記338頁
註16を見よ.

13) この論争については，S. Wagner, *Die Essener . . .,* pp. 194-202 を見よ. 列挙された著
者たちの参考資料は上記註1にある.

14) M. Simon, *Les sectes juives au temps de Jésus* (1960), pp. 105-13, 特に 112-13.

15) F. Daumas, *op. cit.*〔上記註1中〕, p. 57.

16) J. J. Scaliger, *Opus de emendatione temporum* (1629), p. xxii. Conybeare, *op. cit.*〔上記註
1に〕, p. 278 を参照，p. 192 も見よ. フィロンのテクスト1 (1) は，Ἐσσαίων περὶ
διαλεχθείς οἳ τὸν πρακτικὸν ἐζήλωσαν καὶ διεπόνησαν βίον . . . αὐτίκα καὶ περὶ τῶν
θεωρίαν ἀσπασαμένων ἀκολουθίᾳ τῆς πραγματείας ἑπόμενος τὰ προσήκοντα λέξω〔さて，
実践的な生活を熱心に求め，またそれに努力したエッサイ人たちについて，既に述べ
たので……今や，観想的生活を喜んでする者たちについて，事柄の順を追って適切な
ことを述べることにしよう〕と読める.

17) Conybeare, *op. cit.,* p. 146 を参照.

18) *Op. cit.*〔註16中〕, p. 538.

19) ヒエロニムス『ヨウィニアヌス反駁』ii 14 (PL 23, cols. 316-17)：'Iosephus . . . [Esseos]
miris effert laudibus, quod et uxoribus et vino et carnibus semper abstinuerunt et cottidianum
ieiunium verterint in naturam. Super quorum vita Philo, vir doctissimus, proprium volumen
edidit.'〔ヨセフスは，エッセネ人たちが常に婦人たちやブドウ酒や肉を控え，毎日の
断食を自然と見なしていたと，彼らを驚くほどにほめそやす. フィロンは最も学識の
ある男であるが，彼はエッセネ人たちの生活について，独自の1巻を献げた〕. エピフ
ァニオス『パナリオン』xxix 4, 9-10：Καὶ πολλὰ ἔστι περὶ τούτου λέγειν, ἀλλ' ὅμως
ἐπειδὴ εἰς τὸν τόπον ἐλήλυθα εἰπεῖν δι' ἣν αἰτίαν Ἰεσσαῖοι ἐκαλοῦντο πρὶν τοῦ καλεῖσθαι
Χριστιανοὶ οἱ εἰς Χριστὸν πεπιστευκότες, τούτου ἕνεκα ἔφημεν ὅτι Ἰεσσαὶ πατὴρ
γίνεται τοῦ Δαβὶδ, καὶ ἤτοι ἐξ ὑποθέσεως τούτου τοῦ Ἰεσσαὶ ἤτοι ἐκ τοῦ ὀνόματος Ἰησοῦ
τοῦ κυρίου ἡμῶν ἐπεκλήθησαν Ἰεσσαῖοι, διὰ τὸ ἐξ Ἰησοῦ ὁρμᾶσθαι μαθηταὶ αὐτοῦ ὄντες, ἢ
διὰ τὸ τῆς ἐτυμολογίας τοῦ ὀνόματος τοῦ κυρίου. Ἰησοῦς γὰρ κατὰ τὴν Ἑβραϊκὴν
διάλεκτον θεραπευτὴς καλεῖται, ἤτοι ἰατρὸς καὶ σωτήρ·〔このことについて語ることは
沢山あるが，しかしそれにもかかわらず，キリストを信じた者たちがキリスト信徒と
呼ばれる以前エッサイオイと呼ばれていた理由という話題について語ることは私が立
ち入ったばかりであり，そのために我々はエッサイがダビデの父となると言ったので
ある. 実際このエッサイという基礎からか，あるいは我々の主イエスの名前から，彼
らはエッサイオイとあだ名されたのである，イエスの弟子であったがイエスにうなが
されたためか，あるいは主の名前の語源にうながされたのである. なぜならイエスと
はヘブライ語によればテラペウテースという，実際医者また救い主という意味であ
る.〕

20) Milik, *Ten Years of Discovery,* p. 92; Vermes, 'Essenes — Therapeutai — Qumran', Durham
Univ. Journ. 21 (1960), pp. 97-115; 'Essenes and Therapeutai', RQ 3 (1962), pp. 495-504
[*PBJS,* pp. 30-6]; *DSS,* p. 136; Black, *The Scrolls and Christian Origins* (1961), p. 165 を参照.

補遺 A　テラペウタイ（註）　　　　　　*353*

テラペウタイとエジプトのキリスト教修道院制度とのつながりについては，F. Daumas, *op. cit.* ［上記註 1 中］, pp. 58-66; 'La "solitude" des Thérapeutes et les antécédents égyptiens du maonachisme chrétien', *Philon d'Alexandrie* (1967), pp. 347-58; A. Guillaumont,' Philon et les origines du monachisme', *ibid.,* pp. 361-73 を見よ.

補遺 B　第四哲学―シカリイーと熱心党*

資料

ヨセフス『古代誌』xviii 1, 1（4–10）

Ἰούδας δὲ Γαυλανίτης ἀνὴρ ἐκ πόλεως ὄνομα Γάμαλα Σάδδωκον Φαρισαῖον προσλαβόμενος ἠπείγετο ἐπὶ ἀποστάσει, τήν τε ἀποτίμησιν οὐδὲν ἄλλο ἢ ἄντικρυς δουλείαν ἐπιφέρειν λέγοντες καὶ τῆς ἐλευθερίας ἐπ’ ἀντιλήψει παρακαλοῦντες τὸ ἔθνος· ὡς παρασχὸν μὲν κατορθοῦν εἰς τὸ εὔδαιμον ἀνακειμένης τῆς κτήσεως, σφαλεῖσιν δὲ τοῦ ταύτης περιόντος ἀγαθοῦ τιμὴν καὶ κλέος ποιήσεσθαι τοῦ μεγαλόφρονος, καὶ τὸ θεῖον οὐκ ἄλλως ἢ ἐπὶ συμπράξει τῶν βουλευμάτων εἰς τὸ κατορθοῦν συμπροθυμεῖσθαι μᾶλλον, ἂν μεγάλων ἐρασταὶ τῇ διανοίᾳ καθιστάμενοι μὴ ἐξαφίωνται πόνου τοῦ ἐπ’ αὐτοῖς. καὶ ἡδονῇ γὰρ τὴν ἀκρόασιν ὧν λέγοιεν ἐδέχοντο οἱ ἄνθρωποι, προῦκοπτεν ἐπὶ μέγα ἡ ἐπιβολὴ τοῦ τολμήματος, κακόν τε οὐκ ἔστιν, οὗ μὴ φυέντος ἐκ τῶνδε τῶν ἀνδρῶν καὶ περαιτέρω τοῦ εἰπεῖν ἀνεπλήσθη τὸ ἔθνος· πολέμων τε ἐπαγωγαῖς οὐχ οἷον τὸ ἄπαυστον τὴν βίαν ἔχειν, καὶ ἀποστέρησιν φίλων, οἳ καὶ ἐπελαφρύνοιεν τὸν πόνον, λῃστηρίων τε μεγάλων ἐπιθέσεσιν καὶ διαφθοραῖς ἀνδρῶν τῶν πρώτων, δόξα μὲν τοῦ ὀρθουμένου τῶν κοινῶν, ἔργῳ δὲ οἰκείων κερδῶν ἐλπίσιν. ἐξ ὧν στάσεις τε ἐφύησαν δι’ αὐτὰς καὶ φόνος πολιτικός, ὁ μὲν ἐμφυλίοις σφαγαῖς μανίᾳ τῶν ἀνθρώπων εἴς τε ἀλλήλους καὶ αὐτοὺς χρωμένων ἐπιθυμίᾳ τοῦ μὴ λείπεσθαι τῶν ἀντικαθεστηκότων, ὁ δὲ τῶν πολεμίων, λιμός τε εἰς ὑστάτην ἀνακείμενος ἀναισχυντίαν, καὶ πόλεων ἁλώσεις καὶ κατασκαφαί, μέχρι δὴ καὶ τὸ ἱερὸν τοῦ θεοῦ ἐνείματο πυρὶ τῶν πολεμίων ἥδε ἡ στάσις. οὕτως ἄρα ἡ τῶν πατρίων καίνισις καὶ μεταβολὴ μεγάλας ἔχει ῥοπὰς τοῦ ἀπολουμένου τοῖς συνελθοῦσιν, εἴ γε καὶ Ἰούδας καὶ Σάδδωκος τετάρτην φιλοσοφίαν ἐπείσακτον ἡμῖν ἐγείραντες καὶ ταύτης ἐραστῶν εὐπορηθέντες πρός τε τὸ παρὸν θορύβων τὴν πολιτείαν ἐνέπλησαν καὶ τῶν αὖθις κακῶν κατειληφότων ῥίζας ἐφυτεύσαντο τῷ ἀσυνήθει πρότερον φιλοσοφίας τοιᾶσδε· περὶ ἧς ὀλίγα βούλομαι διελθεῖν, ἄλλως τε ἐπεὶ καὶ τῷ κατ’ αὐτῶν σπουδασθέντι τοῖς νεωτέροις ὁ φθόρος τοῖς πράγμασι συνέτυχε.

〔ところが，ガマラという名の町から来たガウラニティス人ユダなる男が，ファリサイ人のツァドクをひきずりこんで反抗運動にのりだした．

　2人は言った．〔この種の〕査定は，人びとを文字どおりの奴隷状態に追いこむもの以外の何物でもない，と．そして〔全〕国民に，自由を主張するよう訴えた．彼らはまた，こうも説いた．もし〔この自由を〕獲得できれば，そこに〔我々民族の〕現在所有しているものの繁栄が確実にされる．しかし，たとえそのようなより大きな物的利益〔の獲得に〕は失敗した場合でも，名誉と，高邁な志によって評判を作り出すことができるのだ．そして神もまた，彼らの企図を押し進めてその成功に至るまで熱心に助けてくださるであろう．特に彼らが，確固不抜の信念をもって献身し，彼らの遭遇するいかなる苦痛も免れようと

しないならば，と．さて，この大胆な計画は，人びとが彼らの語ったことを喜んで聞きいれたので，大いに進展した．これらの男たちによって生み出されなかった悲惨は存在せず，それらの筆舌につくしがたい悲惨にこの民族は苦しめられることになった．

　戦争が始まって，その猛威が制御不能にまでなってしまい，我々の苦痛を軽減してくれるかもしれない友人たちが排除され，さらにはまた，非常に多数の強盗どもによって攻撃がしかけられ，高位高官の人たちが暗殺されて行く時に，〔それらが為されたのは全て，〕人びとの共通の幸福のためという意見であったが，しかし，実際には，単なる私的な利得を望んでのことであった．これらの男たちによって，党派間の争いと，同胞市民間の殺戮を引き起こすようなことが生み出された．人びとのうちのある者は，同胞同士の争いで殺された，反対派に負かされまいという熱望にとらわれ，お互いに，また自分たち自身も虐殺するという男たちの狂気によってである．またある者は，〔ローマとの戦争になってから〕その〔ローマ人の〕敵によって殺された．

　やがて飢餓が〔見舞ったが，それは彼らの〕最後の破廉恥（を示す）ために置かれていた．そして，さらに市街地の占領と破壊がつづき，ついにこの反乱は戦火によって，かの神の神殿を崩壊させてしまったのである．さて，このように，先祖たちの〔伝統の〕改革や革新〔の運動〕は，それに同調する者たちに破滅の方に秤を大きく傾ける重みを持っている．

　実際もし，ユダとツァドクは，第４の異端の哲学を私たちの間に起こし，そして多数の追随者を獲得したとき，彼らは，現在は市民の生活を騒動にまきこみ，後になって〔私たちを〕襲った苦痛の根を〔各所に〕植え付けたのであるが，それがこのこれまで慣れ親しんだことのない哲学によるものであったとするならば（，そうである）．私はその哲学に関して若干記述しておきたいが，それはほかでもない，彼らから若者たちの間に熱心さがたきつけられたがゆえに，破滅が国事に起ったからである．〕

ヨセフス『ユダヤ古代誌』xviii 1, 6 (23–5)

Τῇ δὲ τετάρτῃ τῶν φιλοσοφιῶν ὁ Γαλιλαῖος Ἰούδας ἡγεμὼν κατέστη, τὰ μὲν λοιπὰ πάντα γνώμῃ τῶν Φαρισαίων ὁμολογούσῃ, δυσνίκητος δὲ τοῦ ἐλευθέρου ἔρως ἐστὶν αὐτοῖς μόνον ἡγεμόνα καὶ δεσπότην τὸν θεὸν ὑπειληφόσιν. θανάτων τε ἰδέας ὑπομένειν παρηλλαγμένας ἐν ὀλίγῳ τίθενται καὶ συγγενῶν τιμωρίας καὶ φίλων ὑπὲρ τοῦ μηδένα ἄνθρωπον προσαγορεύειν δεσπότην. ἑωρακόσιν δὲ τοῖς πολλοῖς τὸ ἀμετάλλακτον αὐτῶν τῆς ἐπὶ τοιούτοις ὑποστάσεως περαιτέρω διελθεῖν παρέλιπον· οὐ γὰρ δέδοικα μὴ εἰς ἀπιστίαν ὑποληφθῇ τι τῶν λεγομένων ἐπ’ αὐτοῖς, τοὐναντίον δὲ μὴ ἐλασσόνως τοῦ ἐκείνων καταφρονήματος δεχομένου τὴν ταλαιπωρίαν τῆς ἀλγηδόνος ὁ λόγος ἀφηγῆται. ἀνοίᾳ τε τῇ ἐντεῦθεν ἤρξατο νοσεῖν τὸ ἔθνος Γεσσίου Φλώρου, ὃς ἡγεμὼν ἦν, τῇ ἐξουσίᾳ τοῦ ὑβρίζειν ἀπονοήσαντος αὐτοὺς ἀποστῆναι Ῥωμαίων. καὶ φιλοσοφεῖται μὲν Ἰουδαίοις τοσάδε.

〔哲学の第４〔の派〕には，ガリラヤ人ユダが指導者として立った．彼らは，他の全ての点でファリサイ人の見解と一致するが，神のみが彼らの指導者また主であると理解するため，自由に対して不屈の愛着をもっている．彼らは，異常な形での死を甘受することを，また近親者や友人たちを襲って復讐することを，何びとといえども，その人物を主と呼ぶべきではないということのために少しも意には介さなかった．そして，このような場合におけ

る彼らの決意のかたさについては，既に多くの人びとが目撃してきているので，私はこれ
以上の説明をさし控えたい．彼らについて語られることが人から信じられないだろう，と
恐れるからではない．心配があるのは，むしろ，激しい体の苦痛を受けながらもそれを受
けとめる彼らの無頓着さを，[私の]言葉が不充分にしか表現できないことである．そこか
ら起こった愚かさに[わが]民族が悩まされはじめたのは，権力の濫用によって彼らを絶
望させてローマ人からの離反に駆りたてた，総督であったゲッシウス・フロールスのとき
である．以上が，ユダヤ人の中の哲学諸派である．]

参考文献表

Kohler, K., 'Wer waren die Zeloten oder Kannaim?', *Festschrift zu Ehren des Dr. A. Harkavy,* ed.
D. von Günzburg and I. Markon (1908), pp. 1-17.

Kohler, K., art. 'Zealots', JE XII, pp. 639-42.

Jackson, F., and Lake, K., *The Beginnings of Christianity,* I, 1. *Prolegomena* (1920), pp. 421-5.

Kennard, J. S., 'Judas of Galilee and his Clan', JQR 36 (1945-6), pp. 281-6.

Farmer, W. R., *Maccabees, Zealots, and Josephus* (1956).

Roth, C., *The Historical Background of the Dead Sea Scrolls* (1958).

Roth, C., 'The Zealots in the War of 66-73', JSSt 4 (1959), pp. 332-55.

Roth, C., 'The Zealots—A Jewish Religious Sect', Judaism 8 (1959), pp. 33-40.

Hengel, M., *Die Zeloten* (1961, ²1976).

Zeitlin, S, 'Zealots and Sicarii', JBL 81 (1962), pp. 395-8.

Zeitlin, S., 'Masada and the Sicarii', JQR 55 (1964), pp.299-317.

Driver, G. R., *The Judaean Scrolls* (1965).

Yadin, Y., *Masada: Herod's Fortress and the Zealots' Last Stand* (1966).

Brandon, S. G .F., *Jesus and the Zealots* (1967).

Brandon, S. G. F., art. 'Zealots', Enc. Jud. 16, cols. 947-50.

Brandon, S. G. F., art. 'Sicarii', Enc. Jud. 14, cols. 1491-2.

Applebaum, S., 'The Zealots: The Case for Revaluation', JRS 61 (1971), pp. 156-70.

Borg, M., 'The Currency of the Term "Zealot" ', JThSt 22 (1971), pp. 504-12.

Nikiprowetzky, V., 'La mort d'Eléazar fils de Jaïre et les courants apologétiques dans le *de bello
Judaico* de Flavius Josèphe', *Hommages à André Dupont-Sommer* (1971), pp. 461-90.

Smith, M., 'Zealots and Sicarii: Their Origins and Relations', HThR 64 (1971), pp. 1-19.

Stern, M., art. 'Zealots', Enc. Jud. Yearbook (1973), pp. 132-52.

Black, M., 'Judas the Galilean and Josephus's "Fourth Philosophy" ', *Josephus-Studien* (O. Michel
Festschrift), ed. by O. Betz *et al.* (1974), pp. 45-54.

Rhoads, D. M., *Israel in Revolution: 6-74 C. E. A Political History based on the Writings of
Josephus* (1976).

Smallwood, E. M., *The Jews under Roman Rule* (1976), pp. 153-5, 312-69.

Stern, M., 'The Zealots', *A History of the Jewish People,* ed. H. H. Ben Sasson (1976), pp. 274-6.

Loftus, F., 'The Martyrdom of the Galilean Troglodytes', JQR 66 (1976), pp. 212-23.
Loftus, F., 'The Anti-Roman Revolts of the Jews and the Galileans', JQR 68 (1977), pp. 78-98.
Stern, M., 'Sicarii and Zealots', *World History of the Jewish People* VIII (1977), pp. 263-301.

　ファリサイ派，サドカイ派，エッセネ派の「哲学的教派」と並べて，ヨセフスはガマラのユダとファリサイ派のツァドクによって創設された無名の第四の哲学を挙げているが，これについて幾分矛盾した記述を残している．すなわち，この教派は他の3つの教派と何ら共通するものを持たない（『戦記』）[1]，としながら，それでも「彼らは神のみが彼らの指導者また主であると理解しているため，自由に対して不屈の愛着をもっている」（『古代誌』）[2] ということを除けば，全てのことでファリサイ派と意見が一致する，とも述べている．ユダとツァドクはクイリニウスの人口調査[3]の時に自分たちの哲学を告知し，ユダヤ人をローマに対する反乱へと煽動し，また人口調査は神のみが主である民族にとっては耐え難い状態である，奴隷へと人々を貶めるよう意図したものであると強調した[4]．

　ヨセフスはユダを，ローマに対して武装蜂起し最終的には後 66 年の戦争へと導いた者全てに影響を与えた第四哲学の，σοφιστής〔哲学者〕[5] 及び ἡγεμών〔指導者〕[6] と呼ぶ[7]．ヨセフスのこの戦争の歴史についての記述でよく知られている偏向は[8]，ローマの権威に対する敵対者を λησταί「盗賊たち」[9]，στασιασταί「反逆者たち」[10]，νεωτερίζοντες「革命家たち」[11] とする彼の表記において，他のどこにもあらわれないほど明確にあらわれている．ユダの一族はこれらの解放戦士の間で突出していた．彼の父親エゼキア[12] はヘロデの専制に反抗した．彼の息子たちシモンとヤコブは，ティベリウス・ユリウス・アレクサンデルの統治下で反ローマの活動故に磔刑に処せられた[13]．ユダの子孫メナヘムは，後 66 年の革命のはじめにマサダを占拠し[14]，そしてエルアザル・ベン・シモンの党派による殺害まで彼はエルサレムでの革命の指導者であった[15]．またメナヘムの従兄弟エルアザル・ベン・ヤイルは，マサダで解放戦士たちの最後の抵抗を指導した[16]．

　後 6–66 年の間，第四哲学はますます信奉者たちを獲得した．クマヌスの統治下で，盗賊たちが皇帝の奴隷ステファヌスを襲い[17]，彼らの指導者の2人，エルアザル・ベン・デイナエウス[18] とアレクサンドロスは，ガリラヤの巡礼者たちを殺害したという理由でサマリア人に報復をした[19]．フェリクスの統治下で，sica すなわち彎曲した短剣にちなんでそう呼ばれるシカリイーは，無警戒の犠牲者を刺すために衣服の下に隠してこの短剣を持ち歩いていたの

であるが，大規模な政治的暗殺を開始した[20]．他方アルビヌスの統治下では，彼らはゲリラ戦を継続し，高官を誘拐して，彼らの身柄を政治犯の囚人との引き換えに解放し，あるいは同じ目的のために総督に贈賄した[21]．戦争の勃発はマサダを統制下においたユダの息子メナヘムを登場させ[22]，そこから彼はエルサレムへと進攻した．当初，彼はそこで革命を指揮した．しかしエルアザル・ベン・シモンの信奉者たちと対立し，後に彼らによって殺害された[23]．ガリラヤでの抵抗運動の瓦解後，戦争はエルサレムに集中された．この地ですぐに，革命運動の内部で諸党派が生じたのである．ヨセフスは順に，シカリイー，シモン・ベン・ギオラの追従者，ギスカラのヨハネの仲間，熱心党を列記している[24]．

　ヨセフスによるシカリイーと熱心党という用語の使用，これらの集団の相互の関係性，そして彼らとユダの第四哲学との結びつきをめぐって，かなりの議論がなされてきた[25]．これらの集団についてのヨセフスの記事は完全には首尾一貫しておらず，またヨセフスの報告がいつも完全だとは限らないことを考えると，これらの教派の厳密な意味内容について確実性を得るのは不可能である．しかしながら，証拠は，シカリイーと熱心党の用語が，2つの別々の，敵対すらしている集団に関連して用いられていることを示している．すなわち，シカリイーは人口調査のときにユダによって組織されたものであり[26]，彼らはユダの子孫たちに忠誠であり続け，そのユダの子孫たちは疑似メシア的指導者をマサダの崩壊に至るまで彼らに提供した[27]．メナヘムの殺害と信奉者たちのエルサレムからの敗走後，都の中で彼らの消息を聞くことは2度となく，彼らの活動はマサダに限定された．対照的に熱心党は，エルサレムの中でのみで活動した．戦争勃発後まで，彼らは独立した集団としての名前を挙げられていない．そしてその時，彼らは祭司エルアザル・ベン・シモンの指揮下で既に組織化されたものとして現われている[28]．ギスカラのヨハネがエルサレムに到着した後，彼らは2つの党派に分裂する．そのより過激になった方の集団はヨハネに率いられた[29]．シカリイーとユダの哲学との結びつきははっきりしているように見える．とは言え，熱心党はシカリイーから分離した1つの集団ではあったが[30]，彼らとユダの理念との関連は排除することができない[31]．ヨセフスは，第四哲学がユダヤ人の大義の崩壊に責任があったと強調しており[32]，そしてもしその哲学がシカリイーの間だけに限定されていたならば，どうしてそのようなことであり得たのか理解しにくいからである[33]．

　ユダの哲学はそれ故多分，革命集団全ての共有物であったのだろう．その

第一に顕著な特徴は，自由，ἐλευθερία への渇望であり，後 66-70 年の間に鋳造された貨幣の銘ですら〔通常は刻銘として現れないような〕חרות ציון，「シオンの自由」と読める[34]．聖都と神殿は，純粋な礼拝がささげられることのできるように，自由であるべきであった．彼らはその後，לגאלת ציון「シオンの贖い」という別の貨幣で〔それを〕宣言することができた[35]．ユダとツァドクは，人口調査は隷属と見なされるべきだと主張し，忠実なユダヤ人の積極的な協力なしには成しとげられない贖いの進展を開始するよう彼らに呼びかけた[36]．聖書は，イスラエルは数えられるべきでないと明確に述べており[37]，さらに，人口調査は課税のための予備的な作業であり，全ての成人男子のイスラエル人は，皇帝の像が刻まれた貨幣で皇帝に税を支払うことが求められるようになることだろう．このことは，ユダの目には，肖像や偶像崇拝や他の神々を礼拝することを禁じたトーラーへの違反を成すものだと映った．この律法の要求の「尖鋭化」[38]は，第四哲学の第 2 信条でも明らかである．すなわち，神のみが指導者また主であることの確言，ローマに対して戦った者が「文字通りに」受け取けとるべきであった聖書であたりまえのことである[39]．神はイスラエルの主（אדון）である．シュマアを暗唱する中で神の唯一性を宣言することにより，ユダヤ人は自らに「天の王国のくびき」を負わせる[40]．このように神の主権を急進的に解釈することにより，ユダは地上に神の王国を建てることに着手した．この理由で，彼の信奉者も後継者も，いかなる人間をも主（δεσπότης）と呼ばなかった．それどころか彼らは，人間に君主の地位を認めるよりは，自らの敵を死に至らしめ，自らの死を引き受けることも厭わなかった．しかしヨセフスはこれらの理念を「愚かなこと」と決めつけ[41]，彼らを民族にふりかかった災難のことで非難している．この歴史家にとっては，ユダの哲学は「先祖伝来の伝統の革新と改革」を起こすものであり，またユダヤ人の生活の中への割り込みであった[42]．

マサダのシカリイーは，最後までユダに忠誠であり続けた．生き残った人々が，ローマ人の手におちるよりは自決することを決める前に，エルアザル・ベン・ヤイルが行った演説は，このことの証明である．エルアザルは言う，彼らは神以外に何者をも崇拝しないと決心していた，神のみが人々の真にして義しい主である，と．彼らは奴隷となることを拒んでいた，そして自身の敗北が避けられない今，奴隷になったりはしない．死が彼らの魂を解放するだろう[43]．

ヨセフスは熱心党の組織を，祭司エルアザル・ベン・シモンに率いられる集団を基礎とする都市出身者と地方出身者の「盗賊」の連合として提示す

る[44]. Ζηλωταί〔熱心党〕は，この党派が自ら名乗った名称であったように思われる．このギリシア語はヘブライ語のקנאים，アラム語のקנאを意味するもので[45]，際立った神学的系譜を持っている．アロンの孫ピネハスとエリヤは，彼らの熱心の故に特別に賞讃されるため聖書に名指しされている．ピネハスは，背教者ジムリが異教徒のミデアン女性と交わった時に，彼を殺し，そうして背教の贖いをすることにより，神の怒りをイスラエルからそれさせた[46]．エリヤは非常に熱心であり，アハブとイゼベルに逆らい耐えて，異教徒の預言者たちを殺した[47]．アンティオコスⅣ世エピファネスがイスラエルの信仰を撤廃しようとして至聖所を汚したとき，ユダ・マカバイオスは彼に抵抗し，神殿を清め，それを再奉献し，そうしてハスモン王朝の独立国家の基礎を築いた[48]．ハスモン一門は自分たちの先祖をピネハスに跡づけ[49]，彼のように，彼らは背教者を国土や神殿から一掃することで，神の法への熱心を表した[50]．彼らは1つの模範であった，そして個々のユダヤ人は，自身の生命の危険に際してさえも，これらの英雄たちの熱心を見習うことに励んだ[51]．熱心党はこのような伝統に便乗したのであるが，しかしヨセフスは，彼らを律法なき者，また先祖の律法を転覆させる者と非難している[52]．そうして彼らは，サンヘドリンの承認なしに，実際の，あるいは潜在的なローマへの協力者らを死に至らしめた[53]．彼らは大祭司を籤で選び[54]，神殿を要塞化し[55]，皇帝のためにささげる犠牲を廃止し[56]，神殿に貯えられているぶどう酒と油を彼ら自身の生活のかてに使用した[57]．この神と神の家に対する熱心は，終末の日の到来の先がけとみなされるかも知れない．しかしながらその前に，終わりの時の「災難」が耐えられねばならなかった．熱心党による貯蔵物資と食糧の焼払いは，明らかにこれらの「災難」を増すことが意図されていた．彼らの苦難と殉教の全ては，律法と人々のための犠牲であったし，そして，神のみが支配する時代の到来を急がせるためのものであった[58]．

　熱心党の終末への関心には，ヨセフスが辛らつにγόητες〔魔術師〕と呼ぶ預言者たちが加わった[59]．彼らは戦争前から多年に渡って活動していたが，神殿が包囲されると共に，その預言活動は激しさを増した[60]．彼らは新しい贖いの業，「第2の出エジプト」を待ち受けるために，人々を荒野へと駆り立てた[61]．そして聖所の破壊に先立つ直前の日々において，彼らが「彼らの解放の前兆」を待ち構えるよう呼びかけたのである[62]．

　神殿が占拠されると，熱心党はティトゥスに，恐らくは贖いを期待して，荒れ野に退かせて欲しいと願い出た[63]．ティトゥスはこれを許さなかった．今やシカリイーだけがマサダで持ちこたえていた．しかしついには彼らは自

らの手によって倒れてしまった．一部の者はエジプトやキュレネへ逃亡したが，彼らが断固としてその要求を拒否し，また彼らがさほどにも果敢にその権力に立ち向かったローマ人によって，それも滅ぼされた[64]．

註

＊ランカスター大学宗教学科，C. T. R. ヘイワード博士の編集による．

1) 『戦記』ii 8, 1（108）．

2) 『古代誌』xviii 1, 6（23）．英語の引用は，H. St. J. Thackeray の翻訳からのもの．

3) 第Ⅰ〔Ⅱ〕巻107-8頁を見よ．ファリサイ人ツァドクは『戦記』ii 8, 1（118）にあるこの哲学の成立についての記事には載っていない．

4) 『古代誌』xviii 1, 6（23）．『戦記』ii 8, 1（118）を参照．

5) 『戦記』ii 8, 1（118）．この記述は，ユダを彼自身の独特のトーラー解釈をもった教師として描く．358-60頁と Hengel,. *Zeloten,* pp. 85-9 を見よ．

6) 『古代誌』xviii 1, 6（23）．

7) ヨセフスが種々の反乱集団の間に描く区別から考えて，それらが全てユダの哲学から生まれたものであることを想起するのは本質的に重要である．種蒔きと植えることの隠喩を使いながら，ヨセフスは，これらの人々によって蒔かれなかった悪はどんな種類のものもなかったと言明する．この題目の下には，戦争の開始，平和を好む人々の殺害，盗賊の襲撃，そして上流階級の人々の暗殺が含まれる，『古代誌』xviii 1, 1（6）．それからユダの追従者たちは，革命家たちの間に内戦をひき起こす種を蒔き（第Ⅰ〔Ⅱ〕巻 269-74頁を見よ），そして人々の破滅の根を植えた，『古代誌』xviii 1, 1（10）．

8) Hengel, *Zeloten,* pp. 6-18; H. Lindner, *Die Geschichtsauffassung des Flavius Josephus im Bellum Judaicum* (1972); V. Nikiprowetzky, 'La mort d'Eléazar fils de Jaïre . . .', pp. 461-90 を参照．

9) 『戦記』ii 12, 2（228）参照，ある「盗賊」のグループがベト・ホロンへの路上で皇帝の奴隷を襲った．『戦記』ii 13, 2（253）を参照，フェリクスは，エルアザル・ベン・デイナイオスに率いられる「盗賊」の多くを捕えた．『戦記』ii 14, 1（271），フェストゥスは「盗賊たち」を処罰した．フェリクスの時代に活発であったシカリイー（『戦記』ii 13, 3〔254〕）は，『古代誌』xx 8, 5（160）では「盗賊たち」と呼ばれている．熱心党も同じように「盗賊たち」と呼ばれている，『戦記』iv 3, 12（198）．Hengel, *Zeloten,* pp. 26-35 は，ローマ法における「盗賊行為」の罪科とそれに課せられる様々な懲罰について論じている．これに対して B. S. Jackson, *Theft in Early Jewish Law* (1972), pp. 36-7 を参照．第Ⅰ〔Ⅱ〕巻 236頁註 29 も見よ．

10) 例えば『戦記』ii 17, 7; 17, 9（432, 441）．『戦記』ii 12, 2（228）の「盗賊たち」は，『古代誌』xx 5, 4（113）では「扇動的な革命家たち」として現われる．エルアザル・ベン・デイナイオスは，『戦記』ii 12, 4（235）では盗賊団と καὶ στασιώδους〔そして

362 第30節 エッセネ派

反乱者たち〕の指導者と紹介される. 『戦記』i 1, 4 (10);ii 15, 3 (320), 15, 4 (324),
17, 9 (441) も見よ. これは熱心党についての最後の言及である.

11) 『戦記』i 1, 2 (4), 10, 4 (202);ii 14, 1 (274), 17, 1 (407).

12) 第Ⅰ巻374頁を見よ. エゼキアの子ユダは, セッフォリスのヘロデの兵器庫を襲っ
た, 『戦記』ii 4, 1 (56);『古代誌』xvii 10, 5 (271-2). 第Ⅰ〔Ⅱ〕巻63頁を参照. 彼
と, 人口調査に反対し, 第四哲学を創始したガリラヤのユダ (使5:37で彼はそのよ
うに呼ばれている)との同定は, Derenbourg, *Essai*, p. 237; Graetz, *Geschichte* III, 1, pp. 250-
8; Klausner, *Historyah* III, pp. 251-2; Hengel, *Zeloten,* pp. 337-8 (参考文献が備わってい
る);J. S. Kennard, 'Judas of Galilee and his Clan', JQR 36 (1945-6), pp. 281-4 によって受
け入れられている. しかし, E. M. Smallwood, *The Jews under Roman Rule,* p. 153, n. 40
はその同定をありそうにないと考える.

13) 第Ⅰ〔Ⅱ〕巻222頁を参照.

14) 『戦記』ii 17, 8 (433-4);第Ⅰ〔Ⅱ〕巻262頁.

15) 『戦記』ii 17, 9 (445-9). 彼はエルサレムに, σοβαρὸς γὰρ ἀναβεβήκει προσκυνήσων
ἐσθῆτί τε βασιλικῇ κεκοσμημένος καὶ τοὺς ζηλωτὰς ἐνόπλους ἐφελκόμενος〔尊大な仕方
で祈るために, 王衣で身を飾り, 武装した熱心党員を従えて上っていた〕王として現
われていた, 『戦記』ii 17, 9 (444). 17, 8 (433-4) を参照. ひょっとすると, BT サン
ヘ 98b は, メシアの名はヘゼキアの子メナヘムであるという言述の中に, メナヘムの
メシア的自負の記憶を保存している. 哀R1:16;PT ブラホ 5a;Kohler, 'Zealots', p.
641 を参照. メナヘムの父ユダもまた, 自身をメシア的人物に装っていたように思え
る, 『戦記』ii 4, 1 (56);『古代誌』xvii 10, 5 (271-2). そして彼の祖父はエゼキアで
あったようである. Hengel, *Zeloten,* pp. 296-307 も見よ. パレスチナの伝承にある戦士
メシアについては, タルグム・偽ヨナタンの創49:11;民24:7, 17, 24 を参照. 『戦
記』vi 5, 4 (312-5) でヨセフスは, メシア的思惑が反逆者に周知のことであったと認
めている. M. McNamara, *The New Testament and the Palestinian Targum to the Pentateuch*
(1966), pp. 230-3 も見よ.

16) 『戦記』vii 10, 1-11, 5 (410 から終りまで), 第Ⅰ〔Ⅱ〕巻280-1頁.

17) 『戦記』ii 12, 2 (228);第Ⅰ〔Ⅱ〕巻223頁.

18) 『戦記』ii 12, 4 (235);『古代誌』xx 6, 1 (121);第Ⅰ〔Ⅱ〕巻223頁. 彼はラビ伝承
のベン・ディナイであったかもしれない. 雅R2:7 (1) によれば, 彼はメシアによ
るイスラエルの贖いを強行しようと試みた. Kohler, 'Zealots', p. 642;「熱心党であった
者……」, p. 15 は彼と共に殺人者たち, הרצחנים, アムラムとタヒナを含む. 彼らの残
虐行為の故に, ラバン・ヨハナン・ベン・ザカイは, עגלה ערופה〔若い雌牛の首を折
る〕儀式が廃止されたと述べている (ソタ9:9;Graets, *Geschichte* III, 2. p. 432 を参
照). 彼は結局, フェリクスによって捕えられた, 『戦記』ii 13, 2 (253);第Ⅰ〔Ⅱ〕巻
225頁.

19) 『戦記』ii 12, 4-5 (235-8);『古代誌』xx 5, 4-6, 2 (117-25).

20) 第Ⅰ〔Ⅱ〕巻225頁を見よ.

21) 第Ⅰ〔Ⅱ〕巻229頁を見よ.

22) 第Ⅰ〔Ⅱ〕巻138頁註129を見よ.

補遺 B　第四哲学―シカリイーと熱心党（註）　　　*363*

23)　殆ど確実に熱心党. 359-60 頁と M. Stern, 'Zealots', Enc. Jud. Yearbook (1973) p. 145
を見よ. 彼は, 君主政体への反対を熱心党の独特な特徴の 1 つと見ている.

24)　『戦記』vii 8, 1 （262-70）；vi 2, 6 （148）.

25)　例えば M. Stern, 'Zealots', Enc. Jud. (1973), p. 144; M. Borg, 'The Currency of the Term
Zealot', JThSt 22 (1971), pp. 504-12; S. Zeitlin, 'Masada and the Sicarii', JQR 55 (1964), pp.
299-317; 'Zealots and Sicarii', JBL 81 (1962), pp. 395-8; M. Smith, 'Zealots and Sicarii:
Their Origins and Relations', HThR 64 (1971), pp. 1-19; S. Applebaum, 'The Zealots: The
Case for Revaluation', JRS 61 (1971), pp. 156-70; F. Jackson and K. Lake, *The Beginnings of
Christianity,* I 1, pp. 421-5; G. Vermes, *Jesus the Jew* (1973), pp. 46-8 を見よ. 第Ⅰ〔Ⅱ〕巻
107-8 頁を参照.

26)　『戦記』vii 8, 1 （254）.

27)　第Ⅰ〔Ⅱ〕巻 280-2 頁；及び上記 357 頁を見よ.

28)　『戦記』ii 20, 3(564). ヨセフスが『戦記』ii 17, 9 （444）でメナヘムを τοὺς ζηλωτὰς
ἐνόπλους ἐφελκόμενος〔武装した熱心党を従えて〕と述べながら初めて「熱心党」とい
う言葉を使っている. この節は Thackeray と共に, 「……彼の熱心な追従者たち」と訳
されるのが最も良い. M. Smith, 'Zealots and Sicarii . . .', pp. 7-8; M. Stern, 'Zealots', Enc.
Jud. Yearbook, p. 144 を参照.

29)　第Ⅰ〔Ⅱ〕巻 270 頁を見よ.

30)　ヨセフスの証言には十全の重みが与えられねばならない. アヴォト・デ・ラビ・ナ
タン（ARN）B 7 章がシカリイーがエルサレムの全ての貯蔵物資を燃やしたと報告し,
他方で ARN A 6 章がこれを熱心党に帰していることは, 必ずしもシカリイーと熱心党
が同一であるという証拠として解釈されるべきではない. なぜなら, ARN は後の編集
物であり, ヨセフスの直接の証言を覆すことはできない. M. Smith, 'Zealots and Sicarii
. . .', p. 9 を見よ. 同じことは, Kohler, 'Wer waren die Zeloten oder Kannaim', *Festschrift
Harkavy* (1908), p. 8 によって最初に引用された, 手が加えられたヒッポリュトス（『全
異端反駁』ix 26）の記事にも言える. この教会教父もまた, 熱心党とシカリイーをエ
ッセネ派の分派として同一視しているように見えるが, しかし彼は, 1 世紀の革命運
動についての我々のための知識の第一級資料としては受け入れることはできない. M.
Borg, 'The Currency of the Term Zealot', JThSt 22 (1971), pp. 504-12 を見よ.

31)　E. M. Smallwood, *The Jews under Roman Rule* (1976), p. 154; M. Stern, 'Zealots' Enc. Jud.
Yearbook, p. 144 を見よ.

32)　『古代誌』xviii 1, 1 （6-10）. Hengel, *Zeloten,* pp. 61-78 を参照.

33)　M. Stern, *op. cit.,* p. 144 はそうである.

34)　貨幣の証拠については, Y. Yadin, IEJ 15 (1965), pp. 1-120; *Masada: Herod's Fortress
and the Zealots' last Stand* (1966), pp. 97-8, 108-9, 168-71; 及び第Ⅰ〔Ⅱ〕巻の補遺Ⅳ「ヘ
ブライ語貨幣」416-7 頁を見よ.

35)　同種の銘は, バル・コクバの反乱の時の貨幣にも現れる. 第Ⅰ〔Ⅱ〕巻 417-8 頁を見
よ. גאלה〔贖い〕の表象については, Hengel, *Zeloten,* pp. 122, 124 を参照.

36)　『古代誌』xviii 1, 1 （5）. 人間が神と協働することはファリサイ主義の信条でもあっ
た, 『古代誌』xviii 1, 3 （13）；『戦記』ii 8, 14 （163）. そして, 言及された諸点を除け

364　　　　　　　　　　第 30 節　エッセネ派

ば全て第四哲学はファリサイ派に一致するというヨセフスの言明を部分的に説明する．あるファリサイ派，特にシャマイの家のそれは積極的行動主義の性向があったし，ユダの運動と共鳴したかもしれない．J. Klausner, *Historyah* IV, p. 200; Graetz, *Geschichte* III, 1, p. 255; Hengel, *Zeloten*, pp. 91-3; M. Stern, 'Zealots', p. 144 を見よ．この積極的な暴力はイスラエルの悔い改めを全く考慮に入れていない．主流のラビ・ユダヤ教によれば，この悔い改めがエジプトからの脱出に値したのであった，出 R 1：36；タルグム・偽ヨナタンの出 2：25．マコ 1：4.15；マタ 3：1 以下；4：17 も参照．イエスと彼の弟子たちが熱心党に共感をいだいていたという見方については，S. G. F. Brandon, *Jesus and the Zealots* (1967) を見よ．

37)　Hengel, *Zeloten*, pp. 134-5 を参照．

38)　Hengel, *op. cit.*, 232-3 を参照．

39)　イスラエルに対する神の主権を主張する聖書テクストは，終末論的意味に説明された．ユダ（『戦記』ii 8, 1［108］）とメナヘム（『戦記』ii 17, 8［433］）に与えられた σοφιστής〔哲学者〕の称号が，彼らが熟達したトーラーの解説者であったことを暗示すると提案されてきた．Hengel, *Zeloten*, pp. 229-34 を見よ．

40)　Str.-B. I, pp. 172-7; I. Elbogen, *Der jüdische Gottesdienst*, pp. 24, 236-8, 242; Hengel, *Zeloten*, pp. 95-8 を見よ．

41)　『古代誌』xviii 1, 6（23）．

42)　『古代誌』xviii 1, 1（9）；『戦記』ii 8, 1（108）．

43)　『戦記』vii 8, 6 以下（323 以下）．彼らの死後の生命への信仰はファリサイ派のそれと比較できる，『古代誌』xviii 1, 3（14）；『戦記』ii 8, 10（151）．マサダの発掘は，シカリイーのトーラーへの忠誠を示す．Y. Yadin, *Masada* (1966) を見よ．シカリイーはラビ文書に時折現れる．マフシ 1：6；哀 4：4,7 への哀 R；コヘ 7：12 へのコヘ R；ケリム 17：12；Hengel, *Zeloten*, pp. 51-7 を見よ．

44)　『戦記』iv 3, 1-9（121-59）；ii 20, 3（564）．Zeitlin, 'Judaism as a Religion', JQR 34 (1943-4), p. 351, n. 364 の見方によれば，熱心党は祭司的集団である．

45)　第 I〔II〕巻 138 頁註 128 を見よ．

46)　民 25：1-15．

47)　王上 18 章；19：10, 14．

48)　第 I〔I〕巻 200-16 頁を見よ．

49)　I マカ 2：54．

50)　I マカ 2：19-28．

51)　ハスモン一門の熱心と後の熱心党との関係については，W. R. Farmer, *Maccabees, Zealots, and Josephus* (1956), pp. 47-83 を見よ．個人的な「熱心者」が，サンヘ 9：6：הגונב את הקסוה והמקלל בקוסם והבועל ארמית קנאים פוגעין בהן〔犠牲の皿を盗む者，コーセムで呪う者，ローマの婦人と交わる者，この者たちを熱心者は倒すことができる〕でほぼ確実に語られている．グマラー（BT サンヘ 82a）は，このミシュナーをハスモン一門に関係づけている．Kohler, *Zealots*, p. 639 は，これらの行為は刑事訴訟に相当するものではなく，ピネハスの熱心な行為と比較されると註釈する．ピネハスは個人的な熱心者として名指されている，IV マカ 18：12．M. Smith, '*Zealots and Sicarii . . .*', p.

補遺 B　第四哲学—シカリイーと熱心党（註）　　　*365*

6 を見よ．使徒パウロの律法に対する熱心は同列のものである，ガラ 1：14；ピリ 3：6；使 21：20；Hengel, *Zeloten,* pp. 184-6. イエスの弟子熱心党のシモン（第 I〔II〕巻 138 頁註 128 を見よ）もほぼ確実に，律法を「自分自身で処理した」個人であっただろう．M. Borg, 'The Currency of the Term Zealot', p. 508 を参照，しかし，M. Stern, 'Zealots', p. 144 も見よ．

52)　『戦記』vii 8, 1（268）；iv 5, 5（348）.

53)　例えば，『戦記』iv 3, 4（138-46）；3, 10（170）；6, 1（357）. サンヘドリンによるこのような判決への承認の必要性については，『古代誌』xiv 9, 3（165-7）を見よ．熱心党の原型ピネハスは，同じように一方的に振舞った．〔そのため〕彼の行動は賢人たちの側で註釈を必要とした．こうして，サンヘドリンがハラハーを忘れていた（民 R 20：6，タルグム・偽ヨナタンの民 25：7），あるいはモーセが弱くなっていた（タルグム・ヨナタンの民 R 20：25，民 25：6），あるいは，ファリサイ派が彼の行動を認めた（民スィフ 131），といった理由によって，彼は是認された．後のラビがピネハスを非難していることについては，Hengel, *Zeloten,* pp. 172-5 を見よ．

54)　『戦記』iv 3, 6（147-50）；3, 8（155-7）. 熱心党が祭司的寡頭制の廃止に関心を抱いていたことは，この党派をシカリイーと区別しているように見える．M. Stern, 'Zealots', p. 145 はそうしている．

55)　『戦記』iv 3, 10（173）.

56)　『戦記』ii 17, 2（410）.

57)　『戦記』v 13, 6（563-6）.

58)　『戦記』vi 7, 2（364）：「確かに，彼らは町が燃えているのを見たとき，彼らは微笑む顔で，自分たちは終末を喜んで待っているのだと公言した……」．Hengel, *Zeloten,* pp. 251-2 を見よ．「災い」については，ソタ 9：15；BT サンヘ 97a, 98b；BT シャバ 118a；Volz, *Eschatologie,* p. 176; Moore, *Judaism* II, pp. 360-2 を見よ．

59)　『戦記』vi 5, 2（286）. 熱心党の思想における預言の位置付けについては，Hengel, *Zeloten,* pp. 235-50 を見よ．

60)　神殿へのどのような攻撃も，そこでヘロデがアンティゴノスを攻撃した時のように，恍惚の叫びを爆発的に生じさせたように思われる，『戦記』i 18, 1（347）.

61)　『古代誌』xx 8, 6（167-8）.

62)　『戦記』vi 5, 2（285）.

63)　『戦記』vi 6, 3-4（253-4）；8, 6-7（323-61）.

64)　第 I〔II〕巻 280-2 頁を見よ．

日本語版・英語版対照表

日本語版	英語版第Ⅰ巻
第Ⅰ巻	序論 第 1 節　本書の視野と目的 第 2 節　補助科目 　　　　A　考古学 　　　　B　地理学 　　　　C　年代学 　　　　D　古銭学 　　　　E　碑文学 第 3 節　諸資料 　　　　A　マカバイ記二書 　　　　B　現存しない資料 　　　　C　ヨセフス 　　　　D　ギリシア語及びラテン語著作家 　　　　　　Ⅰ　ギリシア語著作家 　　　　　　Ⅱ　ラテン語著作家 　　　　E　ラビ文献 　　　　　　Ⅰ　タルムード文学 　　　　　　Ⅱ　ミドラシーム 　　　　　　Ⅲ　タルグム 　　　　　　Ⅳ　歴史的作品 　　　　F　ユダヤ荒野出土の諸写本 第 1 部 第 1 期 セレウコス朝支配最後の 100 年間におけるシリアの歴史の概観 第 4 節　宗教的危機と革命 第 5 節　ユダ・マカバイオス 第 6 節　ヨナタン 第 7 節　シモン 第 8 節　ヨハネ・ヒルカノスⅠ世 第 9 節　アリストブロスⅠ世 第 10 節　アレクサンドロス・ヤンナイオス 第 11 節　アレクサンドラ 第 12 節　アリストブロスⅡ世 第 2 期 前 63 年から紀元 70 年までのローマ属州シリアの歴史の概観 第 13 節　ヒルカノスⅡ世；アンティパテルとその息子たちファサエルとヘロ 　　　　デの台頭

日本語版・英語版対照表　　　*367*

	第 14 節　アンティゴノス
第Ⅱ巻	第 15 節　ヘロデ大王 第 16 節　ヘロデ死後の騒動 第 17 節　ヘロデ大王の死からアグリッパⅠ世まで　ヘロデの息子たち 　　　　1　フィリッポス 　　　　2　ヘロデ・アンティパス 　　　　3（1）アルケラオス 　　　　　（2）ローマ人総督下のユダヤ 　　　　補説Ⅰ―クイリニウスの人口調査 　　　　補説Ⅱ―イエスとヤコブについてのヨセフスの記述 第 18 節　アグリッパⅠ世 第 19 節　ローマ人プロクラトルたち 　　　　補説　アグリッパⅡ世 第 20 節　ローマとの大戦争 第 21 節　エルサレムの破壊からバル・コクバの没落まで 　　　　Ⅰ　ウェスパシアヌスからハドリアヌスに至るまでのパレスチナ 　　　　　の情況 　　　　Ⅱ　トラヤヌス治世下の戦争 　　　　Ⅲ　ハドリアヌス治世下の大反乱 補　遺　Ⅰ　カルキス，イツリヤ，及びアビレネの歴史 　　　　Ⅱ　ナバテア諸王の歴史 　　　　Ⅲ　ユダヤ暦の主な特徴 　　　　Ⅳ　ヘブライ語〔刻印のある〕貨幣 　　　　Ⅴ　オリュンピア，セレウコス，キリスト教年号の対観年代 　　　　Ⅵ　セレウコス朝系図 　　　　Ⅶ　ハスモン家系図 　　　　Ⅷ　ヘロデ家系図

日本語版	英語版第Ⅱ巻
	第 2 部
第Ⅲ巻	第 22 節　文化的背景 　　　　Ⅰ　人口と言語 　　　　Ⅱ　ヘレニズムの広がり 　　　　Ⅲ　異教に関するユダヤ教の態度 第 23 節　政治制度 　　　　Ⅰ　ヘレニズム的諸都市 　　　　Ⅱ　ユダヤ人の領域 　　　　Ⅲ　エルサレムの大サンヘドリン 　　　　Ⅳ　大祭司

第Ⅲ巻	第24節　祭司職と神殿祭儀 　　Ⅰ　階級としての祭司職 　　Ⅱ　祭司税 　　Ⅲ　祭司制度 　　Ⅳ　日々の祭儀 補　遺　エルサレムでの祭儀への異邦人の参加
第Ⅳ巻	第25節　トーラーの学習 　　Ⅰ　聖書の正典性 　　Ⅱ　トーラー学者とその業績一般について 　　Ⅲ　ハラハーとハガダー 　　Ⅳ　主要なトーラー学者 第26節　ファリサイ派とサドカイ派 　　Ⅰ　ファリサイ派 　　Ⅱ　サドカイ派 第27節　学校とシナゴーグ 　　Ⅰ　学校 　　Ⅱ　シナゴーグ 補　遺　シュマアとシュモネ・エスレー 第28節　生活と律法 　　Ⅰ　概観 　　Ⅱ　安息日の遵守 　　Ⅲ　清浄規定 　　Ⅳ　儀式主義 　　Ⅴ　社会の変化と律法 第29節　メシア信仰 　　Ⅰ　初期メシア待望との連関 　　Ⅱ　歴史的概観 　　Ⅲ　系統だてた紹介 補　遺　A　苦難のメシア 　　　　B　クムランのメシアとメシア信仰 第30節　エッセネ派 　　Ⅰ　フィロン，ヨセフス，プリニウスによるエッセネ派 　　Ⅱ　死海の巻物によるクムラン共同体 　　Ⅲ　エッセネ派の起源と歴史 補　遺　A　テラペウタイ 　　　　　Ⅰ　フィロンの記事 　　　　　Ⅱ　テラペウタイ―エッセネ派―クムラン 　　　　　Ⅲ　テラペウタイとエッセネ派の関係 　　　　B　第四哲学：シカリイーと熱心党

日本語版・英語版対照表　　　*369*

日本語版	英語版第Ⅲ/1巻
第Ⅴ巻	第3部 第31節　ディアスポラのユダヤ教：異邦人とユダヤ教 　　Ⅰ　地理的概観 　　Ⅱ　(1)　共同体の内部組織 　　　　(2)　共同体の体制における位置 　　Ⅲ　市民権 　　Ⅳ　宗教生活 　　Ⅴ　異邦人とユダヤ教：「神を畏れる者たち」と改宗者 第32節　ヘブライ語，アラム語で書かれたユダヤ教文学 　　Ⅰ　歴史書 　　Ⅱ　宗教詩 　　Ⅲ　知恵文学 　　Ⅳ　教訓的，訓戒的物語 　　Ⅴ　預言・黙示的偽典
第Ⅵ巻	Ⅵ　聖書ミドラシュ 　　Ⅶ　まじないと魔術書 　　Ⅷ　クムラン共同体文書 第33節A　ギリシア語で書かれたユダヤ教文学 　　Ⅰ　聖書正典の翻訳 　　Ⅱ　セム語の聖書外テクストのギリシア語訳 　　Ⅲ　歴史散文 　　Ⅳ　叙事詩と戯曲 　　Ⅴ　哲学 　　Ⅵ　反駁書 　　Ⅶ　異邦人の偽名を用いたユダヤ教文書 　　Ⅷ　雄弁家，カラクテのカエキリウス

日本語版	英語版第Ⅲ/2巻
第Ⅶ巻	第33節B　原語が不明なユダヤ教文学 　　Ⅰ　聖書文書の改訂，補完 　　Ⅱ　偽書的黙示文学 　　Ⅲ　聖書ミドラシュ 　　　補遺　ユダヤ教起源かキリスト教起源か不明な文書 第34節　ユダヤ人哲学者フィロン 索　　引

訳者あとがき

本書『イエス・キリスト時代のユダヤ民族史』第Ⅳ巻は E. Schürer, *Geschichte des jüdischen Volks im Zeitalter Jesu Christi* の改訂英訳版 *The History of the Jewish People in the Age of Jesus Christ* (175B.C.-A.D.135), T&T Clark Ltd の第Ⅱ巻後半部にあたる 25 節から 30 節までの邦訳である．英語版と日本語訳の対照については，巻末に記しておいたので参照されたい．邦訳第Ⅲ巻の刊行から 1 年が経ってしまったが，無事に第Ⅳ巻を刊行することができたことをシューラー翻訳事業全巻の監修者として喜んでいる．

シューラーの英訳刊行の経過やその学問的価値についてはすでに邦訳第Ⅰ巻のまえがきおよび第Ⅱ巻の訳者あとがきに詳述されているので，ここで繰返すことは避けたい．ただ，邦訳第Ⅲ巻でも記しておいたことだが，聖書中間時代の真摯な歴史的研究を志すものにとっては不可欠の参考図書として重宝されてきた原著およびその英語訳が，シューラーの入手し得なかったその後の考古学上また文献学上の新資料の発見や新しい研究文献を取り込んだ改訂版英訳書として出版され，改訂編者の献身的労苦と比類のない優れた業績によって，本書は現代の学者たちにとっても卓越した手引き書として，それを褒めすぎることは不可能であると言われるまで歓迎されていることだけは繰り返し指摘しておきたい．特に，邦訳第Ⅳ巻では、20 世紀の考古学的また碑文的発見の実情と合致しないディアスポラ・ユダヤ教の記述や，パレスチナおよびディアスポラのユダヤ教との時代遅れとなった杓子定規な区別や律法主義的ユダヤ教としての評価というような，19 世紀的偏見を正したとされる記述がなされており，それは特に本邦訳 26 節の「ファリサイ派」と 28 節の「律法下の生活」（改訂英語版では「生活と律法」）にあてはまる．これまでの巻以上に，そうした新しい資料や情報が合体された本巻は優れたそして信頼に足る古代ユダヤ教解説書となっている．

翻訳について述べておくと，本巻前半部（25-27 節）は古代ユダヤ教に関して専門的に研究してきた上村静氏に，そして後半部（28-30 節）は大庭昭博氏に，翻訳の労をとっていただいた．両氏による翻訳草稿はいずれもすでに早い段階で完成していたが，シューラー全体の翻訳の進捗状況にかんがみ

て，印刷に入ることが今日まで遅れてしまった．その間に，大庭昭博氏が病のために故人となり，表記統一上不可避であった草稿の見直しや印刷に入っての校正等の作業が後半部では不可能となってしまった．そのため，草稿の段階では古典語に翻訳が付されていない部分も相当見られたことから，全巻の監修者である小河が後半部全体の訳を検討し直し，相当程度修正してしまった．それゆえ，後半部の訳文の責任は大庭氏だけに負わせるわけにゆかず，小河が訳者として名を連ねたのはその理由による．

また，ⅠからⅢ巻まで献身的に編集の労をとってくださった村上信児氏が教文館出版部での仕事を辞められたために，同じような煩わしい編集の仕事を本巻については，ちょうど新約学研究のドイツ留学から帰国してこられたところであった山野貴彦氏に引き受けていただいた．表記上の統一は言うに及ばず，訳文の日本語表現としての不備等に至るまで，山野氏による入念で注意深い原稿整理と訳文検討の作業があって，本巻は印刷刊行にこぎ着けることができた．あとがきの場を借りて，心から感謝を述べておきたい．

最後に，シューラー翻訳の事業のために様々な助力と便宜を快く提供してくださる教文館出版部に，とりわけ，その進展を辛抱強く見守り，完成を心待ちにしつつ，陰ながら適切で必要な励ましを与え続けてくださっている教文館社長の渡部満氏に，訳者一同を代表して，衷心から感謝を述べたい．

2014 年 12 月

小河　陽

《訳者紹介》

上村　静（うえむら・しずか）
1966年　茨城県に生まれる．1994-98年　ヘブライ大学に留学（イスラエル民族史専攻）．
2000年　東京大学大学院人文社会系研究科基礎文化研究専攻宗教学宗教史学専門分野満期
退学．2005年　ヘブライ大学にて Ph.D 取得．2014年　尚絅学院大学総合人間学部人間心
理学科准教授，現在に至る．専攻はユダヤ学および聖書学．
著書　『宗教の倒錯—ユダヤ教・イエス・キリスト教』（岩波書店，2008年），『旧約聖書と新
約聖書（シリーズ神学への船出）』（新教出版社，2011年），『キリスト教の自己批判：明日の
福音のために』（新教出版社，2013年），『国家の論理といのちの倫理』（編著，新教出版社，
2014年）ほか．

大庭　昭博（おおば・あきひろ）
1948年　福岡県に生まれる．1975年　青山学院大学神学科卒業．1979年　立教大学大学
院文学研究科博士課程前期課程修了（修士）および日本基督教団碧南教会牧師．1986-1988
年　ドイツ・テュービンゲン大学プロテスタント神学部留学．1988年　早稲田教会協力牧
師．1991年　佐世保教会牧師．1997年　青山学院大学経営学部教授・宗教主任．2006年
4月逝去．享年58歳．
著書　『社会倫理と霊性』（新教出版社，1998年），『メシアは夢か幻か』（新教出版社，2000
年），訳書　M. ヘンゲル『ゼーロータイ』（新地書房，1986年）ほか

小河　陽（おがわ・あきら）
1944年　岡山県玉島市に生まれる．1967年　国際基督教大学人文科学科卒業．1969年
東京大学大学院人文科学研究科修士課程（西洋古典学）修了．1970年　同博士課程中退．
1970-1973年　東京大学助手．1971-1975年　フランス・ストラスブール人文大学プロテス
タント神学部大学院課程修了（宗教学博士）．1989-1991年　弘前学院大学文学部教授．
1991-2010年　立教大学文学部教授（名誉教授）．2010年　関東学院大学経済学部教授，現
在に至る．
著書　『イエスの言葉』（教文館，1978年），『マタイ神学の研究』（同，1984年），『マタイに
よる福音書　旧約の完成者イエス』（日本基督教団出版局，1996年），『パウロとペテロ』（講
談社，2005年）など．

装丁　桂川　潤

イエス・キリスト時代の　ユダヤ民族史　IV

2015年2月20日　初版発行

訳　者　上村　静　大庭昭博　小河　陽
発行者　渡部　満
発行所　株式会社　教文館
　　　　〒104-0061 東京都中央区銀座 4-5-1　電話 03(3561)5549　FAX 03(5250)5107
　　　　URL http://www.kyobunkwan.co.jp/publishing/
印刷所　株式会社　三秀舎

配給元　日キ販　〒162-0814　東京都新宿区新小川町 9-1
　　　　電話 03(3260)5670　FAX 03(3260)5637
ISBN 978-4-7642-7354-2　　　　　　　　　　　　　　　　　　　Printed in Japan

落丁・乱丁本はお取り換えいたします．

E. シューラー　小河 陽訳	E. シューラーのドイツ語原本を 1970 年代から 80 年代にかけて英訳増補した決定版の邦訳．原著全 3 巻（4 冊）を 7 巻に分けて刊行．本巻では，本書の目的と使用される歴史史料の解説，及びパレスチナにおけるユダヤ人の歴史の前半．
イエス・キリスト時代の **ユダヤ民族史 I**	
A5 判 402 頁 8,900 円	

E. シューラー　小河 陽訳	本巻では，ヘロデ大王以降バル・コクバによる反乱の終焉までの歴史を扱う．事件の経緯を叙述するに留まらず，その裏付けとなる史料を原文で掲載，それぞれに日本語訳を付した．併せて周辺諸民族の歴史やユダヤ暦，貨幣などの一覧を付録で掲載．
イエス・キリスト時代の **ユダヤ民族史 II**	
A5 判 438 頁 9,200 円	

E. シューラー　小河 陽／安達かおり／馬場幸栄訳	パレスチナ政治史に続く本巻では，パレスチナの文化的背景，ヘレニズム的諸都市やユダヤ人の領域，サンヘドリンなどの政治制度，祭司職や神殿などの宗教制度について，当時の歴史史料を原典に即して引用しながら詳細に解説する．
イエス・キリスト時代の **ユダヤ民族史 III**	
A5 判 418 頁 9,000 円	

石川耕一郎／三好 迪訳	ラビたちが口伝で受け継いできた教えの集大成であり，「タルムード」の中核をなすユダヤ教聖典の基本書．イエス時代のユダヤ教を知るためにも不可欠のものである．第 I 巻では祈禱・農耕・農作物・献納物などについて取り扱う．
ミシュナ I　ゼライーム	
A5判 420 頁 5,500 円	

長窪専三／石川耕一郎訳	聖書で禁じられている安息日における「仕事」とは具体的にはどんな行為なのか．主要な祭日（モエード）である過越祭や仮庵祭をどのように祝うのか．安息日・祭日の諸規定を取り扱う，ユダヤ教口伝律法の第 2 巻．
ミシュナ II　モエード	
A5判 484 頁 5,700 円	

アレクサンドリアのフィロン　土岐健治訳	イエスと同時代にエジプトの地中海都市アレクサンドリアで活躍したユダヤ人思想家フィロンの貴重な作．禁欲的なユダヤ教の一派であるエッセネ派とテラペウタイの信仰生活を紹介する．新約聖書成立の思想的背景を知るための格好の資料．
観想的生活・自由論	
A5判 170 頁 4,800 円	

F. G. ヒュッテンマイスター／H. ブレードホルン 山野貴彦訳	イエスの宣教活動の拠点となったシナゴーグ．ユダヤ人の生活の中心ともいえるその施設は，どのようなものであったのか．聖書考古学とシナゴーグ研究分野における 2 人の第一人者による，書下ろし世界未発表の本格的な入門書．
古代のシナゴーグ	
A5判 146 頁 2,900 円	

上記は本体価格（税別）です．